suhrkamp taschenbuch
wissenschaft 26

Heinrich Zimmer, geboren 1890 in Greifswald, starb 1943 in New Rochelle bei New York. 1939 gab er seine Professur in Heidelberg auf, um in Oxford Vorlesungen zu halten. Zuletzt lehrte er an der Columbia Universität in New York.

Heinrich Zimmers Buch revidiert das in Europa bekannte Bild Indiens und bereinigt es von herrschenden Vorurteilen und Vorstellungen. Es genügt deshalb einem doppelten Anspruch: Auf der einen Seite handelt es sich um eine umfassende Darstellung der Geschichte der Philosophie und Religion Indiens und wird durch Bibliographie, Register und Sanskrit-Index geradezu zu einem indologischen Nachschlagewerk, auf der anderen Seite bleibt Zimmer aber nicht etwa ein distanzierter Betrachter, vielmehr kommt er durch sein Interesse eines Abbaus westlicher Vorurteile zu einer Schau »der ewigen Werte Indiens«.

Heinrich Zimmer
Philosophie und Religion Indiens

Suhrkamp

Titel der Originalausgabe der Bollingen Foundation Inc., New York: *Philosophies of India.* Herausgegeben von Joseph Campbell. Ins Deutsche übertragen und herausgegeben von Lucy Heyer-Grote

suhrkamp taschenbuch wissenschaft 26
Erste Auflage 1973

Suhrkamp Taschenbuch Verlag
Druck: Nomos, Baden-Baden
Printed in Germany
Umschlag nach Entwürfen
von Willy Fleckhaus und Rolf Staudt

INHALT

Vorwort von Joseph Campbell 9
Vorwort von Lucy Heyer-Grote 11

ERSTER TEIL: DAS HÖCHSTE GUT

I. Die Begegnung von Ost und West 17
1. Das Brüllen des Erwachens 17
2. Abendländische und indische Philosophie 28
3. Der Anspruch der Wissenschaft 38
4. Die vier Lebensziele 44
5. Erlösung und Fortschritt 51

II. Die Grundlagen der indischen Philosophie 56
1. Philosophie als Lebensform 56
2. Der geeignete Schüler 58
3. Philosophie als Macht 62
4. «Das Sterben um die Göttliche Kraft» 71
5. Das Brahman 79

ZWEITER TEIL: DIE PHILOSOPHIE DES ENDLICHEN

I. Die Philosophie des Erfolges 89
1. Die Welt im Krieg 89
2. Der Tyrannenstaat 94
3. Tapferkeit gegen Zeit 99
4. Die Funktion des Verrats 104
5. Politische Geometrie 112
6. Die sieben Arten, mit einem Nachbarn umzugehen 117
7. Der Weltenkönig 124

II. Die Philosophie des Genusses 136

III. Die Philosophie der Pflicht 146
1. Die Kaste und die vier Lebensstufen 146
2. Satya 154
3. Satyāgraha 161
4. Der Palast der Weisheit 164

DRITTER TEIL: DIE PHILOSOPHIEN DES EWIGEN

I. Jainismus 171

1. Pārshva 171
2. Standbilder der Jainas 191
3. Die Furtbereiter 202
4. Die Qualitäten der Materie 210
5. Die Maske der Persönlichkeit 216
6. Der kosmische Mensch 222
7. Die Jaina-Lehre von der Gebundenheit 228
8. Die Jaina-Lehre von der Befreiung 231
9. Die Lehre des Maskarin Gosāla 240
10. Der Mensch gegen die Natur 245

II. Sāṅkhya und Yoga 255

1. Kapila und Patañjali 255
2. Konzentration nach innen 258
3. Die Behinderungen 266
4. Integrität und Integration 276
5. Die Sāṅkhya-Psychologie 284

III. Brahmanismus 300

1. Die Veden 300
2. Die Upanishaden 319
3. Die Bhagavad Gītā 339
4. Der Vedānta 365

IV. Buddhismus 415

1. Buddhaschaft 415
2. Die großen buddhistischen Könige 435
3. Hīnayāna und Mahāyāna 452
4. Der Weg des Bodhisattva 475
5. Die Große Lust 491

V. Tantra 498

1. Wer sehnt sich nach Nirvāṅa? 498
2. Herdenlamm, Held und Gottmensch 516
3. Alle Götter in uns 528

ANHANG

A: Die sechs Systeme 537
B: Geschichtliche Übersicht 546
C: Generalindex 550
D: Sanskritindex 579
F: Bibliographie 586

ZUR UMSCHREIBUNG UND AUSSPRACHE INDISCHER LAUTE

KONSONANTEN

c	sprich wie tsch (italienisch: *Certosa*)
j	sprich wie dsch (italienisch: *Genova*)
jn	sprich wie nj
ñ	sprich wie spanisch *señor*
v	sprich wie w
y	ist Halbvokal, entspricht unserem j *(Himalaya)*
h	hinter Konsonanten ist hörbar (z.B. *Bharata*, wie in *Laubholz*)
ḥ	ist ein Schlußlaut und verschmilzt mit dem vorausgehenden Vokal (Ersatz für Schluß-s oder -r)
ḍ, ṇ, ṭ	werden palatal, d.h. mit zurückgebogener, gegen das Gaumendach gepreßter Zunge ausgesprochen.

ṁ und *ṅ* sind Nasallaute (frz. *l'hombre*, unser *Sang*)

Der palatale wie der zerebrale Zischlaut (*ś* und *ṣ*) sch wurde nach Zimmers Gepflogenheit wie in seinen früheren Büchern gleichermaßen mit sh umschrieben (Beispiel: *Śiva* = *Shiva*, *Viṣnu* = *Vishnu*).

VOKALE

Sie werden im allgemeinen wie im Deutschen ausgesprochen. Es gibt langes und kurzes *a*, *i* und *u* (Länge durch Dehnungszeichen angegeben); *e* und *o* sind immer lang.

Vokalischer *ṛ* ist mit ri wiedergegeben.

BETONUNG

Sie entspricht im allgemeinen den Betonungsregeln des Lateinischen: zweisilbige Wörter werden auf der ersten Silbe betont, mehrsilbige auf der drittletzten, wenn die vorletzte Silbe kurz ist.

ZUR AMERIKANISCHEN AUSGABE

Heinrich Zimmers nachgelassene Aufzeichnungen zu seinem geplanten Buch über indische Philosophie fanden sich in einem mehr oder weniger ausgeführten Zustand vor. Die Kapitel über die Begegnung von Ost und West, über die indische Staatsphilosophie, über Jainismus, Sāṅkhya und Yoga, den Vedānta und den Buddhismus schrieb er als Grundlage für eine Vorlesungsreihe, die er an der Columbia-Universität im Frühjahr 1942 hielt. Mit dem Abschnitt über die Philosophie der Pflicht eröffnete er den Frühjahrskursus von 1943. Allein, kaum fünf Wochen nach diesem Termin wurde Zimmer von seiner tödlichen Krankheit ereilt, und so kam sein Material für die späteren Perioden des indischen Denkens nur in sehr unvollständiger Form, als bloße Exposition und vorläufige Entwürfe auf uns. Man fand jedoch alles zusammen wohlgeordnet in einer Mappe, so daß es keine Schwierigkeiten bot, sie richtig zusammenzustellen. Vorhandene Lücken konnte ich mit Hilfe anderer Manuskripte und aufgezeichneter Gespräche ausfüllen. Die Herausgabe der meisten Kapitel war also keine schwere Aufgabe. Gegen Ende des Buches aber wurden die Notizen so flüchtig und lückenhaft, daß sie nur Rahmen und Umriß abgaben, für die der Inhalt aus anderen Quellen herbeigeholt werden mußte.

Zitate habe ich nur von den Autoren angeführt, die sich in Zimmers Entwürfen oder in seinen Anweisungen für die Hörer fanden; sie sind alle in den Fußnoten genau angegeben. In dem Kapitel über die großen buddhistischen Könige, für das zum erstenmal anderes Material herangeführt werden mußte, waren meine Hauptquellen: *The Cambridge History of India*, Band I; E. B. Havell, *The History of Aryan Rule in India from the Earliest Times to the Death of Akbar;* Ananda K. Coomaraswamy, *Buddha and the Gospel of Buddhism;* T. W. Rhys Davids, *Buddhism, Its History and Literature;* S. Radhakrishnan, *Indian Philosophy;* Vincent A. Smith, *Aśoka, The Buddhist Emperor of India;* und L. de la Vallée Poussins Aufsatz über die buddhistischen Konzilien und Synoden in Hastings' *Encyclopaedia of Religion and Ethics.* Die Notizen zum Kapitel über Hīnayāna und Mahāyāna waren zwar reichhaltig, jedoch nicht im Zusammenhang ausgearbeitet. Ich hatte sie zu redigieren und die abgekürzten Sätze in flüssige Prosa umzuschreiben, wobei sich zwei kleinere Lücken durch Stellen aus dem Buche von S. Radhakrishnan, wie in der Fußnote angegeben, überbrücken ließen. Es ist tief zu bedauern, daß die Unterlagen für die Kapitel «Der Weg des Bodhisattva», «Das Große Entzücken» und

«Der Tantra» so besonders spärlich und nur zum kleinsten Teil ausgearbeitet waren. Denn gerade diesen Themen hatte Zimmer in seinen letzten Lebensjahren sein ganzes Interesse zugewandt, und über sie hat er sich auch in Gesprächen ganz besonders eingehend geäußert. Ich konnte dazu nur einige wenige, in den Bänden seiner Bibliothek verstreute Blätter finden. Diese Seiten und das, was ich von unseren Unterhaltungen im Gedächtnis behalten hatte, mußten ausreichen, um die Vorlesungsnotizen zu ergänzen. Der Leser möge sich dessen bewußt sein, daß dieser allerletzte Teil des Buches Zimmers Anschauungen vielleicht nicht immer ganz entsprechend wiedergibt. Ich konnte leider nur ein paar kurze, wenn auch kostbare Fragmente bringen, ergänzt durch ausführliche Zitate aus Swāmi Nikhilānandas Übersetzung von *The Gospel of Shri Rāmakrishna* und aus Sir John Woodroffe, *Shakti and Shākta*.

Es versteht sich von selbst, daß die vorliegende Geschichte der indischen Philosophie bei weitem nicht an das heranreicht, was sie geworden wäre, hätte Zimmer länger gelebt. Der weitausholende Schwung seiner Grundkonzeptionen aber bringt schon von selbst – sogar dort, wo die Umrisse gerade nur angedeutet sind – eine ungewöhnliche Schau über die Geschichte nicht nur der indischen, sondern auch der abendländischen Philosophie zur Entfaltung. Deshalb stellt das Werk ein erstaunliches und bezwingendes Dokument dar, obschon es in seiner jetzigen Form nur ein Fragment, wenn auch ein großartiges und ehrwürdiges Fragment ist, vergleichbar wohl dem unvollendeten Stūpa von Borobudur. Das ganze Buch, in dem jedes Kapitel zum nächsten hinleitet, war nicht als Handbuch konzipiert, sondern vor allem als eine Einführung in das große Thema. Ich habe jedoch die nötigen Literaturhinweise gegeben, und William McGuire fügte für den Leser, der sich näher mit den Einzelgebieten befassen möchte, einen ausführlichen Index bei. Anleitung zu weiterer Lektüre findet sich auch im bibliographischen Anhang und in den literarischen Belegen der Fußnoten.

Mein aufrichtiger Dank gilt Swāmī Nikhilānanda für die Erlaubnis, seine Übersetzung von *The Gospel of Shri Rāmakrishna* zu benutzen. Ferner schulde ich Mrs. Wallace Ferguson Dank für ihre Hilfe bei der letzten Durchsicht des Manuskriptes, Miss Elizabeth Sherbon für das drei Jahre währende, unermüdliche und gewissenhafte Abschreiben, William McGuire für die sorgfältige Betreuung der Korrekturen und für den schon erwähnten Index und nicht zuletzt meiner Frau für die vielen Stunden des Zuhörens und für zahlreiche Anregungen.

New York City, 20. März 1951 JOSEPH CAMPBELL

ZUR DEUTSCHEN AUSGABE

Ein posthumes Werk, wie das vorliegende, bietet dem Übersetzer kaum geringere Schwierigkeiten als dem Herausgeber. Gerade hier, wo der Autor den Text in einer ihm fremden Sprache niederschrieb, wäre es wichtig zu wissen, wie er seine Hauptbegriffe im Deutschen formuliert, wie er die Sanskritausdrücke übertragen, wie er die zahlreichen wörtlichen Zitate aus den heiligen indischen Schriften in seine Sprache übersetzt hätte. Wir können ihn nicht mehr fragen, und seine Notizen, nach einer mündlichen Mitteilung des Herausgebers in Deutsch, Französisch oder Englisch abgefaßt, waren also keinesfalls im Gedanken an eine deutsche Publikation dieses Werkes geschrieben. Zudem sind sie uns nicht zugänglich.

Es war deshalb nötig, sich nach Quellen umzusehen, um der deutschen Fassung die *möglichste Authentizität* zu geben. Glücklicherweise besitzen wir Werke von Zimmer in deutscher Sprache. Aus ihnen ließen sich manche Textstellen wörtlich oder leicht abgewandelt übernehmen, zum Beispiel Nacherzählungen aus dem Schatz von Fabeln, Gleichnissen und Legenden der religiösen Tradition Indiens – einem Schatz, aus dem Zimmer schon in seinen Anfängen mit der ihm eigenen lebendigen Erzählkunst schöpfte und übersetzte. Auch einige wichtige Zitate aus den Veden und Upanishaden konnten in Zimmers eigener Verdeutschung aufgenommen werden. Die Stellen wurden in den Anmerkungen angegeben.

Ein ganz besonderes Problem boten die Sanskritwörter religiösen, philosophischen und psychologischen Inhalts. Die sehr viel umfänglichere angelsächsische Literatur zur Indologie hat schon gewisse Standardausdrücke für jene Begriffe ausgeprägt, während im Deutschen für das gleiche Gebiet wohl noch keine allgemein anerkannte Fachsprache existiert. Gerade die psychologisch fundierten Systeme, wie Sāṅkhya und Yoga, die buddhistischen Schulen und der Tantra verlangen eine äußerst sorgfältige Übertragung der aus der religiösen Erfahrung stammenden Bezeichnungen. Bei diesen differenzierten, aus dem persönlichsten Erfahrungsgrunde der einzelnen Religionsstifter und Meister stammenden, dann kanonisch gewordenen psychologischen Feststellungen, die ihre Prägnanz nicht zuletzt der unnachahmbaren Fähigkeit der indischen Sprache, Komposita zu bilden, verdanken, wäre es geradezu unerlaubt und würde zu Verfälschungen führen, wollte man sich bei der Übersetzung «korrekt» an die *englischen* Wörter halten. Für das Esoterische hat jede Sprache ihre eigenen, mit ganz bestimmtem

Inhalt gefüllten, ganz bestimmte Vorstellungen aufrufenden Formulierungen. Zimmer selbst hat diese Tatsache immer wieder betont. Man vergleiche seine diesbezüglichen Bemerkungen in diesem Buch auf den Seiten 5 und 52 sowie den Exkurs über die Sprache und die «Namen» in seinem Buch *Ewiges Indien* (1930), Seite 60 ff.

Hier, wo noch nicht benannte – weil nicht bewußte oder nur halb bewußte – Wirklichkeiten zu benennen sind, können Wörterbücher nicht helfen. Es gilt vielmehr, «aus der Reihe der Worte, die den Bedeutungsumfang des Fremdwortes umschreiben wollen, einen gemeinsamen Faktor zu erfühlen», um dann vielleicht die Zuflucht zu einem neuen Kompositum zu nehmen. Äquivalente sind schlechterdings nie zu finden, «das Benennen ist an den Schatz von Namen gebunden, den jedem seine Sprache zur Verfügung stellt». Dies ist der Grund, warum Zimmer selbst stets mit philologischer Akribie auf die Grundbedeutung einer Wortwurzel zurückgreift, und damit gibt er dem Übersetzer das wichtigste Hilfsmittel in die Hand.

Das Deutsche ist nun für das Erfassen innerer Erfahrungen durch die Tiefenpsychologie von S. Freud und C. G. Jung sehr bereichert worden, und dieser vorhandene «Vorrat» neuer, klärender Wortschöpfungen und Definitionen darf für ein Thema wie das unsrige nicht ungenutzt bleiben, zumal Zimmer selbst, wie er mehrfach dankbar betont, für seine Forschungen ganz wesentliche Impulse und Bestätigungen aus der Tiefenpsychologie, namentlich von C. G. Jung, empfing. Nur so kann erreicht werden, daß dem Leser dieser lebendige Stoff nicht nur zum begrifflichen Wissen, sondern zu einem seine Erlebnistiefe anrührenden Thema wird.

Zimmers sprachschöpferischer Genius hat überaus kraftvolle und bildhafte Darstellungen der großen Gestalten des indischen Mythos geschaffen. Aber für die Phänomene der reichen indischen Religionsgeschichte, für die große Vielfalt religiöser Erfahrungen, sei es beim Vedānta-Adepten, beim Nachfolger des Buddha oder beim Yoga-Anhänger, besitzen wir aus Zimmers früherer Zeit (d. h. vor der Emigration) außer der gleichfalls posthum erschienenen, von *C. G. Jung* herausgegebenen Monographie über *Shrī Ramana Maharshi*, sozusagen Zimmers «Vermächtnisschrift», nur kleinere Publikationen. An erster Stelle wäre da zu nennen eines seiner ersten Bücher: *Ewiges Indien*, wo wir die Konzeption dieser vorliegenden großen Überschau schon in nuce vorfinden. Dieses kleine Buch ist geschrieben aus der ergriffenen, fast möchte man sagen atemlosen Schau dessen, der sein gelobtes Land vor sich liegen sieht. Wie hätte Zimmer aus der Reife seines

Wissens den gleichen Stoff in seiner eigenen Sprache gestaltet? Wir können s ahnen aus dem, was wir von ihm sonst besitzen. Aber Rhythmus und Atem eines Menschen sind unnachahmlich, und so konnte unsere Aufgabe nur sein, Zimmers Text so gewissenhaft und redlich wie möglich in seine eigene Sprache zurückzuübertragen. Legitimiert ist die Übersetzerin viel-eicht durch eine gründliche Kenntnis der modernen Tiefenpsychologie, urch eine langjährige persönliche Bekanntschaft mit Heinrich Zimmer und die Vertrautheit mit seinen Werken seit ihrem ersten Erscheinen.

Es bleibt mir noch die angenehme Pflicht, den Dank auszusprechen für Hilfe und Ermutigung, die mir bei diesem Übersetzungswerk widerfahren sind. Insbesondere danke ich meinem Verleger, Herrn Dr. *Daniel Brody*, und Frau *Ruth Cahn* für ihre wertvolle Hilfe bei der Durchsicht des Manuskriptes und bei der Herstellung des Index, der in dieser Ausgabe neu gestaltet und erweitert wurde, sowie Herrn *Walter Euler* für die Besorgung der Korrekturen.

Basel, 6. Dezember 1960 LUCY HEYER-GROTE

ERSTER TEIL

DAS HÖCHSTE GUT

I

DIE BEGEGNUNG VON OST UND WEST

1. DAS BRÜLLEN DES ERWACHENS

Wir Abendländer sind im Begriff, an einen Kreuzweg zu gelangen, den die indischen Denker schon etwa siebenhundert Jahre vor Christi Geburt erreicht hatten. Aus diesem Grunde sind wir bei der Begegnung mit den Begriffen und Bildern östlicher Weisheit sowohl verwirrt wie angeregt, unsicher und dennoch gefesselt. Zu diesem Kreuzweg im Reiche religiöser Erfahrung kommen alle Kulturvölker im typischen Entwicklungsgang ihrer Fähigkeiten und Bedürfnisse, und Indiens Lehren zeigen uns, auf welche Probleme wir dabei stoßen. Aber wir können nicht einfach die indischen Lösungen übernehmen. Wir müssen auf unserem eigenen Weg in die neue Epoche schreiten und ihre Fragen für uns selbst lösen, denn obgleich die Wahrheit, die Strahlung der Wirklichkeit, auf der ganzen Welt ein und dieselbe ist, wird sie mannigfaltig reflektiert, je nach Beschaffenheit der Medien, in denen sie sich spiegelt. Die Wahrheit erscheint in verschiedenen Ländern und Zeitaltern verschieden, je nach der Art des lebendigen Materials, aus dem ihre Sinnbilder gemeißelt sind.

Begriffe und Worte sind Symbole, ebenso wie Visionen, Riten und Bilder; auch Sitten und Gebräuche des täglichen Lebens sind Symbole. In all dem spiegelt sich die transzendente Wirklichkeit. Es sind Gleichnisse, die alle etwas wiedergeben und bedeuten, was, wenn auch vielfältig ausgedrückt, doch unsagbar ist, was, wenn auch vielgestaltig geworden, doch unergründlich bleibt. Symbole führen den Geist zur Wahrheit, sind aber selbst nicht die Wahrheit. Deshalb ist es trügerisch, sie zu entleihen. Jede Kultur, jede Epoche muß ihre eigenen Sinnbilder hervorbringen.

Darum werden wir den schwierigen Weg unserer eigenen Erfahrungen einschlagen, unsere eigenen Reaktionen hervorrufen und unsere Leiden und Erkenntnisse für uns verarbeiten müssen. Nur dann wird die Wahrheit, die wir zur Erscheinung bringen, ebenso von unserem Fleisch und Blut sein, wie das Kind von dem der Mutter. Dann wird die Mutter in ihrer Liebe zum göttlichen Vater mit Freuden *Ihn* in ihrem Sprößling wiedererkennen. Der unnennbare Same muß empfangen, ausgetragen und von unserer eigenen Substanz hervorgebracht, aus unserem Blut genährt werden, wenn er das wahre Kind sein soll, in dem die Mutter wiedergeboren wird: und auch der VATER, das göttliche transzendente Prinzip, wird dann wiedergeboren werden – gewissermaßen befreit vom Zustand des Nichtoffenbartseins, des Nicht-Handelns, des scheinbaren Nicht-Daseins. Wir können Gott nicht entleihen. Wir müssen seine neue Inkarnation aus uns selbst heraus bewirken. Das Göttliche muß irgendwie in die Materie unseres eigenen Daseins herabsteigen und an diesem besonderen Lebensvorgang teilhaben.

Nach den Mythologien Indiens ist dies ein Wunder, das unweigerlich eintreten wird. Denn in den alten Hindu-Erzählungen lesen wir, daß immer, wenn Vishnu, der Gestalter und Erhalter der Welt, angefleht wird, in einer neuen Inkarnation zu erscheinen, die flehenden Mächte ihm keine Ruhe lassen, bis er sich dazu herabläßt. Doch im Augenblick, da er herniedersteigt und in einem gesegneten Leib Fleisch und Blut annimmt, um sich wieder der Welt, die selbst doch nur eine Spiegelung seines eigenen unaussprechlichen Wesens ist, zu verkörpern, stehen eigenwillige dämonische Mächte gegen ihn auf. Denn es gibt Wesen, die den Gott hassen und verachten und ihm keinen Platz in den Systemen ihres maßlosen Egoismus und Machtstrebens einräumen. Sie tun alles, was in ihrer Macht steht, um seinen Weg zu hemmen. Aber ihre Gewalttätigkeit ist nicht so vernichtend, wie es den Anschein hat; sie ist nicht mehr als eine notwendige Kraft im geschichtlichen Ablauf. Widerstand hat eine bestimmte Aufgabe in dem immer wiederkehrenden kosmischen Drama, das stets aufgeführt wird, wenn ein Funken der höchsten Wahrheit, durch das Elend der Kreatur und den drohenden Einbruch des Chaos herabgezogen, sich in der Erscheinungswelt offenbart.

«Mit unserem Geist verhält es sich wie mit unserem Leib», sagt Paul Valéry, «was sie als Wichtigstes empfinden, hüllen sie in Geheimnis, sie verbergen es vor sich selbst; sie bezeichnen und verteidigen es durch jene Tiefe, in die sie es einsenken. Alles, worauf es ankommt, ist wohlverschleiert; Zeugen und Dokumente verdunkeln es; Taten und Werke sind eigens dazu ausersehen, um es zu verkleiden[1].»

[1] «Il en est de notre esprit comme de notre chair; ce qu'ils se sentent de plus important, ils l'enveloppent de mystère, ils se le cachent à eux-mêmes; ils le désignent et le défendent par cette profondeur où ils le placent. Tout ce qui compte est bien voilé; les témoins et les documents l'obscurcissent; les actes et les œuvres sont faits expressément pour le travestir.» Paul Valéry, *Variété* I, «Au sujet d'Adonis», S. 68.

Das Hauptziel des indischen Denkens ist, das aufzudecken und ins Bewußtsein zu heben, was auf diese Art von den Lebenskräften behindert und verdeckt worden ist – nicht aber die sichtbare Welt zu erforschen und zu beschreiben. Die höchste und bezeichnendste Errungenschaft des brahmanischen Geistes, entscheidend nicht nur für die Entwicklung der indischen Philosophie, sondern auch für die Geschichte der indischen Kultur, war seine Entdeckung des Selbst *(ātman)* als ganz und gar unabhängige, unvergängliche Wesenheit, die der bewußten Persönlichkeit und der leiblichen Hülle zugrunde liegt. Alles, was der normale Mensch über sich weiß und äußert, gehört zur Sphäre des Wandels, der Sphäre von Zeit und Raum; aber dieses Selbst *(ātman)* ist ewig unwandelbar, jenseits von Zeit und Raum und vom verschleiernden Netz der Kausalität, jenseits des Bereiches von allem Meßbaren und Sichtbaren. Seit Jahrtausenden ist es das Anliegen der indischen Philosophie gewesen, dieses demantene Selbst zu erkennen und die Erkenntnis im menschlichen Leben wirksam zu machen. Und dieses unaufhörliche Bestreben ist die Ursache der feierlichen Morgenstille, die auch über den furchtbarsten geschichtlichen Ereignissen der östlichen Welt liegt – Ereignissen, die nicht weniger ungeheuerlich, nicht weniger entsetzlich sind als die unserer eigenen Geschichte. Bei aller Unbeständigkeit physischen Wechsels bleibt ein geistiger Halt in dem friedvoll-seligen Boden des Ātman bestehen, im ewigen, zeitlosen, unvergänglichen Sein.

Gleich der westlichen gibt auch die indische Philosophie Aufschlüsse über die meßbare Struktur und Kraft der Psyche; sie analysiert die intellektuellen Fähigkeiten des Menschen und das Funktionieren seines Geistes, entwickelt verschiedene Theorien über das menschliche Verständnis, stellt Methoden und Gesetze der Logik auf, klassifiziert die Sinnesempfindungen und erforscht die Vorgänge, durch welche Erfahrungen gemacht und aufgenommen, gedeutet und begriffen werden. Hindu-Philosophen sprechen sich gleich denen des Abendlandes über sittliche Werte und moralische Maßstäbe aus. Auch sie studieren die sichtbaren Wesenszüge der Erscheinungswelt, kritisieren die Gegebenheiten der äußeren Erfahrung und ziehen daraus Folgerungen in bezug auf die tragenden Prinzipien. Indien hatte gewissermaßen seine eigenen Disziplinen der Psychologie, der Ethik, der Physik und der metaphysischen Theorie – und es hat sie noch heute. Das vorherrschende Anliegen aber ist dort – in auffallendem Gegensatz zu den modernen westlichen Philosophen – nicht die Information, sondern die Transformation: eine grundlegende Wandlung der Natur des Menschen, wodurch er ein neues Verständnis sowohl für die Außenwelt wie für sein eigenes Dasein gewinnt; eine so gründliche Wandlung, daß sie, wenn sie gelingt, einer völligen Bekehrung oder Wiedergeburt gleichkommt.

In dieser Hinsicht berührt sich die indische Philosophie viel inniger mit der Religion als das kritische, säkularisierte Denken des modernen Abendlandes. Sie steht den alten Philosophen, wie Pythagoras, Empedokles, Platon, den Stoikern, Epikur und seinen Nachfolgern, Plotin und den Neuplatonikern nahe. Wir finden die gleichen Auffassungen auch beim heiligen Augustinus, bei den mittelalterlichen Mystikern, wie Meister Eckhart, oder den späteren Mystikern, wie Jakob Böhme. Unter den Philosophen der Romantik nimmt sie Schopenhauer wieder auf.

Die Einstellung, die den Lehrer und den zu seinen Füßen sitzenden Schüler verbindet, wird durch die Forderungen dieser höchsten Wandlungsaufgabe bestimmt. Ihr Problem besteht darin, eine Art alchimistischer Umformung der Seele zu bewirken. Nicht durch rein intellektuelles Verstehen, sondern durch die Wandlung des Herzens – eine Umwandlung, die den Kern seines Wesens berührt – soll der Schüler aus der Gebundenheit heraustreten, die Grenzen menschlicher Unzulänglichkeit und Unwissenheit hinter sich lassen und sich über die irdische Seinsebene emporheben.

Es gibt eine hübsche Erzählung, die diese pädagogische Idee verdeutlicht. Sie ist in den Lehren des berühmten Hindu-Heiligen des 19. Jahrhunderts, Shrī Rāmakrishna, wiedergegeben[1]. Anekdoten dieser kindlichen Art kommen allenthalben in den Reden der östlichen Weisen vor; sie sind im Volke allgemein verbreitet, und jeder kennt sie schon von Kindesbeinen an. Sie tragen die Lehren von Indiens zeitloser Weisheit in die Heime und Herzen der Menschen und gehören durch die Jahrtausende zu jedermanns Besitz. Tatsächlich ist Indien eines der großen Heimatländer der Volkserzählung; während des Mittelalters gelangten viele seiner Erzählungen nach Europa. Die Bilder in ihrer Lebendigkeit und schlichten

[1] Vgl. *The Gospel of Shri Ramakrishna*, ins Englische übersetzt und eingeleitet von Swāmi Nikhilānanda, New York 1942, S. 232–233, S. 259–260. Vgl. deutsche Ausgabe: Shrī Rāmakrishna, *Ewige Botschaft*, Zürich 1955.

Shrī Rāmakrishna (1836–1886) war die vollkommene Verkörperung der orthodoxen religiösen Philosophie Indiens. Seine Botschaft erreichte Amerika zuerst durch seinen Schüler Swāmi Vivekānanda (1863–1902), der als Vertreter Indiens am Weltparlament der Religionen, Chicago 1893, teilnahm. Heute haben die Mönche der Rāmakrishna-Vivekānanda-Mission in fast allen größeren Städten der Vereinigten Staaten geistige Zentren und veranstalten Lehrkurse.

Eindringlichkeit machen deutlich, worauf es bei der Lehre ankommt; sie sind wie Pflöcke, an die sich endlose abstrakte Gedankengänge anknüpfen lassen. Die Tierfabel ist nur einer der vielen östlichen Kunstgriffe, durch die eine Lehre dem Gemüt fest eingeprägt werden soll.

Das erwähnte Beispiel handelt von einem Tigerjungen, das zwischen Ziegen aufwuchs, aber durch die erleuchtete Führung eines geistigen Lehrers zur Erkenntnis seiner eigenen ungeahnten Natur gebracht wurde. Die Mutter war bei seiner Geburt gestorben. Während ihrer Trächtigkeit war sie viele Tage auf Raub ausgegangen, ohne eine Beute zu finden, bis sie zu jener Herde herumstreifender Wildziegen gelangte. Inzwischen war die Tigerin heißhungrig geworden, und das mag die Heftigkeit ihres Sprunges erklären; jedenfalls trieb die Gewalt des Ansprunges ihr die Frucht aus dem Leib, und vor Hunger und Entkräftung starb sie alsbald. Das Neugeborene, das neben der toten Mutter leise wimmerte, wurde von den Ziegen, die nach dem Schrecken wieder auf ihre Weide zurückkehrten, mit mütterlicher Liebe aufgenommen, und sie zogen es mit ihrer Milch gemeinsam mit den Zicklein auf. Es wurde unter den Ziegen groß und lohnte ihnen ihre Mühe. Denn der kleine Tiger lernte die Ziegensprache, paßte seine Stimme ihrem sanften Meckern an und zeigte ebensoviel Anhänglichkeit wie die anderen Jungen der Herde. Anfangs fiel es ihm schwer, die dünnen Grashalme mit seinen spitzen Zähnen zu rupfen, aber irgendwie gelang es ihm schließlich. Die Pflanzenkost hielt ihn sehr mager und verlieh seinem Temperament eine beachtliche Sanftmut.

Als der junge Tiger unter den Ziegen das Vernunftalter erreicht hatte, wurde die Herde eines Nachts wieder angefallen; ein starker alter Tiger brach unter sie ein, und wiederum stoben alle auseinander. Nur das Tigerjunge blieb furchtlos stehen und starrte das schreckliche Dschungelwesen verblüfft an. Auch der große Tiger verwunderte sich über den Kleinen, der erst verdutzt dastand, schließlich verlegen einen Grashalm rupfte und meckernd daran kaute, während der alte Tiger ihn immer noch anstarrte.

Plötzlich fragte der mächtige Eindringling: «Was tust du hier unter den Ziegen? Was kaust du da?» Das sonderbare kleine Wesen meckerte. Der Alte wurde nun wirklich furchterregend. Er brüllte: «Was soll dieser alberne Laut?» Und ehe der andere antworten konnte, packte er ihn beim Kragen und schüttelte ihn tüchtig, wie um ihn wieder zur Besinnung zu bringen. Danach schleppte der Dschungeltiger das erschrockene Junge zu einem nahen Teich, stellte es an den Rand und ließ es in den monderhellten Spiegel blicken. «Schau dein Bild im Wasser an – bist du nicht ganz wie ich? Du hast genau wie ich das Vollmondgesicht eines Tigers. Warum bildest du dir ein, eine Ziege zu sein? Warum meckerst du? Warum frißt du Grashalme?»

Der Kleine vermochte nicht zu antworten, starrte aber weiter die beiden Spiegelbilder an und verglich sie. Dann fühlte er sich unbehaglich, trat von einer Tatze auf die andere und gab wieder einen bekümmerten zittrigen Schrei von sich. Der grimmige Alte packte ihn erneut und trug ihn bis zu seiner Höhle, wo er ihm ein von seinem letzten Mahl übriggebliebenes Stück blutigen rohen Fleisches vorlegte. Das Tigerjunge schüttelte sich vor Ekel. Aber der Dschungeltiger kümmerte sich nicht weiter um das schwache Protestmeckern, sondern befahl schroff: «Nimm das! Friß! Schluck es hinunter!» Das Junge sträubte sich, aber der Alte zwang es ihm zwischen die Zähne und wachte darüber, daß es die Nahrung kaute und hinabschlang. Mit kläglichem Meckern würgte es die ersten Bissen der ungewohnten zähen Kost hinunter, bald aber fand es Geschmack am Blut und fraß den Rest mit einer Lust, die seinen Leib wie ein Wunder durchdrang. Es leckte sich die Lefzen, erhob sich und riß das Maul zu einem riesigen Gähnen auf, so als erwache es aus tiefem Schlaf – einem Schlaf, der es jahrelang in seinem Bann gehalten hatte. Es streckte sich, machte einen Buckel, hob die Tatzen und zeigte die Krallen. Sein Schweif peitschte den Boden, und plötzlich brach aus seiner Kehle ein furchterregendes triumphierendes Tigerbrüllen.

Währenddem hatte es der grimmige Lehrer prüfend und mit zunehmender Befriedigung beobachtet. Die Verwandlung war tatsächlich geglückt. Als das Brüllen verstummt war, fragte er mürrisch: «Weißt du jetzt, was du wirklich bist? Komm mit mir in den Dschungel, du sollst lernen, der Tiger zu werden, der du immer schon warst.»

Die Geschichte des indischen Denkens während der Periode kurz vor der Geburt und Sendung des Buddha (um 563–483 v. Chr.) legt deutlich immer größeren Nachdruck auf dieses Problem der Wiederentdeckung und Assimilierung des Selbst. Die philosophischen Dialoge der Upanishaden zeigen, daß die im 8. Jahrhundert v. Chr. vollzogene, entscheidende Gewichtsverlagerung von der Außenwelt und den greifbaren Sphären des Körperlichen zur Innenwelt und zum Ungreifbaren hin den Gefahren dieser Geistesrichtung in logischer Konsequenz unterlag. Ein Prozeß des Sichzurückziehens von der gewohnten, bekannten Welt fand statt. Die Mächte des Makrokosmos und die entsprechenden Kräfte des Mikrokosmos wurden durchwegs entwertet und vernachlässigt; und zwar mit solcher Verwegenheit, daß das ganze religiöse System der vorangegangenen Epoche zusammenzustürzen drohte. Die Könige der Götter, Indra und Varuṇa, ihre göttlichen Priester Agni, Mitra, Brihaspati erhielten nicht mehr ihren Tribut an Gebet und Opfern. Anstatt den Sinn auf diese symbolischen Hüter und Vorbilder der natürlichen und der sozialen Ordnungen zu richten, anstatt sie sich durch ununterbrochene Riten und Meditationen stark und wirksam zu erhalten, wandten die Menschen ihre ganze Aufmerksamkeit nach innen und versuchten, durch reines Denken, systematische Selbstanalyse, Atemzügelung und strenge psychologische Yoga-Praktiken einen Zustand schonungsloser Selbsterkenntnis zu erlangen und darin zu verharren.

Die ersten Vorzeichen dieser radikalen Nach-innen-Wendung sind bereits in vielen Hymnen der Veden[1] zu bemerken, zum Beispiel im folgenden Gebet um Macht, in dem die göttlichen, in der äußeren Welt vielfältig verkörperten Mächte angefleht werden, in den Anrufenden einzugehen, in seinem Leibe Wohnung zu nehmen und seine Fähigkeiten zu beleben:

[1] *Anmerkung des Herausgebers:* Für den Leser, der mit der Chronologie der indischen Urkunden nicht vertraut ist, sei kurz bemerkt, daß die vier Veden (Rig, Yajur, Sama und Atharva) Hymnen und Zauberlieder jener nomadischen arischen Rinderhirtenfamilien enthalten, die im zweiten Jahrtausend vor Christi Geburt durch die nordwestlichen Gebirge nach Indien kamen, das heißt ungefähr zur gleichen Zeit, da die Achäer – mit denen sie irgendwie verwandt sind und deren Sprache dem vedischen Sanskrit ähnelt – nach Griechenland einwanderten. Die vedischen Hymnen sind das älteste erhaltene literarische und religiöse Denkmal der sogenannten indo-europäischen Sprachfamilie, zu der auch alle späteren Literaturen gehören: die keltische (irische, walisische, schottische usw.), die germanische (deutsche, holländische, englische, nordische, gotische usw.), die italische (lateinische, italienische, spanische, französische, rumänische usw.), die griechische, die balto-slawische (alt-preußische, lettische, russische, tschechische, polnische usw.), die anatolische (armenische, altphrygische usw.), die iranische (persische, afghanische usw.) und die indo-arische (Sanskrit, Pāli und die modernen Sprachen des nördlichen Indiens, wie Hindi, Bengali, Sindhi, Panjabi und Gujarati, sowie die Zigeunersprachen). Viele Götter, Glaubensformen und Riten des vedischen Zeitalters sind den homerischen eng verwandt. Die Hymnen scheinen in ihrer heutigen Form um 1500–1000 v. Chr. entstanden zu sein.

Der Begriff *Veda* umschließt jedoch nicht nur die vier Hymnensammlungen, sondern auch eine Reihe von Prosadichtungen, die ihnen angeschlossen wurden

«Der Glanz, der im Löwen, im Tiger und in der Schlange ist, in Agni (dem Gott des Opferfeuers), in den Brahmanen und in Sūrya (der Sonne), soll unser sein! Möge die liebliche Göttin, die Indra gebar, in Strahlen gehüllt zu uns kommen!

Der Glanz, der im Elefanten, im Panther und im Golde ist, in den Wassern, in den Rindern und in den Menschen, soll unser sein! Möge die liebliche Göttin, die Indra gebar, in Strahlen gehüllt zu uns kommen!

Der Glanz, der im Streitwagen, im Würfel und in der Kraft des Stieres ist, im Winde, in Parjanya (Indra als dem Herrn des Regens) und im Feuer Varuṇas (des Beherrschers des Ozeans und des westlichen Weltviertels), soll unser sein! Möge die liebliche Göttin, die Indra gebar, in Strahlen gehüllt zu uns kommen!

Der Glanz, der in dem Mann von königlichem Blut, in der gespannten Trommel, in der Kraft des Pferdes und in dem Schlachtruf der Männer ist, soll unser sein! Möge die liebliche Göttin, die Indra gebar, in Strahlen gehüllt zu uns kommen![1]»

Das hochentwickelte Adhyātman-adhidaivam-System aus der Zeit der Upanishaden verwendete als Mittel zum Erlangen vollkommener Loslösung ein konsequentes Schema von Entsprechungen zwischen subjektiven

und Brāhmaṇas heißen. Sie sind in den direkt darauf folgenden Jahrhunderten verfaßt und zeugen von einer Epoche sehr genauer theologischer und liturgischer Analyse. Die Brāhmaṇas enthalten lange ausführliche Erörterungen der Grundelemente und Nebenbedeutungen des vedischen Opfers wie auch eine Reihe unschätzbarer Fragmente sehr alter arischer Mythen und Legenden.

Nach der Periode der Brāhmaṇas kam die der oben erwähnten Upanishaden, die im 8. Jahrhundert v. Chr. begann und im Jahrhundert des Buddha (um 563–483 v. Chr.) ihren Höhepunkt erreichte. Vergleiche die Daten des philosophischen Zeitalters der Griechen, das mit Thales von Milet (640?–546 v. Chr.) begann und in den Dialogen Platons (427?–347 v. Chr.) und in den Werken von Aristoteles (384–322 v. Chr.) gipfelte.

Für den interessierten Leser wurde ein kurzer historischer Anhang zusammengestellt, der die Daten zu den meisten in diesem Werk behandelten Themen gibt; siehe Anhang B.

[1] *Atharvaveda* VI. 38. Nach der engl. Übers. v. Maurice Bloomfield, Sacred Books of the East, Bd. XLII; S. 116–117.

«Die liebliche Göttin, die Indra gebar», ist Aditi, die Mutter der Götter des vedischen Pantheons, sie entspricht Rhea, der Mutter der griechischen Olympier. Indra, der höchste und geliebteste ihrer Söhne, entspricht dem griechisch-römischen Herrn der Götter, dem Zeus-Jupiter, während Varuṇa sich mit dem griechischen Uranos (Himmel) und Sūrya mit Phoibos Apollon vergleichen läßt.

und objektiven Phänomenen[1]. Zum Beispiel: «Als die Gottheiten der Welt geschaffen waren, sagten sie zum Ātman (dem Selbst als Schöpfer): ‚Ersieh uns eine Behausung, darin wir uns niederlassen und speisen mögen.' Er führte ihnen einen Stier vor. Sie aber sprachen: ‚Wahrlich, das genügt uns nicht.' Er führte ihnen ein Pferd vor. Sie aber sprachen: ‚Wahrlich, das genügt uns nicht.' Er führte ihnen einen Menschen vor. Da sprachen sie: ‚Ei, das ist wohlgelungen!' – Denn der Mensch ist wohlgelungen. – Er sprach zu ihnen: ‚So fahrt je in eure Behausung.' Das Feuer wurde zur Rede und ging in den Mund ein. Der Wind wurde zum Atem und ging in die Nasenlöcher ein. Die Sonne wurde zum Sehen und ging in die Augen ein. Die Himmelsgegenden wurden zum Gehör und gingen in die Ohren ein. Kräuter und Bäume wurden zu Haaren und gingen in die Haut ein. Der Mond wurde zum Denken und ging in das Herz ein. Der Tod wurde zum Aushauch und ging in den Nabel ein. Die Wasser wurden zum Samen und gingen in das Glied ein[2].»

Der Schüler wird gelehrt, seine Kenntnis solcher Entsprechungen zu Meditationen wie dieser anzuwenden: «Ebenso wie ein irdener Krug sich in Erde, eine Woge in Wasser oder ein Armreif in Gold auflöst, wird das All sich in mir auflösen. Herrlich bin ich! Verehrung gebührt mir! Denn wenn die Welt sich auch vom höchsten Gott bis zum niedrigsten Grashalm auflöst, mich trifft die Vernichtung nicht[3].»

Offensichtlich besteht hier eine absolute Trennung zwischen dem Erscheinungs-Selbst (der naiv-bewußten Persönlichkeit, die zusammen mit ihrer Welt der Namen und Formen letztlich aufgelöst werden wird) und jenem anderen, tiefverborgenen, wesentlichen, aber vergessenen übersinnlichen Selbst *(ātman)*, das, wieder in die Erinnerung gerufen, sein durchdringendes, welterschütterndes «Herrlich bin ich!» hinausbrüllen wird. Dieses andere ist nichts Geschaffenes, sondern der Urgrund alles Geschaffenen, aller Dinge und alles Geschehens. «Keine Waffen ritzen es, kein

[1] Adhyātman (*adhi* = ‚über'; *ātman* = ‚Selbst' oder ‚Geist'): die Offenbarung des Höchsten Geistes als das Selbst des Individuums; adhidaivam (*daivam*, von *deva* = ‚Gottheit'): der in materiellen Dingen wirkende Höchste Geist. Diese beiden halten sich in diesem System als Doppelaspekt des einen und einzigen Unvergänglichen die Waage, jeweils vom subjektiven und vom objektiven Gesichtspunkt aus betrachtet.

[2] *Aitareya-Upanishad* 2. 1–4 (nach P. Deussen).

[3] *Ashṭāvakra Saṁhitā* 2. 10–11. (In der Übertragung von H. Zimmer, München 1929.)

Feuer brennt es, kein Wasser näßt es, kein Wind dörrt es[1].» Die Sinne, die gewöhnlich suchend und aufnehmend nach außen gerichtet sind und auf ihre Objekte reagieren, kommen mit der Sphäre dieser dauernden Wirklichkeit nicht in Berührung, sondern nur noch mit den flüchtigen Entfaltungen der vergänglichen Umwandlungen ihrer Energie. Die Willenskraft, die zur Erreichung weltlicher Zwecke führt, kann deshalb dem Menschen keine große Hilfe sein. Ebensowenig können sinnliche Genüsse und Erfahrungen das Bewußtsein in das Geheimnis der eigentlichen Lebensfülle einweihen.

Nach indischem Denken und indischer Erfahrung trägt die Kenntnis der veränderlichen Dinge weder zu einer realistischen Haltung bei – denn solche Dinge haben keine Substanz, sie müssen vergehen –, noch führt sie zu einer idealistischen Schau. Denn die fließenden Dinge in ihrer Unbeständigkeit widersprechen und widerlegen sich fortwährend. Erscheinungsformen sind von Natur aus verführerisch und trügend. Wer auf sie baut, wird in Verwirrung geraten. Sie sind nur Teilchen einer weltweiten Illusion, die durch den Zauber der Selbst-Vergessenheit hervorgebracht, durch Unwissen erhalten und durch enttäuschte Leidenschaften weitergetragen wird. Naives Nichtgewahrwerden der verborgenen Wahrheit des Selbst ist die Hauptursache aller falschen Wertungen, aller unangemessenen Einstellungen und aller daraus entstehenden Selbstquälereien dieser von sich berauschten Welt.

Selbstverständlich muß eine derartige Einsicht nicht nur von den üblichen Zwecken und Zielen der Weltkinder, sondern auch von den religiösen Riten und Dogmen solch verblendeter Wesen wegführen. Der mythische Schöpfer, der Herr des Alls, ist nicht länger von Bedeutung. Nur durch die Wendung nach innen, die das Subjekt zur Schau in die eigene Wesenstiefe hindrängt, erreicht es jene Grenze, wo die wandelbaren Überlagerungen auf ihre unwandelbare Quelle stoßen. Und solcher Innenschau kann es schließlich sogar gelingen, das Bewußtsein über die Grenze hinauszuführen, dorthin, wo es im allgegenwärtigen Urgrund aller Substanz versinkt und vergehend unvergänglich wird. Dieser Urgrund ist das Selbst *(ātman)*, die letzte, ewige, nährende Quelle des Seins. Es ist der Spender all dieser einzelnen Verkörperungen, Gestaltverwandlungen und Abirrungen vom wahren Seinszustand, der Spender der sogenannten *vikāras:* Verwandlungen und Entfaltungen des kosmischen Spieles. Auch findet der Weise nicht

[1] *Bhagavad Gītā* 2. 23.

durch Demut und Lobpreisung der Götter, sondern nur durch Wissen, durch das Wissen um das Selbst, aus der Verhaftung an das Spiel irdischer Erscheinungen, zur Erkenntnis ihrer wahren Ursache.

Solches Wissen kann nun durch zwei Methoden erlangt werden: 1. durch eine systematische Abwertung der ganzen Welt als einer Illusion oder 2. durch eine ebenso gründliche Bewußtmachung der bloßen Stofflichkeit aller Dinge[1].

Darin erkennen wir denselben nicht-theistischen, anthropozentrischen Standpunkt, zu dem der Westen heutzutage hintendiert, wenn er ihn nicht schon tatsächlich eingenommen hat. Denn wo sind die Götter, zu denen wir unsere Hände aufheben, an die wir unsere Gebete richten, und denen wir Opfer darbringen können? Jenseits der Milchstraße sind nur Weltinseln, Milchstraßen jenseits der Milchstraßen, bis in die Unendlichkeit des Raumes – keine Engelreiche, keine himmlischen Wohnungen, keine Chöre der Seligen, die den göttlichen Thron des Vaters umgeben und in seligem Bewußtsein um die geheimnisvolle Achse der Dreieinigkeit kreisen. Wo ist in all diesen unermeßlichen Weiten noch ein Bereich, wo die suchende Seele auf ihrer Wanderung, der irdischen Banden ledig, hoffen darf, zu Gottes Füßen zu landen? Müssen wir uns statt dessen jetzt nicht einwärts kehren, das Göttliche im Innern suchen, in den tiefsten Grüften der Erde? Müssen wir nicht auf die geheime innere Stimme lauschen, die uns lenkt und zugleich tröstet? Müssen wir nicht aus unserm Innern die Gnade schöpfen, die alles Begreifen übersteigt?

Wir im modernen Abendland sind nun endlich bereit, die Stimme zu suchen und zu hören, die Indien lange vernommen hat. Aber ebenso wie das Tigerjunge müssen wir sie nicht aus dem Munde des Lehrers, sondern aus uns selbst vernehmen. So wie in der Zeit, da die geoffenbarten Götter des vedischen Pantheons abgewertet wurden, hat heutzutage eine Abwertung des geoffenbarten Christentums eingesetzt. Der Christ verhält sich, nach Nietzsches Wort, wie jeder beliebige andere Mensch. Unser Glaubensbekenntnis hat keinen merklichen Einfluß mehr, weder auf unser öffentliches Verhalten noch auf unsere persönlichen Hoffnungen. Die Sakramente bewirken nur bei den wenigsten eine geistige Verwandlung; wir sind verwaist und wissen nicht, wohin uns wenden. Indessen vermitteln die verweltlichten Philosophiesysteme unserer Akademien eher Kenntnisse als die erlösenden Wandlungserlebnisse, nach denen unsere Seele verlangt.

[1] Wie es im Vedānta (S. 365–414) und im Sāṇkhya (S. 255–299), geschieht.

Das ist der Grund, weshalb ein Blick auf das Antlitz Indiens dazu verhelfen kann, ein Stück von uns selbst zu finden und wiederzugewinnen.

Das Hauptziel jedes ernsthaften Studiums des östlichen Denkens sollte darum nicht im Sammeln und Ordnen möglichst vieler fachlicher Einzelheiten bestehen, sondern darin, daß man sich ihrem bedeutsamen Einfluß öffnet. Und damit dies geschehen kann – und zwar im Sinne der Parabel von dem Ziegenpflegekind, das schließlich entdeckte, daß es ein Tiger war –, sollten wir das Fleisch der Lehren möglichst roh und blutig herunterschlucken, nicht allzu sehr durchgebraten von der Hitze unseres angeborenen abendländischen Intellekts (und es keinesfalls aus irgendeinem philologischen Pökelfaß beziehend), aber doch auch nicht allzu roh. Dann wäre es nicht schmackhaft und vielleicht sogar unverdaulich. Wir müssen es so essen, daß es noch reichlich roten Fleischsaft enthält, damit wir, vielleicht zu unserer Verblüffung, den richtigen Geschmack daran bekommen. Dann werden auch wir aus unserer überseeischen Ferne in das welterfüllende Dschungelgebrüll der Weisheit Indiens einstimmen können.

2. ABENDLÄNDISCHE UND INDISCHE PHILOSOPHIE

Die Philosophie als Dienstmagd der empirischen Forschung, ein Denken, das die Scheuklappen der modernen wissenschaftlichen Normen trägt, eine Metaphysik, die der rationalen Kritik von allen Seiten offensteht – kurzum der unfehlbare Verstand: das ist das Ideal und Ziel des Praktisch-Denkenden. Ein anderer dagegen läßt sich von all den plausiblen Forschungen und Entdeckungen einfach nicht überzeugen. Er fürchtet sich auch nicht vor dem Vorwurf, daß diese seine persönlichen Ansprüche etwas Geheimnisvolles hätten. Er verlangt nicht, daß eine Philosophie jedem Durchschnittsverstand seiner Zeit klar sein müsse. Was er will, ist eine Antwort – ja nur die Andeutung einer solchen – auf die Grundfragen seiner Seele.

Die Weisen Indiens vertreten den zweiten Standpunkt. Nie war es ihre Absicht, ihre Lehren volkstümlich zu machen. Tatsächlich sind ihre Weisheitsworte erst in den letzten Jahren durch gedruckte Texte und durch Übersetzungen in die Weltsprachen allgemein zugänglich geworden. Sie halten darauf, erst festzustellen, ob der Schüler, der in das Heiligtum ihrer Philosophie aufgenommen werden will, auch mit den nötigen geistigen Gaben ausgerüstet ist. Hat er die notwendigen Vorstudien gemacht? Ist er reif genug, aus einer Begegnung mit dem Guru Gewinn zu ziehen?

Verdient er wohl den Platz zu Füßen des Gurus? Denn die Lösungen der indischen Weisen für die Lebensrätsel und ihr Zugang zu den Mysterien des Weltalls vollziehen sich nach Richtlinien, die von allem unterschieden sind, was die besten Köpfe moderner Forschung und Erziehung predigen. Sie leugnen nicht, daß ihre Lehren schwer zu begreifen und deshalb notwendigerweise esoterisch sind, noch suchen sie sich deswegen zu rechtfertigen.

Die besonderen Voraussetzungen, die den indischen Schüler *(adhikārin)* befähigen sollen, sich auf dieses oder jenes traditionelle Teilgebiet der Lehre zu spezialisieren, werden wir später noch kennenlernen[1]. Zuerst aber wollen wir an dieses Thema mit Hilfe zweier heiterer Anekdoten über die Vorprüfungen und Proben indischer Schüler herangehen. Sie zeigen, daß ein Kandidat, selbst wenn er sich bewährt hat und als Adept zum Anhören der Lehren befugt befunden und daraufhin angenommen wurde, nicht meinen darf, er sei schon reif genug, um auch nur die Anfangsgründe des Wissens um die Wirklichkeit zu begreifen. Die Überlegenheit seines Charakters und seiner Kenntnisse – obzwar von einer Art, die der Menge und selbst einer bevorrechteten «normalen» Minderheit unbekannt bleibt – schützt ihn auf dem trügerischen Weg zum verborgenen Ziel der Wahrheit nicht vor den besonderen Fallen und Gefahren dieses Weges.

Die erste Geschichte, von einem König handelnd, der vom berühmten vedischen Philosophen Shaṅkara (um 788–820 oder 850 n. Chr.) als Schüler angenommen wurde, vermittelt einen Eindruck von der himmlischen Erhabenheit der Grundanschauungen klassischer indischer Philosophie und macht deren Unvereinbarkeit mit dem gesunden Menschenverstand deutlich. Es sind Offenbarungen vom ‚anderen Ufer', von ‚jenseits des Jordans'; oder wie die buddhistische Mahāyāna-Überlieferung es ausdrückt: es sind Schlüssel zur ‚transzendentalen Weisheit des fernen Ufers' *(prajnā-pāramitā)*, Widerschein vom Jenseits der breiten, wildstrudelnden Wasser des Lebensstromes, die mit dem Boot *(yāna)* der erleuchtenden Übung buddhistischer Tugenden überquert werden müssen. Nicht die ausführliche Beschreibung unseres diesseitigen, sondern die Überfahrt – durch Verwandlung – zum jenseitigen Ufer ist das höchste Ziel menschlichen Forschens, Lehrens und Meditierens. Es ist das Ideal, worin alle großen Philosophien Indiens übereinstimmen[2].

[1] Siehe unten S. 58–62.

[2] *Anmerkung des Herausgebers:* Der Buddha (etwa 563–483 v. Chr.) erkannte die Autorität der Veden nicht an; deshalb war seine Lehrmeinung heterodox, ent-

Die vedantische Lehre, wie Shaṅkara sie ausgelegt und systematisiert hat, legt besonderes Gewicht auf einen recht schwierigen Begriff, nämlich den der Māyā[1]. Māyā bezeichnet den unsubstantiellen, erscheinungshaften Charakter sowohl der wahrnehmbaren, greifbaren Welt wie der Seele – nämlich die bewußten, ja auch unbewußte Schichten und Triebkräfte der Person.

Dieser Begriff nimmt eine Schlüsselstellung im vedantischen Denken und in der vedantischen Lehre ein; falsch verstanden kann er den Schüler

faltete sich neben der orthodoxen vedischen Tradition und brachte eigene Schulen und Systeme hervor. Zwei große Richtungen des buddhistischen Denkens lassen sich unterscheiden. Die erste widmete sich dem Ideal der individuellen Erlösung und sah den Weg zu diesem Ziel in der mönchischen Selbstzucht. Die zweite, die im nördlichen Indien in und nach dem 1. und 2. Jahrhundert n. Chr. aufgekommen zu sein scheint – lange nachdem die andere Lehre sich nach Süden bis zur Insel Ceylon verbreitet hatte – strebte das Ideal der Erlösung aller an und entwickelte Disziplinen volkstümlicher Andacht und allgemeiner Laiengottesdienste. Die ältere ist als *Hīnayāna*, ‚das kleine *(hīna)* Fahrzeug oder Boot *(yāna)*', bekannt, während die spätere *Mahāyāna*, ‚das große (mahat) Fahrzeug' genannt wird, das heißt das Fahrzeug oder Boot, in dem alle Platz haben. Der Hīnayāna-Buddhismus stützt sich auf umfangreiche Schriften, die um 80 v. Chr. in Pāli, einem indo-arischen Dialekt aus der Zeit Buddhas, von den Mönchen auf Ceylon aufgezeichnet wurden (der sogenannte Pāli-Kanon). Obwohl der Mahāyāna diesen Kanon anerkannte, brachte er zusätzlich eigene Schriften im Sanskrit hervor, in der traditionellen heiligen und Gelehrtensprache des vedischen Indiens, die sich bis zum heutigen Tage fast unverändert erhalten hat. Zu den in Sanskrit abgefaßten buddhistischen Hauptwerken gehören die obenerwähnten sogenannten *Prajnā-pāramitā*-Texte, die auf S. 431–491 behandelt werden. Der Mahāyāna-Buddhismus breitete sich im Norden bis nach China, Tibet und Japan aus und brachte ‚die transzendente Weisheit des fernen Ufers' in diese Länder; der Hīnayāna lebt vor allem in Ceylon, Burma und Siam fort.

Indessen hörte die Entwicklung der vedisch-upanishadischen Überlieferung nicht auf, sondern brachte eine Reihe eigener schöpferischer und systembildender Philosophen hervor. Der berühmteste unter diesen ist der geniale Shaṅkara (788 bis 820 oder 850 n. Chr.), dessen Kommentare über die orthodoxen vedischen Urschriften als höchstes Monument der späteren Epoche indischer Philosophie dastehen. Der Ausdruck *Vedānta* (= *Veda* + *anta* Ende: ‚Ende der Veden', das heißt das Ziel oder die Endentwicklung des vedischen Denkens) wird auf die Werke und Auffassungen dieser späten Epoche der orthodoxen hinduistischen Scholastik angewandt (vgl. S. 365–414).

[1] *Anmerkung des Herausgebers: Māyā*, gebildet aus der Wurzel *mā*, ‚messen, formen, gestalten', bezeichnet in erster Linie die Macht eines Gottes oder Dämons, Trugbilder zu schaffen, seine Gestalt zu wechseln und unter täuschenden

zum Schluß bringen, daß die äußere Welt und sein Ich jeglicher Wirklichkeit bar seien, daß sie wesenlos seien wie ‚die Hörner eines Hasen'. Das ist ein häufiger Fehlschluß auf den ersten Stufen der Unterweisung, den durch lebendige Beispiele zu berichtigen der Zweck zahlloser lustiger Anekdoten ist, die über indische Adhikārins und ihre Gurus erzählt werden.

Der König unserer Geschichte, der ein Schüler des Philosophen Shaṅkara wurde, konnte sich als Mann von gesundem, realistischem Verstand über die Tatsache seiner königlichen Pracht und Erlauchtheit nicht einfach hinwegsetzen. Als sein Lehrer ihn anwies, alle Dinge, einschließlich der Ausübung seiner Macht und des Genusses seiner königlichen Freuden, als nichts anderes zu betrachten denn als gleichermaßen unbedeutende, erscheinungsgebundene Widerspiegelungen der übersinnlichen Essenz, die identisch sei nicht nur mit seinem Selbst, sondern mit dem aller Dinge, sträubte er sich heftig dagegen. Und als ihm gesagt wurde, daß dieses eine und einzige Selbst ihm durch die Täuschungsgewalt seiner eigenen angeborenen Unwissenheit so vielfältig erscheine, beschloß er, seinen Guru einer Probe zu unterziehen und festzustellen, ob dieser sich tatsächlich wie ein völlig Unbeteiligter verhalten würde.

Anderntags, als der Philosoph durch eine der herrlichen Palastalleen herankam, um dem König die nächste Unterrichtsstunde zu geben, wurde ein großer gefährlicher, durch die Hitze rasend gewordener Elefant auf ihn losgelassen. Shaṅkara machte kehrt und floh im Augenblick, da er die Gefahr erkannte. Als das Tier ihm dicht auf den Fersen war, verschwand er völlig. Man fand ihn schließlich auf der Spitze einer hohen Palme, die er mit einer eher unter Matrosen als unter Intellektuellen anzutreffenden Be-

Verlarvungen zu erscheinen. Abgeleitet davon ist die Bedeutung von ‚Magie', das Hervorbringen einer Täuschung durch übernatürliche Mittel; und dann überhaupt ‚das Hervorrufen einer Täuschung', etwa die Tarnung bei der Kriegführung u. a. (vgl. S. 120). Māyā in der vedantischen Philosophie ist im besonderen ‚die die Wirklichkeit überdeckende Illusion als Folge der Unwissenheit'; man ist zum Beispiel unwissend über das Wesen eines Seiles, das man auf dem Wege liegen sieht und vielleicht für eine Schlange halten mag. Shaṅkara definiert den ganzen sichtbaren Kosmos als *māyā*, eine Illusion des Menschen, mit der seine trügerischen Sinne und sein unerleuchteter Geist ihm das wahre Sein verdecken. (Vgl. Kant, *Die Kritik der reinen Vernunft*. Hier ist auch daran zu erinnern, daß für den modernen Physiker eine kleinste Einheit der Materie entweder als Partikel oder als Welle erscheint, je nach dem Instrument, mit dem er sie beobachtet.) Vgl. Heinrich Zimmer, *Mythen und Symbole in indischer Kunst und Kultur*, Zürich 1951, im Index unter ‚Maya'. Vgl. auch Heinrich Zimmer, *Maya*, Zürich 1952.

hendigkeit erklettert hatte. Der Elefant wurde eingefangen, gefesselt und zu den Ställen zurückgeführt. Der große Shaṅkara aber trat schweißüberströmt vor seinen Schüler.

Höflich entschuldigte sich der König bei dem Meister der geheimen Weisheit für diesen unglücklichen, fast verhängnisvollen Zwischenfall. Dann erkundigte er sich mit kaum verhohlenem Lächeln und halb gespieltem Ernst, warum der ehrwürdige Lehrer die körperliche Flucht ergriffen habe, da er sich doch bewußt gewesen sein müsse, daß der Elefant ein rein illusorisches, nur erscheinungsmäßiges Wesen war.

Der Weise erwiderte: «In der Tat, nach der höchsten Wahrheit ist der Elefant unwirklich. Du aber und ich, wir sind ebenso unwirklich wie der Elefant. Nur deine Unwissenheit, welche die Wahrheit durch dieses Schauspiel einer unwirklichen Erscheinung verhüllte, sah mich scheinbar auf einen unwirklichen Baum klettern.»

Die zweite Anekdote dreht sich auch um den unleugbar körperlichen Eindruck, den ein Elefant macht. Diesmal aber ist der Adhikārin ein sehr ernsthaft Suchender, der genau die entgegengesetzte Haltung einnimmt wie der materialistische König. Shrī Rāmakrishna pflegte diese Geschichte oft zu erzählen, um das Geheimnis der Māyā zu erläutern. Sie ist ein treffendes, überraschendes und denkwürdiges Beispiel mit jenem leichten Anflug von Humor, der bezeichnend für so viele indische Volkserzählungen ist.

Ein alter Guru – so erfahren wir – war gerade dabei, die Geheimlehren, in die er einen fortgeschrittenen Schüler eingeführt hatte, abzuschließen. «Alles ist Gott», sagte der weise Lehrer, «das Unendliche, rein und wirklich, grenzenlos und jenseits der Gegensatzpaare, bar aller unterscheidenden Eigenschaften und aller beschränkenden Kennzeichen. Diese Lehre ist das ‚Ende der Veden'.»

Der Schüler vernahm es und begriff: Gott ist das einzig Wirkliche. In allen Dingen webt das Göttliche leidlos und ungreifbar, alle Gestalten, alle Ich und Du der Welt sind nur der Schleier seiner Māyā. Ein ungeheures Gefühl befiel ihn; er kam sich wie eine große lichte Wolke vor, die unaufhaltsam wachsend den ganzen Himmel erfüllt, und wie eine Wolke ging er umher, aller Schwere ledig.

In erhabener Alleinsamkeit hielt er die Mitte der Straße – da kam ihm ein Elefant entgegen. Der Treiber, der oben dem Tier im Nacken saß, rief herunter: «Platz da! Platz da!», und die Schellen am Leibe des Riesen umspielten seinen lautlos wogenden Gang mit silbernem Klingen.

Der Schüler hörte und sah ihn wohl trotz seiner Verzückung, aber er wich ihm nicht aus. Er sprach bei sich selbst: «Warum sollte ich Platz machen? Ich bin Gott und der Elefant ist Gott. Soll Gott sich vor sich selber fürchten?»

Furchtlos ging er dem Tier geradewegs entgegen – da packte ihn der Elefant im letzten Augenblick, umschlang ihn mit seinem Rüssel, schwang ihn beiseite und setzte ihn unsanft am Straßenrande in den Staub.

Zerschlagen und bestaubt kam der Schüler zu seinem Lehrer und erzählte ihm die Begegnung.

Der Guru sagte: «Du hast ganz recht: du bist Gott und der Elefant ist Gott – aber warum hast du nicht auf Gottes Stimme gehört, die oben vom Elefanten herunter zu dir sprach?»

Bis zu einem gewissen Grad wird wahres philosophisches Denken im ganzen Umfang seiner Folgerungen immer schwierig zu begreifen sein. Wenn auch noch so klar und logisch formuliert, bleibt es doch unfaßbar. Wären etwa die Worte Platons und Aristoteles' von ihren Deutern endgültig in den Jahrhunderten bemeistert worden, die seit ihrem ersten erleuchteten Aussprechen vergangen sind, so wären sie sicherlich nicht bis auf den heutigen Tag lebendige Themen für stets erneute, leidenschaftliche Diskussionen geblieben. Eine tiefe Wahrheit wird selbst dann, wenn sie vom einfühlsamsten Intellekt erfaßt und in genauesten Begriffen ausgedrückt worden ist, in späteren Epochen auf widerstreitende Arten gelesen werden. Scheinbar verarbeitet und assimiliert, wird sie für künftige Geschlechter weiterhin eine Quelle neuer, überraschender Entdeckungen sein. Die Antike besaß den gesamten Text Heraklits und nicht nur die wenigen Fragmente und zerstreuten Hinweise, die auf uns gekommen sind; dennoch war er damals schon als ‚der Dunkle' bekannt. Dabei ist er der erste Meister der scharfen Sentenz und des gedrängten, kristallklaren Aphorismus in der abendländischen Literatur.

Es wird erzählt, daß Hegel, der größte und kraftvollste unter den romantischen Philosophen – klar und zugleich verschlüsselt, abstrakt und zugleich realistisch –, von einem seiner Schüler getröstet wurde, als er, einundsechzigjährig an der Cholera erkrankt, auf dem Sterbebett lag. Der Trostspender war einer seiner vertrautesten Freunde und hervorragendsten Anhänger; um den Meister aufzurichten, sagte er ihm, daß, sollte er vor der Vollendung seines gigantischen Werkes, der Enzyklopädie, hinscheiden, seine treuen Schüler noch da wären, um die Arbeit weiterzuführen. Angesichts des Todes hob Hegel in der Ruhe des schon Abgelösten ein wenig den Kopf. «Einen Schüler hatte ich, der mich verstand», hörte man ihn murmeln. Und als alle Anwesenden begierig lauschten, um den Namen aus dem Munde des verehrten Lehrers zu erfahren, sank sein Kopf wieder auf das Kissen. «Einen Schüler», fuhr er fort, «der mich verstand – und er mißverstand mich.»

Solche prägnanten Anekdoten brauchen nicht wörtlich wahr zu sein. Sie spiegeln jedoch meist in einer Art spöttischer Bilderschrift etwas Wahres wider. Die Lebensbeschreibungen Plutarchs sind größtenteils Erfindungen dieser Art über berühmte Männer der Antike. Wie die Hindu-Erzählungen spitzen sie noch zu, was an Wahrem zugrunde liegt.

Die abendländische Philosophie, wie sie von der langen, stattlichen Reihe ihrer hervorragenden Meister, von Pythagoras bis Empedokles und Platon, von Plotin und den Neuplatonikern bis zu den Mystikern des Mittelalters und dann wieder von Spinoza bis Hegel entwickelt worden ist, behandelt Probleme, die jenseits der Sphäre des normalen Verstandes liegen und nur in verschlüsselten schwierigen Formeln und Paradoxen ausgedrückt werden können. Die indische Philosophie tut das Gleiche. Die östlichen Denker sind sich ebenso tief wie die westlichen der Tatsache bewußt, daß die Mittel des Verstandes und die Macht der Vernunft für die Aufgabe, die Wahrheit zu erfassen und auszudrücken, nicht ausreichen. Denken ist durch die Sprache begrenzt. Denken ist eine Art lautlosen inneren Gespräches. Was sich nicht in den üblichen Worten und Sinnbildern der bestehenden Tradition ausdrücken läßt, existiert auch nicht im üblichen Denken. Es erfordert deshalb einen bestimmten schöpferischen Akt eines kühnen und leidenschaftlichen Geistes, um zum Ungesagten durchzubrechen – ja, es überhaupt zu erkennen; und einen weiteren Akt, um das Neuerkannte durch Prägung eines neuen Begriffes in den Bereich der Sprache heraufzuholen. Unbekannt, unbenannt, gleichsam nicht-existent und dennoch existent, muß die Wahrheit gefunden, gewonnen und durch das Gehirn in Sprache verwandelt werden – wo sie alsbald und unvermeidlich wieder falsch ausgelegt wird.

Die Möglichkeiten des praktischen Denkens wie des Denkens überhaupt sind darum zu jeder Zeit streng begrenzt durch Umfang und Fülle der verfügbaren sprachlichen Prägungen: durch Anzahl und Tragweite der Haupt-, Tätigkeits-, Eigenschafts- und Bindewörter. Die Gesamtheit dieses Wortschatzes wird in der indischen Philosophie *nāmān* (lateinisch *nomen*, unser Wort ‚Name') genannt. Denn eben die Substanz, auf und durch die der Verstand wirkt, wenn er denkt, besteht aus diesem Namensschatz der Begriffe. *Nāmān* ist das innere Reich der Begriffe, das dem äußeren Reich der wahrgenommenen ‚Formen' entspricht; der Sanskrit-Ausdruck für letztere ist *rūpa*, ‚Form', ‚Gestalt', ‚Farbe' (denn es gibt keine Gestalten und Formen ohne Farbe). *Rūpa* ist das äußere Gegenstück zu *nāmān*; *nāmān* ist das Innere von *rūpa*. *Nāma-rūpa* bezeichnet daher einerseits den Menschen als erfahrendes, denkendes, mit Verstand und Sinnen begabtes Individuum und andererseits alle Mittel und Gegenstände des Denkens und Wahrnehmens. *Nāma-rūpa* ist die ganze subjektive und objektive Welt, soweit sie wahrgenommen und erkannt wird.

Alle Schulen der indischen Philosophie, wie sehr sie sich auch in ihren Formulierungen über das Wesen der letzten Wahrheit oder Grundwirklichkeit voneinander unterscheiden mögen, sind sich doch in der Feststellung einig, daß der höchste Gegenstand des Denkens und das letzte Ziel der Erkenntnis jenseits des Bereiches von Nāma-rūpa liegt. Sowohl der vedantische Hinduismus wie der Mahāyāna-Buddhismus betonen ständig, wie unzulänglich Sprache und logisches Denken für die Wiedergabe und das Begreifen ihrer Systeme sei. Nach der klassischen vedantischen Auffassung ist der Grundfaktor, der für das Wesen und die Probleme unseres normalen Alltagsbewußtseins verantwortlich ist, die ‚Unwissenheit', das ‚Nicht-Wissen' (*avidyā*), die Kraft, die das Ich aufbaut und dazu verführt, sich und seine Erfahrungen fälschlich für wirklich zu halten. Dieses Nichtwissen kann weder als ‚seiend oder bestehend' (*sat*) noch als ‚nicht-seiend, nicht-bestehend' (*a-sat*) bezeichnet werden, sondern als ‚unsagbar, unerklärbar, unbeschreibbar' (*a-nirvacanīya*). Denn wenn es ‚unwirklich, nicht-bestehend' wäre – so wird argumentiert –, dann wäre es nicht mächtig genug, das Bewußtsein in die Grenzen des Individuums zu binden und dem inneren Auge des Menschen die Erkenntnis der unmittelbaren Wirklichkeit des Selbstes, welche das einzige Sein ist, zu verhüllen. Wenn es aber andererseits ‚wirklich', das heißt von absoluter Unzerstörbarkeit wäre, so könnte es nicht so leicht vom Wissen (*vidyā*) aufgehoben werden; das Selbst (*ātman*) könnte dann nie als letzter Urgrund allen Seins entdeckt worden sein, und keine Lehre des Vedānta wäre imstande, den Intellekt zur Erleuchtung zu führen. ‚Nichtwissen' kann nicht als *seiend* bezeichnet werden, da es sich ändert. Sein Wesen ist eben Vergänglichkeit – und dies erkennt der Suchende in dem Augenblick, da er über dessen

Täuschungszauber hinausgelangt. Seine Form ist ‚die Form des Werdens' *(bhāva-rūpa)* – flüchtig, vergänglich, überwindbar. Und dennoch unterscheidet sich dies ‚Nichtwissen' in all seiner Beschränktheit von den sonstigen vergänglichen Phänomenen, denn es besteht schon, wenn auch in fortwährendem Wandel, seit undenklichen Zeiten. Es ist in Wahrheit die Wurzel, die eigentliche Ursache und Substanz der Zeit. Das Paradoxe aber ist nun, daß es, obgleich ohne Anfang, doch ein Ende haben kann. Denn das durch ‚Nichtwissen' an den Kreislauf ewiger Wiedergeburt gebundene und dem sogenannten Gesetz der Lebensmonaden- oder Seelenwanderung unterworfene Individuum kann sich der ganzen Sphäre des ‚Nichtwissens' als eines Daseins ohne letzte Wirklichkeit bewußt werden – einfach durch einen Vorgang innerer Gewahrwerdung *(anubhava)* oder durch einen Augenblick unmittelbaren Innewerdens: ‚Ich bin nichtwissend' *(aham ajña)*.

Die indische Philosophie betont, daß die Sphäre des logischen Denkens weit übertroffen wird durch die möglichen Wirklichkeitserfahrungen des Geistes. Um die Erkenntnisse, die vom vorhandenen Sprachschatz nicht gefaßt werden können, auszudrücken und weiterzugeben, müssen Metaphern, Gleichnisse und Allegorien verwendet werden. Diese sind also keineswegs bloße Verschönerungen und entbehrliche Ausschmückungen, sondern geradezu die Träger des Sinnes, der niemals durch logische Formeln des normalen wortgebundenen Denkens wiedergegeben, geschweige denn hätte gefunden werden können. Sinnvolle Bilder können klar, faßlich und einleuchtend den paradoxen Charakter der dem Weisen bekannten Wirklichkeit fangen und zeigen; diese überlogische Wirklichkeit müßte in der abstrakten Sprache des normalen Denkens inkonsequent, voller Widersprüche, ja geradezu sinnlos erscheinen. Darum behilft sich die indische Philosophie freimütig mit Symbolen und Bildern des Mythos und steht letztlich in keinem Widerspruch zu Form und Inhalt mythischen Glaubens.

Die kritischen Philosophen Griechenlands vor Sokrates, die Vorsokratiker und Sophisten, zerstörten faktisch ihre einheimische mythologische Überlieferung. Ihre neuen Versuche, an die Lösung der Rätsel des Alls und des menschlichen Wesens und Schicksals heranzugehen, entsprachen der Logik der aufkommenden Naturwissenschaften – der Mathematik, Physik und Astronomie. Unter ihrem mächtigen Einfluß sanken die älteren mythischen Sinnbilder zu lediglich eleganten und ergötzlichen Romanstoffen herab, zu einer Art Gesellschaftsklatsch über die verwickelten Liebesgeschichten und Zwistigkeiten der olympischen Oberschicht. In Indien aber vollzog sich das Gegenteil: hier hörte die Mythologie nie auf, dem philosophischen Denken zu dienen und zum Ausdruck zu verhelfen. Die reiche Bilderschrift der epischen Überlieferung, die Wesenszüge der Gottheiten, deren Inkarnationen und Taten den Mythos bilden, die volkstümlichen und die esoterischen Symbole der Religion stellten sich immer wieder in den Dienst der Meister, wurden zu Gefäßen ihrer neuen Wahrheitserfahrung und zu Trägern ihrer Botschaften. Solchermaßen verwirklichte sich ein Zusammenarbeiten vom Spätesten und Frühsten, vom Höchsten und Tiefsten, eine wunderbare Verbrüderung von Mythologie und Philosophie. Das Ergebnis dieser Verbindung ist die hohe Geistigkeit der ganzen indischen Kultur. Die enge gegenseitige Abhängigkeit und der vollkommene Einklang der beiden Bereiche wirken der natürlichen Neigung der indischen Philosophie entgegen, die sich gern in Dunkelheiten und Esoterik verliert und von den praktischen Aufgaben des Lebens und der Gesellschaftserziehung abwendet. In der Hindu-Welt sind es Erzählungen und Volksmythen, die die Wahrheiten und Lehren der Philosophen zu den vielen bringen. In dieser sinnbildlichen Form brauchen die Gedanken nicht verwässert zu werden, um volkstümlich zu sein. Die lebendige, völlig angemessene Bilderschrift bewahrt die Lehren, ohne ihren Sinn im geringsten herabzuziehen.

Die indische Philosophie ist im Grunde skeptisch gegen Wörter. Sie zweifelt an deren Eignung, das Hauptthema ihres philosophischen Denkens wiederzugeben, und darum hüten sich die Philosophen sehr vor dem Versuch, ihre Antwort auf das Rätsel des Alls und des menschlichen Daseins auf eine rein intellektuelle Formel zu bringen. «Was ist all dies um mich herum, diese Welt, in der ich mich befinde? Was bedeutet dieser Prozeß, der mich, und mit mir die Erde, dahinträgt? Woraus ist das alles entstanden? Wohin strebt es? Und was soll meine Rolle, meine Pflicht, mein Ziel sein inmitten dieses bestürzenden, atemraubenden Dramas, in das ich verwickelt bin?» Das ist das Grundproblem für die Seele des Menschen, wenn er zu philosophieren beginnt und ehe er sein Bestreben auf methodische und kritische Fragen über die eigenen geistigen und sinnlichen Fähigkeiten beschränkt. «All das, was mich umgibt, und mein eigenes Wesen»: das ist das Māyā genannte Netz der Verstrickung, die weltschöpferische Kraft. Die Māyā offenbart ihre Macht durch das kreisende All und die sich entfaltenden Einzelformen. Dieses Geheimnis verstehen, erkennen, wie es wirkt, und möglichst über seinen kosmischen Zauber hinausgelangen, indem man durch die äußeren Sphären der greifbaren und sichtbaren Erscheinungen hindurchbricht und gleichzeitig innerlich alle Vernunfts- und Gefühlsschichten der Psyche durchstößt, darin liegt das Bestreben, in dem die indische Philosophie die elementarste und letztlich unabweisbare Aufgabe des Menschen sieht.

3. DER ANSPRUCH DER WISSENSCHAFT

Als ich Student war, wurde der Begriff ‚indische Philosophie' als Widerspruch in sich selbst, als *contradictio in adiecto* betrachtet, vergleichbar mit solchem Unsinn wie ‚hölzerner Stahl'. ‚Indische Philosophie' war etwas, das es einfach nicht gibt, wie – um eine Redensart der Hindu-Gelehrten zu brauchen – ‚die Hörner eines Hasen' oder ‚der Sohn einer Unfruchtbaren'. Unter den ordentlichen Professoren für Philosophie gab es damals nur einen einzigen Begeisterten, einen Anhänger Schopenhauers, den alten Paul Deussen, der regelmäßige Vorlesungen über indische Philosophie hielt. Gewiß lieferten die Orientalisten durch die Herausgabe von Texten bis zu einem gewissen Grade das Material, vielleicht unterstützt von irgendeinem vereinzelten Schüler. Aber sie bemühten sich nie mit der Frage, ob es so etwas wie ‚indische Philosophie' gäbe. Alles, was sie in ihren Urkunden fanden, behandelten sie nur als philologisches Problem; dann gingen sie zur nächsten Zeile über. Indessen stimmten die Philosophieprofessoren – je nach ihrer Art in mehr oder weniger höflicher Tonart – alle darin überein, daß es so etwas wie Philosophie im wahren Sinne des Wortes außerhalb Europas einfach nicht gäbe. Und wie wir gleich sehen werden, ließ sich diese Einstellung in gewisser Weise rational rechtfertigen.

Andererseits aber entwickelten damals einige Historiker eine weitsichtigere, lebendigere Anschauung über die Geschichte der Ideen und die Entfaltung des menschlichen Geistes, an ihrer Spitze Wilhelm Dilthey. Diese Männer sahen, wenn ihnen auch selbst die Möglichkeit dazu fehlte, die Notwendigkeit, daß die Philosophen Indiens und Chinas wenigstens in all jenen Werken Platz finden müßten, die als Universalgeschichte des menschlichen Denkens gelten wollten. Sie führten als Argument an, was inzwischen allgemein anerkannt worden ist: daß man nämlich, wenn ein Denker vom Range Hobbes' in die Reihe unserer bedeutenden Geister aufgenommen wurde, Konfuzius in bezug auf Erziehung, Staatskunde, Regierungskunst und Ethik nicht übergehen dürfe. Oder ferner: wenn Machiavelli als der erste moderne politische Denker hingestellt wird, dann müsse auch das im *Arthashāstra*[1] geschilderte Hindu-System erwähnt werden; und ebenso: wenn der hl. Augustinus, der hl. Thomas von Aquin und Pascal als Religions-Philosophen bezeichnet werden, dürften die großen Hindu-Theologen wie Shaṅkara und Rāmānuja[2] – die mit hochentwickelter scholastischer Technik die philosophischen Grundlagen der orthodoxen vedantischen Theologie darlegen – nicht beiseite gelassen werden. Und im Augenblick, da wir Plotin oder Meister Eckhart als Philosophen anerkennen, können wir Laotse oder die Meister des hinduistischen und buddhistischen Yoga nicht außer acht lassen. Darum wurden den westlichen geistesgeschichtlichen Werken Hinweise auf China und Indien in Gestalt von Fußnoten, Anmerkungen oder Einführungskapiteln eingefügt, welche die Geschichte der ‚eigentlich' mit den Ioniern Thales, Anaximander und Heraklit im 6. und 5. Jahrhundert v. Chr. beginnenden Philosophie ergänzten[3].

Obgleich diese Anschauungen von Einfluß waren, lehnten es doch zu Anfang unseres Jahrhunderts immer noch viele ab, dem Hindu-Denken den ehrenvollen Titel ‚Philosophie' zuzubilligen. ‚Philosophie', so behaupteten sie, sei ein griechischer Begriff, die Bezeichnung für etwas Einzigartiges und Hohes, das unter den Griechen ins Dasein getreten und nur von der westlichen Kultur weitergeführt worden sei. Zur Unterstützung ihrer Auffassung konnten sie sich auf die Autorität des großen Hegel berufen, der schon ein ganzes Jahrhundert vorher mit meisterhaftem Einfühlungsvermögen und gründlichster Beherrschung des damals verfügbaren Materials sich in seinen *religionsphilosophischen Vorlesungen* und in seiner *Philosophie der Weltgeschichte* zu Indien und China geäußert hatte. Hegel prägte gewisse Formulierungen, die für die Geschichtsforschung immer noch unübertroffen sind und durch unsere neueste Kenntnis der Tatsachen und Quellen

[1] Siehe unten S. 44–47 und S. 89–135. [2] Siehe unten S. 369 ff.; S. 409–410.

[3] Georg Misch, ein Schüler Diltheys und Herausgeber von dessen vielen hinterlassenen Schriften, hat die Entwicklungsstufen der vorplatonischen griechischen Philosophie mit den parallel dazu verlaufenden Entwicklungen in der chinesischen und indischen Geschichte verglichen. Er hat Texte über gleiche Fragen aus allen drei Überlieferungen zusammengestellt und in ausgezeichneten Übersetzungen veröffentlicht und kommentiert (Georg Misch, *Der Weg in der Philosophie*, Leipzig 1926, zweite, stark erweiterte Ausgabe, München 1950).

(ein wesentlich umfassenderes Material als das ihm zugängliche) bestätigt wurden. Keinem vergleichbar in seiner Einfühlungsgabe, nahm er doch Indien und China mit ihren Philosophien nicht in die Hauptabschnitte seiner Darstellung auf. Denn er betrachtete die Errungenschaften dieser fast unbekannten Kulturen nur als eine Art Vorspiel, das sich ereignete, ehe sich der Vorhang hob vor der ‚eigentlichen' Geschichte, die im Nahen Osten begann, und vor der ‚eigentlichen' Philosophie, die eine Erfindung der Griechen war. Hegels Begründung – und es ist immer noch die Begründung all jener, die auf ihrer alten Weigerung beharren und den Titel ‚Philosoph' den unsterblichen Denkern Indiens und Chinas absprechen wollen – ist die, daß den östlichen Systemen etwas abgehe. Wenn man sie mit der abendländischen Philosophie, so wie sich diese in der Antike und in der Moderne entwickelt hat, vergleicht, so fehlt ihnen offensichtlich der stetig erneuerte, befruchtende, enge Kontakt mit den fortschreitenden Naturwissenschaften: mit deren immer kritischeren Methoden und deren weltlichen, nicht-theologischen, im Grunde antireligiös gewordenen Auffassungen von Mensch und Welt. Dies reiche aus – so will man uns einreden –, um eine Begrenzung des Begriffes auf das Abendland zu rechtfertigen.

Es muß zugegeben werden: in einem hat die Alte Garde ganz recht. Eine enge und ständige Wechselbeziehung zu den rationalen Wissenschaften ist eines der bedeutendsten Kennzeichen abendländischer Philosophie gewesen; man denke etwa an die Rolle der angewandten Mathematik in der griechischen Astronomie, Mechanik und Physik oder an das methodisch fundierte und von keinerlei theologischen oder mythischen Vorstellungen beeinträchtigte Interesse für Zoologie und Botanik bei Denkern wie Aristoteles und Theophrast. Man hat behauptet, das indische Denken dürfe nicht mit der großen Linie der abendländischen Philosophie verglichen werden, sondern bestenfalls mit dem christlichen Denken des Mittelalters, von den Kirchenvätern bis zum hl. Thomas von Aquin, also mit der Zeit, da die philosophische Spekulation den Ansprüchen des ‚geoffenbarten' Glaubens untergeordnet und gezwungen wurde, die Rolle einer Handlangerin oder Dienstmagd der Theologie *(ancilla theologiae)* zu spielen; niemals war dieser Philosophie aber gestattet, den dogmatischen, in päpstlichen Erlassen aufgestellten und ausgelegten, durch Verfolgung der Ketzer und Freidenker aufrechterhaltenen Glaubenssätzen zu widersprechen oder sie zu analysieren. Die griechische Philosophie und später ebenso die moderne Philosophie – wie sie von Giordano Bruno (der auf dem Scheiterhaufen endete) und Descartes vertreten wird – haben ständig geistige Revolutionen im Gefolge gehabt, indem sie das Denken immer radikaler aus den überlieferten religiösen Bindungen befreiten. Schon in der Mitte des 5. Jahrhunderts v. Chr. wurde Anaxagoras aus Athen verbannt, weil er erklärt hatte, die Sonne sei nicht der Sonnengott Helios, sondern eine weißglühende Himmelskugel. Zu den Verbrechen, die Sokrates vorgeworfen wurden und deretwegen er den Giftbecher leeren mußte, gehörte sein mangelnder Glaube an die Staatsreligion, nämlich an die lokalen Schutzgötter Athens. Und unsere moderne Wissenschaft und Philosophie hat ihre heutige Reife nur damit erreicht, daß sie seit den Tagen Brunos und Galileis mit jedem neuen Schritte gegen die Dogmen über Mensch und Natur, die zum altüberlieferten festen Bestand der Kirche gehörten, ankämpfte. Nichts Vergleichbares und auch nichts von solch umwälzender und sprengender Wirkung hat sich je im Osten, soweit die Überlieferung reicht, zugetragen.

Die abendländische Philosophie ist zum Schutzengel des ‚richtigen', das heißt des vorurteilslosen, kritischen Denkens geworden. Sie hat sich ihre Stellung dadurch erworben, daß sie ständig den Kontakt mit den fortschrittlichen Methoden des wissenschaftlichen Denkens pflegte und diesen Methoden unerschütterlich treu blieb. Und sie wird ihre Vorkämpfer unterstützen, auch wenn am Ende schließlich die Vernichtung aller überlieferter Werte in Gesellschaft, Religion und Philosophie stehen sollte. Die Denker des 19. Jahrhunderts, die sich weigerten, die indische Philosophie als gleichwertig anzuerkennen, taten dies aus Verantwortungsbewußtsein gegenüber der Wahrheit der modernen Wissenschaft. Diese gründete sich auf Experiment und Kritik. Und die Philosophie, wie sie sie auffaßten, hatte die Methoden dieses rationalen Fortschrittes zu erklären und sie zu schützen gegen Dilettantismus, Wunschdenken und die eingefleischte Voreingenommenheit aller undisziplinierten Spekulation, die der nicht mehr gültigen Denkweise des archaischen Menschen entstammt.

Auf der anderen Seite finden wir die Haltung eines geheiligten Traditionalismus, die in den meisten großen Dokumenten des östlichen Denkens hervortritt, die Bereitschaft, sich den autoritativen Aussprüchen erleuchteter Lehrer zu unterwerfen, die behaupten, in unmittelbarer Verbindung mit der transzendentalen Wahrheit zu sein. Dies läßt eher auf eine unausrottbare Vorliebe für Visionen, Intuitionen und metaphysische Erfahrungen schließen als auf ein Interesse für Experimente, Laboratoriumsforschung und das Einfangen exakter Daten der Sinneswelt in mathematische Formeln. Niemals gab es in Indien eine so enge Verbindung zwischen Naturwissenschaft und Philosophie, daß es zu einer echten gegenseitigen Befruchtung gekommen wäre. Nichts in der hinduistischen Physik, Botanik oder Zoologie kann mit den großen Forschungsergebnissen des Aristoteles, Theophrast, Eratosthenes und der hellenistischen Gelehrten von Alexandrien verglichen werden. Das indische Denken hat sich nie von der kritischen Haltung, dem unmittelbaren Beobachtungsmaterial und den Forschungsimpulsen beeinflussen lassen, wie sie den westlichen Denkern ständig aus jenen antiken Quellen zuflossen. Und wenn die indischen Naturwissenschaften nicht einmal zur Zeit der Griechen denjenigen Europas gleichkamen, um wieviel größer ist dann der Unterschied heute!

Unter dem Anstoß der überwältigenden Errungenschaften unserer Laboratorien sieht sich die moderne Philosophie vor völlig neue Probleme gestellt. Ohne die Entwicklung der modernen Mathematik, Physik und Astronomie, die durch das Werk Galileis, Torricellis und ihrer Zeitgenossen angebahnt wurde, wäre die neue Denkweise, wie Descartes und Spinoza sie vertraten, nie gefunden worden. Spinoza verdiente seinen Lebensunterhalt als Optiker, er schliff Linsen – ein modernes, fortschrittliches Gerät der neuesten Forschung. Leibnizens vielseitiges Lebenswerk zeigt sehr eindrücklich die enge Wechselbeziehung, ja geradezu Verschmelzung der Mathematik und Physik mit der Philosophie des 17. Jahrhunderts. Und man kann Kant nicht studieren, ohne auch Newton zu kennen! Während des 19. Jahrhunderts fand die Naturwissenschaft ihr Gegenstück in den positivistischen, empiristischen Philosophien von Comte, Mill und Spencer. Tatsächlich ist die ganze Entwicklung des modernen abendländischen Denkens durch den unaufhaltsamen wegbereitenden Fortschritt unserer säkularisierten rationalen Wissenschaften bestimmt worden. Diese Entwicklung vollzog sich seit den Tagen Francis Bacons und seit dem Beginn der neuen Forschungen bis zu eben diesem heutigen Augenblick, da die schwindelerregenden Theorien Einsteins, Heisenbergs, Plancks, Eddingtons und Diracs über die Struktur des Atoms und des Universums nicht nur den heutigen, sondern auch vielen Generationen von zukünftigen Philosophen neue Aufgaben stellen.

Gar nichts Derartiges wird man in der Geschichte Indiens finden, obwohl sich in der klassischen Antike eine entsprechende Situation durch die

roßartige Reihe von Thales bis zu Demokrit und über Platon und Aristo-
eles bis zu Lucretius abzeichnet. Nicht wenige Vorsokratiker zeichneten
ich in Mathematik, Physik und Astronomie ebenso aus wie in philosophi-
cher Spekulation. Thales erntete mehr Ruhm mit der Vorhersage einer
onnenfinsternis, die er durch Anwendung der Mathematik auf die kosmi-
chen Vorgänge errechnete, als er je bei seinen Zeitgenossen durch die Er-
lärung gewann, daß das Wasser das Urelement des Weltalls sei – ein Ge-
danke, der schon einigen früheren Mythen gemeinsam war. So wurde auch
Pythagoras als Entdecker gewisser Grundprinzipien der Akustik berühmt.
Aristoteles schreibt über die Nachfolger des Pythagoras, daß sie ‚sich dem
Mathematikstudium widmeten und die ersten waren, die diese Wissen-
schaft vorwärts brachten'[1]. Pythagoras nahm an, die Prinzipien der Zahl
seien auch die Grundprinzipien alles Seienden, und so entdeckte er durch
Versuche, daß die musikalischen Intervalle von gewissen arithmetischen
Verhältnissen der Saitenlänge bei gleicher Spannung abhängig seien. Mit
den so entdeckten Harmoniegesetzen erklärte er die Gesamtstruktur des
Kosmos. So war also im alten Griechenland wie im heutigen Europa die
philosophische Spekulation über die Struktur und die Kräfte des Alls, über
lie Natur aller Dinge und über das wahre Wesen des Menschen schon stark
om Geiste naturwissenschaftlicher Forschung getragen; das Ergebnis war
ie Auflösung der festgelegten archaisch-mythischen und theologischen
orstellungen von Mensch und Welt. Traditionalismus, der sich auf Offen-
arung und altehrwürdige Visionen gründete, wurde geringgeachtet. Eine
eihe geistiger Umwälzungen folgte, die Jahrhunderte später zu einer der
rsachen und geistigen Voraussetzungen für den Verfall der bestehenden
ozialen Ordnungen werden sollten. Dies gilt von der Französischen Revo-
ution im Jahre 1789 wie von der russischen und den mitteleuropäischen
Revolutionen dieses Jahrhunderts, nicht zu vergessen die jüngsten Um-
türze in Mexiko, Südamerika und China.

Die indische Philosophie dagegen blieb an die Tradition gebunden. Ge-
ragen und lebendig erhalten nicht durch das Experimentieren mit äußeren
Dingen, sondern durch die nach innen gekehrten Erfahrungen der Yoga-
Praxis, hat sie das Glaubenserbe eher ausgedeutet als zerstört und sich ihrer-
eits von den religiösen Kräften interpretieren und berichtigen lassen. Philo-
ophie und Religion sind zwar auch in Indien über gewisse Punkte verschie-
dener Meinung; aber niemals haben die Vertreter der reinen Kritik gegen

[1] Aristoteles, *Metaphysik* I. V.

das uralte Bollwerk des Volksglaubens einen Vernichtungsangriff unternom
men. Letztlich haben sich beide Geisteshaltungen aneinander gefestigt, s
daß man in beiden charakteristische Züge finden kann, die wir in Europ
nur einer der beiden Disziplinen zuschreiben würden. Aus diesem Grund
waren die Gelehrten unserer Universitäten, die sich so lange sträubten, da
indische Denken über unsere ewigen Menschheitsprobleme mit dem grie
chisch-abendländischen Titel ‚Philosophie' zu ehren, nicht so sehr im Un
recht. Trotzdem – und das hoffe ich zeigen zu können – gibt es und gab e
in Indien tatsächlich eine echte Philosophie, ein kühnes und atemrau
bendes Abenteuer, wie es je der abendländische Geist gewagt hat. Aller
dings ist sie aus einer östlichen Kulturlage und -bildung hervorgegangen
zielt auf Dinge, die den modernen akademischen Richtungen verhältnis-
mäßig unvertraut sind, und bedient sich fremdartiger Methoden – am End
jedoch sind die Ziele genau die gleichen, die Plotin, Scotus Eriugena un
Meister Eckhart ebenso inspiriert haben wie die philosophischen Gedan-
kenflüge der vorsokratischen Denker, eines Parmenides, Empedokles, Py-
thagoras und Heraklit.

4. DIE VIER LEBENSZIELE

Tatsache bleibt: es gibt kein einziges Sanskritwort, in dem all das enthalte
und ausgedrückt ist, was wir in der indischen Literatur ‚philosophisch' z
nennen geneigt wären. Die Hindus pflegen auf mehrere Arten die Gedan
ken zu klassifizieren, die sie für lernens- und lehrenswert halten, aber si
haben kein Wort, das all ihre gemeinsamen Grunderkenntnisse über di
Wirklichkeit und das menschliche Wesen und Verhalten zusammenfaßt
Das erste und wichtigste ihrer Ordnungssysteme ist das der vier Ziele
Zwecke oder Bereiche des menschlichen Lebens.

1. *Artha*, das erste Ziel, besteht in materiellem Besitz. Die Künste, di
diesem Ziele dienen, sind die Wirtschaft, die Politik und die Kunst, sich
im Kampf ums Dasein gegen Eifersucht und Ehrgeiz, Verleumdung un
Erpressung, gegen die tyrannische Gewaltherrschaft von Despoten un
die Angriffe rücksichtsloser Nachbarn zu behaupten. Wörtlich bedeute
artha ‚Ding, Objekt, Substanz' und umfaßt den ganzen Bereich der Sinnes-
objekte, die besessen, genossen und verloren werden können und die wi
im täglichen Leben zur Führung des Haushalts, zur Gründung einer Fami-
lie und zur Ausübung religiöser Pflichten, das heißt zur rechten Erfüllung

nsrer Lebensaufgaben brauchen[1]. Die Dinge tragen auch zu sinnlichem ;enießen[2], zur Befriedigung von Gefühlen und zur Erfüllung berechtigter nsprüche des Menschen bei, nämlich seines Bedürfnisses nach Liebe, :hönen Kunstwerken, Blumen, Schmuck, eleganter Kleidung, bequemem Vohnen und Tafelfreuden. Das Wort *artha* bezeichnet also ‚das Erlangen on Reichtümern und weltlichen Gütern, von Vorteil, Gewinn, Wohlabenheit' und auch ‚das Ergebnis'; im Geschäftsleben bedeutet es: ‚Ge:häftliches, Geschäftsangelegenheiten, Arbeit, Preis'; und im Rechtsvesen: ‚Klage, Prozeß, Gesuch'. In bezug auf die Außenwelt heißt *artha* 1 allgemeinster Bedeutung ‚das, was wahrgenommen werden kann, das innesobjekt'; in bezug auf die Innenwelt der Psyche: ‚Zweck und Ziel, bsicht, Objekt, Wunsch, Begehren, Motiv, Ursache, Grund, Interesse, Vutzen, Bedarf und Belang'; und als letztes Glied einer Wortzusammenetzung, -*artha*, ‚um ... willen, zugunsten von, für, bestimmt für'. Dieses Wort vereinigt also in seiner Bedeutung: 1. das Objekt menschlichen Strebens, 2. die Mittel dieses Strebens und 3. die Bedürfnisse und Begierden, lie dieses Streben anregen.

In Indien gibt es eine besondere Literatur über dieses Thema, in der sich lie Untersuchung speziell auf das Gebiet der Politik beschränkt: der Polik des Privatmannes im Alltag und der Politik des Königs zur Gewinnung, usübung und Erhaltung von Macht und Reichtum. Diese Kunst wird urch die Tierfabel – dies vorzügliche Darstellungsmittel einer realisti:hen Lebensphilosophie – deutlich gemacht. Durch passende Erzählungen us dem Tierreich wird eine rücksichtslose Wissenschaft des Überlebens lustriert, die ganz unsentimentale Kunst, sich trotz der ständigen Gefahr, ie hinter jedem versteckten oder offenen Kampf der Geschöpfe um Leben nd Vormacht lauert, durchzusetzen. Wie alle indischen Lehren ist auch iese aufs feinste ausgearbeitet und hat den Zweck, eine Kunstfertigkeit u vermitteln. Sie wird nicht durch moralische Vorschriften verwischt

[1] Religiöse und gesellschaftliche Pflichten werden in Indien als eine Verpflichmg betrachtet, die man dadurch eingeht, daß man ins Leben tritt innerhalb der ;emeinschaft und als Mitglied in ihr verbleibt. Die Schuld muß zurückgezahlt verden an die Götter, die uns beschützen und begünstigen, an die Vorväter, denen vir unser Dasein verdanken, und an unsere Mitmenschen, mit denen wir die Freuen und Leiden des Lebens teilen. Die rechte Durchführung der Lebensrolle *dharma)* wird später als drittes der vier Ziele behandelt werden (S. 49–50 und . 146–168).

[2] Lust *(kāma)* ist ebenfalls eines der vier Ziele; vgl. S. 47–49 und S. 136–145.

oder abgeschwächt; die Technik wird in nüchterner Strenge vorgetragen. Die Lehrbücher sind trocken, witzig, unerbittlich, zynisch und übertragen die erbarmungslosen Gesetze des Kampfes im Tierreich auf die menschliche Ebene. Das gegenseitige Verschlingen, das Vorwärtskommen auf Kosten der anderen, das Sich-Behaupten gegen die anderen dienen dieser Denkweise als Vorbild. Es sind die Lebensgesetze der Tiefsee; deshalb wird diese Lehre *Matsya-nyāya* genannt, ‚Das Prinzip oder der Brauch *(nyāya)* der Fische *(matsya)*' – das heißt: ‚die Großen fressen die Kleinen'. Die Lehre wird auch *Arthashāstra*, ‚Das autoritative Handbuch *(shāstra)* der Wissenschaft vom Reichtum *(artha)*' genannt, in dem alle zeitlosen Gesetze der Politik, Wirtschaft, Diplomatie und des Krieges gefunden werden können.

Die Literatur über dieses Thema umfaßt also Tierfabeln, aber auch systematische und aphoristische Abhandlungen. Von den ersten sind die beiden bekanntesten das *Pañcatantra*, ‚Die fünf *(pañca)* Webstühle oder Webketten *(tantra)*', das heißt ‚Die fünf Abhandlungen', und das *Hitopadesha*, ‚Einführung *(upadesha)* in das, was vorteilhaft und nützlich *(hita)* ist'. Von den systematischen Abhandlungen ist die bei weitem wichtigste ein enzyklopädisches Werk, bekannt als *Kauṭilīya-Arthashāstra*. Es wird nach der Überlieferung dem Cāṇakya Kauṭilya, dem legendären Kanzler des Maurya-Herrschers Candragupta, zugeschrieben und nach ihm benannt. Candragupta hatte seine Blütezeit gegen Ende des 4. Jahrhunderts vor Christi Geburt. Als Alexander der Große 326 v. Chr. in Nordwestindien einfiel, wurden die nordöstlichen Provinzen von der Nanda-Dynastie beherrscht; etwa fünf Jahre nach dem Alexanderzuge stürzte Candragupta, dessen Vater vielleicht ein Nanda, dessen Mutter aber von niederer Geburt war, dieses Herrscherhaus und begründete das Kaiserreich der Mauryas, eines der mächtigsten in der indischen Geschichte. Das politische Handbuch, das dem weisen und geschickten Brahmanen zugeschrieben wird, der den Candragupta bei seinem Unternehmen beraten und unterstützt haben soll, gibt ein umfangreiches, getreues und lebendiges Bild von Stil und Art hinduistischer Regierung, Staatskunst, Kriegführung und vom öffentlichen Leben jener Epoche[1]. Eine bedeutend kürzere Abhandlung, das sogenannte *Bārhaspatya-Arthashāstra*, ist eine gedrängte Aphorismensammlung, die der Gott Brihaspati, der mythische Kanzler, Hauspriester und oberste weltpolitische Ratgeber des Götterkönigs Indra, geoffenbart

[1] *Kauṭilīya-Arthashāstra*, übers. von J. J. Meyer. Leipzig 1925/26.

haben soll[1]. Eine weitere Zusammenfassung ist Kāmandaki's *Nītisāra*, ‚Der Extrakt, der Saft oder die Essenz *(sāra)* des Regierens oder richtigen Verhaltens *(nīti)*[2]. Dieses Werk ist viel jünger als das des Kauṭilya, besteht aus mitunter ergötzlichen Lehrgedichten und erhebt den Anspruch, den Extrakt oder die Essenz der älteren Sammlung zu enthalten. Wertvolles Material findet sich auch in vielen der Lehrdialoge, Erzählungen und Fabeln des großen Nationalepos *Mahābhārata* – verstreute Teile und Fragmente verlorengegangener Schriften aus der indischen Feudalzeit des 8. und 7. Jahrhunderts v. Chr. Auch besitzen wir einige kleinere Werke, in denen diese Theorie hie und da abgewandelt ist, um einigermaßen mit den Forderungen von Ethik und Religion übereinzustimmen[3].

Aus solchen Quellen läßt sich eine vitale, vielseitig verwendbare, durchaus realistische Philosophie des praktischen Lebens, aber auch eine Theorie der Diplomatie und Staatsführung entnehmen, die sich zweifellos mit der Staatskunst Machiavellis oder Hobbes' vergleichen läßt. Auch hat das indische *Arthashāstra* viele Züge mit Platons *Staat* und *Gesetzen* und mit Aristoteles' *Politeia* gemeinsam und kann einen Vergleich mit diesen Werken wohl aushalten.

2. *Kāma*, das zweite der vier Lebensziele, ist Lust und Liebe. In der indischen Mythologie ist Kāma das Gegenstück zu Cupido. Er ist der hinduistische Liebesgott, der mit seinem Blumenbogen und seinen fünf Blütenpfeilen zitterndes Liebesverlangen in die Herzen sendet. Kāma ist das verkörperte Liebesverlangen, und so ist er Herr und Meister auf der Erde wie auch in den niederen Sphären des Himmels.

Das uns erhaltene klassische Hauptwerk der indischen Kāma-Lehre ist Vātsāyayana's berühmtes *Kāmasūtra*[4]. Dieses Werk hat Indien den zweifel-

[1] *Bārhaspatya-Arthashāstra*, herausgegeben und ins Englische übersetzt von F. W. Thomas, Punjab Sanskrit Series, Lahore 1921. Über Brihaspati vgl. oben S. 80–81.

[2] *Kāmandakiya-Nītisāra*, ins Englische übersetzt von M. N. Dutt, Wealth of India Series, Kalkutta 1896. Das Verb *nī* bedeutet ‚führen, befördern, lenken, leiten, herrschen, vorschreiben', das Hauptwort *nīti*: ‚Richtung, Führung, Verwaltung; Verhalten, Anstand, Schicklichkeit; Handlungsweise, Politik; Klugheit, politische Weisheit, Staatskunst. *Nītisāra* ist also ein Synonym von *arthashāstra*.

[3] Literaturangaben und eine Erörterung des ganzen Themas finden sich in M. Winternitz, *Geschichte der indischen Literatur*, Leipzig 1920, Band III, S. 504–536.

[4] *Sūtra*, ein Leitfaden, eine Richtschnur, Aphorismen (vergleiche das lateinische *sutura*). Ein Sūtra ist ein Hand- oder Regelbuch. Es gibt Sūtras für alle Ge-

haften Ruf der Sinnlichkeit eingebracht, was aber recht irreführend ist. Denn das Thema wird in durchaus praktisch-technischem Sinne dargestellt; es handelt sich mehr oder weniger um ein Handbuch für Liebespaare und Kurtisanen. In Wirklichkeit ist die vorherrschende Einstellung des Hindu streng, keusch und äußerst zurückhaltend; sie ist durch eine starke Betonung rein geistiger Interessen und durch die Versenkung in religiöse und mystische Erfahrung ausgezeichnet. Die Kāma-Lehre entstand, um die Enttäuschungen im Eheleben, die allzu häufig vorgekommen sein müssen, da Vernunftehen gang und gäbe, Liebesehen aber seltene Ausnahmen waren, zu beheben und zu verhüten. Im Laufe der Jahrhunderte wurde die Heirat in zunehmendem Maße eine Familienangelegenheit. Vereinbarungen, die von den Familienhäuptern auf Grund der von Astrologen gestellten Horoskope und aus wirtschaftlichen und gesellschaftlichen Überlegungen getroffen wurden, bestimmten das Schicksal von Braut und Bräutigam. Sicherlich gab es viele trübselige und unglückliche Familien, denen ein bißchen Kurtisanenwissen von größtem Nutzen hätte sein können. Es war eine Gesellschaft mit eingefrorenen Gefühlen, nicht eine zu Ausschweifungen neigende, für die dieser technische Leitfaden der Anpassungs- und Anreizungstechnik geschrieben wurde.

Obgleich die uns erhaltene Kāma-Literatur also vorwiegend die Technik behandelt, gibt sie uns doch Einblicke in die Beziehung der Geschlechter zueinander, sie gibt uns eine Vorstellung von der Psychologie der Liebe bei den Hindus, von ihrem Gefühlsleben, von der Art, ihre Gefühle auszudrücken, und sie zeigt uns, wie die Liebe als Pflicht und Lebensbereich anerkannt wurde. Geeigneter als das *Kāmasūtra* ist für diesen Zweck jedoch eine andere Art von Büchern, die den verschiedenen Unterhaltungskünsten gewidmet sind, nämlich die Handbücher der Dicht- und Schauspielkunst, die sogenannten *Nāṭyashāstras*, Leitfäden für die Künste des Tanzes, der Pantomime, des Gesanges und des Schauspiels, für Fachleute geschrieben. Die Standardtypen des Hindu-Helden und der Hindu-Heldin werden hier dargestellt und besprochen. Die ihnen eigene Psychologie wird gezeigt und die Reihe der Gefühle beschrieben, die sie in verschiedenen archetypischen Situationen haben. Wir entdecken in diesen Texten den Niederschlag einer hochentwickelten Psychologie des Herzens, die wohl vergleichbar ist mit der reichen Typologie menschlicher

biete des indischen Lebens. Die Blütezeit solcher aphoristischer Kompendien war um 500–200 v. Chr.

Gefühle und Reaktionen, die das Abendland in der italienischen Oper und der französischen Tragödie des 17. und 18. Jahrhunderts entwickelt hat. Die Werke erinnern durchgehend an die Essais und Aphorismen der französischen Moralisten, der La Bruyère, La Rochefoucauld, Chamfort und Vauvenargues, jener Erneuerer der Tradition Theophrasts, der seinerseits von der griechischen Bühnenkunst beeinflußt war.

3. *Dharma*, das dritte der vier Ziele, umschließt die Gesamtheit religiöser und ethischer Pflichten. Es wird ebenfalls durch einen Gott personifiziert, dessen Wesen allerdings verhältnismäßig abstrakt ist.

Die Texte dazu sind die *Dharmashāstras* und *Dharma-sūtras* oder Bücher des Gesetzes. Manche werden mythischen Personen zugeschrieben wie dem Manu, dem Urvater der Menschen, andere wieder hervorragenden brahmanischen Heiligen oder Lehrern des Altertums. Der Stil der ältesten Schriften – etwa die des Gautama, des Āpastamba oder des Baudhāyana, die dem 5. und den folgenden Jahrhunderten v. Chr. angehören[1] – weist Ähnlichkeiten mit der späteren vedischen Prosaüberlieferung auf. Diese frühen Werke sind voll von gesellschaftlichen, rituellen und religiösen Vorschriften, die für die eine oder andere vedische Schule bestimmt waren. Die späteren Gesetzbücher aber – und vor allem das große, dem Manu zugeschriebene Kompendium[2] – umfassen die Gesamtheit des orthodoxen Lebens der Hindus. Die Rituale und die zahlreichen gesellschaftlichen Vorschriften für die drei oberen Kasten, die Brahmanen (Priester), Kshatriyas (Kriegeradel), Vaishyas (Kaufleute und Bauern), gehen in ihrer peinlich genauen Abfassung auf uralte Bräuche zurück, deren Einsetzung dem Schöpfer selbst zugeschrieben wurde. Weder dem König noch dem Millionär, sondern dem Weisen, dem Heiligen, dem Mahātma (wörtlich ‚großherzig': ‚großes *(mahat)* Selbst oder Geist *(ātman)*') kommt der höchste Rang und die größte Ehre in diesem System zu. Als Seher, als Zunge oder Sprachrohr der zeitlosen Wahrheit ist er es, von dem jede Gemeinschaft ihre Ordnung empfängt. Der König ist eigentlich nur der Verwalter dieser Ordnung; Bauern und Kaufleute liefern das Material, das dem Ganzen Gestalt verleiht; die Arbeiter (Shudras) steuern dazu die nötige Arbeitskraft bei. So sind alle am Offenbarwerden, Erhalten und Erleben des einen großen, gottgewollten Bildes beteiligt. Dharma ist die

[1] Übersetzt von G. Bühler in den Sacred Books of the East, Bd. II (Āpastamba und Gautama) und Bd. XIV (Baudhāyana).

[2] *Mānava Dharmashāstra*, übersetzt von G. Bühler, ebenda Bd. XXV.

Lehre von den Pflichten und Rechten eines jeden Mitgliedes der idealen Gesellschaft, und so ist sie Gesetz oder Spiegel alles ethischen Handelns.

4. *Moksha*, *apavarga*, *nirvritti* oder *nivritti*, das vierte der vier Ziele, ist Erlösung oder geistige Befreiung. Dies gilt als letztes Ziel, als höchstes menschliches Gut und wird deshalb über und gegen die ersten drei gestellt.

Artha, Kāma und Dharma, der sogenannte *trivarga*, die ‚Gruppe der Drei', sind Bestrebungen innerhalb der Welt; jede hat ihre eigene Richtung oder ‚Philosophie', und über jede gibt es eine eigene Literatur. Aber der weitaus größte Teil des indischen Denkens, Forschens, Lehrens und Schreibens ist dem höchsten geistigen Thema, der Befreiung von der Unwissenheit und von den Leidenschaften der großen Weltillusion gewidmet. *Moksha*, aus der Wurzel *muc*, ‚lösen, freimachen, gehenlassen, entbinden, entfesseln, befreien; verlassen, zurücklassen, hinterlassen', bedeutet ‚Befreiung, Flucht, Freiheit, Erlösung, Errettung; letzte Loslösung der Seele'. *Apavarga*, vom Verb *apavriji*, ‚abwenden, zerstören, zerstreuen; abreißen, ausziehen, wegnehmen' bedeutet ‚Abwerfen, Fortschleudern (einer Wurfwaffe), Abladen, Aufgeben; Vollendung, Ende'; auch das ‚Erfüllen oder Vollbringen einer Tat'. *Nirvritti* heißt ‚Verschwinden, Vernichtung, Rast, Ruhe, Frieden, Vollendung, Erfüllung, Befreiung vom weltlichen Dasein, Befriedigung, Glück, Seligkeit'; und *nivritti*: ‚Stillstand, Beendigung, Verschwinden; Enthaltung von Tat und Arbeit; Ablassen von, Aufgeben von, Verzichten auf; Einstellen von weltlichen Handlungen und Gefühlen; Gemütsruhe, Weltabgeschiedenheit; Ruhe, Frieden, Glückseligkeit'. All diese Wörter zusammengenommen lassen etwas davon ahnen, wie der indische Weise das höchste Ziel des Menschen auffaßt.

Indiens *paramārtha* – ‚höchster *(parama)* Gegenstand *(artha)*' – ist nichts Geringeres als die fundamentale Wirklichkeit, die der Erscheinungswelt zugrunde liegt. Dies erkennt man, wenn man sich nicht mehr täuschen läßt von den bloßen Eindrücken, welche die physischen Sinne dem von ichhaften Leidenschaften und Gefühlen befangenen Gehirn mitteilen. Man tritt dann aus der Illusion. *Paramārtha-vid*, ‚er, der um den höchsten Gegenstand *(paramārtha)* weiß *(vid)*', ist darum das Sanskrit-Wort, das sich in den Wörterbüchern ungefähr mit ‚Philosoph' wiedergeben läßt.

5. ERLÖSUNG UND FORTSCHRITT

Der Kern eines philosophischen Systems läßt sich am besten in der gedrängten Form seiner Grundbegriffe erfassen. Eine einführende Darstellung wird deshalb bestrebt sein, diejenigen Wörter anzugeben und zu erklären, welche die Hauptgedanken verständlich machen können. Das indische Denken eignet sich vorzüglich für einen derartigen Einführungsversuch; denn alle seine Begriffe kommen aus dem Sanskrit und sind schon lange in die gebräuchliche Sprache der Dichtung und Erzählung, wie auch der Fachliteraturen, etwa der medizinischen, eingegangen. Es sind nicht etwa Begriffe, die nur im fremden abseitigen Bereich einzelner Schulen oder Disziplinen gelten. Die Hauptwörter zum Beispiel, aus denen sich die philosophische Terminologie größtenteils zusammensetzt, stehen neben den Verben, die aus derselben Wurzel stammen und Tätigkeiten und Vorgänge gleichen Sinnes bezeichnen. Man gelangt stets zur Grundbedeutung eines Wortes, wenn man seine Anwendung im täglichen Leben studiert, und ermittelt dadurch nicht nur die ihm innewohnenden Nuancen und Gefühlswerte, sondern auch die mitklingenden Metaphern und Vorstellungen. All dies steht in auffallendem Gegensatz zu der Situation im heutigen Abendland, das die meisten seiner philosophischen Begriffe aus dem Griechischen und Lateinischen entlehnt hat; losgelöst vom gegenwärtigen Leben, haben sie unvermeidlich an Lebendigkeit und Klarheit verloren. Das Wort ‚Idee' hat zum Beispiel ganz verschiedene Bedeutungen, je nachdem ob man Platon, Locke, die moderne Geistesgeschichte, die Psychologie oder die Alltagssprache zu verstehen sucht. Jeder Fall, jedes Vorkommen des Begriffes, jeder Autor, jede Epoche oder Schule muß für sich genommen werden. Aber der indische Wortschatz gehört so eng zum allgemeinen Kulturgut, daß er immer allgemeinverständlich und dadurch in seiner Bedeutung klar ist.

Durch einen Blick auf die Gesamtheit der Bedeutungen, die in einem Sanskritwort stecken, kann man gleichsam von innen her das indische Denken am Werke sehen. Diese Methode verhindert die sonst unvermeidlichen Fehldeutungen, die auch in den wohlgemeintesten Übertragungen vorkommen, weil eben unsere europäischen Begriffe so ungemein verschiedene Assoziationen zulassen. Tatsächlich besitzen wir keine wörtlichen Äquivalente, um aus dem Sanskrit zu übersetzen, wir können es nur annähernd und mißverständlich wiedergeben, mit Wörtern, in denen westliche, also notwendigerweise von denen des indischen sehr abweichende Inhalte anklingen. Dadurch ist das Abendland zu manchen falschen Schlüssen über Wesen, Ziele und Mittel des östlichen Denkens verführt worden. Selbst dem gewissenhaftesten Übersetzer werden falsche Interpretationen unterlaufen, einfach weil seine Wörter unversehens in einen europäischen Zusammenhang geraten, sobald sie seinen Lippen entschlüpft sind. Nur durch ständiges Zurateziehen des Sanskrit-Wörterbuches kann es gelingen, etwas von dem breiteren Hintergrund der Wörter zu erkennen, die dazu dienten, die lebendige Last indischen Denkens durch Jahrhunderte hindurchzutragen.

Zum Beispiel führt das Gewicht, das die asketischen Philosophien dem höchsten Ideal und Ziel des Moksha beimessen, und die massenhafte, diesem Thema gewidmete Literatur den abendländischen Forscher zu einer äußerst einseitigen Anschauung über die indische Kultur. Die wahre Macht eines Ideals kann nicht außerhalb seines kulturellen Gefüges verstanden werden, und dieses Gefüge ist hier die altüberlieferte indische und nicht die moderne technische Welt. Moksha ist eine Kraft, die sich jedem Zug, jedem Gebiet, jeder Äußerung des indischen Lebens aufgeprägt und die gesamte Wertordnung geschaffen hat. Sie ist nicht als Widerlegung, sondern als letzte Blüte des Erfolges des erfolgreichen Menschen zu verstehen. Kurz gesagt: der größte Teil der indischen Philosophie befaßt sich eigentlich damit, das Individuum in seiner zweiten, nicht aber in seiner ersten Lebenshälfte zu leiten. Erst nachdem man die irdischen Ziele seiner persönlichen Laufbahn erreicht, nachdem man seine Pflichten als Mitglied der Gemeinschaft und als Ernährer seiner Familie erfüllt hat, wendet man sich den Aufgaben des letzten menschlichen Abenteuers zu. Nach dem hinduistischen Dharma wird die Lebenszeit des Menschen in vier streng voneinander getrennte Stufen *(āshrama)* eingeteilt. Die erste ist die des Schülers, ‚dessen, der belehrt werden soll' *(shishya)*, ‚dessen, der den Guru begleitet, ihm aufwartet und dient' *(antevāsin)*. Die zweite ist die des Hausvaters *(grihastha)*; sie ist die lange Zeitspanne, in der ein Mensch reift und in der Welt die ihm aufgetragene Rolle spielt. Die dritte besteht darin, sich in den Wald zurückzuziehen, um dort zu meditieren *(vanaprastha)*. Und die vierte ist die des wandernden Bettelweisen *(bhikshu)*. Moksha ist für die beiden letzteren, nicht aber für die erste und zweite Stufe bestimmt.

Grāma, ‚das Dorf', und *vana*, ‚der Wald': sie sind Gegensätze. Für Grāma wurde den Menschen die ‚Gruppe der Drei' *(trivarga)* gegeben, dazu die Lehrbücher für die allgemeingültigen Ziele und Zwecke des weltlichen Lebens; aber für Vana – den Wald, die Einsiedelei, für das Unternehmen, sich von der irdischen Bürde der Objekte, Begierden, Pflichten und alles sonstigen frei zu machen –, für Vana wird der Mensch andere Anweisungen, einen anderen Weg und andere, ganz entgegengesetzte Ideale, Methoden und Erfahrungen der ‚Befreiung' brauchen. Geschäft, Familie, weltliches Leben, das etwa in Schönheit und Hoffnung der Jugend und in Erfolgen der Reifezeit bestand, müssen nun zurückgelassen werden; nur das Ewige bleibt. Und darum soll sich der Geist nicht den Aufgaben und Sorgen des schon zurückliegenden Lebens, das kam und ging wie ein Traum, sondern der Ewigkeit zuwenden. Moksha winkt nicht am Ende der Dorfstraße, sondern über den Sternen. Moksha ist angewandte Metaphysik. Sein Ziel ist nicht, Grundlagen für die Wissenschaften und eine brauchbare Erkenntnistheorie zu schaffen oder Methoden auszuarbeiten, mit denen man dem Naturgeschehen und den Zeugnissen der menschlichen Geschichte wissenschaftlich beikommen könnte, sondern sein Ziel ist, den Schleier der Sinnenwelt zu zerreißen. Moksha ist die Kunst, über die Grenzen der Sinnenwelt hinauszugelangen, um die zeitlose, dem Lebenstraum der Welt zugrundeliegende Wirklichkeit zu entdecken, zu erfahren und in sie einzugehen. Natur und Mensch, insoweit sie sichtbar, greifbar, der Erfahrung zugänglich sind, werden wohl vom Weisen zur Kenntnis genommen und ausgedeutet, aber nur um durch sie hindurch zu seinem höchsten metaphysischen Gut zu gelangen.

Dagegen haben wir im Abendland seit der Mitte des 18. Jahrhunderts weder eine praktische noch eine spekulative Metaphysik mehr gehabt. In krassem Gegensatz zu der herrschenden östlichen Überzeugung von der Wesenlosigkeit der Welt des Wandels und Verfalls wird bei uns durch die materialistische Geisteshaltung eine optimistische Meinung über die Fortentwicklung gehegt und gepflegt, womit sich der leidenschaftliche Fortschrittsglaube verbindet, daß alle menschlichen Angelegenheiten sich durch besseres Planen, durch die Technik, durch die allgemeine Verbreitung der Bildungsgüter und die Erschließung von Möglichkeiten für alle vervollkommnen ließen. Während der Hindu sich ganz den zerstörenden Todesmächten (Krankheiten, Seuchen, Kriegen, menschlicher Tyrannei und Ungerechtigkeit) ausgeliefert und als wehrloses Opfer dem unerbittlichen Ablauf der Zeit (die den Einzelnen verschlingt, blühende Reiche und Städte wegfegt und sogar noch die Ruinen in Staub zerbröckelt) preisgegeben fühlt, erleben wir die Macht des menschlichen Genius, der erfindet und organisiert, die überlegene Stärke des Menschen, die das Kollektiv zur Disziplin formt, und seinen Drang wie seine Fähigkeit, sich zum Herrn der bewegenden Naturkräfte zu machen. *Wir* sind diejenigen, die Verwandlungen bewirken; die Natur bleibt immer dieselbe. Und diese durch wissenschaftliche Analyse unterworfene Natur kann gezwungen werden, sich vor den Triumphwagen unseres menschlichen Fortschrittes zu spannen. Die europäischen Denker des 18. Jahrhunderts glaubten an die fortschreitende allgemeine Aufklärung: an die Weisheit, die das Dunkel vertreibt und die Gesellschaft veredelt und vollkommen macht. Das 19. Jahrhundert glaubte an den allgemeinen materiellen und sozialen Fortschritt: an die Eroberung der Naturkräfte, die Abschaffung der Gewalt, der Sklaverei und der Ungerechtigkeit und an den Sieg über das Leiden, ja sogar über den vorzeitigen Tod. Und das 20. Jahrhundert glaubt nun, daß die menschliche Kultur nur durch intensive und extensive Planung und Organisation gerettet werden könne.

Die Hinfälligkeit des Menschenlebens beschäftigt uns nicht in solchem Maße, wie es noch bei unseren Vorfahren des 15. und 16. Jahrhunderts der Fall war. Wir fühlen uns gegen die Wechselfälle des Schicksals besser geschützt, gegen die Rückschläge stärker gewappnet; Verfall und Untergang erfüllen uns nicht mit solcher Verzweiflung und Hoffnungslosigkeit. Wir glauben, daß wir selbst unser Schicksal bestimmen – da wir alle in dem historischen Ringen vorwärtsdrängen, um die Erde und ihre Elemente zu erobern, ihre Minerale, Pflanzen, Tiere und sogar ihre subatomaren Reiche in unsere Gewalt zu bekommen. In die geheimen Daseinskräfte, in die komplexe Chemie und die organische Alchimie der Lebensvorgänge, mögen sie sich in unserer Psyche, unserem Körper oder unserer Umwelt abspielen, dringen wir immer tiefer ein. Wir fühlen uns nicht mehr in den Maschen eines unzerreißbaren kosmischen Netzes verstrickt. Und so haben wir denn unsere wissenschaftliche Logik, unsere Experimentalmethoden und unsere Psychologie, aber wir haben keine Metaphysik.

Gedankenflüge interessieren uns nicht mehr. Wir gründen unser Leben nicht auf eine faszinierende oder tröstliche Ganzheitsschau von Leben und Welt, etwa im Sinne unserer theologischen Überlieferung oder einer meditativen Spekulation. All diese Fragen haben wir in zahlreichen systematischen Wissenschaften beantwortet. Anstatt eine Haltung des Hinnehmens, der Resignation und der Kontemplation zu üben, ziehen wir ein Leben in rastloser Bewegung vor, indem wir bei jeder Gelegenheit etwas ändern, etwas verbessern, Neues entwerfen und alle Geschöpfe, die die Welt im Überfluß hervorbringt, in Tabellen zwängen. An Stelle des Bestrebens archaischer Zeiten, das Leben und den Kosmos in einer großen Zusammenschau als Ganzes zu verstehen, sehen wir unser geistiges Ideal in einer vielseitigen, immer mehr verfeinerten Anwendung von Spezialkenntnissen und in der Beherrschung konkreter Einzelheiten. Religion und Philosophie haben sich in exakte Wissenschaft, Technik und Volkswirtschaft umgesetzt. Da es so ist, und da aber in der indischen Philosophie Moksha das Hauptanliegen darstellt, dürfen wir mit Recht fragen, ob wir überhaupt fähig sind, diese fremdartige Lehre zu begreifen, wo doch all unser Streben auf Artha, Kāma und Dharma ausgeht und wir uns damit ganz zufrieden geben.

Damit kommen wir auf einen weiteren wesentlichen Unterschied zwischen den Philosophien des modernen Abendlandes und denen des traditionsgebundenen Ostens. Vom Standpunkt der hinduistischen und buddhistischen Weltanschauungen aus muß unser rein intellektueller Zugang zu allem Theoretischen, was nicht unmittelbar mit dem Trivarga zu tun hat, dilettantisch und oberflächlich erscheinen. Seit ihrer Entwicklung in den verhältnismäßig modernen Zeiten ist die abendländische Denkweise rein exoterisch geworden. Sie steht – so nimmt man an – jedem Intellektuellen, der gewisse allgemeine Voraussetzungen erfüllt, zur Verfügung und ist auf seinem Forschungsgebiet anwendbar; er muß sich nur eine gute Allgemeinbildung erworben und seinen Verstand geschult haben. Zu Platons Zeiten aber war es noch ganz anders. Μηδεὶς ἀγεωμέτρητος εἰσίτω ἐμὴν στέγην. «Kein mathematisch Ungeschulter soll mein Haus betreten[1].» Diese Mahnung hat Platon, so wird berichtet, als Huldigung für Pythagoras und für die zeitgenössischen revolutionären Mathematiker Siziliens – Männer wie Archytas von Tarent – über seiner Tür anbringen lassen. In der Moderne dagegen meint man, eine höhere Schulbildung und vier Jahre Studium genügten, um den Zugang zum sanctum sanctorum der höchsten Wahrheit zu eröffnen. Indien steht in dieser Hinsicht heute dort, wo Platon stand. Und das ist ein weiterer Grund, warum die Gelehrten der europäischen und amerikanischen Universitäten recht hatten, wenn sie dem indischen Denken den Zutritt zu *ihrem* «Philosophietempel» verwehrten.

[1] Tzetzes, *Chiliades* 8. 973.

II

DIE GRUNDLAGEN DER INDISCHEN PHILOSOPHIE

1. PHILOSOPHIE ALS LEBENSFORM

Im alten Indien war jedes Wissensgebiet verbunden mit einer hochspezialisierten Kunstfertigkeit und einer entsprechenden Lebensform. Das Wissen sollte nicht vorwiegend aus Büchern, Vorträgen, Diskussionen und Auseinandersetzungen bezogen werden, sondern die Meisterschaft mußte durch eine Lehrzeit bei einem befugten Lehrer erworben werden. Es wurde verlangt, daß der bildsame Schüler sich der Autorität des Gurus bedingungslos hingebe; dabei waren die Grundhaltungen Gehorsam *(shushrūshā)* und blinder Glaube *(shraddhā)*. Shushrūshā ist der inbrünstige Wunsch, zu hören, zu gehorchen und das Gehörte zu behalten; es erfordert Pflichtgefühl, Ehrfurcht und Diensteifer. Shraddhā ist Vertrauen und Gelassenheit des Gemütes; es verlangt das vollkommene Aufgeben von selbständigem Denken und kritischer Einstellung auf seiten des Schülers; und auch hierbei ist Ehrfurcht vonnöten ebenso wie ein inbrünstiges Verlangen. Das Sanskritwort bedeutet auch «das Verlangen einer schwangeren Frau».

Der Schüler, in dem die gesuchte Wahrheit wohnt wie der Dschungeltiger im Lämmchen[1], unterwirft sich rückhaltlos seinem Guru, er zollt ihm Ehrfurcht als dem Verkörperer des göttlichen Wissens, das er vermittelt. Denn der Lehrer ist die Stimme höheren Wissens und ein Meister in seinem Kunstfach. Der Schüler muß sich in religiöser Verehrung der Schutzgottheit jener Kunst und Weisheit zuwenden, die fortan seine Entwicklung und Laufbahn bestimmen soll. Er muß Jahre hindurch dem Haushalt des Lehrers angehören, ihm im Hause dienen und bei der Arbeit helfen, je nachdem ob es sich um die Kunst eines Priesters, Magiers, Asketen, Arztes oder Töpfers handelt. Das Technische muß durch ständiges Üben erlernt werden, während die Theorie durch mündliche Unterweisung vermittelt und durch gründliches Studium der maßgebenden Lehrbücher ergänzt wird. Das wichtigste aber ist, daß eine psychische «Übertragung» zwischen Lehrer und Schüler zustande kommt. Dadurch soll eine völlige Umstellung in

[1] Vgl. oben S. 21 f.

Gang kommen. Das bildsame Material des Schülers soll sich dem Vorbild des Lehrers nachformen, und zwar gilt dies nicht nur für sein Wissen und Können, sondern auch und viel tiefgehender für die persönliche Gesamthaltung. Was die Lebensführung des Guru selbst betrifft, so wird von ihm gefordert, daß sich Lehre und Lebensweise decken, daß sie einander bis in alle Einzelheiten entsprechen, eine Übereinstimmung, die wir im Abendlande wohl nur bei einem Mönch oder Priester erwarten dürfen.

Es wird keine Kritik, sondern das Hineinwachsen in die Disziplin gefordert. Geradezu blindlings sollen die Vorschriften angenommen und befolgt werden. Mit der Zeit, wenn der Schüler besser begreift, um was es geht, stellt sich das Verständnis von selbst ein. Solch blindes Annehmen und das daraus folgende intuitive Erfassen einer Wahrheit dadurch, daß man in sich die passende Haltung aktiviert, kennt man in Europa vor allem in der Praktik der römisch-katholischen Kirche. So schildert Flaubert in seinem Roman *Bouvard et Pécuchet* den Fall von zwei über ihr Leben enttäuschten Freidenkern, die nach einem Selbstmordversuch zum Glauben ihrer Kindheit und einstigen ländlichen Umwelt bekehrt werden. Sie wenden sich an den Priester und bestürmen ihn mit ihren ungelösten Zweifeln und Bedenken, er aber erwidert nur: «Pratiquez d'abord.» Damit ist gemeint: Macht euch erst einmal daran, die religiösen Pflichten auf die anerkannte, rechtgläubige Weise auszuüben: geht regelmäßig zur Messe, betet, beichtet und kommuniziert. Dann wird euch schon allmählich das Verständnis kommen, und eure Zweifel werden sich wie Nebel an der Sonne auflösen. Ihr braucht nicht Größe und Tiefe des Dreieinigkeitsdogmas noch andere Mysterien zu ergründen, sondern ihr müßt nur bekennen und es gläubig fühlen, daß jene doch am Ende wahr sein müssen. So verharrt in der Hoffnung, daß ihr Sinn euch einst aufdämmern werde, je länger die himmlische Gnade in euch wirkt.

Genau in dieser Weise wird die östliche Philosophie von der praktischen Lebensführung begleitet und gestützt: durch mönchische Klausur, Askese, Versenkung, Gebet, Yoga-Übungen und Stunden frommer Andacht im täglichen Gottesdienst. Die Aufgabe des Gottesdienstes ist es, den Frommen mit der göttlichen Essenz der Wahrheit zu durchtränken; dies kann sich sowohl in den symbolischen, gedankenlenkenden Gestalten der Gottheiten oder anderer heiliger Figuren, wie auch durch den Lehrer selbst vollziehen, der, selbst Verkörperung der Wahrheit, diese ständig durch sein Lehren und seinen Lebenswandel verwirklicht. In dieser Hinsicht ist die indische

Philosophie mit der Religion, den Sakramenten, Initiationen und frommen Bräuchen ebenso eng verbunden wie unsere abendländische Philosophie mit den Naturwissenschaften und deren Forschungsmethoden.

Die indische Anschauung, die verlangt, daß Charakter und Lebensführung sich mit der Lehre decken, findet einen treffenden Ausdruck in der Bemerkung eines meiner Hindufreunde. Als er ein populäres Buch über orientalische Philosophie kritisierte, sagte er: «Schließlich hat man sich nur das wirklich angeeignet, was man durch sein eigenes Leben bekräftigt. Der Wert dessen, was ein Mensch schreibt, hängt davon ab, wie weit sein Leben selbst Zeugnis für seine Lehre gibt.»

2. DER GEEIGNETE SCHÜLER

Die Einstellung des indischen Schülers zu seinem Lernstoff, welcher Art dieser auch sein mag, ist für den speziellen Bereich der orthodox-brahmanischen Philosophie sehr gut charakterisiert in den ersten paar Seiten einer kleinen Abhandlung für Anfänger. Sie ist in die Mitte des fünfzehnten Jahrhunderts n. Chr. zu datieren und hat den Titel *Vedāntasāra*, «Essenz *(sāra)* der Lehren des Vedānta»[1]. Gewiß kann man diesen Text in der Übersetzung genau so lesen, wie man eine Abhandlung von Locke, Hume oder Kant liest; man muß sich aber darüber klar sein, daß diese Strophen nicht dazu verfaßt wurden, um auf solche Art vom Leser aufgenommen zu werden. Vielmehr werden wir gleich zu Anfang gewarnt, indem als Einleitung die Frage diskutiert wird: «Wer ist fähig und also berechtigt, den Vedānta zu studieren, um damit zur Erkenntnis der Wahrheit zu gelangen?» Was uns nun betrifft, so darf die Frage ohne Zögern so beantwortet werden: keinesfalls wir Abendländer, keinesfalls ein Intellektueller. Das wird uns bald sehr klar werden.

Wenn der geeignete Schüler *(adhikārin)* das Studium des Vedānta aufnimmt, soll er nicht mit Neugier und Kritik darangehen, sondern in dem gläubigen Vertrauen *(shraddhā)*, daß er in den Büchern des Vedānta, die er kennenlernen soll, die Wahrheit finden wird[2]. Außerdem muß er erfüllt sein von Sehnsucht nach Befreiung von den Lasten des weltlichen Lebens, es muß ihn glühend verlangen nach Erlösung von einem Dasein, an das er,

[1] *Vedāntasāra* des *Sadānanda*, übersetzt mit Einführung, Text und Kommentar von Swāmi Nikhilānanda, Mayavati, 1931. Zu Vedānta siehe oben, S. 30, Anmerkung des Herausgebers.

[2] *Vedāntasāra* 24.

als Einzelner im Strudel der Unwissenheit dahintreibend, gebunden ist. Diese Sehnsucht heißt *mumukshutva* oder *moksha-icchā:* «das Verlangen nach Erlösung»[1]. Gleich wie ein Mensch, der auf seinem Kopf ein in Brand geratenes Bündel Holz trägt, schnell zu einem Teich rennt, um das Feuer zu löschen, so soll es der Adhikārin machen: schmerzhaft versengt von den brennenden Leiden des Weltlebens, das aus Geburt und Tod ein flüchtiges, nichtiges Trugbild webt, sollte er zu einem vedakundigen Guru eilen, der das Ziel des Vedānta selbst schon erreicht hat und nun im immerwährenden Bewußtsein der Essenz des unvergänglichen Seins weilt. Zu diesem Guru soll der Adhikārin kommen mit Geschenken in der Hand, gewillt ihm zu dienen und zu unbedingtem Gehorsam bereit.

«Als geeigneter Schüler gilt derjenige Anwärter, der bereits die Vier Veden und ihre ‚Glieder' *(vedāṅga)*[2] nach vorgeschriebener Methode durchstudiert hat und dadurch schon eine allgemeine Kenntnis der Vedenkunde besitzt. Er muß sich auch schon gereinigt haben von allen Sünden, die ihm aus diesem oder einem vorangegangenen Dasein anhaften. Zu diesem Zweck muß er sich solcher Riten enthalten haben, durch die man seine weltlichen Begierden erfüllen oder Anderen Schaden zufügen kann; er muß gewissenhaft die täglichen orthodoxen Andachten gehalten und die Riten verrichtet haben, die für bestimmte Gelegenheiten, wie etwa bei der Geburt eines Kindes, vorgeschrieben sind. Außerdem soll er schon geübt sein in bestimmten Enthaltungen, die zur Tilgung der Sünden beitragen[3], und in all den üblichen orthodoxen Meditationen, die den Geist zur Konzentration erziehen[4]. Während die oben erwähnten täglichen Riten sowie

[1] Ebenda 25.

[2] Hilfslehrbücher über Phonetik, Ritualien, Grammatik, Etymologie, Prosodie und Astronomie.

[3] Nämlich das stetige Einschränken der Nahrung bei abnehmendem Mond, bis in der Neumondnacht gar nichts gegessen wird; dann die tägliche Zunahme der Nahrungsmenge um ein Vierzehntel, bis bei Vollmond die normale Menge wieder erreicht ist *(cāndrāyaṇa)*. Derartige Abstinenzübungen werden in der Schrift «Die Gesetze des Manu», *Mānava Dharmashāstra* 11.217 beschrieben.

[4] Das Meditieren über des Andächtigen eigene Schutzgottheit *(ishṭadevatā)*, die ein «mit Eigenschaften begabter Aspekt» *(sa-guṇa)* der höchsten Substanz *(brahman)* ist. Das Brahman an sich ist ohne jede Eigenschaft *(nir-guṇa)* und daher für normale menschliche Geisteskräfte unerreichbar. Die verschiedenen *ishṭadevatās*, Abbilder und Personifikationen, dienen dem Frommen deshalb nur anfänglich als helfende, führende, vorbereitende Vorstellung, bis sein Geist zur letztlichen, alle Gestalt transzendierenden Erkenntnis durchgedrungen ist.

die speziellen und die Sühneriten dazu dienten, den Geist zu reinigen, sollten die «Meditationen» denselben lehren, sich ausschließlich auf einen einzigen Gegenstand zu richten[1].

Nach dem traditionellen Glauben wird die Erfüllung dieser vorgeschriebenen Riten und Andachtsübungen den Frommen nach dem Tode in den «Himmel der Ahnen» *(pitri-loka)* oder in das noch höher gelegene «Reich der Wahrheit» *(satya-loka)* bringen. Solch angenehme Folgen aber sind dem Vedāntajünger nicht wichtig, ja nicht einmal erwünscht. Sie sind bloß beiläufige Ergebnisse der Lehre, Stationen am Wege, die ihm nichts mehr bedeuten. Gehören sie doch auch noch zur Welt der Geburt und setzen nur den Umschwung des Seins fort *(saṃsāra)*, wenn sie auch freilich eine unaussprechlich selige Episode dieses Umschwungs sind, die – so heißt es – unzählige Jahrtausende währt. Nicht die Seligkeiten des Himmels sind es, die der Vedāntabeflissene ersehnt; er will das Blendwerk aller Existenz durchschauen und hinter sich lassen, das Blendwerk der höheren Sphären so gut wie das des groben irdischen Bereiches. Er hat alles geopfert: jeden Gedanken an den Genuß der Früchte seiner guten Taten, jede Belohnung, die ihm aus der bedingungslosen Hingabe an seine erwählte, persönliche Gottheit erwachsen könnte. Denn er weiß: nicht er selber ist es, der handelt, sondern es ist das Geistwesen, das allgegenwärtig ihm und allen Dingen innewohnt, dem er sich ganz und gar in Anbetung hingegeben hat – der Gott, der als das Selbst *(ātman)* in seinem Herzen ist.

Zu den Mitteln, die der Jünger notwendig braucht, um sich über die Illusionssphäre erheben zu können, gehört vor allem das «Unterscheiden zwischen ewigen und vergänglichen Dingen» *(nitya-anitya-vastu-viveka)*[2]. «Das Brahman allein», so lesen wir, «ist ewige Substanz, alles andere ist vergänglich»[3]. Alle Dinge dieser Welt, die die Sinne erfreuen, Blumenkränze, Düfte, schöne Frauen, Genüsse aller Art sind vergänglich; sie werden uns zuteil als Früchte unserer Taten *(karma)*. Aber auch die Freuden jener Welt sind nicht ewig, auch sie sind bloß das Ergebnis unserer Taten.

Nachdem der Vedāntaschüler das Illusorische dieser Dinge erst einmal erkannt hat, wird sein zweites Rüstzeug die unerschütterliche Geringschätzung für all das sein. Er muß aufrichtig und standhaft auf alle Früchte seines rechten Tuns verzichten. Das ist echter Verzicht: *ihāmutrārthaphalabhogavirāgaḥ*, «Gleichgültigkeit *(virāgaḥ)* gegenüber dem Genuß *(bhoga)*

[1] *Vedāntasāra* 6–13. [2] Ebenda 15. [3] Ebenda 16.

der Früchte *(phala)* des Tuns *(artha)* sowohl hier *(iha)* wie in der zukünftigen Welt *(amutra)*»[1].

Das dritte der nötigen Hilfsmittel ist die Konzentration, und diese wird unter dem Titel «Die sechs Kostbarkeiten» behandelt. Die erste Kostbarkeit ist *shama*, «Gemütsruhe, Beschwichtigung der Leidenschaften»[2]. Shama ist die Einstellung oder Haltung, die das Gemüt davor bewahrt, sich durch Sinnesobjekte erregen zu lassen. Die einzige Sinnestätigkeit nämlich, die dem Philosophenschüler gestattet ist, besteht darin, daß er den Worten seines Guru eifrig lauscht. Die zweite Kostbarkeit, *dama*, bezeichnet die zweite Stufe der Selbstbeschränkung, «die Unterjochung der Sinne»[3]. Nach der klassischen hinduistischen Seelenkunde besitzt der Mensch fünf Empfangsfunktionen (hören, empfinden, sehen, schmecken, riechen), fünf Tätigkeitsfunktionen (sprechen, greifen, bewegen, sich entleeren, zeugen) und ein «inneres Führungsorgan» *(antaḥkaraṇa)*, das sich manifestiert als Ich *(ahaṅkāra)*, als Gedächtnis *(cittam)*, als Verständnis *(buddhi)* und als Denken *(manas)*[4]. Dama bringt die endgültige Abwendung vom ganzen Komplex der äußeren Welt. Die nächste Kostbarkeit, *uparati*, ist «völliges Aufhören» der Tätigkeit der empfangenden und der tätigen Sinnesfunktionen[5]. Die vierte Kostbarkeit, *titikshā*, «Ausdauer, Geduld», bezeichnet das Vermögen, ohne das leiseste Mißbehagen die Extreme von Hitze und Kälte, Glück und Schmerz, Ehrung und Beschimpfung, Verlust und Gewinn und all der anderen «Gegensatzpaare» *(dvandva)* zu ertragen[6]. Der Schüler ist jetzt in der Lage, sein Gemüt von den Zerstreuungen der Welt freizuhalten. Deshalb ist ihm nun die fünfte der Kostbarkeiten erreichbar: *samādhāna*, «die unablässige Konzentration des Gemütes». Der Schüler ist imstande, seine Aufmerksamkeit ganz auf

[1] Ebenda 17. – Der Verzicht auf die Früchte des Tuns ist die Grundformel des Karma-Yoga; es ist der Weg der Erlösung durch Handeln, der seine klassische Darstellung in der *Bhagavad Gītā* 3 gefunden hat. Der Mensch soll alle seine Taten so ausführen, als gehörten sie zu seiner Pflicht *(dharma)*, und er tut das in der Rolle eines Schauspielers auf der Lebensbühne. Sie gehören zum Spiel *(līlā)*, nicht aber zu des Schauspielers wahrem Selbst *(ātman)*. «Deshalb tu das Werk, das du zu tun hast, immer ohne daran verhaftet zu sein. Denn der Mensch, der sein Werk ohne Verhaftetsein tut, erreicht das Höchste» (*Bhagavad Gītā* 3.19). Vgl. unten S. 345–349.

[2] *Vendāntasāra* 18–19. [3] Ebenda 20.

[4] Diese Manifestationen werden unten S. 284–299 besprochen.

[5] *Vendāntasāra* 21. [6] Ebenda 22.

die Lehren des Guru zu heften, er kann ohne Unterlaß über den heiligen Schriften oder über den Symbolen und unaussprechlichen Gegenständen seiner vertieften Meditationen verweilen[1]. *Sam-ā-dhā* bedeutet «zusammenlegen, vereinigen, zusammenstellen, sammeln; sich konzentrieren, fixieren, gespannt aufmerken (wie mit dem Auge oder dem Denken)». *Samādhāna* ist sowohl der Zustand, der erreicht wird, wie die Tätigkeit selbst. Es bedeutet, daß sich der Geist in absolut ungestörter – und unstörbarer – Versenkung auf etwas heftet: «tiefe Meditation, Stetigkeit, Sammlung, Seelenfrieden, vollkommenes Aufgehen aller Gedanken in dem einen Objekt». Danach kann man zur sechsten Kostbarkeit gelangen, zum vollkommenen Glauben[2].

Das Unterscheiden, das Verzichten, die «sechs Kostbarkeiten» und die Sehnsucht nach Erlösung *(mumukshutva)*[3] sind die eigentlichen Mittel, durch die der indische Philosoph zu seinem Ziel, der Einsicht, kommt. Der Novize muß sie ganz beherrschen können. Er muß Herz und Geist schon gereinigt haben mit Hilfe der vorbereitenden Ritualien und durch asketische Übungen, die er nach den orthodox-religiösen Vorschriften seiner Gemeinde ausgeführt hat. Er muß sich gut auskennen in den Heiligen Schriften. Und er muß schließlich imstande sein, sich die «notwendigen Mittel» für das Überwinden der Illusion anzueignen. «Ein solcher Anwärter», so steht geschrieben, «ist ein wohlgeeigneter Schüler»[4].

3. PHILOSOPHIE ALS MACHT

Im Orient ist die Philosophie kein Wissenszweig, der zur Allgemeinbildung gehört. Sie vermittelt besondere Kenntnisse, die es dem Menschen ermöglichen, auf eine höhere Seinsstufe zu gelangen. Der Philosoph ist ein Mensch, dessen Charakter verwandelt worden ist, neugeformt nach dem Vorbild einer wahrhaft übermenschlichen Größe, die er erreichen konnte, weil ihn die Zauberkraft der Wahrheit durchdrang. Das ist der Grund, warum ein künftiger Schüler erst sorgfältig geprüft werden muß. Das Wort *adhikārin* heißt als Adjektiv: «berechtigt, ein Anrecht habend, im Besitz von Ansehen oder Macht seiend, befähigt, ermächtigt, geeignet»; dann: «zu etwas gehörend, zu eigen seiend»; als Substantiv: «Beamter, Angestellter, Verwalter, Leiter, ein zu einem Anspruch Berech-

[1] Ebenda 23. [2] Ebenda 23. Zu Glaube *(shraddhā)* vgl. oben S. 56–58.
[3] Oben S. 58f. [4] *Vendāntasāra* 26.

tigter, Meister, Besitzer; jemand, der befähigt ist, ein Opfer oder sonst eine heilige Handlung zu vollziehen».

Die Philosophie ist nur eine von den vielen Arten der Erfahrung und des Wissens *(vidyā)*, die alle zu einem praktischen Ziel hinführen. Wie die anderen vidyās zu einer ganz bestimmten Meisterschaft führen, etwa eines Handwerkers, Priesters, Magiers, Dichters oder Tänzers, so gelangt man durch die Philosophie schließlich zu einem göttlichen Stand im Diesseits wie im Jenseits. Jede Art von Kenntnissen verschafft dem, der sie besitzt, eine besondere Macht; diese folgt unweigerlich aus der Meisterschaft, die man sich auf einem bestimmten Gebiet erworben hat. Der Arzt ist Meister über die Krankheiten und Medikamente, der Schreiner ist Meister über das Holz und andere Baustoffe, der Priester ist Meister über die Dämonen, ja sogar über Götter, kraft seiner Zauberformeln, Bannsprüche, Opfer- und Beschwörungsriten. Dementsprechend ist der Yogī-Philosoph Meister über seine Seele und seinen Körper, über seine Leidenschaften, Reaktionen und Meditationen. Er ist ein Mensch, der die Vorspiegelungen des Wunschdenkens und alle sonstigen Formen normalen Denkens überwunden hat. Er erlebt ein Unglück weder als Herausforderung noch als Niederlage. Er kann vom Schicksal gar nicht getroffen werden.

Im Orient wird jede Art von Wissen sorgfältig gehütet. Es darf nur sparsam und nur an denjenigen weitergegeben werden, der ein vollkommenes Gefäß dafür zu werden verspricht. Denn Kenntnisse bedeuten nicht nur ein bestimmtes Können, sondern sie verleihen dazu auch immer eine Macht, die geradezu an Magie grenzt, eine Macht, die etwas zustande bringt, das ohne sie als Wunder erschiene. Jede Unterweisung, die nicht darauf abzielt, solch eine Macht zu verleihen, wäre sinnlos, und sie einem Menschen zu vermitteln, der nicht dazu taugte, sie richtig zu verwalten, wäre höchst verhängnisvoll. Zudem hielt man in alten Zeiten den Besitz von Kenntnissen und der mit ihnen verbundenen Macht für einen besonders wertvollen Teil des Familienerbes. Wie ein Schatz wurde er gewissenhaft vom Vater auf den Sohn vererbt. Zauber- und Beschwörungsformeln, die Technik der einzelnen Handwerke und Berufe und schließlich auch die Philosophie wurden ursprünglich auf diese Weise weitergegeben. Der Sohn folgte dem Vater, und für die heranwachsende Generation gab es keine Wahl. Auf diese Weise wurde der Bestand des Familienansehens vor dem Dahinschwinden bewahrt.

Damit hängt es zusammen, daß die vedischen Hymnen sich ursprünglich ausnahmslos im Besitz gewisser mächtiger Geschlechter befanden. Von den zehn Büchern des *Rigveda* (es sind die ältesten Veden und überhaupt das älteste erhaltene Dokument der ganzen indo-europäischen Überlieferung)[1] werden das zweite Buch und die darauffolgenden die «Familienbücher» genannt. Sie enthalten Strophen machtvoller Verse, die dereinst der streng gehütete Besitz alter Priester-, Seher- und Skaldenfamilien waren. Die Vorfahren der verschiedenen Geschlechter hatten diese Strophen gedichtet, um die Götter zum Opfer herabzurufen, um sie gnädig zu stimmen und ihre Gunst zu gewinnen. Die Hymnen waren jenen Sängerahnen offenbart worden, als sie (in Visionen) mit den Göttern selbst Umgang pflegten. Gelegentlich bezeichneten dann die Besitzer ihr Eigentum, indem sie entweder in den Versen irgendwo ihren Namen erscheinen ließen oder – was häufiger vorkam – charakteristische Endzeilen anfügten, die dann allgemein als ihre Kennmarke anerkannt wurden. So wie in vedischer Zeit die wandernden Herden der arischen Viehzüchterfamilien durch ein Brandmal oder eine Kerbe am Ohr, auf der Flanke oder einem sonstigen Körperteil der Tiere bezeichnet wurden, so verfuhr man auch mit den Hymnen und bewies dabei den gleichen aristokratischen Sinn für die Macht und Kostbarkeit des Besitzes.

Denn wenn schon das Wissen, das eine besondere Kunst und Meisterschaft mit sich bringt, so sorgsam gehütet werden muß, dann wird die Wachsamkeit um so eifriger sein, je höher die zu bewahrenden Mächte sind. Das gilt namentlich dann, wenn diese Mächte die Götter selbst, die bewegenden Naturkräfte und der Kosmos sind. Gewissenhaft auszuführende, umständliche Riten, die jene beschwören und den menschlichen Zwecken geneigt machen sollten, nahmen in der vedischen Antike (nicht anders als in der homerischen) genau denselben Platz ein wie heutzutage bei uns die Naturwissenschaften: Physik, Chemie, Medizin und Bakteriologie. Eine zauberkräftige Hymne war für jene Menschen genau so wertvoll wie für uns das Geheimnis eines neuen Superbombers oder der Konstruktionsplan des neuesten Unterseebootstyps. Solche Mittel waren von Wert nicht nur für die Kriegskunst, sondern ebenso für den Handelswettbewerb in friedlichen Zeiten.

Die frühere wie die spätere Geschichte Indiens ist gekennzeichnet durch einen Zustand unaufhörlicher Kämpfe, Einfälle von außen, Ausein-

[1] Vgl. oben S. 23, Anmerkung des Herausgebers.

andersetzungen im Innern zwischen den Feudalherren und den späteren königlichen Tyrannen um die Vorherrschaft. Bei all diesen Wirren wurden die religiösen Formeln der vedischen Brahmanen als äußerst wertvolle Geheimwaffe betrachtet. Sie sind etwa vergleichbar denen der Stämme Israels, als sie unter ihrem Anführer Josua in Kanaan eindrangen und mit dem magischen Trompetenstoß ihrer Widderhörner die Mauern Jerichos zum Einsturz brachten. Es waren die höheren Erkenntnisse, die es den arischen Eroberern Indiens ermöglichten, die vor-arische Urbevölkerung zu unterwerfen, sich im Lande zu behaupten und schließlich ihre Herrschaft über den ganzen Subkontinent auszubreiten. Die besiegten Völker wurden dann zu einer vierten, nichtarischen Kaste, der der Shūdra, zusammengefaßt, erbarmungslos von den Rechten und dem machtverleihenden Wissen der Erobererklassen ausgeschlossen, und es war ihnen verboten, sich auch nur eine Kleinigkeit von den vedischen Kultübungen anzueignen. Wir erfahren aus den frühen *Dharmasāstras*, daß ein Shūdra, wenn er zufällig die Rezitation einer vedischen Hymne mitangehört hatte, damit gestraft wurde, daß man ihm flüssiges Blei in die Ohren goß[1]. Diese heiligen Formeln waren für die Brahmanen (die Priester, Zauberer und Hüter der heiligen Kraft), für die Kshatriyas (die Könige, Feudalherren und Krieger) und für die Vaishyas (die Bauern, Handwerker und Bürger aus arischem Geschlecht) bestimmt und für niemanden sonst.

Diese Form archaischer Geheimhaltung und Ausschließlichkeit hat sich durch alle Zeiten und in allen Abschnitten des indischen Lebens erhalten. Sie ist charakteristisch für fast alle heiligen Überlieferungen, denen die Elemente der indischen Philosophie zum größten Teil entstammen. Es sind vor allem die Elemente arischen Ursprungs, aber in vielen wichtigen Einzelheiten auch solche, die dem arisch-brahmanischen Einfluß nicht unterlagen. In den nicht-vedischen Überlieferungen – im Buddhismus, Jainismus, Sāṅkhya und Yoga – fehlen zwar die für die vedische Lebensordnung so charakteristischen Kasten- und Familieneinschränkungen[2],

[1] Gautama, *Institutes of the Sacred Law*, 12–4. (Sacred Books of the East Bd. II, Teil I, Seite 236.)

[2] *Anmerkung des Herausgebers:* Wie der Buddhismus (vgl. oben S. 29, Anmerkung des Herausgebers), so anerkennen auch Jainismus, Sāṅkhya und Yoga die Autorität der Veden nicht und werden deshalb als heterodoxe Lehren betrachtet, d.h. als solche, die außerhalb der orthodoxen brahmanischen Tradition der Veden, Upanishaden und des Vedānta stehen. Nach Heinrich Zimmers Auffassung geben diese heterodoxen Systeme das Denken der nicht-arischen Bevölkerung Indiens wieder,

aber auch sie verlangen von jedem, der mit ihren Mysterien in Berührung tritt, eine solch bedingungslose Unterwerfung unter die Autorität des geistigen Lehrers, daß ihm die Rückkehr in seine frühere Umwelt unmöglich wird. Bevor ein Schüler dieser nicht-arischen indischen Schulen den inneren Tempel betreten und das Ziel der Lehre wirklich erreichen kann, muß er sich zuerst vollständig von seiner angestammten Familie und all ihren Lebensgewohnheiten trennen, um als Glied des Ordens wiedergeboren zu werden.

Die Hauptgedanken der brahmanischen Geheimlehre, so wie sie zu Ende der vedischen Periode (etwa im 8. Jahrhundert v. Chr.) entwickelt und formuliert wurden, sind in den Upanishaden niedergelegt. Diese Bücher enthalten eine Art hochspezialisierter, für weit Fortgeschrittene bestimmter Anweisungen, die der Lehrer nach Gutdünken weitergeben oder zurückhalten kann. Der Schüler mußte ein echter Adhikārin sein, um diesen esoterischen Wissensstoff aufzunehmen, er mußte reif genug und gut vorbereitet sein, um die offenbarte Weisheit auch zu ertragen. In der Zeit,

die zwar von den Brahmanen unterdrückt und verachtet, sich aber auf eine eigene hochgeistige Tradition stützen konnten.

H. Zimmer hielt den Jainismus für die älteste der nicht-arischen Richtungen und stellt sich damit in Gegensatz zu den meisten abendländischen Fachgelehrten, die den Mahāvīra, einen Zeitgenossen des Buddha, als den Gründer des Jainismus betrachten, während die Jainas selbst (und mit ihnen H. Zimmer) behaupten, Mahāvīra sei nur der letzte in einer langen Reihe von Jaina-Lehrern. H. Zimmer war der Überzeugung, daß die Jainas recht hätten, wenn sie ihre Religion in eine sehr frühe Zeit zurückführen, nämlich in die vor-arische, sogenannte dravidische Periode, die neuerdings in aufsehenerregender Weise erschlossen wurde durch die Entdeckung einer ganzen Reihe von großen Städten im Indus-Tal aus der späten Steinzeit; sie gehen auf das dritte, vielleicht sogar vierte Jahrtausend v. Chr. zurück. (Vgl. Ernest Mackay, The Indus Civilization, London 1935; ebenso H. Zimmer, *Mythen und Symbole in indischer Kunst und Kultur*, Zürich 1951, S. 105ff.)

Sāṅkhya und Yoga stellen eine spätere psychologische Verfeinerung der im Jainismus enthaltenen Prinzipien dar und bereiteten den Grund vor für die kraftvollen, antibrahmanischen Aussagen des Buddha. Sāṅkhya und Yoga gehören zusammen als die theoretische und praktische Seite ein und derselben Philosophie. Kapila, der berühmte Gründer des Sāṅkhya (vgl. unten S. 281 f.), dürfte ein Zeitgenosse der upanishadischen Denker gewesen sein, und er scheint der Stadt Kapilavastu, in der der Buddha geboren wurde, seinen Namen gegeben zu haben.

Im allgemeinen sind die nicht-arischen, heterodoxen Philosophien nicht im gleichen Sinne exklusiv wie die brahmanischen; denn sie blieben nicht nur den Mitgliedern der drei oberen Kasten vorbehalten.

als die Bücher entstanden, war die Auslese noch strenger als in den späteren Perioden. Eine der bedeutendsten Upanishaden enthält die Warnung, daß ihre Lehren nicht einfach vom Vater auf einen Sohn vererbt werden dürften, sondern nur auf den ältesten Sohn, das heißt auf des Vaters jugendlichen Doppelgänger, sein wiedergeborenes, anderes Ich, «aber an niemanden sonst, wer es auch sei»[1].

Und in den metrischen Upanishaden einer jüngeren Schicht lesen wir: «Dieses verschleierte Geheimnis darf nur einem Sohn oder Jünger mitgeteilt werden und keinem, der noch nicht den inneren Frieden erlangt hat[2].» Man darf nicht vergessen, daß der gleichsinnige Ausdruck, mit dem das Wort *upanishad* überall umschrieben wird, *rahasyam* ist, «Geheimnis, Mysterium». Denn hier handelt es sich um eine streng geheime Lehre, die *satyasya satyam*, «die Wahrheit aller Wahrheit», enthüllt.

Der gleiche urtümliche Zug von Geheimhaltung, Abseitigkeit und Exklusivität hat sich bis in die allerletzte große Periode der hinduistischen Philosophie, nämlich bis zu den Tantras erhalten. Diese Schule hat sich aus der mittelalterlichen Periode entwickelt, und das tantrische Schrifttum, wie es uns heute vorliegt, stammt hauptsächlich aus den Jahrhunderten nach 300 n. Chr.[3]. Im allgemeinen gelten die Texte als geheime

[1] *Chāndogya Upanishad* 3. 11. 5–6. Vgl. *Brihadāraṇyaka Upanishad* 6. 3. 12.

[2] *Maitri Upanishad* 6. 29. Vgl. *Shvetāshvatara Upanishad* 6. 22.

[3] *Anmerkung des Herausgebers:* Die orthodoxen heiligen Bücher *(shāstras)* Indiens werden in vier Kategorien eingeteilt: 1. *Shruti* («was gehört wird»), die Veden und einige Upanishaden, die als unmittelbare Offenbarungen betrachtet werden; 2. *Smirti* («was erinnert wird»), die Lehren der alten Heiligen und Weisen, dann auch Gesetzbücher *(dharmasūtras)* und Schriften, die sich mit häuslichen Zeremonien und kleineren Opferhandlungen *(grihyasūtras)* befassen; 3. *Purāṇa* («altertümlich, Altertumskunde»), gedrängte Zusammenfassungen, in ihrer Art der Bibel vergleichbar; sie enthalten kosmogonische Mythen, alte Legenden, theologische, astronomische und naturkundliche Betrachtungen; 4. *Tantra* («Webstuhl, Zettel, System, Ritual, Doktrin»), ein Corpus von verhältnismäßig jüngeren Texten, die man unmittelbar von Shiva offenbart glaubt und die als das besondere Schrifttum des Kali Yuga, des vierten, nämlich gegenwärtigen Weltzeitalters gelten. Die Tantras werden «der Fünfte Veda» genannt; ihre Ideen und Rituale haben die inzwischen ganz archaisch gewordenen vedischen Opfersysteme tatsächlich ersetzt und bilden so den ergänzenden «Einschlag» im Gewebe indischen Lebens.

Typisch für das tantrische System ist der Begriff der *shakti:* das Weibliche als die projizierte «Energie» *(shakti)* des Männlichen (vgl. das biblische Gleichnis von Eva als Adams Rippe). Mann und Weib, Gott und Göttin sind die polaren Erscheinungen (die passive und aktive) eines einzigen transzendentalen Prinzips und

Zwiegespräche zwischen Shiva, dem höchsten Gott, und seiner Shakti oder Gemahlin, der höchsten Göttin; erst lauscht der eine, dann der andere als Schüler; jeder hört mit tiefer Aufmerksamkeit zu, wenn die Wahrheit der geheimen weltschöpferischen, -erhaltenden und -lenkenden Essenz des anderen in mächtigen Versen verkündet wird; jeder lehrt, wie der Bann des Nichtwissens, der das individuelle Bewußtsein an die Erscheinungswelt gebunden hält, zu brechen ist. Die tantrischen Texte bestehen auf dem Geheimcharakter ihres Inhalts und dürfen keinem Ungläubigen, ja nicht einmal Gläubigen, die nicht in die innersten Kreise des Adepten eingeweiht worden sind, mitgeteilt werden.

Die Philosophie des Westens dagegen ist stolz darauf, für jedermanns Verständnis und Kritik zugänglich zu sein. Unser Denken ist exoterisch, und das wird als Zeichen und Beweis seiner universellen Gültigkeit angesehen. Die westliche Philosophie besitzt keine Geheimlehre; sie fordert vielmehr jeden auf, ihre Beweisführungen zu prüfen, wobei sie nichts weiter verlangt als Intelligenz und aufgeschlossene Redlichkeit in der Diskussion. Durch diesen generellen Appell an die Kritikfähigkeit gewann sie ihr Übergewicht über die Lehrmeinungen der Kirche, die vieles hinzunehmen verlangt, weil es ein für allemal durch göttliche Offenbarung gegeben und durch die Deutungen erleuchteter Kirchenväter, Päpste und Konzile unverbrüchlich erhärtet sei. Unsere populäre moderne Philosophie segelt im Kielwasser der Naturwissenschaften und anerkennt deshalb keine andere Autorität als den experimentellen Beweis: sie will auf keinen

daher im Wesen eines, obgleich in der Erscheinung zwei. Das Männliche wird identifiziert mit der Ewigkeit, das Weibliche mit der Zeit, und ihre Umarmung mit dem Mysterium der Schöpfung.

Der Kult der Shakti, der Göttin, spielt eine sehr große Rolle im modernen Hinduismus. Er steht im Gegensatz zur betont patriarchalen Einstellung der vedischen, streng arischen Tradition und legt es nahe, die Wurzeln des Tantra im nichtarischen, vor-arischen, dravidischen Boden zu suchen (vgl. oben S. 65, Anmerkung des Herausgebers). Bemerkenswert ist die Tatsache, daß Shiva, der universale Gott und Gemahl der Göttin (zu ihr stehend wie die Ewigkeit zur Zeit), auch der oberste Herr der ebenfalls nicht-vedischen Yogaschulen ist (vgl. oben a.a.O.). Überdies ist für die tantrische Initiation auch die Kaste unwesentlich. Zimmer nimmt an (unten S. 533–534), daß die tantrische Tradition eine schöpferische Synthese der arischen und der urtümlich indischen Philosophiesysteme darstellt. Sie hat einen unermeßlichen Einfluß auf den Mahāyāna-Buddhismus ausgeübt. Zudem erwecken ihre tiefen psychologischen Einsichten und kühnen geistigen Techniken das besondere Interesse der modernen analytischen Psychologie.

anderen Voraussetzungen beruhen als solchen, die sich als logisch-theoretische Resultate kritischer und methodischer Untersuchungen von Tatsachen erweisen; sie geht von den Sinneserfahrungen aus, die durch den Verstand und durch möglichst perfektionierte Laboratoriumsapparaturen registriert und kontrolliert werden.

Inwieweit wären wir wohl in unserer Kultur bereit anzunehmen, daß ein Mann, der den Beruf eines Philosophen ergreift, in den Besitz geheimnisvoller Kräfte gelange? Die Fachleute, die unsere Wirtschaft, unser soziales Leben, die Innen- und Außenpolitik maßgebend beeinflussen, sind im allgemeinen mißtrauisch gegen Philosophen. Sie finden, die «Professoren», die nun einmal in ihre hohen, für praktische Notwendigkeiten wenig brauchbaren Gedankengänge eingesponnen sind, neigten dazu, mit ihrer abstrakten Betrachtungsweise den Gang der Dinge nur zu komplizieren, ganz abgesehen davon, daß sie nicht besonders erfolgreich im Geldverdienen und bei praktischen Verwaltungsarbeiten seien. Platon hat sich bekanntlich einmal in der Staatsführung versucht. Er wollte dem Tyrannen von Sizilien, der ihn zu sich eingeladen hatte, bei der Errichtung einer Musterregierung, die den höchsten philosophischen Richtlinien entspräche, behilflich sein. Aber bald gerieten die beiden in Streit, und schließlich ließ der Tyrann den Philosophen verhaften und auf dem Sklavenmarkt zum Verkauf bieten, in eben jener Stadt, die dazu ausersehen gewesen war, die Wiege eines Goldenen Zeitalters zu werden, das leuchtende Beispiel eines Gemeinwesens voll Gerechtigkeit, Ordnung und hoher Philosophie, die Verkörperung eines endgültig zufriedenstellenden Zustandes menschlicher Belange. Plato wurde alsbald von einem Freunde freigekauft und in seine Heimat zurückgeschickt, in das aufgeklärte, demokratische Athen, dessen korrupte, schwankende Regierung ihm stets höchst zuwider gewesen war. Dort nahm er Zuflucht zum einzigen Ausweg und Trost, der dem geistigen Menschen immer offensteht: er schrieb ein Buch, seinen unsterblichen *Staat*, dem später die *Gesetze* folgen sollten. Durch diese Werke gewann der anscheinend machtlose, gescheiterte Philosoph einen zu Zeiten zwar verborgenen, aber in jedem Sinne unermeßlichen Einfluß auf die Jahrhunderte, und er wird zweifellos auch noch auf kommende Jahrtausende wirken.

Ein anderes Beispiel: Als Hegel 1831 plötzlich an der Cholera starb, zerfiel die öffentliche Wertschätzung seiner Philosophie; in den folgenden achtzig Jahren wurde sie von den Philosophieprofessoren seines Vaterlandes ins Lächerliche gezogen. An seiner eigenen Universität, in Berlin, mußten wir noch 1911, als ich dort bei seinem vierten Nachfolger, Alois Riehl, studierte – es war ein liebenswerter Mann von vornehmer Gesinnung, der zu den besten Interpreten der Humeschen und Kantschen Theorien über die Kritik der menschlichen Vernunft gehörte –, eine Reihe dummer Witze über uns ergehen lassen, wenn der Professor auf Hegels Philosophie zu sprechen kam.

Und doch sollte es demselben Hegel beschieden sein, von meiner eigenen Generation wiederentdeckt zu werden – unter der Anregung und geistigen Führung des alten Wilhelm Dilthey, der damals gerade seinen Lehrstuhl Riehl überlassen hatte und sich von seiner Lehrtätigkeit zurückzog. Die Neu-Hegelianer traten auf den Plan, und dem Philosophen wurde endlich die offizielle akademische Anerkennung zuteil, die er verdiente.

Aber inzwischen haben Hegels Ansichten abseits der Universitäten, abseits der Geleise offizieller Lehrmeinungen einen Einfluß auf den Gang der Weltereignisse ausgeübt, neben dem die Bedeutung des Siegels akademischer Anerkennung zu einem Nichts zusammenschrumpft. Weder die treue Anhängerschaft G. J. P. J. Bollands und seiner Nachfolger in den Niederlanden, die nach dem Zerfall von Hegels Ruf in Deutschland den Hegelianismus dort weiterführten und entwickelten, noch die Tradition des Hegelianismus in Süditalien, die in den Werken Benedetto Croces gipfelte, erscheinen bedeutend, verglichen mit dem Gewicht von Hegels Einfluß auf die Weltgeschichte unserer Zeit; denn Hegels System inspirierte Karl Marx; sein dialektisches Denken regte Lenins politische und psychologische Strategie an. Sein Denken inspirierte auch den geistigen Vater des Faschismus, Pareto. So ist die Erschütterung, die die Ideen Hegels in den nicht-demokratischen Reichen Europas – und damit selbstverständlich in der gesamten modernen Welt – bewirkten, wahrscheinlich mit nichts zu vergleichen. Heute kommt ihr an Macht und Umfang nur der anhaltende Einfluß der Konfuzianischen Philosophie in China gleich, welche die Geschichte dieses Landes vom 3. Jahrhundert v. Chr. bis zur Revolution Sun Yat-sens gestaltete, oder die Wirkung des aristotelischen Denkens auf das Mittelalter und – durch den Einfluß der Jesuiten – auf die Neuzeit. Philosophen werden von ihren Mitmenschen fast immer als harmlose Stubenhokker, friedliebende, vielleicht gar gescheiterte und den harten Tatmenschen verächtliche Theoretiker angesehen – aber manchmal sind sie dies keineswegs. Vielmehr führen sie, gespenstisch und unsichtbar, die Bataillone und Nationen der Zukunft zu den blutgetränkten Schlachtfeldern der Revolution.

Indien, das verträumte Indien, philosophisch, unpraktisch und in der Behauptung seiner politischen Freiheit gänzlich erfolglos, hat sich immer für die Idee eingesetzt, daß Weisheit Macht sein kann, wenn – und dies ‚wenn' muß im Auge behalten werden – die Weisheit die ganze Persönlichkeit durchdringt, verwandelt, beherrscht und gestaltet. Der Weise soll keine wandelnde Philosophenbibliothek, keine Enzyklopädie in Menschengestalt sein. Der Gedanke selbst muß in ihm in Leben, in Fleisch, in Sein, in rechtes Tun umgesetzt werden. Je weiter er in dieser Verwirklichung gelangt, desto größer wird seine Macht sein. Mahātma Gandhis magischer Einfluß kann etwa in diesem Sinne verstanden werden. Die Kraft seines Vorbildes wirkte auf die Hindumassen so stark, weil in ihm eine Identität von asketischer Weisheit (als Lebensstil) und Politik (als einer wirksamen Einstellung zu weltlichen Problemen, sei es des täglichen Lebens, sei es der nationalen Politik) zum Ausdruck kommt. Seine geistige Größe wird in dem ihm verliehenen Titel bezeugt und geehrt: Mahātma, ‚er, dessen Seinsessenz groß ist', ‚er, in dem die überpersönliche, überindividuelle göttliche Essenz, die das ganze All durchdringt und dem Mikrokosmos des menschlichen Herzens als belebende Gnade Gottes *(ātman)* innewohnt, zu solcher Größe angewachsen ist, daß sie durchwegs vorherrschte *(mahat)*'. Die geistige Persönlichkeit hat in ihm alle Spuren des Ichs aufgesogen und aufgelöst, alle Beschränkungen, die ihm als Einzelwesen gesetzt sind, all jene begrenzenden, hindernden Eigenschaften und Neigungen, die dem menschlichen Normalzustand eignen; sie hat sogar jede Spur ichhafter Taten *(karma)*, guter oder böser, aus diesem Leben oder aus früheren, getilgt. Solche Persönlichkeitsspuren trüben den Blick des Menschen, sie lenken ihn auf weltliche Angelegenheiten ab und hindern ihn, sich der göttlichen Wahrheit zu nähern. Aber der Mahātma ist der Mensch, der durch Weisheit in seinem Wesen verwandelt worden ist; und die Macht eines solchen Daseins, Wunder zu wirken, werden wir vielleicht noch erleben[1].

4. «DAS STERBEN UM DIE GÖTTLICHE KRAFT»[2]

Der Weise wird wegen seiner übernatürlichen Seelenkraft, die er in die Welt ausstrahlt, verehrt und zugleich gefürchtet. Ein Gelehrter, der sich

[1] *Anmerkung des Herausgebers:* Diese Vorlesung wurde 1942 gehalten.

[2] *Anmerkung der Übersetzerin:* Deussen nennt es «Das Herumsterben um die Zauberformel *(brahman)*».

durch Weisheit gewandelt hat, gleicht weniger einem gewöhnlichen Doktor der Philosophie als einem Medizinmann der Primitiven, einem vedischen Priester oder einem Zauberer. Oder er ist wohl auch wie ein indischer Asket, der durch selbstauferlegte Entsagungen seine menschlichen Grenzen überschritten und solche Macht erworben hat, daß ihm sogar die Götter, die über die Weltkräfte und -sphären herrschen, unterstehen. In den meisten vedischen Texten werden genaue Angaben über die jeweiligen wunderbaren Belohnungen und magischen Kräfte gemacht, die man je nach der Art der vermittelten Gelehrsamkeit für sich erwarten darf. *Yo evam veda*, ‚wer solches weiß', ist ein immer wiederkehrender Ausdruck. «Wer solches weiß – eignet sich die übernatürlichen Kräfte an, deren geheimes Wirken und Wesen ihm durch Lernen und Üben dieses Lehrabschnittes aufgegangen ist».

Aus dem riesigen Vorrat sei ein Beispiel ausgewählt, das mit hinreichender Deutlichkeit zeigt, welche Ehrfurcht man jeder Art von Wissen und auch dem Besitzer dieses Wissens erwies. Es ist ein Text, der zugleich ein Dokument der Metaphysik und ein seltsames Machtrezept, eine schreckliche Geheimwaffe des Arthashāstra, der Staatskunde darstellt[1]. Er stammt aus der fernen indo-arischen Vergangenheit, jenem ritterlichen Zeitalter der Feudalkämpfe, das sich im unheilvollen Krieg des *Mahābhārata* widerspiegelt[2]. Dieser Krieg, der in den Annalen der indischen Kultur so be-

[1] Vgl. oben S. 44–47.

[2] *Anmerkung des Herausgebers:* Die berühmtesten Beispiele aus der Gesamtheit der *Purānas* Indiens (vgl. S. 67, Anmerkung des Herausgebers) sind die beiden Volksepen *Rāmāyana* und *Mahābhārata* (letzteres ist achtmal so lang wie *Odyssee* und *Ilias* zusammen), die, wie es scheint, ihre jetzige Form zwischen 400 v. Chr. und 400 n. Chr. erhalten haben (vgl. M. Winternitz, *Geschichte der indischen Literatur*, Band I, S. 403 und 439/440). Dieser Zeitraum – eine Periode ungeheurer Umwälzungen in Indien (vgl. S. 441–452) – liegt wie eine Brücke zwischen zwei Goldenen Zeitaltern. Das erste dieser beiden Zeitalter, die Epoche der indo-arischen politischen und geistigen Eroberung des Industales, der Jumna- und Gangesebene (um 1500–500 v. Chr.) ist durch die Veden, die Brāhmanas und Upanishaden gekennzeichnet und gipfelt in der Zeit des Buddha; im zweiten, der Epoche der Gupta-Dynastie (320 bis 647 n. Chr.), stellt sich die Verschmelzung des hinduistisch-buddhistischen Kulturgutes als der klassische und höchste einer ganzen Reihe von Gipfelpunkten mittelalterlicher indischer Schöpferkraft dar, die der Geschichte unter den Namen verschiedener Herrscherhäuser in allen Teilen Indiens bekannt sind, wie zum Beispiel die frühe Cāḷukya-Dynastie im westlichen Dekhan (550–753 n. Chr.) und die Dynastie der Rāshṭrakūṭas, die ihr folgte; die Pallava-Dynastie in Südindien (3.–9. Jahrhundert n. Chr.) und ihre Kolonialzweige in Java und Kambodscha;

rühmt geworden ist, fand zu der Zeit statt, in der die Prosaschriften der Brāhmaṇa-Texte und der frühen Upanishaden ihre bis zum heutigen Tage gültige Form erhielten. Die geistige Magie unseres Beispieles mag darum von mehr als einem Kämpfenden angewandt worden sein. Es ist in einer exegetischen Prosasammlung des zum Rigveda gehörenden *Aitareya-Brāh-*

das Rājput-Königreich von Kanauj im Nordwesten (9.–11. Jahrhundert n. Chr.); die Dynastie der späteren Cāḷukyas, die ihrerseits die Rāshṭrakūṭas entthronten und die Herrschaft bis Ende des 12. Jahrhunderts behaupteten; die Coḷas, die den Pallavas im Süden folgten (um 850–1287 n. Chr.); die Hoyshala-Dynastie in Mysore (Höhepunkt im 12. und 13. Jahrhundert n. Chr.); und die kleine Oase der Rāya-Dynastie in Vijayanagar (um 1370–1565), die als letzter Kern hinduistischer Kultur den Sandsturm der mohammedanischen Invasion überlebte.

Im Gegensatz zu den zahlreichen architektonischen und literarischen Überbleibseln aus der Zeit dieser Imperien haben wir so gut wie keine greifbaren Monumente aus dem ersten Goldenen Zeitalter, denn die frühen Indoarier bauten gleich den frühen Griechen weder in Stein, noch schrieben sie ihre Überlieferungen auf. Die Veden, Brāhmanas und Upanishaden ebenso wie die Lehren des Buddha und seiner Zeitgenossen wurden mündlich weitergegeben, bis sie irgendwann nach dem 3. Jahrhundert v. Chr. schriftlich niedergelegt wurden. Alles was einer Erzählerschule nicht wichtig genug erschien, ging darum entweder ganz oder teilweise verloren.

Die frühesten purānischen Werke – die Epen, Romanzen und Heldengesänge der indoarischen Feudalzeit – sind so alle untergegangen. Im *Rāmāyana* und *Mahābhārata* sowie in den rund zwanzig anderen noch vorhandenen Purānas der späteren Epoche sind nur Fragmente der älteren Heldendichtungen erhalten, vermengt mit einer Flut verschiedenster Volkssagen, asketischer Morallehren, volkstümlicher religiöser Erzählungen und den Reflexionen einer verhältnismäßig späten Periode der Religiosität, in der Vishnu – in vedischer Zeit noch eine ziemlich unbedeutende Gottheit – bereits die höchste Verkörperung des Absoluten ist. Die *Bhagavadgītā*, die im sechsten Buch des *Mahābhārata* eingefügt ist und als die Lehre des im Helden Krishṇa verkörperten Vishṇu verkündet wird, ist aus so später Zeit, daß sie in einer einzigen Fassung die Lehren des Sāṅkhya und der Upanishaden vereinigen und also den endgültigen hochentwickelten Synthesen des Vedānta und des Tantra den Weg bereiten konnte (wie es Heinrich Zimmer auf S. 339–365 zeigt).

Nichtsdestoweniger ist nach übereinstimmender Ansicht der Gelehrten die im *Mahābhārata* episch beschriebene Schlacht in die ersten Jahre der arischen Eroberung Indiens zu datieren, nämlich um 1100 v. Chr. (siehe, zum Beispiel, *Cambridge History of India*, Band I, S. 276). Das Schlachtfeld, Kurukshetra, liegt in der Gegend zwischen Sutlej und Jumna, wo das Zentrum der indo-arischen Kultur zur Zeit der Brāhmaṇas war, und die Art der Kämpfe erinnert durchwegs an die der *Ilias*. Was einst ein glanzvolles aber verhältnismäßig kurzes Ritterepos gewesen sein muß, zog im Laufe der Jahrhunderte alle Sagen und Wundergeschich-

maṇa bewahrt worden und wird «das Herumsterben um die göttliche Kraft» genannt[1].

«Jetzt kommt das Herumsterben um die göttliche Kraft *(brahmanaḥ parimaraḥ)*. Wer um das Herumsterben um die göttliche Kraft weiß, um den sterben seine Nebenbuhler, die ihn überbieten und hassen.»

«Er, der hier bläst [das heißt der Wind, der alldurchdringende, ewigbewegte Lebensatem des Makrokosmos, der belebende Atem *(prāṇa)* des Weltalls], ist die göttliche Kraft *(brahman)*. [Dieses *brahman* ist die geheime Lebensessenz aller Dinge. «Wer solches weiß», *yo evam veda*, hat teil an der unerschöpflichen Kraft dieses vitalen Prinzips und kann in seinem eigenen beschränkten Bereich seine überragende Rolle zur Wirkung bringen.] Um ihn [der hier bläst] herum sterben diese fünf Gottheiten: der Blitz, der Regen, der Mond, die Sonne, das Feuer. Blitz auf Blitz geht in

ten der verschiedenen indischen Lebensgebiete an sich und wuchs wie eine Lawine, bis es die ganze Kultur des ‚Landes der Bharatas' umschloß und schließlich zu deren höchstem Zeugnis wurde. In den letzten fünfzehn Jahrhunderten hat dieses gewaltige Volksepos in seiner heutigen Form den Stoff für Gebete und Meditationen, Volkstheater und Fürstenbelustigungen, moralische Ermahnungen, Fabeln, Romanzen, Marionettenstücke, Malerei und Gesang, dichterische Bilder, Yogi-Aphorismen, nächtliche Träume und Vorbilder für das tägliche Leben von hundert und aber hundert Millionen Menschen zwischen dem Tal von Kaschmir und der tropischen Insel Bali geliefert. Noch heute heißt es in Indien: «Wenn du es nicht im *Mahābhārata* findest, wirst du es nirgends finden.»

[1] *Aitareya-Brāhmaṇa* 8. 28. (Ins Englische übersetzt von Arthur Berriedale Keith in *The Rigveda Brahmanas*, Harvard Oriental Series, Bd. XXV, Cambridge, Mass., 1920.) Diese Schrift kann als Einführung und Musterbeispiel gelten für die Art und Weise brahmanischer Theologie und Rituallehre. Man vergleiche besonders die bemerkenswerte Erzählung vom Brāhmanenjüngling Shunahshepa, der die Menschenopfer abschaffte (*Ait. Brahm.* 7. 13 ff.). Der Bericht ist in vorzüglicher Prosa geschrieben (Hymnen, die dem Shunahshepa im *Rigveda* 1. 24–30 zugeschrieben werden, enthalten übrigens keine Anspielung auf das in dieser Legende geschilderte Vorkommnis.) Diese Brāhmaṇa-Erzählungen sind das älteste Prosawerk aller indo-arischen Sprachen überhaupt. Sie sind in einer Mischung von Prosa und Versen geschrieben, ähnlich wie wir es auch in der alten keltischen Dichtung und in den buddhistischen Legenden des *Jātaka* finden.

Eine kürzere Version des «Herumsterbens um die heilige Kraft» erscheint in der *Taittirīya Upanishad*.

Zusatz der Übersetzerin: *Paul Deussen* bringt in «Die Geheimlehre des Veda», Leipzig 1921, die Ait. Brahm. nur in Auszügen mit Kommentar. Seine Übersetzung des Wortes *parimaraḥ* mit «Herumsterben der Götter (um den Prana)» wird hier übernommen.

den Regen ein [verweht im Regen, verschwindet, löst sich auf, stirbt in den Regen]; er ist im Verborgenen; die Menschen können ihn nicht mehr wahrnehmen.»

Das ist der Grundvorgang des Zaubers. Nun kommt die Parallele für die menschliche Sphäre: «Wenn ein Mann stirbt, ist er im Verborgenen, dann nehmen ihn die Menschen nicht mehr wahr.»

Und auf der Grundlage dieser makro-mikrokosmischen Entsprechung wird uns die folgende Praktik gelehrt: «Er [der den Zauber oder das Ritual des Herumsterbens um die göttliche Kraft ausübt, diesen magischen Vollzug *(karma)*, der einen Teil des ‚Weges ritueller Handlungen' *(karma-mārga)* zur Erlangung eines übermenschlichen Zustandes bildet] soll beim Tode des Blitzes sagen [das heißt im Augenblick, wo er den Blitzstrahl im Regen verschwinden sieht]: ‚Laß meinen Feind sterben, laß ihn ins Verborgene gehen, mögen sie ihn nicht mehr wahrnehmen!' [das ist der Fluch gegen den Feind, ein Analogie-Zauber der Vernichtung, der in die Ferne wirkt]. Alsbald werden sie [das heißt die Freunde des Opfers und andere Menschen] ihn nicht mehr wahrnehmen.»

Jetzt kommt das nächste Stadium des Zaubers:

«Der Regen, wenn er geregnet hat, geht in den Mond ein [der Mond wird nämlich angesehen als Sammelbecken und Hauptquelle für den alles belebenden Lebenssaft der kosmischen Wasser; diese ernähren als Regen Pflanzen- und Tierreich; hört aber der Regen auf, so kehrt die Kraft zur Quelle zurück, aus der sie in Erscheinung trat, das heißt sie verschwindet und stirbt in den König Mond, das Gefäß aller Wasser des unsterblichen Lebens]; er ist im Verborgenen; dann nehmen ihn die Menschen nicht mehr wahr.»

Und weiter: «Wenn ein Mensch stirbt, dann ist er im Verborgenen, dann nehmen ihn die Menschen nicht mehr wahr. Er [der den Zauber ausübt] soll beim Tode des Regens sagen: ‚Laß meinen Feind sterben, laß ihn ins Verborgene gehen, sie sollen ihn nicht wahrnehmen!' Alsbald nehmen sie ihn nicht mehr wahr.»

«Bei der Konjunktion geht der Mond in die Sonne ein, er ist im Verborgenen, dann nehmen ihn die Menschen nicht wahr. Wenn ein Mensch stirbt, dann ist er im Verborgenen, dann nehmen ihn die Menschen nicht wahr. Er soll beim Tode des Mondes sagen: ‚Laß meinen Feind sterben, laß ihn im Verborgenen sein, sie sollen ihn nicht wahrnehmen!' Alsbald nehmen sie ihn nicht wahr.»

«Die Sonne geht beim Untergang ins Feuer ein [ins Opfer- und Herdfeuer, das von jedem Hausvater in Brand gehalten und verehrt wird als die Hauptgottheit, die dem vedischen Haushalt vorsteht und Schutz bietet; Agni («Feuer») ist der Götterbote; in seinen Mund werden die Opfergaben gegossen; auf der emporsteigenden Flamme und dem Rauch fliegt er mit den Gaben in die unsichtbaren himmlischen Wohnungen, wo er seine Brudergottheiten aus dem Munde wie ein Vogel seine Jungen füttert]; sie ist im Verborgenen; die Menschen nehmen sie nicht wahr.» Wiederum wird der tödliche Zauberfluch gegen den Feind geschleudert. Er soll sterben wie die Sonne allnächtlich stirbt, wenn ihr Licht und ihre Wärme in den Schoß des Feuers zurückkehren. Das Opferfeuer bleibt brennen vom Sonnenuntergang bis zur Morgendämmerung, und das Licht, das am Morgen mit der Sonne erscheint, entspringt – so glaubt man – dem Feuer. Das Feuer ist also eine gewaltigere Kraft als die Sonne.

«Das Feuer geht mit aufloderndem Atem in den Wind ein.» Der Wind ist Luft, die höchste göttliche Kraft im Weltall, *brahman*, die Lebenskraft der Welt; denn der Wind bläst immerfort, wenn alle anderen Kräfte des Weltkörpers zeitweise zu existieren aufhören, wenn sie nicht mehr in Erscheinung treten, sondern in ihrer geregelten Folge ineinander eingeschmolzen sind. Jeder, der eine dieser geringeren Kräfte anbetet, so als wäre sie die höchste, nimmt teil an ihrer Schwäche und muß dem unterliegen, dessen höhere Kenntnis der umfassenderen Kraft ihm unvergleichliche Stärke schenkt. «Es [das Feuer] ist im Verborgenen [im Wind]; die Menschen nehmen es nicht wahr …»

Der Todesfluch wird nun zum letztenmal ausgesprochen, und damit endet die erste Phase des Zaubers. Jetzt aber beginnt die Aufgabe, auch dem rückläufigen Prozeß zu gebieten:

«Dann werden diese Gottheiten wieder geboren; aus dem Wind wird das Feuer geboren [das Feuer wird entzündet, indem man in ein Brett ein Loch bohrt und darin einen Stock in schnelle Umdrehung bringt; der Stock ist aus hartem, das Brett aus weichem Holz; das Feuerflämmchen entzündet sich auf dem Brett sozusagen aus der Luft]; denn durch Atem *(prāṇa)* wird es geboren, durch Kraft wird es entfacht. [Der Wind in Gestalt der belebenden Atemenergie (πνεῦμα, *spiritus*, *prāṇa*) im Menschen, verbunden mit der Körperkraft *(bala)*, die der Mensch beim Quirlen aufwendet, bringt erst das Feuer hervor.]»

«Wenn er es gesehen hat, soll er sagen: ‚Laß das Feuer geboren werden; laß nicht meinen Feind geboren werden; weithin möge er davoneilen.'»

Der Erfolg: «Weithin eilt er davon.»

«Aus dem Feuer wird die Sonne geboren; wenn er sie gesehen hat, soll er sagen: ‚Laß die Sonne geboren werden; laß nicht meinen Feind geboren werden; weithin möge er davoneilen.' Weithin eilt er davon.»

«Aus der Sonne wird der Mond geboren ...» und wenn der Mond sichtbar wird, soll der Beschwörende den gleichen Zauberspruch hersagen.

«Aus dem Monde wird der Regen geboren ...» Der Beschwörende beobachtet den Blitz, sobald er erscheint, und wiederum schleudert er den Fluch gegen seinen Widersacher: «‚Laß nicht meinen Feind geboren werden; weithin möge er davoneilen.' Weithin eilt er davon.»

«Das ist das Herumsterben um die göttliche Kraft. [Ihre Wirksamkeit ist gesichert durch ihren Ursprung und ihren Erfolg, wie sich aus folgendem ergibt:] Maitreya Kaushārava empfahl dieses Herumsterben um die göttliche Kraft dem Sutvan Kairishi Bhārgāyaṇa. [Ersterer war ein Priester, letzterer ein König.] Um ihn herum starben fünf Könige; da erlangte Sutvan Größe *(mahat)*.» Das heißt, er wurde ein Mahārāja, nachdem er alle andern Rājas sich zu Vasallen gemacht oder zu einem Bündnis gezwungen hatte.

Es gibt eine besondere Observanz, ein Gelübde *(vrata)*, das dieses magische Ritual begleitet, und dieses muß von dem durchgeführt werden, der auch das Ritual vollzieht. «Er soll sich nicht früher als der Feind niedersetzen; wenn er ihn stehend glaubt, so soll er ebenfalls stehen. Auch soll er sich nicht früher als der Feind niederlegen; wenn er ihn sitzend glaubt, soll er ebenfalls sitzen. Auch soll er nicht früher als der Feind schlafen gehen; wenn er ihn wachend glaubt, soll er ebenfalls wach bleiben.»

Dann zuletzt, als Ergebnis all dieser mühsamen Observanzen: «Selbst wenn sein Feind einen Kopf hart wie Stein hat, wird er ihn rasch niederstrecken – wird er ihn niederstrecken.»

Dies ist ein sehr lebendiges Muster von der Magie dessen, «der solches weiß», *yo evam veda*. Insofern es von Erkenntnis abhängt – der Erkenntnis des *brahman* –, ist es ein archaisches Beispiel für den *jñāna-mārga*, den «Weg der Erkenntnis». Insofern es aber nur Erfolg haben kann, wenn es von der Ausführung einer besonderen Observanz oder eines Gelöbnisses *(vrata)* begleitet wird, gehört es ebensowohl zu *karma-mārga*, dem «Weg der Ritualhandlungen», wobei es ausschlaggebend ist, daß die Observanz genau bei den fünf Ereignissen, nämlich bei Geburt und Tod der fünf kosmischen Kräfte vollzogen wird.

Jeder, der solch eine magische Handlung auf sich nimmt, um die Vorherrschaft zu gewinnen über übelgesinnte Nachbarn – feindselige Feudalherren, vielleicht sogar die eigenen Vettern (wie im Mahābhārata) oder Stiefbrüder (wie es in dem endlosen Kampf um die kosmische Vorherrschaft zwischen den Göttern und Gegengöttern oder Titanen der Fall war) – unterzieht sich einer mühsamen und umständlichen Aufgabe. Es wird ihn ständig in Atem halten, das Feuer zu beobachten, die Sonne, wie sie auf- und untergeht, und den Mond, wie er erscheint und wieder verschwindet. Namentlich während der Gewitter muß er auf dem Posten sein; denn bald fängt der Regen an, bald hört er auf, bald leuchtet der Blitz auf, bald erlischt er. Wenn der Mann mit seinen Bannsprüchen gegen den fernen Feind nur irgendwie Erfolg haben will, so muß er schnell bei der Hand sein, um seine Flüche im richtigen Moment auszusprechen. In all dem Bemühen, auf den Beinen zu bleiben, sich nicht niederzulegen, während der Feind sitzt, nicht eher als der Gegner schlafen zu gehen, in all dieser Geschäftigkeit muß ein Mann, der diesen Zauber ausübte, geradezu den Eindruck eines Neurotikers gemacht haben, der von einer verrückten Idee besessen ist. Immerhin hatte sich wohl alle Mühsal gelohnt, wenn die geheime Waffe ihn aus dem Ring seiner Feinde befreite und ihm, *yo evam veda*, den Zugang zur höchsten Königsherrschaft öffnete.

Dies ist ein anschauliches Beispiel für den magischen Arthashāstra[1] aus einer Zeit, die an Vernichtungskriegen so furchtbar war wie nur je eine in der indischen Geschichte, ja man kann sagen, in der Geschichte überhaupt. Es war eine Periode, die mit dem gegenseitigen Hinmorden, der Selbstausrottung der gesamten indischen Ritterschaft endete und die ältere Form des arischen Feudalkönigtums zum Verschwinden brachte. Das große Blutbad, das der Mahābhārata schildert, bezeichnet gleichzeitig den Höhepunkt und das Ende der vedisch-arischen Feudalzeit. In der folgenden Periode, in der der Upanishaden, wurde das Sanskritwort für «Held», *vīra*, nicht mehr in erster Linie für den Mann der Tat, sondern für den Heiligen verwendet – den Weisen, der nicht Herr war über andere oder über die umliegenden weltlichen Königreiche, sondern über sich selbst.

[1] Man beachte, daß dieses Wort (vgl. oben S. 46) sowohl für die Literatur der Staatswissenschaft überhaupt wie auch für eine besondere Schrift über dieses Thema von Cānakya Kauṭilya verwendet wird.

5. DAS BRAHMAN

Der Begriff *brahman*, der oben mit ‚göttliche Kraft' übersetzt wurde *(brahmanaḥ parimaraḥ*, ‚Das Sterben um die göttliche Kraft'), ist seit den vedischen Zeiten bis zum heutigen Tage die unvergleichlichste, bedeutendste Konzeption der Hindu-Religion und -Philosophie gewesen; es ist kein Wort, das einfach übersetzt werden kann, aber je weiter wir in unseren Überlegungen fortschreiten, desto mehr wird sich die Bedeutung von *brahman* erschließen und klären. Und vielleicht können wir uns den Zugang erleichtern, indem wir eine kurze Untersuchung vorausschicken in der Art, wie sie von der vedischen Theologie und in der späteren hinduistischen Wissenschaft hoch geschätzt wurde, eine Methode, die nicht nur die Bedeutung eines Wortes *(nāman)*, sondern auch das eigentliche Wesen des bezeichneten Objektes *(rūpa)* erschließt, indem sie der Etymologie des betreffenden Wortes nachgeht.

Betrachten wir die Wörter *brahmanaḥ parimaraḥ:* die Wurzel *mar*, ‚sterben' ist mit ‚mortal (Mortalität)' verwandt, die Vorsilbe *pari* entspricht dem griechischen περι, ‚um ... herum' (s. *Peri*-meter, ‚Umfangsmesser'; *Peri*-skop, ‚ein Instrument zum Ringsumschauen'). Durch die Endung *-aḥ*, die der Wurzel angefügt wird, entsteht ein Verbalsubstantiv. Und so lesen wir diesen Ausdruck *parimaraḥ* als ‚das Sterben um (etwas herum)'.

Im Substantiv *brah-man*[1] ist *brah-* der Stamm, *-man* die Endung (die Form *-manaḥ* im Text ist der Genitiv). Diese Endung *-man* findet sich auch in *āt-man*, *kar-man*, *nā-man;* durch sie wird ein Substantiv des Handelns *(nomen actionis)* gebildet. *Āt-man*, zum Beispiel, aus der Wurzel *an*, ‚atmen' (vielleicht auch eher von *at*, ‚gehen') ist das Prinzip des Atmens (oder Gehens) – wobei die Verwandtschaft zwischen *āt-man* und atmen sofort ins Auge fällt – und bedeutet Leben. Ähnlich *kar-man*, aus der Wurzel *kri*, ‚machen': es ist ‚Arbeit, Tun, Ritus, Aufführung'; und *nā-man*, aus der Wurzel *jñā*, ‚wissen', bedeutet ‚Name'[2].

[1] *Anmerkung der Übersetzerin:* Heinrich Zimmer lobt hier A.B. Keiths Übersetzung von *brahman* als ‚the holy power'. A.B. Keith, The Religion and Philosophies of the Vedas and Upanishads, Harvard Oriental Series, Bd. 31 and 32 (1925), S. 243. Ich selbst habe mich an die häufig auftretende Zimmer-Formulierung gehalten, ‚die göttliche Kraft', und nicht an Deussen (vgl. Anmerkung der Übersetzerin, S. 71).

[2] *Nāman* ist die Stammform, *nāma* die Form des Nominativ singularis; ebenso *karman*, *karma;* der Nominativ von *ātman* ist *ātmā*. Vergleiche *yogin*, *yogī*. Die Ge-

Der Stamm *brah-* tritt auch in einer kürzeren schwächeren Form als *brih-* auf; und beide Bildungen erscheinen in den Namen des vedischen Gottes *Brihas-pati*, auch *Brahmaṇas-pati* genannt, welcher der Hauspriester und Guru Indras, des Königs der Götter, ist. Genau wie jedem menschlichen König ein brahmanischer Hauspriester als Guru dient, der auch als Hofmagier fungiert und den König vor Dämonen, Krankheiten und – durch Anwendung von Gegenzauber – vor der schwarzen Magie seiner Feinde schützt, auf daß sein König alle überrage und zum Großfürsten *(mahārāja)* werde, so hatte auch Indra in seinem Dienste den göttlichen Brihaspati, der bei ihm die traditionelle Rolle des geistigen und politischen Beraters eines Gott-Königs spielte. In der Tat besiegte Indra dank Brihaspatis Wissensmacht die Gegengötter oder Titanen *(asuras)* und hielt sie in ihren unterirdischen Behausungen in Schach.

Brihaspati ist der himmlische Archetyp der Brahmanenkaste – eine göttliche Personifizierung der rituellen Künste und Erfindungsgaben, nie verlegen um Listen und Einfälle und so die Quintessenz der hochentwickelten Fähigkeiten des Hindugeistes verkörpernd. Er wird als der erste der göttlich-priesterlichen Vorväter von einer der beiden ältesten vedischen Priesterfamilien, den Angiras, angesehen[1], deren Nachkommen in enger Freundschaft mit den himmlischen Mächten in dunkler Vorzeit Visionen der Götter hatten und diese Visionen in den mächtigen Strophen *(ric, rig)* des *Rigveda* ausdrückten. Deshalb ist die Weisheitskraft dieser Strophen imstande, die Götter zu Opferriten zu beschwören, ihr Wohlwollen und ihre Hilfe für menschliche Zwecke zu gewinnen, das heißt für die Zwecke der über die vedische Hymne verfügenden Familie. Die Sanskritendung *-pati* im Wort *Brihas-pati* bedeutet ‚Herr' (vergleiche das griechische πόσις, ‚Gatte, Gemahl', weiblich πότνια, ‚Herrin, Königin'). Wörtlich ist also Brihas-pati der ‚Pot-ente', der mit der Macht Begabte, das *brih* oder *brah* zu handhaben. Was aber ist nun *brah*? Wie wir sehen werden, ist es etwas weit vom ‚Intellekt' Entferntes.

Brih tritt als Verbum auf, von dem sich nur das Participium praesentis erhalten hat, welches als Adjektiv verwendet wird: das häufig vorkom-

lehrten sind in der Wahl der Formen, in der sie die Sanskrit-Hauptwörter übernehmen, nicht konsequent. *Ātman* etwa wird häufiger verwendet als *ātmā*, *karma* häufiger als *karman*.

[1] Das Sanskritwort *aṅgiras* ist dem griechischen ἄγγελος verwandt, von dem bekanntlich ‚Engel' abgeleitet ist.

mende *brih-ant*, ‚groß'. Zudem gibt es eine abgeleitete Form (mit einem eingeschobenen Nasallaut: *brimh*), das in dem Verbum *brimh-ayati*, ‚*brih* machen, *brih* werden lassen' vorkommt, das heißt ‚groß machen, groß werden lassen'; denn *brih* bedeutet ‚wachsen, zunehmen' und, auf Akustisches bezüglich, ‚brüllen'. *Brimhita*, das, wie wir gesehen haben, ‚großmachen' bedeutet, bezeichnet als Geräusch ‚das Brüllen eines Elefanten', jenes mächtige Trompeten, das, in Zorn oder Triumph, der gewaltigste aller Tierlaute ist. *Brih* hat – als Wort selbst – einen höchst sonoren Klang.

Brimhayati bezeichnet in der klassischen Hindu-Medizin die Kunst, die Lebenskraft bei Schwächlichen zu stärken, die Kunst, dick zu machen, zu mästen. Der Arzt ‚mästet' *(brimhayati)* die Dünnen. Ähnlich werden Gottheiten durch Hymnen und Lobgesänge *brimhita*, ‚gemästet, geschwellt, aufgebläht', und Menschen wiederum durch Segnungen. Es gibt ein Gebet, das über jemanden, der zu einer Reise aufbricht, gesprochen wird: *Arishṭam vraja panthānam mad-anudyāna-brimhitā*: ‚Ziehe Deines Wegs, und möge er frei sein von Hindernissen und Unheil. Du bist gestärkt *(brimhita)* durch meine Seelenkraft, die dich als meine innere Sehkraft begleitet'. Die Antwort darauf lautet: *Tejo-ridha-brimhitaḥ*, ‚Jene (Feinde) werde ich erschlagen, denn ich bin durch die Hälfte deiner feurigen Lebenskraft geschwellt und gestärkt'[1].

Brimhayati bedeutet ‚wachsen, zunehmen, stärken, kräftigen, steigern', und das vedische Hauptwort *barhaṇā* aus derselben Wurzel bezeichnet ‚Kraft, Stärke'. Es stellt sich also heraus, daß *brahman* im vedischen Wortschatz genau dem entspricht, was der Hinduismus in späteren Jahrhunderten *shakti* nennt: ‚Kraft, Energie, Stärke, Macht, Potenz'[2]. Jemand, der *shak-ta* ist, hat ‚die Macht, etwas zu tun'. Indra, der König der Götter, ist *shak-ra*, ‚der Mächtige', der mit Stärke Begabte[3]; und seine Königin

[1] *Anmerkung des Herausgebers:* Es ist mir nicht gelungen, die Quelle dieser Formeln ausfindig zu machen.

[2] *Anmerkung des Herausgebers:* Im Westen ist es gebräuchlich geworden, die Orthodoxie der ersten großen indo-arischen Periode (die Religion der Veden, Brāhmaṇas und Upanishaden) mit dem Namen ‚Brāhmanismus' zu bezeichnen und diejenige der nach-buddhistischen Epoche und des modernen Indiens (die Religion der *Bhagavad Gītā* und der vedantischen, puranischen und tantrischen Meister) mit dem Namen ‚Hinduismus'. Zum Ausdruck *shakti* vgl. oben S. 67, Anmerkung des Herausgebers.

[3] *Shak-ra*, ‚mit *shak* begabt'; vergleiche *dhī-ra*, ‚mit *dhī* begabt', das heißt mit der Kraft der *dhyāna*, der tiefen religiösen Meditation. *Dhīra* bedeutet ‚fest, be-

Indrāṇī ist dementsprechend *shacī*, ‚die Mächtige'. Darum läßt sich *brahman* in dem im vorigen Kapitel zitierten Zauberspruch als ‚heilige oder göttliche Kraft' wiedergeben.

Kraft oder Macht, das höchste Ziel und Mittel der Magie, war tatsächlich das große und entscheidende Element in allem vedischen Priestertum. Wie wir gesehen haben, ist derjenige, der die höchsten Mächte des Universums kennt und sich ihrer bedienen kann, selbst allmächtig. Die Kraft ist überall zu finden und nimmt viele Gestalten und Erscheinungsformen an. Sie wohnt dem Menschen inne – nicht in seinen äußeren Schichten, sondern im Kern, im innersten Heiligtum seines lebendigen Wesens. Von dort steigt sie empor, schwillt an, strömt in des Menschen Leib und Hirn. Und sie kann so gesteigert werden, daß sie Gestalt wird und in den Geist als Vision einbricht und die Lippen in mächtigen, bleibenden Zauberformeln, in kraftgeladenen Strophen bewegt. In den vedischen Hymnen bedeutet das Wort *brahman* an vielen Stellen einfach: ‚diese Strophe, dieser Vers, diese Zeile'. Zum Beispiel: «Durch diese Strophe *(anena brahmaṇā)* befreie ich dich von Krankheit[1].»

Das Brahman als Zauber, als heilig-magische Formel ist die kristallisierte, erstarrte – gleichsam die bequeme, handliche – Form der höchsten göttlichen Kraft. Diese Kraft ist dauernd im Menschen verborgen, schlummert in ihm, kann aber durch Konzentration zu schöpferischer Wirksamkeit erweckt und angefacht werden. Der Zauberpriester bebrütet sie, bringt sie zum Ausschlüpfen und macht sie seinem Willen und Zweck dienstbar, bringt sie im Zaubern zur Kristallisation. Vor ihrer Kristallisation, noch in ihrem flüssigen oder gasförmigen Zustand ist sie der aus dem menschlichen Unbewußten aufsteigende, mächtige Drang und Zwang. Mit anderen Worten: Das Brahman ist das, wodurch wir leben und handeln, die fundamentale Antriebskraft unserer Natur. Proteusgleich ist es imstande, die Form jeglicher Gemütsbewegung oder Vision, jeglichen Impulses oder Gedankens anzunehmen. Sie treibt unsere bewußte Persönlichkeit durch Vorahnungen, Einfälle und plötzliche Begierden, aber ihre Quelle ist in der Tiefe verborgen, außerhalb des Bereiches der Sinneserfahrungen und der Denkvorgänge. Das Brahman transzendiert sie, in diesem Sinne ist es ‚transzendental', ist es das, was die moderne Psychologie ‚unbewußt'

ständig, geistesstark, mutig, ruhig, energisch, weise, tief, angenehm, mild'; aber auch ‚faul, stumpfsinnig, hartnäckig, dickköpfig, dreist'.

[1] *Atharvaveda*, passim.

nennt. Das Brahman ist recht eigentlich dasjenige, was jenseits der Sphäre und außerhalb der Reichweite des intellektuellen Bewußtseins liegt, in der dunklen, großen, unermeßlichen Höhenzone jenseits der Höhe, der Tiefenzone jenseits der Tiefe.

Das Brahman also, die höchste, tiefste, letzte, transzendente Kraft, die den sichtbaren und greifbaren Schichten unseres Wesens innewohnt, transzendiert sowohl den sogenannten ‚grobstofflichen Leib' *(sthūla-sharīra)* wie die Innenwelt der Formen und Erfahrungen, die Vorstellungen, Ideen, Gedanken, Gefühlserregungen, Visionen, Phantasien usw. des ‚feinstofflichen Leibes' *(sūkshma-sharīra)*. Als die Macht, welche alle Dinge des Mikrokosmos wie auch der Außenwelt durchdringt und belebt, ist sie auch die göttliche Bewohnerin der sterblichen Hülle und identisch mit dem Selbst *(ātman)* – dem höheren Aspekt dessen, was wir im Westen, ohne Unterscheidungen zu machen, ‚Seele' nennen.

In unserem westlichen Begriff ‚Seele' haben wir nämlich zweierlei miteinander vermischt, einerseits die Elemente, die zur veränderlichen Sphäre der Psyche gehören (Gedanken, Gefühle und ähnliche Elemente des Ich-Bewußtseins), und andererseits das, was jenseits von ihnen, hinter und über ihnen ist: unseren unzerstörbaren Daseinsgrund, das anonyme, allen Anfechtungen und Geschicken der Persönlichkeit fernstehende Selbst, das keineswegs mit dem gebundenen Ich identisch ist. Dieser unsichtbare Quell des Lebens darf weder mit der greifbaren Materie, den Nerven und Organen, Gefäßen und Trägern des körperlichen Lebensprozesses verwechselt werden, die den grobstofflichen Leib bilden, noch sind damit die verschiedenen hochindividualisierten Fähigkeiten, wie Überlegungen, Gefühlserregungen, Empfindungen und Wahrnehmungen, die den feinstofflichen Leib ausmachen, gemeint. Das wahre Selbst *(ātman; brahman)* ist davon nur umhüllt und darf nicht mit all den ‚geistigen' und materiellen Schichten seiner vergänglichen Hülle verwechselt werden.

Das Brahman – die kosmische Kraft im höchsten Sinne des Wortes – ist die Essenz all dessen, was wir sind und wissen. Alle Dinge sind wunderbar hervorgegangen aus seiner allgegenwärtigen, alles überschreitenden Allmacht. Alle Dinge bringen es zum Erscheinen, aber nur die heilige Weisheit des befugten Zauberweisen verdient seinen Namen; denn dieser Weise ist das einzige Wesen in der Welt, das inbrünstig bestrebt ist, dasjenige in sich *bewußt* zu machen und *bewußt* im Handeln zu manifestieren, was in allen anderen tief verborgen ist. Brihas-pati, Brahmaṇas-pati ist der mächtige Wisser und Gestalter jeglichen Zeichens und Werkzeugs der heiligen Weisheit: der Zauberformeln, Hymnen und Riten ebenso wie der Auslegungen und Erläuterungen. In ihm fließen die sprudelnden Wasser aus dem verborgenen Quell, der die göttliche Kraft in uns allen ist, in ungehinderter Fülle und mit stets gleicher Stärke. Aus diesen Wassern zu schöpfen, von ihnen zu leben, sich von ihrer unerschöpflichen Kraft zu nähren, ist das A und O seiner Priesterrolle. Und er ist imstande, sich in dieser Rolle zu behaupten, durch die Yogatechnik, die schon immer in einer der großen Disziplinen der indischen Philosophie führend und tragend war.

Jedes Wesen wohnt ja am Rande des unendlichen Meeres der Lebenskraft. Wir tragen sie alle in uns: die höchste Kraft – die Fülle der Weisheit. Sie kann nicht zunichte gemacht werden, immer ist sie da, wenn auch tief verborgen. Sie ist drunten im finstersten, tiefsten Gewölbe unseres Wesens, in der vergessenen Brunnenstube, der tiefen Zisterne. Wie wäre, wenn man sie wieder entdeckte und daraus unaufhörlich schöpfen könnte? Dies ist der Leitgedanke indischer Philosophie. Und da alle geistigen Übungen Indiens diesem praktischen Ziel gewidmet sind – nicht aber einem bloß phantastischen Betrachten oder Diskutieren erhabener und tiefsinniger Ideen –, können sie gewiß als eines der realistischsten, sachlichsten, auf die Praxis gerichteten Denk- und Erziehungssysteme angesehen werden, die der menschliche Geist je errichtet hat. Wie man zum Brahman gelangt und mit ihm in Berührung bleibt; wie man dem Brahman gleich wird und aus ihm heraus lebt; wie man noch auf Erden göttlich, noch auf der irdischen Ebene verwandelt und diamantenhart wiedergeboren werden kann – das ist die suchende Frage, die den Menschengeist in Indien zu allen Zeiten begeistert und vergöttlicht hat.

Dennoch können wir nicht behaupten, daß dies ein ausschließlich indisches Bestreben sei; denn es spiegelt sich in vielen Mythen auf der ganzen Welt. Der alte mesopotamische Held Gilgamesch brach auf, das Kraut der Unsterblichkeit zu suchen. Owain, der Ritter der Artusrunde, fand den Quell des Lebens, Parsival den heiligen Gral. Auch Herakles überwand den Cerberus, den furchtbaren Wachhund des Totenreiches, und stieg nach vielen Heldentaten auf den Flammen des Scheiterhaufens zum Sitz der Unsterblichkeit, zu den Göttern empor. Jason und die griechischen Helden seiner Zeit eroberten mit ihrem stolzen Schiff Argo das Goldene Vlies. Orpheus suchte Eurydike, seine geliebte Seele, und wollte sie aus dem Schattenreich heimführen. Und der chinesische Kaiser Shih Huang sandte eine Expedition, die nie wiederkehren sollte, in das unermeßliche östliche Meer aus, um das Kraut der Unsterblichkeit von den Inseln der Seligen zu holen. Solche Erzählungen stellen in der weltweit bekannten Bildersprache der Mythologie die erste und letzte ewige Suche des Menschen dar. Das Abenteuer wurde im mittelalterlichen Europa geheimnisvoll in verborgenen Laboratorien von den Alchimisten fortgesetzt: sie wollten unedle Materie in unvergängliches Gold verwandeln und den Stein der Weisen herstellen, dieses materialisierte Brahman, das die höchste Macht über alle Phänomene besäße und die Kraft hätte, alles in alles zu verwandeln. Überall auf der Welt finden wir Menschen, die nach dem *summum bonum* streben: dem Gold, der Perle, dem Kraut der Todlosigkeit. Maui, der Gauklerheld der Polynesier, verlor sein Leben beim Versuch, die Unsterblichkeit für die Menschheit zu gewinnen, indem er in den Schlund seiner Ahnin Hine-nui-te-po tauchte. Auf vielen Wegen wurde gesucht. Bei uns im Westen geschieht es heute noch durch die medizinische Wissenschaft. Das Einzigartige an der Suche, wie sie in Indien betrieben wird, ist ihre Formulierung und Durchführung in Denkbegriffen. Deshalb widerspricht die indische Philosophie doch nicht den weltweit verbreiteten mythologischen Symbolen; sie erläutert und bestätigt sie vielmehr. Sie ist eine praktische geistige und körperliche Schulung, mit dem Ziel, solche Symbole durch Erweckung und Umstellung des Geistes im Leben zu verwirklichen.

Ehe wir aber untersuchen, auf welche Weise in Indien der Weg zu diesem ewigen menschlichen Abenteuer beschritten wird, müssen wir eine Vorstellung vom allgemeinen Zustand der menschlichen Dinge in Indien gewinnen. Dies kann durch eine kurze Skizzierung von Indiens drei Philosophien des weltlichen Lebens – denen des sogenannten *trivarga*[1] – geschehen: die politischen Lehren des Arthashāstra, die psychologischen des Kāmashāstra und die ethischen des Dharmashāstra. Denn das, was der Mensch in göttliche Essenz verwandeln muß, sind eben die Wechselfälle des Lebens, die seine Körperlichkeit heimsuchen, ist sein Gebundensein an Begierden und Leiden, Besitz *(artha)*, Genuß *(kāma)* und Tugenden *(dharma)*. Von all diesem, das eben das Leben des alten Adam ausmacht, scheidet der Held und Abenteurer ab, wenn er aus dem Bekannten und Vertrauten hinübertritt zu dem, was jenseits und untergründig, allgegenwärtig und doch nie greifbar ist. Wiedergeburt, Erlösung bedeutet über das Bekannte hinaustreten.

[1] Vgl. oben S. 50; die vierte Sphäre der Philosophie, *moksha*, ‚Befreiung', ist das Thema von Teil III.

Der Gedanke drängt sich auf, daß ein so hoher Aufschwung zum transzendenten Bereich wie der Indiens nie unternommen worden wäre, wenn die Lebensbedingungen nur um ein Geringes weniger hoffnungslos gewesen wären. Erlösung *(moksha)* kann nur dann zum Hauptanliegen des Denkens werden, wenn das, was die Menschen an ihr normales Erdendasein bindet, keinerlei Hoffnung gewährt, sondern nur Pflichten, Bürden und Zwang, aber keinerlei verheißungsvolle Aufgaben oder Ziele bietet, die auf irdischer Ebene ein Streben anregen und rechtfertigen würden. Indiens Hang zu transzendentalem Forschen und das Elend in seiner Geschichte sind sicherlich eng miteinander verknüpft; sie dürfen nicht getrennt betrachtet werden. Die harte Philosophie der Staatskunst und die übermenschlich hohen Errungenschaften in der Metaphysik stellen zwei Seiten einer einzigen Lebenserfahrung dar.

ZWEITER TEIL

DIE PHILOSOPHIE DES ENDLICHEN

I

DIE PHILOSOPHIE DES ERFOLGES

1. DIE WELT IM KRIEG

Als ich im August 1939 vom deutsch-russischen Nichtangriffspakt las, der kurz vor Beginn des jetzigen Krieges[1] unterzeichnet wurde, war ich ebenso erstaunt wie viele andere, die es eigentlich besser hätten wissen sollen, weil man von ihnen mehr Einsicht in politische Dinge hätte erwarten dürfen als von einem Indologen. Als ich aber von diesem bestürzenden Bündnis zwischen den beiden Mächten hörte, die man für Erbfeinde gehalten hatte, weil sie ganz entgegengesetzte Interessen und Lebensideale verkündeten, fiel mir sogleich eine Hindu-Erzählung ein, eine Tierfabel aus dem Epos *Mahābhārata* – dieser einzigartigen, unerschöpflichen Schatzkammer innerer und äußerer Erfahrung. Es ist die Parabel von der Katze und der Maus. Und ihre Lehre lautet, daß zwei geschworene Todfeinde, wie Hitler-Deutschland und Stalin-Rußland, sehr wohl ein Bündnis schließen und eine gemeinsame Front bilden können, wenn eine solche Übereinkunft vorübergehend den Interessen beider dient.

Es waren einmal – so erzählt diese zeitgemäße Geschichte[2] – eine Wildkatze und eine Maus, die lebten beide im selben Dschungelbaum. Die Maus wohnte in einem Loch an der Wurzel, die Wildkatze oben in den Zweigen, wo sie sich von Vogeleiern und unerfahrenen, flügge gewordenen Nestlingen ernährte. Die Katze fraß auch gern Mäuse; aber die Maus unserer Geschichte hatte es fertiggebracht, sich dem Zugriff ihrer Tatzen fernzuhalten.

Eines Tages nun legte ein listiger Fallensteller ein Netz unter dem Baume aus, und in der Nacht verfing sich die Katze in dessen Maschen. Die Maus kam erfreut aus ihrem Loch und lief mit großem Vergnügen um die Falle herum, knabberte am Köder und schlug soviel wie möglich aus diesem Mißgeschick für sich heraus, bis sie, o weh! gewahrte, daß zwei andere Feinde dazugekommen waren. Über ihr im finsteren Laube hockte eine Eule

[1] *Anmerkung des Herausgebers:* Die in diesem Kapitel verarbeiteten Vorlesungen wurden im Frühjahr 1942 gehalten.

[2] *Mahābhārata* 12.138.

mit funkelnden Augen, im Begriff herabzustoßen, während auf dem Boden ein Mungo heranpirschte. Jäh in die Klemme geraten, entschloß sich die Maus geschwind zu einer überraschenden Kriegslist. Sie ging ganz nahe an die Katze heran und erklärte, sie wolle, wenn sie in das Netz schlüpfen und sich an der Brust der Katze bergen dürfe, ihr die Gastfreundschaft lohnen, indem sie die Maschen durchnagen werde. Die Katze war einverstanden. Und das kleine Tier, kaum daß es die Zusage erhalten hatte, huschte vergnügt hinein.

Wenn aber die Katze erwartet hatte, sogleich befreit zu werden, so wurde sie enttäuscht; denn die Maus schmiegte sich behaglich an sie, versteckte sich so tief wie möglich in ihrem Fell, um sich der Sicht der beiden Feinde draußen zu entziehen, und beschloß, in sicherer Hut geborgen ein Schläfchen zu machen. Die Katze protestierte. Die Maus erklärte, sie habe keine Eile. Sie wußte, daß sie jederzeit der Falle entschlüpfen könne und daß sich ihre murrende Gastgeberin mit der Hoffnung auf Befreiung zufriedengeben müsse. So sagte sie ihrem Erbfeind einfach, sie gedenke zu warten, bis der Fallensteller käme; sie, die Katze, sei ja nun selbst in Gefahr und könne die Möglichkeit, ihre Befreierin zu fangen und zu fressen, nicht ausnutzen. Da konnte die große Katze nichts tun. Ihr kleiner Gast machte ein Schläfchen zwischen ihren Tatzen. In aller Ruhe wartete die Maus, bis der Jäger nahte, um nach seinen Fallen zu sehen. Als sie ihn kommen sah, zernagte sie geschwind das Netz und führte so getreulich ihr Versprechen aus; dann schlüpfte sie in ihr Loch, während die Katze sich mit einem verzweifelten Satz losriß, in die Zweige kletterte und so dem nahen Tod entwischte.

Dies ist ein typisches Beispiel aus dem riesigen Schatz indischer Tierfabeln zur politischen Weisheit. Es vermittelt eine Vorstellung von dem zynischen Realismus und der kaltblütigen Berechnung, aus denen die politische Theorie und Praxis altindischen Stiles ihre Nahrung und Würze ziehen. Die geistesgegenwärtige Maus, völlig vorurteilslos im Schließen von Bündnissen, wenn eine Gefahr abzuwenden war, ist abgesehen von ihrem Mut eine Meisterin in der Kunst, den rechten Moment abzupassen. Aber mit der Netzepisode war die Sache noch nicht zu Ende. Erst der weitere Verlauf der Geschichte bringt die Pointe, die zur Belehrung der Hindu-Könige und ihrer Kanzler dienen sollte.

Nachdem der enttäuschte Jäger mit seinem zerrissenen Netz abgezogen war, kam die Katze vom Baum herunter zum Mauseloch und rief mit süßer Stimme nach der Maus. Sie möge herauskommen und sich zu ihrer alten Gefährtin gesellen. Die gemeinsame heikle Lage der vergangenen Nacht – so erklärte die Katze – und die gegenseitige treue Hilfe im gemeinsamen Kampf ums Dasein hätten ein bleibendes Band geknüpft, das ihre einstige Zwietracht überwinde. Darum sollten sie beide für immer Freunde werden und einander rückhaltlos vertrauen. Aber die Maus zögerte. Die Überredungskünste der Katze ließen sie kalt, und sie weigerte sich standhaft, ihren sicheren Schlupfwinkel zu verlassen. Die außergewöhnliche Lage, welche die beiden zu einer sonderbaren, zeitlich bedingten Einigkeit gezwungen hatte, war vorüber, und keine schönen Reden konnten das schlaue Tierchen dazu bewegen, sich seinem Erbfeind wieder zu nähern. Zur Rechtfertigung ihrer Weigerung, auf dessen verführerische Gefühlsergüsse einzugehen, bediente sich die Maus eines Spruches, der die Moral der Geschichte wiedergeben soll und der kurz und schlicht besagt, daß es auf dem Schlachtfeld der Politik noch nie so etwas wie bleibende Freundschaft gegeben habe.

Es kann keine traditionellen Bindungen, keine ‚entente cordiale', kein Zusammenhalten für alle Zukunft auf Grund vergangener Leiden, Gefahren und Siege geben. Im Verlauf des unaufhörlichen Kampfes der politischen Mächte – der dem der Tiere in der Wildnis gleicht, welche einander auflauern und sich voneinander ernähren, und wo jedes so viel verschlingt, wie es nur kann – sind Freundschaften und Bündnisse nur vorübergehende, durch gemeinsame Interessen erzwungene und von Notwendigkeiten und Begierden beeinflußte Auswege und Haltungen. Im Augenblick, da das momentane Bedürfnis nach gegenseitiger Hilfe vorbei ist, vergeht mit dem Grund auch die Zuverlässigkeit der Bundesgenossenschaft. Denn was die Politik bestimmt, ist niemals Freundschaft, sondern lediglich zeitlich begrenzte Zusammenarbeit und Hilfe bei gemeinsamer Gefahr oder gleichgerichteter Hoffnung auf Gewinn, all dies getragen vom natürlichen Egoismus der einzelnen Bundesgenossen. Eine altruistische Allianz gibt es nicht, ebensowenig wie Treue. Und wo von Freundschaft geredet wird, ist es nur Tarnung. Einen Zusammenschluß «für jetzt und immer» wird es nie geben.

So kam es, daß zum Beispiel Japan sich zu Anfang dieses Jahrhunderts um die Hilfe Großbritanniens bemühte und sie erhielt, um Rußland in Persien, dem Nahen Osten und bei den Dardanellen zu schwächen. Im Ersten Weltkrieg wurde Japan dann, mit Frankreich, der Bundesgenosse Englands *und* Rußlands, um Deutschland aus China (Kiautschou) zu vertreiben und sich der Pazifischen Inseln Deutschlands zu bemächtigen. Im jetzigen Kampf dagegen ist Japan Deutschlands Bundesgenosse geworden, hat Frankreich in Indochina besiegt und scheint ernstlich das Kolonialreich Englands zu bedrohen. Offensichtlich ist die alte politische Hindu-Weisheit aus dem ersten Jahrtausend v. Chr. immer noch ein guter Schlüssel zum politischen Denken der Völker Asiens.

Es ist auch ein bemerkenswert guter Schlüssel zur internationalen Politik in der ganzen Welt; denn ihre völlig unmoralische, prämoralische Betrachtungsweise bringt mit der kalten Exaktheit einer Art politischer Algebra gewisse natürliche Grundgesetze zum Ausdruck, welche das politische Leben immer und überall beherrschen. England fand zum Beispiel vor dem Ersten Weltkrieg, daß es sich mit Rußland verbünden müsse, um den Aufstieg Deutschlands zu hemmen, obgleich der russische und der britische Imperialismus selbst einander im Wege standen und fast das ganze 19. Jahrhundert hindurch Gegner waren. Von 1933 bis 1938 dagegen, nämlich von Hitlers Machtübernahme bis zum Zusammenbruch der Münchner ‚Appeasement-Politik', duldete und begünstigte England sogar den Aufstieg des Nazismus, weil dieser möglicherweise einen Schutz gegen die Gefahr der Ausbreitung des Kommunismus in Mitteleuropa hätte bieten können. Nach München suchte England wiederum Anschluß an Rußland – gegen die Nazi-Gefahr. Und heute [März 1942] sehen wir das liberale, demokratische, kapitalistische England Hand in Hand mit dem kommunistischen Rußland gegen einen gemeinsamen Feind vorgehen.

Solche Schwankungen in der internationalen Lage unserer Zeit zeigen, daß die im indischen Altertum entwickelten politischen Theorien keineswegs veraltet sind. Sie blieben lange unbemerkt, vor allem deshalb, weil sie durch den weltweiten Ruhm von Indiens großen metaphysischen und religiösen Erlösungsphilosophien – Buddhismus, Vedānta und anderen – überschattet wurden. Aber das heißt nicht, daß sie für das heutige Denken nicht mehr von Nutzen oder Interesse wären. Erst in den letzten Jahrzehnten wurden wir auf diese harten politischen Lehren aufmerksam, weil sie in neuen Ausgaben und wissenschaftlich einwandfreien Übersetzungen herauskamen. Und mir scheint, ihr Studium sollte für den Dienst an heutigen Außenministerien obligatorisch sein. Von klugen, in allen komplizierten Formalitäten und gefährlichen Ritualen im Umgang mit übermenschlichen Mächten geschulten Brahmanen zusammengestellt, waren sie zum Gebrauch in einem sehr realen, verwickelten und unerbittlichen politischen Spiel bestimmt und speziell zur Anleitung von Kanzlern und Ministern geschrieben. Diese Männer, meist von brahmanischer Herkunft, waren die Ratgeber der Hindu-Despoten sowohl in weltlichen als auch in geistigen Angelegenheiten. Es handelt sich bei den Schriften also um Lehrbücher, sie sind von Fachleuten für Fachleute geschrieben und ebenso sachlich und gründlich wie die Handbücher oder Sūtras[1] jedes anderen indischen Gewerbes: der Tischlerei, der Medizin, der Zauberei, des Priestertums oder des Tanzes.

Das hinduistische Volksgut der Tierfabeln, deren Lehren sich mit denjenigen der mehr technisch-fachlichen Abhandlungen decken, wurde im Abendland schon vor Jahrhunderten bekannt. Die lebenswahren Geschichten – die mit den ergötzlichen Gestalten aus dem Tierreich das wechselnde Ränkespiel in der Politik darstellen, wo Könige, Staaten und Privatleute im großen Kampf ums Dasein und auch in den kleineren Nöten des Alltags allenthalben aneinandergeraten – haben viele Generationen im Westen erfreut. Aber ihr Wert für die Deutung der Geschehnisse und für das Verständnis der internationalen Politik im allgemeinen ist noch nicht erkannt worden. Dem hinduistischen Geist dagegen war von jeher die Übereinstimmung deutlich, die zwischen den Tierfabeln und der hohen Kunst der Intrige und der Abwehr besteht.

Die bekannteste Sammlung, das *Pañcatantra*, erreichte Europa bereits im 13. Jahrhundert n. Chr. durch Übertragungen in semitische Sprachen (Arabisch und Hebräisch) und wurde schließlich, wie La Fontaine sich ausdrückt, ‚en toutes les langues' bekannt[2]. Aber der systematische *Arthashāstra* des Cāṇakya Kauṭilya wurde erst 1909 zugänglich gemacht. Ich erinnere mich noch lebhaft, welch eine erstaunliche Entdeckung dies für alle Beteiligten

[1] Vgl. S. 47, Anmerkung 4.

[2] Das *Directorium humanae vitae*, um 1270, war die lateinische Übersetzung des Juden Johannes von Capua nach einer hebräischen Fassung, die ihrerseits nach der arabischen Übertragung einer persischen Übersetzung aus dem Sanskrit gemacht worden war. Eine altspanische Wiedergabe, auf der gleichen arabischen Fassung fußend, war 1251 erschienen. Johannes von Capuas Latein wurde im 15. Jahrhundert ins Deutsche übersetzt (*Das buch der byspil der alten wysen*, um 1481) und im 16. Jahrhundert ins Italienische (A.F. Doni, *La moral filosophia*, Venedig 1552). Sir Thomas North übersetzte das Italienische ins Englische (*The Morall Philosophie of Doni*, London 1570), und im 17. Jahrhundert erschienen zahlreiche Fassungen in vielen Sprachen. La Fontaine entnahm die meisten Themen für seinen zweiten Band der *Fables* dem *Pañcatantra*, das er in seinem Vorwort ‚les fables de Pilpay, sage indien' nennt.

war, das heißt für den ziemlich kleinen Kreis der gelehrten Spezialisten in Europa, den Vereinigten Staaten und Indien. Die bissige und knappe Schreibweise, die literarische Eleganz und die Genialität, die da entfaltet werden, machen dem Verfasser, einem Meister politischer Kunstgriffe, alle Ehre. Vieles von dem Material stammt aus älteren Quellen, denn das Werk ruht auf einer reichen Tradition früherer politischer Lehren, welche es zwar verdrängte, aber noch in seinen Zitaten und Aphorismen widerspiegelte. Nichtsdestoweniger erweckt die Arbeit als Ganzes den Eindruck, die Schöpfung eines einzigen, sehr überlegenen Geistes zu sein. Wir wissen wenig, vielleicht gar nichts, über den Verfasser. Der Aufstieg Candraguptas, des Begründers der Maurya-Dynastie, zur alles beherrschenden Königsmacht in Nordindien im 3. Jahrhundert v. Chr. und die wichtige Rolle dieser Dynastie in den darauffolgenden Jahrhunderten haben den Ruhm des sagenhaften Kanzlers, dessen Staatskunst man das Entstehen der ganzen historischen Epoche zuschrieb, mit einem schier undurchdringlichen Legendenglanz umgeben[1].

2. DER TYRANNENSTAAT

Wenn wir die Theorien und Maximen des hinduistischen Meisters der Staatskunde prüfen, so sehen wir den Despotismus alten Stils in seiner ganzen Stärke und Schwäche, und wir beginnen etwas von den düsteren Hintergründen der politischen Bühne Indiens zu verstehen: die immer wiederkehrende Tragödie, die ständige Bedrohung des Einzelnen, der totale Mangel an Sicherheit und das Fehlen all jener Rechte, die wir heutzutage als Grundlage unserer menschlichen Freiheit hochhalten. Die geschilderte Welt war die des einsamen diktatorischen Monarchen, die auf einem riesigen, kostspieligen militärischen Apparat und einem monströsen System von Geheimspionage und -polizei beruhte, zu welchem Schnüffler, Dirnen,

[1] Vgl. S. 46 und Anhang B. Zur Geschichte dieser Epoche vgl. Sir George Dunbar, *A History of India, from the earliest times to the present day*, 2. Ausgabe, London 1939, S. 35–57. «The Maurya Empire.»

Kauṭilya ist eine der wenigen historischen Gestalten, die in der indischen Dichtung verewigt wurden. Er tritt im *Mudrārākshasa* auf, einem Stück in sieben Akten von Vishākhadatta (im 5., 8. oder 9. Jahrhundert n. Chr.), dessen Thema die Ausrottung der Nanda-Dynastie durch Kauṭilya und sein Sieg über den Nanda-Kanzler Rākshasa zugunsten seines eigenen königlichen Schützlings Candragupta ist. Eine englische Übersetzung findet sich bei H. H. Wilson, *Works*, London 1871, Bd. XII, S. 125ff.

Angeber, Rowdies, falsche Asketen und Giftmischer gehören, eine Despotie des Schreckens, ähnlich jener, die die griechischen Geschichtsschreiber in ihren Berichten über den Basileus, den «König der Könige» der alten Perser, schildern.

Denn das persische Imperium – gegründet von Cyrus dem Großen (550–529 v. Chr.) und machtvoll weiterbestehend bis zu seinem jähen Zusammenbruch unter Darius III. (336–330 v. Chr.), den Alexander der Große besiegte – hatte den Monarchien im benachbarten Indien zum Vorbild gedient[1]. Persien war der erste Staat in der Geschichte, der das Königtum durch rein militärische Gewalt zu einer absoluten, unbestrittenen und überwältigenden Machtstellung brachte. Innerhalb dreier Generationen – von Cyrus über Kambyses bis Darius I. (521–486 v. Chr.) – zerschmetterten die persischen Armeen alle damals bestehenden Königreiche im weitesten Umkreis (Kulturen von höchst unterschiedlichem Charakter), so daß sich die Herrschaft des Tyrannen bald vom Schwarzen Meer und vom Kaukasus im Norden bis zum Delta von Euphrat und Tigris, ja sogar bis nach Ägypten im Süden, von Syrien und Kleinasien im Westen über Afghanistan bis zum Industal und ins eigentliche Indien im Süden erstreckte. Nie zuvor war je eine solch gewaltsame Völkervereinigung gelungen. Eine erstaunliche Vielfalt von selbständig blühenden Völkern wurde besiegt und gewaltsam in dieses mächtige, brutale Einheitssystem eingebaut. Die Armee, mit der sich keine andere messen konnte, walzte alles nieder, was sich ihr in den Weg stellte, bis sie nördlich der Dardanellen auf die wilden Skythen und dann auf die tapferen Griechen stieß, die im Herzen ihres Vaterlandes kämpften. Alle anderen in ihrer Reichweite liegenden Gebiete wurden unter der strengen Herrschaft des einen Basileus zu Provinzen gemacht.

Von diesem gefürchteten König, der in seiner sonnenhaften, glanzvollen Hauptstadt Persepolis wohnte, wurde gesagt, er habe ‚seine Augen und Ohren überall' – dies hieß nur, daß seine zahllosen Spitzel und Geheimagenten im ganzen Kaiserreich die unterdrückten Völker der verschiedensten Glaubensbekenntnisse, Sprachen und Rassen, die stets untereinander gespalten waren, ständig überwachten und denunzierten. Eine kompliziert ausgebaute Organisation mit Denunzianten, Berichterstattern und Zivil-

[1] Es sei darauf hingewiesen, daß die hier beschriebene Epoche auf die frühe indo-arische Feudalzeit der Veden, Brāhmanas und Upanishaden folgte. Vgl. S. 23, Anmerkung des Herausgebers, und Anhang B.

agenten, die sich auch der Halbwelt und der Unterwelt bedienten, spannte sich wie ein engmaschiges, undurchdringliches Netz über die eroberten Provinzen. Die Grenzen und Einfallsstraßen wurden durch Paßkontrollen überwacht, und auch innerhalb des Reiches standen alle Reisenden und politischen Gesandten unter strenger Aufsicht. Eine solche Wachsamkeit war unbedingt notwendig, um Errungenschaften aufrechtzuerhalten, die allein durch nackte Gewalt erreicht worden waren; der gewaltsame Zusammenschluß des gesamten nahöstlichen Asiens konnte nur durch eine allen mißtrauende, alle Regungen unbarmherzig unterdrückende, rücksichtslose Verwaltung aufrechterhalten werden. Geheimagenten waren sogar dafür angestellt, die hohen Regierungsbeamten zu bespitzeln.

All dies klingt erschreckend vertraut; denn heutzutage erfahren wir wiederum dergleichen durch die Berichte, die ständig aus den neuen Tyrannenstaaten Europas und Asiens kommen. Wer sich das reale historische Vorbild, auf dem die Philosophie von Kauṭilyas Arthashāstra beruht, vorstellen und es verstehen möchte, täte bestimmt gut daran, das Bild unserer heutigen Welt genau so eingehend zu studieren wie jenes alte persische Modell, dessen getreue Kopien die indischen Dynastien waren; Dynastien, die aufstiegen, sich ausbreiteten und zusammenbrachen, sich emportürmten und in Staub zerfielen. Außerdem verstehen wir bei dieser Betrachtung vielleicht eher das tiefe Verlangen nach der Flucht aus dem weltlichen Leben, das die Tradition des klassischen indischen Denkens – den heiligen Weg des Moksha[1] – kennzeichnet, das zähe Suchen nach Befreiung von den Bedrohungen und Mühen irdischer Gebundenheit durch das Erlangen einer Art metaphysischen Gleichmutes.

Die Berichte der Buddhisten und Jainas ermöglichen einen Einblick in den Zustand Indiens während des 6. und 5. Jahrhunderts v. Chr. Damals waren die Staatengebilde der arischen Feudalzeit in Auflösung begriffen, wodurch der Weg für die Entfaltung des strengeren persischen Stiles frei wurde. Es sah in Indien ähnlich aus wie im Italien und Deutschland des ausgehenden Mittelalters gegen 1500: ein wucherndes Chaos winziger Fürstentümer und freier Städte, die, alle aufeinander neidisch, verzweifelt um ihr Dasein kämpften und um Vorrang stritten, und von denen die meisten doch dazu verdammt waren, schließlich von größeren aufsteigenden, unter der Herrschaft unumschränkter Monarchen stehenden Staaten einverleibt und unterdrückt zu werden. In der Epoche, die der Zeit Kau-

[1] Dieser Begriff wird auf S. 50 näher bestimmt.

ṭilyas unmittelbar vorausging, scheint – wenigstens im nördlichen Indien – der Zustand erzwungener Einheit unter der Nanda-Dynastie praktisch erreicht worden zu sein. Kauṭilyas große Tat war es, diese Dynastie zu stürzen. Das Vorbild persischer Methoden für die Umwandlung ausgedehnter Gebiete von ehemals unabhängigen Völkern in hilflose Provinzen, das Säen von Verdacht und Mißtrauen unter ihnen, die Entwaffnung der besiegten Bevölkerung und die Eingliederung der Männer in die Armee des Tyrannen, um sie auf fernen Schlachtfeldern einzusetzen, all das hatte bereits den Grund gelegt für die neue indische Vorstellung von Staatskunst und Sozialordnung. Das ursprüngliche, viel ältere indische Ideal des ‚göttlichen Weltkaisers' *(cakravartin)*[1] wurde gewissermaßen mit den neuzeitlichen Mitteln eines aggressiven Militarismus verhöhnt und durch die unterdrückende Verwaltung der eroberten Länder grob persifliert.

Die offizielle Kunst der Maurya-Dynastie Kauṭilyas, wie sie auf Monumenten aus der Regierung König Ashokas (273–232 v. Chr.) zur Darstellung kommt, zeugt vom Einfluß des persischen Stils *(Abb. I)*. In dieser Kunst lebt trotz ihrer religiösen Bildmotive kein wahrer Hauch von Frömmigkeit; es ist eine Kunst des Prunkes, des weltlichen Pompes und des Erfolges. Denn nach den Begriffen des neuen indischen Despotismus persischer Prägung fehlte dem Königtum die Idee der Heiligung, die Vorstellung eines dem Träger der Krone von den Göttern verliehenen göttlichen Auftrags; der Staat stellte vielmehr eine Bekundung, ein Abbild der persönlichen Macht des Königs dar; er war ein imposanter Zusammenschluß eigentlich unvereinbarer Gebiete unter dem Zwang einer unerbittlichen Zentralgewalt, und doch ständig in Gefahr, auseinanderzubrechen. Was ein solcher Staat einzig und allein brauchte, um sich behaupten zu können, war eine Art Übermensch auf dem Herrschersitz, ein Überdämon, der durch überlegenes Geschick, Verstand und Schlauheit die ganze ungemein komplizierte Maschinerie auf dem Gipfel der Macht in Gang halten konnte.

Dies war die Betrachtungsweise des nachfeudalen Indien und blieb sie, obgleich in Persien durch Darius I. (521–486 v. Chr.) eine neue Tönung hinzukam, als er die Dynastie im Jahre 521 nach Kambyses' Tod und der Verschwörung der Pseudo-Smerdis und der Magier[2] wiederherstellte. Da-

[1] Unten S. 127–139. Vgl. auch Ananda K. Coomaraswamy, *Spiritual Authority and Temporal Power in the Indian Theory of Government*, New Haven, 1942.

[2] *Anmerkung der Übersetzerin:* Darius führte bekanntlich die Religion des Zoroaster ein, wodurch die «Magier» zu Einfluß kamen. «Magier, ursprünglich ein

rius erhob den kühnen Anspruch, er und seine Herrschaft ständen unter göttlichem Auftrag. Er ist auf einer in einen Felsen bei Behistun gemeißelten Inschrift dargestellt, wie er triumphierend auf seinen Feinden steht und die göttliche Hilfe des höchsten persischen Gottes Ahura-Mazda empfängt. Dies war kühn, und dennoch nicht völlig neu; denn es folgte dem Vorbild einer zeitlosen, tatsächlich allgemein verbreiteten Weltüberlieferung. Der chinesische Kaiser zum Beispiel trug schon seit Jahrhunderten den Titel ‚Sohn des Himmels' *(t'ien-tse)* und wurde als Verkörperung nicht nur des königlichen, sondern auch des priesterlichen Prinzips angesehen. Er war der Mittler zwischen Himmel und Erde. Und sollte sein Reich Niederlage, Hungersnot oder Verfall erdulden und er selbst gestürzt werden, so war sein Sturz als ein Zeichen zu deuten, daß der Himmel *(t'ien)* seinen Auftrag widerrufen habe, weil er dem Himmelssohn wegen irgendeines Verstoßes gegen die höheren Tugenden grollte. Der Usurpator, dem es gelang, die neue Dynastie zu gründen, zog offensichtlich die himmlische Gunst auf sein Haus herab und trug die himmlische Erwählung *(t'ien ming)* auf seiner siegreichen Stirn.

Den Häuptern der späteren Hindu-Könige fehlte dieser Ruhmesglanz. Nicht der höchste Herr der Welt, sondern nur die Göttin des Glückes, *Fortuna*, Shrī Lakshmī, eine wankelmütige und verhältnismäßig schwache Gottheit, wurde als Bürge ihres Erfolges und ihrer dauerhaften Herrschaft angesehen. Und sie wandte sich von ihrem Günstling ab, sobald das Schicksal *(daivam)* ihn im Stich ließ. Zeitweise war sie in des Königs höchster Königin inkarniert, so lange nämlich ein Grund für diese Verbindung bestand; wenn aber der König sein Glück durch Lässigkeit verspielte oder einem mächtigeren Rivalen zum Opfer fiel, zog sie sich – wenn auch widerstrebend und tränenüberströmt – zurück, um ihre Gunst dem nächsten gekrönten Liebling zu schenken. Shrī Lakshmī hat nichts mit Tugend zu tun, sondern nur mit Politik und mit der Umdrehung des Zeitenrades. Die Lebensphilosophie der Hindu-Könige und -Kanzler war fatalistisch, skeptisch und unabänderlich realistisch.

medischer oder persischer Stamm, der im Laufe der Zeit in der zoroastrischen Religion die Priesterfunktionen für sich in Anspruch nahm. Die Griechen der späteren Zeit sahen in ihnen Zauberer, so daß die Bezeichnung Magier in dieser Bedeutung in alle Sprachen überging» (Schweizer Lexikon, 1947).

3. TAPFERKEIT GEGEN ZEIT

Es gibt eine uralte Streitfrage, die sich durch die Hindu-Literatur aller Epochen hindurchzieht, von der im *Mahābhārata* geschilderten Feudalzeit bis zu den Werken des verhältnismäßig modernen Hinduismus. Was – so lautet die Frage – ist der mächtigere, letztlich entscheidende Faktor im unaufhörlichen Lebenskampf um Bestand und Erfolg: die persönliche Tapferkeit oder der einfache Schicksalsablauf der Zeit?[1] Diejenigen, die für die erstere eintreten – für *vīrya*, die unerschrockene Tapferkeit und Ausdauer des Helden, der nie aufgibt, sondern trotz aller Rückschläge weiterkämpft und überlebt, der nie untergeht, sondern die Kraft hat, sich immer wieder aufzurichten und so schließlich das unbeugsame, steinerne, gnadenlose Schicksal meistert –, sie behaupten, daß die Tapferkeit am Ende doch obsiegt; und dieses Argument richtet sich gegen den Schwächling, der den Mut verliert, den Lebensflüchtigen, der nachgibt, den Feigling, der resigniert und das Spiel aufgibt. Diese Lebens- und Schicksalsanschauung zeigt eine gewisse Verwandtschaft mit der britischen Bulldoggenhaltung, zu der allerdings der christliche Glaube gehört, daß die gute Sache am Ende siegen und die demütige Hinnahme eigener Leiden als Strafe für Versäumnisse und Fehler erlösende Kraft besitzen wird.

Die entgegengesetzte Einstellung ist ein unverhohlener, auf langer, trauriger Erfahrung beruhender Fatalismus. Viele der tapfersten Kämpfer – heißt es – hatten im Laufe der Geschichte immer und immer wieder Mißerfolge. Kühne Männer haben vergeblich bis zum letzten Streich gegen die steigenden Fluten gekämpft, die dann doch alles hinwegspülten, während Männer mit viel geringerem Mut sich der Gunst Fortunas erfreuten und stolz und sicher den Platz des Helden einnahmen. Denn es gibt in der Geschichte Ebbe und Flut. Es gibt steigende Epochen, in denen alles den Heldeneroberer emporträgt. Er reitet auf den Wellen. Ja, noch seine Fehler und Mängel wenden sich ihm zum Guten. Kein Rückschlag kann ihn in seinem Aufstieg hemmen. Und seine Feinde kämpfen trotz aller Tapferkeit und selbst mit überlegenen Hilfsmitteln vergeblich darum, ihn in seinem Siegeszuge aufzuhalten. Die ‚Zeit' *(kāla)*, die höchste Macht, begünstigt ihn – das ist alles. Aber die Zeit verläuft in Zyklen; bald dehnt sie sich aus, bald zieht sie sich zusammen. Der Aufstieg des Helden muß eben gerade mit einer Phase des Anwachsens zusammenfallen.

[1] Vgl. *Mahābhārata* 12.25; 13.6 und an anderen Stellen.

Die Götter – so geht diese fatalistische Beweisführung weiter – errangen in der Schlacht gegen die Gegengötter den Sieg nicht etwa durch ihre Tapferkeit oder durch die Kunst und Schlauheit ihrer allwissenden brahmanischen Priester-Ratgeber, sondern nur, weil die Zeit sie begünstigte. Es war für die Götter der Zeitpunkt gekommen, da sie ihre Feinde bezwingen und die Herrschaft über das All gewinnen konnten, und das trug sie zu ihren himmlischen Sitzen empor. Aber die Zeit rollt weiter, und sie werden mit der Zeit hinweggespült werden. Aus Glanz und Herrlichkeit in die Verbannung verstoßen, werden dann sie von ohnmächtiger Wut erfüllt sein, während die nun sieghaften Dämonen ihre gottlose Herrschaft aufrichten werden.

Keiner kann gegen die Zeit kämpfen. Ihre Gezeiten sind unerforschlich. Man muß lernen, sie hinzunehmen und sich ihrem unabänderlichen Rhythmus zu fügen. So geschah es, daß, als der göttliche Krishṇa irdische Gestalt annahm und seinem menschlichen Freunde, dem König Arjuna, zu Hilfe kam, dieser von übermenschlicher Kraft erfüllt wurde und als ein Held erschien, den keiner zu überwinden vermochte. Aber in dem Augenblick, als sein göttlicher Freund sich aus geheimnisvollen Gründen zurückzog und von der Menschenwelt zu seiner überirdischen Wohnstätte heimkehrte, da änderte sich alles in der Geschichte des Königs. Seine Tapferkeit nützte ihm nichts mehr. Ein Stamm wilder Hirten, nichtarischer, nur mit Holzkeulen und Lehmklumpen bewaffneter Parias und Waldbewohner entführte die königlichen Witwen Krishnas, die Arjunas Obhut anvertraut waren, und der einst unbesiegliche Krieger war nicht imstande, den Raub und die Schändung der Edeldamen zu verhindern. Die Zeit *(kāla)* hatte sich gewendet – dieser geheimnisvolle Strom aus den Wassern, aus denen alle Dinge auftauchen, auf deren Oberfläche sie treiben, bis sie wieder versinken, um von einer teilnahmslosen, strudelnden, gleichmachenden Flut hinweggespült zu werden.

So lautet die klassische Streitfrage. In Indien ist keine Entscheidung zwischen den Kämpfern der beiden Parteien gefallen – zwischen denen, welche die Ratschlüsse der Zeit oder des Schicksals mit mystischem Fatalismus hinnehmen, und jenen anderen, die an die Wirkungskraft der Tapferkeit glauben. Beide sind sich jedoch darin einig, daß die Götter sich in bezug auf jene beiden bestimmenden Kräfte in keiner besseren Lage befinden als die Menschenkönige oder die Menschen überhaupt.

Daivam, das Sanskrit-Wort für ‚Schicksal', ist ein substantiviertes Adjektiv und bedeutet eigentlich «das, was die Götter *(deva)* betrifft, das, was sich auf die Götter bezieht». Es bezeichnet eine geschlechtslose, anonyme Macht oder Funktion von göttlicher Natur; ein Neutrum; die ‚göttliche Substanz', die als transzendente Kraft allen mythischen Personifikationen, wie die Götter es sind, aber auch jedem gottbewirkten Ereignis zugrunde liegt. *Daivam*, ‚das Schicksal' selbst kann weder personifiziert werden – denn es übersteigt die Fassungskraft menschlicher Phantasie –, noch ist es durch Gebet, Opfer oder Magie zu erreichen. *Daivam* ist jenes steinerne Antlitz des Lebens, das uns anblickt, wenn wir der stärkenden Illusion der magisch-mythischen Überlieferung, dem Trost des frommen Glaubens entwachsen sind; wenn uns endlich aufgegangen ist, wie wenig ein mit menschlichen Waffen errungener Sieg bedeutet. Dann wird es nötig sein, die Stellung des Menschen vor diesem mächtigen Hintergrund nüchtern und tapfer anzunehmen, denn wir haben nun keine schützenden, hilfreichen Illusionen mehr: weder Götter, die stark genug wären, uns zu beschützen, noch hinreichende Illusionen über das Wesen der Gemeinschaft – Illusionen wie etwa die, daß die Nation durch Aufopferung oder Unterwerfung eines Einzelnen oder durch das Opfer einer Generation erhalten bleiben könne; oder etwa die tröstliche Vorstellung, es könnten besonders wertvolle Einrichtungen und Ideale den Verfall einer Epoche oder den persönlichen Untergang des für ihre Erhaltung sich opfernden Einzelnen überdauern.

Wie ein einsames Raubtier, ein verwundeter Löwe in seiner Höhle, ist der vom Glück und seinen Gefährten verlassene Hindu-König dazu verdammt, als Ausgestoßener im Dschungel zu sterben, mochte er noch so hoch gestiegen sein. Der Ruhm wird seine kurze Lebenszeit kaum überdauern. Sein Lebensfunken, seine persönliche Seele *(jīva)* wird im Wirbel der Wiedergeburten zu weiteren Verkörperungen in den Himmeln oder Höllen – höchst wahrscheinlich in den Höllen – weiterwandern; und nach diesem Zwischenspiel im Jenseits wird er als Mensch oder Tier wiedergeboren werden. Er mag wieder das Königtum anstreben, wieder den gleichen Kampf, den gleichen Zyklus durchmachen, abwechselnd von Ängsten und erbarmungslosen Siegen erschüttert, von Vorahnungen durchbebt, schließlich dem Untergang geweiht – wie ein Komet emporsteigend, wie ein Stern herabstürzend und während all der Zeit ohne die Erinnerung, daß er dies schon viele Male vorher erfahren hat. Er wird wiederum den

Kelch des Lebens schwelgend und angeekelt, prassend und darbend bis zur Neige leeren, ohne zu merken, welcher Trick all dem zugrunde liegt: daß er es nämlich selbst war, der den Trank durch seine Taten und Begierden in früheren Existenzen mischte und daß er sich nun wieder seine eigene Zukunft braut.

Die Lage des vom Glück *(shrī)* verlassenen, vom Schicksal *(daivam)* geschlagenen, von der Zeit *(kāla)* verschlungenen Hindu-Despoten gleicht der Napoleons auf den Felsen von Sankt Helena. Und es gibt einen treffenden Ausspruch des großen Korsen über Glück und Schicksal, der eine überraschend ähnliche Haltung wie die des Hindu verrät. 1810, als er, auf dem Gipfel seines kometenhaften Aufstieges, noch mit Rußland auf leidlich gutem Fuße stand, wurde im Herzen Deutschlands, zu Erfurt im Großherzogtum Weimar, ein Kongreß von Königen und Fürsten abgehalten, bei dem Napoleon den Vorsitz führte. Der Glanz dieser Zusammenkunft spiegelt sich in einer Bemerkung, die sein Zeremonienmeister Graf Ségur einmal zur Entschuldigung vorbrachte, als er zu einer Sitzung des kaiserlichen geheimen Rates zu spät kam: er habe, erklärte er, Schwierigkeiten gehabt, sich den Weg durch das von Königen wimmelnde Vorzimmer zu bahnen; *«Il y avait tant de rois»!* Am Ende des Kongresses, als Napoleon das Schaugepränge verließ, stand sein Gastgeber, der Großherzog Karl August von Sachsen-Weimar, der Freund und Förderer Goethes, am Wagenschlag der kaiserlichen Karosse, um sich vom Kaiser zu verabschieden. Und als der Herzog seinem abreisenden Oberherrn, den er nicht ausstehen konnte, viel Glück wünschte, wies ihn Napoleon noch aus dem Wagen heraus wegen seiner Gedankenlosigkeit zurecht, indem er erwiderte, es gebe in der Laufbahn eines schicksalhaften Menschen, wie er es sei, wohl eine Zeit, in der nichts seinen Aufstieg aufhalten könne, dann aber könne unvermutet eine Wendung eintreten, die alles ändern würde, so daß ein von einem Kinde hingeworfener Strohhalm ihn zu Fall bringen könne. Damit wies er die Meinung, daß Menschen wie er ein zufälliges persönliches ‚Glück' (Macht der Fortuna, *shrī*) hätten, stolz zurück und bekannte sich geheim zum ungeheuren unpersönlichen Schicksal der Sterne[1].

[1] Diese Vorstellung der Sterne oder ‚des Sterns', der die Laufbahn des Helden bestimmt, ist im Westen seit der Renaissance sehr häufig anzutreffen. Die Humanisten dieser fortschrittlichen Epoche führten die griechisch-römische Astrologie für jene Freidenker wieder ein, die sich gerade von der Autorität der Kirche und der Offenbarung befreit hatten, und die nun nach der römischen Mode zur

Zweifellos war Napoleons Anspielung auf die Sterne nur eine auf das Schicksal gemünzte Metapher und bezog sich nicht eigentlich auf den fragwürdigen Einfluß der Konstellation; hier stimmen die Worte des großen, vom Schicksal gezeichneten Abenteurers ganz überein mit der hinduistischen Anschauung von den Gezeiten und Zyklen, die den Starken zum Siege tragen und sich dann zum Unheil wenden. Es gilt jedoch einen wichtigen Unterschied zu beachten. Das politische Genie oder der Meisterspieler des Abendlandes fühlt sich in den Zeiten, da er schicksalbildend auf die Geschichte einzuwirken scheint, als das Werkzeug eines Höheren. Er ist verkörpertes Schicksal, Träger der Mächte, welche die kulturelle Entwicklung bestimmen und deren epochale Wandlungen herbeiführen. Er ist der Vorkämpfer bestimmter sozialer Kräfte; er vertritt als höchster Repräsentant den Geist und die Ideale eines neuen, besseren Zeitalters, indem er hohe Leitideen in die Geschichte einführt, Ideen, für die andere als Märtyrer litten, kämpften und starben. Solch neue Ideen waren zum Beispiel in der Französischen Revolution die Freiheit, die Demokratie und die Führung der Vernunft in den menschlichen Dingen, wodurch die Machtergreifung des dritten Standes ausgelöst wurde. Offenbar muß sich im Abendland der Täter als edles Werkzeug eines geheimnisvollen Planes der Menschheitsgeschichte, als Arm des Weltgeistes fühlen, der die Welt verändert, indem er ihre Entwicklung vorantreibt. In dieser Hinsicht stehen auch Ungläubige und Atheisten wie Napoleon – der nur an seinen eigenen ‚Stern', an sein eigenes Genie glaubte – mit jenen in gleicher Reihe, die zu einer feststehenden Glaubensrichtung gehören und ‚Gottes Krieg' kämpfen – also mit Männern wie Cromwell, der sich demütig als Gottes erwähltes Gefäß und erkorenes Werkzeug der Vorsehung betrachtete, der das wahre Christentum verteidigte gegen das Papsttum, die Inquisition, die Jesuiten und alles, was er sonst noch für die teuflische Entstellung – *er* war es nicht! – der wahren Botschaft Christi hielt. Napoleon setzte gewaltsam den Auftrag des modernen Denkens, wie es Locke, Montesquieu, Voltaire und Rousseau geschaffen hatten und wie es in Beethovens

Zeit von Horaz und Tiberius ‚modern' sein wollten. Die Astrologie wurde in Rom zur Zeit der ersten Kaiser eingeführt, ein aufregender Zeitvertreib sumerisch-babylonischen Ursprungs. Sie hat nie eine große Rolle bei der Bildung der indischen Schicksalsphilosophie – es handelt sich um das Schicksal von Königen und Despoten – gespielt, wenn auch in Indien häufig Horoskope gestellt und die Astrologie im Alltag viel verwendet wird.

,Eroica' erklang, in die Wirklichkeit um. Er war der Abgesandte des neuen Zeitalters. So sehen wir ihn, und so bewerten wir ihn nach unserer westlichen Anschauung vom (durch uns selbst zu leistenden) Fortschritt, der in der Bestimmung des Menschen liegt.

Kein solcher Auftrag geht von der Vorsehung, der Geschichte oder der Menschheit aus, um das Haupt des Hindu-Despoten zu bekränzen. Er ist der zeitweilig konkrete Inhaber der despotischen Macht; er wird aber nicht von der Sendung einer neuen Idee, einem neuen Menschheitstraum getragen, mit dem seine Zeit trächtig wäre, und für dessen Verwirklichung in der Welt er sich auserwählt glaubte. Er steht nur für sich selbst – für sich und jene, die er bezahlen oder bestechen, durch Gunst gewinnen oder durch Drohungen in seine Dienste zwingen kann. Und fällt er – so ist es nur er, der fällt – gemeinsam mit denen, die von seiner Regierung oder Mißregierung abhängig waren. Darum fehlt in Indien dem Königtum der Nimbus des göttlichen Rechts, durch den es überall sonst in Asien und Europa getragen wurde. Heiligkeit, wie sie dem chinesischen Sohn des Himmels, dem Mikado von Japan, dem Pharao von Ägypten und dem königlichen Oberhaupt der anglikanischen Kirche zukommt, wird in Indien nicht den Mitgliedern der Kshatriya-Kaste – den Kriegern, Königen, ritterlichen Abenteurern und Eroberern – zuerkannt, sondern den Brahmanen: den Priestern, den Weisen, den Wissenden und denen, die das überpersönliche Brahman beschwören. Seit Jahrtausenden wurde die Spitze der hinduistischen sozialen Pyramide von jenen geborenen Erben des Geheimwissens um die göttliche Kraft besetzt gehalten. Sie, die lebenden Bewahrer der Überlieferung, die berufenen Zauberer und Lehrer, sind die entpersönlichten Vermittler zwischen den göttlichen Machtbereichen und der Menschenwelt. Was aber die Könige betrifft – *il y avait tant de rois!* –: ihre Tapferkeit, ihr Schicksal, ihr Todeskampf sind ihre eigene Sache.

4. DIE FUNKTION DES VERRATS

In der Geschichte der Hindus, so erfahren wir aus den vedischen und aus allen späteren Berichten, standen die Könige von jeher auf einer tieferen Stufe als die Brahmanenkaste. In der vedischen Epoche und der darauffolgenden, im *Mahābhārata* geschilderten Feudalzeit, stammten sie größtenteils aus den Kriegersippen, den Familien der Kshatriya-Kaste. Nach der Auflösung der Feudalordnung aber, im 7. und 6. Jahrhundert v. Chr., als die Stärke der arischen Kshatriyas infolge ihrer unablässigen internen Fehden zerfiel und ihre Macht über Nordindien zusammenbrach, da begann das finstere Zeitalter, das wir beschrieben haben, eine Zeit, in der Männer verschiedenster Herkunft an die Macht kamen: Sprößlinge aus den noch am Leben gebliebenen vorarischen Königsfamilien, oder Soldaten des Glücks von niederer Geburt. So wissen wir zum Beispiel, daß Candragupta einem nicht-vedischen Glauben (dem der Jainas) anhing, dessen Wurzeln bis zu den vorarischen, von den Brahmanen nie völlig ausgerotteten Religionen Nordindiens zurückgehen[1]. Auch viele Begründer neuer Dynastien waren allem Anschein nach kaum etwas Besseres als Desperados. Die brahmanischen Berichte klagen unverhohlen darüber, daß im neuen Zeitalter der Unordnung Abenteurer von niedrigster Herkunft die Throne besetzten, und daß es Könige gäbe, die sich weder für die Brahmanen noch für die arische Religion, ja nicht einmal für den arischen Lebensstil einsetzten. Das Königtum hatte den Glanz der vedischen Vergangenheit eingebüßt, seitdem die Herrscher sich in übertriebenem Maße der Priesterkaste unterwarfen, um dafür im Lichte orthodoxer Billigung zu stehen. Aber es fehlte dem Königtum auch die Glorie der noch ferneren Vergangenheit der halb mythischen vorarischen Dravidenzeit, da die königlichen Sippen des Landes ihre Abstammung von den Göttern herleiteten und als ‚Sonnen'- oder ‚Mond'-Dynastien angesehen wurden[2]. Im neuen, finsteren, elenden und bösen Zeitalter des sogenannten Kali-yuga, dem letzten und übelsten der vier Weltalter des gegenwärtigen Zeitzyklus[3], hatte das Königtum die niedrigen Züge gemeiner Despotie angenommen. Alles was einst seine geistige Würde ausgemacht hatte, war dahin. Die Macht wohnte nur noch in den Starken, Schlauen, Kühnen und Rücksichtslosen – in denen, die Gier und Furcht einzuflößen vermochten.

[1] Vgl. S. 65f., Anmerkung des Herausgebers, und unten S. 171ff.

[2] Wir wissen durch die alten sumerischen und ägyptischen Gräber, daß die Könige in den archaischen Kulturen des vierten bis zweiten Jahrtausends v. Chr. für inkarnierte Götter gehalten wurden. In Indien war dies die Epoche der dravidischen Kultur. Das Prinzip des Gott-Königtums blieb noch bis in die spätere Geschichte Indiens lebendig in den Genealogien der nichtarischen Königshäuser, wo die Abstammung auf den Sonnen- oder den Mondgott zurückgeführt wurde. Vergleiche Japan, wo der Mikado als Nachkomme der Sonnengöttin Amaterasu betrachtet wird. Vgl. auch oben S. 104.

[3] Für die hinduistische Weltalterlehre siehe Zimmer, *Mythen und Symbole in indischer Kunst und Kultur*, S. 18–24.

Im post-feudalen Indien beruhte die Schwäche des Herrscherhauses darauf, daß der König und seine Dynastie nicht fest im Volke verwurzelt waren, wie es die Könige von England oder die Mikados von Japan sind, oder wie es die Kaiser von Österreich einst waren. Das Prinzip des Königtums an sich, als Institution, wurde nie in Frage gestellt. Es war ein unbestreitbarer Bestandteil des göttlichen Schöpfungsplanes, es gehörte nicht weniger zur geoffenbarten sozialen Ordnung als die sittlichen und religiösen Gebote, das Kastensystem und die traditionelle Folge der vier Lebensalter[1]. Die Institution selbst stand in Einklang mit dem Dharma; seine Funktion war es, dem Dharma als Werkzeug zu dienen. Der König sollte die Menschen überwachen und dafür sorgen, daß alle ihre Pflichten und Lebensaufgaben den orthodoxen Vorschriften entsprechend erfüllten, je nach Kaste, Alter und Geschlecht. Aber obgleich das Prinzip an sich fraglos war – fraglos als ein Grundgesetz der Natur (denn die Vorstellung einer demokratischen, sich selbst verwaltenden Republik lag außerhalb der verfügbaren Anschauungen) –, so konnte doch der Einzelne oder die Familie, die gerade die Königsrolle spielten, von einem Rivalen gestürzt werden, und nur wenige würden sich dann darum kümmern. Ein benachbarter König von gleichem Range mochte das Reich überfallen, ein kühner Emporkömmling mochte sich des Thrones bemächtigen, ein Kanzler mochte vielleicht der gekrönten Marionette überdrüssig werden, deren Fäden er zog, und sich entschließen, die Symbole der Macht, die er tatsächlich schon weitgehend ausübte, selbst zu übernehmen. Niemand würde sich davon besonders betroffen fühlen, es sei denn, er wäre selbst in den Sturz der Dynastie mit verwickelt. Nur die Institution war es, an die das Volk sich klammerte. Und darum mußte der König, wie im Dschungel der königliche Löwe unter den anderen Raubtieren, selbst auf seine persönliche Sicherheit bedacht sein.

Wie die Soldatenkaiser von Rom in der Zeit des Verfalls, wie die Despoten von Byzanz während ihrer dramatischen Geschichte mußten die indischen Könige ständig auf der Hut vor inneren und äußeren Angriffen sein und sich vor allem auf ihre militärische Stärke, persönliche Tapferkeit und Klugheit verlassen. Ihre Hauptstütze sahen sie in der Tüchtigkeit und Treue der Offiziere, die sie zu führenden Stellungen erhoben; denn eine Regierungsform von Volkesgnaden war unbekannt. Völker waren nur

[1] Die vier Stadien im Lebenslauf des Einzelnen: 1. *brahmacārin*, 2. *grihastha*, 3. *vanaprastha*, 4. *sannyāsin*. Vgl. S. 52 und S. 149–154.

Untertanen, mit ihrem eigenen Daseinskampf beschäftigt, in Gruppen aufgeteilt und durch die Gebote der Kaste, zahlreiche Sektenbildungen und Rassentabus verschiedenster Herkunft auseinandergehalten. (Tabus, die das Heiraten, ja sogar jede Berührung verbieten; denn bis zu einem gewissen Grade waren die Angehörigen einzelner Kasten fast alle füreinander ‚unberührbar'). Es gab keine eingesetzte, konstitutionelle, repräsentative Körperschaft, welche die Exekutivgewalt hätte in Schach halten, durch Gesetzgebung die Rechte des Volkes vor den Eingriffen eigenmächtiger Könige schützen oder durch gemeinsames Vorgehen die dem Volke genehmen Könige hätte unterstützen können. Theoretisch sollte der indische Herrscher auf den Rat der Brahmanen und Volksältesten hören; diese galten als Stimme der traditionellen Ordnung. Aber keine Macht konnte ihn hindern, sich, wenn es ihm gefiel, über diese Stimme hinwegzusetzen. Wenn es ihm paßte, konnte er ein verschwenderischer, unbarmherziger, selbstsüchtiger Tyrann sein, der sein geplagtes Volk mit Steuern und Lasten überbürdete. Und aus den gleichen Gründen konnte er keine wirkliche Unterstützung von seinem Volk erwarten, mochte er noch so großzügig sein. Sein einziger Verlaß waren sein eigener mächtiger Arm, sein Verstand, sein königlicher Reichtum und seine auf ihren Vorteil bedachten Truppen.

Die Söldner mußten hoch bezahlt werden, um des Königs Kriege auszufechten. Sobald sein Geld versiegte, würden sie sich sofort von ihm abwenden. Im alten Indien bedeutete eine verlorene Schlacht meistens auch ein verlorenes Königreich, eine gestürzte Dynastie. Intrige, Verschwörung, Mißtrauen, Verrat bestimmten deshalb die Atmosphäre des Königshofes. «Glücklich die Könige, die sich nachts eines ruhigen, friedlichen Schlummers erfreuen.» Je tüchtiger und mächtiger die begünstigten Offiziere waren, desto weniger konnte man ihnen trauen; waren sie es doch, die des Königs Schwächen und Stärken kannten; sie hatten die Schlüsselstellungen inne. Und darum waren hohe Gunst und jähe Ungnade, Vertraulichkeit und Verdächtigung unentwirrbar miteinander verstrickt.

Der kluge und geschickte Minister lebte in einem ständigen Dilemma. Einerseits mußte er dauernd seine Tüchtigkeit beweisen, andererseits seine Stellung gegen eben den Monarchen sichern, dem er diente. Er mußte vor Neid und Verleumdung auf der Hut sein und deshalb jeden kleinsten Fehler seinerseits vermeiden; er durfte sich aber auch nicht durch allzugute Arbeit überflüssig machen, eine Gefahr, mit der er stets rechnen mußte. Denn wenn es ihm im Übereifer gelang, die inneren Gefahren im Reiche seines Tyrannen allzu gründlich zu beseitigen – die von der politischen Literatur der Hindus als «Dornen» *(Kaṇṭakas)* bezeichneten Bedrohungen, die den König stechen und sein königliches Wohlbehagen stören –, dann konnte es ihm widerfahren, daß man ihn entließ, weil er sich entbehrlich gemacht hatte. – Dies ist das Thema der lehrreichen Fabel vom Löwen, der Maus und der Katze[1].

Eine elende Katze, die von den Dörflern verstoßen, dem Hungertod nahe, mager und entkräftet durch die Felder strich, traf einen Löwen, und dieser half ihr aus der Not. Das königliche Tier lud das bejammernswerte Geschöpf in seine Höhle ein und teilte mit ihm die Reste seines majestätischen Mahles. Aber diese Einladung entsprang keineswegs der Nächstenliebe oder einem Zusammengehörigkeitsgefühl. Der Löwe fühlte sich nämlich in seiner Höhle von einer Maus belästigt, die dort irgendwo ihr Loch hatte; wenn er sein Schläfchen machte, kam die Maus hervor und knabberte an seiner Mähne. Der mächtige Löwe vermag keine Mäuse zu fangen, die zierliche Katze aber kann es. Deshalb war hier die Grundlage für eine gesunde und vielleicht nützliche Freundschaft gegeben.

Die bloße Gegenwart der Katze in der Höhle genügte, die Maus in Schach zu halten, und so konnte der Löwe friedlich sein Nickerchen machen. Nicht einmal das Piepsen des kleinen Störenfrieds ließ sich vernehmen, denn die Katze lag ständig auf der Lauer. Der Löwe lohnte es ihr mit üppigen Gerichten, und der tüchtige Minister wurde fett. Eines Tages nun gab die Maus doch einen Laut von sich, und die Katze beging den elementaren Fehler, sie zu fangen und zu fressen. Die Maus verschwand, aber auch die Gunst des Löwen. Der Katzengesellschaft bereits überdrüssig, schickte der undankbare König der Tiere seinen tüchtigen Beamten zurück auf die Felder und in den Dschungel, wo er wieder dem Hungertode ausgesetzt war.

Die Lehre läßt sich in die Maxime zusammenfassen: «Tu deine Arbeit, aber laß immer etwas zu tun übrig. Durch diesen Rest wirst du unentbehrlich bleiben.»

Hier liegt eines von den vielen Geheimnissen der Geheimpolizei aller Länder – eines jener sinnreichen ‚Geheimnisse, über die man nicht spricht'. Diese ironische kleine Geschichte, die sich an die schlauen Minister und sonstigen treuen Diener der wankelmütigen indischen Despoten richtet,

[1] *Hitopadesha* 2.4.

zeigt die Lage eines Diktators, der sich in den Klauen seiner eigenen Gestapo befindet. Obgleich unerhört tüchtig im Aufspüren lauernder Feinde, bringen die Beamten es doch fertig, noch eine gehörige Anzahl in Reserve zu halten und auf diese Weise sowohl für die Sicherheit ihres Diktators zu sorgen wie auch ihre eigene Unentbehrlichkeit zu beweisen. Dieses Vorgehen ist, so wie die Welt eben ist, nur natürlich, und es trägt bemerkenswerterweise noch dazu bei, unter dem Schutze des Monarchen, der «seine Augen und Ohren überall hat», einen unter der Hand verlaufenden, sich selbst vorantreibenden und belebenden Prozeß in Gang zu halten, bei dem die Gegenspieler, «die einander nicht entbehren können», selber gegenseitig für ihre ständige Erneuerung sorgen. So stützt und schützt die Geheimpolizei selbst ganz wesentlich die Untergrundrevolutionäre, deren Beseitigung ihre Aufgabe ist. Sie nimmt also recht eigentlich die Opposition nicht nur unter ihren Schutz, sondern ruft sie sogar hervor. Denn das tyrannische System, das sich, um am Ruder zu bleiben, auf eine schlagkräftige, allgegenwärtige Geheimpolizei verlassen muß, schafft sich unweigerlich durch seinen brutalen Druck mit jedem Tage neue innere Feinde. Und die umstürzlerischen, oft von hohem Idealismus beseelten Elemente wiegen sich ihrerseits in der Illusion, weniger sichtbar zu sein als sie in Wirklichkeit sind. Wenn die herrschende Macht zusammenbricht, kann es wohl dazu kommen, daß die Revolutionäre recht behalten mit der Hoffnung, ihre Sache werde eines Tages obsiegen – das lehrt uns die Geschichte; einstweilen aber haben sie unbewußt durch ihr bloßes Ins-Dasein-Treten dem Löwen die Katze mit Sicherheit unentbehrlich gemacht. Ohne Mäuse dürfte es den Beamten der Gestapo und GPU schwer fallen, sich selbst so schrecklich wichtig zu nehmen. Und so zeigt sich auch hier wieder, daß die Anschauungen über das politische Intrigenspiel, die wir in der Philosophie und Staatskunst der Hindus finden, bemerkenswert viel Zutreffendes auch für die heutigen Zustände enthalten.

Die altertümlichen Lehren klingen merkwürdig modern. So wurde zum Beispiel in der hinduistischen Außenpolitik die Überrumpelung durch Verrat und der plötzliche Überfall als der beste Weg zu einer erfolgreichen außenpolitischen Aktion betrachtet; strenge Geheimhaltung und vollkommene Tarnung sollten die geeignete Atmosphäre schaffen, damit die Pläne reifen und die Vorbereitungen aufs beste getroffen werden konnten. In den politischen Schriften finden wir die Maxime: «Trag deinen Feind auf deiner Schulter, bis du von ihm das hast, was du willst. Dann wirf ihn ab – wirf ihn ab und zerschmettere ihn wie einen irdenen Krug an einem Felsen[1].» Oder: «Wer immer zu seinem eigenen Vorteil jemanden zu vernichten beabsichtigt, sollte vorsichtig und bedächtig zu Werke gehen. Während er die Hand hebt, bereit, seinen Feind zu schlagen, sollte er ihn freundlich ansprechen. [Das wäre Herr Nomura in dem Gespräch, das Pearl Harbor vorausging!] Noch liebenswürdiger sollte er reden, während er den tödlichen Schlag versetzt. [Das wäre Herr Kurusu!] Und wenn er seinem Feinde den Kopf abgeschlagen hat, sollte er ihn beklagen und beweinen[2].»

Die Urkunden der indischen Geschichte enthalten viele Beispiele für die erfolgreiche Anwendung dieser Maxime. Da gibt es etwa den Bericht über einen Kronprinzen, der mit seinem Heer in feierlichem Marsch aus der Hauptstadt auszog, um seinen betagten Vater zu empfangen; dieser hatte einen mächtigen Nachbarn niedergeworfen, dessen Gebiet in Besitz genommen und kehrte nun siegreich heim. Aus dem Stegreif wurde auf der Ebene eine Stadt mit prunkvollen Zelten errichtet, damit der Sieger sich von den Strapazen des Feldzuges erholen könne, und ein kunstvoller Triumphbau entstand, worin er seinen Sieg feiern sollte. Aber während der König unter dem wuchtigen Gebälk ausruhte, und während der pflichttreue Sohn, umgeben von seiner eigenen schwerbewaffneten Leibgarde, eine große Herde Kriegselefanten vor ihm paradieren ließ, stürzte das prächtige Gebäude zusammen, und der Vater wurde mit seinem ganzen Gefolge unter den Trümmern begraben[3].

Das Einschläfern des Opfers, auf das man es abgesehen hat, wird nicht nur für die Innenpolitik (das heißt für den Hof des Despoten oder für die Gruppen und Parteien, deren machthabende Mitglieder ihre Rivalen beseitigen möchten), sondern auch für die Außenpolitik empfohlen (wo es eine unübertreffliche Waffe ist). Es heißt *māyā*, ‚die Schaffung einer Täuschung'. Am besten können wir sie aus der politischen Geschichte unsrer Zeit kennenlernen. Als zum Beispiel die Nazipolitiker den Überfall auf Polen vorbereiteten, gewannen sie sich zunächst Vertrauen durch den Nichtangriffspakt mit Marschall Pilsudski 1933. Dadurch wurde Polen von seinem natürlichen Verbündeten Frankreich abgedrängt und war isoliert.

[1] *Mahābhārata* 12.140.18.

[2] *Ebenda* 12. 140. 54; vgl. auch 12. 102. 34; 12. 103. 9–13.

[3] ibn-Batuta, *Reisen*, ins Deutsche übersetzt von Hans von Mžik. Hamburg 1911, S. 104–105.

Dann schmeichelte man den Polen, indem man ihnen im Herbst 1938 nach der Münchner Krise erlaubte, ihren Beuteteil von der zerstückelten Tschechoslowakei zu nehmen. Dies war nichts anderes als die noch freundlichere Geste, die dem tödlichen Streich vorausging und ihn bemäntelte: nach Jahresfrist schlug er wie ein Blitz ein.

Auch die modernen Methoden, wie man mit besiegten Feinden verfährt, waren schon den alten Hindu-Meistern bekannt. Die dem Hunger, den Seuchen und Plünderungen preisgegebenen Gebiete – wie Polen, die Ukraine, Griechenland, Norwegen unter der Nazibesetzung – illustrieren das allgemeingültige Gesetz. «Ein überlebender Rest der Feinde», lesen wir, «ist wie der Rest eines schwelenden Feuers oder einer unbezahlten Schuld; alle drei wachsen mit der Zeit unaufhaltsam an[1].» Die besiegte Macht muß deshalb ausgerottet werden; die Kommunisten in Italien und im Nazi-Deutschland, die Bourgeoisie in Rußland. Unbequeme Parteiführer und Generäle werden überall beseitigt; Parteigänger der Linken wie der Rechten überfüllen die Gefängnisse der ganzen Welt. Dies ist ein gnadenloses natürliches Prinzip, das zahlreich belegt ist, in der Geschichte Indiens wie in der des untergegangenen Byzanz, im Rußland des Boris Godunow und des falschen Demetrius wie bei der zeitlich uns so nahen Erschießung des letzten Zaren, der zusammen mit seiner Gemahlin, seinem Sohn und seinen vier Töchtern in einem Keller ermordet wurde, als sie sich angeblich auf dem Wege in die Internierung befanden.

Indiens alte Geschichte bewegte sich in einer Atmosphäre von Gefahr, Mißtrauen und Drohung. Es wurde unablässig eine Art kalter Nervenkrieg geführt. Genau dieselben Zustände werden geschildert in den Biographien der römischen Kaiser bei Tacitus und Sueton, in Gibbons *Decline and Fall of the Roman Empire*, in den griechischen Erzählungen über die Achämeniden des alten Perserreiches, in den mohammedanischen Berichten über die Kalifate in Bagdad, Kairo und andernorts und in den Darstellungen der osmanischen Herrschaft in Konstantinopel. Die gleiche Atmosphäre erfüllt auch heute die Welt, ganz besonders die von totalitären Staaten beherrschten Gebiete. Sie war aber schon seit 1918 in den Ländern der zahlreichen Vorläufer und Gleichschalter spürbar: in König Alexanders Jugoslawien, in Voldemaras' Litauen, in Pilsudskis Polen, in Kemal Atatürks Türkei und im Griechenland der Generaldiktatoren. Jeder fühlt sich dauernd bedroht. Jeder König – äußerst verwundbar, wenn auch bis an

[1] *Mahābhārata* 12. 140. 58.

die Zähne bewaffnet – ist ständig auf der Hut, um Überrumpelungen vorzubeugen. Keiner ist für längere Dauer wirklich Herr der Situation. Plötzliche Änderungen bringen Tod oder Ungnade mit sich. Intrigen und Mord im Innern, Intrigen und Angriffe von außen, Drohungen und Überfälle bringen den Starken zu Fall. Unvermittelte tödliche Schläge vernichten den Schwachen. Māyā, Brudermord, Gift und Dolch sind an der Tagesordnung.

5. POLITISCHE GEOMETRIE

Großbritanniens Politik vom Gleichgewicht der Mächte soll dazu dienen, ein anderes Grundprinzip des indischen *Arthashāstra* vorzuführen, das des *maṇḍala* oder der politischen Nachbarkreise. Die britischen Staatsmänner haben im diplomatischen Spiel immer und überall Takt und Geschick bewiesen in der Handhabung dieser Waffe. Um das Gleichgewicht Europas zu erhalten, das Ludwig XIV. zu stören drohte, als er seinen Enkel auf den spanischen Thron setzte, knüpfte Marlborough (dessen Leben übrigens schöne Beispiele für das Thema unserer vorangegangenen Betrachtung liefert) für England ein Bündnis mit den Niederlanden, mehreren deutschen Staaten, Portugal, Dänemark und mit dem Hause Habsburg und führte den Spanischen Erbfolgekrieg (1701–1714) gegen die Bedrohung durch die aufsteigende französische Großmacht. Kurz danach, im Siebenjährigen Krieg (1756–1763), als Frankreich sich mit Österreich, Rußland, Schweden, Sachsen gegen das Preußen Friedrichs des Großen verbündet hatte, warfen die Engländer ihr Gewicht in die Waagschale Preußens, und sie hatten so viel Glück bei dem Spiel, daß sie nicht nur das französische Weltreich zerstörten, sondern das Fundament für ihr eigenes legten; denn sie gewannen die Herrschaft über Kanada und Indien. Noch einmal später, als Napoleons Feldzüge eine Gefahr bedeuteten, kämpfte Großbritannien gegen Frankreich, indem es Portugal und Spanien im Krieg gegen den Kaiser unterstützte und Rußland, Österreich, Preußen und den Niederlanden bei Waterloo half. Aber der Krimkrieg (1854–1856) traf England (zum erstenmal seit etwa zweihundert Jahren) mit der Türkei und Savoyen auf Frankreichs Seite, um Rußland die Waage zu halten, das jetzt bedrohlich zu den Dardanellen drängte. 1903–1904 stand Großbritannien Japan bei, um Rußland zu schwächen, war aber im Ersten Weltkrieg auf seiten Rußlands – und wiederum auch Frankreichs – gegen die Verbindung Deutschland-Österreich.

Dieses bemerkenswerte Spiel der Gewichte und Gegengewichte ist etwas, das die Könige und Fürsten im alten Indien sehr ernst nahmen. Dort war die Walstatt der sich bekämpfenden Mächte das weite Gelände eines Teilkontinentes, der etwa so groß wie Europa, aber weniger von unzugänglichen Gebirgen zerklüftet ist. Trotz ihrer gefährlichen Dschungel und Wüsten waren die verschiedenen Teile Indiens doch durch breite Ströme und ausgedehnte Ebenen miteinander verbunden; fast jedes Königreich war von feindlichen Nachbarn umringt und dem Angriff von allen Seiten preisgegeben. Deshalb herrschte eine Atmosphäre ständigen Mißtrauens, wie wir sie etwa in geringerem Ausmaße vom Balkan her kennen.

Die Grundregel der Hindu für das Schließen von Bündnissen und Koalitionen mit anderen Staaten stellt sich dar in einem Muster aus konzentrischen Kreisen natürlicher Feinde und Verbündeter. Jeder König soll sein eigenes Reich als Mittelpunkt einer Schießscheibe betrachten; diese Mitte ist umgeben von ‚Kreisen' *(maṇḍalas)*, die abwechselnd seine natürlichen Feinde und seine natürlichen Verbündeten darstellen. Die Feinde werden vom ersten nächstliegenden Kreis dargestellt; es sind seine engsten Nachbarn, zum Zuschlagen jederzeit bereit. Der zweite Kreis ist der seiner natürlichen Freunde, das heißt der gleich im Rücken seiner Nachbarn befindlichen Könige, die von ihnen ihrerseits bedroht werden, weil sie eben auch Nachbarn sind. Hinter diesem Kreise liegt der einer entfernteren Gefahr; er ist zunächst nur deswegen beachtenswert, weil er den unmittelbar benachbarten Feinden Verstärkung bringen kann. Außerdem ist jeder Kreis noch in sich geteilt, um die naturgegebenen gegenseitigen Feindseligkeiten zu zeigen; denn da jedes Königreich sein eigenes Mandala hat, läßt sich ein höchst kompliziertes System von Druck und Gegendruck denken. Ein derartiger Plan wechselseitiger Einkreisungen muß sorgfältig angelegt und bedacht werden, um dann als Grundlage des Handelns zu dienen. Er umreißt und verdeutlicht das Gleichgewicht und die Spannung im natürlichen Verhältnis der Mächte, weist aber auch auf die periodisch fälligen, furchtbaren Ausbrüche der weithin schwelenden Konflikte hin. Es ist ein allgemeingültiges Gesetz im Zusammenleben der Menschen, daß zwischen Nachbarn Lieblosigkeit, Neid und Feindschaft die Regel sind, und daß jeder nur auf die Gelegenheit wartet, den andern unversehens und heimtückisch anzufallen[1].

[1] Die Wissenschaft des *maṇḍala* (‚des Staatenkreises') wird im *Kauṭilīya Arthashāstra* 7 behandelt.

Ein solches Schema mag uns wohl etwas theoretisch und ausgeklügelt vorkommen; aber es gibt doch sehr gut die geographischen Verhältnisse des indischen Teilkontinentes wieder. Auch durch die moderne Geschichte Europas wird es zur Genüge bestätigt. Es ist der Grundriß einer Art politischer Geometrie, die, mit geringen Abänderungen, zur praktischen Berechnung der Spannungszustände auf fast jeder geschichtlichen Bühne die-

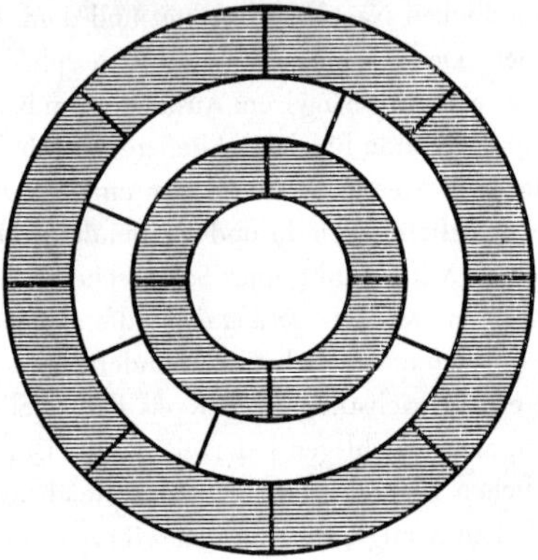

nen kann – eine wahrhaft wunderbare Leistung des indischen Geistes, der sich so gern in ganz abstrakte geistige Übungen versenkt und doch gleichzeitig so auffallend begabt ist für intuitive Einsichten, symbolische Darstellungen und die Bildersprache von Parabel und Mythos.

Wenden wir das alte indische Mandala auf die Karte Europas an, so liefert es ein vollkommenes Muster für die Streitigkeiten und Unruhen, für die wechselnden Einverständnisse und scheinbaren Mißverständnisse, die unseren fast unablässigen Kriegen zugrunde gelegen haben. Zu Beginn der Neuzeit, im 16. Jahrhundert, als Spanien und das deutsche Kaiserreich unter der Habsburger Dynastie vereinigt wurden, fühlte sich Frankreich durch Einkreisung bedroht. Der Kampf um die Vorherrschaft, der nun zwischen den französischen Königen und den Kaisern in Wien – von der Zeit Franz' I. (1515–1547) und Karls V. (1519–1556) an – entbrannte, hat bis zur Aufteilung des österreichisch-ungarischen Kaiserreiches durch den Versailler Vertrag 1919 gedauert. Ludwig XIV. (1643–1715), dieser ‚allerchristlichste König', der die calvinistischen Hugenotten verfolgte und aus seinem Reich verbannte, sicherte sich die Hilfe der mohammedanischen Türkei, die im Rücken der Habsburger Gebiete in Osteuropa lag. Die Türken drangen über das jetzige Jugoslawien und durch Ungarn ins Feindesland ein, während Frankreichs Armeen in Flandern und am Rhein gegen kaiserlich-deutsche Truppen kämpften.

Der Nachbar im Rücken oder in der Flanke des eigenen Nachbarn und Rivalen ist der geborene Verbündete: das ist der oberste Grundsatz. Dieser einfache geometrische Tatbestand setzt sich viel kräftiger durch als sittliche oder religiöse Überlegungen, ideologische Fragen und gemeinsame geistige Tradition. Der christliche König zögert nicht, die christliche Kultur Europas zu verraten und zu gefährden, indem er einen Überfall gerade jener Macht, die in den vorausgegangenen tausend Jahren der Erzfeind der gesamten Christenheit gewesen war, herbeirief und unterstützte. Ganz in gleicher Weise verrät heute das Nazi-Deutschland die gemeinsame Sache Europas, das heißt die Kolonialherrschaft und Kultur des weißen Mannes, indem es Japan hilft bei seinem Versuch, den Fernen Osten und den Pazifischen Ozean zu erobern. Und diese beiden Fälle von Verrat an der christlich-abendländischen Sache um selbstsüchtiger Zwecke willen haben ein bemerkenswertes Vorbild in dem Abkommen, das einst ein Papst mit dem Großtürken schloß. Aus der Besorgnis, die Territorien des Heiligen Stuhles könnten ihre politische Unabhängigkeit verlieren, verbündete sich Alexander VI., der Oberhirt der christlichen Herde, der Stellvertreter Christi auf Erden, das Sprachrohr des Heiligen Geistes, im Jahre 1494 mit dem Sultan Bajazid II., um die imperialistischen Ambitionen Karls VIII. von Frankreich abzuwehren. Ein halbes Jahrhundert später verband sich Suleiman der Große mit dem französischen König Franz I. gegen Karl V., den Kaiser des Heiligen Römischen Reiches; und das darauffolgende Vordringen der Mohammedaner in Osteuropa (ein Vorspiel des Einfalls zur Zeit Ludwigs XIV.) durfte sich sogar der stillschweigenden Billigung von Papst Paul III. erfreuen.

Als dann die Macht der Türkei zu sinken begann, wurde ihr Platz im französischen Bündnis-Mandala vom aufsteigenden Rußland eingenommen, denn dieses im Rücken des unmittelbaren östlichen Nachbarn gelegene Land war nun der natürliche Verbündete. Infolgedessen schloß Napoleon 1805 und 1810 Freundschaft mit dem Zaren von Rußland, um Preußen und Österreich in Schach zu halten. Dabei hatten die russischen Armeen zuvor jahrelang Seite an Seite mit den Österreichern im Felde gestanden und in der Schweiz und an der Riviera gemeinsam gegen die Französische Revolution und Republik gekämpft. Napoleon richtete auch Polen als seinen zweiten Verbündeten im Rücken Deutschlands wieder auf, indem er ihm jene Teile zurückgab, die am Ende des 18. Jahrhunderts bei der Teilung Polens zwischen Rußland, Österreich und Preußen den beiden letzteren Ländern zugefallen waren. Und nach der gleichen, so zuverlässigen Logik des Mandala gewann Frankreich in seiner Umzingelungspolitik kurz vor dem Ersten Weltkrieg wiederum die Mitwirkung Rußlands – eine klassische Zangenbewegung auf dem Schachbrett der Mächte, die seinen unmittelbaren Nachbarn zwingen mußte, einen Zweifrontenkrieg zu führen. Gleichzeitig unterstützte Frankreich Serbien gegen Österreich; war doch Serbien der Alliierte hinter Österreichs Rücken[1]; und auch die Unterstützung Rumäniens war ein Dolchstoß in den Rücken des Feindes, gerade in der kritischen Stunde, da Deutschland die Schlacht von Verdun verlor und im Somme-Abschnitt der Westfront geschlagen wurde. Der Vertrag von Versailles leitete eine umfassende Mandala-Politik Frankreichs ein mit dem Zweck, den besiegten Feind niederzuhalten. Ein Ring von slawischen Reichen, von Polen und der Tschechoslowakei bis Rumänien und Jugoslawien, wurde ins Leben gerufen, um Deutschland und das, was von Österreich übriggeblieben war, im Rücken zu bedrohen. Die neuen Verbündeten erhielten Anleihen für Rüstung und Aufbau. Die deutsche Antwort darauf war der Rapallovertrag von 1922 mit Rußland – dem nun natürlichen Verbündeten, der im Rücken Polens und der Tschechoslowakei saß.

Nach der nationalsozialistischen Machtergreifung erfolgten schnell hintereinander einige kluge Züge auf dem Mandala-Schachbrett; sie führten zum völligen Zusammenbruch der subtilen Konstruktion, die Frankreichs Vorherrschaft auf dem Kontinent hatte gewährleisten sollen. Im Augenblick, da Polen im Jahre 1933 bereit war, den zehnjährigen Nichtangriffspakt zu unterzeichnen, war der Einkreisungsring eigentlich schon gesprengt. Schritt für Schritt setzten sich dann die östlichen Verbündeten von Frankreich ab, und zuletzt zog sich sogar Belgien vom Plan eines sofortigen automatischen Zusammengehens mit Frankreich gegen Deutschland zurück. Und so war alles reif für den neuen Durchbruch zur Macht.

Die nächste Konstellation des Mandala wird sich zur gegebenen Zeit selbst enthüllen.

[1] Auch Rußland unterstützte Serbien gegen Österreich – ein weiterer Zangengriff.

6. DIE SIEBEN ARTEN, MIT EINEM NACHBARN UMZUGEHEN

Nīti, das Sanskritwort für Politik, bedeutet wörtlich ‚gutes Benehmen'. Die Politik des Königs gibt der Allgemeinheit das hervorragende Modell dafür, wie man sich inmitten der Gefahren der Welt benehmen soll. Obgleich er im Reich am höchsten steht, ist er in seinem erhabenen, beneidenswerten aber unsicheren Glanz doch am meisten gefährdet. Benachbarte Könige, seine eigenen ehrgeizigen Minister und allzu erfolgreichen Generäle, ja die Mitglieder seiner eigenen Familie – emporstrebende Söhne und Prinzen, ränkeschmiedende Königinnen – haben es auf seinen Thron abgesehen. Und nicht zuletzt kann das vielgeplagte und ausgesogene Volk durch einen feindlichen König oder einen niedriger geborenen ehrgeizigen Usurpator heimlich zum Aufruhr angestachelt werden. In einer solchen Atmosphäre von Bedrohung, Furcht und plötzlichen Umschwüngen herrscht der *matsya-nyāya*, ‚der Brauch der Fische'[1]: das von keinem sittlichen Anstand abgeschwächte Lebensgesetz, das in der mitleidlosen Meerestiefe gilt.

Dieses Gesetz ist im Westen so gut bekannt wie in Indien. Es kommt in dem alten Sprichwort zum Ausdruck: ‚Die Großen fressen die Kleinen', das Pieter Breughel, der flämische Maler des 16. Jahrhunderts, so lebendig und humorvoll in einigen seiner Meisterwerke dargestellt hat. Man sieht auf diesen Bildern ein Gewimmel von Fischen aller Arten und Größen, die kleinen werden von den großen verschlungen und diese wiederum von den Fischern gefangen. Aus den aufgeschlitzten Bäuchen der Größeren quellen die Kleineren hervor, und eine Unterschrift gibt das Sprichwort wieder. Breughel malte diese Bilder zu einer Zeit, da ganz Europa einem Meer des Aufruhrs glich, weil die Habsburger, Flandern, das weltbeherrschende Spanien und das deutsche Kaiserreich im Kampf standen gegen die aufstrebende Macht Frankreichs, das sich aus dem Ring dieser gewaltigen Koalition zu befreien versuchte. Es war die Zeit, in der neue Waffen (Schießpulver und Kanonen) und ein neuer Stil der Kriegführung (der Einsatz größerer Abteilungen von Söldner-Infanterie an Stelle der ritterlichen Reiterkämpfe) Verwüstung und Schrecken verbreiteten – genau so wie es die neuen Waffen der modernen Technik heutzutage tun. Breughel

[1] *Arthashāstra* 1.4. 9; vgl. auch *Mahābhārata* 12.67.16–17 und 12.89.21.

schildert in seinen Sprichwortbildern das kaltblütige gefräßige Leben im Wasserreich und findet darin den geeigneten Ausdruck für die Idee, daß in der Sphäre der Politik jeder nur an sich selbst denkt und darauf ausgeht, sich an möglichst vielen anderen vollzufressen. Damit ist gemeint, daß Politik ein ewiges Kämpfen ist und bleibt, aber kein anständiges, ordentliches Rechtsverfahren sein kann, bei dem jeder Nation, Gruppe oder Rasse der Teil der Welt zugewiesen wird, der ihr je nach Größe, kulturellen Leistungen und Fähigkeiten billigerweise gebührt.

Ganz übereinstimmend mit dem Pessimismus, aus dem die Probleme des Kampfes ums Dasein verstanden werden, kennen die in den indischen Büchern über Politik empfohlenen Mittel und Wege weder Gewissen noch Erbarmen. Zum Beispiel sind die vier ‚Hauptmittel' *(upāya)*[1], sich an einen Feind heranzumachen, die folgenden:

1. *Sāman*, ‚Versöhnung' oder ‚Verhandlung'. Es ist der Weg der Besänftigung, des ‚appeasement' oder der Betörung.

Der Schlangenbeschwörer besänftigt die Schlange durch sein Flötenspiel; das beruhigt das gefährliche Tier. Ähnlich wird der sogenannte ‚zornige' oder ‚schreckliche' Aspekt einer Gottheit (die immer ambivalent ist und gefährlich sein könnte) bezaubert, beruhigt, besänftigt oder gnädig gestimmt durch magische Melodien, auf deren Flügeln die heiligen Beschwörungsformeln magischer Strophen zur unsichtbaren Wohnstätte der Gottheit emporgetragen werden. Das englische ‚charm' und das von uns übernommene französische ‚charme' stammen vom lateinischen *carmen*, ‚Zauberlied, mit dem die Gunst eines übermenschlichen Wesens zu gewinnen ist'. Und im gleichen Sinne heißt *sāman* im Sanskrit wörtlich ‚Melodie'. Sāman bezeichnet einen besonderen Zweig priesterlicher Kunst in der vedischen Ritualüberlieferung: er befaßt sich mit den Melodien, auf welche die verschiedenen Strophen *(ric)* des Rigveda gesungen werden müssen. Es ist ein magiegeladenes, teilweise so gefährliches Wissen, daß es nicht innerhalb der Ortsgrenzen weitergegeben werden darf; Meister und Schüler ziehen sich deshalb an einen entlegenen, einsamen Ort in der Wildnis zurück. Solche Zauberlieder waren es, die Brahma, der Schöpfer sang, in den Händen noch ein paar Überreste des Welteies haltend, das sich am Anfang der Welt geöffnet hatte und dessen obere Hälfte aufsteigend die Himmel bildete, während die untere Hälfte herabsinkend zur Erde wurde. Mit jenen Liedern beschwor er acht himmlische Elefanten

[1] *Upāya*, aus dem Verb *upa-i*, ‚sich nähern'.

herauf, die er den vier Weltenden und den dazwischenliegenden vier Punkten zuwies, damit sie zu Trägern des oberen Firmamentes würden. Darum werden die Elefanten *sāmobhava*, ‚die durch *sāman* Erschaffenen' genannt.

Wir gebrauchen *sāman* täglich, etwa wenn wir Menschen treffen und «Guten Tag» sagen, oder «Wie geht es Ihnen?», «Nett, daß Sie da sind», und «Auf Wiedersehen», «Kommen Sie bald wieder». Für diesen gesellschaftlichen Brauch wird *sāman* im Sanskritwörterbuch wiedergegeben mit «freundliche Worte, Verbindlichkeit, Nettigkeit». Auf die Politik bezogen läßt es sich übersetzen mit: «versöhnliche oder sanfte Mittel, versöhnliche Haltung». In der modernen Welt würde es sich auf Nichtangriffspakte, Vorbesprechungen dazu, auf die Abgrenzung der einzelnen Einfluß- und Interessengebiete und auf Wirtschaftskartelle anwenden lassen.

2. Die entgegengesetzte Methode des Sich-Näherns wird *daṇḍa*, die Zuchtrute genannt – der Stock in der Hand des Richters oder in der eines Türhüters, der Bettler und Gassenjungen verjagt. Daṇḍa bedeutet ‚Bestrafung, Züchtigung, Angreifen, Anfallen, Gewalt; Knüttel, Stock, Stab; Heer; Beherrschung, Unterjochung, Zwang'. «Der König sollte immer eine erhobene Zuchtrute *(daṇḍa)* in der Hand halten», heißt es im *Mahābhārata*[1]. Und im Buche des Manu lesen wir: «Zur Ausbreitung eines Königreiches sind *sāman* und *daṇḍa* die zwei Hauptmittel[2].» Kurz gesagt: Daṇḍa ist jede Art von Aggression, die schamlos unverhüllte wie die unter dem Schein des Rechtes als Strafe für eine Beleidigung oder Bedrohung unternommene. Es ist zum Beispiel eine unerträgliche Beleidigung, wenn einer, den man schon als Opfer ausersehen hat, nun auf einmal aufrüstet oder sich mit einem stärkeren Nachbarn verbündet.

3. *Dāna* (lateinisch *donum*, französisch, englisch, deutsch «donation»): ‚Schenkung, Geschenk, Gabe', wird als dritter Annäherungsweg empfohlen. In der Politik ist dies einfach ‚Bestechung'. *Dāna* schließt Übereinkommen über die Aufteilung der Kriegsbeute, wie auch Geschenke, Auszeichnungen usw. für die Generäle, Minister und Geheimagenten des Nachbarn ein.

[1] *Mahābhārata* 12.120.93 und wieder 12.140.7. «Ein König sollte streng darauf achten, daß seine Untertanen ihre jeweiligen Pflichten erfüllen. Wenn dies nicht geschieht, werden sie wie Wölfe auf Raub gehen und sich gegenseitig verschlingen» (ebenda 12.142.28). Vgl. auch das politische Schauspiel *Mudrārākshasa* 1.15.

[2] *Mānava-Dharmashāstra* 7.109.

4. *Bheda*, ‚Spaltung, Teilung, Bruch, Störung, Treubruch, Verrat, das Säen von Zwietracht unter die Feinde'. Es ist die Methode des «Divide et impera», des Unterwühlens von innen her.

Zu diesen vier Hauptmitteln gesellen sich:

5. *Māyā*, ‚Betrug, Trick, Hervorrufen eines Trugbildes'.

Der Gott Indra entfaltete seine Māyā, als er die Gestalt eines harmlosen Brahmanen annahm und unter den Gegengöttern, den Titanen, erschien. Diese Feinde der Götter hatten einen Opferaltar in Form einer Pyramide errichtet, auf welchem sie zum Himmel emporklommen, um die Weltherrschaft an sich zu reißen. Der schlichte Brahmane entfernte einige Steine aus der untersten Schicht des Turmbaus, und die Dämonen stürzten alle wieder auf die Erde zurück[1]. Ein anderer vedischer Mythos erzählt, daß der gleiche Gott, verfolgt von einer Schar Titanen, die soeben sein Heer in der Schlacht besiegt hatten, sich schnell in ein Roßhaar verwandelte und sich so ihren Blicken entzog.

Māyā bedeutet ‚Täuschung, Betrug, jegliche Anwendung von Zauberkunst und Magie, ein diplomatisches Kunststück'. Daß der Japaner Kurusu in diplomatischer Mission nach Washington kam, um scheinbar eine Verständigung zu erreichen, während sich die japanischen Bomber schon auf dem Wege nach Pearl Harbor befanden, war nach dem völlig unmoralischen Kodex indischer und fernöstlicher Politik nicht etwa ein unfairer, noch nie dagewesener Bubenstreich, sondern eine klassische Kriegslist. Die Fische werden einander immer ohne Warnung angreifen und verschlingen.

In der Diplomatie würde es auch zu *māyā* gehören, wenn man in der Maske sittlicher Würde, religiöser Rechtlichkeit und humaner Entrüstung auftritt, eine Haltung, die sich in der neueren abendländischen Geschichte als überaus wirksame Waffe erwiesen hat, da die Kriegführenden sich hier auf eine Bevölkerung stützen mußten, deren weltanschauliche Erziehung viel mehr auf die Moral der Pflicht als auf freche Angriffslust ausgerichtet war.

6. *Upekshā*, als weiteres Hilfsmittel empfohlen, ist das ‚Übersehen, Keine-Notiz-Nehmen, Nicht-Beachten, Vernachlässigen, Ignorieren'. Als Japan die Mandschurei, als Mussolini Abessinien, als Hitler Österreich besetzten, war Englands Haltung die des *upekshā:* Man spielt den Gleichgültigen, weil man sich nicht entschließen kann, einzugreifen.

[1] *Shatapatha-Brāhmana* II. 1. 2. 13–16 (Sacred Books of the East, Bd. XII, S. 286 bis 287).

7. *Indrajāla*, ‚das Netz *(jāla)* des Indra', bedeutet ‚Beschwörung, Gaukelei, Zaubertrick; Kriegslist oder Täuschungsmanöver'. Das heißt: es wird der Anschein von etwas geschaffen, was gar nicht existiert; zum Beispiel wenn eine Befestigungslinie nur aus Attrappen gebaut oder wenn ein Scheinangriff unternommen wird, so etwa auf die britischen Inseln, während in Wahrheit der Einmarsch in Rußland vorbereitet wird. Zu *Indrajāla* gehört auch die Verbreitung falscher Nachrichten und das Erzeugen falscher Meinungen; es kann als spezielle Anwendungsform des *Māyā*-Prinzipes in der Kriegführung angesehen werden.

Das also sind die sieben Arten, mit einem Nachbarn im unsentimentalen Ozean der Fische umzugehen. Ich frage mich, ob wir im Westen politische Lehrbücher besitzen, die dieses Thema mit größerer Einfachheit und Klarheit darstellen.

Wir wollen diese Einführungen in die alten indischen Handbücher des Erfolges damit beschließen, daß wir noch einen Blick werfen auf einige typische Maximen. Zunächst einige Zitate aus dem 12. Buch des *Mahābhārata:*

«Beide Arten der Weisheit, die gerade und die krumme, sollten dem Könige zu Gebote stehen[1].»

«Das letzte Wort sozialer Weisheit ist: vertraue niemals[2].»

«Wie Wolken, die von einem Augenblick zum anderen ihre Gestalt verändern, kann dein heutiger Feind dir noch heute zum Freund werden[3].»

«Wer sich Erfolg in dieser Welt wünscht, muß bereit sein, tiefe Verbeugungen zu machen, Liebe und Freundschaft zu schwören, bescheidene

[1] *Mahābhārata* 12. 100. 5. – Im *Mahābhārata* wird hauptsächlich die ‚gerade' Wahrheit gelehrt. Erst als er von den unablässigen Fragen des edlen Yudhishṭhira bestürmt wurde, ließ sich der große Guru der Krieger, Bhīshma, dazu bewegen, die dunklen Geheimnisse der ‚krummen' Art zu enthüllen.

Yudhishṭhira sprach: «Wie soll sich ein König verhalten, der seiner Freun beraubt ist, viele Feinde hat, eine erschöpfte Schatzkammer besitzt und üb keine Heerscharen verfügt, wenn er von bösen Ministern umgeben ist, wenn seine Pläne verraten werden und wenn er sich keinen Rat mehr weiß ... ?»

Bhīshma sprach: «Bewandert wie du in den Pflichten bist, hast du, o Stier a Bhāratas Geblüt, mir eine Frage gestellt, die an ein Geheimnis rührt. Ohne g fragt zu werden, o Yudhishṭhira, dürfte ich mich nicht erkühnen, von dies Pflicht zu sprechen. Sittlichkeit ist etwas sehr Zerbrechliches ... Vernimm darum o Bhārata, die Mittel, welche Könige in Zeiten der Not anwenden dürfen. Vo Standpunkt wahrer Sittlichkeit jedoch würde ich diese Mittel nicht gerecht ne nen.» (Ebenda 12. 130. 1–8.)

[2] Ebenda 12. 80. 12. [3] Ebenda 12. 138. 154.

Reden zu führen und so zu tun, als weine er und wische sich die Tränen ab[1].»

«Fürchtet nicht die Folgen des Karma, vertraut auf eure Kraft. Noch keiner hat in dieser Welt je gesehen, was die Früchte einer guten oder einer bösen Tat sind. Laßt uns darum danach streben, stark zu werden: denn alle Dinge gehören dem Starken[2].»

«Macht geht vor Recht; Recht entspringt der Macht; Recht hat seinen Halt in Macht wie die Lebewesen in der Erde. Wie Rauch dem Wind muß Recht der Macht folgen. Recht an sich kann nicht befehlen; es stützt sich auf Macht wie die Schlingpflanze auf den Baum.

Recht liegt in den Händen des Starken; dem Starken ist nichts unmöglich. Alles ist rein, was vom Starken kommt[3].»

«Sei ein Reiher, wenn du deinen Vorteil berechnest, ein Löwe, wenn du angreifst, ein Wolf, wenn du auf Raub gehst, ein Hase, wenn du die Flucht ergreifst[4].»

«Wenn du dich in einer schlechten Lage befindest, versuche hochzukommen, indem du zu frommen wie auch zu grausamen Taten Zuflucht nimmst. Bevor du Sittlichkeit übst, warte bis du stark bist[5].»

«Wenn du nicht bereit bist, grausam zu sein und Menschen zu töten, wie der Fischer Fische tötet, laß alle Hoffnung auf große Erfolge fahren[6].»

«Wenn dich die Leute für sanftmütig halten, werden sie dich verachten. Wenn es also an der Zeit ist, grausam zu sein, sei grausam; und wenn es an der Zeit ist, sanftmütig zu sein, sei sanftmütig[7].»

Einige Beispiele aus Kauṭilyas *Arthashāstra* werden genügen, einen Eindruck von der Atmosphäre im Innern des Palastes zu geben[8].

«Er [der König] sollte seine Residenz nach dem Muster seines Schatzhauses bauen; oder er sollte seine Wohnung ins Zentrum eines irrgartenähnlichen Gebäudes *(mohanagriha)* verlegen; oder in ein unterirdisches Gemach, dessen hölzerne Türen hinter geschnitzten Götterfiguren und Altären *(caitya)* versteckt sind und das mit vielen unterirdischen Ausgängen Verbindung steht; oder in einem Obergeschoß, das man durch eine Ge-

[1] Ebenda 12.140.17. [2] Ebenda 12.134.2–3. [3] Ebenda 12.134. 5–7.
[4] Ebenda 12.140.25. [5] Ebenda 12.140.38; vgl. auch 12.141.62.
[6] Ebenda 12.15.14; auch 12.140.50.
[7] Ebenda 12.56.21; auch 12.102.33; 12.103.33; 12.140.65; 12.142.32 d an anderen Stellen.
[8] *Chānakya Kautilya's Arthashāstra*, ins Englische übertragen von R. Shamasastry, t einer Einleitung von D. J. F. Fleet, Bangalore 1915, 2. Ausgabe 1923.

heimtreppe in der Wand oder durch einen hohlen Pfeiler verlassen kann; auch muß das ganze Gebäude mit solchen mechanischen Vorrichtungen ausgerüstet sein, daß es notfalls zum Einsturz gebracht werden kann[1].»

«Wenn sich der König im Harem aufhält, soll er die Königin nur dann besuchen, wenn ihre persönliche Integrität durch eine alte Dienerin gewährleistet wird. Er soll keine Frau berühren (wenn er ihrer persönlichen Zuverlässigkeit nicht sicher trauen kann). Denn König Bhadrasena wurde von seinem eigenen Bruder, der sich im Gemach der Königin verborgen hielt, erschlagen. Aus seinem Versteck unter dem Bett der Mutter tötete der Sohn den König Kārūsha. Mit geröstetem Reis, dem sie Gift statt Honig beimischte, vergiftete den Kāshirāja seine eigene Königin. Mit Hilfe einer giftbestrichenen Fußspange tötete den Vairantya seine eigene Königin. Mit einer in Gift getauchten Gürtelgemme tötete den Sauvīra seine eigene Königin. Mit einem giftbemalten Spiegel tötete den Jālūtha seine eigene Königin. Und mit einer Waffe, die sie in ihrem Haarknoten versteckt hatte, erstach den Vidūratha seine eigene Königin. Deshalb sollte der König immer auf der Hut vor solchen lauernden Gefahren sein. Er sollte seine Gemahlinnen fernhalten von Asketen mit geschorenem Schädel oder geflochtenem Haar, fernhalten auch von Narren und Huren. Auch sollten keine hochgeborenen Frauen Gelegenheit haben, seine Gemahlinnen zu besuchen, es sei denn, daß er sie als Nebenfrauen aufgenommen hätte[2].»

«Jede Person im Harem soll an dem Platz leben, der ihr zugewiesen wurde; sie soll nie auf einen Platz überwechseln, der anderen zugewiesen war. Niemand im Harem soll je mit einem Außenstehenden Gemeinschaft pflegen. Alle Wareneingänge und -ausgänge im Harem sollen kontrolliert werden, und nur solche Gegenstände, die nach sorgfältiger Kontrolle mit einem Siegel *(mūdra)* versehen worden sind, sollen an ihren Bestimmungsort gelangen dürfen[3].»

«Der König soll von frischen Gerichten erst dann essen, wenn er etwas davon erst dem Feuer und dann den Vögeln dargebracht hat. Feuer, Vögel, Speisen und Diener werden durch ihre verschiedenen Reaktionen, Symptome und Verhaltensweisen das Vorhandensein von Gift verraten[4].»

[1] Ebenda 1.20.40. [2] Ebenda 1.20.41. [3] Ebenda 1.20.42.

[4] Ebenda 1.21.43. – Robert Graves erzählt in *I, Claudius* (einem auf Sueton und Tacitus beruhenden Roman über das Leben des Kaisers Claudius; deutsch *Ich Claudius, Kaiser und Gott)*, daß Augustus aus Angst, Livia könne ihn vergiften, nur selbstge-

«Alle Unternehmungen hängen von den Finanzen ab. Darum soll auf die Schatzkammer besondere Aufmerksamkeit verwendet werden ... Es gibt etwa vierzig Arten der Unterschlagung. (Diese werden einzeln beschrieben.) Wie es unmöglich ist, Honig und Gift nicht zu schmecken, wenn man sie auf der Zungenspitze hat, so ist es für einen Regierungsbeamten unmöglich, nicht wenigstens einen Happen von des Königs Einkünften zu verzehren. So wenig man von einem im Wasser schwimmenden Fisch wissen kann, ob er Wasser trinkt oder nicht, so wenig kann man es einem Regierungsbeamten bei seiner Tätigkeit nachweisen, wenn er Geld nimmt.

Es ist wohl möglich, die Bewegungen fliegender Vögel hoch in der Luft zu erkennen, aber es ist nicht möglich, die Bewegung von Regierungsbeamten festzustellen, die verborgenen Zwecken nachgehen[1].»

7. DER WELTENKÖNIG

Der nackte Pessimismus der indischen Staatsphilosophie, der kein Fortschrittsideal und keine Hoffnung auf eine bessere Zukunft kennt, stimmt mit der indischen Anschauung über die Zeit *(kāla)*, aber auch mit den frühchristlichen und mittelalterlichen Vorstellungen von der Verdorbenheit der ‚Welt' überein. Die indische Ethik *(dharma)* ist sich klar darüber, daß der Brauch der Fische in der menschlichen Gesellschaft möglichst nicht gelten dürfe; tatsächlich hat er auch innerhalb der einzelnen Gemeinschaften keine Geltung – das heißt innerhalb der Provinz eines Königs[2]. Der Idee nach steht die Regierungskunst, wie sie im *Arthashāstra* be-

pflückte Feigen aß. Aber Livia ließ darauf die Feigen am Baume des kaiserlichen Villengartens mit Gift bestreichen, und so fand der betagte Augustus den Tod. Claudius bekam von seiner Frau Agrippina der Jüngeren sein Lieblingsgericht, eine Schüssel Pilze, vorgesetzt. Der größte Pilz, der obenauf lag, war vergiftet. Die Kaiserin selbst legte den vergifteten Pilz liebevoll auf seinen Teller, während sie, um kein Mißtrauen aufkommen zu lassen, vom gleichen Gericht die kleinen nahm. Wir erinnern auch daran, daß die Mundschenke mittelalterlicher Herrscher für das Getränk einstehen mußten, das sie ihrem Herrn einschenkten, indem sie erst eine kleine Menge in den flachen Deckel des Pokales gossen und ihn vor den Augen des Herrschers auf dessen Wohl leerten.

[1] *Arthashāstra* 2.8.65, 66, 69.

[2] «Der König sollte sich zu seinen Untertanen immer so stellen wie eine Mutter zu ihrem leiblichen Kind. Wie die Mutter auf all das verzichten kann, was sie

handelt wird, für den Daṇḍa des Dharma[1]. Der König ist, soweit seine Herrschaft reicht, der oberste Polizeibeamte des Dharma, da er Halt und Stab *(daṇḍa)* der geoffenbarten Ritualordnung des bürgerlichen Lebens ist. Gegenseitiges Wohlwollen, Nachsicht und Zusammenhalten der Einzelnen, der Gruppen, Gewerbe und Kasten untereinander werden in jedem Staate gefordert, genau so wie in der Familiengemeinschaft. Nach indischer Auffassung besteht aber keine Hoffnung, daß dieses friedliche Muster eines gutgelenkten und harmonischen menschlichen Zusammenlebens sich je auf das breite Gebiet des Völkerlebens übertragen ließe. Zwischen diesen so überaus gegensätzlichen Superindividuen bleibt, da sie sich keinem Machtspruch einer höheren Gewalt zu beugen haben, das Urgesetz der Natur uneingeschränkt wirksam.

Und dennoch gibt es ein altes mythisches Ideal, einen idyllischen kompensatorischen Traum, geboren aus der Sehnsucht nach Dauer und Frieden. Dieser Traum malt ein universales, weltweites Reich von Ruhe und Beständigkeit, unter einem gerechten und tugendhaften Weltherrscher, dem *cakravartin*, ‚dem Besitzer des *cakravarta*'; er soll dem ewigen Kampf der hadernden Staaten ein Ende machen. *Cakra* heißt ‚Rad', ein Hauptwort, das etymologisch mit dem griechischen κύκλος, dem lateinischen *circus* und *circulus* und dem angelsächsischen *hwēol* verwandt ist. *Cakravarta* bezieht sich auf den Ring der mächtigen Gebirgskette, die draußen hinter dem umfangenden Weltmeer die Welt wie ein Reifen umschließt. Der Cakravartin führt sein Heer zum fernsten Horizont. Seine Kriegselefanten löschen ihren Durst und baden in den tiefen Meeren der vier Weltteile. Die Könige, die als Rivalen all die Reiche in den konzentrischen Kreisen seines Maṇḍala beherrschen, beugen sich anerkennend vor seiner unanfechtbaren Oberhoheit; die Diamanten ihrer juwelengeschmückten Tiaren und Diademe blitzen in den spiegelblanken Nägeln seiner Zehen, wenn sie auf den Stufen des erhöhten Thrones seiner Oberherrschaft Gehorsam erweisen. Denn kraft seiner sittlichen Überlegenheit ist der Vormarsch seines Heeres unaufhaltsam. Der Cakravartin ist der Große, der Übermensch *(mahāpurusha)* unter den Königen, und auf seinem Zuge geht ihm eine lichte Erscheinung am Firmament voraus; sie hat die Form eines Rades *(cakra)* und ist ein Ebenbild des neolithischen Sonnenradsymbols.

am meisten schätzt, und nur für ihr Kind das Beste sucht, so sollten auch Könige sich verhalten.» *(Mahābhārata* 12.56.44–45.)

[1] «Die Zuchtrute der Moral», vgl. S. 119.

An dem Tage, da es ihm zum erstenmal erscheint, indem es ihm während der morgendlichen Sammlung in Gebet und Meditation vors innere Auge tritt, an diesem Tage wird es ihm zum Zeichen, daß er den Feldzug zur Einigung des ganzen Erdkreises unternehmen müsse. Er erhebt sich und folgt dem Symbol, das sich nun vor ihm her bewegt während seines Zuges. So läßt er es auf seinem Wege ‚drehen und kreisen'. Darum wird er der *cakra-vartin* genannt; die Wurzel *vṛt* bedeutet ‚drehen, kreisen'. *Cakram vartayati:* ‚er setzt das heilige Rad (der weltbefriedenden Monarchie) in Bewegung'.

Diese Vorstellung vom *mahāpurusha cakravartin*, ‚dem raddrehenden Übermenschen' geht nicht nur bis auf die frühesten vedischen, sondern noch auf die vorvedische, nichtarische Überlieferung Indiens zurück und tritt uns sowohl in verschiedenen buddhistischen und jainistischen Schriften wie auch in den Hindu-Purāṇas entgegen[1]. Nach buddhistischer Auffassung ist der Weltbeherrscher das profane Gegenstück des Buddha, des ‚Erleuchteten', von dem gesagt wird, er habe ‚das Rad der heiligen Lehre in Bewegung gesetzt'. Gleich dem Cakravartin ist der Buddha der Herr der Welt und nicht nur einer national oder sonstwie begrenzten Gemeinschaft. Sein Rad, das buddhistische Dharma, ist nicht wie das Dharma der Brahmanen nur privilegierten Kasten vorbehalten, es ist für die ganze Welt bestimmt; eine Erlösungslehre, die allen Lebewesen ohne Ausnahme

[1] *Anmerkung des Herausgebers:* Wie bereits auf S. 65 in der Anmerkung erwähnt, vertreten nach Heinrich Zimmers Ansicht Jainismus, Sāṅkhya, Yoga und Buddhismus (es sind die heterodoxen Schulen, d. h. diejenigen, welche die Autorität der Veden ablehnen) einen nichtvedischen, nichtarischen Überlieferungsstrom, der (mit kleinen Abweichungen) aus der vorarisch-dravidischen Zeit stammt.

Die beste Beschreibung des Cakravartin findet sich im buddhistischen Pāli-Kanon Ceylons, in «The Longer Sermons and Dialogues» *(Dīgha-nikāya)*, ins Englische übersetzt von T. W. und C. A. F. Rhys Davids, *Dialogues of the Buddha*, Bd. II, III (Sacred Books of the Buddhists Bd. III, IV), London 1910 und 1921; siehe besonders Nr. 17, *Mahā-sudassana-sutta* und Nr. 26, *Cakkavatti-sīhanāda-sutta*. Das *Mahā-sudassana-sutta* handelt von Sudassana, einem sagenhaften Cakravartin, den der Buddha während dieser Dialoge wiederholt anführt (siehe auch zum Beispiel das *Mahā-parinibbāna-suttanta*, ‚Der große Text der Letzten Auslöschung', ebenda 16. 5. 15.) Das *Cakkavatti-sīhanāda-sutta* (‚Das Löwengebrüll des Weltkaisers') schildert die Laufbahn des legendären Cakravartin Dridha-nemi (Pāli: *Dalha-nemi*), ‚Er, dessen Radfelge *(nemi)* fest *(dridha, dalha)*', das heißt ‚unzerbrechlich' ist. Die Attribute eines Cakravartin werden beschrieben in *Dīgha-nikāya* III, *Ambattha-suttanta* 1. 5.

den Frieden bringen soll. Der Buddha und der Cakravartin stellen gewissermaßen dasselbe Weltprinzip dar, der eine auf der geistigen, der andere auf der weltlichen Ebene; und beide tragen als Zeichen ihrer Sendung schon bei der Geburt an ihrem Leibe gewisse glückverheißende Male: die zweiunddreißig großen Male *(mahāvyañjana)* und dazu noch die zahlreichen Nebenmale *(anuvyañjana)*. Nachdem diese von Wahrsagern und Astrologen gleich nach der Geburtsstunde geprüft worden sind, wird verkündet, welches Schicksal das Wunderkind erwartet[1].

Die sieben großen Symbole, die dem Cakravartin erscheinen, wenn der Augenblick gekommen ist, seine Mission zu erfüllen, sind die folgenden:

1. Das Heilige Rad *(cakra)*, das die Ganzheit der Welt bezeichnet. Der Cakravartin selbst ist die Nabe des Alls; auf ihn richten sich alle Dinge wie die Speichen eines Rades. Er ist der Polarstern, um den sich alles dreht in der Ordnung und Harmonie der himmlischen Lichtscharen.

2. Der Göttliche Weiße Elefant *(hastiratna*, ‚Elefanten-Schatz'). Gedankenschnell trägt dieses göttliche Tier den Herrscher auf seiner Weltinspektion durch das Firmament. Der weiße Elefant war das alte heilige Reittier der vorarischen Könige.

3. Das Milchweiße Pferd, das kühne Sonnenroß *(ashvaratna*, ‚Pferde-Schatz'). Das Pferd war das Reit- und Zugtier der arischen Eroberer. Das milchweiße Pferd leistet dem Cakravartin den gleichen Dienst wie der Göttliche Weiße Elefant.

4. Das Zauberjuwel *(cintāmaṇi*, ‚Gedankenjuwel'), das heißt der Wunschstein, der die Nacht in Tag verwandelt und jeden Wunsch erfüllt, sobald er ausgesprochen wird.

5. Die Vollkommene Königin-Gemahlin *(strīratna*, ‚Kleinod von einem Weibe'): die ideale Frau, von makelloser Schönheit und Tugend. Ihr Le schenkt kühlende Berührung in der Hitze und wärmende Berührung der Kälte.

6. Der Vollkommene Finanzminister *(gehapati*, *grihapati*, ‚Hausve walter'). Infolge seiner tüchtigen, untadeligen Verwaltung fehlt es ih nie an Mitteln, um reichlich und großzügig Geld zu verteilen; Wohltäti

[1] Diese Mahāpurushas, die schon bei der Geburt der letzten Erleuchtung na genug sind, um Buddhas zu werden, haben die Wahl, entweder Cakravartins od Buddhas zu werden, wobei die letztere Entscheidung das Ablehnen weltlich Macht und weltlicher Freuden zugunsten des steinigen Weges der Enthaltsamk und des völligen Verzichtes verlangt.

keit breitet sich über die ganze Welt aus, um die Leiden der Witwen, Waisen, Alten und Siechen zu lindern.

7. Der Vollkommene Heerführer *(pariṇāyaka*, ‚der Führer‘).

Diese sieben Symbole werden auf buddhistischen Altären mit einigen ergänzenden Emblemen gezeigt, um das geistige Herrschertum des Erleuchteten darzustellen. Oft erscheint auch ein Fischepaar, das diesmal nicht den *matsya-nyāya*, sondern die Lebensfülle bedeutet. Denn der Fisch steht für die Zeugungskraft des Meeres, die Fruchtbarkeit der Gewässer, aus denen Organismen ohne Zahl, sich fortpflanzend und selbstbefruchtend, hervorgehen. Der Fisch schafft Nahrung für alle; deshalb wird er als Sinnbild in gleicher Bedeutung verwandt wie das Füllhorn, das mit Lotosblüten gefüllte Gefäß und die Schale voll Gold und Edelsteine.

Eine buddhistische Darstellung des weltlichen Cakravartin mit den sieben Symbolen ist auf einer Steintafel erhalten, die einst zu einem Reliquienschrein *(stūpa)*[1] in Jaggayapeṭa, östlich von Hyderabad und nicht weit von dem berühmten Stūpa von Amarāvatī, gehörte. Das Gebäude selbst ist verschwunden; vielleicht wurden Teile davon später für den Bau von Amarāvatī verwendet. Das Relief entstand nicht später als 100 n. Chr., aber es darf mit ziemlicher Sicherheit sogar dem 2. oder 3. Jahrhundert v. Chr. zugeschrieben werden. Der Stil verrät keine Spuren des hellenistischen Einflusses von Gandhāra, noch irgendwelche baktrischen oder Kushāṇa-Züge. Das Werk ist zweifellos hinduistisch, vor der Mathurā-Zeit, und archaischer als die lebendige Darstellung des nahen Amarāvatī[2]. Es ist die früheste erhaltene Darstellung des einheimischen indischen Ideals und der Vision des Weltenkönigs (Abb. II).

[1] Der Reliquienschrein oder der Stūpa ist vielleicht der charakteristischste und eindrucksvollste Typ der buddhistischen Baukunst. Vgl. Heinrich Zimmer, *Mythen und Symbole in indischer Kunst und Kultur*, S. 222 ff.

[2] *Anmerkung des Herausgebers:* Die indo-arische Kunst ist (im Unterschied zu den vorarisch-dravidischen Überresten des Industales; vgl. S. 66, Anmerkung des ausgebers) kaum vor dem 3. Jahrhundert v. Chr. bezeugt, dann brach sie zlich mit einer Fülle gröberer und feinerer Formen hervor. Beachtlich er den Funden ist eine Reihe von griechischen Münzen mit den Bildnissen alexandrinischen Herrscher von Baktrien sowie die Werke einer nachalexrinischen Künstlerschule im Pandschab und in Afghanistan (Gandhāra), die dhistische Plastiken im hellenistischen Stil schufen. Abendländische Histori- gaben sich große Mühe, den Einfluß dieser kolonialen griechischen Kunst im zen Orient festzustellen; einige wagten sich sogar zu der Behauptung vor, die ge-

Im ‚Großen Text über die Letzte Auslöschung des Buddha'[1] werden dem Meister im Augenblick seines Scheidens von der Welt durch seinen Vetter und Lieblingsschüler Ānanda Fragen gestellt. Welche Zeremonien, will Ānanda wissen, sollen nach seinem Hinscheiden stattfinden? Der Erleuchtete antwortet, die Jünger sollten sich darüber keine Gedanken machen, denn es gäbe genügend Gläubige in den höchsten Gesell-

samte östliche Kunst habe unter dem Einfluß des griechischen Genius gestanden. Ananda K. Coomaraswamy hat jedoch gezeigt (*History of Indian and Indonesian Art*, New York, Leipzig, London 1927, S. 50ff.), daß die Kunst von Gandhāra nicht so früh angesetzt werden kann, wie ihre ersten Verfechter annahmen, da es unmöglich ist, eine einzige dieser Skulpturen früher als ins 1. Jahrhundert n. Chr. zu datieren, und daß, wenn auch ihr gefühlvoller Stil hellenistisch ist, ihre Ikonographie und ihre Themen doch indisch sind, denn sie nehmen Motive auf, die bereits in den Werken der Maurya-Epoche etwa drei oder vier Jahrhunderte früher vorkamen. Zudem läßt sich die kraftvolle buddhistische und jainistische Bildhauerei, die im selben Jahrhundert in Mathurā (dem heutigen Muttra am Jumna zwischen Delhi und Agra) entstand, von keiner uns bekannten Gruppe von Bildwerken in Gandhāra ableiten (ebenda, S. 57, zitiert nach J. Ph. Vogel, «The Mathurā School of Sculpture», *Archaeological Survey of India*, *Annual Reports*, 1909–10, S. 66).

Eines der merkwürdigsten Fakten über Gandhāra ist, daß seine hellenistische Kunst nicht zur Blüte kam, solange die Griechen dieses Gebiet beherrschten. Wie wir sehen werden (S. 450–451), wurden die Griechen um 75 v. Chr. von eindringenden Skythen oder Shakas vertrieben, und diese ihrerseits um 50 n. Chr. von einem mongolischen Nomadenstamm, den Yueh-chi oder Kushāṇas. Die frühestmögliche Datierung eines der bekannten Gandhāra-Werke fällt in die Shaka-Epoche, während der Kunststil seinen Höhepunkt unter der Protektion des Kushāṇa-Herrschers Kanishka (um 78–123 n. Chr.) erreichte. Unter diesem Herrscher blühte auch die kraftvolle einheimisch-indische Mathurā-Schule.

Gleichzeitig mit diesen Entwicklungen im Norden entfaltete sich ein edlerer, anmutigerer Kunststil im Dekhan, dem von der einheimischen Āndhra-Dynastie beherrschten Küstengebiet zwischen dem Godavari und dem Kistna. Der zerstörte Stūpa in Jaggayapeṭa (der zu dieser Richtung gehört) scheint im 1. Jahrhundert n. Chr. oder noch vorher erbaut worden zu sein, denn das viel weniger naive, erlesene Werk des nahen Amarāvatī – ‚die üppigste und köstlichste Blüte indischer Bildhauerei', wie Coomaraswamy es nennt (ebenda S. 71) – gehört zweifellos dem 2. Jahrhundert an. Das von Heinrich Zimmer gebrachte Beispiel des Cakravartin stammt also von einem der frühsten Monumente der einheimischen indischen Kunst.

[1] *Dīgha-nikāya* XVI, *Mahā-parinibbāna-suttanta* 5. 10–12; H. Kern, *Grundriß der Indo-Arischen Philologie*, Band III, Heft 8, Straßburg 1896, S. 43–44; auch Davids, *Dialogues of the Buddha*, Bd. III, S. 154–156.

schaftsschichten, um die sterblichen Überreste des Tathāgata[1] zu ehren. «Sie werden es nicht versäumen, die sterblichen Überreste des Tathāgata so zu ehren», spricht er, «wie man die sterblichen Überreste eines Cakravartin ehrt»; das heißt auf allerwürdigste Weise. Und dann schildert er Ānanda die Zeremonien, die nach dem Tode eines Cakravartin traditionsgemäß begangen werden. Der Buddha fügt hinzu, daß es vier Arten von Menschen gebe, die eines Stūpa würdig seien: 1. ein Tathāgata wie er selbst, der das Rad des Gesetzes gedreht und eine Weltlehre verkündet hat, 2. ein Pratyeka Buddha, das ist einer, der, nachdem ihm Erleuchtung zuteil wurde, nicht mehr zur Welt zurückgekehrt ist, um zu lehren, 3. der Schüler eines Tathāgata und 4. ein weltlicher Cakravartin. Diese Aufzählung gehört zwar nicht zu den frühesten Zeugnissen buddhistischer Überlieferung, ist aber offensichtlich ein Niederschlag der Tatsache, daß es Gedenk-Stūpas für Mahāpurushas dieser vier Arten gab.

Wie schon erwähnt wurde, reicht das Ideal des Weltbeherrschers bis auf Indiens vorarische Zeiten (drittes oder viertes Jahrtausend v. Chr.) zurück. Aber es wurden ihm Züge von einem zweiten äquivalenten Ideal hinzugefügt, die sich eher mit dem Pferd als mit dem einheimischen indischen Elefanten verbinden lassen, die also von den arischen Halbnomaden entwickelt worden sein müssen, ehe diese von Afghanistan über den Khyberpaß ins eigentliche Indien zogen. In dieser fernen Epoche hatten die Steppengebiete der verschiedenen Häuptlinge recht bewegliche Grenzen. Macht und Landbesitz drückte sich aus als Anspruch auf gewisse Weidegründe. Die umherziehenden Vieh- und Pferdeherden wurden von bewaffneten Reitern begleitet, arischen Hirten, die als Beschützer die Ansprüche ihrer Häuptlinge sowohl auf die Tiere wie auf die Weidegebiete verfochten. Wenn ein König jener alten Zeiten sich zum Oberherrn erklären wollte, so tat er es in der Weise, daß er ein Pferd von vollkommener Schönheit frei grasen ließ – ein Pferd, das geeignet sein würde, im feierlichsten Ritus des Roßopfers *(ashvamedha)* dargebracht zu werden. Dieses Tier durfte umherschweifen, wo es wollte; es wurde von einer auserwählten Schar junger Krieger begleitet, die bereit und fähig waren, jeden zu besiegen, der den Versuch machen sollte, das Pferd von seinem Weidegrund zu vertreiben oder es einzufangen. Wenn dieses stattliche Tier, den

[1] ‚Der zur Wahrheit *(tathā)* gelangt ist *(āgata)*.' *Tathā*, ‚So-heit', der unbeschreibliche Seinszustand, der sich nur durch *tathā* wiedergeben läßt, welches einfach ‚so, solcherweise' oder ‚ja' bedeutet. Der Tathāgata ist der Buddha.

Lauf der rossegleichen Sonne nachahmend, ein volles Jahr über die Erde gewandert war und seinen kühnen Eroberungszug nach Lust und Belieben ausgedehnt hatte, wurde es wieder heimgeführt, um mit sorgfältig vorbereiteten feierlichen Riten geopfert zu werden. Dies königliche Opfer hob den König, dem das Tier gehörte, auf den höchsten Platz über alle seine Nachbarn; hatte er doch gezeigt, daß er seine Herden weiden lassen konnte, wo sie wollten; sein Weidegrund war die Welt; keiner würde es zu bestreiten wagen. Sein Landbesitz, die Tapferkeit seiner Reiter und sein darauf gegründeter Herrschaftsanspruch waren erwiesen und wurden deshalb anerkannt.

Den Ashvamedha-Ritus beschreiben die Schriften der vedischen Priesterkunde (die Brahmaṇas und Shrauta-sūtras)[1] sehr genau. Er wurde von den Hindu-Herrschern noch in verhältnismäßig späten Zeiten feierlich vollzogen; so zum Beispiel von den Herrschern der Gupta-Dynastie, die von 320 bis 480 n. Chr. über ganz Nordindien herrschten[2]. Samudragupta, der zweite dieser Linie, ließ eine von seinem Hofdichter Harisheṇa verfaßte Lobrede in Stein meißeln. Sie verkündete, daß er seine Herrschaft über ein Reich ausgedehnt habe, das sich mit dem der Mauryas unter König Ashoka im 3. Jahrhundert v. Chr. messen könne. Die Lobrede wurde in eine Säule graviert, die bereits Erlasse von König Ashoka trug, wobei bemerkenswert ist, daß Samudragupta orthodoxer Hindu, König Ashoka dagegen Buddhist war. Der Hindu-Weltmonarch *(cakravartin)*, der der Menschheit den Frieden bringt, indem er alle Königreiche im Umkreis unter seiner Alleinherrschaft vereinigt – der ‚Großkönig' *(mahārāja)*, ‚der König über Könige' *(rādjādhirāja;* vergleiche das persische: *shāhānām shāh*, ‚der Schah aller Schahs') – sollte im Range den welterlösenden Buddhas, die durch ihre Lehren das Rad in Bewegung setzen, gleich gelten. Samudragupta beurkundete und feierte seinen Rang durch die höchste Ashvamedha-Zeremonie, den uralten Ritus der vedischen Hindu-Überlieferung; und diese Tat ist es im besonderen, die er in der steinernen Inschrift festhalten ließ.

Das Sonnenrad als Symbol des Cakravartin weist darauf hin, daß dieser Weltenkönig und -hirt wohl das Sonnengestirn ist, Lebensspender und

[1] *Shrauta:* ‚auf Shruti bezüglich', das heißt auf die Veden. Zu Shruti vgl. oben S. 67, Anmerkung des Herausgebers; zu Sūtra, vgl. oben S. 47, Anmerkung 4.

[2] Vgl. oben S. 72, Anmerkung des Herausgebers, und Dunbar, *op. cit.* Kapitel 3, S. 68–73.

Weltauge, Herr und Erhalter der Welt. Dieselbe Sonnenscheibe trägt der Hindu-Gott Vishṇu: es ist die Scheibe in seiner Hand, Sudarshana genannt, ‚schön anzusehen, glückverheißend zu betrachten'; sie spendet Licht und Leben. Das Sonnenrad als Vishṇus Waffe, als Symbol des Cakravartin und als das *Gesetz*, das von dem Buddha in Bewegung gesetzt wird, geht wiederum auf eine uralte, weitverbreitete Sonnensymbolik zurück. Ludwig XIV. von Frankreich nahm dies Zeichen auf, als er sich den Titel Sonnenkönig, *Le Roi Soleil*, zulegte. Die Sonne, das Licht und Leben der Welt, scheint ohne Unterschied für alle gleich; so ist auch das Licht des echten Cakravartin für alle. Seine Wirkungsmacht gleicht der erhabensten Naturerscheinung: sie ist die Erleuchtung des Menschen als König in vollkommener Ausgewogenheit von Vernunft, Gerechtigkeit, Gnade und Verständnis.

Aber welch ein Hohn auf dieses Ideal waren die Dynastien, die sich der Sonnenhaftigkeit rühmten! Ihre Siegeszüge waren alle mit Blut getränkt. Wohl mochte nur schon die Ausdehnung der reichen Gebiete, die sich die nordindischen Guptas im vierten Jahrhundert n. Chr. erobert hatten, diese Könige zu dem majestätischen Titel, den sie sich selbst voll Stolz zulegten, berechtigen; aber ihre Dynastien stützten sich auf die verschlagene und gewalttätige Kunst der *nīti*. Da sie selbst nichts anderes waren als eine Manifestation der uralten *matsya-nyāya*-Lehre, konnten sie das gewöhnliche Meerwasser auch nicht in Gold verwandeln. Auch von jenem *Roi Soleil* «von eigenen Gnaden», dessen neu-persische Auffassung des absoluten Monarchen die soziale Atmosphäre in Frankreich für den Sturz seiner eitlen Dynastie reif machte, läßt sich nicht Besseres sagen. Als Ludwig auf dem Gipfel seiner Macht stand, legte Cromwell in England das Fundament für die angelsächsische, protestantische Demokratie jenseits des Kanals. Auch das geschah in einem Meer von Blut. Das erste Königshaupt war schon gefallen. Mit der Französischen Revolution entlud sich die Empörung des neuen Zeitalters auf der ganzen Welt im Sturz vieler Könige und Herrscher. Wo aber findet sich bis zum heutigen Tage das Glück dauernden Friedens?

Vor kurzem noch ist im Westen (während der letzten zwei Jahrzehnte der abendländischen Weltherrschaft, zwischen 1918 und 1938) ein großzügiger Versuch unternommen worden, um den Jahrtausende alten Traum wahr zu machen. Selbstverwaltung, Zusammenarbeit, gegenseitiges Wohlwollen sollten das Urgesetz außer Kraft setzen. Es wurden Schritte unternommen, um den Gesetzen der Menschlichkeit auch im Bereich internationalen Wettbewerbs Geltung zu verschaffen und auch dort die sittliche Ordnung der Familie einzuführen, eine Ordnung, die durch die ganze Geschichte hindurch für individuelle Gemeinschaften gegolten hat. Völkerbund und Kellogg-Briand-Pakt ließen es, mit ihrem Verzicht auf den Krieg, einen Augenblick fast so scheinen, als sei der Tag des Cakravartin nicht mehr fern. Aber der mutige Versuch scheiterte, und der Brauch der Fische herrscht wieder unverhüllt. Was aber schlimmer ist: in den totalitären Teilen der Welt hat dieser Brauch nun auch innerhalb der Gemeinschaften höchste Gültigkeit und zersetzt das Dharma (bürgerliche Freiheiten, Religionsfreiheit, Menschenrechte) bis zu einem Grade, wie es die Geschichte Hindu-Indiens nie gekannt hat.

Als die Philosophie des Arthashâstra zuerst dem kleinen Kreis abendländischer Philologen bekannt wurde, die diese Dokumente veröffentlichten und kommentierten, hatte unsere Kultur noch einige Jahre Gnadenfrist bis zum Ausbruch des Ersten Weltkrieges. Die ältere Gelehrtengeneration vertrat im Sinne dieser vergleichsweise harmlosen Zeit die christliche Meinung, es handle sich hier nur um ein sehr interessantes Dokument des Hindu-Geistes, einer spitzfindig-merkwürdigen Denkungsart, charakteristisch für eine endgültig überwundene Stufe der menschlichen Geschichte, für eine fernliegende archaische Kultur, die nie den Segen europäischer Grundsätze und Ideale gekannt habe. Diesen braven Leuten erschienen die Theorien der Hindus wie von einer heidnischen Bosheit durchtränkt, die rein hinduistisch und mit nichts Ähnlichem in der christlich-abendländischen Welt vergleichbar sei. Nicht einmal Machiavelli ließ sich damit vergleichen; denn er war doch schließlich ein Abendländer von christlicher Gesinnung.

Machiavellis *Il Principe* mit seinen zynischen politischen Ratschlägen und Anschauungen wurde in der blutigen Übergangsperiode vom Mittelalter zur Neuzeit geschrieben. Machiavelli hatte seine weltliche Weisheit aus persönlichen Erfahrungen und Beobachtungen als Sekretär für Außenpolitik in einer Stadtrepublik geschöpft, die in die schrecklichen Wirren des italienischen Cinquecento verstrickt war; und er nahm hinzu, was er bei Livius und den antiken Klassikern gelernt hatte. Er wollte Wegbereiter sein für jenen politischen Helden und Retter, dessen baldiges Erscheinen auf dem turbulenten Schauplatz Italien er sehnlich erhoffte und erflehte – jenes Retters, der Ordnung schaffen, die rohen Eindringlinge aus Frankreich und Deutschland von seinem Heimatboden vertreiben, ihren Plünderungen und tyrannischen Zerstörungen ein Ende machen sollte, ein

Ende auch den Vernichtungskriegen der emporgekommenen Abenteurer und Condottieri, durch die das Land zerrissen und alle Hoffnung auf Einigung, wie sie das Frankreich Ludwigs XI. erreicht hatte, zerstört wurde.

Machiavellis Schrift war also inspiriert von glühendem Patriotismus, wie er in den Lehren der Hindus allerdings nicht zu finden ist; ihnen fehlt dieses moderne Denken und Fühlen durchaus. Und so fanden die Gelehrten beim Vergleichen der beiden Werke, daß in Machiavellis scheinbar so zynischer Lehre, trotz ihrer eisigen Kälte und Immoralität, doch ein heiliges Feuer glomm, das den Heiden abging – nämlich die Liebe des Verfassers für ein neuzeitliches christliches Volk. Aber gerade diese Liebe ist die Macht, die in der modernen Welt den Brauch der Fische in voller Wirksamkeit erhält.

Der Verfasser des «Principe» war der erste Abendländer, der streng wissenschaftlich über Politik und Regierungskunst schrieb; sein Werk ist ein unübertroffenes, klassisches Fachbuch, frei von Binsenwahrheiten und Vorurteilen, klar, exakt, unsentimental und kühn. Die Hindu-Theorien dagegen, denen das heilige Feuer fehlt und die aus dem noch ungetauften Zeitalter Alexanders des Großen, zum Teil sogar aus noch früheren Jahrhunderten stammen, weisen nach dem Urteil ihrer Kritiker keine Spur von moralischen Werten oder anständiger menschlicher Gesinnung auf. In der Zeit vor dem Ersten Weltkrieg schienen sie den Gelehrten zwar der Niederschlag einer hohen Welterfahrung, aber auch der menschlichen Primitivität in einer heidnischen Kultur zu sein – ein Zustand, der ein für allemal durch das Aufkommen der christlichen Gesellschaft, durch die humanitären Errungenschaften moderner Aufklärung und die Hinwendung zu all dem, was man «Fortschritt» nennt, überholt ist. Pessimisten wie Schopenhauer, Nietzsche und Jacob Burckhardt hatten freilich schon die ruhige Behaglichkeit jener selbstzufriedenen Zeit in Frage gestellt und leicht erschüttert, ohne allerdings den allgemeinen Glauben an die ständige Verbesserung und Vervollkommnung der Menschheit ins Wanken zu bringen. Die meisten Gelehrten konnten nur mit Mitleid und Ekel Dokumente wie Kauṭilyas *Arthashāstra* betrachten, der ihren Glauben voll bestätigte, daß in den gottfernen Ländern der Heiden das christliche Licht notwendig aufgehen müsse.

Uns Heutigen jedoch, die wir das mehr als zweitausend Jahre alte Dokument lesen, zwingt die Geschichte, der trauervollen und geistreichen Bemerkung Hamlets beizustimmen, dem die «Zeit aus den Fugen gegangen» schien: «Dies war ehedem paradox, aber nun bestätigt es die Zeit.» Was heute in einem großen Teil der Welt vorgeht, muß im Lichte dieses Buches als völlige Asiatisierung der internationalen und nationalen Politik erscheinen. Und es stellt sich heraus, daß die Gesetze wieder die gleichen sind wie in Urzeiten. Man fühlt sich zu einem neuen und tiefen Respekt vor dem Geiste gedrängt, der in dieser frühen Epoche die Grundkräfte und -umstände, die für alle menschliche Politik verbindlich bleiben, erkannt und erhellt hat. Die gleiche indische Denkweise, der die Erfindung des Schachspiels gelang, erfaßte mit tiefer Einsicht die Regeln dieses größeren Spieles um die Macht. Und dies sind Regeln, die keiner mißachten darf, der ernsthaft zu politischem Handeln entschlossen ist – mag ihn der nackte Eigennutz treiben oder der Wunsch, die Welt in die Hände zu nehmen und zu prüfen, ob nicht er vielleicht der Cakravartin werden kann, jener Gesegnete, der die Leiden enden soll, die immer und überall in unserer trüben Geschichte ein Zeichen für die Herrschaft der Haie waren.

II

DIE PHILOSOPHIE DES GENUSSES

Kāma-deva, der Hindu-Liebesgott, ist kein Söhnchen von Mutter Venus, kein *putto*, kein pausbäckiges rosiges Bübchen, sondern ein strahlender, gewandter Jüngling. Seine glanzvolle Gefährtin ist Ratī, ‚Lust und Sinnenfreude'. Und wie der göttliche Eros des Hesiod, der von Phaidros in Platons Dialog gefeierte, war auch Kāma der Erstgeborene der Götter.

> ... zuerst entstand das Chaos und die Erde,
> Breitgebrüstet, ein Sitz von ewiger Dauer für alle ...
> Eros zugleich.[1]

Der Feldherr dieses gefährlichen Jünglings ist Vasanta, ‚der Frühling'. Mit dem Südwind voll Duft bringt Vasanta das Land zum Blühen und macht alle Geschöpfe empfänglich für den süßen, durchdringenden, unwiderstehlichen Angriff des Liebesgottes.

Kāma trägt einen blumenumwundenen Bogen und fünf Pfeile, deren Spitzen duftende Blüten sind. Pfeil und Bogen, das darf man nicht vergessen, waren einst sehr ernst zu nehmen. Von jeher die klassische Waffe der indischen Kriegführung: in den fernen Zeiten der vedischen Epoche, im episch-ritterlichen Zeitalter und auch noch in der darauffolgenden Epoche der rivalisierenden Tyrannenkönige, wurden sie erst während der mohammedanischen Einfälle durch die chinesisch-westliche Erfindung des Schießpulvers, der Kanonen, Gewehre und Kugeln verdrängt. Kāma wird *Pushpa-bāṇa* genannt, ‚er, dessen Pfeile Blüten sind', und *Pañca-sāyaka*, ‚der mit fünf Pfeilen Bewaffnete'. Er trägt auch eine Schlinge oder ein Lasso *(pāsha)*, mit dem er sein Opfer von weitem fangen und fesseln kann, dazu einen Haken, um es zu sich heranzuziehen. Diese vier Werkzeuge des unbesiegbaren Gottes – Pfeil, Bogen, Schlinge und Haken – werden in den magischen Ritualen und Diagrammen der mittelalterlichen Tāntra-Schulen[2] den vier großen bannenden Befehlsworten zugeordnet, die Liebe und Hingabe hervorrufen. Diese Worte lauten: «Öffne!» *(jambha)*, symboli-

[1] Hesiod, *Theogonie* 116 ff., übersetzt v. Th. von Scheffer; Platon, *Das Gastmahl*.
[2] Vgl. oben S. 67, Anmerkung des Herausgebers, und unten S. 498 ff.

siert durch die Pfeile; «Verwirre, mach wahnsinnig!» *(moha)*, durch den Bogen; «Lähme, betäube, mach starr und unbeweglich!» *(stambha)*, durch die Schlinge; und «Demütige, zähme, unterwirf!» *(vasha)*, durch den Haken.

Es wird erzählt, daß Kāma sich einst den Shiva (den Meisteryogī und archetypischen Asketen und Einzelgänger des Hindu-Pantheons) zum Ziel nahm, nachdem der Götterkönig Indra ihm so zu tun geboten hatte; Shiva sollte dadurch in seiner Meditation unterbrochen und mit Liebe zu der Göttin Pārvatī, der göttlichen Tochter des Bergkönigs Himālaya, erfüllt werden. Pārvatī war eine Inkarnation der höchsten Weltgöttin, Kālī-Durgā-Satī, die Shivas ewiges weibliches Gegenstück und seine projizierte Energie ist. Der Gott sollte sie zum Wohle der Welt wieder gewahren und erkennen[1]. Aber als der erste Blütenpfeil sein Ziel traf und Shiva aus der zeitlosen Betrachtung seiner innersten höchsten Strahlkraft gerissen wurde, brach ein Zornesblitz aus seinem dritten, dem Stirnauge zwischen den Brauen, hervor, und Kāmas Leib, der Inbegriff unwiderstehlichen Liebreizes, zerfiel zu Asche. Ratī, seine verzweifelte Gemahlin, überredete Shiva, ihren Gatten aus dem Nichtsein zurückzuholen, aber es kehrte wohl der Geist wieder, der schöne Leib jedoch konnte nicht neu geschaffen werden. Darum wird Kāma ‚der Körperlose', Anaṅga, genannt. Er schwebt über und zwischen den Liebenden ungreifbar, unsichtbar und treibt sie einander in die Arme.

Kāma-loka, ‚das Reich *(loka)* der Begierden und ihrer Erfüllung *(kāma)*', ist des Liebesgottes schönes Paradies der Freuden, in dem Menschen und Tiere vom Zauber der Sinnesobjekte gebannt sind. In solcher Verzauberung bleiben die selbstvergessenen Wesen an das Weltrad des Zeitenumschwungs gebunden und sind dazu verdammt, je nach Art ihrer Gedanken und Gelüste auf Erden, in den Himmeln oder in den Fegefeuern der Pein wiedergeboren zu werden. Denn die Frucht allen Verlangens ist Schicksal, und so wandert das getriebene Individuum, durch die zarten, aber zähen und dauerhaften Fäden seines eigenen Verlangens an den kausalen Kreislauf geknüpft, von Existenz zu Existenz – in irdischen, himmlischen oder höllischen Räumen – einmal als Mensch, dann als Tier, dann als Gott, und ist außerstande, auszubrechen und zum jenseitigen Frieden hinüberzugelangen.

[1] Vgl. Heinrich Zimmer, *The King and the Corpse*, The Bollingen Series XI, New York 1948, Teil II. (Deutsch: *Der König und der Leichnam*, Zürich 1961).

Kāma-loka umschließt in seinen niederen Schichten die Höllen und Fegefeuer der Pein, ebenso wie das gespenstige Reich der Geister *(pretas)*, das Reich der Riesenungeheuer, welche Tiere und Menschen verschlingen *(rākshasas)*, das Reich der Widergötter oder Titanen *(asuras)*, das der Gnomen *(kumbhāndās)*, das Reich der schlangenartigen Wassergötter *(nāgas)* und das Gebiet der Hausgötter *(yakshas:* Fruchtbarkeitsgötter aus der archaisch-vorarischen Kultur, die jetzt den Gottheiten Kubera und Shiva als Diener zugeordnet sind). Das Mittelreich der Menschen und Tiere liegt auf der irdischen Ebene, darüber aber sind, auch noch von Kāma, der höchsten Personifikation der Lockungen der vergänglichen Welt, regiert, das Reich der geflügelten vogelartigen Luftgötter *(garuḍas)* und das Paradies der himmlischen Musikanten *(gandharvas)*. Dieses sind Menschen, die für die Sinnesfreuden der unteren Himmel wiedergeboren wurden, wo sie sich der Gesellschaft und Liebe himmlischer Mädchen *(apsarases)* erfreuen. Die Sphären der Götter liegen nach dieser Vorstellung, in immer geringerer Dichte übereinandergeschichtet, auf den terrassenförmigen Abhängen des Berges Sumeru, des zentralen Weltberges, der wie ein natürlicher, gigantischer, kosmischer Turmbau zu Babel seinen Gipfel in die höchsten Sphären himmlischer Seligkeit erhebt und sie überragt. Was noch darüber liegt, ist Brahmā-loka, das Reich gestaltlosen Seins und rein geistiger Seligkeit. Aber Kāmas Macht erstreckt sich sogar bis dorthin. Ist doch das All die Schöpfung des göttlichen Willens *(icchā)* oder Begehrens *(kāma)* – der Wunsch des Einen, viele zu sein. Alle Seinssphären sind durch den ersten Schöpfungsimpuls erzeugt und in Gang gehalten. Im Bereich des Fleischlichen wirkt er durch das Mysterium des Geschlechtes, im höchsten Bereich ist er der Wille des Schöpfers. Darum ist Kāma ‚der erste der Götter', aber auch der jüngste; wird er doch täglich in der Begegnung und Paarung der Geschöpfe durch alle Zeiten hindurch neugeboren. Kāma ist die Kraft, ist der Vorgang, durch den der Eine sich selbst erzeugt als Mensch, Tier oder Pflanze und so die Weltschöpfung unablässig fortsetzt. Kāma ist die Vermählung von Ewigkeit und Zeit; durch sie wird *jener* Überfluß zu *diesem* Überfluß, wird das Nichtmanifestierte zum Manifestierten in allen Wesen des Kosmos, von Brahmā bis hinab zum Grashalm.

In der buddhistischen Ikonographie werden (anders als in der hinduistischen) drei Schöpfungsbereiche *(lokas)* oder Rangordnungen geschildert, in welche die Wesen niedersteigen können, um wiedergeboren zu werden *(avacaras)*. Der erste, unterste Bereich ist Kāma-loka, «die Welt der Begierden»; der nächste ist Rūpa-loka, ‚die Welt der reinen Formen (jenseits der Begierde)'; der höchste aber ist A-rūpa-loka, ‚die Welt ohne Formen, das gestaltlose Reich'. Diese Vorstellungen beruhen auf allgemeinen Yoga-Erfahrungen und spiegeln sie wider. Je tiefer die introvertierte Versenkung ist und je weiter die Sphäre extravertierter Erfahrungen zurückweicht, desto höhere, geheimere, feinere Erfahrungssphären werden erreicht. Und diese findet man wiederum in viele Schichten aufgeteilt, deren jede von subtilen himmlischen Wesen zugehörigen Ranges bewohnt wird.

Als Gautama Shākyamuni unter dem Bo-Baum saß und im Begriff war, von allen Formen, allen Daseinsbereichen hinweg in die zeitlose Unendlichkeit der Leere durchzubrechen, trat Kāma – so berichtet eine frühe buddhistische Legende – in Gestalt eines lauteschlagenden Jünglings vor ihn und versuchte ihn von seinem welttranszendierenden Unterfangen abzulenken. Einer der Namen, die diese buddhistischen Texte dem Kāma geben, ist der eines alten vedischen Dämons, Namuci, und dieses Wort wird gewöhnlich gedeutet als: ‚er, der nicht *(na)* freiläßt *(muc)*'. Da er jedem Geschöpf von den Lebensfreuden zuteilt, hält Kāma als Namuci alle in Bann, so daß die geschaffenen Wesen wieder und wieder dem Tode verfallen. Deshalb heißt er auch ‚der Böse' *(pāpīyān)* oder einfach ‚der Tod' *(māra)*[1]. Kāma und Māra, die Lebensfreude und der Zugriff des Todes, sind Köder und Angelhaken, die Genüsse des reichbeladenen Tisches und der zu zahlende Preis, das Mahl und die Rechnung, die hier mit Sterblichkeit, Leid und Tränen bezahlt wird; *la douloureuse*, ‚die schmerzensreiche Stunde der Abrechnung' beendet das Gelage. Darum hat der höchste Verführer, der älteste der Götter, der Erhalter der Welt für alle Wesen den Doppelaspekt, der allen Göttern und allen Lebenskräften eignet. Sie sind gleichzeitig attraktiv und destruktiv, gnädig und gnadenlos, begehrenswert und abschreckend. In der Bildersprache der buddhistischen und hinduistischen Ikonographie sind alle übermenschlichen Wesenheiten in diesem Sinne doppelwertig und doppeldeutig. Das Leben in der Welt wird als qualvolles Paradoxon geschildert – je lebensvoller, desto schwerer zu ertragen: ein Meer von Leiden, trügerischen Freuden, täuschenden Versprechungen und entmutigenden Erkenntnissen: wahrlich das Meer des

[1] *Māra*, wörtlich ‚er der tötet' oder ‚sterben *(mar)* läßt'; vgl. lateinisch *mors, mor-tis*.

fruchtbaren, sich selbst erhaltenden, sich selbst verschlingenden Wahnsinns der Fische.

Der Buddha, so berichtet uns die Legende, brach die Macht des Todes- und Liebesgottes (dessen Banner als Emblem den Fisch trug) und überschritt die Schwelle ins Jenseits. Die Täuschung der Zweiheit löste sich von ihm, und sein befreites Bewußtsein vereinigte sich mit der Wirklichkeit der Leere. Allen Menschen ist dieses transzendente Ziel bestimmt. Und wie wir sehen werden, bemüht sich die indische Philosophie fast ausschließlich um den Weg einer solchen Befreiung *(moksha)* von der weltverhaftenden, bindenden Macht des göttlichen Wesens, ‚das nicht freiläßt', des kosmischen Magiers Namuci[1]. Und in der gesamten literarischen Überlieferung über dieses Thema wird als erster Schritt zu diesem Ziel aller Ziele die Ablehnung der Köder Kāmas, seiner verführerischen Tafel, des weltlichen Überflusses angegeben. Dies hindert jedoch die große Menge weder in Indien noch sonst irgendwo daran, auf diesem ausgedehnten ‚Weidegrund' ausschließlich der bittersüßen Täuschung nachzujagen.

Die Handbücher der Hindus über die Liebeskunst, für diejenigen verfaßt, die sich immer noch der Fortführung der Schöpfung widmen, übergehen geflissentlich die entmutigenden Einsichten und verheerenden Askesevorschriften derer, die zur Freiheit durchgebrochen sind; spitzfindige Betrachtungen über die Vergänglichkeit des Genusses kommen nur so weit zu Wort, als sie der Liebe und dem Leben einen gewissen köstlichen Schauder hinzufügen. Es ist die gleiche Einstellung wie bei den Handbüchern über die Kunst der Politik, wo die Tugendprinzipien nur da Beachtung finden, wo sie als moralische Tarnung dem Zweck des Machthabers dienen können. Lehre und Technik des Kāma gehen im Grunde bis auf das primitive Altertum zurück. Sie gehören zu jener Wissenschaft und Kunst der Liebesmagie (mit ihrer Anwendung von Zauber, Beschwörungen und Liebestränken), die in allen primitiven Überlieferungen einen so großen Raum einnimmt. In diesem Sinne sind sie zweifellos vorbuddhistisch, vorvedantisch[2], und für die Entwicklung des Mönchsideals und seiner asketischen Methoden sind sie kaum verantwortlich.

Kāma, das Sanskritsubstantiv, bezeichnet den ganzen Umfang möglicher

[1] *Na-muci* und *moksha* stammen beide aus der Wurzel *muc:* ‚loslassen, befreien'; ersteres mit der verneinenden Vorsilbe *na-*.

[2] Vgl. S. 23 und S. 29 f., Anmerkungen des Herausgebers.

Erfahrung im Bereich von Liebe, Geschlecht, Sinnenbefriedigung und -genuß. *Kāma* ist ‚Wunsch, Begierde, fleischliche Befriedigung, Lust, Liebe und Zuneigung'. Indiens früheste Dokumente zu diesem Thema erscheinen in den ältesten Niederschriften vedischer volkstümlicher Priester- und Zauberkunde; zum Beispiel kommen im Text des *Atharvaveda* zahlreiche und ausführliche Liebeszauber vor. Mit Liebesleben ist hier vor allem Familien- und Eheleben gemeint, und ursprünglich lag das Hauptziel der Lehre einfach darin, das Liebesleben so zu gestalten, daß daraus eine glückliche Familie erwuchs: ein glücklicher Ehemann, eine glückliche Frau und Mutter und viele gesunde, hoffnungsvolle Kinder, vor allem Söhne. Denn Söhne sind unentbehrlich: sie setzen die Erblinie fort und sichern den ununterbrochenen Weiterbestand des Familienkultes mit den Ahnenopfern, durch welche die Seelen der verstorbenen ‚Väter' im ‚Reich der Väter' *(pitri-loka)* ernährt werden. Töchter dagegen sind eine kostspielige und heikle Bürde. Man muß ihnen eine der Kaste und der gesellschaftlichen Stellung angemessene Heirat verschaffen und ausrichten; und dann weiß man nie, was man von dem so mühevoll erworbenen Schwiegersohn zu gewärtigen hat. Mit Söhnen kann das Haus nur gedeihen, während man mit Töchtern meistens nur Scherereien und Ausgaben hat. Die Rezepte, die wir aus der ältesten Kāma-Überlieferung besitzen, enthalten Anweisungen und Rituale zur Zeugung männlicher Kinder, zur Erhaltung der eigenen Jugend und Gesundheit, zur Erlangung und Erhaltung von Schönheit und zur Gestaltung des ehelichen Liebeslebens.

Ein kurzer Überblick über die Liste der Zauberprozeduren, die im *Atharva-Veda* der Kunst des Kāma gewidmet sind, wird genügen, Umfang und Art dieser Probleme anzudeuten, wie sie in jener Zeit verstanden und behandelt wurden. Dieser alte vedische Stoff ist nie richtig erforscht, nie in Vergleich gesetzt worden mit den viel späteren Formulierungen, wie sie uns etwa im *Kāmasūtra* des Vātsyāyana erhalten sind; dabei würde ein solcher Vergleich den ursprünglich heiligen und autoritativen Charakter der Lehre enthüllen, die in späteren Werken in recht verweltlichter Form auftritt – als eine Art *ars amandi* für Kurtisanen und Lebemänner. Etwa der dreizehnte Teil des ganzen ehrwürdigen *Atharva-Veda* (nämlich 41 der 536 Hymnen, Gebete, Beschwörungen und Zauberlieder – zwar kein überwältigender, aber gewiß ein ansehnlicher und gesunder Teil der ganzen Sammlung) ist der Magie dieses fundamentalen und überaus wichtigen menschlichen Gebietes gewidmet. Die folgende Aufzählung wird einen

Eindruck vom Spielraum dieser frühen Hymnen und Zauberlieder geben[1]:

Für erfolgreiche Niederkunft (11)
Verwünschung einer Frau zum Ledigbleiben (14)
Ein Liebeszauber, mit einem süßen Kraut (34)
Um sich die Liebe einer Frau zu sichern (72)
Um für eine Frau einen Gatten zu bekommen (81)
Gegen eine Rivalin, mit einer Pflanze (117)
Um Fruchtbarkeit (127)
Um die Liebe einer Frau zu lenken (130)
Zur Wiedererlangung der Manneskraft, mit einer Pflanze (149)
(Die Beschwörung eines Liebhabers, der nachts ins Haus zu seinem Mädchen kommt:) Um die Hausbewohner einzuschläfern (151)
Um erfolgreiche Empfängnis (265)
Zwei Zauber, um die Liebe einer Frau zu gewinnen (287)
Um Geburt von Söhnen (288)
Gegen Frühgeburten (293)
Gegen Eifersucht (293)
Um einen Gemahl zu finden (325)
Für Eheglück (339)
Für erfolgreiche Schwangerschaft, mit einem Amulett (341)
Um eine Gattin zu finden (342)
Um Zuneigung zu gewinnen (347)
Um Manneskraft (354)
Um eine Frau zu gewinnen (355)
Zwei Zauber, um die Liebe eines Mannes zu gewinnen (379)
Um eines Mannes Liebe zu erzwingen (380)
Für Nachkommenschaft (401)
Gegen eine Nebenbuhlerin (411)
Mann und Frau zueinander (411)
Die Gattin zum Gatten (412)
Um die Liebe eines Mannes zu gewinnen und zu erhalten, mit einer Pflanze (412)
Um Eifersucht zu heilen (416)

[1] Die Titel sind nach der englischen Übersetzung des *Atharva-Veda* von William Dwight Whitney und Charles Rockwell Lanman zitiert, Harvard Oriental Series. Bd. VII und VIII, Cambridge, Mass. 1905. Die eingeklammerten Zahlen beziehen

Um eines Mannes Potenz zu vernichten (454)
Gegen eine Nebenbuhlerin, mit einer Pflanze (467)
Um eine schwangere Frau gegen Dämonen zu schützen (493)
An Kāma (521)
Zauberlieder bei Hochzeitszeremonien (740–753)
Über und an die Begierde (Kāma) (985)

Die Sorgen und Nöte des Ehelebens waren in vedischen Zeiten offenbar ziemlich die gleichen wie in unserer heutigen Welt. Und die Heilmittel, die in den Kāma-Abschnitten des *Atharva-Veda* geboten werden, sind die klassischen aller Zeiten: ärztliche Behandlung mit Kräutern, Pflanzen und Tränken; Suggestion und Persuasion, unterstützt durch magische Gegenstände (Amulette); Eugenik; geistige und seelische Hygiene: Sichaufeinanderabstimmen, Sichanpassen; alles in magische Formeln gekleidet und verabreicht von zauberpriesterlichen Medizinmännern – dem archaischen Urbild jener modernen Hexenmeister der Psyche, des psychoanalytischen Beraters und des Hausarztes. Andere Zaubereien sind dagegen einfache Hausmittel, von Mann oder Frau ohne priesterlich-magische Hilfe anzuwenden: Liebeszauber gegen Nebenbuhler und dergleichen.

Kāma ist wesenhaft Magie, Magie gehört wesenhaft zur Liebe. Denn unter allen Bann- und Zauberkräften der Natur nehmen die von Liebe und Geschlecht die erste Stelle ein. Es sind die Zaubermächte, die das Leben vorwärtstreiben von einer Generation zur andern, die Bannkraft, die alle Geschöpfe durch Tode und Geburten in den Kreislauf zwingt. Läßt sich ein Buch über Zauberkunde denken ohne die gehörige Auswahl von Liebeszaubern? Das lateinische *carmen*, ‚magischer Priestergesang' (der die Mächte heraufbeschwört, die Dämonen abwehrt), das englische *charm* (das ursprünglich Zauberlied, beschwörender, zauberwirkender Singsang bedeutete) und damit verwandte Begriffe wie das englische *enchantment*, *enchanting* oder das französische *enchanté*, *désenchanté* und *charme* (letzteres ist ja ein deutsches Lehnwort) gehen alle auf das Zauberlied und die Bannformel zurück. Eine Sängerin, ein Sopran, *une cantatrice* ist eine Bezaubrerin; ebenso bezaubert der Tenor, der seine Zuhörer ‚in Bann hält'. Liebe, Gesang und der göttliche Rauschtrank, der den Gott selbst durch die Adern treibt, sind seit Jahrtausenden miteinander in Verbindung gebracht

sich auf die Seiten der Whitney-Lanman-Ausgabe. Die Seiten 1–470 sind in Band VII, die Seiten 471–1052 in Band VIII enthalten.

worden, nicht nur in den frohen Träumen der Jugend, sondern auch unheilvoll in den finsteren Bräuchen der Hexenkunst.

Die frühe indische Liebesmagie scheint als esoterische Lehre nur in den Kriegersippen bekannt gewesen und bewahrt worden zu sein, ganz außerhalb der Priesterfamilien. In der Behandlung des Gegenstandes spricht sich ein tiefes Gefühl für die Heiligkeit des Lebensmysteriums aus, während die späteren Handbücher über die Kunst des Genusses mit ihrer sehr technischen Einstellung verhältnismäßig knapp und trocken sind. Der berühmte Brahmane Shvetaketu scheint einer der ersten Herausgeber von derartigen Handbüchern gewesen zu sein. Von ihm heißt es im sechsten Buch der *Chāndogya-Upanishad*, er habe von seinem Vater Uddālaka Āruṇi den Schlüssel zu aller Erkenntnis in Gestalt der vedischen ‚großen Formel' (*mahā-vākya*) ‚Das bist du' (*tat tvam asi*) empfangen. An anderer Stelle wird er als Muster des klassischen, etwas einseitigen Brahmanentypus gepriesen, den wir aus vielen orthodoxen Quellen kennen. Er beherrschte vollkommen die heiligen Lehren, war aber anscheinend nicht ebenso vertraut mit der weltlichen Philosophie. Zweifellos ist es ihm und seinesgleichen zuzuschreiben, daß die archaische Kāma-Weisheit an Fülle und Tiefe verlor. Der Reichtum des Themas, wie es in späteren vedischen Zeiten verstanden wurde, als es noch ein Teil der häuslichen Lebensweisheit war, ist durch Weglassungen und Kürzungen verkümmert. Aus dieser späteren Literatur über die Kunst der Liebe läßt sich an Metaphysik oder Philosophie wenig herausholen.

Das Hauptwerk ist das zu Recht berühmte *Kāmasūtra*[1] des Brahmanen Vātsyāyana, im 3. oder 4. Jahrhundert n. Chr. verfaßt. Es ist eine meisterhafte, wenn auch sehr geraffte und allzusehr gekürzte Wiedergabe von Stoffen älterer Überlieferung. Einige spätere, kleinere Abhandlungen in Versen, die teilweise von archaischerem Charakter sind als das klassische *Kāmasūtra*, vermitteln einen bedeutenderen Eindruck davon, was die umfassendere Lehre einst gewesen sein muß. Von diesen Werken seien genannt: *Pañcasāyaka*, ‚Der Gott mit den fünf Pfeilen', einige Zeit nach dem 11. Jahrhundert n. Chr. verfaßt; *Ratirahasya*, ‚Die Geheimlehre des Liebesgenusses', etwas vor dem 13. Jahrhundert entstanden; und *Anaṅgaraṅga*, ‚Die Bühne des körperlosen Gottes', wahrscheinlich aus dem 16. Jahrhundert n. Chr. Einige zufällig in den Upanishaden erhaltene Fragmente lassen ebenfalls auf die starke, tiefe, fromme Scheu schließen, die

[1] «Die Aphorismen (*sūtra*) über die Kunst der Liebe (*kāma*).»

dem heiligen Akt entgegengebracht wurde, durch den der Gott der Götter seine Schöpfung fortsetzte, indem er sie durch die Generationen der großen Brahmanen- und Königsfamilien weitertrieb. Die Kenntnis dieser Philosophie der erotischen Praxis ist heute durchaus nicht verlorengegangen[1].

[1] *Anmerkung des Herausgebers:* Hier brechen Heinrich Zimmers Aufzeichnungen über dieses Thema ab. Er beabsichtigte, seine Abhandlungen mit einer Analyse der Lehrbücher des Handelns weiterzuführen (vgl. oben S. 48–49) und seine Darstellung der früheren Überlieferung durch einen Überblick über die betreffenden Stellen in den Upanishaden zu erweitern. Das hier vorliegende Kapitel gibt nur einen Entwurf.

III

DIE PHILOSOPHIE DER PFLICHT

1. DIE KASTE UND DIE VIER LEBENSSTUFEN

In Indien trägt jeder die Zeichen des Lebensbereiches, dem er angehört, an sich. Durch seine Kleidung und seinen Schmuck, durch das Zeichen seiner Kaste und seines Gewerbes ist er auf den ersten Blick erkennbar. Ein jeder trägt das Symbol seiner Schutzgottheit auf der Stirn; durch dieses Zeichen ist und bleibt er unter die Obhut des Gottes gestellt. Jungfrau, Gattin, Witwe, jede trägt ein sie kennzeichnendes Gewand. Und jeder Mensch steht in einer klar umrissenen Ordnung festgelegter und sorgfältig befolgter Normen und Tabus. Was man essen und nicht essen, was man suchen und was meiden, mit wem man verkehren, speisen und sich verheiraten soll, all diese persönlichen Angelegenheiten sind genau geregelt, und sowohl versehentliche wie absichtliche Übertretungen werden sehr streng geahndet. Der Grundgedanke dabei ist, daß die spezifische geistige Kraft, von der die Wirksamkeit jedes Menschen als Teil einer bestimmten sozialen Gruppe abhängt, vor jeder befleckenden Berührung bewahrt werden muß.

Denn in seiner Eigenschaft als dienender Bestandteil des vielfältigen sozialen Gefüges muß der Einzelne danach trachten, sich mit den Aufgaben und Interessen seiner sozialen Rolle zu identifizieren und sowohl seine öffentliche als auch seine private Erscheinungsweise danach zu formen. Die Gesamtheit gilt mehr als jeder ihrer Teile. Eine selbständige Entwicklung, wie wir sie kennen und schätzen, ist darum ausgeschlossen; denn die Vorbedingung für die Zugehörigkeit zu einer Gruppe ist nicht die Ausbildung persönlicher Neigungen und Abneigungen, sondern deren Unterdrückung. Die höchste Tugend ist, sich mit rückhaltloser Hingabe der uralt-zeitlosen, völlig unpersönlichen Maske der traditionellen Rolle einzufügen, in die man hineingeboren *(jāti)* wurde. Das Individuum ist also gezwungen, anonym zu werden. Und dies wird übrigens nicht als Vorgang der Selbstentäußerung, sondern der Selbstfindung betrachtet; denn der Schlüssel zur Erfassung der jeweiligen eigenen Inkarnation liegt in den Tugenden der jeweiligen eigenen Kaste.

Die Kaste wird als ein die Persönlichkeit mitformender Faktor angesehen. Die göttlich-sittliche Ordnung *(dharma)*, welche die soziale Struktur zusammenfügt und -hält, ist die gleiche, die dem Leben des Individuums Fortbestand verleiht; und ebenso wie die Gegenwart verstanden werden muß als natürliche Folge der Vergangenheit, wird die Kaste der Zukunft bestimmt je nach der Art, wie die gegenwärtige Rolle gespielt wird. Nicht nur die Kaste und das Gewerbe, sondern auch alles andere, was einem widerfährt (wenn auch anscheinend durch geringfügigen Zufall), wird vom eigenen Wesen und dessen tiefsten Bedürfnissen bestimmt und ist auf sie zugeschnitten. Jede Lebensepisode, die wir gestalten, geht auf frühere Leben zurück; sie ist deren Folgeerscheinung – die natürliche Auswirkung vergangener Kausalfaktoren, die im Bereich ethischer Werte, menschlicher Tugenden und persönlicher Eigenschaften wirken, in Übereinstimmung mit den natürlichen Weltgesetzen von Wahlverwandtschaft und spontaner Abstoßung. Was eine Person ist und was sie erlebt, entspricht einander wie das Innere und Äußere einer Vase.

Die richtige Art, wie ein auftauchendes Lebensproblem zu behandeln ist, wird darum durch die Gesetze *(dharma)* der Kaste *(varṇa)*, der jemand angehört, und der besonderen Lebensstufe *(āshrama)*, die seinem Alter entspricht, angegeben. Er kann nicht frei wählen; er gehört zu einer Gattung, einer Familie, einer Gilde oder Zunft, einer Gruppe, einer Sekte. Und da dieser Umstand nicht nur bis in alle Einzelheiten sein öffentliches und privates Verhalten regelt, sondern auch, nach diesem alles umfassenden und durchdringenden starren Einordnungsschema, das eigentliche Ideal seiner gegenwärtigen Erscheinungsform darstellt, muß er sich im Urteilen und Handeln nur darum bemühen, jedem Lebensproblem so zu begegnen, wie es seiner Rolle entspricht. Dann werden die beiden Aspekte des zeitlichen Geschehens – der subjektive und der objektive – genau ineinandergreifen, und das Individuum als störender dritter Faktor wird ausgeschaltet sein. Dieses wird dann nicht die zeitliche Zufälligkeit seiner Persönlichkeit darstellen, sondern das weite, unpersönliche, kosmische Gesetz, und so wird es nicht mehr ein fehlerhafter, sondern ein makelloser Spiegel sein: anonym und mit ausgelöschtem Ich. Denn durch strikte Ausübung der vorgezeichneten Tugenden kann man sich tatsächlich selbst auslöschen, schließlich die letzten Regungen von Impulsivität und persönlichem Widerstand tilgen und sich so aus den engen Grenzen des Persönlichen befreien, um in der Grenzenlosigkeit des universalen Seins aufzugehen. Deshalb ist das Dharma so machtgeladen. Es ist ebenso der Brennpunkt aller Gegenwart, Vergangenheit und Zukunft wie auch der Weg, auf dem man zum transzendentalen Bewußtsein und zur Wonne des reinsten geistigen Selbst-Seins gehen muß.

Im Gaukelspiel der Schöpfung, das unsere Welt ist, wird jedem sein Platz durch Geburt zugewiesen *(sva-dharma)*, und es ist seine erste Pflicht, dazu zu stehen, demgemäß zu leben und durch sein Äußeres wie durch sein Handeln zum Ausdruck zu bringen, welche Rolle im Schauspiel er innehat. Jedes weibliche Wesen ist eine irdische Erscheinungsform der Weltmutter, eine Verkörperung des fruchtbaren, verlockenden Aspektes des die Welt tragenden und ständig erschaffenden heiligen Mysteriums. Die verheiratete Frau soll ganz Zucht und Anstand sein; die Dirne hat ihren Stolz darein zu setzen, ihre Anziehungskraft zu erhalten und ihre Reize zu verkaufen. Die Mutter und Hausfrau soll ständig Söhne gebären und ihren Gatten als menschliche Verkörperung aller Götter verehren. Mann und Frau müssen sich wie zwei Gottheiten gegenübertreten; denn er wird durch sie in seinen Söhnen wiedergeboren, so wie der Schöpfer in den Formen und Geschöpfen der Welt durch die magische Wirkung seiner eigenen Kraft, seiner Shakti – personifiziert als seine göttliche Gemahlin – verkörpert wird. Und wie das männliche Mitglied der Gemeinschaft durch die besonderen, seiner sozialen Stellung entsprechenden religiösen Übungen und Gottesdienste der Gesamtheit eingefügt ist, so ist seine Frau der Gemeinschaft eingefügt als Shakti ihres Gatten. Ihr Dienst an ihm ist ihre Religion, so wie seine Religion der Dienst an seinen ‚Vätern' und den Göttern seiner Wahl ist. So wird die Gesamtheit des Lebens als Dienst am Göttlichen verstanden und gelebt, wobei alle Dinge als Abbilder des einen und einzigen Herrn der Welt verstanden werden.

Jeder Beruf hat seine eigene Schutzgottheit, die die Fertigkeiten eben dieses Gewerbes verkörpert und personifiziert und seine Werkzeuge als ihre Attribute zeigt oder handhabt. Die Schutzgottheit der Schriftsteller, Dichter, Gelehrten und Priester etwa ist die Göttin Sarasvatī Vāc, die Göttin des strömenden Redeflusses. Und die Schutzpatronin der Zauberpriesterkunst, des Brahmanentums, ist Sāvitrī, und zwar nicht jene irdische Prinzessin, die Tochter des Königs Ashvapati, die nach der Legende ihren Gatten, Prinz Satyavān, aus dem Reiche des Königs Tod befreite, sondern das weibliche Gegenstück und die göttliche Kraft des Weltschöpfers, die Shakti des Savitar-Brahmā; sie ist der allesbewegende, alles durchpulsende Urquell der Schöpfung. Kāma, der indische Cupido, ist der

Schutzgott der Kurtisanen und derer, die der Lehren des Kāmashāstra bedürfen, jenes allgemein als verbindlich angesehenen Kodex überlieferter geoffenbarter Weisheit der Liebeskunst[1]. Vishvakarman schließlich, der göttliche ‚aller Werke Kundige', der Zimmermann, Bauführer und Handwerksmeister der Götter, ist der Schutzgott der Arbeiter, Handwerker und Künstler.

Jeder dieser Schutzpatrone, die jeweils das Prinzip, das Gesamthafte eines bestimmten hochspezialisierten Wissens- und Fertigkeitsgebietes darstellen, ist ein eifersüchtiger, anspruchsvoller Gott und Herr. Das Menschenwesen, dem der Dienst an der Gottheit durch seine Geburt auferlegt ist, muß sie mit all seinen Kräften und in voller Hingabe verehren; schon das kleinste Versagen kann Unheil bringen. Gleich einer Geliebten, die ihre Reize freigebig verschenkt, wenn man ihr treu und ausschließlich dient, aber gehässig, zornig, fürchterlich wird, wenn ihre Ansprüche nicht ganz erfüllt werden, blüht der Gott wie eine Blume und schenkt Süße, Duft und Früchte in Fülle, wenn man sich ihm voll und ganz hingibt, sonst aber ist er empfindlich und rachsüchtig. Indiens statische Hierarchie der in Einzelgebiete aufgeteilten, untereinander in Zusammenarbeit stehenden Gewerbe und Berufe braucht und fordert die äußerste Einseitigkeit. Es gibt keine Wahl, kein tastendes Suchen, kein wildes Ausbrechen. Vom ersten Atemzuge an werden die Energien des Individuums gebändigt, in feste Bahnen geleitet und in das allgemeine Werk des Überindividuums, das die geheiligte Gesellschaft selbst ist, eingeordnet.

Dieses alles Persönliche auslöschende Prinzip der Spezialisierung wird noch dadurch verstärkt, daß der ideale Lebenslauf des Einzelnen in vier Stufen *(āshrama)* eingeteilt wird. Auf der ersten Stufe, der des Schülers *(antevāsin)*, herrscht ausschließlich Gehorsam und Ergebung. Der Schüler ist begierig, unter dem Bann des geistigen Lehrers die ganze Last, die volle Übertragung des heiligen Wissens und der magischen Kräfte seiner Berufung in sich aufzunehmen; er versucht, nichts anderes zu sein als das heilige Gefäß, in das die kostbare Essenz fließt. Symbolisch ist er durch die geistige Nabelschnur, die ‚heilige Schnur', die ihm feierlich verliehen wird, mit seinem Guru als der (für ihn) alleinzigen, allgenügenden menschlichen Verkörperung und Quelle übermenschlicher geistiger Nahrung verbunden. Strenge Keuschheit *(brahmacārya)* ist ihm auferlegt; und wenn er durch ir-

[1] Vgl. oben S. 136–145.

gendwelches Erlebnis mit dem anderen Geschlecht dieses Verbot verletzt und dadurch den Fortbestand der lebenspendenden, lebenzeugenden Vertrautheit und Identifikation mit dem Guru zerreißt, werden die strengsten und schwierigsten Strafen über ihn verhängt. Dies ist die Zeit der *shraddā* (des blinden Glaubens an den kundigen Meister, der den Weg kennt) und der *shushrūshā* (des Willens und der Begierde, zu ‚hören' *[shru]* und auswendig zu lernen; zu hören, zu gehorchen und sich zu fügen). Es ist die Zeit, da der Mensch als bloßes Naturwesen, der animalische Mensch, ganz aufgeopfert werden muß, um das Leben des Menschen im Geist, die übernatürliche Weisheitskraft des ‚Zweimalgeborenen' im Fleisch zu verwirklichen.

Ist die Stufe der Schülerschaft beendet, so wird der zum Manne gewordene Jüngling brüsk und ohne Übergangsphase ins Eheleben auf die Stufe des Hausvaters *(grihastha)* versetzt, man kann fast sagen, gestoßen. Er übernimmt das Gewerbe, das Geschäft oder den Beruf seines Vaters, bekommt eine Gattin (die seine Eltern für ihn auswählen), zeugt Söhne, ernährt die Familie und tut alles, um sich den Aufgaben und der traditionellen Idealrolle des *pater familias*, des Zunftmitgliedes usw. so gut wie möglich anzugleichen. Der junge Vater lebt sich in die Freuden und Leiden des Ehelebens *(kāma)* ebenso ein wie in die herkömmlichen Interessen und Probleme des Besitzes und des Reichtums *(artha)*, damit ihm nicht nur genügend Mittel zur Verfügung stehen, seine wachsende Familie standesgemäß, entsprechend seiner Herkunft und sozialen Zugehörigkeit *(jāti)* zu erhalten, sondern auch, um die ziemlich hohen Kosten des orthodoxen sakramentalen Ritualzyklus decken zu können. Denn der Hauspriester, der brahmanische Guru, den er nun anstellen und versorgen muß – so wie selbst Indra den göttlichen Brihaspati anstellen und versorgen mußte[1] –, segnet die Familie und hilft ihr bei jeder nur denkbaren Gelegenheit; er ist ihr geistiger Ratgeber und Beichtvater, Hausarzt, psychologischer Berater, Geisterbanner, Beschwörer und Zauberer in einem. Und solche Fachleute verlangen ihren Lohn: darauf beruht auch zum Teil der tatsächliche Erfolg ihres geheimen, heiligen, seelenärztlichen Wirkens. Die Gurus, die sich (wie jeder andere in der Gemeinschaft) mit voller Hingabe an die Vorrechte und Pflichten ihrer uralten Rolle gebunden halten, sind die Nervenbahnen, auf denen übernatürliche Weisheit und göttliche Kraft *(brahman)* den Leib der Gemeinschaft durchströmen.

[1] Vgl. oben S. 80.

Wie jedermann dazu neigt, sich zu verfestigen, starr und unlebendig zu werden und seine individuelle Spontaneität zu verlieren, so nimmt auch der Guru leicht die Starre eines Idols an, je nach dem Vollkommenheitsgrad, den er in der durchstilisierten Darstellung seiner zeitlosen Rolle erreicht.

Darum muß der Mensch in der zweiten Hälfte seines Lebens diese vergänglichen Rollen aufgeben. Nachdem er sich erst völlig mit seinen sozialen Funktionen (seiner Maske im Spiel des Gemeinschaftslebens: seiner *persona)* identifiziert hat, muß er sich nun ebenso völlig von all dem abwenden; er soll sich nicht mehr um Besitz und Reichtum *(artha)* kümmern, soll den Freuden und Leiden seines blühenden und mannigfach fruchtbaren Ehelebens *(kāma)* den Rücken kehren und sich sogar von den Pflichten gegen die Gemeinschaft *(dharma)* abwenden, die ihn durch die unveränderlichen Archetypen der menschlichen Tragikomödie mit der universellen Verkörperung des Unvergänglichen Seins verbunden haben. Seine Söhne tragen nun die Freuden und Bürden der Welt; er selbst darf nach überschrittener Lebensmitte abtreten. Und so steigt er auf zum dritten Āshrama, dem des ‚Aufbruchs zum Walde' *(vanaprastha)*. Denn der Mensch ist nicht nur eine soziale und berufliche Maske und spielt in der Schattenwelt des Zeitlichen eine alterslose Rolle, sondern er ist noch etwas Wesenhaftes, er ist ein Selbst. Wir gehören der Welt, müssen ihr gehören, doch sind wir durch Merkmal und Tracht unserer Kaste nicht vollständig umschrieben, ist unser Wesen durch weltliche und sittliche Leistungen nicht ganz ausgeschöpft. Unsere Substanz transzendiert diese erschaffene Natur und alles was dazu gehört, unseren Besitz, unsere Freuden, unsere Rechte und Pflichten und die Verwandtschaft mit den Vorfahren und Göttern. Nach dieser unnennbaren Substanz trachten, heißt, sich auf die Suche nach dem Selbst machen; und das ist Ziel und Zweck der dritten der vier Lebensstufen.

Mann und Frau werfen in dieser Periode des Einsiedlerlebens im Wald alle Sorgen, Pflichten, Freuden und Interessen ab, die sie an die Welt banden, und machen sich auf den beschwerlichen Weg nach innen. Aber auch diese Idylle des Heiligenlebens im Walde ist noch nicht das Ende ihres Weges. Denn wie die erste Periode – die der Schülerschaft – ist auch sie nur Vorbereitung. Im vierten und letzten Āshrama – dem des wandernden heiligen Bettlers *(bhikshu)* – ist der heimatlose Pilger an keine Übung mehr gebunden, an keinen Ort mehr geknüpft, sondern ‚ohne Gedanken an die

Zukunft und mit Gleichgültigkeit die Gegenwart betrachtend'[1], lebt er in Einheit mit dem ewigen Selbst, und nichts anderes schaut er[2]. ‚Er kümmert sich nicht mehr darum, ob sein Leib, Gespinst aus Karmagarn, zerfällt oder erhalten bleibt, das kümmert ihn nicht mehr, als eine Kuh sich darum kümmert, was aus dem Blumengewinde wird, das jemand ihr um den Hals gehängt hat; denn seine Gemütskräfte haben nun Ruhe gefunden in der göttlichen Kraft *(brahman)*, der Essenz der Glückseligkeit[3].'

Anfänglich gingen die Jaina-Heiligen ‚in Raum gekleidet' *(digambara)*, das heißt völlig nackt, zum Zeichen, daß sie zu keiner der anerkannten Gruppen, Sekten, Zünfte oder Gemeinschaften gehörten. Sie hatten alle determinierenden Merkmale abgelegt, denn Festlegung ist Verneinung durch Spezialisierung[4]. Im gleichen Sinne wurde den buddhistischen Wandermönchen auferlegt, sich in Lumpen zu kleiden oder in ein ockerfarbenes Gewand, welch letzteres die traditionelle Tracht des aus der Gesellschaft ausgestoßenen und zum Tode verurteilten Verbrechers war. Die Mönche wollten mit diesem schimpflichen Kleid zum Ausdruck bringen, daß auch sie für die Gesellschaftsordnung tot waren. Sie waren dem Tode übergeben worden und standen jenseits der Grenzen alles Lebendigen. Sie hatten sich von den Beschränkungen der Welt und allen Banden der Zugehörigkeit gelöst. Sie waren Abtrünnige. Ähnlich wurde der brahmanische Bettelpilger immer mit der Wildgans oder dem Wildschwan *(haṁsa)* verglichen: auch diese Vögel haben keine feste Wohnstätte, sie ziehen mit den Regenwolken nordwärts zum Himalaya und wandern wieder zurück gen Süden, auf allen Seen, an allen Gewässern heimisch, aber auch in den weiten, unendlichen Himmelsräumen zu Hause.

Von der Religion erwarten wir letzten Endes, daß sie uns von den Begierden und Ängsten, Strebungen und Verpflichtungen des Weltlebens, vom Wahn unserer sozialen, beruflichen und familiären Interessen befreie; denn die Religion fordert die Seele. Dann aber wird Religion notwendigerweise zu einer Gemeinschaftssache und damit selbst zu einem Instrument der Bindung, das uns auf subtile Weise, mit weniger groben, aber desto eindringlicheren Mitteln in Täuschungen verstrickt. Wer über

[1] Shaṅkara, *Vivekacūḍāmaṇi* 432; vgl. Lukas 12, 22–30.

[2] Ebenda, 457. [3] Ebenda, 416.

[4] Später machten die Jaina-Heiligen ein Zugeständnis, legten das weiße Gewand an und wurden *shvetāmbara*, ‚in Weiß Gekleidete'. Es war die unverbindlichste Kleidung, die sie finden konnten. (Vgl. jedoch S. 196, Anmerkung des Herausgebers.)

das einengende Behagen seiner Gemeinschaft hinauskommen will, muß aus der religiösen Gemeinde austreten. Einer der klassischen Wege, dies zu tun, ist, ein Mönch zu werden, sich sozusagen einer anderen Institution anzuschließen, die diesmal ihre Mitglieder von den üblichen menschlichen Bindungen trennen und bewahren soll. Oder die Menschen ziehen sich in den Wald zurück, werden Einsiedler – sind aber dann an die friedliche Idylle der Einsiedelei und an deren primitives Lebensritual mit seinen unschuldigen Alltäglichkeiten gebunden. Wo aber in aller Welt gibt es wahre Freiheit?

Was ist der Mensch wirklich, hinter und über allen Merkmalen, Kostümierungen, Werkzeugen und Beschäftigungen, die seinen bürgerlichen oder religiösen Stand kennzeichnen? Was ist das für ein Wesen, das allen Zuständen und Veränderungen im schattenhaften Werden seines Lebens zugrunde liegt, sie trägt und beseelt? Weder die anonymen Naturkräfte, die in ihm wirken, noch die besonderen Leistungen, von deren Erfolg oder Mißerfolg seine soziale Position abhängt; weder die Landschaft und Lebensform, in die er durch Zeit und Ort seiner Geburt versetzt wird, noch die Stoffe, die für eine Zeit seinen Körper durchwandern und aufbauen, seine Phantasie beschwingen und seine Einbildungskraft anregen: nichts von alledem kann als das Selbst bezeichnet werden.

Die Sehnsucht nach vollkommener Befreiung von allen Beschränkungen, die identisch ist mit der Sehnsucht nach absoluter Anonymität, mag sich wohl erfüllen lassen, indem man zum heimatlosen Bettelpilger wird, ohne einen Ort, um sein Haupt niederzulegen, ohne festen Weg, ohne Ziel, ohne Besitz. Aber auch dann schleppt man immer noch sich selber mit herum. All diese Schichten des Leibes und der Seele, die auf die Ansprüche und Angebote der Umwelt antworten und einen überall an die Welt binden, sind immer noch da und immer noch tätig. Um den Absoluten Menschen *(purusha)*, den gesuchten, zu erreichen, muß man auch noch jene Gewänder und verdeckenden Hüllen irgendwie loswerden. Vom Äußeren über den Intellekt und die Gefühle bis hinab zur Erinnerung an Vergangenes und zu den tiefverankerten Gewohnheiten – jenen erworbenen Reflexen, den gern gehegten Automatismen unserer eingewurzelten Zuneigungen und Abneigungen –, all dies muß abgeworfen werden; denn diese Dinge sind nicht das Selbst, sondern ‚Überlagerungen', ‚Färbungen', ‚Anstrich' *(añjana)* über seiner wahren Glorie und Reinheit. Das ist der Grund, warum der Hindu vor seinem Eintritt in den vierten Āshrama, den des wandernden Nicht-Seins, sich den psychologischen Übungen der dritten Stufe, der Waldeinsiedelei, unterzieht. Um zum diamantenan Selbst zu gelangen, muß er sich «entkleiden». Und das ist das Werk des Yoga. Der Yoga als Selbstfindung und die bedingungslose Identifizierung mit dem anonymen, ubiquitären, unvergänglichen Urgrund allen Seins sind im orthodoxen Lebensablauf das eigentliche Ziel der zweiten Lebenshälfte. Es ist für den Darsteller auf der Weltbühne die Zeit des Abschminkens nach dem Auftritt, es ist die Zeit, da die unbeteiligte, unverstrickte, aber doch alles tragende und bewirkende lebendige Person, die immer da war, sich auf sich selbst besinnt und sich befreit.

2. SATYA

«Besser ist's, das eigene Dharma, wenn auch unvollkommen, auszuüben, als das Dharma eines anderen gut auszuüben. Besser ist's, den Tod zu finden in Ausübung des eigenen Dharma: das Dharma eines anderen ist voller Gefahr[1].» Es gibt in Indien einen alten Glauben, daß derjenige, der sein eigenes Dharma durch das ganze Leben ohne einmal abzuirren erfüllt hat, Wunder wirken könne, nur indem er sich auf diese Tatsache beruft. Dies nennt man einen ‚Akt der Wahrheit' vollziehen. Das Dharma muß nicht dasjenige der höchsten Brahmanenkaste oder das der vornehmen und geachteten Klassen der menschlichen Gesellschaft sein. In jedem Dharma ist Brāhman, die göttliche Kraft gegenwärtig.

Es wird zum Beispiel eine Geschichte aus der Zeit des gerechten Königs Ashoka erzählt, des größten aus der großen nordindischen Maurya-Dynastie[2]: Der König «stand in der Stadt Pāṭaliputra, umgeben von Stadt- und Landvolk, von seinen Ministern, seinem Heer und seinen Ratgebern, während der Ganges durch Hochwasser angeschwollen, aus den Ufern tretend und bis zum Rande voll in fünfhundert Meilen Länge und eine Meile breit dahinfloß. Im Anblick des Stromes sagte er zu seinen Ministern: ‚Gibt es einen, der diesen mächtigen Ganges wieder stromaufwärts fließen lassen kann?' Darauf erwiderten die Minister: ‚Das ist eine schwierige Sache, Eure Majestät.'

Nun stand aber an eben jenem Ufer eine alte Kurtisane namens Bindumatī, und als sie des Königs Frage vernahm, sagte sie: ‚Ich bin eine Kurtisane in der Stadt Pāṭaliputra. Ich lebe von meiner Schönheit; mein Ge-

[1] *Bhagavad Gītā* 3, 35. [2] Vgl. oben S. 46.

werbe ist das niedrigste. Möge aber der König meinen Akt der Wahrheit schauen.' Und sie vollzog einen Akt der Wahrheit. Im Augenblick, da sie ihren Akt der Wahrheit vollzog, floß der gewaltige Ganges vor den Augen der vielköpfigen Menge mit Brausen stromaufwärts.

Als der König das Brausen hörte, das die Strudel und Wogen des mächtigen Ganges hervorriefen, war er überrascht und voll Verwunderung und Staunen. Er sagte zu seinen Ministern: ‚Wie kommt es, daß der mächtige Ganges stromaufwärts fließt?' – ‚Eure Majestät, die Kurtisane Bindumatī vernahm Eure Worte und vollzog einen Akt der Wahrheit. Wegen ihres Aktes der Wahrheit fließt der mächtige Ganges rückwärts.'

Mit vor Erregung klopfendem Herzen begab sich der König eiligst zur Kurtisane und fragte sie: ‚Ist es wahr, was sie sagen, daß du durch einen Akt der Wahrheit den Ganges stromaufwärts fließen ließest?' – ‚Ja, Eure Majestät.' Der König sprach: ‚Du willst die Macht haben, so etwas zu vollbringen! Wahrlich, wer würde deinen Worten Glauben schenken, wenn nicht ein Wahnsinniger? Durch welche Macht hast du bewirkt, daß der mächtige Ganges stromaufwärts fließt?' Die Kurtisane sagte: ‚Durch die Macht der Wahrheit, Eure Majestät, habe ich bewirkt, daß der mächtige Ganges stromaufwärts fließt.'

Der König sprach: ‚Du willst die Macht der Wahrheit besitzen! Du, eine Diebin, eine Betrügerin, eine käufliche Zwiegespaltene, eine Lasterhafte, eine schlimme alte Sünderin, die die Grenzen der Sittlichkeit übertreten hat und von der Ausplünderung der Narren lebt!' – ‚Es ist wahr, Eure Majestät: ich bin, was Ihr sagt. Aber selbst ich, das schlimme Weib das ich bin, besitze einen Akt der Wahrheit, durch den ich, wenn ich wollte, die Menschenwelt umkehren und die Götterwelt auf den Kopf stellen könnte.' Der König sprach: ‚Was aber ist dieser Akt der Wahrheit? Ich bitte dich, kläre mich auf.'

‚Eure Majestät, wer immer mir Geld gibt, mag er ein Kshatriya oder ein Brāhmane, ein Vaishya oder ein Shūdra sein oder sonst einer Kaste angehören – ich behandle sie alle gleich. Ist er ein Kshatriya, so mache ich keinen Unterschied zu seinen Gunsten. Ist er ein Shūdra, so verachte ich ihn nicht. Frei von Schmeichelei wie Verachtung diene ich dem, der Geld hat. Dies, Eure Majestät, ist der Akt der Wahrheit, durch den ich bewirkte, daß der mächtige Ganges stromaufwärts fließt.'[1]»

[1] *Milindapañha* 119–123 (zitiert nach der englischen Übersetzung von Eugene Watson Burlingame «The Act of Truth [Saccakiriya]: A Hindu Spell and Its Em-

Wie Tag und Nacht sich abwechseln, jedes seine eigene Weise bewahrend, und wie sie durch ihre Gegensätzlichkeit den Charakter des Zeitablaufes aufrecht erhalten, so schafft in der Sphäre der sozialen Ordnung jeder, der seinem eigenen Dharma nachkommt, am Bestand der Gesamtheit. Die indische Sonne bringt die Vegetation zum Welken, aber der Mond richtet sie wieder auf, indem er belebenden Tau spendet; ähnlich arbeiten im ganzen All die zahlreichen gegensätzlichen Elemente zusammen, indem sie gegeneinander wirken. Diese Gesetze der Naturordnung – so glaubt man – haben ihr Abbild in den Kasten- und Berufsregeln der menschlichen Sphäre; deshalb wird angenommen, daß die verschiedenen Klassen durch Befolgung dieser Regeln zusammenwirken, auch wenn sie scheinbar im Widerstreit zueinander stehen. Wenn jede Rasse, jeder Stand das ihm eigene Rechte tut, dann schaffen alle zusammen am Werk des Kosmos. Dies ist der Dienst, durch den das Individuum sich über die Grenzen seiner persönlichen Eigenheit hinaushebt und in ein lebendiges Strombett kosmischer Kraft verwandelt.

Das Sanskrit-Substantiv *dharma* aus der Wurzel *dhri*, ‚halten, tragen, befördern' (lateinisch *fero;* vgl. das angelsächsische *faran*, ‚reisen, fahren'; auch ‚Fähre, Gefährt' usw.) bedeutet ‚das, was zusammenhält, erhält, aufrechterhält'[1]. *Dharma* bezieht sich, wie wir gesehen haben, nicht nur auf die Gesamtheit von Gesetz und Brauchtum (Religion, Sitte, Statut, Kasten- und Sektenvorschrift, Anstand, Benehmen, Pflicht, Ethik, gute Werke, Tugend, religiöses oder sittliches Verdienst, Gerechtigkeit, Frömmigkeit, Unparteilichkeit), sondern auch auf die wesenhafte Art oder Qualität des Individuums, aus der sich die Eigenart gerade seiner Pflicht, seiner sozialen Funktion, seiner Berufung und seiner sittlichen Stufe ergibt. Das Dharma muß kurz vor dem Weltende versiegen, wird aber so lange währen, wie das All währt; und jeder hat an seiner Macht teil, solange er seine Rolle spielt. Das Wort impliziert nicht nur das Weltgesetz, das den Kosmos lenkt und in Gang hält, sondern auch besondere Gesetze oder Abwandlungen ‚des Gesetzes', die auf einzelne Daseinsformen zugeschnitten sind. Hierarchie, Spezialisierung, Einseitigkeit, traditionelle Verbindlichkeiten gehören also zum Wesen des Systems. Aber es gibt keinen Klassenkampf;

ployment as a Psychic Motif in Hindu Fiction», *Journal of the Royal Asiatic Society of Great Britain and Ireland*, 1917, S. 439–441).

[1] Das Substantiv *dhar-ā*, ‚die Tragende', bezeichnet die Erde; das Substantiv *dhar-aṇam* heißt ‚Stütze, Pfeiler, Halt'.

denn man kann nicht danach streben, etwas zu sein, was man nicht ist. Entweder ‚ist' *(sat)* man oder man ‚ist nicht' *(a-sat)*, und das eigene Dharma ist die zeitliche Erscheinungsform dessen, was man *ist*. Dharma ist das lebendig gewordene Ideal der Gerechtigkeit; ein Mensch oder Ding ohne sein Dharma ist ein Widerspruch in sich selbst. Es gibt reine und unreine Berufe, aber alle haben teil an der Göttlichen Kraft. Deshalb wird ‚Tugend' danach gemessen, ob man seine zugeteilte Rolle mehr oder weniger vollkommen spielt.

Die turbantragende Königin – heißt es in einer anderen Geschichte –, die es danach verlangte, den Weisen, den Bruder ihres Gatten zu begrüßen, nahm Abschied von ihrem Gemahl, dem König und tat am Vorabend das Gelübde: «Am frühen Morgen will ich, von meinem Gefolge begleitet, den weisen Soma begrüßen und ihn mit Speise und Trank versorgen; erst dann will ich essen.»

Aber zwischen der Stadt und dem Walde war ein Fluß, und über Nacht kam ein Hochwasser; der Fluß schwoll an und rauschte dahin, reißend und tief. Darob bekümmert fragte die Königin, als der Morgen anbrach, ihren geliebten Gatten: «Wie kann ich diesen meinen Wunsch heute erfüllen?»

Der König sprach: «O Königin, laß deinen Kummer fahren, denn es ist einfach auszuführen. Geh ruhigen Gemütes mit deinem Gefolge ans diesseitige Ufer; flehe dort zuerst die Göttin des Flusses an und sprich dann mit gefalteten Händen und reinem Herzen diese Worte: ‚O Flußgöttin, wenn seit dem Tage, da meines Gatten Bruder sein Gelübde ablegte, mein Gatte keusch gelebt hat, so laß mich unverzüglich hinüber.'»

Als sie dies hörte, verwunderte sich die Königin und dachte: «Was soll das heißen? Der König spricht ungereimt. Daß der König seit dem Tage, da sein Bruder das Gelübde ablegte, eine Anzahl Söhne mit mir gezeugt hat, das bedeutet doch, daß ich ihm gegenüber meinen Schwur als Gattin eingelöst habe. Doch wozu diese Zweifel? Ist körperliche Berührung in diesem Falle denn gemeint? Außerdem soll eine Frau, die ihrem Gatten treu ist, nicht an seinen Worten zweifeln. Denn heißt es nicht: Eine Frau, die zögert, ihres Gatten Befehl zu gehorchen, ein Soldat, der zögert bei seines Königs Befehl, ein Schüler, der zögert bei seines Vaters Befehl, bricht sein eigenes Gelübde?»

Froh in diesem Gedanken begab sich die Königin, von ihrem Gefolge begleitet, in feierlichem Gewande zum Flußufer, verrichtete dort ihre

Andacht und sprach reinen Herzens und deutlich die von ihrem Gatten vorgesprochene Wahrheitserklärung.

Und siehe da, der Fluß staute plötzlich seine Wasser nach links und nach rechts, wurde seicht und konnte durchwatet werden. Die Königin gelangte ans andere Ufer, verneigte sich dort nach der Sitte vor dem Heiligen, empfing seinen Segen und pries sich glücklich. Dann fragte der Weise die Frau, wie sie denn imstande gewesen sei, den Fluß zu überqueren, und sie erzählte ihm, wie sich alles zugetragen. Zum Schluß fragte sie den Fürst der Weisen: «Wie ist es möglich, wie ist es denkbar, daß mein Gatte keusch lebt?»

Der Weise erwiderte: «Höre mich an, Weib. Vom Augenblick an, da ich mein Gelübde ablegte, war des Königs Seele frei von Verhaftung, und er glühte danach, ein Gelübde abzulegen. Denn er war nicht der Mann, um geduldig das Joch des Herrschertums zu tragen. Darum herrscht er nun aus Pflichtgefühl, aber sein Herz ist nicht bei dem, was er tut. Ferner heißt es: ‚Eine Frau, die einen anderen Mann liebt, folgt dennoch ihrem Gatten. So bleibt auch ein Yogī, obschon dem reinen Sein verhaftet, im Kreislauf der Existenzen.' Genau so ist die Keuschheit des Königs möglich, obgleich er das Leben eines Hausvaters führt, weil sein Herz frei von Sünde ist, wie ja auch die Reinheit des Lotos nicht befleckt wird, obgleich er im Schlamme wächst.»

Die Königin verneigte sich vor dem Weisen und begab sich alsdann tief befriedigt an einen Ort im Walde, wo sie Rast nahm. Nachdem sie ein Mahl für ihr Gefolge hatte bereiten lassen, versorgte sie den Weisen mit Speise und Trank. Dann, nach erfülltem Gelübde, aß und trank sie selbst.

Als die Königin vom Weisen Abschied nahm, fragte sie ihn nochmals: «Wie vermag ich jetzt den Fluß zu überqueren?» Der Weise erwiderte: «Frau der bedächtigen Rede, du mußt so zur Flußgöttin sprechen: ‚Wenn dieser Weise stets bis zum Ende seines Gelübdes dem Fasten treu bleiben wird, so laß mich hinüber.'»

Wiederum voll Verwunderung begab sich die Königin zum Ufer zurück, sprach die Worte des Weisen, überquerte den Fluß und kehrte heim. Nachdem sie die ganze Begebenheit dem König erzählt hatte, fragte sie ihn: «Wie kann der Weise fasten, da ich ihn dazu bewog, sein Fasten zu brechen?»

Der König sprach: «O Königin, dein Sinn ist verwirrt; du verstehst nicht, was wahre Religion ist. Ruhe des Herzens, Adel der Seele hat er, ob er ißt oder fastet. Wenn daher um der Religion willen ein Weiser Speise zu sich nimmt, die rein ist, die er weder selbst bereitete noch durch einen anderen bereiten ließ, dann wird solches Essen die Frucht andauernden Fastens genannt. Denken ist die Wurzel, Worte sind der Stamm, Taten sind die ausgebreiteten Äste am Baume der Religion. Laß seine Wurzeln stark und fest sein, dann wird der ganze Baum Früchte tragen[1].»

Die sichtbaren Formen der Körper, welche die Träger der Dharmamanifestation sind, kommen und gehen; sie gleichen den fallenden Regentropfen, die durch ihr ständiges Herabsinken den Regenbogen zur sichtbaren Gegenwart machen und erhalten. Was ‚ist' *(sat)*, ist jener Glanz des Seins, der durch die Menschen hindurchschimmert, welche die Dharmarolle vollendet darstellen. Was ‚nicht ist' *(asat)*, ist das, was einst nicht war und bald nicht mehr sein wird; nämlich die bloße Erscheinung, die den Sinnesorganen wie ein selbständiger Körper vorkommt und unsere Ruhe stört, indem sie Reaktionen wachruft: Angst, Begierde, Mitleid, Eifersucht, Stolz, Ergebung oder Aggression – Reaktionen, die nicht dem, was sich verkörpert hat, sondern seinem Träger gelten. Im Sanskrit ist *sat* das Participium praesentis des Verbalstammes *as*, ‚sein, existieren, leben'; *as* bedeutet ‚gehören zu, in Besitz sein von, zuteil werden'; auch ‚jemandem zustoßen oder widerfahren, entstehen, entspringen, vorkommen'; *as* bedeutet ‚genügen', auch ‚streben nach, sich herausstellen oder erweisen; bleiben, wohnen, verweilen; in besonderer Beziehung stehen zu, zugetan sein'. Darum bedeutet *sat*, das Participium praesentis, wörtlich ‚seiend, existierend, bestehend'; dann ‚wahr, wesentlich, wirklich'. Auf den Menschen bezogen bedeutet *sat* ‚gut, tugendhaft, keusch, edel, würdig; ehrwürdig, achtbar; gelehrt, weise'. *Sat* bedeutet auch ‚richtig, gemäß, das beste, hervorragend', ebenso wie ‚hübsch, schön'. Als männliches Substantiv bezeichnet es ‚einen guten oder tugendhaften Mann, einen Weisen'; als Neutrum ‚das, was wirklich existiert, Wesen, Existenz, Essenz; Wirklichkeit, die wirklich existente Wahrheit; das Gute'; dann ‚Brahman, die Göttliche Kraft, das höchste Selbst'. Die weibliche Form des Substantivs *satī* bedeutet ‚eine gute und tugendhafte Gattin' und ‚eine Asketin'. Den Namen *Satī* nahm die Weltgöttin an, als sie als Tochter der alten Gottheit Daksha inkarniert wurde, um die vollkommene Gemahlin des Shiva zu werden[2]. Und schließlich ist *satī* die originale Sanskritform

[1] *Pārshvanātha-caritra* 3.255–283; Burlingame, a.a.O. S.442–443.

[2] Vgl. H. Zimmer, *The King and the Corpse*, S.264–285.

des englischen *suttee*, womit die Selbstopferung der Hindu-Witwe auf dem Scheiterhaufen des Gatten bezeichnet wird – ein Akt, in dem das vollkommene Einssein einer Frau mit ihrer Rolle als lebendiges Abbild des romantischen Gattinnenideals der Hindu gipfelt. Sie ist die Göttin Satī selbst in Reinkarnation, die Shakti oder projizierte Lebenskraft ihres Gatten. Da ihr Herr, ihr belebendes Prinzip, gestorben ist, kann ihr hinterbliebener Leib nur *a-sat*, nicht-*sat* sein: ‚unwirklich, nicht-existent, falsch, unwahr, ungemäß; nicht seinem Zweck dienend; schlecht, schlimm, böse, gemein'. *Asat* als Substantiv bedeutet ‚Nicht-Existenz, Nicht-Wesenheit; Unwahrheit, Falschheit; ein Böses' und in seiner weiblichen Form *asatī* ‚eine unkeusche Gattin'.

Die Erzählung von der Königin, dem Heiligen und dem König lehrt, daß die Wahrheit (*sat-ya*, ‚Ist-heit') im Herzen ihre Wurzeln haben muß. Von dort her muß der «Akt der Wahrheit» aufgebaut werden. Und demzufolge hat jede im Herzen erfühlte Wahrheit ihre Kraft, wenn auch jene hinduistische Tugendprobe der Tradition nach im Dharma, in der Erfüllung der jedem zugeborenen Lebensrolle gründet. Selbst eine schändliche Wahrheit ist besser als eine anständige Lüge – was wir aus der folgenden geistreichen buddhistischen Erzählung erfahren.

Der Jüngling Yaññadatta war von einer giftigen Schlange gebissen worden. Seine Eltern trugen ihn zu einem Asketen, legten ihn ihm zu Füßen und sprachen: «Ehrwürdiger Herr, Mönche kennen Heilkräuter und Zauber; heile unseren Sohn.»

«Ich kenne keine Heilkräuter; ich bin kein Arzt.»

«Aber du bist ein Mönch; darum vollziehe um der Barmherzigkeit willen für diesen Jüngling einen Akt der Wahrheit.»

Der Asket erwiderte: «Wohlan, ich will einen Akt der Wahrheit vollziehen.» Er legte seine Hand auf Yaññadattas Haupt und sprach folgende Verse:

Nur eine Woche lebte ich das heilige Leben
Ruhigen Herzens auf der Suche nach Verdienst.

Das Leben, das ich fünfzig Jahre lebte
Seither, ich lebt' es gegen meinen Willen.

Durch diese Wahrheit, Gesundheit!
Gift ist besiegt! Laß Yaññadatta leben!

Sogleich floß das Gift aus Yaññadattas Brust und versickerte in der Erde.

Da legte der Vater seine Hand auf Yaññadattas Brust und sprach die Verse:

Nie sah ich einen Fremden gern zu Gast.
Nie lag mir etwas an dem Geben.

Doch es erkannten Mönche und Brahmanen
Trotz allen Wissens meinen Widerwillen nicht.

Durch diese Wahrheit, Gesundheit!
Gift ist besiegt! Laß Yaññadatta leben!

Sogleich floß das Gift aus Yaññadattas Kreuz und versickerte in der Erde.

Der Vater bat nun die Mutter, einen Akt der Wahrheit zu vollziehen, aber die Mutter erwiderte: «Ich habe zwar eine Wahrheit, aber ich kann sie nicht in deiner Gegenwart aussprechen.»

Der Vater erwiderte: «Trotzdem mach meinen Sohn gesund!» So sprach die Mutter die Verse:

Nicht tiefer, mein Sohn, hasse ich diese böse Schlange,
Die aus dem Spalt schoß und dich biß, als deinen Vater!

Durch diese Wahrheit, Gesundheit!
Gift ist besiegt! Laß Yaññadatta leben!

Sogleich versickerte der Rest des Giftes in die Erde, Yaññadatta erhob sich und begann umherzuspringen[1].

Diese Erzählung könnte für die Psychoanalyse als Text verwendet werden. Tief versteckt unter Jahren der Lüge und des toten Tuns, die den Sohn (das heißt die Zukunft, das Leben dieser elenden, heuchlerischen, verlogenen Hausgemeinschaft) getötet haben, bricht nun die verdrängte Wahrheit hervor und genügt, um wie ein Zauberspruch den armen gelähmten Leib vom Gift zu befreien, und dann ist all das Tote *(asat)*, die ‚Nicht-Existenz' wirklich nicht-existent. Mit Macht bricht das Leben wieder hervor, und der Lebende wird wieder mit dem verknüpft, was immer lebendig war. Die Zwischennacht der Nichtwesenheit ist vorüber.

3. SATYĀGRAHA

Dieses Prinzip von der Kraft der Wahrheit, die wir alle in unserem persönlichen Erleben und in dem unserer Freunde, soweit wir in ihr Privatleben Einblick haben, erkennen können, wird nun im heutigen Indien von

[1] *Jātaka* 44. Burlingame, a.a.O., S. 447–448.

Mahātma Gandhi auf die internationale Politik und ihre Probleme angewandt[1]. Mahātma Gandhis Programm des *satyāgraha*, des ‚zur Wahrheit *(satya)* Haltens *(āgraha)*' ist ein Versuch, diese alte indo-arische Idee gegen eine anscheinend weit überlegene Macht einzusetzen, nämlich gegen die hochmechanisierte, industrialisierte, militärisch und politisch aufs beste ausgerüstete Siegesmaschine des angelsächsischen Weltreiches. Denn als Großbritannien am Anfang des Ersten Weltkrieges, als es galt, Deutschland und Österreich am Durchbrechen ihres eisernen Mandala-Ringes zu hindern, Indien für seine Mitwirkung im europäischen Kampf die Freiheit versprach, da legte England sich auf etwas fest, was es, nachdem die Stunde der Not vorüber war, als seinem Vorteil zuwiderlaufend einfach beiseite schob. Durch diesen Verstoß gegen die Wahrhaftigkeit wurde Indiens Regierung plötzlich *a-sat*, ‚nicht-existent, schlecht, ihrem Zweck nicht dienend; eine Nichtwesenheit', mit anderen Worten tyrannisch, ungeheuerlich, naturwidrig. Damit wurde die englische Herrschaft in Indien abgeschnitten vom göttlichen Lebensquell des wahren Seins, der alle irdischen Phänomene speist; sie war so gut wie tot: etwas Riesiges zwar, das sich wie ein Toter wohl immer noch festklammerte, das aber nun durch den Einsatz eines höheren Prinzipes abgestreift werden konnte.

Das höhere Prinzip ist die Wahrheit, wie sie sich im Dharma manifestiert, im ‚Gesetz: in dem, was zusammenhält, erhält, aufrecht hält'. Eine Regierung, ein ‚Gesetz', das auf ‚Unwahrheit' beruht, ist nach Mahātma Gandhis archaischem, vorpersischem, urtümlich indo-arischem Standpunkt eine Anomalie. Den ständigen Strafaktionen Großbritanniens, mit denen es die ‚Gesetzlosigkeit' derer unterdrückte, welche die Anwendung seiner auf Gesetzlosigkeit beruhenden ‚Gesetze' auf sich zogen, sollte nach Gandhis Programm nicht auf gleiche Art begegnet werden, sondern durch die Seelenkraft, die sich sofort und automatisch einstellen würde als Ergebnis eines gemeinsamen festen Haltens *(āgraha)* an der Wahrheit *(satya)*. Der Griff des Tyrannenvolkes würde sich lockern. Das Spiel seiner auf der ganzen Welt geübten Gesetzlosigkeit würde die eigene Auflösung bedeuten; man mußte nur zuwarten, bis es von selbst zerfiele. Inzwischen sollte das Land Indien in frommer Zurückhaltung seinem Glauben *(shraddā)* gemäß das eigene zeitlose Dharma befolgen und seinen Drang zu gewaltsamer Auflehnung zügeln, sicher in der Stärke, welche die Mutter aller Stärke ist, nämlich in der Wahrheit.

[1] *Anmerkung des Herausgebers:* Diese Vorlesung wurde im Frühjahr 1943 gehalten.

«Jeder Herrscher», lesen wir in Kauṭilyas *Arthashāstra*, «dessen Gesinnung entartet und dessen Sinne unbeherrscht sind, muß alsbald zugrundegehen, mag sein Reich sich bis ans Ende der Welt erstrecken. Diese ganze Wissenschaft richtet sich auf den Sieg über die Mächte der Sinnen- und Tatwelt[1].» Das ist die andere, die geheime Seite des *matsya-nyāya*, des Brauchs der Fische. Uns Abendländern mag eine solche Feststellung in dem Werk, das wir in einem vorangegangenen Kapitel besprochen haben, wie die verlogene Vorspiegelung eines politischen ‚Idealismus' erscheinen. Aber Kauṭilyas Werk ist völlig frei von solchen Prätentionen. Heuchelei wird zwar als politischer Kunstgriff gelehrt, aber nicht als Entschuldigung für die Lehre benutzt. Will man als Abendländer verstehen, wie denn ein solcher Realist wie der erste Kanzler der Maurya-Dynastie die erwähnte Aussage ernst gemeint haben konnte, darf man nicht vergessen, daß in Indien die Göttliche Kraft immer ernst genommen wurde. Die Brahmanen, die imstande waren, sie mittels ihrer Zauberformeln zu lenken und zu entfalten, waren die unentbehrlichen Ratgeber und Helfer der Könige: die Göttliche Kraft konnte in ihren Händen eine Geheimwaffe sein. Für sie stand das Gesetz der Fische nicht in Widerspruch zu dem Gesetz geistiger Selbstbeherrschung. Sie wußten: Macht obsiegt und Macht schafft Recht. Aber nach ihrer Ansicht gab es viele Arten von Macht, und die mächtigste Macht von allen ist die der Göttlichen Kraft. Diese ist zudem auch ‚Recht'; denn sie ist nichts weniger als die Substanz und Manifestation der Wahrheit selbst[2].

Ahiṁsā, ‚Gewaltlosigkeit, Nicht-Töten' ist das erste Prinzip im Dharma eines Heiligen und Weisen, der erste Schritt zur Selbstüberwindung, durch welche die großen Yogis sich aus dem Bereich normalen menschlichen Handelns herausheben. Durch sie erreichen sie einen solchen Grad von Kraft, daß der Heilige, wenn er wieder in die Welt tritt, tatsächlich ein Übermensch ist. Wohl ist auch im Westen von diesem Ideal die Rede[3];

[1] *Arthashāstra* I, 6.

[2] «Von der Unrechtlichkeit kann gesagt werden, daß sie, mag sie auch Größe haben, außerstande ist, an die Rechtschaffenheit auch nur zu rühren; diese steht immer im Schutze der Zeit und leuchtet wie ein flammendes Feuer» (*Mahabhārata* 13. 164. 7.).

[3] Ich aber sage euch, daß ihr nicht widerstreben sollt dem Übel; sondern, so dir jemand einen Streich gibt auf deinen rechten Backen, dem biete den andern auch dar. Und so jemand mit dir rechten will und deinen Rock nehmen, dem laß auch den Mantel. Und so dich jemand nötigt eine Meile, so gehe mit ihm zwei. Gib dem,

aber wir haben hier erst noch abzuwarten, wie ein ganzer Kontinent versucht, dieses Prinzip in die Tat umzusetzen, ernstlich und innerhalb der Welt – das heißt in unsrer Welt, die wir wirklich ernst nehmen, der Welt internationaler Angelegenheiten. Ghandis Programm des Satyāgraha, das seiner Nation auferlegte «Festhalten an der Wahrheit», das sich streng an den ersten Grundsatz der indischen Yogabeherrschung, an die *ahiṁsā*, das «Nicht-Töten, die Gewaltlosigkeit» hält, ist ein ernsthaftes, sehr tapferes und möglicherweise auch überaus wirkungsvolles Experiment, in der modernen Welt das altehrwürdige Wissen der Hindu anzuwenden, das Wissen, daß eine niedere Kraftsphäre durch das Betreten einer höheren zu transzendieren sei. Gandhi setzt der Unwahrheit *(asatya)* Großbritanniens die Wahrheit *(satya)* Indiens entgegen, dem britischen Kompromiß das heilige, hinduistische Dharma. Es ist ein Kampf magischen Priestertums, ausgetragen im Riesenausmaß der heutigen Zeit und gegründet auf die Lehren nicht der Königlichen Militärakademie, sondern des Brahman.

4. DER PALAST DER WEISHEIT

Die Seelenkräfte, die zur Aktion kommen durch eine solche Technik und durch ein so lückenloses System anonymer Identifizierung wie das, welches den orthodoxen Lebensweg des Hindu charakterisiert und bestimmt, diese Seelenkräfte stammen aus tiefen Schichten des Unbewußten, die dem ichbewußten, mit rationalen, durch das Bewußtsein ermittelten Werten operierenden Individuum normalerweise verschlossen sind. Die indische Kultur hat einem allgemeinen psychologischen Phänomen zu Permanenz und Norm verholfen: der psychischen Inflation, dem Gefühl einer übernormalen, überpersönlichen Bedeutung, das auch den modernen Menschen zuweilen in besonders feierlichen Momenten überkommt, dann, wenn er im Begriff steht, eine der großen archetypischen Rollen zu übernehmen, deren Durchführung seit Jahrtausenden die Bestimmung des Menschengeschlechtes ist: die Rolle der Braut, der Madonna, des ausziehenden Kriegers, des Richters, des Weisheitslehrers und so fort. Die Zufälle der individuellen Persönlichkeit werden systematisch geringgeachtet: vom Einzelnen wird ständig verlangt, daß er sich identifiziere mit einer der zeitlosen, ewig gültigen Rollen, deren Gesamtheit das Gewebe der Gesellschaft bildet. Per-

der dich bittet, und wende dich nicht von dem, der dir abborgen will (Matthäus 5, 39–42).

sönliche Züge bleiben natürlich bestehen und sind leicht zu bemerken, müssen sich aber den Anforderungen der Rolle immer streng unterordnen. Der ganze Lebensablauf hat daher durchwegs den Charakter eines großen, altbekannten und geliebten Schauspiels mit seinen typischen Momenten der Freude und der Tragik, die der Einzelne sowohl als Darsteller wie als Zuschauer durchwandert. Alles ist in den poetischen Schimmer epischer Zeitlosigkeit getaucht.

Aber die Kehrseite dieses Gemäldes, dieser Art und Weise einer unerhörten allgemeinen Inflation ist natürlich die Deflation, die Hölle: Schiffbruch und Hoffnungslosigkeit dessen, der durch irgendein Versagen vom Wege abgekommen ist. Die Gattin, der es nicht gelingt, die Rolle der Satī makellos darzustellen; der Feldherr, der seine Pflicht dem König gegenüber allzu schlecht erfüllt; der Brahmane, der einer Liebesverlockung außerhalb der Tabuschranken seiner Kaste nicht zu widerstehen vermag – derartige Fälle von Versagen gefährden die Stabilität des Gebäudes. Würde solches Verhalten allgemein, so zerfiele das Ganze. Und darum werden diese Einzelgänger als Gruppe in die äußerste Finsternis geworfen, wo Heulen und Zähneklappern ist. Sie sind nichts *(a-sat)*, sind verworfen. Es war ihre eigene Tat; es ist ihre eigene Tragik. Keiner weiß, was nun aus ihnen geworden ist, keinen kümmert es. Dieses Versagen ist es, das dem Japaner den eigentlichen Grund für Harakiri gibt. So ist die Antithese zum allgemeinen Lebenstraum der persönliche Schiffbruch des Einzelnen (man kann ihn nicht einmal eine Tragödie nennen), der in seiner Rolle versagt hat.

«Der Weg des Übermaßes», schreibt William Blake, «führt zum Palast der Weisheit[1].» Nur wenn etwas zum Äußersten getrieben wird, bringt es seinen Gegensatz hervor. Nun wird in Indien die Identifikation mit der sozialen Rolle so extrem durchgeführt, daß der gesamte Inhalt des kollektiven Unbewußten während der ersten Lebenshälfte des Menschen in den Bereich des Tuns abfließt; nachdem der Einzelne jedoch die Periode der beiden ersten Āshramas erfüllt hat, trägt ihn eine stürmische Gegenbewegung der Psyche zum anderen Extrem, und nun ruht er, anonym wie zuvor, im Gegenpol absoluter Nicht-Identifikation. Wir alle, im Westen so gut wie im O·ten, müssen uns identifizieren, wenn wir überhaupt am Leben unserer Gemeinschaft, am Lauf der Geschichte und am großen Werk der Welt teilnehmen wollen. Irgend etwas muß man immer sein – Student, Vater, Mutter, Ingenieur. Aber das Hindu-System

[1] *The Marriage of Heaven and Hell*, «Proverbs of Hell».

hat die Achtung vor dieser Notwendigkeit zu solchem Übermaß gesteigert, daß das ganze Leben zu einem starren, prinzipienhaften Gebilde versteinert wurde; jenseits davon, außerhalb des sozialen Gefüges, ist die Leere des Nichtmanifestierten; zu ihr kann man gelangen, wenn man die Lektion der ersten Lebenshälfte, die Lektion der Götter gelernt hat; und zu ihr gelangt man dann automatisch und zwangsläufig, gleichsam getrieben durch die ganze Wucht einer reaktiv ausgelösten Gegenbewegung. «Ach, daß du kalt oder warm wärest! Weil du aber lau bist und weder kalt noch warm, werde ich dich ausspeien aus meinem Munde[1].» Nur weil alles hingegeben wurde, ist das Individuum frei, nun endlich in die Sphäre jenseits von Besitz und Glauben einzugehen.

Wir alle müssen uns mit etwas identifizieren, sind irgendwo ‚zugehörig' – aber die Erfüllung können und dürfen wir in diesem Zustand nicht suchen. Denn die Anerkennung von Unterschieden zwischen den Dingen, das Differenzieren zwischen dem einen und anderen, das im Wesen jener natürlichen Bemühung liegt, gehört lediglich der Erscheinungswelt an, dem Reich von Geburt und Tod *(saṁsāra)*. Indiens volkstümliche Vergöttlichung aller Dinge, aller Lebensstile ist letztlich nicht weniger absurd als die wissenschaftliche Irreligiosität im Westen, die sich mit ihrem ‚nichts als' vermißt, alles auf die Ebene des rationalen Begreifens und der Relativität herabzuziehen – die Sonnenkraft ebenso wie den Liebesakt. Relativismus und Absolutismus sind in ihrer totalen Form gleichermaßen abwegig, weil zweckgebunden. Sie übertreiben die Vereinfachung zum Zwecke erfolgreichen Handelns. Es geht dabei nicht um die Wahrheit, sondern um Ergebnisse. Solange man nicht begreift, daß eines alles andere in sich schließt, oder doch wenigstens dies, daß es auch noch etwas anderes ist, als es scheint, und daß solche Antinomien wie die Gegensätze Gut und Böse, Wahr und Falsch, Dies und Das, Profan und Heilig wohl bis an die Grenzen des Denkens gelten mögen, aber darüberhinaus nichts sind, ist man immer noch an den Mülleimer des Saṁsāra gebunden, ist dem Nichtwissen unterworfen, das das Bewußtsein in der Welt der Wiedergeburten festhält. Solange man Unterschiede macht, solange man ausschließt oder ausstößt, ist man noch Diener und Helfer des Irrtums.

«Oh, Geist allein bin ich. Einem Gaukelspiel vergleichbar ist die Welt. Warum, woher käme mir da der Wahn, eines abzustreifen, ein anderes zu ergreifen?

[1] Offenbarung 3, 15–16.

,Von Brahmā bis zum Grashalm – das bin ich allein' – wer so urteilt, ist des Wahnes bar, rein und friedevoll – ist zu Ende für Erlangtes und Nichterlangtes.

,Der hier – bin ich, der da – bin ich nicht', gib diese Unterscheidung auf. ,Alles ist selbst', so entscheide und erwägensbar zieh dahin in Seligkeit[1].»

Irgendein Ding ausschließen oder verwerfen ist Sünde und Selbstbetrug, es heißt das Ganze einem Teil unterwerfen, Gewalt gegen die allgegenwärtige Wahrheit und Substanz einsetzen, das Endliche dem Unendlichen überordnen. Und wer sich dessen vermißt (das heißt, wer sich immer noch wie ein bürgerlicher Mensch verhält), verstümmelt und entstellt die geoffenbarte Wirklichkeit und damit sich selbst. Seine Bestrafung ist dem Verbrechen angemessen, indem die Sünde selbst ihre eigene Strafe ist, denn das Begehen des Frevels ist Strafe und zugleich Ausdruck von des Sünders Unzulänglichkeit. «Wenn du nun», werden wir weise gemahnt, «Almosen gibst, sollst du nicht lassen vor dir posaunen, wie die Heuchler tun in den Schulen und auf den Gassen, auf daß sie von den Leuten gepriesen werden. Wahrlich ich sage euch: Sie haben ihren Lohn dahin[2].» Hierin liegt der geheime Trick der realen Welt, der sich wie eine Kettenreaktion fortpflanzt, eine Welt ohne Ende – die grausame Pointe des olympischen Göttergelächters.

Andererseits aber macht sich jeder, der alles unterschiedslos hinnimmt, um sich an gar nichts zu verhaften, ebenso zum Narren und Schuldigen; denn dann ist es der Unterschied zwischen den Dingen und die Hierarchie der Werte, die mißachtet werden. Das rauschhafte, auslöschende ,Alles ist Gott' der *Bhagavad Gītā* erkennt zwar an, daß es Gradunterschiede der göttlichen Manifestation gibt, betont jedoch so sehr die ungeheure Tatsache von der Göttlichkeit aller Dinge, daß demgegenüber die Unterscheidung allzu leicht vernachlässigt wird.

Für dieses große Dilemma in der Welt ist noch nie eine allgemeingültige theoretische Lösung gefunden worden, mit der man sich zufriedengeben könnte. Wahrheit, Gültigkeit, Wirklichkeit bestehen nur *in actu*: in dem unablässigen Spiel des erleuchteten Bewußtseins mit den Fakten des täglichen Lebens, wie es zum Ausdruck kommt in den stündlich getroffenen Entscheidungen, in der Alternative von Opfern oder Festhalten, im Ent-

[1] *Ashṭāvakra Saṁhitā* 7.5; 11.7; 15.15. Übers. von H. Zimmer, in «Anbetung Mir», München 1929.

[2] Matthäus 6, 2.

schluß für Ja oder Nein: eigentlich nur im Tun eines Menschen, in dem die Erleuchtung immerfort als gegenwärtige Kraft lebendig ist[1]. Und der erste Schritt zu solch einer erlösenden Wachheit wird getan, wenn man mit unwiderruflichem Entschluß alles zurückläßt: den Weg, die Götter und die Ideale des orthodoxen, institutionellen Dharma.

So erschien auch Jesus während seines Erdenwandels in Palästina als ein wunderlicher und grillenhafter Heiland, als er die verknöcherte Scheinheiligkeit, den starren Ritualismus und die intellektuelle Verbohrtheit der Pharisäer so leidenschaftlich zurückwies. Eine heutige Kirchengemeinde müßte sich nicht weniger schockiert fühlen bei seinen flammenden Worten, die uns das Matthäusevangelium überliefert: «Wahrlich ich sage euch: Die Zöllner und Huren mögen wohl eher ins Himmelreich kommen denn ihr[2].» Die Pointe dieses Tadels ginge freilich in Indien verloren, wo das Dirnentum streng institutionell ist und nicht nur die Götter und Seligen im Himmel, sondern auch die Kurtisane ihren Teil an der Tugend *(dharma)*, den Freuden *(kāma)* und den Gütern *(artha)* der reichen, großen Schöpfungswelt hat. Wenn dort ein Mensch der beklemmenden Enge der selbstzufriedenen, geheiligten Gemeinschaft entkommen will, dann ist der einzige Ausweg, noch unter das Untere zu tauchen, sich noch über das Obere zu schwingen und noch dem höchsten Gott die Maske abzureißen. Das ist das Werk der ‚Erlösung‘ *(moksha)*, die Aufgabe des nackten Weisen.

[1] Diesen Gedanken legte der Mahāyāna-Buddhismus in das Ideal des Bodhisattva, ‚dessen Innerstes Erleuchtung ist‘, der Hinduismus in den Jīvanmukta, den ‚bei Lebzeiten Befreiten‘ (vgl. unten S. 394–406, 475–497).

[2] Matthäus 21, 31.

DRITTER TEIL

DIE PHILOSOPHIEN DES EWIGEN

I

JAINISMUS

1. PĀRSHVA

«Bei der bloßen Nennung des Namens von Pārshva, dem Herrn, hört alle Wirrnis auf, sein Anblick *(darshana)* vertreibt die Angst vor Wiedergeburten, und die ihm dargebrachte Anbetung nimmt die Sündenschuld hinweg[1].»

Abbilder von Pārshva sollten geschaffen und verehrt werden nicht in der Erwartung, daß das erhabene Wesen selbst herabkommen würde, um den Frommen beizustehen, sondern um seines Darshana willen. Denn die Jaina-Erlöser – die ‚Furtbereiter' *(tīrthaṅkaras)*, wie sie genannt werden – wohnen in einer himmlischen Zone in der Kuppel des Alls, für keine Gebete erreichbar; von jener hohen, lichten Stätte ist es nicht möglich, in die wolkige Sphäre menschlicher Mühsal helfend niederzusteigen. Bei den populären Anlässen des häuslichen Jaina-Kultes wird zu den altgewohnten Hindu-Göttern um geringere Gaben (Reichtum, langes Leben, männliche Nachkommen usw.) gebetet, aber der höchste Gegenstand der jainistischen Kontemplation, die Tīrthaṅkaras, stehen höher als die göttlichen Verwalter der natürlichen Ordnung. Der Jainismus ist nicht atheistisch, er ist transtheistisch. Seine Tīrthaṅkaras – die das eigentliche Ziel aller Menschen, ja das Ziel aller Lebewesen in diesem belebten Universum der sich reinkarnierenden Monaden darstellen – sind ‚abgetrennt' *(kevala)* vom Bereich des Schaffens, Erhaltens und Zerstörens, der Aktions- und Interessensphäre der Götter. Die Furtbereiter stehen über dem kosmischen Geschehen und über den Aufgaben des irdischen Lebens; sie sind transzendent, aller Zeitlichkeit enthoben, allwissend, tatenlos und in ungestörtem

[1] *Anmerkung des Herausgebers:* Es war mir nicht möglich, den von Heinrich Zimmer bei seiner Version des Lebens Pārshvanāthas verwendeten Text festzustellen, darum kann ich bei den Zitaten dieses Kapitels nicht auf die Quellen verweisen. Die Version des Lebens in Bhāvadevasūris *Pārshvanātha Caritra* (herausg. v. Shravak Pandit Hargovinddas und Shravak Pandit Bechardas, Benares 1912; Zusammenfassung bei Maurice Bloomfield, *The Life and Stories of the Jaina Savior Pārshvanātha*, Baltimore 1919) stimmt in den Hauptzügen damit überein, weicht aber in vielen Kleinigkeiten davon ab.

Frieden. Die Versenkung in ihren Zustand, wie er sich in ihren seltsam fesselnden Abbildern ausdrückt, trägt den Menschen, im Verein mit den abgestuften, immer härteren asketischen Übungen der Jaina-Disziplin, im Laufe vieler Lebenszeiten allmählich empor über die Nöte und Ängste des menschlichen Gebets, ja selbst über die Gottheiten, die das Gebet erhören, und noch über die seligen Himmel, in denen diese Götter und ihre Anbeter wohnen, hinauf zu der fernen, transzendenten, ‚abgetrennten' Zone reinen, unwandelbaren Seins, zu dem die Furtbereiter, die Tīrthaṅkaras den Weg gebahnt haben.

Die Gründung des Jainismus ist von westlichen Historikern dem Vardhamāna Mahāvīra zugeschrieben worden, einem Zeitgenossen des Buddha, der um 526 v. Chr. starb. Die Jainas selbst halten jedoch den Mahāvīra nicht für den ersten, sondern den letzten einer langen Folge von Tīrthaṅkaras. Ihre überlieferte Zahl ist vierundzwanzig, und die Reihe soll durch die Jahrhunderte bis in graue Vorzeit zurückgehen[1]. Die frühesten unter ihnen sind unzweifelhaft mythisch, und Mythisches ist auch reichlich in die Lebensbeschreibungen der übrigen eingeflossen. Dennoch erweist es sich immer deutlicher, daß etwas Wahres an der Jaina-Überlieferung sein muß, nach der ihre Religion sehr alt ist. Wenigstens was den Pārshva betrifft, der als Tīrthaṅkara dem Mahāvīra unmittelbar voranging, haben wir Grund zu glauben, daß er wirklich lebte und lehrte und ein Jaina war.

Pārshvanātha, ‚Parshva, der Herr', hat – so nimmt man an – ungefähr zweihundertsechsundvierzig Jahre vor Vardhamāna Mahāvīra, dem historischen ‚Stifter' der Jaina-Religion, Befreiung erlangt. Wenn angenommen wird, daß der ehrwürdige Mahāvīra 526 v. Chr. das Nirvāṇa[2] erreichte, so kann 772 v. Chr. als das Jahr gelten, in dem dies dem Pārshvanātha geschah. Nach der Legende verließ er sein Heim mit Dreißig, um ein Asket zu werden, und weilte genau hundert Jahre auf dieser Erde; daraus läßt sich folgern, daß er um 872 v. Chr. geboren wurde und seinen Palast um 842 verließ[3]. Pārshvanātha ist in der legendären Reihe der Tīrthaṅ-

[1] Vgl. oben S. 65, Anmerkung des Herausgebers, und Anhang B.

[2] Der Begriff *nirvāṇa* gehört keineswegs nur zur buddhistischen Überlieferung. Die Metapher ist von dem Bild der Flamme abgeleitet. *Nir-va* bedeutet ‚ausblasen, aufhören zu atmen'. *Nirvāna* ist ‚ausgeblasen': das Feuer der Begierde ist aus Mangel an Brennstoff erloschen und befriedet.

[3] Einhundert Mondjahre werden als ideale Lebenslänge angesehen. Der untadelige, sittlich vollkommene, heilige Mann hat vollkommene Gesundheit auf Grund

karas als der dreiundzwanzigste aufgeführt und soll vierundachtzigtausend Jahre nach dem Nirvāna des Bhagavan Arishṭanemi, des zweiundzwanzigsten dieser langen Geistesreihe, auf die Welt gekommen sein. Sein Leben, oder genauer seine Leben, die dem typischen Muster der orthodoxen Heiligenbiographie des Jaina folgen, werden uns bekannt machen mit den Prüfungen und Siegen des letzten und höchsten der vier Ziele des indischen Lebens: der geistigen Befreiung *(moksha)*. Die Lebensbeschreibung des Heiligen wird allen denen als Vorbild dargeboten, welche die schwere Bürde irdischer Geburt abwerfen möchten.

Er hatte als ein Indra im dreizehnten Himmel[1] geweilt und geherrscht, als seine Zeit kam, wieder die Menschenwelt zu betreten, und er stieg nieder in den Leib der Königin Vāmā, der schönen Gemahlin König Ashvasenas. Alle, die den Knaben zum Manne heranreifen sahen, verwunderten sich ob seiner Schönheit und Stärke, besonders aber ob der Gleichgültigkeit, die er seiner Umwelt, den Freuden und Versuchungen des Palastes

seiner reinen, asketischen Lebensweise, und auf Grund seiner verdienstvollen Taten im vorangegangenen Leben ist er mit einem leuchtenden Karma gesegnet. Letzteres führt zu einer ausgeglichenen, unübertrefflich kraftvollen Konstitution. Wenn auch hundert Jahre übertrieben sein dürften, so erreichte Pārshva doch vermutlich wie der Buddha und viele andere berühmte indische Asketen ein bemerkenswert hohes Alter. Deshalb ist es möglich, daß die Jaina-Legende von seinen hundert Lebensjahren nicht weit von der Wahrheit abweicht.

[1] *Anmerkung des Herausgebers:* Die vedischen Arier bereiteten gleich den homerischen Griechen ihre Opfer für Gottheiten von menschlicher Gestalt, aber übermenschlicher Ordnung. Indra war gleich dem Zeus der Herr des Regens, der Schleuderer des Donnerkeils und der König der Götter; kein Mensch konnte hoffen, Zeus oder Indra zu werden. Die nichtarischen, dravidischen Völker Indiens dagegen (vgl. oben S. 65, Anmerkung des Herausgebers), für die die Reinkarnation ein Grundgesetz war, sahen in den Göttern lediglich Wesen von ehemals menschlicher oder tierischer Art, die sich Glückseligkeit verdient hatten. Wenn ihr Verdienst zur Neige ging, wurden ihre hohen Sitze für andere Anwärter frei, und sie selbst stiegen wieder in eine Menschen-, Tier- oder auch Dämonengestalt herab.

Nach der vedischen Epoche entstand aus einer Synthese dieser beiden Glaubensanschauungen, der arischen und der nichtarischen, ein allgemein anerkanntes indisches System (anerkannt sowohl vom Buddhismus und Jainismus wie auch vom orthodoxen Hinduismus), in dem die Namen und Funktionen der vedischen Götter die hohen Rangstellen bezeichnen, welche lauteren Seelen erreichbar waren. Da es zudem im nichtarischen Kosmos eine Vielzahl von Himmeln gibt, thronen die Indras (das heißt die Könige der verschiedenen Götterreiche) in vielen Himmelsstockwerken übereinander. Darum lesen wir, daß der heilige Pārshvanātha ‚als ein Indra im dreizehnten Himmel geweilt und geherrscht' habe.

entgegenbrachte. Weder seines Vaters Thron noch weibliche Reize konnten ihn fesseln; sein einziges Verlangen ging darauf, der Welt zu entsagen. Als schließlich die Familie, wenn auch ungern, dem Abschied des Prinzen zustimmte, stiegen in diesem Augenblick die Götter hernieder, um den ‚großen Verzicht' zu feiern. Sie brachten ihn in einer Himmelssänfte zum Walde, wo er das Gelübde des *sannyāsa* ablegte: des völligen Verzichtes auf die Welt, zum Zeichen seines unwiderruflichen Entschlusses, seine sterbliche Natur abzutöten. Jahre gingen dahin; da stiegen die Götter nochmals herab, denn Pārshvanātha hatte nun durch Abtötung seines Karma Allwissenheit erlangt. Dann wandelte er als Tīrthaṅkara, als lebender Heilbringer unter den Menschen umher und lehrte sie. Als er im Alter von hundert Jahren seine irdische Sendung erfüllt hatte, trennte sich seine Lebensmonade von der irdischen Hülle und stieg zur Wölbung des Alls empor, wo sie nun für ewig weilt.

Damit ist in kurzem das vermutliche Leben dieses vorzeitlichen Meisters, geschmückt mit einigen mythischen Einzelheiten, beschrieben. Aber in Indien, der Urheimat der Reinkarnationsidee, begnügt man sich nicht mit der Beschreibung *eines* Lebens; dem Leben eines Heiligen oder Heilbringers werden als – beliebig zu vermehrende – Vorspiele frühere heilige Existenzen hinzugefügt, die meist einem feststehenden Modell folgen. Diese Erzählungen zeigen ihren geistigen Helden zuerst auf den niederen, oft sogar tierhaften Daseins- und Erfahrungsstufen, wo er seine charakteristische Rolle als großmütiges Wesen erfüllt, dann verfolgen sie seinen stufenweisen Aufstieg (mit den seligen Zwischenzeiten, die er zwischen den Leben zur Belohnung seiner irdischen Bewährung in einem der traditionellen Himmel verbringt), der ihn durch viele Erfahrungsebenen hindurchführt, bis er zuletzt jenen höchsten Zustand verleiblichter Geistigkeit erreicht, der seinen eigentlichen historischen Lebenslauf auszeichnet. Es sind Bände geschrieben worden über die Geburten des Buddha, und auch für Pārshvanātha hat die fromme Legende eine lange Reihe ersonnen.

Einer der auffallendsten Züge in diesen Erzählungen über die früheren Leben Pārshvanāthas ist die immer wieder mit besonderem Nachdruck berichtete wilde Auflehnung eines dunklen Bruders, dessen Entwicklung das genaue Gegenteil ist zu der des Heilbringers. Pārshvanātha wächst an sittlicher Vollkommenheit, sein dunkler Bruder aber gleichzeitig an Bosheit, bis das durch den Tīrthaṅkara vertretene lichte Prinzip endlich siegt und damit auch der Bruder gerettet wird[1]. Die Feindschaft zwischen den beiden, heißt es, habe in ihrer neuntletzten Inkarnation begonnen. Damals wurden sie geboren als Söhne Vishvabhūtis, des ersten Ministers eines prähistorischen Königs namens Aravinda. Eines Tages begab sich ihr Vater in dem Gedanken ‚Wahrlich, vergänglich ist diese Welt' auf den Pfad der Unabhängigkeit und ließ seine Frau und die beiden Söhne in großem Reichtum zurück. Der älteste Sohn Kamaṭha war leidenschaftlich und verschlagen, während Marubhūti, der jüngere, voll trefflicher Eigenschaften war (dieser war es natürlich, der bei seiner letzten zukünftigen Geburt Pārshvanātha werden sollte)[2]. Deshalb vertraute der König, als er einmal gegen einen fernen Feind ins Feld zog und sein Reich verlassen mußte, die Sicherheit des Palastes nicht dem Älteren, sondern Marubhūti, dem Jüngeren, an. Darauf verführte der Ältere in frevlerischem Zorn seines Bruders Gattin. Der Ehebruch wurde entdeckt, und als der König heimkehrte, fragte er Marubhūti, was die Strafe sein solle. Der zukünftige Tīrthaṅkara

1 *Anmerkung des Herausgebers:* Wenn Heinrich Zimmers Ansicht über das hohe Alter der Jaina-Überlieferung stimmt, wirft dieser eindeutige Dualismus ein neues Licht auf Hintergründe und Wesen der ‚Reformen' des persischen Propheten Zarathustra. Man pflegte diese Reformen mit ihren strengen sittlichen Forderungen und ihrem systematischen Dualismus als eine von einer einzigen großen Prophetenpersönlichkeit ausgehende Erneuerung anzusehen. Wenn Zimmers Ansicht stimmt, vertrat jedoch die dravidische Religion schon Jahre vor Zarathustras Geburt eine strenge sittliche Haltung und einen systematischen Dualismus. Das würde zur Annahme führen, daß in Iran die Lehre Zarathustras, nach einer Epoche arischer Vorherrschaft, das Wiederaufleben vorarischer Einflüsse bedeutet hätte – vergleichbar dem Wiedererstehen des dravidischen Indien im Jainismus und Buddhismus. In diesem Zusammenhang ist bedeutsam, daß der persische ‚dunkle Bruder' – der Tyrann Daḥḥāk (oder Azhi Dahāka) – ähnlich wie Pārshvanātha mit Schlangen dargestellt wird, die aus seinen Schultern hervorgehen (siehe Abbildung VIa und VIb).

In den Volkssagen und Mythen der antiken vorarischen Kulturen der Alten Welt ist das Motiv der feindlichen Brüder keineswegs ungewöhnlich. Man denke nur an die alttestamentlichen Legenden von Kain und Abel, Esau und Jakob; und unter den ältesten uns erhaltenen Erzählungen Ägyptens gibt es ‚die Geschichte von den zwei Brüdern' (vgl. G. Maspero, *Popular Stories of Ancient Egypt*, ‚The Story of the Two Brothers', New York und London 1915, S. 1–20), in der sich nicht nur der scharfe Gegensatz von Gut und Böse, sondern auch eine beachtliche Folge magischer Wiedergeburten findet.

2 Auch in den biblischen Legenden von Kain und Abel, Esau und Jakob und in der ägyptischen ‚Geschichte von den zwei Brüdern' (vgl. Anmerkung des Herausgebers oben) ist der böse Bruder der ältere, der gute der jüngere.

riet zur Vergebung. Aber der König befahl, daß des Ehebrechers Gesicht schwarz angemalt werden sollte, und ließ ihn dann, rücklings auf einem Esel sitzend, durch die Hauptstadt führen und aus dem Reiche verbannen.

Ehrlos, ohne Heimat, Besitz und Familie ergab sich Kamaṭha in der Wildnis härtesten Entsagungen, aber nicht im Geiste demütigen Verzichtens und Bereuens, sondern mit der Absicht, übermenschliche dämonische Kräfte zu erwerben, durch die er sich würde rächen können. Als Marubhūti von diesen Bußübungen erfuhr, dachte er, sein Bruder habe sich nun endlich vom Bösen gereinigt, und trotz der Warnungen des Königs suchte er ihn auf, um ihn heimzuholen. Er traf Kamaṭha stehend an – wie dieser Tag und Nacht zu tun pflegte –, einen großen Steinbrocken in den aufgereckten Händen haltend; durch diese qualvolle Übung sollte der normale Zustand menschlicher Schwäche überwunden werden. Aber als der zukünftige Tīrthaṅkara sich ehrerbietig zu seinen Füßen verneigte und der fürchterliche Einsiedler diese versöhnliche Gebärde erblickte, wurde er von solcher Wut ergriffen, daß er den großen Stein auf Marubhūtis Kopf schleuderte und den Niedergebeugten tötete. Die Asketen des Büßerhaines, die diesem Ungeheuer die Methoden der Selbstpeinigung beigebracht hatten, stießen ihn unverzüglich aus ihrer Gemeinschaft aus, und er suchte bei dem wilden Stamme der Bhils Zuflucht. Er wurde ein Straßenräuber und Mörder und starb schließlich nach einem Leben voll Missetaten.

Auf diese groteske Geschichte baut sich eine lange, komplizierte Reihe von überraschungsvollen Begegnungen auf – ein typisch indisches Beispiel von wiederholtem Sterben und Wiederaufleben, das die sittliche Theorie der Wiedergeburt illustriert. Der böse Kamaṭha durchwandert eine Anzahl Gestalten, die denen seines tugendhaften, immer reifer werdenden Bruders gegensätzlich entsprechen. Immer wieder erscheint er, um die Sünde seines Überfalls zu wiederholen, während Marubhūti, der zukünftige Tīrthaṅkara, in seiner zunehmenden inneren Ausgeglichenheit die Kraft erwirbt, seinen immer wiederkehrenden Tod mit Gleichmut hinzunehmen. So dient in dieser Jaina-Legende der dunkle Bruder eigentlich dem Licht, so wie Judas im Evangelium der Sache Jesu dient[1]. Und wie Judas' legendärer Selbstmord durch Erhängen die Kreuzigung seines Herrn begleitet, so entsprechen die Abstiege Kamaṭhas in jeweils eine der vielen unterirdischen indischen Höllen den Aufstiegen seines zukünftigen Erlö-

[1] Judas wird denn auch in einigen mittelalterlichen Legenden als der ältere Bruder Jesu bezeichnet.

sers zu den verschiedenen himmlischen Sphären. Es darf freilich nicht vergessen werden, daß die indische Vorstellung von Hölle und Himmel sich ganz erheblich von der des Christentums unterscheidet; denn der Einzelne hält sich darin nicht ewig auf. Es sind eher Läuterungsstationen, die den jeweiligen Grad der Erkenntnis darstellen, die auf dem Wege zur letzten Überwindung aller qualitativen Existenz erfahren wird. Darum ist der dunkle Bruder nicht wie Judas für seinen Dienst am Herrn in alle Ewigkeit verdammt, sondern wird am Ende von seiner Fesselung an die Sphären des Nichtwissens und Leidens erlöst.

Nach unserer Geschichtenfolge sind zwar Kamaṭha und Marubhūti gestorben, aber ihr Tod ist nicht das Ende ihrer Erlebnisse. Der gute König Aravinda, dem Marubhūti als Minister gedient hatte, wurde nach dem Tode seines Würdenträgers dazu bewogen, die Welt zu verlassen und das Leben eines Einsiedlers aufzunehmen; diesen Entschluß veranlaßte ein ziemlich geringfügiges Ereignis. Stets auf fromme Werke bedacht, plante er den Bau eines Jaina-Heiligtums, als er eines Tages am Himmel eine dahintreibende Wolke erblickte, die wie ein majestätischer, sich langsam fortbewegender Tempel aussah. Während er dies aufmerksam und voll Entzücken betrachtete, kam ihm der Gedanke, seine Andachtsstätte in eben dieser Form zu bauen. Darum ließ er sich schnell Pinsel und Farben bringen, um die Form festzuhalten. Als er aber aufschaute, hatte sie sich bereits gewandelt. Da kam ihm ein sonderbarer Gedanke. «Ist die Welt», grübelte er, «nur eine Reihe solch vorübergehender Zustände? Warum soll ich dann irgend etwas mein eigen nennen? Was für einen Sinn hat es, das Leben eines Königs fortzusetzen?» Er rief seinen Sohn zu sich, übergab ihm den Thron, verließ sein Königreich und wanderte als zielloser Bettler von einer Wildnis zur anderen.

So stieß er eines Tages in einem tiefen Walde auf eine große Versammlung von Heiligen, die in Meditationen verschiedener Art versunken waren. Er schloß sich ihnen an und hatte noch nicht lange unter ihnen geweilt, als ein mächtiger tollgewordener Elefant in den Hain einbrach – ein gefährliches Ereignis, das fast alle Einsiedler in alle vier Richtungen zerstreute. Aber Aravinda blieb in tiefster Versenkung starr stehen. Der umherrasende Elefant rannte alsbald auf den meditierenden König zu, aber anstatt ihn zu zertrampeln, wurde er, als er dessen völlige Unbeweglichkeit gewahrte, plötzlich ganz ruhig. Er senkte den Rüssel und ließ sich ehrerbietig auf seine gewaltigen Vorderknie nieder. «Warum setzest du deine Freveltaten fort?» ertönte da Aravindas Stimme. «Es gibt keine größere Sünde als anderen Unrecht zuzufügen. Deine Inkarnation in dieser Gestalt ist die Folge der Verschuldungen, die du dir im Augenblick deines gewaltsamen Todes aufgeladen hast. Laß ab von diesen Freveltaten. Fang an, fromme Gelübde zu erfüllen. Ein glücklicher Zustand wird dir dann bereitet sein.»

Das visionäre Auge des in Kontemplation Versunkenen hatte in dem Elefanten seinen einstigen Minister Marubhūti erkannt. Als Folge seines gewaltsamen Todes und der qualvollen Gedanken im Augenblick der Todespein steckte der ehedem fromme Mann jetzt in dieser minderen und tollwütigen Inkarnation. Sein Name war Vajraghosha, ‚Donnerstimme des Blitzes', und seine Gefährtin war die einstige Gattin seines ehebrecherischen Bruders. Als er nun die Stimme des Königs hörte, dem er einst gedient hatte, dämmerte ihm sein früheres Menschendasein auf, er legte das Einsiedelgelübde ab, empfing religiöse Unterweisung zu Füßen Aravindas und faßte den Entschluß, nichts Unsinniges mehr zu tun. Von nun an fraß das mächtige Tier nur ganz wenig Gras, nur gerade so viel, um Leib und Seele zusammenzuhalten; und diese fromme Kost sowie manche sonstigen Entbehrungen ließen ihn so sehr abmagern, daß er ganz still und ausgezehrt wurde. Aber nicht einen Augenblick unterbrach er seine inbrünstige Kontemplation der Tīrthaṅkaras, jener ‚Erhabenen' *(parameshṭhins)*, die nun gelassen-heiter im Zenith des Alls weilen.

Von Zeit zu Zeit begab sich Vajraghosha zum Ufer eines nahen Flusses, um seinen Durst zu löschen, und dabei wurde er einmal von einer Riesenschlange getötet. Sie war sein einstiger Bruder, der ewige Gegenspieler auf seiner Laufbahn, der in Haß und Bosheit sein Leben ausgehaucht hatte und deshalb in dieser bösen Gestalt reinkarniert worden war. Der bloße Anblick des frommen Dickhäuters, der arglos zum Fluß schritt, stachelte den alten Rachegeist an, und die Schlange biß zu. Ihr tödliches Gift brannte wie Feuer durch die schlaffe schwere Haut. Aber trotz der furchtbaren Qualen vergaß Vajraghosha sein Einsiedlergelübde nicht. Er starb den Tod, der ‚der friedliche Tod völliger Selbstaufgabe' heißt, und wurde sogleich im zwölften Himmel als Gott Shashi-prabhā, ‚Mondglanz', wiedergeboren.

Damit vollendet sich ein kleiner Zyklus von drei frommen Leben (im menschlichen, tierischen und himmlischen Dasein), neben denen die drei Leben des Gegenspielers (im menschlichen, tierischen und höllischen Dasein) einherlaufen, wobei alles an den Brüdern gegensätzlich ist, sogar ihre Askese. Denn die drakonischen Übungen des rachsüchtigen Kamaṭha dienten nicht dazu, die ichhaften Strebungen zu transzendieren, sondern ihnen Erfüllung zu garantieren, während die des frommen Vajraghosha den Geist letzter Selbstverleugnung bekunden. Dabei ist zu beachten, daß Vajraghosha hier das Muster eines frommen Suchers auf den Anfangsstufen religiöser Erfahrung ist – er ist das, was im Christentum ein Lamm Gottes genannt würde. Das indische Ideal aber ist, daß man auf dieser schlichten Andachtsstufe nur beginnen, nicht aber stehenbleiben soll; und so rollen die Leben des zukünftigen Tīrthaṅkara weiter.

‚Mondglanz', die glückliche Gottheit, weilte inmitten der überschwenglichen Wonnen seines Himmels sechzehn Zeit-Ozeane *(sagaras)* lang, aber selbst dort unterließ er nicht die regelmäßige Ausübung frommer Taten. Darum wurde er als ein begünstigter Prinz namens Agnivega, ‚Feuerkraft', wiedergeboren, der nach dem Tode seines Vaters den Thron seines Reiches bestieg.

Eines Tages erschien ein heimatloser Weiser, bat um ein Gespräch mit dem jungen König und redete über den Weg der Befreiung. Da erlebte Agnivega das Erwachen seines religiösen Gefühles, und mit einem Schlage verlor die Welt für ihn allen Reiz. Er gesellte sich zu den mönchischen Anhängern seines Lehrers, und durch regelmäßige, immer gesteigerte Bußübungen schwächte er in sich sowohl die Zuneigung wie die Abneigung zu weltlichen Dingen, bis schließlich alles in eine erhabene Gleichgültigkeit überging. Dann zog er sich in eine Höhle des höheren Himalaya zurück, wo er in tiefste Kontemplation versank und alles Bewußtsein für die Außenwelt verlor. In diesem Zustand jedoch wurde er wiederum vom scharfen Zahn einer Schlange gebissen. Das Gift brannte, aber er verlor nicht seinen friedlichen Gleichmut. Er hieß den Tod willkommen und verschied in der geistigen Haltung tiefer Ergebung.

Natürlich war die Schlange wieder der altvertraute Feind, der nach der Tötung des Elefanten zur fünften Hölle niedergefahren war, wo er während sechzehn Zeit-Ozeanen unerhörte Qualen erlitten hatte. Dann war er, wieder in Schlangengestalt, zur Erde zurückgekehrt und hatte beim Anblick Agnivegas von neuem die für ihn bezeichnende Sünde begangen. Der königliche Einsiedler ward im Augenblicke seines Todes zum Gott erhoben, diesmal für eine Zeit von zweiundzwanzig Ozeanen von Jahren; die Schlange aber fuhr zur sechsten Hölle nieder, wo ihre Pein noch größer war als in der fünften.

Wieder hatte sich ein Zyklus vollendet; diesmal umschloß er nur ein einziges Erdenleben und ein himmlisch-höllisches Zwischenspiel. Die Dreimaligkeit des früheren Zyklus hob die irdische Verwandlung eines Wesens hervor, dessen spiritueller Schwerpunkt sich gerade vom Materiellen auf das Geistige verlagert hatte. Denn Marubhūti, der tugendhafte Bruder und treue Minister seines Königs, stand als ein Mann von edler Gesinnung im Staatsdienst, während Vajraghosha sich am Anfang eines heilig-frommen Aufstiegs befand. Wenn auch scheinbar auf einer niedrigeren Ebene als des Königs Minister, stand der Elefant doch auf der ersten Stufe einer höheren Bahn: der plötzliche Tod des Weltmannes und dann die Geburt des kindlichen, wilden, aber lenkbaren Elefantenkälbchens Gottes verbildlicht sehr gut die Krise des Menschen, der eine religiöse Bekehrung erlebt hat. Mit dieser Krise beginnt für die Seele eine Reihe mächtiger Schritte zur Höhe, deren erster die geistige Erkenntnis ist – wie im zuvor geschilderten Leben des königlichen Eremiten Agnivega; der zweite Schritt führt zum Stand des Cakravartin, der dem Erdenrund den Frieden bringt; der dritte zu einem Leben in wunderbarer Heiligung und der letzte zum Stand des Tīrthaṅkara, der sich den Weg zum transzendenten Gipfel des Alls bahnt.

Und so nimmt denn nun dieser Verwandlungsbericht eine neue unerwartete Wendung. Er erzählt, daß die Königin Lakshmīvatī, die reine, liebliche Gemahlin eines Königs namens Vajravīrya (‚Der die Heldenkraft des Donnerkeils Besitzende') in einer Nacht fünf glückverheißende Träume hatte. Aus ihnen entnahm ihr Gatte, daß ein Gott sich anschicke herabzusteigen, um sein Sohn zu werden. Im Laufe eines Jahres schenkte sie einem Knaben das Leben, und auf seinem liebreizenden kleinen Körper entdeckte man die vierundsechzig glückverheißenden Zeichen des Cakravartin. Er wurde Vajranābha (‚Diamantnabel') genannt, nahm zu an Wissen jeder Art, und als die Zeit gekommen war, übernahm er die Herrschaft über das Reich. Bei den Waffen seiner königlichen Schatzkammer lag das Weltrad *(cakra)*[1] in Gestalt einer unwiderstehlichen Wurfscheibe; und mit dieser Waffe eroberte er die vier Weltgegenden und zwang alle anderen Könige, vor seinem Throne zu huldigen. Auch erwarb er die vierzehn übernatürlichen Kleinodien, die Ruhmeszeichen des Cakravartin. Und obgleich von höchstem Glanz umgeben, vergaß er doch nicht einen einzigen Tag die Gebote sittlicher Lebensführung, sondern fuhr fort in der Verehrung der Tīrthaṅkaras und der lebenden Jaina-Meister; er fastete, betete, erfüllte seine Ge-

[1] Vgl. oben S. 125–126.

lübde und vollbrachte zahlreiche Werke der Barmherzigkeit. Ein Einsiedler namens Kshemaṅkara kam deshalb an den Hof, und als der Cakravartin die erbaulichen Worte des heiligen Mannes hörte, ward er von seiner letzten Haftung an die Welt befreit. Er verzichtete auf Thron und Reichtum und zog davon, um in der Wildnis ohne Furcht vor dem Gebrüll der Elefanten, Schakale und Waldgespenster seine Bußübungen zu verrichten.

Aber sein alter Feind war auf die Welt zurückgekehrt, diesmal als ein Bhil, als ein wilder Dschungelbewohner. Und eines Tages nun kam der wilde Jäger zur Stätte des meditierenden einstigen Cakravartin. Der Anblick des in Meditation versunkenen Heiligen erweckte seines Feindes alten Haß. Der Bhil erinnerte sich seiner letzten menschlichen Inkarnation, entflammte in Rachsucht, legte seinen schärfsten Pfeil auf die Sehne, zielte und ließ ihn abschnellen. Vajranābha starb in Frieden und ganz ohne Schrecken. Und so stieg er zu einer der allerhöchsten Himmelssphären empor – dem sogenannten *Madhyagraiveyaka*-Himmel, der mitten *(madhya)* auf dem Nacken *(grīvā)* des menschengestaltigen Weltkörpers liegt[1], und dort wurde er zu einem Ahaṁ-Indra (‚ich bin Indra')[2]. Der Bhil aber, der voll niedriger und sündhafter Gedanken war, fuhr nach seinem Tode in die siebente Hölle hinab, wiederum für eine Zeit voll unbeschreiblicher Pein.

Die nächste Wiederkunft des zukünftigen Tīrthaṅkara geschah in der Person eines Prinzen aus der Familie der Ikshvāku, dem Herrscherhaus von Ayodhyā, und sein Name war Ānandakumāra. Stets ein vollkommener Jaina und inbrünstiger Verehrer der Tīrthaṅkaras, wurde er der König der Könige in einem großen Reich. Die Jahre gingen dahin. Als er eines Tages vor dem Spiegel stand, entdeckte er, daß eines seiner Haare ergraut war. Sogleich traf er Anstalten, um seinem Sohn den Thron zu übergeben und sich selbst in den Orden der Jaina-Asketen aufnehmen zu lassen. Dann nahm er Abschied vom Weltleben. Diesmal war sein Lehrer ein großer Weiser namens Sāgaradatta. Durch ihn und dank der unermüdlichen Übung aller vorgeschriebenen Entsagungen gewann er übernatürliche Kräfte. Überall wo er ging, bogen sich die Bäume unter der Fülle ihrer Früchte, gab es weder Kummer noch Sorgen, waren die Teiche voll Lotosblüten und klarsten Wassers und scherzten die Löwen friedfertig mit den Rehen. Ānandakumāra verbrachte seine Zeit in Meditation, und meilenweit in seinem Umkreis herrschte nichts als Frieden. Vögel und Tiere scharten

[1] Dies wird später behandelt auf den S. 241–248.

[2] Vgl. S. 173, Anmerkung des Herausgebers.

sich furchtlos um ihn. Aber eines Tages wurde der königliche Heilige von einem unbändigen Löwen – seinem alten Feinde – angefallen, der ihn in Stücke riß und verschlang. Er nahm jedoch seinen Tod mit völliger Gelassenheit hin. Im dreizehnten Himmel wurde er als dessen Indra, als höchster Götterkönig, wiedergeboren.

Der künftige Erlöser weilte dort zwanzig Ozeane von Jahren hoch oben in den himmlischen Wohnungen, aber ständig hielt er sich wie ein echter Jaina in Schranken und übte sich mit unaufhörlicher Konzentration in guten Taten. In der Ablösung von den Sinnen und ihren Freuden hatte er es so weit gebracht, daß er sogar den Versuchungen der höchsten himmlischen Wonnen widerstehen konnte. Er verehrte die Tīrthaṅkaras, die noch weit über ihm standen, und gab den Göttern ein Beispiel vom Lichte wahren Glaubens. Er war viel eher ihr geistlicher Lehrer und Erlöser als ihr König. Und so ward es deutlich, daß er nun dazu vorbereitet war, die höchste Rolle eines Heilbringers für Götter und Menschen zu übernehmen. Nur ein einziges Mal noch sollte er zur Erde niedersteigen; diesmal zu seiner letzten Inkarnation, die den Gipfelpunkt seiner Pilgerschaft durch den Kreis von Geburt und Tod bedeuten sollte.

Es wird berichtet, daß der Indra der Sudharma-Halle, der erdnächsten Himmelssphäre, zu Kubera, dem Herrn der Kobolde, der all die in den Bergen verborgenen Juwelen und Edelsteine verwaltet, also sprach: «Der Indra des dreizehnten Himmels, hoch über mir, wird bald zur Erde niedersteigen und sich als Sohn des Königs von Benares inkarnieren. Er wird der dreiundzwanzigste Tīrthaṅkara Indiens sein. So mögest du die Fünf Wunder herabregnen lassen auf das Königreich von Benares, auf seinen frommen Herrscher und die gläubige Königin, die zu Eltern des Tīrthaṅkara erkoren sind.»

So kündigte sich der Beginn dieser (in der Hauptsache wohl geschichtlichen) Inkarnation an, die wir am Anfang dieses Kapitels erwähnt haben. Kubera, der Koboldkönig, traf Anstalten, den Befehl auszuführen, und so fielen während der sechs Monate vor der Herabkunft des Heilbringers Pārshvanātha in den Schoß der Königin Tag für Tag nicht weniger als fünfunddreißig Millionen Diamanten vom Himmel, Blumen von den Wunschbäumen in den himmlischen Gärten der Götter, Schauer klaren süß duftenden Wassers, göttliche Töne von den großen Trommeln der glückverheißenden Regenwolken und liebliche Gesänge der Götter aus dem Jenseits. Die Herrlichkeit von Benares wuchs ins Tausendfache, und die Freude des Volkes kannte keine Grenzen. Denn diese Wunderzeichen kündigen stets den Beginn der heiligen kosmischen Zeremonien an, mit denen die Erscheinung eines Tīrthaṅkara auf Erden gefeiert wird. Die ganze Welt freut sich und stimmt mit den Göttern in den Lobgesang ein, der jedes erhabene Ereignis im Laufe dieser höchsten Phase feiert, die die Lebensmonade zu Vollkommenheit, Allwissen und Befreiung führt.

In einer überaus günstigen Nacht träumte die liebliche Königin Vāmā vierzehn verheißungsvolle Träume, und sobald König Ashvasena davon erfuhr, da wußte er, daß sein Sohn ein Heilbringer sein würde – ein Cakravartin oder ein Tīrthaṅkara. Die reine Monade ging ein in den königlichen Leib ihrer letzten Erdenmutter, im glückverheißenden Frühlingsmonat, der Vaishākha[1] heißt, bei ihrer Herabkunft gefeiert von den Himmeln. Und in dem Augenblick, da sie der Leibesfrucht, die bereits drei Monate im Schoße geruht hatte, Leben verlieh (dies ist der Zeitpunkt, da die Frucht ihr eigenes Leben empfängt), erbebten die Throne aller Indras in den Himmeln, und die werdende Mutter spürte die erste Bewegung ihres Kindes. Die Götter kamen in ihren luftigen Prunkwagen herab in die königliche Stadt und zelebrierten das Erste Kalyāṇa, ‚das heilbringende Ereignis der Belebung der Leibesfrucht durch das Niedersteigen der Lebensmonade in ihren stofflichen Leib‘ *(garbha-kalyāṇa)*. Den König und die Königin auf den Thron setzend, gossen sie voll Freude heiliges Wasser aus einem goldenen Krug über sie und richteten Gebete an das im Mutterschoße weilende erhabene Wesen; und Benares widerhallte von göttlicher Musik. Die vornehmsten Himmelsgöttinnen wurden dazu bestimmt, der schwangeren Herrin aufzuwarten; und um sie zu erfreuen, plauderten sie mit ihr über viele unterhaltsame Dinge. Zum Beispiel stellten sie ihr zum Scherze schwierige Fragen: aber die Königin wußte sogleich Antwort darauf; trug sie in sich doch keinen Geringeren als den Bewältiger des Allwissens. Zudem wurde sie während der ganzen Zeit ihres gesegneten Zustandes von keinen Schmerzen belästigt.

Als der Sohn geboren wurde, erbebten die Throne aller Indras, und die Götter wußten, daß nun der Herr das Licht der Welt erblickt hatte. Prunkvoll stiegen sie zur Feier des Zweiten Kalyāṇas hernieder, ‚des heilbringenden Ereignisses der Geburt des Erlösers‘ *(janma-kalyāṇa)*. Der Knabe war von schöner, blauschwarzer Hautfarbe[2], nahm schnell zu an

[1] Ein Mondmonat, der zum Teil dem April, zum Teil dem Mai entspricht.
[2] Was bedeutet, daß er ein Sprößling der nichtarischen Urbevölkerung Indiens war.

Schönheit und Jugendkraft und ritt als Knabe gern zu Pferde oder auf dem mächtigen Rücken eines der großen königlichen Elefanten von Ort zu Ort. Oft tummelte er sich in den Wassern mit den Wassergöttern oder in den Wäldern mit den Baum- und Berggöttern. Aber bei aller kindlichen Spielerei, der er sich wohl mit großer Lust hingab, offenbarte sich die sittliche Reinheit und Sanftmut seines außerordentlichen Wesens. Schon mit acht Jahren legte er die zwölf jainistischen Grundgelübde des erwachsenen Hausvaters ab und begann sie zu befolgen[1].

Pārshvas Großvater mütterlicherseits war ein König namens Mahīpāla. Dem starb seine Gattin, und er war so untröstlich darüber, daß er auf seinen Thron verzichtete und sich in die Wildnis zurückzog, um die strengsten Kasteiungen auf sich zu nehmen, die es in den Büßerhainen gab. Aber es war nicht der echte Geist der Entsagung, der diesen leidenschaftlichen Mann erfüllte. Er vertrat jenen archaischen Typus grausamen Asketentums, das, obschon auf höhere Ziele gerichtet, doch ganz egozentrisch war, und dem die Jainas mit ihrem Ideal des Erbarmens und der Selbstverleugnung ein Ende bereiten wollten. Mit verfilztem Haar, in einem hirschledernen Lendenschurz, in Leidenschaft und finsterem Nichtwissen befangen, ungeheure Energien durch selbstauferlegte Qualen in sich aufspeichernd, so zog Mahīpāla durch die Wälder, bis er eines Tages in die Nähe von Benares kam und dort eine besonders schwierige geistige Übung vollzog, die sogenannte Buße der ‚Fünf Feuer‘[2]. Hier traf ihn zufällig sein Enkel an, das schöne Kind seiner lieblichen Tochter Vāmā.

Der Knabe ritt auf einem Elefanten heran, umgeben von seinen Spielgefährten, mit denen er in den Dschungel gedrungen war; und als die fröhliche Gesellschaft den leidenschaftsbesessenen alten Einsiedler in sei-

[1] Der Jaina-Hausvater soll 1. kein Leben zerstören, 2. keine Lüge sprechen, 3. keinen unerlaubten Gebrauch von fremdem Eigentum machen, 4. keusch leben, 5. seinen Besitz beschränken, 6. ein immergültiges und ein tägliches Gelübde ablegen, daß er nur in bestimmten Richtungen und bestimmte Strecken gehen werde, 7. unnützes Reden und Handeln vermeiden, 8. sündige Gedanken vermeiden, 9. Maß halten in den täglichen Mahlzeiten und Vergnügungen, 10. zu festgesetzten Stunden morgens, mittags und abends seine Andacht verrichten, 11. an gewissen Tagen fasten und 12. täglich Gaben austeilen in Gestalt von Wissen, Geld usw. (*Tattvārthādhigama Sūtra*, ins Englische übersetzt und kommentiert von J. L. Jaini, Sacred Books of the Jainas, Arrah, o. D., Bd. II, S. 142–143.)

[2] Vier große Feuer werden in den vier Himmelsrichtungen dicht um den Büßer angezündet, während die heiße indische Sonne, das ‚fünfte Feuer‘, von oben herabbrennt.

ner grausigen Einsamkeit zwischen den Feuern überfiel, geriet Mahīpāla außer sich. Er schrie den Prinzen, den er sofort erkannte, an: «Bin ich nicht deiner Mutter Vater? Bin ich nicht edlen Geblüts und habe ich nicht allem entsagt, um in die Wildnis zu gehen? Bin ich nicht ein Anachoret, der hier die allerschwierigsten Bußübungen vollbringt? Was für ein hochmütiges Bürschlein bist du, daß du mir nicht den gebührenden Gruß erweisest!»

Pārshva und sein Gefolge blieben verwundert stehen.

Da erhob sich der Alte und ergriff eine Axt, mit der er einen großen Holzklotz zu spalten sich anschickte; zweifellos wollte er seinen Zorn loswerden, er tat aber so, als wolle er Brennholz für seine großen Feuer machen. Der Knabe aber rief, er solle einhalten, und erklärte sodann: «In diesem Holz haust eine Schlange mit ihrer Gefährtin: töte sie nicht sinnlos.»

Mahīpālas Stimmung wurde durch diesen gebieterischen Zuruf nicht besser. Er drehte sich um und fragte mit bitterem Spott: «Und wer bist denn du? Brahmā? Vishṇu? Shiva?[1] Ich merke, du kannst alles sehen, wo es auch sei.» Er hob die Axt und ließ sie absichtlich niedersausen. Der Klotz ward gespalten. Und da lagen die zwei Schlangen, mitten entzweigeschnitten.

Dem Knaben blutete das Herz, als er die beiden im Sterben sich windenden Tiere erblickte. «Fühlst du kein Mitleid?» fragte er den alten Mann. «Großvater, du bist ohne Wissen. Diese deine Entbehrungen haben gar keinen Sinn.»

Da verlor Mahīpāla alle Beherrschung. «Ich verstehe! Ich verstehe! Ich verstehe!» rief er. «Du bist ein Weiser, ein sehr großer Weiser. Aber ich bin dein Großvater. Und zudem bin ich ein Einsiedler. Ich übe die Buße der Fünf Feuer. Ich stehe tagelang auf einem Bein mit erhobenen Armen. Ich leide Hunger; leide Durst; breche mein Fasten nur mit dürren Blättern. Da ziemt es sich wohl, daß so ein Knäblein wie du die Kasteiungen seines Großvaters sinnlos und unklug nennt!»

Der kleine Prinz erwiderte fest, aber mit sanfter und wundersam freundlicher Stimme. «Der Geist des Neides», sprach er, «vergiftet all deine Übungen; und täglich tötest du hier Tiere mit deinen Feuern. Andere Wesen auch nur geringfügig verletzen, heißt eine große Sünde begehen;

[1] Die Hauptgötter der Hindu sind allen großen Religionen Indiens gemeinsam, dem Buddhismus und Jainismus ebenso wie den Hindu-Sekten; vgl. oben S. 173, Anmerkung des Herausgebers.

großes Leid aber ist die Folge selbst kleiner Sünden. Übungen wie die deinen, ganz abgetrennt von wahrer Erkenntnis, sind so leer und unfruchtbar wie Spreu im Vergleich zum Weizen. Gib deine sinnlose Selbstquälerei auf; folge dem Weg der Tīrthaṅkaras und tue rechte Taten im rechten Glauben und aus rechter Erkenntnis; denn das ist der einzige Weg zur Befreiung.»

Dann sang Pārshva der Herr eine Hymne für die sterbenden Schlangen, und sie verschieden friedlich, da er zugegen war. Er kehrte zu seinem Palast zurück, sie aber wurden – nach einem solch verdienstvollen Tode – sogleich in der Unterwelt wieder geboren; das männliche Tier war nun Dharaṇendra, ‚der Herr der Erde' (die kosmische Schlange Shesha, die die Erde auf ihrem Kopf trägt), und die weibliche war Padmāvatī (die Göttin Lakshmī). Sie genossen unendliche Wonnen.

Es bleibt noch zu berichten, daß der launische alte Mahīpāla kein anderer als der böse Bruder war. Als Löwe hatte er den Erlöser am Ende seiner vorherigen Inkarnation getötet und verschlungen. Dafür war er in die Qualen der fünften Hölle geschleudert worden, wo er siebzehn Zeitmeere lang geblieben war. Danach hatte er drei Zeitmeere lang eine Reihe von Inkarnationen in Körpern von Vierfüßlern durchlebt, und da er in der letzten Verkörperung einige verdienstvolle Taten vollbracht hatte, war er zur Belohnung als der alte Wüterich wiedergeboren worden. Die Worte seines Enkels trugen jedoch keine Früchte. Der Einsiedler betrieb weiter seine unfruchtbaren Übungen, bis er schließlich starb.

Der Prinz wuchs zum Jüngling heran, und als er das sechzehnte Lebensjahr erreicht hatte, wollte sein Vater ihm eine Braut geben, aber der Jüngling wies diesen Gedanken zurück. «Mein Leben», sprach er, «wird nicht so lange dauern wie das des ersten Tīrthaṅkara, des gesegneten Rishabha; denn ich werde nur hundert Jahre alt werden. Schon sechzehn meiner kurzen Jahre sind bei knabenhaftem Spiele verstrichen, und mit dreißig Jahren soll ich in den Orden eintreten. Sollte ich da für eine so kurze Zeitspanne heiraten, um einige Freuden kennenzulernen, die doch nicht vollkommen sind?»

Der König verstand. Sein Sohn bereitete sich auf den Großen Verzicht vor; alle Bemühungen, ihn zurückzuhalten, würden vergeblich sein.

Der Jüngling dachte in seinem Herzen, das nun vom Geiste der Entsagung erfüllt war: «Viele Jahre lang habe ich den Rang eines Indra genossen; dennoch war das Lustverlangen nicht beseitigt. Was für einen Sinn werden einige Tropfen irdischen Wassers für den haben, dessen

Durst von keinem ambrosischen Meere gelöscht werden konnte? Die Begierde nach den Freuden des Daseins wird durch Genuß nur erhöht, wie das Feuer auflodert, wenn man Holz hineinwirft. Freuden sind wohl im Augenblick erfreulich, aber ihre Folgen sind von Übel; denn um die Sinneslust zu befriedigen, muß man sich ins Reich der Schmerzen begeben, wo man die sittlichen Gebote mißachtet und den schlimmsten Lastern verfällt. Dann muß die Seele von Geburt zu Geburt wandern, sie muß sogar ins Tierreich hinab und durch die Sphäre der Höllenqualen hindurch. Darum werde ich keines meiner Jahre mit der vergeblichen Jagd nach Genüssen vergeuden.»

Der zukünftige Tīrthaṅkara wandte sich alsdann den ‚Zwölf Meditationen' zu und erkannte, daß die Kette der Existenzen keinen Anfang hat, daß sie voll Leiden und Unreinheit ist, und daß das Selbst nur sich selbst zum Freunde hat. Da erbebten im Himmel die Throne aller Indras, und die Götter stiegen herab, um den Dritten Kalyāṇa zu feiern: ‚das heilbringende Ereignis des Allverzichtes' (*sannyāsa-kalyāṇa*). Sie selbst redeten zu dem jungen Heilbringer. «Die Welt», sprachen sie, «liegt in tiefem Schlaf, gehüllt in eine Wolke der Täuschung. Dieser Schlaf wird nur durch den Posaunenstoß deiner Unterweisung verscheucht werden. Du, der Erleuchtete, der Erwecker der verblendeten Seele, du bist der Erlöser, die große Sonne, vor der die lampengleichen Worte bloßer Götter, wie wir es sind, verblassen. Du sollst nun tun, was zu tun du gekommen bist: die Gelübde einlösen, den Widersacher Karma vernichten, die Finsternis des Unwissens zerstreuen und den Weg zur Glückseligkeit öffnen.» Himmelsblumen streuten sie vor seine Füße.

Vier Indras stiegen nieder mit ihrem Gefolge; himmlische Trompeten schmetterten; die Himmelsnymphen begannen zu singen und zu tanzen; Gottheiten riefen: «Sieg dem Herrn», und der Indra des Sudharma-Himmels führte Pārshva zu einem Thron, der auf wunderbare Weise erschienen war. Wie ein König auf dem Höhepunkt der Zeremonie der ‚Königsbeseelung' (*rājasūya*) durch die Besprengung mit Wasser geweiht wird, so wurde Pārshva mit einem Elixier aus dem göttlichen Milchmeer geweiht, das aus einem Goldbecher gegossen wurde. Nachdem dann sein Leib mit himmlischem Geschmeide geschmückt war, kehrte er zu seinen Eltern zurück, um von ihnen Abschied zu nehmen, und tröstete sie mit liebevollen Worten. Danach trugen ihn die Götter in einer Himmelssänfte zum Walde.

Die Gesellschaft hielt unter einem bestimmten Baume an, Pārshva entstieg der Sänfte und stellte sich auf einen Felsblock. Der Tumult der Menge verstummte, als er eigenhändig seinen Schmuck und seine Gewänder Stück für Stück abzulegen begann. Als er völlig nackt war, erfüllte Verzicht sein Herz. Er sah gen Norden und verneigte sich mit gefalteten Händen zu Ehren der Befreiten, da er selbst sich allen Verlangens entkleidet hatte. Er zog fünf Haare von seinem Haupt und überreichte sie Indra. Der Gott nahm sie und warf sie, in seinen Himmel zurückkehrend, ehrfürchtig in das Milchmeer. Dann, im ersten Viertel des elften hellen Mondtages des Monats Pausha (Dezember-Januar), legte der Heilbringer seine letzten Gelübde ab. In starrer Haltung dastehend, mit unerschütterlicher Ausdauer fastend und mit vollendeter Sorgfalt die achtundzwanzig Haupt- und die vierundneunzig Nebenregeln des Ordens beachtend, wurde Pārshva von dem ergriffen, was *manaḥparyāya*-Wissen genannt wird: vom Wissen um die Gedanken anderer. Löwen und Rehe spielten miteinander um ihn her, und der ganze Wald war ein Reich des Friedens.

Das hohe Ziel sollte jedoch nicht ohne einen weiteren Zwischenfall erreicht werden; denn der Gegenspieler mußte noch seinen letzten Schlag austeilen. Eines Tages, als der Erlöser, vollkommen unbeweglich und aufrecht, in Meditation versunken dastand, wurde der Wagen eines Gottes der Himmelslichter mit Namen Saṁvara[1] jäh auf seiner luftigen Fahrt aufgehalten – denn nicht einmal ein Gott vermag die Strahlung eines in Meditation versunkenen Heiligen von der Geistesgröße des Pārshva zu durchbrechen. Da Saṁvara über hellsichtiges Wissen verfügte, erkannte er, was geschehen war; und plötzlich wußte er auch, daß dieser Heilige Pārshvanātha war.

Nun war der Insasse des Wagens wiederum der Gegenspieler – diesmal, wegen der durch die Bußübungen des alten Mahīpāla erworbenen Macht, in der Gestalt einer geringeren Gottheit. Der verärgerte Gott beschloß also, den alten Kampf wieder aufzunehmen und sich diesmal der übernatürlichen Kräfte zu bedienen, die ihm zur Verfügung standen. Und so sandte er eine dichte und schreckliche Finsternis hinab und beschwor einen heulenden Wirbelsturm herauf. Bäume zersplitterten und wirbelten durch die Luft. Die Erde ward gespalten und öffnete sich mit Getöse, Berge stürzten nieder und zerfielen zu Staub. Ein Sturzregen flutete herab.

[1] Auch Meghamālin genannt, nämlich im *Pārshvanātha Caritra* des Bhāvadevasūri (vgl. Bloomfield, a.a.O. S. 117–118).

Der Heilige aber blieb unbewegt und gelassen, ganz in seine Meditation versunken. Der aufs höchste ergrimmte Gott machte sich so abstoßend wie möglich: mit schwarzem Antlitz und feuerspeiendem Mund, geschmückt mit einer Halskette aus Menschenschädeln, glich er dem Todesgott. Als er sich, aufglühend durch die Nacht, auf Pārshva stürzte, schrie er wild: «Tod! Tod!» – aber der Heilige rührte sich nicht.

Das ganze unterirdische Reich der erdtragenden Schlange erbebte, und der große Dharaṇendra, der ‚Erdkönig', sprach zu seiner Gattin, der Göttin Padmāvatī: «Jener gesegnete Herr, voll Erbarmen, dessen sanften Unterweisungen im Augenblick unseres Todes wir unsere jetzige Herrlichkeit verdanken, er ist in Gefahr.» Die beiden kamen hervor, huldigten dem Herrn, der von ihrer Ankunft nichts merkte, richteten zu seinen beiden Seiten ihre riesigen Leiber auf und spreizten ihre Kopfhauben über ihn, so daß kein einziger Tropfen der Sturzflut seinen Leib berührte. Ihre Erscheinung war so ungeheuerlich und furchterregend, daß der Gott Saṁvara seinen Wagen wendete und floh[1].

Pārshva zerriß nach und nach die Fesseln seines Karma und versank in die Weiße Kontemplation, durch die sich die allerletzten und allerfeinsten Spuren menschlichen Verlangens nach Erfolg auflösen. Am glückverheißenden vierzehnten Tag des abnehmenden Mondes im Monat Caitra (März–April) zerriß das letzte der dreiundsechzig mit den vier Arten des zerstörerischen Karma verknüpften Bande, und der Welterlöser erwarb lautere Allwissenheit. Er hatte das dreizehnte Stadium der psychischen Entwicklung betreten: er war ‚befreit, wenn auch noch im Leibe'. Von diesem Augenblick an war jedes Teilchen des Alls im Rund seiner Seele beschlossen.

Sein Hauptapostel Svayambhu betete in Ehrfurcht, der Tīrthaṅkara möge die Welt unterweisen, und die Götter bereiteten eine Versammlungshalle

1 Nach einer anderen Version heißt es: Als Pārshva der Herr sich unter einen Ashokabaum stellte, um Erleuchtung zu erlangen, griff ihn ein Asura namens Meghamālin in Gestalt eines Löwen an und sandte dann einen Sturmregen auf ihn herab, um ihn zu ertränken. Aber der Schlangenkönig Dharaṇa umwand ihn mit seinem Leib und beschirmte ihn mit seiner Kopfhaube. «Als der Asura die große Standhaftigkeit des Herrn sah, wurde sein Sinn von großer Verwunderung ergriffen, und sein Stolz besänftigte sich. Er huldigte dem Siegreichen und kehrte zu seiner Heimstätte zurück. Als Dharaṇa sah, daß die Gefahr vorüber war, kehrte auch er in seine Wohnstätte zurück.» (Devendras Kommentar zum *Uttarādhyayana Sūtra* 23, herausgegeben und übersetzt von Jarl Charpentier, *Zeitschrift der Deutschen Morgenländischen Gesellschaft*, LXIX, 1915, S. 356.)

aus zwölf Teilen, die ‚Zusammenscharung' (*samavasaraṇa*) genannt; darin wurde allen Wesen ihr besonderer Platz zugewiesen. Eine unübersehbare Menge kam zusammen. Und Pārshva, der Herr, erteilte in seiner Barmherzigkeit – ganz im Gegensatz zur Brahmanenart – seine lautere Lehre an alle ohne Unterschied. Seine Stimme war ein geheimnisvoll göttlicher Laut. Der höchste Indra bat ihn, die wahre Religion auch in den fernsten Teilen Indiens zu predigen, und er war dazu bereit. Wo immer er hinkam, wurde eine ‚Zusammenscharung' errichtet, die sich unverzüglich mit Menschen füllte.

Saṁvara dachte: «Ist der Herr denn wirklich eine so unfehlbare Quelle von Glück und Frieden?» Er kam zu einem der weiten Säle und hörte zu. Pārshva lehrte. Und auf einmal kam der Geist der Feindseligkeit, der sich durch all die Inkarnationen hindurch erhalten hatte, zur Ruhe. Von Reue übermannt, warf sich Saṁvara mit einem Schrei dem Pārshvanātha zu Füßen. Und in seiner unerschöpflichen Freundlichkeit tröstete der Tīrthaṅkara den, der von Geburt zu Geburt sein Feind gewesen war. Durch seines Bruders Gnade öffnete sich Saṁvaras Geist der rechten Schau; er wurde auf den Weg der Befreiung gebracht. Mit ihm gaben siebenhundertfünfzig Asketen, die sich bisher hartnäckig ihren grausamen, nach Ansicht der Jainas nutzlosen, Bußübungen gewidmet hatten, ihre fruchtlosen Exerzitien auf und nahmen den Glauben des Tīrthaṅkara an.

Pārshvanātha lehrte neunundsechzig Jahre und elf Monate und kam, nachdem er in allen Landen Indiens gepredigt hatte, schließlich zum Berge Sammeda[1]. Damals stand er im zweiten Stadium der Versenkung. Nun ging er zum dritten Stadium über. Ein Monat verging, und noch immer blieb er versunken.

Die Periode des menschlichen Daseins ging für den Tīrthaṅkara nun zur Neige. Als nur noch so viel Leben übrig war, wie er zum Aussprechen der fünf Vokale gebraucht hätte, ging Pārshvanātha in das vierte Versenkungsstadium ein. Siebzig Jahre zuvor waren seine zerstörenden Karmas getilgt worden; jetzt wurden noch die fünfundachtzig Bande vernichtet, die sich an die vier Arten des nicht-zerstörenden Karma knüpfen. Dies geschah am siebenten Tage des zunehmenden Mondes im Monat Shrāvana (Juli–August), und gleich darauf gelangte Pārshva der Herr zu seiner letzten Befreiung. Seine Lebensmonade stieg zur Siddha-shilā empor, der friedvollen

[1] Weil viele Heilige und Weise dort Erleuchtung erlangt haben, ist dieser Ort den Jainas heilig.

Region ewiger Glückseligkeit am Gipfel des Alls, während sein Leichnam auf dem Gipfel des heiligen Berges ruhte.

Mit ihren verschiedenen Indras an der Spitze kamen die Götter hernieder, um den Fünften und Letzten Kalyāṇa zu feiern, ‚das heilbringende Ereignis der Befreiung' *(moksha-kalyāṇa)*. Voll Andacht und Verehrung für die sterblichen Überreste luden sie diese auf eine diamantene Sänfte, beteten sie ehrfürchtig an, gossen süßduftende Essenzen über den heiligen Leib und verneigten sich demütig. Da schoß aus dem Haupte des Gottes Agni-kumāra, des ‚jugendlichen Feuerprinzen', eine Flamme vom himmlischen Feuer und verzehrte den Leib. Nach dieser Verbrennung rieben sich die Götter Haupt und Brust mit der heiligen Asche ein, dann zogen sie mit Jubelgesängen und Tänzen zu ihren himmlischen Wohnungen.

Bis zum heutigen Tage ist der Berg Sammeda als Berg des Pārshvanātha bekannt und erinnert die Menschen an den dreiundzwanzigsten Tīrthaṅkara, der dort seine Befreiung erlangte und von dort zur Siddha-shilā aufstieg, um nie wiederzukehren.

2. STANDBILDER DER JAINAS

Es gibt eine Reihe enger Beziehungen zwischen dieser Legende vom letzten Leben Pārshvanāthas und der Lebensbeschreibung des Buddha. Zudem können manche Darstellungen des Buddha, die ihn von einer Schlange beschützt abbilden, kaum von denen des Jaina-Tīrthaṅkara unterschieden werden *(Abbildungen IV und V)*. Die beiden Religionen haben fraglos eine gemeinsame Überlieferung. Die Geburten der beiden Erlöser sind sehr ähnlich, ebenso die Berichte von dem wunderbaren Wissen, das sie als Kinder entfalteten. Wahrsager prophezeiten für jeden entweder die Laufbahn eines Cakravartin oder eines Welterlösers. Beide wuchsen als Prinzen auf, verließen aber das Schloß ihrer Väter und zogen in den Wald, um auf gleiche Weise nach asketischer Selbstverwirklichung zu streben. Und auf dem Gipfelpunkt ihres Lebenslaufes – als sie zur Vollendung gelangten – entspricht Saṁvaras Angriff auf Pārshvanātha demjenigen Māras, des Lust- und Todesgottes, auf den meditierenden Gautama Shākyamuni.

Denn so wird uns berichtet: als der werdende Buddha unter dem Bo-Baum an dem unverrückbaren Ort saß, wollte der Gott mit den beiden Namen, Māra (Tod) und Kāma (Begierde)[1], ihn versuchen und aus seiner

[1] Vgl. S. 139f.

Versenkung reißen. Als Kāma zeigte er dem meditierenden Erlöser die höchsten Freuden dieser Welt in Gestalt dreier verführerischer Göttinnen mit ihrem Gefolge, und als der erwartete Erfolg ausblieb, nahm er Zuflucht zu seiner furchterregenden Gestalt als Māra. Mit mächtiger Heerschar trachtete er den Buddha zu schrecken und sogar zu erschlagen; er überfiel ihn mit gewaltigen Stürmen, Schauern von Regen, flammenden Felsen, Waffen, glühenden Kohlen, heißer Asche, Sand, siedendem Schlamm und zuletzt mit einer großen Finsternis. Aber der künftige Buddha blieb ungerührt. Die Wurfgeschosse wurden zu Blumen, als sie den Ort seiner Versenkung erreichten. Māra schleuderte eine scharfe Wurfscheibe, aber sie verwandelte sich in einen Blütenbaldachin. Nun wollte der Gott dem Gesegneten das Recht streitig machen, unter dem Bo-Baum an dem unverrückbaren Ort zu sitzen. Da berührte der werdende Buddha die Erde nur mit den Fingerspitzen seiner Rechten, und sie bestätigte ihm donnernd mit vieltausendfachem Grollen: «Ich zeuge für dich!» Māras Heer zerstob, und alle Götter des Himmels stiegen herab, mit Blumengewinden, Düften und anderen Gaben in ihren Händen.

In dieser Nacht, während der Bo-Baum, unter dem er saß, rote Blüten auf ihn niederregnen ließ, gewann der Erlöser während der ersten Nachtwache das Wissen um seine früheren Existenzen, während der mittleren das göttliche Auge und während der letzten die Einsicht vom abhängigen Ursprung. Nun war er der Buddha. Die zehntausend Welten erbebten zwölfmal bis zu den Küsten der Meere. Flaggen und Banner entfalteten sich an allen Enden. Lotosse blühten auf jedem Baume. Und der Kreis der zehntausend Welten glich einem durch die Lüfte wirbelnden Blumengebinde[1].

Offensichtlich ist dieser letzte Sieg demjenigen des Pārshvanātha sehr ähnlich, abgesehen davon, daß die Schlange, ‚der Herr der Erde', noch nicht erschienen ist. Statt dessen verteidigt die Erde selbst ihren Helden. Aber in der Buddhalegende heißt es weiter: Der Gesegnete saß nach dieser Vollendung sieben Tage lang mit gekreuzten Beinen am Fuße des Bo-Baums und erfreute sich an der Glückseligkeit der Befreiung. Dann begab er sich zum Banyanbaum der Ziegenherde, saß da weitere sieben Tage, und danach ging er zum sogenannten Mucalinda-Baum. Mucalinda war nämlich der

[1] *Jātaka* 1.68 (nach der englischen Übersetzung von Henry Clarke Warren, *Buddhism in Translation*, Harvard Oriental Series, Bd. III, Cambridge, Mass. 1922, S. 76–83).

Name einer großen Schlange, die ihre Wohnung in den Wurzeln eben dieses Baumes hatte. Während der Buddha sich dort der Seligkeit der Erleuchtung hingab, zog ganz unerwartet eine riesige Gewitterwolke herauf, ein kalter Wind blies, und der Regen begann herabzuströmen. «Da kam Mucalinda, der Schlangenkönig, aus seinem Schlupfwinkel hervor, umhüllte den Leib des Gesegneten siebenfach mit seinen Windungen, breitete seinen großen Kopf über dessen Haupt und sprach: ‚Weder Kälte noch Hitze, noch Mücken, Fliegen, Wind oder Sonnenschein, noch kreuchendes Getier sollen dem Gesegneten nahekommen!‘ Als nun sieben Tage verstrichen waren und Mucalinda, der Schlangenkönig, merkte, daß der Sturm sich gelegt hatte und die Wolken vorübergezogen waren, löste er die Windungen vom Leibe des Gesegneten. Dann verwandelte er seine ursprüngliche Gestalt in die eines jungen Mannes, trat vor den Gesegneten hin und neigte sich, die Hände vor der Stirn zusammengelegt, ehrfurchtsvoll vor dem Gesegneten[1].»

Die Beziehung zwischen der jainistischen und der buddhistischen Version läßt sich nicht genau rekonstruieren. Beide können durch reinen Zufall entstanden sein: als die reichen Laien beider Bekenntnisse erstmals Künstler mit der Herstellung von Abbildern ihres Erlösers beauftragten, mußten ältere indische Vorbilder als Grundmodelle für die neuen Kunstwerke dienen, darunter vor allem die Yakshas und Nāgas – als Muster weiser, übermenschlicher und mit wunderbarer Hellsicht und Kraft begabter Wesen –, die seit undenklichen Zeiten im Hauskult Indiens einen bevorzugten Platz eingenommen hatten. Sie wurden im Volk als Schutzgenien und Wohlstandsbringer angesehen. Ihre Gestalten erscheinen an jedem Türpfosten und auf den meisten Dorfaltären. Yakshas, die Erd- und Fruchtbarkeitsgeister, werden in Menschengestalt als stämmige, stehende Figuren dargestellt. Die Nāgas, halbmenschliche Schlangengenien, werden meistens auch in menschlicher Gestalt abgebildet, haben aber häufig über ihrem Kopfe den Schutz einer riesigen Schlangenhaube wie auf *Abbildung III*[2]. Als die Künstler, die seit Jahrhunderten die Kultbilder für den allgemeinen indischen Hausbedarf geliefert hatten, die Figuren der Heilbringer

[1] *Mahāvagga*, Anfangsabschnitte, nach der Übersetzung von Warren, a. a. O., S. 83–86.

[2] Andere Nāga-Formen sind die Schlange, die vielköpfige Schlange und der menschliche Körper mit Schlangenschwanz. Vgl. Zimmer, *Mythen und Smybole in indischer Kunst und Kultur*, S. 68 ff.

Pārshva und Buddha in ihr Repertoire aufnahmen, griffen sie auf die alten Darstellungsformen zurück; gelegentlich ließen sie dabei die übermenschlichen Schlangenattribute fort, gelegentlich behielten sie sie aber auch bei. Diese Merkmale übernatürlichen Wesens scheinen als Muster für den späteren Buddhaheiligenschein gedient zu haben (vergleiche *Abbildung X*); und es ist keineswegs unwahrscheinlich, daß die besonderen Legenden von Dharaṇendra und Mucalinda erst später und lediglich zur Erklärung der Verbindung der Gestalten von Schlange und Erlöser auf jainistischen und buddhistischen Darstellungen entstanden sind.

Die Jaina-Fassung der Legende ist dramatischer als die buddhistische und gibt der Schlange eine wichtigere Rolle. Noch eindrücklicher sind jene Jaina-Bilder des Pārshvanātha, die ihn mit zwei aus seinen Schultern sprossenden Schlangen darstellen *(Abbildung VIa)*; diese deuten auf gewisse Beziehungen zur alten mesopotamischen Kunst hin *(Abbildung VIc)* und sagen etwas über das hohe Alter der im Jaina-Kult auftretenden Symbole aus. Als im Nahen Osten, nach der Verkündigung der Lehren Zoroasters (erste Hälfte des letzten Jahrtausends v. Chr.) das persische Pantheon sich unter den Begriffen von Gut (himmlisch) und Böse (irdisch) ordnete, wurde die Schlange dem letzteren zugeteilt. Unter diesem Aspekt finden wir sie nicht nur in der hebräischen Bibel als Gestalt des Satans, sondern auch in der späteren persischen Kunst und Legende als den Daḥḥāk, den großen Tyrannenschurken in Firdusīs mittelalterlichem persischem Epos *Shāhnāmah* (1010 n. Chr.). Hier tritt er in menschlicher Gestalt auf, deren Schultern Schlangen entspringen *(Abbildung VIb)*[1], und er könnte sehr wohl ein böser schrecklicher Bruder des Pārshvanātha sein.

Abbildung VII zeigt den ersten der vierundzwanzig Jaina-Tīrthaṅkaras, Rishabhanātha, der in fernster Vorzeit gelebt und gelehrt haben soll. Er ist ein typisches Beispiel der Jaina-Vorstellung vom vollkommenen Heiligen, der völlig frei ist von den Bindungen dieser Welt, weil er sich von den Karmaelementen, die unser aller Leben färben und entstellen, ganz gereinigt hat. Diese Skulptur stammt aus dem 11., 12. oder 13. Jahrhundert

[1] Eine frühere Form dieser persischen Figur ist in der armenischen Überlieferung erhalten, wo Azhdahak (= Avestan Azhi Dahāka > Pahlavi Dahāk > neupersisch Dahhāk), der Drachengott, in menschlicher Gestalt dargestellt wird, aus deren Schultern Schlangen entspringen. Azhdahak wird von Vahagn überwunden, ebenso wie der vedische Ahi (oder Vritra) von Indra, Avestan Azhi Dahāka von Atar (dem Feuergott, Ahura Mazdas Sohn) und die Schlange des Gartens Eden vom Sohne Mariens.

n. Chr. und ist aus Alabaster, der für die Darstellung des geläuterten Zustandes des Tīrthaṅkara mit Vorliebe gewählt wurde, weil durch dies Material die sublime Durchsichtigkeit eines von allen irdischen Schlacken gereinigten Leibes angedeutet wird. In vielfältigen Bußübungen und Entsagungen reinigt sich der Jaina-Heilige systematisch nicht nur von seinen ichhaften Regungen, sondern auch von seiner natürlichen Körpergebundenheit. Deshalb wird von ihm gesagt, daß «sein Körper von wunderbarer Schönheit und wunderbarem Wohlgeruch ist, er ist keiner Krankheit unterworfen und frei von Schweiß und Unreinlichkeit»[1]. Sein Leib ist dem der Götter verwandt, die sich nicht von Stofflichem ernähren und weder Schweiß noch Ermüdung kennen. «Der Atem der Tīrthaṅkaras hat den Duft des Lotos, ihr Blut ist so weiß wie die hervorquellende Milch der Kuh.» Daher sind sie alabasterfarben und nicht gelblich, rosig oder schwärzlich wie die Menschen, in deren Adern rotes Blut fließt. «Und ihr Fleisch ist ohne Fleischgeruch.»

Dies alles wird sowohl durch das Material wie auch durch die Haltung der Jaina-Statue des ersten Erlösers ausgedrückt. Der Stein schimmert milchweiß, im weichen Glanz göttlichen Lichtes, und die strenge Symmetrie und die vollkommene Ruhe der Gestalt bezeugen das geistige Losgelöstsein. Ein Tīrthaṅkara wird außer in sitzender Yogahaltung vorzugsweise in der Haltung der ‚Entkörperlichung' *(kāyotsarga)* dargestellt: starr, aufrecht und unbeweglich, die Arme steif nach unten gestreckt, die Knie durchgedrückt und die Zehen genau nach vorne gerichtet. Die ideale Körperbeschaffenheit eines solchen Übermenschen wird mit der des Löwen verglichen: mächtige Brust und Schultern, schmale Hüften, schlankes, geschmeidiges Gesäß, einen säulengleich gestreckten Leib und starke, lange, wohlgeformte Finger und Zehen. Die Brust soll breit und glatt, voll geweitet und ohne die kleinste Höhlung zwischen den Schultern stehen und so die Wirkung langer Atemübungen gemäß den Yogavorschriften zeigen. Ein solcher Asket wird ‚Held' *(vīra)* genannt, weil er den höchsten menschlichen Sieg errungen hat; in diesem Sinne ist der Titel *Mahāvīra*, ‚der große *(mahat)* Held *(vīra)*' zu verstehen, der dem Zeitgenossen des Buddha, Vardhamāna, dem vierundzwanzigsten Tīrthaṅkara, verliehen wurde. Der Heilige wird auch *Jina*, der ‚Sieger' genannt und seine Jünger darum *Jainas*, die ‚Anhänger oder Söhne des Siegers'.

[1] Helmuth von Glasenapp, *Der Jainismus, eine indische Erlösungsreligion*, Berlin 1925, S. 252.

In alten Zeiten waren die Jaina-Mönche völlig nackt; sie hatten alle Kastenmerkmale und Unterscheidungszeichen abgelegt, die wesentlich zur indischen Bekleidung gehören und des Trägers Verstrickung in das Netz menschlicher Gebundenheit versinnbildlichen. Später, zu Mahāvīras Zeit, hüllten sich viele in ein weißes Gewand – ein Zugeständnis an den Anstand – und nannten sich *Shvetāmbara*, ‚die, deren Gewand *(ambara)* weiß *(shveta)* ist', ‚die Weißgekleideten'. Diese Tracht wies auf ihr Ideal alabastergleicher Reinheit hin und wich nicht allzu sehr von der heldischen Bekleidungsart der Konservativen ab, die sich weiter *Digambara* nannten, ‚die, deren Gewand *(ambara)* das Element ist, welches die vier Viertel des Raumes *(dig)* erfüllt', das heißt ‚die Luftgekleideten'[1]. Die Tīrthaṅkaras werden darum entweder nackt oder weißgekleidet dargestellt. Rishabhanātha trägt im beschriebenen Alabastermonument ein dünnes Seidengewand, das Hüften und Beine bedeckt.

Aber hier erhebt sich ein besonderes Problem für die Heiligendarstellung der Jainas, entstanden aus der so stark betonten Reinheit des Tīrthaṅkara-Ideals. Der Bildhauer darf sich nicht gestatten, den Sinngehalt seiner Darstellung zu beeinträchtigen, indem er, wie auch immer, die vollkommene Absonderung und Un-Persönlichkeit der erlösten Wesen abwandelt. Die ursprünglichen Lebensmonaden müssen makellos dargestellt werden. Wie kann aber dann der Anbetende den einen ‚Sieger' vom anderen unterschei-

[1] Zur Zeit des Alexanderzuges über den Indus (327–326 v. Chr.) waren die Digambaras noch zahlreich genug, um die Aufmerksamkeit der Griechen auf sich zu lenken, die sie Gymnosophisten, ‚nackte Philosophen' nannten, ein sehr treffender Name. Ihre Richtung bestand weiter neben der der Shvetāmbaras bis nach 1000 n. Chr., als sie durch die mohammedanische Herrschaft gezwungen wurden, Kleider anzulegen.

Anmerkung des Herausgebers: Heinrich Zimmers Ansicht über das Verhältnis zwischen den ‚Raum- oder Luftgekleideten' und den ‚Weißgekleideten' unterscheidet sich von der der Shvetāmbaras, die sich selbst als Vertreter der ursprünglichen Jaina-Lebensart betrachten und behaupten, erst ein Schisma im Jahre 83 n. Chr. habe den Aufschwung der Digambaras verursacht. Das Zeugnis der Griechen jedoch spricht für das Vorhandensein der Gymnosophisten wenigstens schon im 4. Jahrhundert v. Chr. und stützt den Anspruch der Digambaras, sie seien es, welche den früheren Gebrauch bewahrt hätten. Nach der Schismatheorie der Digambaras kam eine Sekte mit laxeren Prinzipien unter Bhadrabāhu, dem achten Nachfolger Mahāvīras, auf, die sich 80 n. Chr. zur heutigen Gemeinschaft der Shvetāmbaras entwickelte. (Vgl. Hermann Jacobi, «Digambaras», in Hastings, *Encyclopaedia of Religion and Ethics*, Bd. IV, S. 704.)

den, da sie sich – nachdem sie die Grenzen von Zeit, Wechsel und Unterscheidung überschritten haben – wie ein Ei dem anderen gleichen? Diese Schwierigkeit wurde dadurch überwunden, daß man jedem Bild ein Zeichen beigab, das sich entweder auf den Namen oder auf eine besondere Einzelheit in der Legende des jeweiligen Tīrthaṅkara bezog. Deshalb zeigt die Statue Rishabhanāthas – wörtlich ‚des Herrn *(nātha)* Stier *(rishabha)*' – einen kleinen Zebustier zu Füßen des Erlösers. Die majestätische Losgelöstheit der vollkommenen, ausgeglichenen, ganz und gar in sich selbst ruhenden Heiligengestalt in ihrer siegreichen Absonderung wird wirkungsvoll betont durch die Beigabe der Begleitfiguren, die den krassen Gegensatz, die Erinnerung an des Tīrthaṅkara Welt und Leben von einst, verkörpern. Das Bild der Erlösten erscheint weder beseelt noch unbeseelt und doch erfüllt von seltsamer zeitloser Gelassenheit. Es ist menschlich in Gestalt und Ausdruck und doch unmenschlich wie ein Eisblock und bringt so die Idee des vollbrachten Rückzuges aus dem Kreise von Leben und Tod, persönlichen Anliegen, individuellem Schicksal, Begierden, Leiden und Begebenheiten vollkommen zum Ausdruck. Wie eine Säule aus überirdischer, unirdischer Materie steht der Tīrthaṅkara, der ‚Furtbereiter', der über den Strom der Zeit den Pfad schlägt zur letzten Erlösung und zur Glückseligkeit des anderen Ufers, in erhabener Unbeweglichkeit und völlig gleichgültig gegen die anbetende, jubelnde Menge, die seine Füße umdrängt.

In Shravana Belgola im Hāsan-Distrikt bei Mysore befindet sich eine solche Kolossalstatue *(Abbildung VIII)*, die um 983 n. Chr. von Cāmuṇḍarāya, dem Minister König Rājamallas aus der Ganga-Dynastie aufgestellt wurde. Sie ist aus einer aufrechtstehenden Felsnadel, einem riesigen Monolithen, auf einem Hügel etwa hundertdreißig Meter über der Stadt gehauen worden. Das Bildwerk mißt ungefähr neunzehn Meter in der Höhe und hat einen Hüftumfang von etwa vier Metern, ist also eine der größten freistehenden Figuren der Welt; die Füße stehen auf einer niedrigen Plattform. Welcher Erlöser dargestellt ist, wird durch die Weinreben, die an seinem Körper emporranken, angedeutet. Sie beziehen sich auf einen Zug aus dem Leben Gommatas (auch Bahūbali, ‚der Starkarmige', genannt), des Sohnes des ersten Tīrthaṅkara Rishabhanātha. Er soll ein Jahr lang unbeweglich in seiner Yogahaltung dagestanden haben. Die Weinranken wanden sich an seinen Armen und Schultern empor; Ameisenhaufen schichteten sich zu seinen Füßen; er glich einem Baum oder Felsen der Wildnis. Bis zum heutigen Tage wird die gesamte Oberfläche dieser Statue alle fünfundzwanzig Jahre mit geschmolzener Butter gesalbt, so daß sie immer noch frisch und rein aussieht.

Es gibt eine Legende, die besagt, das Bildwerk sei lange vor 983 n. Chr. entstanden: lange Zeit sei es vergessen gewesen, und niemand habe mehr gewußt, wo es einst gestanden hatte. Nach diesem Bericht war es Bharata, der erste mythische Cakravartin Indiens[1], der es errichtet haben soll; Rāvana, der Dämonen-Fürst der ceylonesischen Sage, betete es an; und als es danach in Vergessenheit geriet, wurde es von Erde bedeckt. Die alte Legende erzählt, daß Cāmuṇḍarāya von seinem Vorhandensein durch einen herumziehenden Händler erfuhr und mit seiner Mutter und einigen Gefährten zur heiligen Stätte pilgerte. Als sie dort ankamen, offenbarte sich eine Erdgöttin, die Yakshinī Kushmāṇḍī, die eine Dienerin des Tīrthaṅkara Arishṭanemi gewesen war, und wies ihnen die verborgene Stelle. Da spaltete Cāmuṇḍarāya den Hügel mit einem goldenen Pfeil, und die riesige Gestalt ward sichtbar. Die Erde wurde entfernt, und Künstler wurden berufen, das Bildwerk zu reinigen und wieder herzustellen[2].

Die Tīrthaṅkaras haben die folgenden Beifiguren: 1. Rishabha: Stier, 2. Ajita: Elefant, 3. Shambhava: Pferd, 4. Abhinandana: Affe; 5. Sumati: Reiher, 6. Padmaprabha: roter Lotos; 7. Supārshva: Swastika; 8. Candraprabha: Mond; 9. Suvidhi: Delphin; 10. Shītala: *shrīvatsa* (ein Brustmal); 11. Shreyāṁsa: Nashorn; 12. Vāsupūjya: Büffel; 13. Vimala: Schwein; 14. Ananta: Falke; 15. Dharma: Donnerkeil; 16. Shānti: Antilope; 17. Kunthu: Ziege; 18. Ara: *nandyāvarta* (ein Diagramm); 19. Malli:

[1] Zur Geburt Bharatas siehe Kālidāsas berühmtes Stück *Shakuntulā*. Bharata war der Ahnherr der Sippen des *Mahābhārata*. Das Land Indien selbst wie auch seine Einwohner werden Bhārata (‚von Bharata abstammend‘) genannt.

[2] Nach Glasenapp, a. a. O., S. 392–393. Nach einer anderen Legende (ebenfalls von Glasenapp angeführt) ließ Cāmuṇḍarāya dieses Bildnis nach einem unsichtbaren Abbild Bharatas zu Potanapura anfertigen.

Es gibt eine Statue Gommatas von etwa sieben Meter Höhe, auf einem Hügel rund zwanzig Kilometer südwestlich der Stadt Mysore. Eine andere wurde 1432 vom Fürsten Virapāṇḍya von Kārkala, Südkanara, Madras, aufgestellt. Und 1604 wurde im selben Bezirk in Vanur (Yenur) noch eine weitere, etwa zwölf Meter hohe von Timma Raja errichtet, der möglicherweise ein Nachkomme Cāmuṇḍarāyas war. Einige dieser Figuren sollen ohne menschliches Zutun entstanden sein. Andere wurden von den Heiligen der alten Legenden gefertigt und dann, wie der Koloß Cāmuṇḍarāyas, durch ein Wunder entdeckt.

Krug; 20. Suvrata: Schildkröte; 21. Nami: blauer Lotos; 22. Arishṭanemi: Seemuschel[1]; 23. Pārshva: Schlange; 24. Mahāvīra: Löwe. Die aufrechte Haltung, in der sie meistens dargestellt werden, zeigt eine gewisse puppenhafte Starre, die der inneren Versunkenheit entspringt und für diese bezeichnend ist. Die Haltung wird ‚Entkörperlichung' *(kāyotsarga)* genannt. Die Formgebung vermeidet Einzelheiten, ist aber weder flach noch unkörperlich; denn der Erlöser ist zwar schwerelos, ohne pulsendes Leben oder Lustverheißung, aber doch ein Leib – eine ätherische Wirklichkeit –, durch dessen Adern Milch statt Blut fließt. Der Raum zwischen den Armen und dem Rumpf und zwischen den Beinen ist absichtlich leergelassen, um die glanzvolle Absonderung der unirdischen Erscheinung zu betonen. Es gibt keine scharfen Umrisse, keine bezeichnenden individuellen Züge, kein vorspringendes ausgeprägtes Profil, sondern eine mystische Ruhe, eine anonyme, stille Heiterkeit, die zu teilen wir nicht einmal aufgefordert sind. Und die Nacktheit ist jeder Sinnlichkeit fern wie die Sterne oder ein kahler Fels; denn die indische Kunst will mit der Nacktheit weder sinnlichen Reiz vermitteln (wie die griechischen Bildwerke der Nymphen und der Aphrodite), noch das Ideal einer durch Wettkämpfe entwickelten vollkommenen körperlichen und geistigen Männlichkeit (wie die griechischen Statuen der jugendlichen Athleten, die in den olympischen oder anderen heiligen Wettkämpfen gesiegt hatten). Die Nacktheit indischer Göttinnen ist die der fruchtbaren, indifferenten Mutter Erde, die der starren Tīrthaṅkaras aber ist ätherisch. Aus einer Substanz geschaffen, die nicht dem Lebenskreis entstammt oder mit ihm verbindet, drückt die wahrhaft ‚luftgekleidete' Jaina-Statue die völlige Absonderung dessen aus, der alle Bindungen abgestreift hat. Ihm eignet ein vollendetes ‚In-sich-Ruhen', ein fremdartiges aber vollkommenes Fernsein, eine Nacktheit von frostiger Majestät in der steinernen Schlichtheit, den strengen Umrissen und der Abstraktheit.

Die Form eines Tīrthaṅkara-Bildnisses wirkt auf den ersten Blick wie eine Luftblase, sie scheint etwas primitiv in ihrer ausdruckslosen Haltung, nur einfach aufrecht dastehend, aber bei genauerer Betrachtung erweist sie

[1] Arishṭanemi oder Neminātha, Pārshvas unmittelbarer Vorgänger, ist nach einer halblegendären Lebensbeschreibung mit Krishna verwandt, dem Propheten der hinduistischen *Bhagavadgītā*. Krishna gehört der epischen Epoche des *Mahābhārata* an, die das Ende des arischen Feudalzeitalters bezeichnet (vgl. oben S. 72, Anmerkung des Herausgebers).

sich als höchst bewußt und recht raffiniert gestaltet in ihrem Verzicht auf alle dynamischen, bestechenden und sieghaften Ausdrucksmittel der zeitgenössischen Kunst[1], der wunderbaren, lebensvollen Skulpturen von Elūrā, Bādāmī und anderer Stätten. Die laute Lebendigkeit der Hindu-Götter und ihr mythisch-kosmisches Gebaren wird von den Jaina-Heiligen – und -Künstlern – absichtlich übersehen, sozusagen aus Protest. Von der großen bahnbrechenden Lehre der Jainas, die aus der weltweiten Vielfalt von Verlockung und Täuschung hinausführt, soll nur das durchscheinende alabasterne Schweigen zeugen[2].

Denn es darf nicht vergessen werden, daß die Tīrthaṅkaras und ihre Bildnisse einer ganz anderen Sphäre angehören als der Welt der orthodoxen Hindu-Frömmigkeit. Die in den Himmeln weilenden Hindu-Götter, die Pārshvanātha transzendierte, sind immer noch menschlichem Gebet erreichbar, während die von den Tīrthaṅkaras erlangte höchste Erlösung sie über alle irdischen Anrufungen hebt. Sie können nie aus ihrer ewigen Absonderung herabgeholt werden. Oberflächlich betrachtet, mag ihr Kult dem der Hindu-Gottheiten gleichen, die nicht nur gnädig die Menschengebete erhören, sondern sich sogar herablassen, in die leblosen Tempelfiguren einzugehen – als ob sie sich auf einen Thron oder Sitz *(pītha)*[3] niederließen –, als Antwort auf die Weiherituale der Beschwörung und Herbeirufung; denn die Jainas erweisen den Statuen ihrer Tīrthaṅkaras tiefe Verehrung und erzählen Legenden über ihre wunderbare Herkunft. Ihre Haltung ist aber doch kein eigentlicher Gottesdienst. Die nachfolgende Erzählung über das vorletzte Erdenleben von Pārshva dem Herrn bietet den Schlüssel zu der besonderen Art der Jaina-Einstellung.

[1] Beispiele für die hinduistische und buddhistische Kunst: Abbildungen I, II, III, IV, IX, X, XI, XII.

[2] Dagegen folgen die Jainas bei ihren Tempelbauten im allgemeinen der traditionellen Architektur der Hindu-Sekten. Die Jaina-Tempel von Rājputāna und Gujarāt gehören der gleichen Epoche an, der wir die herrlichen Hindu-Monumente Oberindiens verdanken, die kurz vor den mohammedanischen Eroberungszügen zwischen dem 10. und 13. Jahrhundert n. Chr. entstanden. In dieser Zeit errichteten die Ganga-Könige die Sikhara (‚Turm') -Tempel von Orissā, und die Turmtempel von Khajurāho wurden erbaut. Die Jaina-Phase dieser reichen Epoche beginnt mit den Bauten von Pālitāna (960 n. Chr.) und endet mit dem Tejapāla-Tempel vom Berg Ābū (1232 n. Chr.). Zwei erwähnenswerte Monumente sind der Tempel des Vimala Sha vom Berg Ābū (um 1032) und der Tempel zu Dabhoi in Gujarāt (um 1254). Vgl. Ananda K. Coomaraswamy, *History of Indian and Indonesian Art*.

[3] Vgl. unten S. 516–522.

Zu jener Zeit trug der Erlöser, wie man sich erinnern wird, den Namen König Ānandakumāra[1]. Als er die Herrscher der umliegenden Völker besiegt hatte und ein Cakravartin geworden war, schlug ihm sein Minister vor, er solle ein frommes Fest zu Ehren des Tīrthaṅkara Arishṭanemi abhalten; als der König aber den Tempel betrat, um anzubeten, befielen ihn Zweifel. «Was nützt es», dachte er, «sich vor einem Bild zu verneigen? Ein Bild ist ja ohnmächtig.» Doch mit ihm war ein Heiliger im Tempel, Vipulamati mit Namen, und der verscheuchte seinen Zweifel. «Ein Bild», sprach er zum König, «beeinflußt den Geist. Wenn man eine rote Blume vor einen Spiegel hält, so wird er rot; wenn man eine blaue Blume davorhält, wird der Spiegel tiefblau. Ebenso wandelt sich der Geist vor einem Bild. Der Anblick der Gestalt des leidenschaftslosen Gottes in einem Jaina-Tempel erfüllt den Geist sogleich mit Bereitschaft zum Verzicht; aber der Anblick einer Kurtisane macht ihn ruhelos. Niemand kann die Gestalt des Gottes in ihrem vollkommenen Frieden anschauen, ohne sich der edlen Vollkommenheit des Gottes zu erinnern; und in der Anbetung wird dieser Einfluß noch mächtiger. Unverzüglich wird das Gemüt geläutert. Hat man aber erst ein geläutertes Gemüt, so ist man bereits auf dem Wege zur letzten Glückseligkeit.»

Der weise Vipulamati ergänzte alsdann seine Unterweisung durch ein Gleichnis, das viele Gegenstücke in den verschiedenen jainistischen und nicht-jainistischen Überlieferungen Indiens hat. «In einer Stadt», so sagte er, «starb einst eine schöne Dirne, und ihr Leib wurde zum Scheiterhaufen getragen. Ein Lüstling, der zufällig dort war, erblickte ihre Schönheit und dachte, wie glücklich er sich geschätzt hätte, wenn er in seinem Leben nur einmal sich ihrer hätte erfreuen dürfen. Auch ein Hund war dort, der dachte, als er den Leichnam verbrennen sah, was für ein üppiges Mahl er für ihn gewesen wäre, wenn man ihn nicht den Flammen übergeben hätte. Aber ein ebenfalls anwesender Heiliger dachte, wie traurig es sei, daß jemand, dem ein solcher Körper verliehen worden war, es versäumt habe, ihn für schwierige Yogaübungen zu benutzen.»

«An jenem Orte war nur ein Leichnam», sagte Vipulamati, «und doch löste er drei Arten von Gefühlen bei drei verschiedenen Augenzeugen aus. Ein Ding der äußeren Welt wird also je nach Wesen und Reinheit des Gemüts seine Wirkung ausüben. Das Gemüt», so schloß er, «wird durch Betrachtung und Anbetung der Tīrthaṅkaras gereinigt. Deshalb machen uns

[1] Vgl. oben S. 181. Siehe auch S. 171, Anmerkung.

die Bildnisse der Tīrthaṅkaras fähig, die Freuden des Himmels nach dem Tode zu genießen, ja sie können sogar das Gemüt darauf vorbereiten, das Nirvāṇa zu erleben.»

3. DIE FURTBEREITER

Der Jainismus lehnt die Autorität der Veden und die Überlieferungen des orthodoxen Hinduismus ab. Darum gilt er in Indien als heterodoxe Religion. Er ist nicht von brahmanisch-arischen Quellen gespeist, sondern spiegelt die Kosmologie und Anthropologie einer viel älteren vorarischen Oberschicht Nordostindiens wider und wurzelt in dem gleichen Erdreich archaisch-metaphysischer Spekulation wie die anderen nichtvedischen Systeme Indiens[1]: Yoga, Sāṅkhya und Buddhismus. Der arische Einbruch, der die nordwestlichen und zentralnördlichen Provinzen des Teilkontinentes im zweiten Jahrtausend v. Chr. unterwarf, stieß mit seiner vollen Gewalt nicht weiter als bis zur Mitte des Gangestales vor; deshalb wurde der vorarische Adel in den nordöstlichen Staaten nicht ganz von seinen Thronen verjagt. Viele Familien überlebten, und als die Dynastien der Eroberer Verfallssymptome zu zeigen begannen, waren die Sprößlinge dieser älteren, eingeborenen Geschlechter imstande, ihre Rechte wieder geltend zu machen.

Candragupta Maurya[2] zum Beispiel stammte aus einer solchen Familie, und ebenso der Buddha. Ikshvāku, der mythische Ahnherr der legendären Sonnendynastie, zu welcher Rāma, der Held des *Rāmāyana*, gehörte, trägt einen Namen, der eher auf die tropische Pflanzenwelt Indiens hinweist als auf die Steppen, von denen die Eroberer niederstiegen: *ikshvāku* bedeutet ‚Zuckerrohr' und läßt einen zugrundeliegenden einheimischen Pflanzentotemismus vermuten. Sogar Krishṇa, die im *Mahābhārata* gefeierte göttliche Inkarnation, wo die Synthese arischer und vorarischer Lehren sich in der *Bhagavad Gītā*[3] niederschlug, stammt aus keiner brahmanischen, sondern aus einer Kshatriya-Familie, der Hari-Sippe, deren Verbindungen alles andere als orthodox waren. Krishṇas Religion umfaßt viele Elemente, die ursprünglich nicht dem vedischen Denksystem angehörten; und in der berühmten Legende, in der er den Berg Govardhan emporhebt, wird er dargestellt als Herausforderer Indras, des vedisch-arischen Götterkönigs, den

[1] Vgl. S. 65, Anmerkung des Herausgebers, und Anhang B. Yoga, Sāṅkhya und Buddhismus werden später behandelt, und zwar in den Kapiteln II und IV dieses Teiles.

[2] Vgl. S. 46. [3] Behandelt auf S. 339–365.

er sogar beschämt[1]. Zudem war Krishṇas Vater Vasudeva der Vaterbruder des zweiundzwanzigsten Jaina-Tīrthaṅkara, des göttlichen Arishṭanemi, mußte sich also erst kurz vorher zur orthodoxen Gemeinde bekehrt haben.

Wie wir in den folgenden Kapiteln sehen werden, ist die Geschichte der indischen Philosophie weitgehend durch eine Reihe von Krisen gekennzeichnet, die durch die gegenseitige Beeinflussung der erobernden vedisch-arischen und der älteren nichtarischen, dravidischen Denk- und Erfahrungsarten bedingt waren. Die Brahmanen waren die Hauptvertreter der ersten Richtung, während die letztere erhalten und schließlich wieder in ihre Rechte eingesetzt wurde durch die überlebenden Fürstenhäuser der ursprünglichen, vorarischen, dunkelhäutigen Bevölkerung. Da der Jainismus die dravidische Struktur reiner erhalten hat als die anderen Hauptvertreter der indischen Überlieferung – und dadurch einen verhältnismäßig einfachen, weniger grüblerischen, klarumrissenen Ausdruck des pessimistischen Dualismus darstellt, der nicht nur dem Sāṅkhya, dem Yoga und dem frühen buddhistischen Denken zugrunde liegt, sondern auch dem Gedankengehalt der Upanishaden und sogar dem sogenannten Nondualismus des Vedānta –, wollen wir ihn hier zuerst behandeln und dann im nächsten Kapitel zu dem ihm nächstverwandten Sāṅkhya und Yoga übergehen. Kapitel III wird der großartigen brahmanischen Entwicklung gewidmet sein, welche die Hauptzüge indischer Orthodoxie umfaßt und das Rückgrat indischen Lebens und Lernens bildet, während in Kapitel IV der Buddhismus behandelt werden soll, der erst als heftiger und vernichtender Protest gegen die Vorherrschaft der Brahmanen auftrat, schließlich aber als Lehre doch nicht grundsätzlich von den orthodoxen brahmanischen Schulen abwich. Zuletzt werden wir in Kapitel V eine Einführung und einen kurzen Überblick über den Tantrismus geben, der eine bis ins feinste ausgeklügelte psychologische Nutzanwendung aus der Verschmelzung arischer und dravidischer Prinzipien darstellt. Er formte sowohl die buddhistischen als auch die brahmanischen Philosophien und Praktiken der mittelalterlichen Epoche und beeinflußte bis zum heutigen Tage nicht nur das ganze Gewebe des religiösen Lebens Indiens, sondern auch weitgehend die volkstümlichen und die esoterischen Lehren der großen buddhistischen Nationen Tibet, China, Korea und Japan.

Um jedoch wieder auf die Tīrthaṅkaras zurückzukommen: wie schon erwähnt, stellen sie höchst eindrücklich den lebensfeindlichen Sieg des

[1] Vgl. Sister Nivedita und Ananda K. Coomaraswamy, *Myths of the Hindus and Buddhists*, New York 1914, S. 230–232.

transzendenten Prinzips über die Macht des Fleisches dar. Pārshva und jene anderen Riesengestalten, deren gewaltige, in Alabaster gehauene Statuen wie Pfeile gen Himmel weisen, brachen aus den Sphären menschlicher Furcht und Begierde aus, um in ein Reich fern aller Bedingtheiten, Siege und Wechselfälle der Zeit einzugehen. In ihrer Haltung der ‚Entkörperlichung', stehend, oder in der ‚Lotoshaltung' der nach innen gerichteten Yogin sitzend, verkörpern sie ein Ideal, das zweifellos von dem des überlauten, weltbejahenden vedischen ‚Sterbens um die Göttliche Kraft'[1] stark abweicht.

Zweiundzwanzig dieser lebensverneinenden Jaina-Tīrthaṅkaras gehören der alten, halbmythischen Sonnendynastie an, von der der Hindu-Erlöser Rāma abstammen soll, und die ihrer Herkunft nach keineswegs arisch ist, während die beiden anderen aus der Hari-Sippe kommen, der Familie des blauschwarzen beliebten Volkshelden Krishṇa. Durch all diese Gestalten, Krishṇa und Rāma ebenso wie die Tīrthaṅkaras, wird eine Weltanschauung wieder lebendig, durchaus verschieden von jener der siegreichen Rinderhirten und kriegerischen Reiter, die von den transhimalayischen Ebenen nach Indien eingedrungen waren und mit ihrer Lebensauffassung für fast tausend Jahre alles vorher Dagewesene weggefegt hatte. Die Veden waren wie die Gesänge der homerischen Griechen der Ausdruck eines der Tat-Sphäre zugewandten Bewußtseins, während die Standbilder der Tīrthaṅkaras als die eindrücklichsten aller Kunstäußerungen für das Ideal weltverneinender, radikaler Ablehnung der Lebensverlockung stehen. Hier gibt es keine Lenkung der kosmischen Kräfte nach Menschenabsicht, sondern im Gegenteil eine unaufhaltsame Aufsplitterung dieser kosmischen Kräfte, seien es die der Außenwelt, seien es die im Blutstrom pulsierenden.

Pārshva, der dreiundzwanzigste Tīrthaṅkara, ist der erste in der langen Reihe, der einigermaßen deutlich in einem historischen Zusammenhang zu sehen ist; Arishṭanemi, sein unmittelbarer Vorgänger, dessen Bruder Vasudeva der Vater des hinduistischen Volksheilandes Krishṇa war, ist nur sehr undeutlich erkennbar. Aber auch in der Lebensbeschreibung Pārshvas ist das Legendäre so stark, daß man dahinter kaum den lebendigen Atem eines wirklichen Menschen spüren kann. Beim letzten Tīrthaṅkara, Vardhamāna Mahāvīra, verhält es sich allerdings anders, denn er lebte und lehrte in der Zeit Buddhas, aus der verhältnismäßig viele sichere Überlie-

[1] Vgl. S. 71–78.

ferungen stammen. Wir können uns ohne weiteres vorstellen, wie er sich unter den zahlreichen Mönchen und Meistern dieser Epoche geistiger Gärung bewegte. Nachklänge seiner Gegenwart und seines Einflusses kann man sowohl in den buddhistischen als auch in den jainistischen Texten finden.

Wie alle früheren Tīrthaṅkaras und wie sein Zeitgenosse Buddha war Mahāvīra nicht von arischer Herkunft und nicht einmal entfernt verwandt mit jenen halbgöttlichen Sehern, Weisen, Sängern und Magiern, die die Ahnen der Brahmanenfamilien und die Quelle aller Weisheit der orthodox-vedischen Überlieferung waren. Vielmehr wurde er als ein Kshatriya der Jñāta-Sippe (darum Jñāta-putra genannt: ‚ein Sohn Jñātas') in Kuṇḍagrāma[1] (*kuṇḍa:* ‚Erdloch zur Aufbewahrung von Wasser'; *grāma:* ‚Dorf') geboren, einem Vorort der aufblühenden Stadt Vaishālī (des heutigen Basarh, etwa vierzig Kilometer nördlich von Patna in der nordöstlichen Provinz Bihar), und seine Eltern Siddhārtha und Trishālā waren schon vor ihm fromme Jainas, Verehrer des göttlichen Pārshva. Mahāvīra war ihr zweiter Sohn, und sie nannten ihn Vardhamāna, ‚Wachsen, Gedeihen'. Er heiratete zu gegebener Zeit eine junge Frau ihrer Wahl, Yashodā, und hatte von ihr eine Tochter, Aṇojjā. Als seine Eltern in seinem dreißigsten Lebensjahre starben und sein älterer Bruder Nandivardhana die Führung des Hauses übernahm, bat Vardhamāna seinen Bruder um die Erlaubnis, seinen langgehegten Entschluß, Jaina-Mönch zu werden, ausführen zu dürfen, was ihm zugestanden wurde. Auch die Ordensleitung bewilligte seinen Antrag, und er trat mit den üblichen Jaina-Riten in den Orden ein. Es folgten zwölf Jahre strengster Selbstabtötung. Nach den ersten dreizehn Monaten legte er seine Kleider ab und erlangte am Ende einer langen Prüfungszeit den Zustand der ‚Isolation-Integration' *(kevala)*, welcher Allwissenheit und Befreiung von irdischen Bindungen einschließt und der ‚Erleuchtung' *(bodhi)* der Buddhas entspricht. Und er lebte weitere zweiundvierzig Jahre auf Erden, predigte überall die Lehre und unterwies seine elf Hauptjünger – die sogenannten *gaṇadharas*, ‚die Erhalter der Schar (der Anhänger)'. Als er zu Pāvā starb und so die letzte Befreiung *(nirvāṇa)* erlangte, stand er im zweiundsiebzigsten Lebensjahr. Das Datum wird von der Shvetāmbara-Sekte (als Beginn ihrer Ära) auf 527 v. Chr., von den Digambaras auf 509,

[1] Eine von nordöstlichen indischen Stammesfürsten beherrschte Stadt, auch aus frühen Berichten über die Reden des Buddha bekannt (vgl. *Mahā-parinibbāna-suttanta*).

von den modernen westlichen Gelehrten aber um 480 festgesetzt (da Mahāvīra nur wenige Jahre vor Buddha starb)[1].

Ein in den heiligen Schriften der Shvetāmbara-Sekte[2] überlieferter Dialog erklärt, daß die Lehren Pārshvas und Mahāvīras im Wesentlichen die gleichen seien. Keshi, ein Anhänger Pārshvas, stellt Sudharma-Gautama, einem Anhänger des späteren Meisters Mahāvīra, Fragen; und auf alle seine Fragen erhält er seiner Ansicht nach falsche Antworten. Er dringt deshalb weiter in ihn. «Nach Pārshvanātha gibt es der Großen Gelübde vier; warum also sprach Vardhamāna von fünfen?» Darauf antwortet Gautama: «Pārshvanātha verstand den Geist der Zeit und erkannte, daß die Aufzählung von vier Gelübden den Menschen seiner Epoche angemessen sei; Mahāvīra machte die gleichen vier Gelübde zu fünfen, um die Jaina-Lehre nun den Menschen seiner Epoche zugänglicher zu machen. Es besteht kein wesentlicher Unterschied zwischen den Lehren der zwei Tīrthaṅkaras.»

Das fünfte Gelübde, das Keshi, der Anhänger der Lehre Pārshvas, in Frage stellte, war dasjenige über die Kleidung, und eben dieses führte zum Schisma; denn es bedingte eine Reihe von Änderungen in Haltung und Lebensführung. Die Konservativen beharrten nicht nur darauf, luftgekleidet zu bleiben, sondern verwarfen auch alle anderen Reformen Mahāvīras. Nach Mahāvīra durften zum Beispiel Frauen asketische Gelübde leisten, während sie bei der Sekte der Luftgekleideten davon ausgeschlossen waren; sie mußten damit bis zu einer späteren männlichen Inkarnation warten. Dennoch ist es sicher, daß Mahāvīra nichts völlig Neues lehrte; er änderte und entwickelte lediglich das, was Pārshvanātha – und zweifellos zahlreiche noch frühere Heilige und Weise – gelehrt hatten[3].

[1] Diese Biographie beruht auf der Darstellung von Jacobi, «Jainism», in Hastings, *Encyclopaedia of Religion and Ethics*, Bd. VII, S. 466–467.

[2] *Uttaradhyayana Sutra* 23 (Sacred Books of the East, Bd. XLV, S. 119ff.). Die Echtheit dieses Textes wird von den Digambaras bestritten.

[3] *Anmerkung des Herausgebers:* Dem Leser mag es Schwierigkeiten bereiten, Heinrich Zimmers Beweisführung zu folgen, da in dem Text, den er heranzieht (*Uttarādhyayana Sutra* 23.29) die Aussage über die Kleidung genau das Gegenteil von dem ist, was er den Leser vermuten läßt. «Das von Vardhamāna gelehrte Gebot», lesen wir, «verbietet Kleider, aber das des großen Weisen Pārshva erlaubt ein Unter- und Übergewand.» Ich muß gestehen, daß ich nicht weiß, wie Heinrich Zimmer mit diesem Widerspruch fertig zu werden gedachte; denn er hinterließ keine diesbezüglichen Aufzeichnungen, und ich erinnere mich nicht, daß er diese Stelle je erörtert hätte. Sein Manuskript ist in diesem Abschnitt über die Geschich-

Die Schriften der Jainas erwähnen als Zeitgenossen Mahāvīras dieselben Könige Nordostindiens, die nach buddhistischen Quellen zu Buddhas Lebzeiten regierten. Die kanonischen Texte der Buddhisten aus den ersten Jahrhunderten v. Chr. erwähnen die Jainas häufig unter ihrem alten Namen *Nirgrantha*[1], ‚die Knoten-, Band- oder Stricklosen', das heißt ‚die Ungefesselten'; sie werden als eine rivalisierende, aber nirgends als eine neugegründete Sekte angeführt. Ihr Führer wird Jñātaputra Vardhamāna (‚Vardhamāna, Sohn der Jñāta-Sippe'), Mahāvīra (der ‚Große Held') und Jina (der ‚Sieger') genannt, und im Gegensatz zum Buddha wird von ihm nirgends gesagt, daß er zuerst ein Anhänger von Lehrern gewesen sei, deren Lehren ihn nicht befriedigt hätten. Mahāvīra blieb der Überlieferung treu, in die er hineingeboren war und zu der er sich ganz bekannte, als er ein Jaina-Mönch wurde. Indem er das höchste der von dieser Überlieferung vorgesehenen Ziele erreichte – ein sehr seltenes Gelingen –, widerlegte er es nicht, sondern brachte den alten Weg zu neuem Ansehen.

Ebenfalls im Gegensatz zum Buddha wird von Mahāvīra nie behauptet, er habe das Verständnis eines neuen philosophischen Prinzips oder einer neuen seiner Zeit nicht bereits bekannten Einsicht durch Erleuchtung empfangen. Er war nicht Gründer einer neuen Asketengemeinschaft, sondern Erneuerer einer alten. Er war nicht der Verkünder einer neuen Lehre, sondern es heißt von ihm, er habe zur Zeit seiner Erleuchtung die *vollkommene* Erkenntnis dessen erlangt, was er und seine Gemeinschaft schon vorher, wenn auch nur unvollkommen und in Bruchstücken, gewußt hätten. Er trat lediglich in einen bestehenden, altehrwürdigen Orden ein und erlangte nach zwölf Jahren die Erfüllung. So verwirklichte er voll und ganz, was verheißen war und was seine Überlieferung stets bezeichnet hatte als das höchste Zeugnis für ihr heiliges, umfassendes und bis ins feinste ausge-

te der Jainas unvollständig. Da er jedoch die Tatsache hervorhebt, daß ‚die Echtheit dieses Textes von den Digambaras bestritten wird' (Anmerkung oben), ist es möglich, daß er damit sagen wollte, die Shvetāmbaras hätten den historischen Vorgang umgekehrt dargestellt, um ihren eigenen Gebräuchen das Prestige des früheren Meisters zu verleihen. Dadurch würden die Digambaras als die Anhänger einer späteren und nur vorübergehend herrschenden Richtung erscheinen, während die Digambaras behaupteten, daß die Shvetāmbaras die spätere Form darstellten. Wie oben erwähnt (S. 196, Anmerkung des Herausgebers), hält Heinrich Zimmer hinsichtlich der geschichtlichen Reihenfolge – luftgekleidet und weißgekleidet – an der Version der Digambaras fest.

[1] *Nirgrantha* ist Sanskrit; das Pāli-Wort in den buddhistischen Texten ist *Nigaṇṭha*.

arbeitetes System, in dem sich das Wesen des Menschen und das All darstellen.

Somit scheinen die historischen Berichte der Buddhisten die traditionelle Jaina-Darstellung zu stützen, daß nämlich Mahāvīra der letzte der jainistischen ‚Furtbereiter durch den Strom der Wiedergeburt zum jenseitigen Ufer' sei, und nicht der erste, wie westliche Gelehrte bis vor kurzem behaupteten. Und wie wir gesehen haben, bestehen gute Gründe für die Annahme, daß der ihm unmittelbar vorangehende Furtbereiter Pārshvanātha ebenfalls eine wirkliche historische Persönlichkeit gewesen ist. Aber dem Pārshvanātha geht Arishṭanemi (oder Neminātha) voraus, der zweiundzwanzigste Tīrthaṅkara der jetzigen, sogenannten ‚absteigenden' *(avasarpinī)* Phase der kosmischen Weltzeit[1], dessen Attribut die hinduistische Kriegstrompete, die Seemuschel und dessen ikonographische Farbe Schwarz ist[2]. Seine Existenz wird nicht durch historische Berichte erhärtet, sie spiegelt sich aber in legendären Erzählungen wider, die ihn mit den Helden der Feudalepoche des indo-arischen Rittertums in Verbindung bringen, jener Epoche, die im Mahābhārata und der Krishṇa-Legende beschrieben wird. Er wird als Vetter ersten Grades von Krishṇa bezeichnet; denn sein Vater Samudravijaya (‚Eroberer der ganzen Erde bis zu den Küsten der Meere') war der Bruder von Krishṇas Vater Vasudeva. Da er heterodox ist[3], wird er vom hinduistischen Krishṇa-Zyklus übergangen, der trotz seiner eigenen heterodoxen Züge in die große Gesamtheit der orthodoxen Legende aufgenommen worden ist; aber die Jainas behaupten, daß Neminātha sowohl an körperlicher Tapferkeit wie an geistigen Fähigkeiten Krishṇa überlegen war. Sein zurückhaltendes, maßvolles Wesen, seine Ablehnung allen Aufwandes und seine asketische Lebensweise werden so geschildert, daß er als genaues Gegenteil Krishṇas erscheint. Sein voller Name Arishṭanemi ist ein

[1] Nach Ansicht der Jainas dreht sich der Zeitenkreis ständig. Der gegenwärtigen ‚absteigenden' *(avasarpinī)* Periode ging eine ‚aufsteigende' *(utsarpinī)* voraus und wird ihr folgen. *Sarpinī* deutet die Kriechbewegung einer ‚Schlange' *(sarpin)* an; *ava*-bedeutet ‚nieder' und *ut*- bedeutet ‚auf'. Der Schlangenkreis der Zeit (die weltumschließende Schlange, die sich in den Schwanz beißt) wird sich ewig durch diese wechselnden ‚aufsteigenden' und ‚absteigenden' Perioden weiterdrehen.

[2] Jeder der gleichartigen Tīrthaṅkaras hat, neben dem ihn unterscheidenden Attribut (vgl. S. 198 f.), eine Unterscheidungsfarbe. Mahāvīra, dessen Tier der Löwe ist, hat Gold, Pārshvanathā Blau (vgl. Jacobi, a. a. O., S. 466).

[3] Vgl. S. 65, Anmerkung des Herausgebers.

Epitheton zum Sonnenrad oder Sonnenwagen, ‚dessen Radfelge *(nemi)* unbeschädigt *(arishṭa)*, das heißt unzerstörbar ist'. Das deutet darauf hin, daß er der alten Sonnendynastie angehörte[1].

Mit diesem Tīrthaṅkara überschreitet die Überlieferung der Jainas die Grenze des Historischen und tritt in den Bereich mythischer Vergangenheit. Doch ergibt sich daraus für den Historiker nicht die Berechtigung, zu bestreiten, daß ein großer Erneuerer und Lehrer des Jaina-Glaubens – vielleicht namens Arishṭanemi – Pārshvanāthas Vorgänger gewesen sei. Wir haben nur keinen festen Anhaltspunkt, wie weit bei der Verfolgung der Tīrthaṅkara-Reihe unsere Phantasie zurückschweifen darf. Mit Sicherheit sind allerdings die von der Jaina-Überlieferung angesetzten Daten zu verwerfen, sobald wir über Pārshvanātha hinausgelangen; denn von Arishṭanemi heißt es, er habe vierundachtzigtausend Jahre vor Pārshvanātha gelebt, was uns ins frühe Paläolithikum versetzen würde, und der vorausgehende Tīrthaṅkara, Nami (dessen Attribut der blaue Lotos und dessen Farbe Gold ist), soll fünfzigtausend Jahre vor Arishṭanemi gestorben sein, das hieße im Eozoikum; Suvrata, der zwanzigste (dessen Tier die Schildkröte und dessen Farbe Schwarz ist), wird elfhunderttausend Jahre davor angesetzt. Mit Malli, dem neunzehnten (Attribut: Krug; Farbe: Blau) gelangen wir in vormenschliche geologische Zeitalter, und Ara, Kunthu, Shānti, Dharma, Ananta, Vimala usw. führen uns sogar über den Bereich geologischer Zeitrechnung hinaus.

Die lange Reihe dieser halbmythischen Erlöser, die durch die Zeitalter zurückreicht, und deren ein jeder die Welt nach den Erfordernissen seiner Zeit und doch in strenger Befolgung der *einen* Lehre erleuchtete, deutet auf den Glauben hin, daß die Jaina-Religion ewig sei. Immer wieder ist sie neu offenbart und neu belebt worden, in jedem der endlos aufeinanderfolgenden Zeitalter, und zwar nicht nur von den vierundzwanzig Tīrthaṅkaras der *gegenwärtigen* ‚absteigenden' Reihe, sondern von einer unendlichen Zahl, in einer Welt ohne Ende. Die Lebensdauer und der Wuchs der Tīrthaṅkaras in den günstigen Phasen der ewigkreisenden Zyklen (den ersten Perioden der absteigenden und den letzten der aufsteigenden Reihe) haben sagenhaftes Ausmaß; denn in der guten alten Zeit überstiegen Körpergröße und -kraft ebenso wie die Tugend der Menschheit alles uns heute Bekannte. Darum sind die Statuen der Tīrthaṅkaras so gewaltig. Der Zwergenwuchs der Menschen und Helden minderer Zeitalter ist Folge und Spiegelung der

[1] Vgl. S. 105.

verkümmerten sittlichen Grundkräfte. Wir sind wahrhaftig heutzutage keine Giganten mehr; körperlich und geistig sind wir so klein, daß die Religion der Jainas zu schwierig geworden ist, und im gegenwärtigen Zyklus wird es keine Tīrthaṅkaras mehr geben. Mehr noch: je näher das Ende unseres gegenwärtigen, absteigenden Zeitalters heranrückt, desto tiefer wird die Menschheit sinken; die Religion der Jainas wird verschwinden, und am Ende wird die Erde ein unbeschreiblicher Sumpf von Gewalttätigkeit, Bestialität und Leid sein.

Es ist eine Philosophie des tiefsten Pessimismus. Der Kreis der Wiedergeburten in der Welt ist endlos, voller Leiden und ohne Sinn. Aus sich heraus kann er keine Erlösung, keine göttliche erlösende Gnade spenden; die Götter selbst sind dem täuschenden Zauber unterworfen. Darum ist der Aufstieg zum Himmel ebensowohl eine bloße Phase, ein Stadium der Täuschung wie das Niedersteigen in die Läuterungshöllen. Nach tugendhaftem Wandel wird man als Gott unter Göttern wiedergeboren, nach bösem Wandel als Geschöpf unter den Geschöpfen der Hölle oder als Tier unter Tieren; aber es gibt kein Entweichen, keinen Ausweg aus diesem ewigen Kreislauf. Immer wird der Mensch weiter durch die vielfältigen Bereiche flüchtiger Freuden und unerträglicher Qualen kreisen, wenn es ihm nicht irgendwie gelingt, *sich selbst* zu erlösen. Dies aber kann nur durch heldenhafte Anstrengung gelingen, durch lange, wahrhaft fürchterliche Prüfungen in Entsagung und fortschreitender Selbstverleugnung.

4. DIE QUALITÄTEN DER MATERIE

Nach der Kosmologie der Jainas ist das All ein lebendiger Organismus, durch und durch beseelt von Lebensmonaden, die durch seine Glieder und Zonen kreisen; und dieser Organismus wird nie sterben. Aber auch wir selbst – nämlich die in der Substanz des unvergänglichen großen Leibes enthaltenen und ihn eigentlich bildenden Lebensmonaden – sind ebenfalls unvergänglich. Wir steigen durch die verschiedenen Seinszustände auf und nieder: bald als Mensch, bald als Gott, bald als Tier; die Körper scheinen zu sterben und geboren zu werden, aber die Kette ist fortlaufend, die Verwandlungen endlos, und all unser Tun ist nur Übergang von einem Zustand zum nächsten. In welcher Art die unzerstörbare Lebensmonade kreist, enthüllt sich dem inneren Auge des erleuchteten Jaina-Heiligen und -Sehers.

Die Lebensmonaden, die sich der höchsten Seinsstufen – nämlich zeitweiliger menschlicher oder göttlicher – erfreuen dürfen, besitzen fünf Sinnesfähigkeiten, dazu ein Denkvermögen *(manas)* und eine Lebensspanne *(āyus)*, Körperkraft *(kāya-bala)*, Redevermögen *(vacana-bala)* und Atemvermögen *(shvāsocchvāsa-bala)*. In den klassischen indischen Philosophien des Sāṅkhya, Yoga und Vedānta treten dieselben fünf Sinnesfähigkeiten wie in den Jaina-Schriften auf (nämlich Gefühl, Geruch, Geschmack, Gehör und Gesicht); aber es kommen dort noch die sogenannten ‚fünf Fähigkeiten des Handelns' hinzu. Die Reihe beginnt mit der Rede (*vāc*, das dem jainistischen *vacana-bala* entspricht), dann aber folgt das Greifen (*pāṇi*, die Hand), das Fortbewegen (*pāda*, der Fuß), die Entleerung (*pāyu*, der After) und die Zeugung (*upastha*, das Zeugungsglied). *Manas* (die Denkfähigkeit) wird beibehalten, aber verbunden mit weiteren Funktionen der Psyche, nämlich *buddhi* (intuitive Intelligenz) und *ahaṅkāra* (Ich-Bewußtsein). Hinzu kommen noch die fünf *prāṇas*, die fünf Formen des ‚Lebensatems'[1]. Offensichtlich stellen die Kategorien der Jainas eine verhältnismäßig primitive, archaische Analyse und Beschreibung der menschlichen Natur dar, und viele Einzelheiten davon wurden später in die klassische Anschauung übernommen und eingebaut.

Frösche, Fische und andere Tiere, die nicht aus dem Mutterschoß geboren werden, sind ohne Denkvermögen *(manas)*, darum werden sie *a-sañjñin* (unverständig) genannt; dagegen sind Elefanten, Löwen, Tiger, Ziegen, Kühe und alle übrigen Säugetiere *sañjñin*, denn sie haben ein Denkvermögen. Auch die verschiedenen Wesen in den Höllen, die niederen Götter und die Menschen sind *sañjñin*.

Im Gegensatz zu jenen Anschauungen, nach denen die Seele winzig wie ein Atom *(anu)* oder nur daumengroß ist und im Herzen wohnt, breitet sich die Lebensmonade *(jīva)* nach der jainistischen Vorstellung durch den ganzen Organismus aus. Der Körper bildet gewissermaßen ihre Hülle;

[1] Diese klassischen Kategorien werden weiter unten S. 286–299 behandelt. Im Jainismus wird das Wort *prāṇa* nicht im Sinne von ‚Lebensatem', sondern von ‚Körperkraft' gebraucht und bezieht sich auf die zehn oben genannten Fähigkeiten. Heinrich Zimmer meint, daß die Analyse der Psyche, die in der klassischen Periode indischer Philosophie vorherrschte und in der Synthese der sogenannten «Sechs Systeme» vorliegt, ursprünglich kein brahmanischer Beitrag war, sondern, aus nichtarischer Quelle stammend, über Sāṅkhya und Yoga hereinkam, und daß ihre Kategorien in den Ansichten der Jaina schon vorgebildet waren. Für die «Sechs Systeme» vgl. Anhang A.

sie ist das beseelende Prinzip des Körpers. Und die subtile Substanz dieser Lebensmonade ist mit Karma-Teilchen vermischt wie Wasser mit Milch oder wie Feuer mit Eisen in einer rotglühenden Eisenkugel. Zudem verleiht der karmische Stoff der Lebensmonade Farben *(leshyā)*; es gibt deren sechserlei. Daraus wurden sechs Typen von Lebensmonaden abgeleitet. In aufsteigender Reihenfolge war jeder Typus in Farbe, Geruch, Geschmack und Anfühlbarkeit[1] wie folgt verschieden:

6. Weiß *(shukla)*
5. Gelb oder rosa (*padma*, wie eine Lotosblüte)
4. Feuerrot *(tejas)*
3. Taubengrau *(kapota)*
2. Dunkelblau *(nīla)*
1. Schwarz *(krishṇa)*

Diese sechs Typen zerfallen in drei Zweiergruppen, wobei jedes Paar genau einem der drei *guṇas* oder ‚natürlichen Qualitäten' in den klassischen Sāṅkhya- oder Vedānta-Schriften entspricht[2]. Die jainistischen Leshyās 1 und 2 sind dunkel; sie entsprechen dem Guṇa *tamas*, ‚Dunkelheit'. Leshyā 3 ist rauchgrau, 4 hat das Rot der Flamme; beide gehören zum Feuer und entsprechen deshalb dem Guṇa *rajas* (Feuer = *rajas*, ‚rote Farbe'; vgl. *rañj*, ‚rotfärben'; *rakta*, ‚rot'). Leshyā 5 und 6 schließlich sind als Zustände von größerer Reinheit klar und leuchtend und so das jainistische Gegenstück zum klassischen Guṇa *sattva*: ‚Tugend, Güte, Vortrefflichkeit, Klarheit; ideales Wesen; der höchste Zustand des Stofflichen'. Die

[1] Es fällt auch uns nicht besonders schwer, uns eine übelriechende, säuerliche oder eine süße, duftende Lebensmonade vorzustellen.

[2] *Anmerkung des Herausgebers:* Auch hier weist Heinrich Zimmer auf die Vorwegnahme der klassischen indischen Kategorien durch den Jainismus hin. Eine ausführliche Darstellung der Guṇas findet sich unten, S. 268–269; für den mit diesem Begriff nicht vertrauten Leser empfiehlt es sich jedoch, sich wieder dem gegenwärtigen Abschnitt zuzuwenden und ihn erst zu beenden. Vorausgreifend sei aber festgestellt, daß nach der klassischen indischen Anschauung der Stoff *(prakriti)* durch die drei Qualitäten *(guṇas)* der Trägheit *(tamas)*, Tätigkeit *(rajas)* und Spannung oder Harmonie *(sattva)* gekennzeichnet ist. Diese sind aber nicht bloß Qualitäten, sondern die Substanz des Weltstoffes, von dem es heißt, er bestehe aus den Guṇas wie ein Seil aus drei Strängen, wobei *tamas guṇa* schwarz, *rajas* rot und *sattva* weiß ist. Durch das Vorherrschen von *tamas guṇa* in der Veranlagung eines Individuums wird es dumpf, schwerfällig und verdrossen, durch *rajas* agressiv, heldenhaft und stolz, während *sattva* zu abgeklärter Ruhe, zu Güte und Verständnis führt.

sechs jainistischen Leshyās scheinen also ein System archaischer Urtypen darzustellen, aus dem sich die spätere, so überaus einflußreiche Guṇa-Theorie entwickelt hat.

Schwarz ist die charakteristische Farbe unbarmherziger, grausamer, roher Menschen, die andere Wesen verletzen und quälen. Von dunkelblauer Farbe sind boshafte, bestechliche, habgierige, geizige, sinnliche und wankelmütige Charaktere. Taubengrau kennzeichnet die Rücksichtslosen, Unbesonnenen, Unbeherrschten und Zornmütigen; die Klugen dagegen, die Ehrlichen, Großmütigen und Frommen sind feurigrot. Gelb zeugt von Mitleid, Rücksicht, Uneigennützigkeit, Gewaltlosigkeit und Selbstbeherrschung. Die weißen Seelen aber sind leidenschaftslos, ohne jeden Eigennutz und unparteiisch.

Wie Wasser durch Kanäle in einen Teich fließt, so fließt der karmische Stoff der sechs Farben durch die Körperorgane in die Monade. Sündige Taten verursachen das ‚Einfließen bösen Karmas' *(pāpa-āsrava)*, und dies vermehrt den dunklen Stoff in der Monade; tugendhafte Taten führen dagegen zum ‚Einfließen guten oder heiligen Karmas' *(puṇya-āsrava)*, was die Monade weißer macht. Aber auch dieses heilige Karma noch hält die Lebensmonade in der Welt fest[1]. Durch die Vermehrung des gelben und weißen Karma-Stoffes schaffen gute Taten zwar freundlichere, leichtere Bindungen – aber es sind eben doch Bindungen; die Taten reichen nicht aus, um die volle Befreiung zu bringen. Kein einziger Typus darf mehr ‚Ein-fluß' *(āsrava)* haben, soll Nirvāṇa erreicht werden, und dieses Anhalten des Lebens kann nur durch das Abstellen allen Tuns bewirkt werden, mag es sich um gute oder böse Taten handeln[2].

[1] Vgl. *Bhagavad Gītā* 14. 5–9. «Die Guṇas – sattva, rajas und tamas –, geboren aus dem Stoff, binden den unsterblichen Leibesbewohner fest an den Leib. Sattva, fleckenlos, ist hell und dem Wesen nach voll Frieden und heiterer Klarheit; es bindet, indem es den Hang zu Glück und Erkenntnis schafft. Rajas, die Essenz der Leidenschaft, ist Ursache von Schmachten und Bezaubertsein; es bindet den Leibesbewohner durch den Hang zum Tun. Tamas endlich wird aus der Unwissenheit geboren und bringt alle verkörperten Dinge in Verwirrung; es bindet durch Nachlässigkeit, Gleichgültigkeit und Schlaf. So also verdunkelt Tamas das Urteilen und führt zu Mißverständnis, Rajas führt zur Tat und Sattva zum Glücklichsein.»

[2] Der Jaina-Tīrthaṅkara erkennt kraft seiner unbegrenzten Intuition oder Allwissenheit, die auf der kristallenen Reinheit und der unendlichen Strahlkraft der vom Karma-Stoff erlösten Lebensmonade beruht, in jedem einzelnen Falle unmittelbar und genau Farbe, Geschmack, Geruch und stoffliche Beschaffenheit, von denen die Lebensmonade infiziert ist; er kennt genau den Grad der Beschmutzung,

Eine Grundtatsache wird meistens von denen übersehen, die sich der indischen Weisheit hingeben: nämlich, daß von den indischen Meistern, die zur Befreiung von den Bindungen der Welt gelangen, alle höchsten Werte der Humanität radikal verworfen werden. ‚Humanität' (als Phänomen des Menschen, als Ideal seiner Vollkommenheit und als Ideal der vollkommenen menschlichen Gesellschaft) war das höchste Anliegen des griechischen Idealismus und ist es heutzutage in moderner Form im westlichen Christentum; aber für die indischen Weisen und Asketen, die Mahātmas und erleuchteten Heilbringer bedeutete ‚Humanität' nicht mehr als die Schale, die durchbrochen, zertrümmert und weggeworfen werden muß. Denn vollkommenes Nichttun in Denken, Reden und Handeln ist nur dann möglich, wenn man für *jedes* Lebensinteresse abgestorben ist: für Freude und Leid wie für jeden Willen zur Macht, für geistige Ziele, für alle sozialen und politischen Angelegenheiten – in völliger, tiefster, unerschütterlicher Gleichgültigkeit gegen die Tatsache, selbst ein Mensch zu sein. Die letzte, sublimste, leichteste Fessel, die Tugend, auch sie muß noch zerrissen werden. Sie darf nicht als Ziel angesehen werden, sondern nur als Auftakt für das große geistige Abenteuer des ‚Furtbereiters', als Ausgangspunkt zur übermenschlichen Sphäre. Hinzu kommt, daß diese Sphäre nicht nur übermenschlich, sondern auch übergöttlich ist, daß sie noch jenseits der Götter, ihrer Himmel, ihrer Wonnen und ihrer kosmischen Macht liegt. Folglich kann es weder in individueller noch in kollektiver Hinsicht auf ‚Humanität', auf ‚Menschlichkeit' ankommen für den, der im Sinne letzter indischer Weisheit aufrichtig nach Vollendung strebt. Die Humanität und ihre Probleme gehören zu den philosophischen Lebensanschauungen, die wir oben behandelt haben: zu den Philosophien des Erfolges *(artha)*, der Freude *(kāma)* und der Pflicht *(dharma)*; diese aber können dem nichts mehr bedeuten, der für die Zeit

Verfinsterung oder Helligkeit eines jeden, den er sieht. Denn die Leuchtkraft der Monade durchscheint den ganzen Organismus, ja sie dringt sogar über den greifbaren Körperumriß hinaus und bildet um ihn einen feinen Lichtkreis, dem gewöhnlichen Sterblichen unsichtbar, dem erleuchteten Heiligen aber deutlich erkennbar. Wir haben es hier mit der Urform des Heiligenscheins – der ‚Aura' der Theosophen – zu tun, des ‚Halo', der jede lebende Form umgibt und durch seine Verschattungen, seine Dunkelheit oder Helle den Seelenzustand verrät, der anzeigt, ob ein Mensch verdunkelnden tierischen Leidenschaften und dumpfer Ichsucht verfallen ist, oder ob er den Weg der Läuterung und Befreiung von der stofflichen Welt wandelt.

ganz wörtlich abgestorben ist, *dem das Leben Tod ist*. «Lasset die Toten ihre Toten begraben»[1]: das ist gemeint. Gerade dieser Punkt macht es dem heutigen christlichen Abendländer so schwer, Indiens traditionelle Botschaft anzuerkennen und anzunehmen.

Die sentimentale oder heroische Vergöttlichung des Menschen nach dem klassischen oder modernen humanitären Ideal ist für den indischen Geist etwas völlig Fremdes. Nach indischer Ansicht besteht die Würde des Menschen nur in dem Vermögen, sich erleuchten zu lassen, von Bindungen frei zu werden und dadurch schließlich zur Rolle des höchsten Lehrers und Erlösers aller Wesen, einschließlich der Tiere und Götter, fähig zu werden. Die Lebensmonade, die zu dieser übergöttlichen Aufgabe reif genug ist, steigt vom hohen Reich himmlischer Seligkeit zur Erde nieder, wie es die Monade des Jaina-Erlösers Pārshvanātha tat[2], nachdem die zeitweilig genossenen Wonnen und Machtbefugnisse der Götter für seine gereifte Einsicht bedeutungslos geworden waren. Und dann, in einer letzten Existenz unter den Menschen, erlangt der Heilbringer selbst vollkommene Erleuchtung und damit Erlösung, und durch seine Lehre erneuert er die zeitlose Doktrin des Weges, auf dem man dieses Ziel erreicht.

Dieses erstaunliche Ideal, niedergelegt in den legendären Lebensbeschreibungen der Buddhas und Tīrthaṅkaras, wurde ernstlich und wörtlich als Ideal für alle aufgefaßt. Man glaubte tatsächlich, der Mensch könne es erfüllen, und machte sich daran, es auch zu verwirklichen. Anscheinend war es die nichtbrahmanische, vorarische, auf dem indischen Teilkontinent heimische Vision von der Rolle des Menschen im Kosmos. Der empfohlene Weg der Vervollkommnung war der der Yoga-Askese und der Selbstabtötung, während das Bild des menschlichen Heilbringers, der sogar den Göttern zum Erlöser wird, unablässig dem geistigen Auge vorschwebt.

Im Westen ist dieser Gedanke systematisch als Ketzerei unterdrückt worden – als Ketzerei des Titanentums. Schon für die Griechen war das die klassische Schuld des leidenden Helden, die Hybris (ὕβρις) der Gegengötter oder Titanen, in der christlichen Kirche aber ist solche Anmaßung als einfach unvorstellbar verdammt worden[3]. Aber es kann in unserer mo-

[1] Matthäus 8, 22. [2] Vgl. oben S. 182–183.

[3] Vgl. z. B. die Berichte über Simon Magus bei Justinus Martyr (*Dial. cum Tryph.* CXX, 16), Tertullian (*De Idol.* 9, *de Fuga* 12, *de Anima* 34, *Apol.* 13) und Origenes (*Contra Celsum*, I, 57. VI, 11); oder jeden beliebigen christlichen Missionarbericht von heute über den indischen Glauben.

dernen westlich-christlichen Dichtung doch wenigstens auf ein großes Beispiel hingewiesen werden für die Idee, daß das Kommen eines Menschen zur Rettung Gottes werden kann. Wenn Parsifal im dritten Akt der Wagner-Oper die heilige Lanze zurückbringt, wenn er den siechen Hüter des heiligen Grales, Amfortas, heilt und den Gral selbst in seine segensreiche Funktion wieder einsetzt, dann singen Engelsstimmen aus der Höhe: «Erlösung dem Erlöser!» Damit ist wohl gemeint, daß das heilige Blut Christi vom Fluch oder Bann, der sein Wirken zunichte machte, erlöst ist. Und noch einmal, in Wagners *Ring der Nibelungen*, wird auf sehr ähnliche Weise eine heidnische Parallele zu diesem Motiv entwickelt. Brünhilde stillt Wotans Leiden und schenkt dem Allvater der Welt die Ruhe, indem sie den Ring den Urwassern zurückgibt und zu Wotan singt: «Ruhe nun, ruhe, du Gott!» Der erleuchtete Mensch, durch Leiden vollendet, durch Mitleid allwissend, durch Überwindung des Ichs selbstbefreit, erlöst das göttliche Prinzip, das für sich allein außerstande ist, sich aus seiner eigenen Verstrickung in das kosmische Spiel zu lösen[1].

5. DIE MASKE DER PERSÖNLICHKEIT

Im homerischen Epos steigt Odysseus zur Unterwelt hinab, um bei den Toten Rat zu holen, und trifft im zwielichtigen Dämmerreich von Pluto und Persephone die Schatten seiner einstigen Gefährten und Freunde, die beim Kampf um Troja erschlagen worden oder in den Jahren nach der Eroberung der Stadt umgekommen waren. Sie sind nur Schatten in diesem trüben Reich, aber jeder ist sofort zu erkennen, denn sie alle haben sich die Züge bewahrt, die ihnen auf Erden eigen gewesen waren. Achilles erklärt, er würde das harte, freudlose Leben eines namenlosen Bauern im hellen Tageslichte der Lebenden der schwermütigen Eintönigkeit seines jetzigen Halbdaseins als größter Held unter den Toten vorziehen; gleichwohl ist er immer noch ganz er selbst. Die Physiognomie, die Maske der Persönlichkeit hat die Trennung vom Leibe und die lange Verbannung aus der menschlichen Sphäre auf Erden überlebt.

Nirgends in diesem griechischen Epos finden wir die Vorstellung, daß der tote Held die Identität mit seinem ehemaligen zeitlichen Dasein verloren hätte. Der mögliche Verlust der eigenen Persönlichkeit durch den Tod, die langsame Auflösung, das Hinschwinden und letzte Auslöschen

[1] Vgl. H. Zimmer, The King and the Corpse, S. 51–52.

der geschichtlichen Individualität wurde von den homerischen Griechen gar nicht in Erwägung gezogen. Auch dem christlichen Geiste des Mittelalters war dieser Gedanke fremd. Dante wanderte wie Odysseus in die Welt jenseits des Grabes; von Vergil durch die Kreise der Hölle und des Fegefeuers geführt, steigt er die Sphären empor; und überall während seiner langen Wanderung erblickt er persönliche Freunde und Feinde, mythische Helden und große Gestalten der Geschichte und unterhält sich mit ihnen. Alle sind sogleich zu erkennen, und alle befriedigen seine unersättliche Neugier durch die Erzählung ihres Lebens, indem sie die Geschichten und Ereignisse weitschweifig ausmalen und bei den geringsten Einzelheiten ihrer unwichtigen kurzfristigen Existenz ausführlich verweilen. Ihre Persönlichkeiten von einst haben sich – so scheint es – auf der langen Wanderschaft durch die Weite der Ewigkeit nur allzu gut erhalten. Sie sind, obgleich unwiederbringlich und für immer von den kurzen Augenblicken ihrer irdischen Lebenszeit getrennt, noch immer mit den Problemen und Ärgernissen ihres Lebens beschäftigt und beunruhigt von ihrer Schuld, die ihnen in der symbolischen Form der jeweiligen Strafen anhaftet. Persönlichkeit hielt alles in ihren Klauen – die verherrlichten Heiligen im Himmel ebenso wie die gemarterten leidenden Bewohner der Hölle; denn Persönlichkeit konnte nach Ansicht der mittelalterlichen Christen nicht durch den Tod verlorengehen noch durch jenseitige Erfahrungen verwischt werden. Vielmehr würde das Leben nach dem Tode nur eine zweite Manifestation und Erfahrung des eigentlichen persönlichen Wesens sein, bloß auf einer breiteren Basis und in freierem Stile, mit einer auffälligeren Darstellung von Wesen und Folgen der Tugenden und Laster.

Für den westlichen Geist ist die Persönlichkeit ewig. Sie ist unzerstörbar, unauflöslich. Dies ist die Grundidee der christlichen Lehre von der Auferstehung des Leibes. Bei der Auferstehung erhalten wir die uns so teure Persönlichkeit in einer geläuterten Form zurück, so daß sie würdig ist, vor die Majestät des Allmächtigen zu treten. Diese Persönlichkeit soll ewig weiterleben, obgleich – welch seltsame Inkonsequenz! – nicht geglaubt wird, daß sie irgendwo, in irgendeinem Zustand, irgendeiner Form vor der leiblichen Geburt des leiblichen Individuums bestanden habe. Die Persönlichkeit hat vor ihrer zeitlichen irdischen Verkörperung in aller Ewigkeit nicht existiert, in keiner außermenschlichen Sphäre. Angeblich tritt sie durch den leiblichen Zeugungsakt ins Dasein und lebt dennoch nach dem Tode der gezeugten sterblichen Hülle weiter: zeitlich im Anfang, unsterblich am Ende.

Das Wort ‚Persönlichkeit' ist vom lateinischen *persona* abgeleitet. *Persona* bedeutet wörtlich die Gesichtsmaske, die der griechische und römische Schauspieler auf der Bühne trug; es ist die Maske, durch *(per)* die er seine Rolle ‚tönen' *(sonare)* läßt. Die Maske ist es, welche die charakteristischen Züge der Rolle trägt, die Züge des Helden oder der Heldin, des Dieners oder Boten, während der Schauspieler selbst hinter ihr anonym bleibt, ein Unbekannter, dem Spiel innerlich fernstehend und an den aufgeführten Leiden und Leidenschaften grundsätzlich unbeteiligt. Ursprünglich muß wohl mit dem Wort *persona*, im Sinne von ‚Persönlichkeit', gemeint gewesen sein, daß Menschen nur das personifizieren, was sie zu sein scheinen. Das Wort besagt, daß die Persönlichkeit nur die Maske des Einzelnen für seine Rolle in der Komödie oder Tragödie des Lebens ist, nicht aber mit dem Darsteller identifiziert werden darf. Sie ist keine Manifestation seines wahren Wesens, sondern eine Verhüllung. Doch hat die abendländische Anschauung – von den Griechen selbst stammend und in der christlichen Philosophie weiterentwickelt – die in diesem Wort liegende Unterscheidung zwischen der Maske und dem Schauspieler, dessen Gesicht sie verhüllt, aufgehoben. Die beiden sind gewissermaßen identisch geworden. Wenn das Stück vorbei ist, kann die *persona* nicht abgenommen werden; sie haftet einem über den Tod hinaus auch im jenseitigen Leben an. Der westliche Schauspieler, während seines Auftritts auf der Weltbühne ganz identifiziert mit der dargestellten Persönlichkeit, kann sie nicht ablegen, wenn die Zeit seines Abtretens gekommen ist, und so behält er sie auch bei, wenn das Spiel längst aus ist, auf unbegrenzte Zeit, Jahrtausende, ja Ewigkeiten hindurch. Der Verlust seiner *persona* würde für ihn den Verlust jeder Hoffnung auf eine Zukunft nach dem Tode bedeuten. Die Maske ist in sein Wesen eingeschmolzen und damit verwachsen.

Die indische Philosophie dagegen hält an der Unterscheidung fest und unterstreicht noch den Unterschied zwischen dem Darsteller und seiner Rolle. Beständig hebt sie den Gegensatz zwischen dem Lebensschauspiel des Individuums und dem wahren Sein des anonymen Schauspielers hervor, der unter den Kostümen des Stückes verborgen, verhüllt, verschleiert ist. Tatsächlich war es durch alle Zeiten hindurch ein Hauptanliegen des indischen Denkens, eine zuverlässige Technik zu entwickeln, um die scharfe

Trennung zwischen beiden festzuhalten. Eine sehr sorgfältige Bestimmung ihrer Wechselbeziehungen und ihres Ineinanderwirkens, ein praktisch und systematisch mit großer Kühnheit angestrengter Versuch, um aus den Grenzen des einen zu den Unermeßlichkeiten des anderen auszubrechen, sind jahrhundertelang durchgeführt worden – vor allem in den zahlreichen introspektiven Yogatechniken. Alle Schichten der manifestierten Persönlichkeit durchstoßend und auflösend, schneidet das unerbittlich nach innen gerichtete Bewußtsein die Maske auf, und, Lage um Lage von ihr abreißend, erreicht es endlich den anonymen und erstaunlich unbeteiligten Darsteller unseres Lebens.

Obgleich sich in den hinduistischen und buddhistischen Texten lebendige Schilderungen der traditionellen Höllen und Fegefeuer finden, in denen gräßliche Einzelheiten bis ins kleinste beschrieben werden, gleicht die Situation doch nie ganz dem Jenseits des Dante oder Odysseus, wo die vielen längst verstorbenen Berühmtheiten alle noch das Charakteristische ihrer persönlichen Masken bewahrt haben. Denn obschon auch in den Höllen des Ostens die Qualen zahlloser Gepeinigter ausgemalt werden, trägt doch keiner mehr die Züge seiner irdischen Individualität. Manche können sich wohl erinnern, daß sie einst woanders waren, sie kennen die Tat, die ihnen die gegenwärtige Strafe einbrachte. Im allgemeinen aber sind sie alle in ihrem jetzigen Elend versunken und verloren. Wie ein Hund in dem Seinszustand eines Hundes steckt und in den Einzelheiten seines gegenwärtigen Lebens ganz aufgeht, und wie uns selbst meistens unsere jetzige persönliche Existenz in Bann hält, so geht es auch den Wesen in den hinduistischen, jainistischen und buddhistischen Höllen. Sie sind nicht fähig, sich an einen früheren Zustand, an das in einem vergangenen Dasein getragene Kostüm zu erinnern, sondern identifizieren sich ausschließlich mit dem, was sie jetzt sind. Und das ist natürlich der Grund, weshalb sie in der Hölle sind.

Wenn diese indische Vorstellung erst einmal den Geist bewegt hat, erhebt sich sogleich die Frage: Warum bin ich gezwungen, das zu sein, was ich bin? Warum muß ich die Maske der Persönlichkeit tragen, als die ich mich denke und fühle? Warum muß ich ihr Schicksal auf mich nehmen, die Beschränkungen, Täuschungen und Ziele der besonderen Rolle, die zu spielen ich getrieben bin? Und wenn ich eine Maske hinter mir gelassen habe, warum stehe ich nun wieder mit einer anderen im Rampenlicht, eine andere Rolle vor einer anderen Kulisse spielend? Was zwingt mich, so fortzufahren, immer ein Einzelnes zu sein – ein Individuum mit all seinen besonderen Unzulänglichkeiten und Erfahrungen? Wo und wie kann ich je einen anderen Zustand erreichen, einen Zustand, in dem ich nicht etwas Einzelnes bin, nicht eingeengt von Beschränkungen und Eigenschaften, die mein reines, ungebundenes Wesen eindämmen?

Kann man zu etwas werden, das ohne besondere Tönung und Farbe ist, unbegrenzt von Gestalt, uneingeschränkt durch Eigenschaften: zu etwas Unspezifischem, das darum keinem spezifischen Leben ausgesetzt ist?

Das sind die Fragen, die zum Experiment der Askese und der Yogapraktik führen. Sie steigen auf aus einer lebensmüden Melancholie, wenn der Lebenswille, gewissermaßen ermattet vor der Aussicht auf dieses endlose Vorher und Nachher, wie ein Schauspieler plötzlich seines Berufes überdrüssig wird. Das Fazit dieser endlosen Kreiswanderung: vergessene Vergangenheit und ziellose Zukunft! Warum kümmere ich mich um das, was ich bin: Mann, Frau, Bauer, Künstler, Reicher oder Armer? Da ich schon, ohne mich zu erinnern, alle Haltungen und Rollen, die es gibt, personifiziert habe – immer und immer wieder, in verlorener Vergangenheit, in aufgelösten Welten, warum mache ich immer so weiter?

Es könnte einem leichtfallen, sich von der abgedroschenen Lebenskomödie geekelt abzuwenden, sobald man nicht mehr von den Einzelheiten der eigenen Rolle verblendet und betört wäre. Stände man nicht länger im Banne der Handlung, die einen gerade jetzt gefangenhält, so könnte man sich gut zum Verzicht entschließen – zum Aufgeben der Maske, des Kostüms, der ganzen Komödie. Es läßt sich wohl verstehen, daß es manche leid sind, in diesem Dauerengagement zu bleiben, Charakter nach Charakter in dieser nie pausierenden Theatertruppe des Lebens darzustellen. Wenn das Gefühl des Überdrusses oder Ekels aufsteigt (wie es immer wieder in der langen Geschichte Indiens der Fall war), revoltiert das Leben und lehnt sich gegen seine elementarste Aufgabe und Pflicht auf, automatisch weiterzumachen. Wird das individuelle Bedürfnis zu einem kollektiven, dann führt es zur Gründung asketischer Orden wie der des Jaina oder der buddhistischen Gemeinschaften heimatloser Mönche: Scharen von abtrünnigen Schauspielern, heroischen Deserteuren, Freigelassenen und Selbstverbannten aus der universalen Posse des Lebens.

Die Begründung würde – wenn die Abtrünnigen sich die Mühe nähmen, sich zu rechtfertigen – so lauten:

«Warum sollten wir uns darum kümmern, was wir sind? Welches wirkliche Interesse haben wir an all den Rollen, die die Menschen ständig zu spielen gezwungen sind? Nicht zu wissen, daß man schon lange, immer und immer wieder, alle Arten von Rollen dargestellt hat – Bettler, König, Tier, Gott – und daß das Los des Schauspielers genau das gleiche ist in einer wie in der anderen Rolle – das nicht zu wissen, zeugt wahrlich von einem bedauernswerten Geisteszustand; denn die auffälligste Tatsache bei dem zeitlosen Engagement ist doch, daß alle Objekte und Situationen der Handlung durch die Jahrtausende hindurch in endlosen Wiederholungen dargeboten und erduldet wurden. Die Menschen müssen völlig blind sein, daß sie immer wieder dem Zauber der gleichen alten Verlockungen verfallen; betört von den trügerischen Reizen, die schon alle Wesen, die je gelebt haben, verführten; zujubelnd den gleichen abgenutzten Täuschungen der Begierde, die schon endlose Male erlebt wurden, erwartungsvoll, als wären es lauter neue, aufregende Abenteuer; sich anklammernd einmal an diese, einmal an jene Illusion; und all dies hat nur zur Folge, daß der Schauspieler immer wieder scheinbar neue, aber bereits viele Male dargestellte Rollen spielt, wenn auch in etwas verschiedenen Kostümen und anderen Besetzungen. Offensichtlich ist dies eine absurde Sackgasse. Der Geist ist behext, in die Falle gegangen unter dem Drängen blinder Lebenskräfte, welche die Geschöpfe in einem kreisenden, nimmer endenden Strome herumwirbeln. Und warum? Wer oder was tut dies? Wer ist der Narr, der sich diese stumpfsinnige Belustigung auf den Brettern leistet?»

Die Antwort, die man dem geben müßte, der sie nicht selbst zu finden vermag, würde heißen: der Mensch, der Mensch selbst: jeder einzelne. Und diese Antwort ist einleuchtend. Denn jeder tut weiter das, was immer getan wurde, und er bildet sich ständig ein, er tue etwas anderes. Sein Gehirn, seine Zunge, seine Aktionsorgane sind unverbesserlich vom Drange besessen, etwas zu tun – und er tut es. So baut er sich selbst neue Aufgaben auf, beschmutzt sich in jeder Minute mit neuen Teilchen des Karma-Stoffes, die in seine Natur eingehen, in seine Lebensmonade einfließen, ihr Wesen beflecken und ihr Licht trüben. Diese Verstrickungen fesseln ihn an ein von Begierde und Unwissen verdunkeltes Dasein; und dadurch bereichert er seine vergängliche Persönlichkeit, als sei sie etwas Wesenhaftes, er klammert sich an den kurzen Zauber verworrenen Lebens, weil es das einzige ist, dessen er gewahr wird; er hegt und pflegt die kurze Spanne individuellen Daseins zwischen Geburt und Bestattung, und so verlängert er unbewußt die Zeit seiner eigenen Knechtschaft unendlich in die Zukunft. Im eifrigen Streben nach dem, was er für sein eigenes oder eines anderen Wohl und Glück hält, zieht er seine eigenen Fesseln wie auch die des anderen nur um so fester an.

6. DER KOSMISCHE MENSCH

Daß Gott menschliche Gestalt hat, war ein oberster Glaubenssatz des vorchristlichen Nahen Ostens. Die Hebräer zum Beispiel stellten sich Gott anthropomorph vor, obwohl ihnen verboten war, ein Bildnis von ihm zu schaffen: Jahve schuf den Menschen nach seinem Bilde, und als Nachkommen Adams besitzen wir alle menschliche Gestalt, weil Jahve diese Gestalt hat. Jahve ist der ERSTE MENSCH, göttlich und ewig, während Adam nur der *erste Mensch* ist – nach Jahves Bild geschaffen, aber irdisch und darum vergänglich. Jesus ist dann der *zweite Mensch* oder des MENSCHEN Sohn, der herabstieg, um die Vollkommenheit des erschaffenen Bildes wiederherzustellen.

Im Gegensatz zu diesen nahöstlichen Konzeptionen, die sumerisch-semitischen Ursprungs sind, ist für die einheimische vorarische Tradition Indiens – und diese tritt uns in der Religion der Jainas entgegen – der ERSTE MENSCH nicht Gott (Gott als unterschieden von der Materie, der die Welt aus der Materie als aus einem zweiten, von ihm wesenhaft verschiedenen Prinzip erschaffen hat), sondern der Organismus der Welt selbst. Der ganze Kosmos hat nach diesem Glauben menschliche Gestalt, hat nie einen Anfang gehabt und wird nie enden. Nicht ‚Geist' vom ‚Stoff' verschieden, sondern ‚geistiger Stoff', ‚verstofflichter Geist', das ist der ERSTE MENSCH. In diesem Sinne ist die Religion des Jainismus monistisch.

In seiner Analyse der Psychologie und Bestimmung des *Menschen* aber ist der Jainismus dualistisch. Die Lebensmonade *(jīva)* wird aufgefaßt als völlig verschieden vom Karma-Stoff *(a-jīva*, dem Leblosen) mit seinen sechs Färbungen[1], durch welche sie niedergehalten und an der Befreiung gehindert wird. Diese Anschauung teilt der Jainismus mit der Sāṅkhya-Philosophie, die, ebenfalls nichtarisch, nichtvedisch, in der Weltanschauung des ursprünglichen Indien wurzelt[2]; denn auch im Sāṅkhya werden die Lebensmonaden (dort *purushas* genannt) von der leblosen Materie

[1] Vgl. oben S. 212.

[2] Vgl. oben S. 65, Anmerkung des Herausgebers.

(dort *prakriti* genannt) streng unterschieden, und es wird als Ziel der geistigen Anstrengung des Menschen verstanden, die Trennung zwischen beiden zu begreifen und zu vollziehen.

Dieser radikale Dualismus der frühen Jaina- und Sāṅkhya-Anschauung steht in auffallendem Gegensatz zum bekannten ‚Nichtdualismus' des klassischen Brahmanentums, wie er in den *Upanishaden* und der *Baghavad Gītā* entfaltet und im Vedānta zur Vollendung gebracht wurde[1]; denn nach der vedantischen Lehre ist Materie *(prakriti)* materialisierte Energie *(prāṇa shakti)*, und diese ihrerseits die zeitliche Manifestation jener ewigen, unkörperlichen, übergeistigen Wesenheit, die das innerste Selbst *(ātman)* aller Dinge ist. Das Selbst *(ātman)* entfaltet die Erscheinungswelt der Materie *(prakriti)* und geht gleichzeitig in sie ein als Lebensmonaden oder individuelle Selbste *(jīvas, purushas)*. Anders ausgedrückt: alle Dinge in all ihren Aspekten sind nur der Widerschein des einen ewigen Selbstes – Ātman-Brahman – das seinem Wesen nach alles übertrifft, was durch Definition, Name und Form erfaßt werden könnte[2].

«Wahrlich das Nicht-Seiende war hier am Anfang», lesen wir zum Beispiel in einem brahmanischen Urtext[3]. Dieses ‚Nicht-Seiende' darf nicht einfach als ein Nichts betrachtet werden; denn sonst würde nicht von ihm ausgesagt sein, daß es «war». Darum fährt der Text mit der Frage fort: «Was war dieses Nichtseiende?» Die Antwort lautet: «Lebensenergie *(prāṇa)*[4].»

Nun sprechen die sieben Lebensenergien *(prāṇas)* zueinander: «Wahrlich, in dem Zustand, in dem wir uns jetzt befinden», sagen sie, «werden wir nie fähig sein, etwas hervorzubringen. Darum laßt uns aus diesen sieben Menschen [das heißt aus ihnen selbst] einen einzigen Menschen ma-

[1] *Anmerkung des Herausgebers:* Dieses Thema soll weiter unten (S. 319–414) ausführlich behandelt werden. Zimmer kommt es hier nur darauf an, auf folgendes hinzuweisen: obgleich die Denkweise von Jaina und Sāṅkhya dualistisch und die vedisch-vedantische nicht-dualistisch ist, soweit es sich um die Beziehung der Lebensmonade *(jīva, purusha)* zum Stoff *(karma, prakriti)* handelt, ist nach beiden Anschauungen der Kosmische Mensch mit dem All identisch und nicht der außenstehende Gott-Schöpfer eines wesenhaft von ihm Getrennten.

[2] Vgl. oben S. 79–86. [3] *Shatapatha Brāhmaṇa* 6. 1. 1. 109.

[4] *Prāṇa*, ‚Lebensatem': die sieben (meistens fünf) Prāṇas bilden die vitalen Energien in jedem Geschöpf; ihr Auszug bedeutet den Tod des Individuums; vgl. unten S. 287–288. Im hier erwähnten Text sind sie als sieben heilige Weise oder Rishis personifiziert.

chen. Sie machten diese sieben Menschen [sich selbst] zu einem einzigen Menschen ... Er war es, der zum Herrn der Ausgeburten wurde.

Und dieser MENSCH, der Herr der Ausgeburten, spürte in sich den Wunsch: ‚Ich möchte mehr sein! Ich möchte hervorbringen!' Er mühte sich und schuf in sich Hitze. Als er sich gemüht und Hitze erschaffen hatte, brachte er aus sich als seine erste Schöpfung die Heilige Kraft hervor, das ist die ‚dreifache Weisheit' [die Veden]. Diese dreifache Weisheit wurde ein fester Standort, auf dem er sicher stehen konnte ...

Auf diesem festen Orte stand er dann sicher und erglühte von innen. Er brachte aus sich selbst, aus Rede *(vāc)* die Wasser hervor, auf daß sie die Welt seien. Die Rede war wahrhaft sein; sie war aus ihm hervorgebracht. Sie füllte alles hier aus, was immer hier ist, das füllte sie aus.»

Dies ist ein Beispiel mythischer Formulierung der klassisch-brahmanischen Anschauung, daß alle Schöpfung in all ihren Aspekten von dem Einen ausgeht. Rede *(vāc*, das heißt das WORT, λόγος*)* und die Wasser (vgl. Genesis 1, 2) sind hier die Selbstverdoppelung der einen unqualifizierten Wirklichkeit – ihre Selbstmanifestation als das mannigfaltig Qualifizierte. Die Welt der Namen und Formen *(nāmarūpa)*[1] und der Subjekt-Objekt-Polarität ist entstanden; das Dasein in Gegensatzpaaren (nämlich ‚Geist' und ‚Materie') ist erschaffen worden als Emanation oder Selbstaufspaltung des nichtdualen ERSTEN MENSCHEN. Alles erhält und nimmt Anteil an seinem Wesen. Was dem Auge als eine Welt dualer Prinzipien erscheinen mag, entsprang dieser einzigen Wirklichkeit und *ist* diese eine Wirklichkeit. Darum versuchen die Brahmanen in ihrer Meditation alles wieder in das ‚All-Eine' zurückzuverwandeln – während die Jainas in der Meditation (innerhalb der Grenzen jenes einen ERSTEN MENSCHEN) das Element des Geistes (die Lebensmonade, *jivā*) von dem des Stoffes *(karma, ajīva)* trennen. Indessen ist in beiden Fällen – sowohl bei den nichtarischen Jainas wie bei den indo-arischen Brahmanen – der Weltengott (der zugleich die Welt ist) beides: ‚Stoff' und ‚Geist'. Dieser kosmische Monismus trennt beide Glaubensformen weit von der jüdisch-christlichen Anschauung.

Die christliche Vorstellung von Gott als einer menschlichen Riesengestalt erscheint allerdings bei den Swedenborgianern als eine Figur, die einigermaßen dem kosmischen MENSCHEN der Jainas ähnelt. Emanuel Swedenborg (1688–1772) erlebte in seinen Visionen den ganzen Himmel auf diese anthropomorphe Art. In seinem Werk *De coelo et ejus mirabilibus et*

[1] Vgl. oben S. 34–35.

de inferno ex auditis et visis[1] heißt es: «Daß der Himmel in seinem Gesamtumfang *einen* Menschen darstellt, ist ein in der Welt noch nicht bekanntes Geheimnis; in den Himmeln aber ist es sehr wohl bekannt[2].» «Die Engel», fährt Swedenborg fort, «sehen zwar den Himmel nicht seinem ganzen Umfang nach in solcher Gestalt; denn der ganze Himmel fällt nicht ins Gesicht irgendeines Engels, wohl aber sehen sie zuweilen entlegene Gesellschaften, die aus vielen Tausenden von Engeln bestehen, als *eines* in solcher Gestalt; und aus der Gesellschaft als dem Teile schließen sie auf das Ganze, welches der Himmel ist[3].» «Weil der Himmel so beschaffen ist, so wird er auch vom Herrn regiert wie *ein* Mensch und somit wie *eines*[4].»

In einem andern Werk desselben großen Visionärs mit dem Titel *Sapientia angelica de divino amore et de divina sapientia*, wo die Himmel nochmals beschrieben werden, lesen wir: «Die Himmel sind in zwei Reiche abgeteilt, deren eines das himmlische, das andere das geistige heißt. In dem himmlischen Reiche herrscht die Liebe zum Herrn und in dem geistigen Reiche herrscht die Weisheit aus dieser Liebe. Jenes Reich, in dem die Liebe herrscht, heißt die Herzensregion des Himmels, und dieses Reich, in dem die Weisheit herrscht, heißt die Lungenregion des Himmels. Man muß wissen, daß der ganze Engelshimmel in seinem Inbegriff einen Menschen vorstellt und vor dem Herrn wie ein Mensch erscheint, weshalb sein Herz das eine Reich bildet und seine Lunge das andere. Denn es besteht eine Herz- und eine Lungenbewegung im Gemeinsamen des ganzen Himmels und daher im besonderen in jedem Engel, und zwar kommt die gemeinsame Herz- und Lungenbewegung allein vom Herrn, weil aus Ihm allein Liebe und Weisheit kommt[5].» Das heißt, der Himmel hat die Gestalt eines Riesenmenschen, und diese Gestalt wird belebt durch die Herzbewegung, welche göttliche Liebe ist und unaufhörlich aus Gott ausströmt, wie auch durch die Lungenbewegung oder Atmung, welche göttliche Weisheit ist. Gott ist nicht mit dem anthropomorphen Riesenorganismus

[1] Erste lateinische Ausgabe, London 1758.

[2] Ebenda § 59 (zitiert nach der deutschen Übersetzung von Dr. J. F. J. Tafel: *Himmel und Hölle. Beschrieben nach Gehörtem und Gesehenem von Emanuel Swedenborg*, Bern, Biel, Zürich, o. J.).

[3] Ebenda, § 62. [4] Ebenda, § 63.

[5] Zitiert nach der deutschen Übersetzung von Dr. J. F. J. Tafel: *Weisheit der Engel betreffend die göttliche Liebe und die göttliche Weisheit*, bekanntgemacht durch Emanuel von Swedenborg, Zürich, 1940, § 381. Erste Ausgabe: Amsterdam 1763.

identisch, der sich aus allen Himmelsschichten zusammensetzt. Aber er durchdringt ihn mit seiner Liebe und Weisheit, und diese durchdringen wiederum den Organismus, wie das Blut aus dem Herzen und die Luft aus den Lungen den menschlichen Leib durchdringen.

Der bedeutsamste Unterschied zwischen dem Kosmischen Menschen des Abendlandes und dem Indiens liegt darin, daß in Swedenborgs Vision nur der Himmel nach dem göttlichen Menschenbilde (diesem Abbild der archetypischen Gestalt Gottes) geformt ist, während im Jainismus das ganze Weltall im göttlich-anthropomorphen Organismus enthalten ist, einschließlich der untermenschlichen Schichten, der Tiere und Pflanzen, die der höheren Fähigkeiten des Menschen zu Liebe, Weisheit und Geistigkeit ermangeln, einschließlich auch der anorganischen Materie und der stummen Elemente. Das entspricht dem universalen Ziel der Vervollkommnungs-, Verwandlungs- und Erlösungslehren Indiens, die nicht nur dem Menschen, sondern allen Wesen gelten. Wenn auch in Finsternis versunken, hoffen die Tiere, ja sogar die Atome auf Erlösung. Sie sollen von den Welterlösern belehrt und gelenkt, erleuchtet und erlöst werden; denn sie sind Glieder der allumfassenden Bruderschaft der Lebensmonaden. Ihre Bestimmung ist es, am Ende über die Gefangenschaft im Karma der sechs Färbungen emporzusteigen.

«Weil Gott Mensch ist», lesen wir in Swedenborgs *Göttlicher Liebe und Weisheit* weiter (und hier wird es deutlich, daß die menschliche Gestalt der Himmelswelten mit Gott selbst gleichgesetzt werden darf), «so stellt der ganze Engelshimmel in seinem Umfang einen Menschen dar, und zwar ist er in Regionen und Gebiete abgeteilt nach den Gliedern, Eingeweiden und Organen des Menschen; denn es gibt Gesellschaften des Himmels, welche das Gebiet alles dessen, was zum Gehirn gehört, und solche, die das Gebiet aller Organe des Gesichts, desgleichen das aller Eingeweide des Leibes bilden, und diese Gebiete werden voneinander unterschieden ganz wie die bei dem Menschen; die Engel wissen auch, in welchem Gebiet des Menschen sie sind. Der ganze Himmel ist in diesem Ebenbilde, weil *Gott Mensch ist; und Gott ist der Himmel*, weil die Engel, welche den Himmel bilden, Aufnehmer der Liebe und Weisheit vom Herrn sind, und die Aufnehmenden sind Abbilder[1].» Folglich ist natürlich der menschliche Organismus ein Abbild der Himmel: «Die Menge jener Drüsen [die das menschliche Gehirn bilden] kann auch verglichen werden der Menge von

[1] Ebenda, § 288. Die Hervorhebung stammt von Heinrich Zimmer.

Engelgesellschaften in den Himmeln, welche auch unzählig sind und *in ähnlicher Ordnung*, wie mir gesagt worden[1].»

«Welche Gestalt die Hölle selbst im ganzen hat, ist mir nicht zu sehen gegeben worden; es wurde mir nur gesagt, daß, wie der ganze Himmel im Gesamtumfang einen Menschen darstellt, so auch die ganze Hölle in ihrem Gesamtumfang einen Teufel vorstelle, und auch wirklich im Bilde eines Teufels dargestellt werden könne[2].» «Man hat bisher in der Welt geglaubt, es gebe einen bestimmten Teufel, der die Höllen beherrsche, und dieser sei als Engel des Lichts erschaffen, nachdem er aber ein Empörer geworden, mit seiner Rotte in die Hölle hinabgestoßen worden; daß man so glaubte, kam daher, daß im Wort ein Teufel und Satan und auch ein Lichtbringer, nämlich Luzifer genannt wird und das Wort hier nach seinem Buchstabensinn verstanden wurde, während doch unter dem Teufel und Satan dort die Hölle verstanden wird, unter dem Teufel diejenige Hölle, welche nach hinten zu liegt und wo die Schlimmsten sind, welche böse Engel genannt werden; und unter dem Satan diejenige Hölle, welche nach vornen ist, wo nicht so Bösartige sind, welche böse Geister genannt werden; und unter Luzifer werden diejenigen verstanden, die aus Babel oder Babylonien sind, solche nämlich, welche ihre Herrschgebiete bis in den Himmel ausdehnen[3].»

«Diejenigen im größten Menschen, das ist im Himmel, welche sich im Haupt befinden, sind vor den übrigen in allem Guten; denn sie sind in der Liebe, im Frieden, in der Unschuld, Weisheit und Einsicht, und hieraus in der Freude und Seligkeit; diese fließen in das Haupt und in alle Dinge ein, die bei dem Menschen zum Haupt gehören, und entsprechen ihnen. Diejenigen im größten Menschen, das ist im Himmel, welche sich in der Brust befinden, sind im Guten der Liebheit und des Glaubens .... Diejenigen aber im größten Menschen oder dem Himmel, welche sich in den Lenden und in den Zeugungsorganen daselbst befinden, sind in der ehelichen Liebe. Die in den Füßen sich befinden, sind im letzten Guten des Himmels, welches Gute das Geistig-Natürliche heißt. Die sich in den Armen und Händen befinden, sind in der Macht des Wahren aus dem Guten. Die in den Augen Befindlichen sind im Verstand. Die in den Ohren sind im Aufmerken und Gehorsam. Die in der Nase sind in der Wahrnehmung. Die im Mund und in der Zunge Befindlichen sind in der Redefertigkeit aus

[1] Ebenda, § 366. Die Hervorhebung stammt auch hier von Heinrich Zimmer.
[2] Swedenborg, *Himmel und Hölle*, § 553. [3] Ebenda, § 544.

dem Verstand und der Wahrnehmung. Die in den Nieren Befindlichen sind in dem sichtenden, ausscheidenden und zurechtweisenden Wahren. Die in der Leber, Gekrösdrüse und Milz Befindlichen sind in mannigfaltiger Reinigung des Guten und Wahren; anders wieder bei den übrigen. Sie fließen in die ähnlichen Teile des Menschen ein und entsprechen ihnen. Der Einfluß des Himmels geht in die Verrichtungen und Nutzzwecke der Glieder ein, und die Nutzzwecke, weil sie aus der geistigen Welt stammen, gestalten sich in solche Dinge, die in der natürlichen Welt sind, und stellen sich so in der Wirklichkeit dar; daher rührt die Entsprechung[1].» «Im allgemeinen bildet der oberste oder dritte Himmel das Haupt bis zum Hals; der mittlere oder zweite Himmel bildet die Brust bis zu den Lenden und Knien. Der unterste oder erste Himmel bildet die Beine bis zu den Fußsohlen und auch die Arme bis zu den Fingern, denn die Arme und Hände sind das Äußerste des Menschen, obwohl von der Seite[2].»

Die erstaunlich enge Verwandtschaft dieses anthropomorphen Bildes mit dem Kosmischen Menschen der Jainas wird sich in der folgenden Darstellung des Jaina-Weges zeigen: dieser steigt auf zur allerhöchsten Schädelwölbung jenes Großmenschen, der für sie das All ist.

7. DIE JAINA-LEHRE VON DER GEBUNDENHEIT

Nach der pessimistischen Philosophie der Jainas bringt jeder Gedanke, jede Tat eine Anhäufung neuer Karma-Substanz mit sich. Weiterleben heißt weiterhin tätig sein, in der Rede, im Körper oder im Geiste; es bedeutet weiterhin täglich etwas tun. Und dies führt unweigerlich zur Aufspeicherung der ‚Saat‘ künftigen Handelns, die zu ‚Früchten‘, nämlich zu kommenden Leiden, Freuden, Zuständen und Existenzen keimen und reifen wird. Derartige ‚Saat‘ geht – so glaubt man – in die Lebensmonade ein und wohnt in ihr; dort verwandelt sie sich zu gegebener Zeit in Lebenszustände, verursacht Glück und Unheil und webt die Maske – Physiognomie und Charakter – des sich entwickelnden Individuums. Der Lebensablauf selbst verzehrt die Karma-Substanz gleichsam wie Brennholz, zieht aber zugleich frisches Material zum Feuerherd der Lebensvor-

[1] Ebenda, § 96. Vgl. die indische Vorstellung vom Mikrokosmos als einer Ansiedlung göttlicher Kräfte, welche die Rollen der Sinne und anderer Fähigkeiten spielen; z. B. in der Hymne aus dem *Atharva-Veda*, zitiert auf S. 24–25.

[2] Ebenda, § 65.

gänge heran. Dadurch wird die Lebensmonade wieder neu von Karma angesteckt. Neue Samen künftiger Früchte fließen ein. Auf diese Weise laufen zwei entgegengesetzte, einander ergänzende Prozesse ab. Die Saat, die Karma-Stoffe, erschöpfen sich immerfort sehr rasch durch unbewußtes und bewußtes Tun des psychosomatischen Systems. Gleichzeitig aber füllen sich durch eben dieses Tun die Karma-Behälter stetig neu auf. Darum lodert der Brand, der eines jeden Leben ist, ständig weiter.

Von diesem sich selbst erhaltenden, fortlaufenden Doppelprozeß (wobei die Karma-Saat der sechs Färbungen[1] sich selbst aufzehrt in Geschehnissen, die jene dann wieder neu ergänzen) glaubt man, er vollziehe sich – und zwar im wörtlichen, physischen Sinne – in dem feinstofflichen Bereich oder Leib der Lebensmonade *(jīva)*[2]. Das ständige Einfließen *(āshava)*[3] feinsten Stoffes in die Lebensmonade wird als eine Art Einströmen von flüssigen Farben geschildert, die ihr eine Tönung geben; denn die Lebensmonade ist ein feiner Kristall, der in seinem ursprünglichen, von Karma-Stoff ungefärbten Zustand ohne Flecken und Farbe und vollkommen durchsichtig ist; die eindringende Flüssigkeit trübt den klaren Leib und infiziert ihn mit der Farbe *(leshyā)*, die dem sittlichen Charakter der begangenen Tat entspricht. Gute Taten und leichtere verzeihliche Verfehlungen ergeben verhältnismäßig helle, weniger trübende Leshyās (zarte, weißliche Schattierungen von gelben und violettroten bis zu rauchfarbenen Tönungen, wie bereits erwähnt wurde). Schwerere Sünden bringen dagegen viel dunklere Färbungen (dunkelblaue und schwarze) mit sich. Das schlimmste Vergehen ist nach Ansicht der Jainas das Töten oder Verletzen eines Lebewesens: *hiṁsā*, ‚der Vorsatz zu töten' (von der Wortwurzel *han*, ‚töten'). *Ahiṁsā*, das ‚Nichtverletzen' (das heißt: *keinem* Geschöpf etwas zuleide tun), ist dementsprechend das erste Tugendgebot der Jainas.

Dieses eindeutige, klarumrissene Prinzip beruht auf dem Glauben, daß alle Lebensmonaden im Grunde Mitgeschöpfe seien – darunter sind nicht nur die Menschen, sondern auch die Tiere und Pflanzen, ja sogar die der Materie innewohnenden Moleküle oder Atome verstanden. Selbst das versehentliche Töten eines solchen Mitwesens trübt den Kristall der Lebensmonade durch einen tiefdunklen Farbton. Daher sind Raubtiere, deren Nahrung aus selbstgetöteten Geschöpfen besteht, stets mit sehr dunkelfarbenen Leshyās behaftet. Das gleiche gilt von Menschen, die berufsmäßig töten, wie Metzger, Jäger, Soldaten: ihre Lebensmonaden sind ganz lichtlos.

[1] Vgl. oben S. 212. [2] Vgl. oben S. 210–212. [3] Vgl. oben S. 213.

Die Farbe des Monadenkristalles zeigt an, ob das Individuum in einem höheren oder niederen Reich des Alls wohnen soll. Götter und Himmelswesen haben hellere Tönungen; die Tiere und die gequälten Höllenbewohner sind dunkel. Und im Laufe eines Lebens ändert sich die Farbe des Kristalles ständig, je nach dem sittlichen Verhalten des Lebewesens. In barmherzigen, selbstlosen, nach Reinheit, Selbstüberwindung, Erleuchtung und Erlösung strebenden Menschen leuchtet der Kristall immer heller, so daß die lichteren Farben schließlich vorherrschen. In den Selbstsüchtigen, Unbesonnenen und Rücksichtslosen dagegen, die bei ihrer nächsten Geburt entweder zu Höllenqualen oder zu den niederen Reichen der Tierwelt, wo sie sich gegenseitig verschlingen werden, herabzusinken verdammt sind, verdichtet sich die Dunkelheit des Kristalles bis zum Schwarz. Und ihrer Farbe entsprechend steigt oder fällt (ganz wörtlich genommen) die Lebensmonade im Leib des Universums.

Diese wörtlich gemeinte, versöhnliche Lehre von Laster und Tugend in der Welt wurde von einer Gruppe heiliger Männer, die sich in Askese und Selbstverleugnung vom Lebenskampf abwandten, entwickelt und von einer friedlichen, vegetarischen Bourgeoisie – Kaufleuten, Geldwechslern und Handwerkern – übernommen. Offensichtlich geht die Lehre bis in Indiens früheste Vergangenheit zurück. Die Theorie der Karma-Farben *(leshyās)* ist nicht nur den Jainas eigen, sondern scheint ein Teil des allgemeinen vorarischen Erbes zu sein, der in Magadha (in Nordostindien) bewahrt und im 5. Jahrhundert v. Chr. von einer Reihe nicht-brahmanischer Meister neu aufgestellt wurde. Es ist ein archaisches Stück naiv-materialistischer Psychologie und steht in diametralem Gegensatz zu der Grundhaltung der vedischen Überlieferung. Trotzdem ist die eindrückliche Metapher vom gefärbten Kristall weitergetragen worden auf dem vereinten Strom der klassisch-indischen Unterweisung, wie sie sich entwickelte, nachdem die alte brahmanische Orthodoxie und die nicht weniger alten nicht-arischen Überlieferungen schließlich zu einer Synthese gelangt waren. Im Sāṅkhya-System wird das Gleichnis besonders dort benützt, wo es dazu dient, die Beziehung der Lebensmonade zum Bindungsnetz, in dem sie steckt, deutlich zu machen, bis ihr die Unterscheidungskraft dämmert und sich die Bindungen lösen. Von dem Sāṅkhya ging es dann auf das buddhistische und brahmanische Denken über.

In der Darstellung der Jainas ist das Fortschreiten des Individuums zur Vollkommenheit und Befreiung das Ergebnis eines ausgesprochen physischen Läuterungsprozesses, der sich in der feinstofflichen Sphäre vollzieht. Er ist im Wortsinne die Läuterung der kristallgleichen Lebensmonade. Wenn diese von aller karmischen Farbbefleckung ganz befreit ist, erglänzt sie wieder in durchsichtiger Klarheit; denn die Lebensmonade an sich ist ganz durchsichtig. In geläutertem Zustand wird sie zudem sogleich fähig, die höchste Wahrheit von Mensch und All widerzuspiegeln, die Wirklichkeit so zu reflektieren, wie sie wirklich ist. Deshalb ist im Augenblick, da die verdunkelnde Karma-Substanz der sechs Färbungen beseitigt ist, auch das Nichtwissen verschwunden. Allwissenheit stellt sich also ein mit dem höchsten Grad absoluter Klarheit der Lebensmonade, und genau das ist Befreiung. Die Monade ist von keinen bewölkenden Leidenschaften mehr getrübt, sie ist offen, frei, uneingedämmt von personalen Qualitäten, die eine Individualität bilden. Kein universaler Zwang wird mehr verspürt, die Maske einer irregeführten Persönlichkeit zu tragen, die Maske von Mensch, Tier, gepeinigter Seele oder Gott.

8. DIE JAINA-LEHRE VON DER BEFREIUNG

Die transzendentale Weisheit, die auf die Befreiung vom Kreislauf der Wiedergeburten gerichtet und mit ihr identisch ist, wird in der brahmanischen Geisteswelt, die sie als neue Offenbarung in der verhältnismäßig späten Upanishadenzeit übernahm, als Geheimlehre betrachtet. Die arischen Weisheitslehrer des vedischen Zeitalters wußten nichts von der Seelenwanderung; auch wird sie in der erschöpfenden Darstellung des vedisch-orthodoxen Wissens, das Jahrhunderte später der weise Brahmane Āruṇi seinem Sohne Shvetaketu mitteilt, nicht erwähnt[1]. Die Vorstellung vom leidvollen Kreislauf gehört tatsächlich zum nichtarischen, einheimischen Erbe jener edlen Sippen, die zu Mahāvīras und des Buddha Zeiten die recht engherzigen Anschauungen der Brahmanenorthodoxie herausforderten; und sie wurde den geistig aufgeschlossenen Brahmanen gern übermittelt, als diese stolzen Eroberer sich endlich dazu herabließen, danach zu fragen. Denn die nichtarischen Weisheitslehren wurden niemals so exklusiv gehütet wie die der vedischen Brahmanen. Die jainistischen, buddhistischen und verwandten heterodoxen Lehren[2] werden nicht wie

[1] *Chāndogya Upanishad* 6; vgl. unten S. 301–303.

[2] Zur Bedeutung der Bezeichnungen ‚orthodox' und ‚heterodox' in diesem Zusammenhang siehe S. 65, Anmerkung des Herausgebers.

die zaubermächtigen Formeln der Brahmanenfamilien geheimgehalten. Sie werden als allen gehörend betrachtet. Die einzige Voraussetzung für ihre Übermittlung ist, daß der Schüler als Vorbereitung die allgemein geltenden weltlichen Pflichten erfüllt und danach eine asketische Lebensweise angenommen hat; das heißt: sie sind nur in geistiger, nicht aber genealogischer Hinsicht exklusiv[1].

Im vedischen Brahmanismus dient der häusliche Kult den in die Väterwelt vorausgegangenen Vätern, welche die Ahnenopfer brauchen, um nicht der Vernichtung durch völlige Auflösung *(nivritti)* anheimzufallen. Mit anderen Worten: der Kult dient dem Weiterleben, er schützt die Toten vor dem schrecklichen ‚Noch-einmal-Sterben' *(punar-mrityu)*, durch das ihr Dasein endgültig abgeschlossen wäre. Dies steht in direktem Gegensatz zum Hauptanliegen des einheimischen vorarischen Indien, das, wie wir sahen, gerade darauf ausging, des Lebens qualvollem Kreislauf ein Ende zu bereiten. Die weltlichen Kultriten dienten hier nicht dem Fortbestand, sondern der Verbesserung der Existenz: sie sollten Unglück und Leiden im gegenwärtigen Leben verhüten und das Niedersteigen in qualvolle Fegefeuer oder die Wiedergeburt im Tierreich abwenden. Himmlische Glückseligkeit war gewiß unendlich viel wünschenswerter als die Martern der unteren Reiche, aber jenseits von all dem gab es noch ein höheres Gut, denen bekannt, die nie wieder in irgendeine Form eingehen würden.

Omnis determinatio est negatio: alle Bestimmung der Lebensmonade durch den Karma-Einfluß, der auf Individualisierung ausgeht, vermindert ihre unendliche Kraft und verneint ihre höchsten Möglichkeiten. Darum ist das eigentliche Ziel *restitutio in integrum*, die Rückführung der Lebensmonade zu ihrem angeborenen Idealzustand. Dies wird im Sanskrit *kaivalya* genannt, ‚Integration', Wiederherstellung der Fähigkeiten, die für eine Zeit durch Verdunkelung verlorengegangen waren. Alle Wesen, die wir in der Welt erblicken, sind in verschiedenen Graden unvollkommen, aber durch rechte Bemühung und die daraus erwachsende Einsicht fähig zur Vollkommenheit. Alle Geschöpfe sind dazu bestimmt, allwissend, allmächtig, unbegrenzt und frei zu sein; das macht ihre geheime verhüllte Würde aus. Potentiell haben sie alle teil an der Lebensfülle, die göttlich ist; ihrem Wesen nach sind sie Bestandteile des unerschöpflichen Reichtums an seliger Energie. Gleichwohl wohnen sie im Elend. Das Ziel der Menschen muß

[1] Vgl. oben S. 64–65.

sein, die in ihnen verborgene Kraft zur Erscheinung zu bringen, indem sie alle entgegenstehenden Hindernisse beiseite schaffen.

Obgleich diese Konzeption dem arisch-vedischen Götterglauben sicherlich fremd war, ja sogar dessen Auffassung von Wesen und Bestimmung des Menschen widersprach, wurde sie im Laufe des ersten vorchristlichen Jahrtausends eingeschmolzen und blieb seither eine der Grundlehren der klassisch-indischen Philosophie. Sie durchdringt das ganze Gewebe brahmanischen Denkens zur Zeit der Upanishaden, da die Verwirklichung des göttlichen Selbstes im Innern als einzig menschenwürdige Aufgabe verkündet wird. Und doch ist es wichtig festzuhalten, daß zwischen der Jaina-Anschauung und der im ersten Jahrtausend entwickelten brahmanischen (wie sie in den Upanishaden so typisch dargestellt ist) ebenso viele Verschiedenheiten wie Ähnlichkeiten bestehen; auch die buddhistische Lehre ist davon sehr verschieden; denn während für die Philosophie der Jainas sowohl hinsichtlich der Feinstofflichkeit der Lebensmonade und des Karma-Einströmens wie auch hinsichtlich des Zustandes des Erlösten ein streng mechanischer Materialismus kennzeichnend ist, vertreten die Upanishaden und die buddhistischen Schriften in den gleichen Fragen eine immaterielle, psychologische Anschauung. Und dieser grundlegende Unterschied zeigt sich in jeder Einzelheit, mag es sich um die Kosmologien, die Metaphysik oder die sittlichen Vorschriften der verschiedenen Systeme handeln.

Wenn zum Beispiel ein Jaina-Mönch das Essen verzehrt, das er in der Almosenschale auf seinem täglichen Bettelgang (der ihn auf seiner Pilgerfahrt ohne Heimat und Ziel an die Türen zufälliger Städte oder Dörfer führt) gesammelt hat, und wenn er dabei versehentlich einen Bissen Fleisch hinunterschluckt, dann wird der Kristall seiner Lebensmonade automatisch von dunkler Einströmung befleckt, als mechanische Folge der Tatsache, daß er vom Fleisch eines geschlachteten Wesens genossen hat. Und überall, wo der Jaina-Asket wandert, muß er den Weg vor seinen Füßen mit einem kleinen Besen fegen, damit auch nicht das kleinste Lebewesen von seiner Sohle zertreten werde. Der buddhistische Mönch dagegen wandert ohne Besen. Er wurde gelehrt, nicht ständig so sehr auf seine Schritte als vielmehr auf seine Gefühle und Absichten zu achten. Er soll ‚ganz bewußt und voll Selbstbeherrschung' *(smīrtimant samprajānan)* sein, bedächtig, aufmerksam und mit ständig wachem Verantwortungsgefühl. Was das Fleischessen betrifft, ist er nur dann schuldig, wenn es ihn danach gelüstet oder wenn ein Tier eigens für ihn getötet wurde und er darum weiß. Sollte er zufällig mit dem Reis, den man ihm anbietet, auch einige Fleischbröckchen erhalten, so darf er sie mit dem übrigen Gericht essen, ohne verunreinigt zu werden.

Die buddhistische Auffassung vom Aufstieg zur Reinheit, Selbstentäußerung und endlichen Erleuchtung beruht auf dem Prinzip wahrhaft sittlicher Wachsamkeit über die eigenen Gefühle und Anlagen. Nicht die Tatsache, sondern die Einstellung zu ihr ist es, die zählt. Mit anderen Worten: der buddhistische Weg ist eine Erziehung zu psychologischer Beherrschung; und so wird man in der buddhistischen Lehre keine Theorien über die feine karmische Einströmung oder den feinen unvergänglichen Kristall der Lebensmonade finden. Diese beiden Vorstellungen werden als materialistische Irrlehren verworfen: durch primitives Unwissen verursacht und durch keine innere Erfahrung erhärtet. So verweist man sie in das große Sumpfbecken all jenes abstrakten metaphysischen oder biologischen Wissensgutes, das nur dazu dient, den menschlichen Geist in die Falle zu locken; sind es doch Vorstellungen, die ihn eher an die Sphäre von Leiden und Geburt fesseln als ihn daraus erlösen. Denn was der praktizierende Buddhist als psychische Wirklichkeit ansieht, beruht auf der eigensten Erfahrung bei seinen Yogaübungen (einer Technik, bei der er jede feste Vorstellung oder Geisteshaltung aufzugeben vermag). Diese Übungen führen unweigerlich zu einer vollkommen vergeistigten Auffassung nicht nur der Befreiung, sondern auch der Gebundenheit. Der vollendete Buddhist hält sich zuletzt an gar keine Vorstellung mehr, nicht einmal an die vom Buddha, vom Weg der Lehre oder vom zu erreichenden Ziel.

Der Jainismus ist dagegen naiv materialistisch in seiner einfachen, direkten Anschauung vom All, von den Monadenscharen, welche die Materie als elementare, lebende Moleküle erfüllen, und von den Wegen zur Erlösung. Der Kristall der Lebensmonade ist diesem archaisch-positivistischen System zufolge von den verschiedenen Farben der Karma-Einströmung tatsächlich (das heißt physisch) befleckt und verdunkelt; und zwar unterliegt er diesem Vorgang seit undenklichen Zeiten. Um die Monade in ihren wahren Zustand zu versetzen, muß jede Tür, durch die neue Karma-Substanz in sie eindringen könnte, fest verschlossen werden und bleiben, so daß der Prozeß der automatischen ‚Einströmung der sechs Färbungen' *(āsrava)* unterbunden wird. Die Tore schließen bedeutet, sich jeglichen Tuns enthalten. Dann wird der bereits vorhandene trübende

Stoff allmählich abnehmen, indem er sich automatisch in die natürlichen biologischen Lebensprozesse umsetzt[1]. Die vorhandene Karma-Saat wird keimen und ihre unvermeidlichen Früchte in Form von Leiden und physischen Erfahrungen tragen, und so wird die Verfärbung nach und nach verschwinden. Schließlich wird, wenn keine neuen Teilchen mehr eingelassen werden, die Durchsichtigkeit und Reinheit der Lebensmonade automatisch wiedergewonnen.

Der Jaina-Mönch erlaubt sich keine Reaktion auf irgendwelche Ereignisse, die seiner Person zustoßen oder sich in seinem Gesichtskreis abspielen. Er unterwirft Leib und Seele einer grausamen Schulung in asketischer Absonderung und gewinnt dadurch eine unerschütterliche Gleichgültigkeit gegen Freude und Leid und alles, was begehrenswert, abstoßend oder gefährlich sein könnte. Ein unablässiger Läuterungsprozeß wird in Gang gehalten, eine strenge, schwierige, körperliche wie geistige Erziehung zu innerer Konzentration, die durch ihre Hitze *(tapas)* die noch vorhandenen Karma-Samen verbrennt. So klärt sich die Lebensmonade allmählich und erlangt ihre wesenhaft kristallene Klarheit wieder, während der Darsteller sich hartnäckig weigert, auf der Lebensbühne weiter mitzuspielen. Sein Ziel ist, in einen Zustand gewollter psychischer Lähmung zu gelangen. Jede Art von Maske verwerfend und mit sublimer Beharrlichkeit an seiner unbesiegbaren Haltung des Nichtmitmachens festhaltend, gewinnt er schließlich das Ziel. Die geschäftige Schar der Schauspieler, die das All bevölkern, immer noch von ihren Rollen betört, immer noch miteinander im Rampenlicht wetteifernd, Masken und Rollentext von Leben zu Leben wechselnd, all die Leiden, Erfolge und Überraschungen ihrer Lebensläufe darstellend, sie wenden sich einfach von ihm ab und lassen ihn ziehen. Er ist entronnen. In den Augen der Welt allerdings ist er ein nutzloser Narr.

Der Endzustand, den der Jaina-Mönch so erreicht hat, wird, wie bereits gesagt, *kaivalya* genannt, ‚Absonderung', ‚Vollständigkeit durch Integration' – das bedeutet absolute Erlösung; denn wenn jedes Teilchen der Karma-Substanz ausgebrannt ist und kein neuer Samen mehr einfließen konnte, gibt es keine Möglichkeit mehr, daß eine neue Erfahrung ausreift. Nicht einmal die Gefahr besteht, ein Himmelswesen zu werden, ein Götterkönig, ein Indra, der den Donnerkeil schwingend durch zahlreiche Zeitenmeere an den Stätten himmlischer Seligkeit die köstlichen Früchte tugendhaften Wandels in früheren Leben genießt. Alle Bande, welche je

[1] Vgl. oben S. 228–229.

die Lebensmonade an höhere oder niedere Seinsebenen fesselte, sind nun gelöst. Keine Färbung bleibt als Verwandtschaftsmal, das dazu reizen könnte, die Gestalt eines Elementes, einer Pflanze, eines Tieres, eines menschlichen oder übermenschlichen Wesens anzunehmen; kein Farbzeichen des Unwissens, das einen in Bewegung setzte. Und mag auch der Leib noch einige Tage intakt bleiben, bis sein Stoffwechsel ganz zum Stillstand kommt, so hat sich der Schwerpunkt der Lebensmonade schon weit über ihre sterbliche Hülle hinausgehoben.

Denn der Karma-Stoff ist trotz seiner Feinheit ein Gewicht, das die Lebensmonade niederzieht und in der einen oder anderen Sphäre unwissenden Tuns zurückhält. Wo sich dort die Monade jeweils aufhält, hängt von ihrer Dichte oder ihrem spezifischen Gewicht ab, welches wiederum an ihrer Farbe kenntlich ist. Die dunkleren Leshyās – die dunkelblauen oder schwarzen – halten die Monade in den unteren Stockwerken des Alls fest, in den unterirdischen Räumen der Hölle oder in der Welt des Mineral- oder Pflanzendaseins. Wenn die Monade aber in der Farbe heller wird, verliert sie an Gewicht und steigt zu einer der höheren Sphären auf, vielleicht zum Menschenreich, das auf der Erdoberfläche, der mittleren Ebene des vielfach geschichteten Alls liegt, oder sogar zu den höheren himmlischen Wohnstätten göttlicher Wesen. Ist jedoch der höchste Zustand der Absonderung *(kaivalya)* erreicht und die Monade ganz geläutert, von jeder Spur des Karma-Ballastes befreit, so steigt sie von selbst in ungehindertem Auftrieb über alle Schichten der sechs Farben gleich einer schwerelosen Luftblase zum Zenith empor. Dort weilt sie über dem Kreislauf der Lebensströmungen, die auf die eine oder andere Weise alle Reiche drunten bewegen. Für immer hat sie das geschäftige Theater ständigen Maskenwechsels hinter sich gelassen.

Das Gleichnis der Luftblase wird häufig in den Texten der Jainas verwendet. Die Lebensmonade steigt auf und schwebt durch die himmlischen Regionen der Götter, in denen strahlende, aber noch vom Gewicht ihres tugendhaften Karmas beschwerte Wesen die Früchte wohlwollenden Denkens und Handelns aus früheren Leben genießen. Selbstleuchtend, durchsichtig steigt der Ballon zur Kuppel des Alls empor – zur höchsten Sphäre, die ‚leicht geneigt‘ *(ishat-prāgbhāra)* genannt wird und weißer schimmert als Milch und Perlen, glänzender als Gold und Kristall, und die Form eines göttlichen Schirmes hat. Eine andere Metapher vergleicht die Lebensmonade mit einem Kürbis, aus dem man eine Flasche gemacht hat; sein

Mark ist entfernt und seine Oberfläche mit Lehm bestrichen worden, um ihn haltbarer zu machen. Solch ein leeres Gefäß wird im Wasser wegen des Lehmgewichtes auf den Grund sinken; hat sich aber die Lehmschicht aufgelöst, dann gewinnt der Kürbis wieder seine natürliche Leichtigkeit, und da er mit Luft gefüllt ist, wird er leichter als Wasser und steigt automatisch vom Boden zur Oberfläche des Teiches. Mit genau der gleichen automatischen Bewegung steigt die ihrer Karma-Substanz ledige Lebensmonade empor aus den Tiefen ihres Gefängnisses – aus der unterseeischen Welt der verdeckenden Schichten und Masken individueller Existenz. Der charakteristischen Züge entkleidet, die einst zu der oder jener besonderen Daseinsform, zu ihrer einen oder anderen Natur als Mann, Frau, Tier oder göttliches Wesen gehörten, wird sie anonym und in reiner Aufwärtsbewegung absolut frei.

Das Universum, durch das die Luftblase oder der Kürbis aufsteigt, hat die Gestalt eines kolossalen Menschenwesens; es wird geschildert als männlicher oder weiblicher Riesenmensch, dessen makrokosmischer Organismus die sämtlichen, mit Wesen ohne Zahl bevölkerten Regionen von Himmel, Erde und Höllen umfaßt[1]. Der männliche Koloß appelliert mehr an das männliche Asketentum der Jaina-Mönche und -Heiligen, während der weibliche eine alte vorarische Vorstellung der Allmutter wiedergibt. Der Kult der Muttergöttin geht auf die jüngere Steinzeit zurück. Damals verbreitete er sich über Westasien und die Mittelmeerländer. Es wurden sogar Bilder der Göttin aus der Altsteinzeit gefunden. Und bis heute hat sich ihre Verehrung im populären Hinduismus lebendig erhalten. Die Jainas stellen sich eine männliche oder weibliche Riesengestalt vor, deren Konturen die Grenzen des Alls bilden. Die Oberfläche der Erde, der Lebensraum der menschlichen Rasse, soll sich etwa in Höhe der Taille befinden. Die Höllenregionen liegen unterhalb dieser Ebene, im Becken, den Schenkeln, Beinen und Füßen, während die übereinandergeschichteten Reiche himmlischer Seligkeit Brust, Schultern, Hals und Kopf ausfüllen[2]. Die Region höchster Absonderung ist am Scheitelpunkt der Kuppel, innerhalb der Schädelwölbung[3].

[1] Vgl. Swedenborgs Vision, oben S. 224–228.

[2] Es gibt zum Beispiel eine Gruppe erhöhter Himmelswesen, *graiveyaka* genannt: ‚die zum Hals *(grīvā)* gehörenden' oder ‚die im Halse Wohnenden'. Vgl. S. 181.

[3] Diese Sphären im Leibe des makrokosmischen Wesens entsprechen ungefähr, wenn auch nicht genau, den ‚Zentren' oder ‚Kreisen' *(cakra)* des menschlichen

Nach ihrer Pilgerfahrt durch zahllose Existenzen in den verschiedenen niederen Schichten steigt die Lebensmonade zur Schädelzone des makrokosmischen Wesens empor, gereinigt vom Gewicht der feinen Karma-Teilchen, die sie früher nach unten gezogen hatten. Nun kann ihr nichts mehr geschehen; denn sie hat die Zeichen der Unwissenheit, die schweren Hüllen der Persönlichkeit abgelegt, die die jähen Ursachen biographischer Ereignisse sind. Endgültig und für immer hat sie sich aus dem Wirbel losgerungen. Sie ist nun todlos, geburtslos, über dem zyklischen Gesetz karmischer Kausalität schwebend wie ein destillierter Wassertropfen, der an der Zimmerdecke oder innen am Deckel eines Kochkessels hängt. Dort, am Kuppelinnern des Allwesens zwischen all den anderen erlösten Lebensmonaden hängend, bleibt sie für immer; und die Monaden in diesem Zustand gleichen sich natürlich auch wie Wassertropfen. Denn sie sind reine Partikel, heiter-gelassene Existenzen, geläutert von den Unvollkommenheiten, die zur Individualität drängen. Die Masken, die einstigen persönlichen Züge, wurden mit dem Saatgut, das wieder zu künftigen Erfahrungen ausgereift wäre, herausdestilliert. Ohne jede Spur von Farbe, Geschmack und Gewicht sind die sublimen Kristalle nun völlig rein – wie Regentropfen, die geschmacklos und unbefleckt von reinen Himmeln fallen.

Da sie außerdem auch von den Sinnesfähigkeiten befreit sind, die allen Organismen eignen (die Gehör, Gesicht, Geruch, Geschmack und Gefühl verleihen), haben die erlösten Lebensmonaden die Grenzen bedingten Erlebens überschritten, die die Seinsweise der verschiedenen menschlichen, tierischen, pflanzlichen und selbst anorganischen Arten bestimmt. Sie nehmen weder wahr, noch denken sie, sondern alles ist ihnen unmittelbar zugänglich. Sie kennen die Wahrheit genau so, wie sie ist. Sie sind allwissend, wie es die reine Lebenskraft selbst wäre, könnte sie sich freimachen von den Verdunkelungen spezifischer Organismen, deren jeder im beschränkten Raum seines Sinnes- und Denkvermögens steckt. Denn sobald die Beschränkungen, welche private Erfahrungen erst möglich machen, aufgehoben sind, stellt sich sogleich die vollkommene Intuition für alles Erkennbare ein. Das Bedürfnis nach Erfahrung löst sich in unbegrenztes Wissen auf. – Dies ist der *positive* Sinn des Wortes *kaivalya*.

Körpers, wie sie im Hatha-Yoga und Kuṇḍalinī-Yoga beschrieben werden (vgl. unten S. 518–520). Die Yoga-Techniken reichen wie die Lehren der Jainas bis ins vorarisch-indische Altertum zurück. Sie wurden nicht in die ursprünglichen vedischen Lehren der brahmanisch-arischen Orthodoxie aufgenommen.

Man wird an den Protest des modernen französischen Dichters und Denkers Paul Valéry erinnert, der in seinem Roman *Monsieur Teste* schreibt: «Es gibt Leute, die fühlen, daß ihre Sinne sie vom Wirklichen, vom Wesen trennen. Dieses Gefühl in ihnen *vergiftet* ihre anderen Sinne. Was ich sehe, macht mich blind. Was ich höre, macht mich taub. Das, worin ich wissend bin, macht mich unwissend. Ich bin unwissend, insofern und um so viel ich weiß. Dieses Licht vor mir ist eine Binde und bedeckt entweder eine Dunkelheit oder ein Licht, das mehr ist ... mehr als was? – Hier schließt sich der Kreis mit dieser seltsamen Umkehrung. Die Erkenntnis als Wolke vor dem Wesen; die leuchtende Welt als Augentrübung und Dunkel. Nimm alles weg, damit ich sehe!»[1] Dieser Aufschrei und die moderne Erkenntnistheorie, aus der er aufsteigt, stehen der alten, von den Jainas vertretenen Idee sehr nahe: daß nämlich unsere verschiedenen Fähigkeiten, die Dinge zu verstehen, eine Begrenzung bedeuten.

Aber die Tīrthaṅkaras haben sogar die Fähigkeit zu fühlen verloren; denn auch diese gehört nur zum Körperwesen, zur leidenden Hülle aus Blut und Nerven. Darum sind sie völlig gleichgültig gegen alles, was in den Weltschichten vorgeht, die sie hinter sich gelassen haben. Sie lassen sich von keinem Gebet bewegen, von keiner Andachtsform rühren. Nie steigen sie herab, um in den Lauf des Weltenrunds einzugreifen, wie es Vishṇu, die höchste Gottheit der Hindus tut, wenn er periodisch ein Teilchen seiner transzendenten Essenz als eine Inkarnation herabsendet, um die von ruchlosen Tyrannen und selbstsüchtigen Dämonen gestörte göttliche Ordnung des Alls wiederherzustellen[2]. Die jainistischen Tīrthaṅkaras bleiben völlig für sich. Trotzdem widmet ihnen der fromme Jaina unablässig Verehrung und Anbetung, indem er seine gläubige Andacht auf ihre Bilder richtet, um damit seine eigene innere Läuterung voranzutrei-

[1] «Il y a des personnages qui sentent que leurs sens les séparent du réel, de l'être. Ce sens en eux *infecte* leurs autres sens.

Ce que je vois m'aveugle. Ce que j'entends m'assourdit. Ce en quoi je sais, cela me rend ignorant. J'ignore en tant et pour autant que je sais. Cette illumination devant moi est un bandeau et recouvre ou une nuit ou une lumière plus ... Plus quoi? Ici le cercle se ferme, de cet étrange renversement: la connaissance, comme une nuage sur l'être; le monde brillant, comme une taie et opacité.

Otez toute chose que j'y voie.» (Paul Valéry, *Monsieur Teste*, nouvelle édition, Paris 1946, S. 60–61. Deutsch von M. Rychner, Leipzig 1927.)

[2] Zimmer, *Mythen und Symbole in indischer Kunst und Kultur*, siehe Index: ‚Vishnu, seine Avatare'.

ben. Zuweilen werden sie auch neben den volkstümlichen Haus- und Dorfgöttern der Hindus gefeiert, wenn auch niemals im gleichen Geiste. Denn was die Götter verleihen, ist zeitliches Wohlergehen, Schutz gegen Krankheits- und Unheilsdämonen; die Verehrung der Tīrthaṅkaras aber – der ‚Sieger', der ‚Helden', der ‚Furtbereiter' – lenkt den Geist auf das höchste Gut, auf den ewigen Frieden jenseits von Freuden und Leiden des Weltenrunds.

9. DIE LEHRE DES MASKARIN GOSĀLA

Der indische Asket trägt einen Stab: *maskara*, *daṇḍa*. Vedantische Mönche werden darum mitunter *eka-daṇḍin* genannt, ‚die einen Stab tragen'; sie heißen aber auch *haṁsa*, ‚Wildgans oder -schwan' – denn sie sind Wanderer gleich den großen Vögeln, die von den Dschungeln des Südens zu den Seen des Himalaya ziehen, heimisch in den Himmelslüften wie auf den Wasserflächen der Erde. *Daṇḍin*, ‚Stabträger', bezeichnet im allgemeinen den Wanderasketen *(sannyāsin)* sowohl der brahmanischen wie jainistischen Orden. Auch buddhistische Mönche tragen einen Stab, der aber *khakkhara* heißt; denn er ist mit mehreren Ringen versehen, die ein monotones Klappern *(khak)* hören lassen. Dadurch kündigt sich das Nahen des sonst schweigsamen Bettlers an, wenn er durch die Straße geht oder mit seiner Almosenschale sein tägliches Mahl erbettelt. Der buddhistische Mönch bittet niemals um Almosen, sondern bleibt schweigend auf der Türschwelle stehen und wartet, ob er etwas erhält; und wenn seine Schale gefüllt ist, geht er davon – wiederum wortlos. Nur das Geräusch seines Khakkhara wird vernommen. Und es gleicht dem Geräusch des Stabes eines Bodhisattva namens Kshitigarbha, ‚er, dessen Mutterleib die Erde war' oder ‚der Erdgeborene'. Kshitigarbha wandert mit seinem Khakkhara ewiglich durch die Höllenreiche, um die gepeinigten Wesen zu trösten und durch seine bloße Anwesenheit, ja schon durch den bloßen Klang seines Stabes aus der Finsternis zu erretten[1].

Maskarin Gosāla (‚Gosāla mit dem Pilgerstab') war ein Zeitgenosse Mahāvīras und des Buddha. Sein enzyklopädisches Weltsystem stand der jainistischen Überlieferung nahe. Offenbar sind beide Lehren dadurch miteinander verwandt, daß sie auf eine Hauptüberlieferung vorarischer Na-

[1] Der Begriff des Bodhisattva wird später ausführlich behandelt. Vgl. unten S. 475–491.

turwissenschaft und Psychologie zurückgehen. Soweit wir es beurteilen können, muß es sich um eine sehr detaillierte, systematische Übersicht über alle Gebiete der natürlichen Welt gehandelt haben. Gosālas Interpretation der Lehre läßt sich in den Hauptzügen und in einigen Einzelheiten rekonstruieren aus Berichten und Kritiken, die sich in früh-buddhistischen und jainistischen Texten finden.

Die Anhänger dieses vielgeschmähten und dreist verleumdeten Lehrers waren die sogenannten *ājīvika* – die Bekenner der *ā-jīva* genannten Lehre. *Jīva* ist die Lebensmonade. Die Vorsilbe *a-* bedeutet hier ‚so lange wie'. Dies scheint sich auf Gosālas frappierende Lehrmeinung zu beziehen, daß, ‚so lange wie die Lebensmonade' *(ā-jīva)* ihren normalen Entwicklungsgang nicht vollendet hat (indem sie eine bestimmte Anzahl von unvermeidlichen Geburten durchläuft), keine Wahrheitsfindung möglich sei. Der natürliche biologische Vorgang läßt sich nicht durch Tugend oder Askese beschleunigen noch durch Laster aufhalten; denn der Prozeß benötigt eine gegebene Zeit. Anscheinend wirkte Gosāla anfänglich mit Mahāvīra vereint. Einige Jahre lang waren sie die gemeinsamen Führer ein und derselben Gemeinschaft. Bald aber wurden sie über gewisse Grundsätze in Disziplin und Lehre uneinig, gerieten in Streit und trennten sich, wobei Gosāla zum Führer der Abfälligen wurde. Seine Anhänger scheinen zahlreich gewesen zu sein und lange Zeit eine beträchtliche Machtstellung im religiösen Leben Indiens eingenommen zu haben[1]. Ihre Existenz und Bedeutung bis ins 3. Jahrhundert v. Chr. hinein ist unbestritten, wie aus einer königlichen Huldigungsinschrift an den Wänden der drei Felsenhöhlen eines Klosters auf dem Berg Nāgārjuna[2] hervorgeht. Sowohl Buddhisten wie Jainas hielten sie für gefährliche Gegner.

Schon zu seinen Lebzeiten ließen Maskarin Gosālas Feinde es an heftigen Verbalangriffen auf ihn nicht fehlen. Der Buddha selbst soll erklärt haben, daß die Doktrin seines mächtigen Gegners unter allen zeitgenössischen Irrlehren die schlechteste sei. Er vergleicht sie einem härenen Ge-

[1] Es gibt noch eine andere Auslegung von Herkunft und Bedeutung des Namens *ājīvika;* sie weist auf diesen Sektenstreit hin. Unter den vielen Regeln gegen Befleckung des frommen Lebens im Sinne der Jainas gibt es eine namens *ājīva;* sie verbietet dem Mönch, sich auf irgendeine Weise seinen Lebensunterhalt zu verdienen. Gosālas Anhänger sollen nun, weil sie, diese Regel mißachtend, für ihren Lebensunterhalt arbeiteten, von den Jainas *ājīvikas* genannt worden sein.

[2] Vgl. G. Bühler, «The Barābar and Nāgārjunī Hill Cave Inscriptions of Ashoka and Dasaratha», *The Indian Antiquary*, XX (1891), S. 361 ff.

wand, das «unter allen Gewändern das schlechteste ist, weil es in der Kälte kalt, in der Hitze heiß, dazu häßlich, übelriechend und unangenehm anzufassen ist»[1]. Damit ist gesagt, daß das Gewand (die Lehre) einfach nutzlos sei. Die Bemerkung des Buddha bezieht sich vor allem auf den Determinismus von Gosālas Grundprinzip, das dem menschlichen Willenseinsatz keinen Platz einräumt.

Denn die Ājīvika-Lehre, nach der keinerlei sittliche oder asketische Bemühung die Kette der Wiedergeburten abkürzen kann, bietet keine Hoffnung, daß sich durch fromme Exerzitien eine baldige Erlösung aus dem Reich der Unwissenheit erlangen läßt. Im Gegenteil: eine gründliche, umfassende Übersicht über alle Reiche und Provinzen der Natur läßt darauf schließen, daß jede Lebensmonade in einer Reihe von genau vierundachtzigtausend Geburten die ganze Skala der Seinsarten durchlaufen muß, angefangen von den Atomen der Elemente: Äther, Luft, Feuer, Wasser und Erde, über die gestuften Sphären der verschiedenen geologischen, botanischen und zoologischen Daseinsformen bis schließlich hinauf zum Menschenreich, wobei jede Geburt nach einer genau und pedantisch abgestuften Entwicklungsordnung auf die andere folgt. Alle Lebensmonaden im Universum wandern mühsam diesen einen unverrückbaren Weg.

Nach diesem System ist der lebendige Atomkörper der primitivste Organismus im Kosmos: er besitzt nur ein Sinnesvermögen, nämlich das Fühlen, das heißt die Empfindung für Gewicht und Druck. In diesem Stadium tritt jede Lebensmonade *(jīva)* ihren Weg an. Indem sie dann weiterwandert, nimmt sie Körper mit mehr Sinnesfähigkeiten und höherem Denk- und Fühlvermögen an. In natürlichem Fortgang von selbst steigend, legt sie den weiten Weg zurück, der sie in langer Wanderung durch die verschiedenen Zustände des Pflanzenreiches, die niederen und höheren Stufen des Tierlebens und dann zu den zahlreichen Stadien der menschlichen Sphäre führt. Wenn endlich die Zeit gekommen und die ganze Reihe der vierundachtzigtausend Existenzen durchlaufen ist, geschieht die Erlösung, wie alles andere geschah – einfach von selbst.

Das Schicksal des Menschen wird von einem strengen Gesetz bestimmt, dem Gesetz der Entwicklung der Lebensmonade. Gosāla vergleicht den langen, selbsttätig sich vollziehenden Aufstieg mit der Bahn eines Garnknäuels, das, in die Luft geworfen, sich bis zum letzten Ende abrollt: erst

[1] *Anguttara Nikāya* i. 286 (zitiert nach Helmuth von Glasenapp, *Die Philosophie der Inder*, Stuttgart 1949, S. 134).

wenn es ganz abgewickelt ist, endet die Bewegung. Weder göttliche Gnade noch menschlicher Eifer können diesen unbeugsamen Ablauf von Gefangenschaft, Evolution und Erlösung unterbrechen oder beeinflussen. Es ist ein Gesetz, das alles Leben verknüpft, das den scheinbar leblosen Stoff der Elemente mit dem Insekten- und dem Menschenreich verbindet, das alle Dinge durchdringt, das die ganze Masken- und Kleiderkammer der Inkarnationen heranzieht und ablegt und sich weder zwingen, beschleunigen, überlisten noch ableugnen läßt.

Es ist die Vision einer allumfassenden, finsteren Größe, eine kühl-wissenschaftliche Anschauung vom All und seinen Geschöpfen, eindrucksvoll durch ihre unerhörte Konsequenz. Die Schwermut des Naturreiches wird von keinem erlösenden Lichtstrahl gemildert. Im Gegenteil: diese erstaunliche kosmische Schau bedrückt den Geist durch die Unerbittlichkeit, mit der sie die Hoffnungen tief in der Menschenseele mißachtet. Keinerlei Zugeständnis wird dem menschlichen Wunschdenken gemacht, keinerlei Rücksicht gibt es für das uns eingeborene Innesein einer möglichen Freiheit.

Jainismus und Buddhismus aber, die erfolgreichen zeitgenössischen Gegenspieler, stimmen darin überein, daß ihnen eine beschleunigte Erlösung vom Kreislauf möglich erscheint als Folge von Bemühung. Beide protestieren gleichermaßen gegen die mechanistische Unbeugsamkeit von Gosālas Entwicklungsgesetz, insoweit es die Sphäre menschlichen Willens betrifft. So sagt der Buddha sehr nachdrücklich: «Es gibt eine ‚heroische Anstrengung' *(vīryam)* im Menschen; es gibt die Möglichkeit eines ‚erfolgreichen Bemühens' *(utsāha)*, das zur Befreiung des Menschen vom Kreislauf der Wiedergeburten hinführt – wenn er mit ganzem Herzen nach diesem Ziele strebt[1].» Gosālas feierlich-ernstes, wissenschaftliches Panorama verwandelt dadurch, daß es alle Willensfreiheit ausschließt, das ganze Universum in ein riesiges Fegefeuer mit vielen langwährenden Stadien. Die Schöpfung wird zu einer Art kosmischen Laboratoriums, in dem unzählige Monaden durch einen langdauernden alchimistischen Verwandlungsprozeß mehr und mehr verfeinert, bereichert und gereinigt werden; von dunkleren, niederen Seinsarten zu höheren gelangend, immer neue Schmerzen durchleidend, stehen sie schließlich, im Besitze sittlichen

[1] *Anmerkung des Herausgebers:* Es gibt viele Stellen in den buddhistischen Schriften zum Preise von Bemühung und Anstrengung. Es war mir jedoch nicht möglich, die hier von Zimmer zitierte Stelle ausfindig zu machen.

Bewußtseins und geistiger Einsicht, in menschlicher Gestalt auf der Schwelle der Erlösung.

Es ist begreiflich, daß eine derartige Philosophie nach einigen Jahrhunderten von der geschichtlichen Bühne verschwand. Sie erwies sich als untragbar. Sie lehrte fatalistisches Ausharren in einer so gut wie endlosen Gefangenschaft, forderte Verzicht ohne Belohnung, räumte der sittlichen und geistigen Willenskraft keinen Platz ein und gab so auf die brennenden Fragen der leeren, suchenden Menschenseele überhaupt keine Antwort. Sie ließ der Tugendübung und dem natürlichen Wunsch des Menschen, sich damit ein Verdienst zu erwerben, keinen Raum, bot der Willenskraft kein Wirkungsfeld, legte keinen Grund zu einem Lebensplan, gab keine Hoffnung auf Belohnung, denn die einzige Quelle der Läuterung war der natürliche Entwicklungsablauf; und der brauchte nur Zeit, Äonen von Zeit, um langsam und selbsttätig, unbekümmert um des Menschen innere Anstrengung, wie ein biochemischer Prozeß abzulaufen.

Und dennoch war nach dieser mit dem ‚härenen Gewand' verglichenen Lehre Gosālas das sittliche Verhalten des Menschen nicht ganz ohne Bedeutung; denn jedes Lebewesen verrät durch seine charakteristischen Reaktionen auf die Umgebung seine gesamte multibiographische Geschichte und all das, was es noch zu lernen hat. Seine Handlungen verursachen nicht das Einfließen *(āsrava)* frischer Karma-Substanz, wie es sich die Jainas vorstellen, sondern enthüllen nur seine Position oder Klassifizierung in der allgemeinen Hierarchie, indem sie zeigen, wie tief noch verstrickt oder wie nahe schon der Erlösung er gerade ist. Unsere Worte und Taten verkünden sozusagen uns und der Welt in jedem Augenblick, welchen Meilenstein wir erreicht haben. Darum hat vollkommenes Asketentum wenn auch keinen kausalen, so doch einen symptomatischen Wert: es ist die charakteristische Lebensform eines Wesens, das im Begriff ist, das Ziel der Absonderung *(kaivalya)* zu erreichen; und umgekehrt stehen jene, die sich nicht willig zur Askese hinfinden, noch verhältnismäßig tief auf der menschlichen Stufenleiter. Eine ausgesprochene Unfähigkeit, sich den strengen Askeseforderungen zu fügen, zeigt nur, wie bedauerlich weit man noch vom Gipfel des kosmisch-sozialen Aufstiegs entfernt ist.

Fromme Handlungen sind also nicht Ursachen, sondern Folgen; sie bringen keine Erlösung, sie künden sie nur an. Der vollkommene Asket zeigt durch sein gelassenes, zuchtvolles Verhalten, daß er von allen Wesen dem Ausgang am nächsten ist. Er zeigt, daß er nun beinahe am Ende der langen Reise steht, daß er nun ganz unerschütterlich ist in seiner überlegenen Gleichgültigkeit, sich selbst und der Welt entrückt, unbeteiligt an dem, was die Welt von ihm denkt, wie an dem, was er ist und was er im Begriff steht zu werden.

Es läßt sich leicht vorstellen, was für ein Gefühl ohnmächtigen Überdrusses an sich und der Welt diese Philosophie in den Menschen hervorrufen muß, die noch beträchtlich unter der höchsten Stufe stehen und doch innig nach dem Ehrenplatz in der Welt verlangen.

10. DER MENSCH GEGEN DIE NATUR

Der Jainismus und Gosāla stimmen hinsichtlich des maskenhaften Charakters der Persönlichkeit völlig überein. Einerlei ob in Gestalt von Element, Pflanze, Tier, Mensch, Himmelswesen oder gepeinigtem Höllenbewohner, immer ist die sichtbare Form nur das zeitweilige Gewand eines ihr innewohnenden Lebens, das seinen Weg über die Daseinsstufen hin zur Erlösung von allem Geschehen durchläuft. Offensichtlich war diese Auffassung der vergänglichen Lebensformen als von zahllosen einzelnen Lebensmonaden getragenen und wieder abgelegten Masken – wobei die Monaden selbst ja den Stoff des Weltalls bilden – ein Grundkonzept der vorarischen Philosophie Indiens. Es liegt der Sāṅkhya-Psychologie wie auch dem Yoga des Patañjali zugrunde und ist der Ausgangspunkt der buddhistischen Lehren[1]. In die brahmanische Überlieferung aufgenommen, wurde es mit anderen Ideen vermischt; und so ist es noch im heutigen Indien eine der fundamentalen Denkformen in Philosophie, Religion und Metaphysik geblieben. Der Jainismus und Gosālas Lehre dürfen also als Beispiele dafür gelten, wie der indische Geist außerhalb der brahmanischen Orthodoxie und in Übereinstimmung mit der uralten, in indischer Erde wurzelnden Denkweise seit eh und je das Phänomen der Persönlichkeit erlebt hat. Im Gegensatz zu der abendländischen Idee vom ewigdauernden Individuum, die von den Griechen konzipiert und vom Christentum und der modernen Menschheit übernommen wurde, hat das Land des Buddha die Persönlichkeit immer als eine vergängliche Maske betrachtet.

Aber Jainismus wie Buddhismus lehnen Gosālas fatalistische Auslegung der stufenhaften Rollen des Spieles ab und erklären, jedes menschliche In-

[1] Vgl. oben S. 65, Anmerkung des Herausgebers, und die Darstellungen in den folgenden Kapiteln II und IV.

dividuum habe die Freiheit, dem Spiel zu entrinnen. Durch beharrliche Selbstverleugnung kann man sich dieser traurigen Gefangenschaft entziehen – die praktisch einer ewigen Strafe gleichkommt und in keinem Verhältnis zu der Schuld steht, die etwa an der bloßen Tatsache des Lebendigseins hängen könnte. Gosālas streng evolutionistische Interpretation wird verworfen, weil vollendete Heilige wiederholt und zu allen Zeiten die Erfahrung wahrhafter Befreiung gemacht haben. Diese großen Lehrmeister begannen wie Mahāvīra damit, in den heiligen Orden der Jaina-Mönche einzutreten, und wurden am Ende zu Vorbildern des Heils. Ihr eigener Lebenslauf ist uns sichere Gewähr, daß eine Befreiung möglich ist, und ein Beispiel dafür, wie der Engpaß durchschritten werden kann. An Stelle von Gosālas mechanischer Lebensordnung, die sich langsam aber von selbst durch die vierundachtzigtausend Inkarnationen abwickelt, setzt der Jainismus Macht und Wert der Sittlichkeit im Individuum ein: die Kraft der Gedanken, Worte und Taten, die, wenn tugendhaft, selbstlos und ohne Makel, die Lebensmonade zur Erleuchtung führen, wenn aber böse, ichhaft und rücksichtslos, sie in die dunkleren, primitiveren Zustände zurückwerfen und zu einer Existenz im Tierreich oder zu einem Leben unter den gepeinigten Höllenbewohnern verdammen.

Dennoch vertritt auch der Jainismus eine wissenschaftliche, faktisch atheistische Deutung des Daseins. Denn die Götter sind nur Lebensmonaden, die zeitweilig angenehme Masken in überaus günstiger Umgebung tragen, während das stoffliche Weltall unerschaffen und ewig ist. Dieses setzt sich aus den folgenden sechs Bestandteilen zusammen:

1. *Jīva:* die Summe der unzähligen Lebensmonaden. Jede ist unerschaffen und unvergänglich, von Natur aus allwissend, mit unendlicher Energie begabt und voller Seligkeit. Ihrem Wesen nach sind sich alle Lebensmonaden völlig gleich, aber ihre Vollkommenheit wurde modifiziert, vermindert und befleckt durch das ständige Einfließen des zweiten, entgegengesetzten Bestandteils der Welt, nämlich:

2. *Ajīva:* ‚alles was nicht *(a-)* Lebensmonade *(jīva)* ist'[1]. *Ajīva* ist erstlich Raum *(ākāsha)*. Darunter wird ein allesumfassender Behälter verstanden, der nicht nur die Welt *(loka)*, sondern auch die Nicht-Welt *(aloka)* umschließt. Letztere ist das, was außerhalb der Grenzen des riesi-

[1] Diese elementare Zweiteilung in *jīva – ajīva* wird in der Sāṅkhya-Philosophie unter den Kategorien *purusha – prakriti* fortgeführt. *Prakriti* ist die Weltmaterie, der psychisch-physische Stoff, der den *purusha* umhüllt.

gen makrokosmischen Mannes oder Weibes liegt[1]. Zudem umfaßt *ajīva* unzählige Raumeinheiten *(pradesha)* und ist unzerstörbar. Außer daß *ajīva* Raum ist, manifestiert er sich auch in den vier folgenden Weltkonstituenten, die als einzelne Aspekte dieses einzigen Antagonisten des *jīva* unterschieden werden:

3. *Dharma:* das Medium, durch welches Bewegung erst möglich ist. Dharma wird mit dem Wasser verglichen, in dem und durch das die Fische sich bewegen können[2].

4. *Adharma:* das Medium, das Ruhe und Unbeweglichkeit ermöglicht. Adharma wird mit der Erde verglichen, auf der die Geschöpfe liegen und stehen.

5. *Kāla:* die Zeit; als das, was Wandlungen ermöglicht.

6. *Pudgala:* Materie, aus kleinsten Atomen *(paramāṇu)* bestehend. Pudgala ist mit Geruch, Farbe, Geschmack und Fühlbarkeit ausgestattet.

Nach Ansicht der Jainas gibt es die Materie in sechs Dichtheitsgraden: a) ‚fein-fein' *(sūkshma-sūkshma)*, das ist die unsichtbare Substanz der Atome; b) ‚fein' *(sūkshma)*, ebenfalls unsichtbar, die Substanz der Karma-Ingredienzien; c) ‚fein-grob' *(sūkshma-sthūla)*, unsichtbar aber erfahrbar – daraus besteht das Material von Laut, Geruch, Spürbarem (etwa dem Winde) und Geschmack; d) ‚grob-fein' *(sthūla-sūkshma)*, was sichtbar, aber nicht greifbar ist – zum Beispiel Sonnenschein, Dunkelheit, Schatten; e) ‚grob' *(sthūla)*, was sowohl sichtbar wie tastbar, aber flüssig ist wie Wasser, Öl und geschmolzene Butter; und f) ‚grob-grob' *(sthūla-sthūla):* die materiellen Dinge, die von deutlich erkennbarer und abgegrenzter Existenz sind, wie Metall, Holz und Stein.

Die Karma-Materie haftet am Jīva wie Staub an einem ölgesalbten Körper. Oder sie durchdringt und färbt den Jīva wie Hitze eine rotglühende Eisenkugel. Sie wird, je nach ihren Wirkungen, in acht Arten beschrieben: a) Das Karma, das das wahre Wissen einwickelt und verdeckt *(jñāna-āvaraṇa-karma)*. Wie ein Schleier oder Tuch ein Götterbildnis verdeckt, so stellt sich dieses Karma zwischen den Geist und die Wahrheit und nimmt gewissermaßen die angeborene Allwissenheit hinweg. b) Das Karma, das die rechte Wahrnehmung einwickelt oder verdeckt *(darshana-āvaraṇa-karma)*. Wie ein Türwächter den Leuten den Zutritt zum König

[1] Vgl. oben S. 237.

[2] Dieser besondere jainistische Gebrauch des Wortes *dharma* darf natürlich nicht mit dem oben auf S. 146–164 behandelten Begriff verwechselt werden.

im Audienzsaal verwehrt, so verhindert dieses Karma die Wahrnehmung der Weltprozesse, indem es das Erkennen dessen, was vorgeht, erschwert oder unmöglich macht; so verschleiert es seine eigene Einwirkung auf den Jīva. c) Das Karma, das angenehme und unangenehme Empfindungen hervorruft *(vedanīya-karma)*. Es wird mit der Schneide einer scharfen Schwertklinge verglichen, die mit Honig bestrichen und in den Mund gesteckt wird. Diesem Karma verdanken wir es, daß sich alle unsere Lebenserfahrungen aus Freude und Leid zusammensetzen. d) Das Karma, das Täuschung und Verwirrung verursacht *(mohanīya-karma)*. Wie Alkohol trübt und betört dieses Karma unser Vermögen, zwischen Gut und Böse zu unterscheiden. (Der Kevalin, der ‚Abgesonderte', kann sich nicht berauschen. Vollkommene Erleuchtung ist ein Zustand höchster, sublimster Nüchternheit.) e) Das Karma, das die Dauer des individuellen Lebens bestimmt *(āyush-karma)*. Wie der Strick, der ein Tier daran hindert, sich beliebig weit vom Pflock zu entfernen, legt dieses Karma die Zahl der Lebenstage fest. Es bestimmt das Lebenskapital, die Lebenskraft, die während der gegenwärtigen Inkarnation verbraucht werden kann. f) Das Karma, das die Individualität festsetzt *(nāma-karma)*. Es ist die Determinante des ‚Namens' *(nāman)*, der in der ‚fein-groben' Form des Lautes das geistig-seelische Prinzip oder die Wesensidee des Dinges bezeichnet. Der Name ist das geistige Gegenstück zu der sichtbaren, greifbaren Form *(rūpa)*[1]; aus diesem Grunde kann Magie mit Namen- und Wortzauber geübt werden. Es ist das Karma, das bis in die letzte Einzelheit sowohl äußere Erscheinung wie inneren Charakter von Ding, Tier oder Person bestimmt. Es ist der Bildner der gegenwärtigen vergänglichen Maske. Sein Wirken ist so umfänglich, daß die Jainas sie in dreiundneunzig Unterteilungen zerlegt haben. Ob ein Wesen seine nächste Inkarnation in den Himmeln, zwischen Menschen oder Tieren oder in den Fegefeuern verleben wird; ob man mit fünf oder mit weniger Sinnesorganen ausgestattet werden soll; ob man zu einer Wesensgattung mit gefälligem, würdevollem Gang und Gehaben (wie Stiere, Elefanten und Gänse) oder mit unschönem (wie Kamele und Esel), mit beweglichen Ohren und Augen oder mit unbeweglichen gehören soll; ob man innerhalb seiner Gattung schön oder häßlich sein, Sympathie oder Abscheu erregen, Ehre und Ruhm erringen oder unter schlechtem Ruf leiden wird: alle diese Einzelheiten werden von diesem ‚Karma des eigenen Namens' bestimmt. Das Nāma-karma gleicht einem Maler, der

[1] Vgl. oben S. 34–35.

mit seinem Pinsel die charakteristischen Züge eines Porträts einsetzt und die Gestalt kenntlich und individuell macht. g) Das Karma, das die Familie festsetzt, in die das Individuum hineingeboren werden soll *(gotra-karma)*. Eigentlich wäre dies eine Unterabteilung des Nāma-karma, aber da der Kaste in Indien eine so ungeheuer große Bedeutung zukommt, erhielt sie das Gewicht einer eigenen Kategorie. Das Schicksal und alle Lebensaussichten hängen weitgehend von dem Hause ab, in das man hineingeboren wurde. h) Das Karma, das Hindernisse schafft *(antarāya-karma)*. In dieser Kategorie werden eine Reihe Unterabteilungen angegeben. I. *Dāna-antarāya-karma:* dies hindert uns, beim Almosengeben an Heilige und Arme so selbstlos und freigebig zu sein, wie wir es möchten. II. *Lābha-antarāya-karma:* das hält uns ab, Almosen zu empfangen – ein besonders bedenkliches Karma, da heilige Personen, wie auch alle religiösen Institutionen, von Gaben abhängig sind. (Im Westen wäre etwa eine unter diesem bösen Einfluß stehende Universität gezwungen, aus Mangel an Stiftungen zu schließen.) III. *Bhoga-antarāya-karma:* dies hindert uns, an Erfreulichem teilzunehmen. Wir kommen zu spät zu einer Gesellschaft. Oder wir lassen uns das Vorhandene durch törichte Wünsche vergällen. IV. *Upabhoga antarāya-karma:* infolge dieser Hemmung sind wir außerstande, die angenehmen Dinge zu genießen, die uns ständig umgeben – unsere Häuser, Gärten, schöne Kleider und Frauen. V. *Vīrya-antarāya-karma:* es bewirkt, daß wir unfähig sind zu handeln: es ist die Willenslähmung.

Im ganzen werden genau hundertachtundvierzig Karma-Arten und -Wirkungen angeführt, die alles in allem in zweierlei Richtung wirken. 1. Das *ghāti-karma* (das ‚schlagende, verletzende, tötende Karma') vermindert die unendlichen Kräfte der Lebensmonade, und 2. das *aghāti-karma* (das ‚nichtschlagende Karma') fügt beschränkende Eigenschaften hinzu, die nicht eigentlich zu ihr gehören. All diese karmischen Belastungen haben seit aller Ewigkeit den Jīva heimgesucht. Das Jaina-System sucht keine Erklärung, wann dies alles begann, denn es gibt keinen Zeitbegriff da, wo es keine Zeit gab: die Welt hat immer bestanden. Zudem gilt das Interesse nicht dem Ursprung der Verwirrung, sondern ihrer Wesensbestimmung und der Anwendung einer Entwirrungstechnik.

Die Gefangenschaft besteht in der Verbindung von Jīva mit Ajīva, das Heil in der Auflösung dieser Verkettung. Um das Problem von Vereinigung und Trennung auszudrücken, haben die Jainas sieben *tattvas* oder «Prinzipien» aufgestellt.

1. *Jīva* und 2. *Ajīva*: diese wurden bereits behandelt. Ajīva umfaßt die Kategorien 2–6 der sechs Grundbestandteile, die wir oben aufgezählt haben.

3. *Āsrava:* ,Einfließen', das Einströmen des Karma-Stoffes in die Lebensmonade. Es geschieht durch zweiundvierzig Kanäle; zu ihnen gehören die fünf aufnehmenden Sinnesfähigkeiten, die drei Geistestätigkeiten, die Sprache, physisches Handeln, die vier Leidenschaften: Zorn, Stolz, Arglist und Gier, und die sechs ,Nicht-Leidenschaften': Heiterkeit, Freude, Trübsal, Gram, Furcht und Widerwillen[1].

4. *Bandha* ,Gefangenschaft', die Fesselung und Unterdrückung des Jīva durch den Karma-Stoff.

5. *Saṁvara:* ,die Hemmung', das Aufhalten des Einfließens.

6. *Nirjarā:* ,das Wegschütten', die Ausscheidung des Karma-Stoffes durch läuternde Entsagungen, wobei er ausgebrannt wird in der inneren Glut asketischer Übungen *(tapas)* wie durch eine Schwitzkur.

7. *Moksha:* ,Erlösung'.

«Jīva und Nicht-Jīva bilden zusammen das Universum», lesen wir in einem Jaina-Text. «Wenn sie getrennt sind, braucht es nichts mehr. Wenn sie vereinigt sind, wie es in der Welt der Fall ist, gibt es nur eine Möglichkeit, sich mit ihnen abzugeben: die Vereinigung zu bremsen, diese mehr und mehr und schließlich ganz zu zerstören[2].

Das Jaina-Universum selbst ist unzerstörbar, keinen periodischen Auflösungen unterworfen wie das der Hindu-Kosmologie[3]. Auch gibt es keinen Hinweis auf jene allererste, weltzeugende heilige Hochzeit von Vater Himmel und Mutter Erde, die ein Hauptthema in der vedischen Überlieferung ist. Wenn beim großen Pferdeopfer *(ashvamedha)* der alten Indo-Arier die Hauptkönigin als Vertreterin der Mutter Erde, der Gattin

[1] Diese sechs sind mit den beiden anderen – Entschlossenheit und Staunen – die Grundstimmungen oder ,Würzen' *(rasa)* von Dichtung, Tanz und Schauspielkunst der Hindus. Sie werden alle von Shiva, dem höchsten Gott, gelegentlich seiner verschiedenen mythischen Manifestationen dargestellt und aus diesem Grund im frommen Hindutum heilig gehalten als Aspekte des ,kosmischen Spieles' des Herrn, als Offenbarungen seiner göttlichen Energie in verschiedenen Formen. Nach Ansicht der Jainas müssen sie dagegen unterdrückt werden, da sie den Vorrat von Karma-Stoff anziehen und vermehren und dadurch den Menschen von der vollkommenen Gleichgültigkeit ablenken, die zur Läuterung der Lebensmonade führt.

[2] *Tattvārthādhigama-sūtra* 4. (Sacred Books of the Jainas, Bd. II, S. 7.)

[3] Vgl. Heinrich Zimmer, *Mythen und Symbole*, S. 7–24.

des Weltherrschers *(cakravartin)*, sich in die Opfergrube neben das geschlachtete Tier legte, das die himmlische Sonnenkraft versinnbildlichte (das Pferd, das gerade sein glorreiches Sonnenjahr ungehinderten Umherschweifens beendet hatte)[1], bedeutete dieser Akt die mystische Erneuerung der heiligen kosmischen Hochzeit. Im Jainismus aber *ist* der erste Mann (oder das erste Weib) das Universum. Da gibt es keinen Bericht von einem ins Dasein tretenden Gezeugten, keinen ‚goldenen Keim' *(hiraṇyagarbha)*, kein kosmisches Ei, das sich in die obere und untere Halbschale von Himmel und Erde teilt, kein geopfertes, zerstückeltes Urwesen *(purusha)*, dessen Glieder, Blut, Haare usw. in die einzelnen Teile der Welt verwandelt werden; kurz, es gibt keinen Schöpfungsmythos, denn das All ist schon immer dagewesen. Das Jaina-Universum ist unfruchtbar, im Geiste einer asketischen Lehre gebildet. Es ist eine allumfassende Weltenmutter ohne Gatten oder ein einsamer Gigant ohne Gemahlin; und dieses Urwesen ist ewig ein Ganzes und lebt ewig. Die sogenannten ‚aufsteigenden' und ‚absteigenden' Weltzyklen[2] sind die Gezeiten im Lebensprozeß dieses Wesens, fortdauernd in ewigem Wechsel. Wir alle sind Teilchen dieses gigantischen Leibes, und die Aufgabe eines jeden ist es, sich nicht hinunterziehen zu lassen in die Höllen der unteren Leibesregion, sondern möglichst schnell aufzusteigen zur höchsten Glückseligkeit in der friedvollen Kuppel des riesigen Schädels.

Diese Vorstellung steht in entschiedenem Gegensatz zu der kosmischen Schau der brahmanischen Seher; trotzdem sollte sie noch eine große Rolle im späteren Hinduismus[3] spielen, vor allem in den Mythen von Vishṇu Anantashāyin, dem gigantischen göttlichen Weltenträumer, der das All in seinem Leibe trägt, es als Lotos aus seinem Nabel erblühen läßt und wieder zurücknimmt in seine ewige Substanz[4]. Keine geringere Bedeutung hat das weibliche Gegenstück bei den Hindus, die allenthaltende Muttergöttin, die alle Wesen aus ihrem Weltschoß gebiert, sie nährt und verschlingt, und so alles wieder in sich zurücknimmt[5]. Diese Gestalten hat der Hinduismus aus dem vedischen Mythos der kosmischen Ehe übernommen, aber die Unvereinbarkeit der zwei Symbolbilder ist immer noch evident. Denn einerseits wird angegeben, die Welt sei geboren, anderseits aber

[1] Vgl. oben S. 130–131. [2] Vgl. oben S. 208, Anm. 1.

[3] Zum Begriff ‚Hinduismus' im Unterschied zu ‚Brahmanismus' vgl. oben S. 81, Anm. 2.

[4] H. Zimmer, *Mythen und Symbole*, S. 42–62. [5] Ebenda, S. 210–240.

auch, sie bilde selbst den Leib des göttlichen Wesens. In der jainistischen Anschauung dagegen findet sich kein Widerspruch, da die Jīvas die Lebensatome sind, die im kosmischen Organismus kreisen. Der allwissende, allsichtige Seher und Heilige *(kevalin)* kann tatsächlich beobachten, wie der nie endende Stoffwechselprozeß sich im Körper abspielt und die Zellen sich ständig verwandeln; denn sein individuelles Bewußtsein hat sich so erweitert, daß es dem unendlichen Bewußtsein des gigantischen Weltwesens gleichkommt. Mit seinem einwärts gerichteten geistigen Auge betrachtet er die unablässig kreisenden Lebensatome ohne Zahl, deren jedes seine eigene Lebensdauer, Stärke und Atemkraft hat, während es ständig ein- und ausatmend sich fortbewegt.

Die Lebensmonaden auf der elementaren Daseinsstufe (im Zustand von Äther, Luft, Feuer, Wasser und Erde) sind mit Empfindungsvermögen *(sparsha-indriya)* ausgestattet. Alle können Druck empfinden und wiedergeben, da sie selbst eine geringe Ausdehnung besitzen, und sie werden deshalb *ekendriya* genannt, ‚die mit einem *(eka)* Sinnesvermögen *(indriya)* Ausgestatteten'. Auch die Atome des Pflanzenreiches haben ein Sinnesvermögen (die Empfindung), dazu aber noch vier Formen von Lebensatem (es fehlt ihnen die Sprache). Solche stummen Existenzen mit nur einem Sinn sind ebensogut Masken oder Gewänder der Jīvas wie die vielseitigeren Arten der tierischen, menschlichen oder himmlischen Reiche. Das weiß und sieht der Kevalin kraft seines Weltbewußtseins. Er weiß und sieht auch, daß es zehn Fähigkeiten der höheren Wesen gibt: 1. Lebenskraft oder -dauer *(āyus)*, 2. Körperkraft, Substanz, Gewicht, Ausdehnung und Elastizität *(kāya-bala)*, 3. Sprechvermögen, das Vermögen, einen Laut von sich zu geben *(vacana-bala)*, 4. Denkvermögen *(manobala)*, 5. Atemvermögen *(ānāpana-prāṇa, shvāsocchvāsa-prāṇa)* und 6.–10. die fünf Sinne: Gefühl *(sparshendriya)*, Geschmack *(rasendriya)*, Geruch *(ghrāṇendriya)*, Gesicht *(cakshurindriya)* und Gehör *(shravaṇendriya)*. Einige Pflanzen, wie zum Beispiel die Bäume, sind mit einem Kollektiv von Jīvas versehen. Sie teilen ihren Ästen, Zweigen und Früchten besondere Jīvas zu; denn man kann eine Frucht oder ein Setzreis pflanzen, und es wird daraus ein individuelles Wesen erwachsen. Bei anderen, etwa bei Zwiebeln, haben mehrere Stengel einen gemeinsamen Jīva. Kleine Tiere, Würmer, Insekten und Krustentiere, die die nächste Entwicklungsstufe in der Lebensordnung darstellen, besitzen außer Lebensdauer, Körperkraft, Atemvermögen und Empfindung noch Sprechvermögen oder die Fähigkeit, einen Laut von sich zu geben *(vacana-bala)* und Geschmack *(rasendriya)*. Ihre Lebensdauer liegt in einer Zeitspanne von zwölf Jahren, während die der vorhergehenden Kategorien sehr verschieden lang ist. Ein Feueratom zum Beispiel kann einen Augenblick *(samaya)* oder zweiundsiebzig Stunden leben; ein Wasseratom einige Augenblicke (einen bis achtundvierzig) oder siebentausend Jahre; ein Luftatom einen einzigen Augenblick oder dreitausend Jahre.

Diese detaillierte Systematisierung der Lebensformen, die den Jainas und dem Gosāla gemeinsam ist, beruht auf der Verteilung der zehn Fähigkeiten auf die verschiedenen Wesen, von den lebenden Atomen der Elemente bis zu den Organismen von Menschen und Göttern. Diese Systematisierung ist alles andere als primitiv. Sie ist wohl eigenartig und archaisch, aber doch aufs exakteste und feinste durchdacht und darf wohl als eine wissenschaftlich fundierte Weltanschauung gelten. Man steht in der Tat ehrfürchtig und ergriffen im Anblick dieser langen Geschichte menschlichen Denkens, der uns hier gewährt wird. Die Sicht reicht viel weiter zurück und ist eindrucksvoller als das, was unsere westlichen Humanisten und Historiker mit ihrer kurzen Geschichte seit den Griechen und der Renaissance aufzuweisen haben. Mahāvīra, der vierundzwanzigste Tīrthaṅkara des Jaina, lebte ungefähr zur Zeit des Thales und des Anaxagoras, der frühesten Philosophen der griechischen Klassik; aber die subtile, umständliche und gründliche Analyse und Einteilung der Naturphänomene, die Mahāvīras Lehre als selbstverständlich voraussetzte und auf die er sich bezog, war bereits Jahrhunderte, wenn nicht gar Jahrtausende alt. Es war ein wissenschaftliches Denken, das mit der Unzahl mächtiger Götter und der Zaubermagie der noch älteren Priestertradition längst aufgeräumt hatte, einer Tradition, die selbst schon so hoch über dem Kulturniveau der echten Primitiven gestanden hatte, wie die Kunst von Ackerbau, Viehzucht und Milchwirtschaft über der des Jagens, Fischens, Wurzeln- und Beerensammelns steht. Die Welt war bereits alt, sehr weise und sehr gelehrt, als die Spekulationen der Griechen jene Schriften zeitigten, die auf unseren Universitäten als die ersten Kapitel der Philosophie studiert werden.

Der archaischen Wissenschaft zufolge war der ganze Kosmos lebendig, und die Grundgesetze seines Lebens waren überall konstant. Darum sollte man sogar den kleinsten, stummsten, am wenigsten bewußten Lebewesen gegenüber ‚Gewaltlosigkeit' *(ahiṁsā)* üben. Der Jaina-Mönch zum Beispiel vermeidet es so weit wie möglich, die Atome der Elemente zu drükken oder zu berühren. Er kann zwar nicht aufhören zu atmen, aber um ja keinen Schaden anzurichten, soll er einen Schleier vor dem Munde tragen: das schwächt den Luftdruck gegen das Innere der Kehle ab. Er darf auch nicht mit den Fingern schnalzen oder Wind fächeln; denn das verursacht Störung und Schaden. Wenn böse Menschen auf einer Fähre aus irgendeinem Grunde einen Jaina-Mönch über Bord werfen sollten, so darf er nicht wie ein starker Schwimmer mit heftig rudernden Schlägen dem Ufer zustreben, sondern soll sich wie ein Stück Holz sanft treiben und von der Strömung allmählich an Land bringen lassen: er darf nicht die Wasseratome aufregen und verletzen. Und dann soll er die Feuchtigkeit von seiner Haut abtropfen oder verdampfen lassen, niemals aber sie abwischen oder mit heftigen Gliederbewegungen abschütteln.

So ist Gewaltlosigkeit *(ahiṁsā)* bis zum Extrem getrieben worden. Die Jaina-Sekte lebt noch heute fort als eine Art extrem fundamentalistischen Überbleibsels in einer Kultur, die viele Wandlungen durchgemacht hat seit jener fernen Zeit, da diese universelle Frömmigkeit, diese universelle Wissenschaft vom Naturreich und von der Flucht aus ihm entstand. Auch die Laienanhänger der Jainas müssen sich hüten, ihren Mitgeschöpfen unnötigen Schaden zuzufügen. Sie dürfen zum Beispiel nach dem Dunkelwerden kein Wasser mehr trinken; denn irgendein kleines Insekt könnte sonst verschluckt werden. Sie dürfen keinerlei Fleisch essen, dürfen keine Wanzen töten, die um sie herumkriechen und sie belästigen; es wird sogar hoch angerechnet, wenn man Wanzen gestattet, sich niederzulassen und vollzusaugen. All dies hat zu einer höchst bizarren Volkssitte geführt, die man sogar noch heute in den Hauptstraßen Bombays beobachten kann.

Es kommen zwei Männer daher, die zwischen sich eine von Wanzen wimmelnde Matte oder ein ebensolches Bett tragen. Sie bleiben vor der Tür eines Jaina-Hauses stehen und rufen: «Wer will die Wanzen füttern? Wer will die Wanzen füttern?» Wenn eine fromme Dame eine Münze aus dem Fenster wirft, legt sich einer der Ausrufer behutsam in das Bett und bietet sich seinen Mitgeschöpfen als lebendigen Weideplatz dar. Wobei die Dame des Hauses sich das Verdienst erwirbt, der Held der Matte aber das Geldstück.

II

SĀṄKHYA UND YOGA

1. KAPILA UND PATAÑJALI

Wir gehen jetzt zu Sāṅkhya und Yoga über. Diese beiden Traditionen werden in Indien als Zwillinge, als zwei Aspekte einer einzigen Disziplin angesehen. Der Sāṅkhya gibt eine grundlegende theoretische Auslegung der menschlichen Natur, indem er deren Elemente aufzählt und definiert, die Arten ihres Zusammenwirkens im Stande der Gefangenschaft *(bandha)* analysiert und den Zustand ihrer Ablösung oder Trennung bei der Befreiung *(moksha)* beschreibt, während der Yoga sich vor allem der Dynamik des Ablösungsprozesses zuwendet und praktische Techniken zur Erlangung der Befreiung oder des ‚Lediglich-Seins' *(kaivalya)* angibt. In der *Bhagavad Gītā* lesen wir: «Kindische und unwissende Leute sprechen von ‚aufzählendem Wissen' *(sāṅkhya)* und von der ‚Praxis der verinnerlichten Konzentration' *(yoga)* als von zwei verschiedenen Dingen; aber jedes von beiden, im anderen fest verankert, erntet die gemeinsamen Früchte. Den Stand, den die Anhänger des aufzählenden Wissens erreichen, gewinnen auch die anderen durch ihre nach innen gerichteten Konzentrationsübungen. Der sieht das Wahre, der die geistige Einstellung auf das aufzählende Wissen und die Konzentrationsübung als eines sieht[1].» Mit anderen Worten: die zwei Systeme ergänzen einander und führen zum gleichen Ziel.

Die Grundkonzeptionen dieses Doppelsystems sind: 1. daß die Welt auf einer unauflösbaren Zweiteilung in ‚Lebensmonaden' *(purusha)* und lebloser ‚Materie' *(prakriti)* beruht, 2. daß sich die ‚Materie' *(prakriti)*, obschon im Grunde einfach und unzusammengesetzt, doch auseinanderfaltet und in drei deutlich unterscheidbaren Aspekten manifestiert, den sogenannten *guṇas*, die mit den drei Strängen eines Taues vergleichbar sind; 3. daß jede ‚Lebensmonade' *(purusha)*, die sich mit ‚Materie' *(prakriti)* verbindet, in die Knechtschaft eines endlosen ‚Kreislaufs der Seelenwanderung' *(saṁsāra)* gerät.

Diese Ideen gehören nicht zum Grundstock vedisch-brahmanischer Überlieferung. Auch findet sich andererseits unter den Hauptlehren von

[1] *Bhagavad Gītā* 5. 4–5.

Sāṅkhya und Yoga nicht der geringste Hinweis auf ein Pantheon göttlicher Olympier, die über allen Wechselfällen irdischer Gebundenheit gleich den vedischen Göttern thronten. Die beiden Ideologien sind ganz verschiedenen Ursprungs, da Sāṅkhya und Yoga mit dem mechanischen System der Jainas verwandt sind, das sich, wie wir gesehen haben, durch die lange Reihe der Tīrthaṅkaras auf teils historischem, teils legendärem Wege bis zu einem fernen, nichtvedischen, urindischen Altertum zurückverfolgen läßt. Die Grundideen von Sāṅkhya und Yoga müssen also uralt sein. Und doch treten sie erst verhältnismäßig spät in den orthodoxen indischen Texten auf – nämlich vor allem in den jüngeren Schichten der *Upanishaden* und in der *Bhagavad Gītā*, wo sie bereits mit den Grundideen der vedischen Philosophie vermischt und in Einklang gebracht worden sind. Nach einer langen Periode starren Widerstandes schloß sich der exklusive, esoterische Geist der arisch-brahmanischen Eroberer endlich den Anregungen und Einflüssen der einheimischen Kultur auf. Das Ergebnis war eine Verschmelzung der beiden Traditionen. Und daraus entstanden im Laufe der Zeit die großartigen einheitlichen Systeme des mittelalterlichen und neuzeitlichen indischen Denkens.

Die Begründung des Sāṅkhya wird einem halbmythischen heiligen Mann namens Kapila zugeschrieben, der als ein Erleuchteter von Geburt an außerhalb der traditionellen Schar vedischer Heiliger und Weiser steht. Obgleich er keine so bemerkenswerte Rolle in Indiens Mythos und Legende spielt wie viele andere große Philosophen, wird seine Wunderkraft doch in einer berühmten Episode des *Mahābhārata* anerkannt[1]. Dort lesen wir, daß die sechzigtausend Söhne eines gewissen Cakravartin namens ‚Ozean' *(sagara)* als Leibgarde des väterlichen Opferpferdes dahinritten, während das Roß im symbolhaften Sonnenjahr seiner glorreichen Freiheit durch die Lande streifte[2]. Plötzlich verschwand das Tier zu ihrer großen Bestürzung vor ihren eigenen Augen. Sie begannen an der Stelle, wo es verschwunden war, zu graben und fanden es schließlich tief in der Erde, drunten in der Unterwelt neben einem in Meditation versunkenen Heiligen. In ihrem Übereifer, den geweihten Schützling wieder einzufangen, übersahen die jungen Krieger den Heiligen – der kein anderer als Kapila war – und unterließen es, ihm die einem Heiligen zustehende Ehrung zu erweisen. Da verbrannte er sie alle mit einem Strahl seines Auges zu Asche.

[1] *Mahābhārata* 3. 107. [2] Vgl. oben S. 130–131.

Die solare Kraft des Weisen wird in dieser Erzählung offenbar. Sein Name Kapila, das heißt ‚der Rote', ist ein Beiwort der Sonne wie auch Vishṇus. Nach dem Einfluß, den er auf die Zeit Mahāvīras und des Buddha hatte, zu urteilen, muß er vor dem 6. Jahrhundert v. Chr. gelebt haben, doch gehören die klassischen Texte des angeblich von ihm gegründeten philosophischen Systems einer viel späteren Epoche an. Die bedeutende *Sāṅkhya-kārikā* des Īshvarakrishna wurde Mitte des 5. Jahrhunderts n. Chr. verfaßt, während die *Sāṅkhya-sūtras*, ein Werk, das die Tradition dem Kapila selbst zuschreibt, sich nicht früher als 1380–1450 n. Chr. ansetzen lassen[1].

Was den Yoga betrifft, so ist die Datierung der klassischen *Yoga-sūtras* des Patañjali sehr strittig. Obgleich die ersten drei Bücher dieser grundlegenden Abhandlung dem 2. Jahrhundert v. Chr. entstammen mögen, entstand das vierte offenbar später; denn es enthält Material, das sich auf das spätere buddhistische Denken zu beziehen scheint. Dieses letzte Buch hat man deshalb dem 5. Jahrhundert n. Chr. zugeschrieben; aber die Streitfrage ist noch nicht abgeschlossen. Jedenfalls müssen die vier Bücher der *Yoga-sūtras* des Patañjali mit ihrem alten Kommentar (dem *Yoga-bhāshya*, der dem Vyāsa, dem legendären Dichterweisen des *Mahābhārata*, zugeschrieben wird) zu den erstaunlichsten Werken philosophischer Prosa in der ganzen Weltliteratur gerechnet werden. Sie sind nicht nur wegen ihres Inhaltes bemerkenswert, sondern auch, und vor allem, wegen ihrer wunderbar nüchternen, klaren, bündigen und geschmeidigen Sprache.

Über Patañjali wissen wir wenig, und dies Wenige ist legendenhaft und voller Widersprüche. Er wird zum Beispiel mit dem Grammatiker gleichen Namens, der den sogenannten ‚Großen Kommentar' *(Mahābhāshya)* zu Kātyāyanas ‚Kritischer Erläuterung' *(Vārttika)* der Sanskritgrammatik Pāṇinis verfaßte, teils gleichgesetzt, teils von ihm unterschieden. Überdies wird er als eine Inkarnation des Schlangenkönigs Shesha betrachtet, der die Welt in Gestalt des kosmischen Ozeans umgibt und trägt. Westliche Gelehrte haben ihn in das 2. Jahrhundert v. Chr. verwiesen; aber das System, das er begründet haben soll, bestand sicher schon Jahrhunderte vor dieser Zeit.

[1] Vgl. Richard Garbe, *Die Sāṅkhya-Philosophie*, 2. Ausgabe, Leipzig 1917, S. 83 bis 84 und 95–100.

2. KONZENTRATION NACH INNEN

Wenn Ehrgeiz, Erfolg und Lebensplan *(artha)*, wenn Geschlechtlichkeit und Sinnesfreuden *(kāma)* keine neuen, überraschenden Wendungen mehr hervorbringen, weil ihr Vorrat erschöpft ist, wenn außerdem die getreuliche Erfüllung der Lebensaufgaben *(dharma)* eines rechtschaffenen normalen Menschenlebens ihren Reiz verliert, weil sie zur faden Routine wurde, dann bleibt immer noch die Lockung des geistigen Abenteuers – die Suche nach dem, was innen, unter der Maske der bewußten Persönlichkeit, oder außen, jenseits des sichtbaren Horizontes der Außenwelt, liegen mag. Was ist das Geheimnis dieses ‚Ego', dieses ‚Ichs', mit dem wir in all den verschlissenen Jahren auf so vertrautem Fuße gelebt haben und das uns dennoch ein Fremder ist, voll seltsamer Anwandlungen, unerklärlicher Launen und verwirrender Aggressionen und Rückfälle? Und was alles hat indessen hinter diesen äußeren Phänomenen gelauert, die uns nun nicht mehr fesseln können mit all den Überraschungen, die keine Überraschungen mehr sind? Die Möglichkeit, das geheime Triebwerk des kosmischen Theaters selbst zu entdecken, nachdem seine Effekte unerträglich langweilig geworden sind, diese Möglichkeit bleibt dem menschlichen Geist als letzte Verlockung, letzte Herausforderung, letztes Abenteuer.

Wir lesen am Anfang der *Yoga-sūtras:*

Yogash cittavritti-nirodhyaḥ

«Der Yoga besteht im (absichtlichen) Ausschalten der spontanen Gemütstätigkeit»[1].

Der Geist ist von Natur aus ständig in Bewegung. Nach der Hindu-Theorie verwandelt er sich unaufhörlich in die Formen der Objekte, die er wahrnimmt. Seine Feinsubstanz nimmt Gestalt und Farbe all dessen an, was ihm Sinne, Phantasie, Gedächtnis und Gefühle zutragen. Mit anderen Worten: er besitzt die Macht der Verwandlung oder Metamorphose, eine grenzenlose Macht, die nie zur Ruhe kommt[2].

Der Geist wirft also unablässig kleine Wellen wie die windbewegte Oberfläche eines Teiches, der in gebrochenen, ewig wechselnden und

[1] Patañjali, *Yoga-sūtras* I. 1–2.

[2] Das proteische, ewig bewegte Wesen des Geistes, wie es im Sāṅkhya und Yoga geschildert wird, läßt sich mit Swedenborgs Idee vergleichen, ‚Aufnehmen sei Bildern', das heißt, die Empfangsorgane eignen sich auf der geistigen Ebene Form und Wesen jeglichen Objektes an, das sie auf- und in sich nehmen (vgl. Swedenborg, «Über die göttliche Liebe und Weisheit»).

wieder zerfallenden Spiegelungen schimmert. Sich selbst überlassen, würde der Geist nie als ein vollkommener Spiegel, kristallklar in seinem «Urzustand» und seine Glätte bewahrend, den inneren Menschen widerspiegeln; denn damit dies geschehen kann, müßten nicht nur alle Sinneseindrücke von außen (die den Wassern der einmündenden Bäche zu vergleichen sind, weil sie das klare Element aufrühren und trüben), sondern auch die Impulse aus dem Innern – Erinnerungen, andrängende Gefühle und aufreizende Phantasien (die wie innere Triebfedern wirken) – ausgeschaltet werden. Der Yoga jedoch beschwichtigt den Geist. Und sobald diese Beschwichtigung vollendet ist, wird der innere Mensch, die Lebensmonade sichtbar, gleich einem Juwel auf dem Grunde eines stillen Teiches.

Nach dem Sāṅkhya (und die gleiche Anschauung vertritt der Yoga) ist die Lebensmonade (*purusha*, ‚Mensch', *ātman*, ‚Selbst' oder *puṁs*, ‚Mensch' genannt) die lebendige Wesenheit, die sich hinter und in allen Metamorphosen unseres Gefangenendaseins verbirgt. Wie im Jainismus wird auch hier angenommen, daß die Zahl der Lebensmonaden in der Welt unendlich sei und daß ihre ‚wahre Natur' *(svarupa)* sich von der leblosen ‚Materie' *(prakriti)*, die sie verschlungen hat, grundsätzlich unterscheide. Sie werden als «geistig» *(cit, citi, cetana, caitanya)* bezeichnet und sind nach dieser Auffassung ‚dem Wesen nach reines, selbst-strahlendes Licht' *(prabhāsa)*. In jedem Individuum erhellt der aus sich leuchtende Purusha, Ātman oder Puṁs, alle Prozesse der groben und feinen Materie, das heißt den Lebensprozeß und die Bewußtwerdung, die sich im Organismus vollziehen; diese Lebensmonade selbst aber ist ohne Form und Inhalt. Sie hat weder Eigenschaften noch Eigenheiten, denn solche Prägungen gehören in das Maskenreich der Materie. Sie ist ohne Anfang, ohne Ende, ewig während, ungeteilt und ungegliedert; denn alles Zusammengesetzte ist der Vernichtung unterworfen. Anfänglich hielt man sie für so groß wie ein Atom, später aber für alldurchdringend und unendlich, ohne Aktivität, unveränderlich und jenseits der Bewegungssphäre, ‚auf der Spitze, dem Gipfel' *(kūṭastha)* stehend. Die Monade ist an nichts gebunden, steht mit nichts in Berührung, ist völlig unbezogen, unbeteiligt und unverstrickt und darum niemals wirklich gefangen, niemals auch wirklich erlöst, sondern in Ewigkeit frei; denn Erlösung würde einen Zustand der Knechtschaft voraussetzen, während doch von keiner Knechtschaft behauptet werden kann, sie berühre den inneren Menschen. Das Problem des Menschen besteht nur darin, daß er seine ewig bestehende, immer gegenwärtige eigentliche Freiheit in seinem wirren, unwissenden, abgelenkten Geisteszustand gar nicht *erkennt*.

Hierbei sind wir offensichtlich einen Schritt über die Lehre der Jainas hinaus, nach deren Theorie die Lebensmonade *(jīva)* ja einer tatsächlichen Infektion durch den Karma-Stoff *(a-jīva)* der sechs Farben[1] ausgesetzt ist. Nach der Sāṅkhya- und Yoga-Ansicht ist die Monade ein immaterielles Wesen, das – im Unterschied zum Ātman des Vedānta – weder von Seligkeit erfüllt werden, noch als materielle oder bewirkende Ursache für irgend etwas aktiv eingreifen kann. Sie weiß um nichts. Sie ist unschöpferisch, kann sich nicht ausdehnen, nicht verwandeln und bringt nichts in Gang. Sie nimmt überhaupt nicht an menschlichen Leiden, Voreingenommenheiten und Gefühlen teil, sondern ist von Natur aus ‚völlig abgesondert' *(kevala)*, obgleich sie wegen ihrer *scheinbaren* Bindung an die ‚bedingenden, begrenzenden Attribute' *(upādhis)* ins Leben verstrickt zu sein scheint; die Upādhis sind aber nicht Bestandteile der Lebensmonade selbst, sondern nur der fein- und grobstofflichen Körper, in denen sie sich in der Sphäre von Raum und Zeit spiegelt. Der Purusha *erscheint* wegen dieser Upādhis als Jīva, als der ‚Leber', und *scheint* mit Empfindungsvermögen und Spontaneität, mit Atmung und all den anderen Prozessen eines Organismus ausgerüstet zu sein; während er an und für sich ‚nicht imstande ist, einen Grashalm zu knicken'.

Durch ihre bloße, zwar untätige, aber leuchtende Gegenwart scheint die Monade die Triebkraft zu sein, und in dieser täuschenden Rolle wird sie der ‚Herr' oder ‚Aufseher' *(svāmin, adhishṭhātar)* genannt. In Wirklichkeit befiehlt sie und beaufsichtigt sie gar nicht. Die bedingenden Attribute *(upādhis)* verfahren selbständig, automatisch und blind. Wirkliches Zentrum, Lenker, Gebieter und Haupt ihrer Lebensprozesse ist das sogenannte ‚innere Organ' *(antaḥ-karaṇa)*. Kraft seiner Strahlung erhellt der Purusha jedoch diesen Prozeß und scheint von ihm widergespiegelt zu werden. Zudem ist dies eine Verbindung, die nie einen Anfang hatte und seit aller Ewigkeit bestand. Sie läßt sich vergleichen mit dem Verhältnis des innerlich unabhängigen, aber allmächtigen hinduistischen Hauspriesters zum König, dessen geistiger Führer er ist. Der König und alle Beamten des Reiches dienen dem Priester, er selbst aber bleibt untätig und unbeteiligt. Auch mit dem Schachspiel der Hindus läßt sich die Verbindung vergleichen; dort wird die Rolle des Purusha vom ‚König' dargestellt,

1 Vgl. oben S. 210–213; 228–231.

während des ‚Königs' allgegenwärtiger ‚General' *(senāpati)* – er entspricht der ‚Dame' in unserer abendländischen Spielform – die mächtige, dienende und doch befehlende Position des ‚inneren Organes' einnimmt. Weiterhin gleicht diese Verbindung der Wirkung der Sonne auf die Erde und ihre Vegetation. Die Sonne erleidet keine Veränderung, wenn sie die Erde und ihre Lebewesen durchwärmt. Indem die Eigenstrahlung der unverstrickten Lebensmonade *(purusha)* das Unbewußte in den Prozessen der leblosen Materie *(prakriti)* durchleuchtet, erschafft sie gleichsam Leben und Bewußtsein des Individuums: was Sonnentätigkeit zu sein scheint, gehört in Wirklichkeit zur Sphäre der Materie. Ein weiterer Vergleich: man glaubt, eine in Wahrheit unbewegliche Person bewege sich, nur weil ein bewegter Spiegel sie wiedergibt.

Nach der Sāṅkhya-Philosophie ist, mit einem Wort, die Lebensmonade durch eine besondere Art von ‚Scheinverpflichtung' *(saṁyoga-vishesha)* mit dem lebenden Individuum verknüpft, weil ihr Eigenlicht vom proteushaften, stets bewegten feinstofflichen Gemüt reflektiert wird. Wahre Einsicht, ‚Erkenntnis der Verschiedenheit' *(viveka)* kann erst erlangt werden, nachdem das Gemüt zur Ruhe gebracht ist. Dann kann die Lebensmonade *(purusha)*, durch keine Qualitäten der bewegten Materie *(prakriti)* vernebelt, wahrgenommen werden, und in diesem Zustand enthüllt sich auf einmal ihr geheimes Wesen. Sie wird geschaut im Zustand der Ruhe, so wie sie eigentlich und immer ist: unerreichbar fern den natürlichen Vorgängen, die sich ständig um sie abspielen, im Geiststoff, in den Sinnen, in den Tätigkeitsorganen und in der beseelten Außenwelt.

Zur Wahrheit kann nur die Erkenntnis führen, daß nichts, was auch immer geschieht, die Lebensmonade beeinflussen oder beflecken kann. Sie bleibt ganz und gar unabhängig, auch wenn sie im Kreislauf der Wiedergeburten und im gegenwärtigen Leben ein individuelles Dasein zu führen scheint. Normalerweise pflegen wir alle Zustände und Veränderungen in unserem Dasein der Lebensmonade zuzuschreiben; sie scheinen in ihr sich abzuspielen, sie zu färben und zum Guten oder Schlechten zu verändern. Indessen ist diese Illusion bloß die Folge des Nichtwissens. Die Lebensmonade wird nicht im geringsten beeinflußt. In unserem wahren feurigen Selbst bleiben wir ewig heiter-gelassen.

Nach der Auslegung des Sāṅkhya und Yoga gibt es fünf spontane Handlungen des Seelenstoffes, die erst auszuschalten sind, bevor die wahre Natur der Lebensmonade erkannt werden kann: 1. richtige Vorstellungen *(pramāṇa)*, die aus exakter Wahrnehmung stammen; 2. irrige Vorstellungen *(viparyaya)*, die aus falschen Beobachtungen stammen; 3. Phantasien oder Einbildungen *(vikalpa)*; 4. der Schlaf *(nidrā)* und 5. die Erinnerung *(smīrti)*[1]. Sind diese fünf ausgeschaltet, dann hört die Begierde und alle sonstige emotionale Tätigkeit des Gemüts automatisch auf.

1. Richtige Vorstellungen beruhen a) auf richtiger Wahrnehmung, b) auf richtiger Folgerung und c) auf richtigem Zeugnis[2].

a) Richtige Wahrnehmung. Das Denkprinzip, das heißt das Gemüt, nimmt die Formen seiner Wahrnehmungen mittels der Sinnesfunktion an. Es läßt sich mit einem ewig brennenden Feuer vergleichen, das, in den Flammenspitzen konzentriert, mit diesen äußersten Zungen seine Objekte berührt. Wenn die äußerste Spitze des Denkprinzips mittels der Sinne auf Objekte trifft, nimmt sie deren Form an. Aus diesem Grunde ist der Wahrnehmungsprozeß immer ein Prozeß ständiger Selbstverwandlung. Der Seelenstoff wird darum mit geschmolzenem Kupfer verglichen, das, in einen Tiegel gegossen, genau dessen Form annimmt. Der Seelenstoff nimmt sowohl Form wie Faserung ihrer unmittelbaren Erfahrung an.

Dieser Vorgang hat zur Folge, daß das Licht der Lebensmonade in der immer tätigen Denkfunktion gebrochen wird und sich in ständigem Wechsel spiegelt. Dies weckt die Illusion, als sei es die Lebensmonade, die all die Wandlungen durchmacht. Sie scheint nicht nur die Formen unserer mannigfaltigen Wahrnehmungen anzunehmen, sondern auch die Emotionen und sonstigen Reaktionen, die wir dabei erleben. Darum bilden wir uns ein, wir seien es selbst, die unablässig all dem folgen und antworten, was die flackernde Spitze unseres Verstandes bewegt – Erfreuliches und Verdrießliches, Leiden ohne Ende, Wechselfälle aller Art. Der Verstand eilt, seiner natürlichen Neigung folgend, weiter, indem er sich durch alle Erfahrungen und emotionellen Begleitreaktionen eines bedrängten oder genußreichen, begehrlichen Weltlebens umformen läßt, und diese Rastlosigkeit wird dann für die Biographie der Lebensmonade gehalten. Auf diese Weise wird unsere angeborene Gelassenheit immerzu überschattet, durchtränkt und gefärbt durch die mannigfaltigen Formen und Farben der empfänglichen Denkfunktion. Wahrnehmungen gehören jedoch zum Bereich der Materie. Wenn zwei sinnliche Wahrnehmungen einander nicht widersprechen, werden sie als wahr oder richtig angesehen. Aber auch die ‚wahren' oder ‚richtigen' Wahrnehmungen sind dem Wesen nach irre-

[1] Pantañjali, *Yoga-sutras* 1. 6. [2] Ebenda, 1. 7.

führend und müssen unterdrückt werden, da sie nicht weniger als die ‚falschen' die Vorstellung einer ‚Formgleichheit' *(sārūpya)* vom bewußten Denkinhalt und der Lebensmonade hervorrufen.

b) Richtige Folgerung. Die Folgerung ist jene Funktion des Denkens, jene Aktivität des Verstandes, die den Objekten die charakteristischen Attribute zuteilt, die sie zu tragen scheinen. Eine richtige Schlußfolgerung ist diejenige, die von richtiger Wahrnehmung bestätigt werden kann.

c) Richtiges Zeugnis wird von den durch Tradition geheiligten Schriften und Autoritäten abgeleitet. Es beruht auf dem richtigen Verständnis eines Wortes oder Textes. Es bekräftigt die richtige Wahrnehmung und Folgerung.

2. Durch Mißverstehen gefälschte Vorstellungen ergeben sich aus einem Mangel im Objekt oder im Wahrnehmungsorgan.

3. Die Einbildung heftet sich nur an imaginäre, von keiner Wahrnehmung bestätigte Vorstellungen; das gilt etwa für die mythischen Ungeheuer oder für die Idee, daß die Lebensmonade selbst mit den Wesenszügen des Denkprinzips ausgestattet sei und darum das erlebe, was den Denkinhalt gerade ausmacht. Der Unterschied zwischen Einbildung und falscher Auffassung besteht darin, daß erstere sich nicht durch sorgfältige Beobachtung des Objektes beheben läßt.

4. Im Schlaf setzt sich die spontane Tätigkeit des Seelenstoffes fort. Das wird durch das Wohlgefühl bewiesen, das der Schlaf zu hinterlassen pflegt und das sich etwa in dem Gedanken äußert: ‚Ich habe tief und erquickend geschlafen.' Der Yoga geht nicht nur darauf aus, die geistige Aktivität im Wachen, sondern auch den Schlaf auszuschalten.

5. Das Erinnern ist eine Tätigkeit des Seelenstoffes, die ausgelöst wird durch den Rest oder ‚latenten Eindruck' *(saṁskāra)* einer früheren, im gegenwärtigen oder in einem vergangenen Leben gemachten Erfahrung. Derartige Eindrücke haben den Drang, sich zu aktivieren. Sie manifestieren sich als Bereitschaft zu Handlungen, das heißt als Tendenz zu einem Verhalten, das einer Reaktionsweise der Vergangenheit entspricht[1]. –

[1] Dieser Überblick über die spontanen Geistestätigkeiten stützt sich auf den *Yogasāra-saṅgraha* des Vijñānabhikshu. Vijñānabhikshu lebte in der zweiten Hälfte des 16. Jahrhunderts n. Chr. Außer dem *Yogasāra-saṅgraha* (‚Übersicht über das Wesen des Yoga') und einem Kommentar zu den *Yoga-sūtras* mit dem Titel *Yoga-vārttika* verfaßte er einen Abriß der Sāṅkhya-Lehre, den *Sāṅkhyasāra*, und interpretierte die *Sāṅkhya-sūtras* im Sinne des Vedānta und des populären Brahmanismus in seinem Werk *Sāṅkhyapravacana-bhāshya*. Nach der Ansicht Vijñānabhikshus ent-

«Wenn ihm auf diesem Wege ‚höchste Wesen' Gastfreundschaft anbieten», lesen wir in Patañjalis *Yoga-sūtras*, «so soll er sich darauf nichts einbilden und jedes Verlangen nach Seligkeit drangeben, weil sich sonst nur wieder Unheil an ihn hängt[1].»

Die ‚höchsten Wesen' sind die Götter. Nach der Anschauung des Yoga sind sie nicht allmächtig, sondern dem vollendeten Yogī unterlegen. Sie sind nur sehr begünstigte Wesen, an ihre Freuden verhaftet, an die Freuden ihrer bevorzugten himmlischen Umwelt. Der Sinn des seltsamen Merkspruchs ist dieser: Die Aussicht auf den Himmel ist eine Verlockung, durch die der ernsthafte Yoga-Jünger sich nicht davon abdrängen lassen darf, über die verführerischen Sphären alles Gestalteten hinauszugelangen.

Im Kommentar zu dieser Textstelle wird gesagt, daß es vier Grade der Yoga-Vollkommenheit und dementsprechend vier Typen von Yogīn gebe:

1. gibt es den sogenannten ‚Befolger der Praktik'; ihm dämmert das Licht soeben erst auf;

2. gibt es den Praktiker mit ‚wahrheitbringender Einsicht';

3. gibt es denjenigen, der sich die Organe und Elemente unterjocht hat und infolgedessen mit den Mitteln ausgestattet ist, die ihm das Gewonnene sichern (zum Beispiel die Einsicht in die verschiedenen übernormalen Reflexionszustände). Er besitzt die Mittel, die sozusagen dem angemessen sind, was er schon in sich ausgebildet hat, wie auch dem, was er noch auszubilden hat. Er besitzt die Mittel, um Vollkommenheit zu erreichen;

4. gibt es den, welcher schon hinausgeschritten ist über alles, was ausgebildet werden kann; dessen Ziel ist es nun, das Gemüt in seine erste Ursache aufzulösen.

«Die Klarheit des harmonischen Brāhman-Bewußtseins, das die zweite, die sogenannte ‚honigreiche Stufe' unmittelbar erlebt, wird von den höchsten Wesen bemerkt, und nun versuchen sie ihn mit allen Mitteln ihrer höheren Welt zu bestricken. ‚Verehrter', sagen sie, ‚willst du nicht hier deinen Sitz nehmen? Willst du nicht hier ausruhen? Diese Freuden könnten dir willkommen sein. Diese Himmelsjungfrauen könnten dir gefallen. Dies Elixier hemmt Alter und Tod. Dieser Wagen trägt durch die Lüfte. Im Jenseits findest du die Wunschbäume, die die Früchte aller Sehnsucht

halten alle orthodoxen Systeme der indischen Philosophie (zu denen Sāṅkhya und Yoga beide gehören) die höchste Wahrheit, wenn sie auch von verschiedenen, scheinbar entgegengesetzten Standpunkten aus zu ihr führen.

[1] *Yoga-sūtras* 3. 51. (Nach der Übersetzung von J.W. Hauer.)

gewähren, und den Himmelsstrom, der Glückseligkeit schenkt. Diese Gestalten sind vollkommene Weise. Diese Nymphen sind unvergleichlich und gar nicht spröde. Augen und Ohren erhalten hier überirdische Kräfte; der Leib wird wie ein Diamant. Um deiner Tugenden willen, Verehrter, hast du dir all diese Dinge gewonnen. Darum tritt ein in diese höhere Welt, die nie vergeht, die ohne Altern, todlos und den Göttern teuer ist!'»

Der Kommentar fährt fort: «So angeredet, soll der Yogī über die Nachteile der Vergnügungen nachsinnen: ‚Geröstet über dem entsetzlichen Kohlenfeuer des Kreises der Wiedergeburten, mich krümmend in der Finsternis von Geburt und Tod, habe ich eben erst die Yoga-Lampe gefunden, die dem Vernebeltsein durch die Behinderungen, die ‚Minderungen' *(klesha)* ein Ende macht. Die lustgeborenen Genüsse sinnlicher Freuden sind Feinde dieser Lampe. Wie könnte es also sein, daß ich, der ihr Licht erblickt hat, mich verführen lasse von diesen Sinnesphänomenen, diesem bloßen Zauberspuk? Daß ich mich wieder zur Nahrung biete den gleichen alten Flammen des Kreises der Wiedergeburten, kaum daß sie von neuem aufflackern? Fahr dahin, du Sinnenwelt, trügerisch wie ein Traum und begehrenswert nur für einen Nichtswürdigen!'»

Weiter heißt es im Kommentar: «So soll der Yogī, fest auf sein Ziel gerichtet, Konzentration üben. Alle Bindung an die Sinnenwelt fahren lassend, soll er sich nichts einbilden, soll nicht meinen, er sei es, den die Götter so dringend herbeiwünschen. Wer sich so in seinem Hochmut sicher wähnte, würde das Gefühl dafür verlieren, daß er vielmehr einer ist, den der Tod beim Schopfe hat. [Er würde sozusagen das Opfer einer himmlischen Inflation.] Und damit würde die Achtlosigkeit – die stets auf schwache Punkte und Fehltritte lauert und deshalb gewissenhaft überwacht werden muß – eine Eingangspforte finden und die Behinderungen *(klesha)* aufrühren. Das Ergebnis wäre die Wiederkehr unerwünschter Konsequenzen.

Wer sich jedoch nicht verleiten, nicht zum Hochmut drängen läßt, dem wird die sichere Erfüllung der Aufgabe zuteil, an der er innerlich gebaut hat, und er wird sich alsbald vor eine noch höhere Aufgabe gestellt sehen, an der er nun wird bauen müssen[1].»

[1] *Yoga-sūtras* 3.51. Kommentar (nach der englischen Übersetzung von James Houghton Woods. *The Yoga-System of Patañjali*, Harvard Oriental Series, Bd. XVII, Cambridge, Mass., 1927, S. 285f.).

Dieses absolute Ziel wird im letzten Sūtra des dritten Buches beschrieben: «Wo die Reinheit der Kontemplation *(sattva)* der Reinheit der Lebensmonade *(purusha)* gleichkommt, da ist ‚Für-sich-Sein' *(kaivalya)* [1].»

Der Kommentar: «Wenn die ‚kontemplative Kraft' *(sattva)* der Denksubstanz befreit ist von der Verunreinigung durch die ‚aktive Kraft' *(rajas)* und die ‚Kraft der Trägheit' *(tamas)*, und wenn ihr Trachten nur noch darauf gerichtet ist, die bestehende Vorstellung, daß es eine Trennung gebe zwischen ihr *(sattva)* und der Lebensmonade *(purusha)* [2], zu überwinden, und wenn die ganze innere Saat der Behinderungen *(klesha)* verbrannt ist, dann geht die ‚kontemplative Kraft' *(sattva)* in einen Zustand der Reinheit über, der dem der Lebensmonade gleich ist. Diese Reinheit bedeutet nicht mehr und nicht weniger, als daß nun die irrtümliche Zuschreibung von Erfahrungen an die Lebensmonade aufgehört hat [3]. Es ist das ‚Für-sich-Sein', das Ledigsein der Lebensmonade. Nun ist der Purusha, der sein Licht in sich hat, ohne Trübung und ledig [4].»

3. DIE BEHINDERUNGEN

Klesha, ein in der indischen Umgangssprache gebräuchliches Wort, ist abgeleitet von der Wurzel *klish*, «gequält oder traurig sein, leiden, Pein oder Kummer empfinden». Das Partizip *klishta* wird als Adjektiv verwendet und bedeutet «bekümmert, Schmerz oder Elend leidend, verblaßt, ermüdet, verletzt, verwundet; abgenutzt, in schlechtem Zustand, verdorben, entwertet, unordentlich, getrübt oder geschwächt». Ein verwelkter Blumenkranz ist klishta; ein verschlissenes oder beflecktes Gewand ist klishta; der Glanz des Mondes ist klishta, wenn ein Wolkenschleier ihn verdunkelt; und ein Mensch ist klishta, wenn ermüdende Geschäfte und be-

[1] *Yoga-sūtras* 3.55.

[2] *Sattva, rajas, tamas:* es sind die *guṇas* oder die «drei Qualitäten der Materie» (vgl. oben S. 212 und unten S. 267–269). Da die Denksubstanz etwas Stoffliches ist, besteht sie aus den *guṇas*. Das Ziel des Yoga ist es, die Denksubstanz von *rajas* und *tamas* zu reinigen, so daß nur *sattva* übrigbleibt. Dies letztere ist klar und unbegrenzt, so kann es den Purusha unverfälscht widerspiegeln. Wenn der Purusha so gespiegelt wird, bleibt nur noch ein Schritt zu tun, um Befreiung zu erlangen: es muß erkannt werden, daß die Spiegelung nicht der Purusha selbst ist.

[3] Das heißt: man ist zur Erkenntnis gelangt, daß die Spiegelung des Purusha im Reich des Stofflichen nicht der Purusha selbst ist. Diese Erkenntnis ist der Einsicht vergleichbar, daß man sich mit seinem Spiegelbild identifiziert habe.

[4] *Yoga-sūtras* 3.55. Kommentar, Woods a.a.O., S. 295.

schwerliche Pflichten den ursprünglichen Glanz seines Wesens ausgelöscht haben. In den *Yoga-sūtras* wird das Wort *klesha* für all das gebraucht, was, dem Charakter des Menschen sich anheftend, das Hervortreten seines wahren Wesens mindert oder hindert. Der Yoga des Patañjali zeigt einen Weg, um solche Minderungen oder Behinderungen loszuwerden und dadurch die angeborene Vollständigkeit des wesenhaften Menschen wiederherzustellen.

Welches sind nun diese Behinderungen?

Die Antwort auf die Frage mag für den Abendländer befremdlich sein, denn sie deckt die ganze Kluft auf, die unsere gewohnten Anschauungen von den indischen trennt, soweit es sich um menschliche Persönlichkeitswerte handelt. Es werden fünf Behinderungen aufgezählt:

1. *Avidyā:* Nichtwissen, Unwissenheit, Nicht-Besserwissen; Nichtinnewerden der Wahrheit, welche über die Wahrnehmungen hinausgeht, die wir durch das gewöhnliche Funktionieren von Verstand und Sinnen vermittelt bekommen. Wegen dieser Behinderung sind wir von den Vorurteilen und Denkgewohnheiten unseres naiven Bewußtseins eingeengt. Avidyā ist die Wurzel all unseres sogenannten bewußten Denkens.

2. *Asmitā* (*asmi* – «ich bin»): das Gefühl und die naive Vorstellung: «Ich bin Ich; *cogito ergo sum*; dieses bewußt erlebbare Ich, der Träger meiner Welterfahrung, ist das wahre Wesen und die Grundlage meines Seins.»

3. *Rāja*: Anhänglichkeit, Sympathie, Interesse; Zuneigung jeder Art.

4. *Dvesha:* die dem Rāja entgegengesetzten Gefühle: Abneigung, Abscheu, Widerwillen und Haß.

Rāja und Dvesha, Sympathie und Antipathie, liegen allen Gegensatzpaaren *(dvandva)* im Bereich menschlicher Gefühle, Reaktionen und Meinungen zugrunde. Sie zerren die Seele unablässig hin und her, stören sie in ihrem Gleichgewicht, bringen ihre wasserspiegelglatte Fläche in Bewegung und rauben ihr so die Fähigkeit, das Bild des Purusha vollkommen und ohne Verzerrung zu spiegeln.

5. *Abhinivesha:* das Festhalten am Leben, als sei es ein endlos fortlaufender Vorgang, also der Lebenswille.

Diese fünf Behinderungen oder Minderungen müssen als ebenso viele Verkehrtheiten betrachtet werden, die das Bewußtsein trüben und den eigentlichen Zustand der heiteren Klarheit unseres wahren Wesens zudecken. Sie werden unwillkürlich und immerfort erzeugt und strömen ununterbrochen aus der verborgenen Quelle unserer sichtbaren Existenz hervor. Sie stärken die Ich-Substanz und bauen ohne Unterlaß an ihrem trügerischen Gefüge.

Die Ursache all dieser Verwirrung ist das natürliche Mitspielen der Guṇas, jener drei «Bestandteile, Kräfte oder Qualitäten» der Prakriti, die wir schon im Abschnitt über die Leshyas der Jainas erwähnt haben[1], nämlich Sattva, Rajas und Tamas.

1. *Sattva* ist ein Substantiv, gebildet aus dem Partizip *sat* (oder *sant*) des Verbs *as*, «sein»[2]. *Sat* bedeutet «seiend; wie es sein sollte; gut, wohl, vollkommen», und *sattva* dementsprechend: «der ideale Seinszustand; Güte, Vollkommenheit, kristallene Reinheit, makellose Klarheit und tiefste Ruhe». Die Sattva-Qualität herrscht vor bei Göttern und himmlischen Wesen, bei uneigennützigen Menschen und solchen, die sich rein geistigen Bestrebungen widmen. Es ist dasjenige Guṇa, das die Erleuchtung begünstigt. Darum ist es das erste in den *Yoga-sūtras* des Patañjali gelehrte Ziel des Yogī, Sattva zu vermehren, um so allmählich die Natur des Menschen von Rajas und Tamas zu reinigen.

2. Das Substantiv *rajas* bedeutet wörtlich «Unreinheit»; mit Bezug auf die Physiologie des weiblichen Körpers «Menstruation»; in allgemeinerem Sinne «Staub». Das Wort ist mit *rañj*, *rakta*, «Röte, Farbe», wie auch mit *raga*, «Leidenschaft», verwandt. Mit Staub ist hier derjenige gemeint, der in einem während mindestens zehn Monaten im Jahr regenlosen Lande ständig vom Winde aufgewirbelt wird; denn in Indien gibt es, außer in der Regenzeit, nur den Nachttau, um den Durst des Bodens zu löschen. Das trockene Erdreich wird immer wieder hochgewirbelt, verdunkelt die Luft und bedeckt schließlich alles. In der Regenzeit dagegen setzt sich aller Staub nieder, und in der schönen herbstlichen Jahreszeit, die auf den Regen folgt, wenn die Sonne die schweren Wolken verscheucht hat, ist der Himmel wieder makellos rein. Das Sanskrit-Wort *sharada* für «herbstlich» (aus dem Substantiv *sharad* = «Herbst» gebildet), steht dementsprechend für «frisch, jung, neu», und *vi-sharada* («durch Größe und Fülle des *sharada* ausgezeichnet») bedeutet «klug, geschickt, tüchtig, bewandert in, vertraut mit, gelehrt, weise». Der Verstand des Weisen ist gleichsam wie der durchsichtige, wolkenlose, ganz klare Herbsthimmel mit seinem weiten Rundblick, während der Verstand des Narren von Rajas, dem rötlichen Staub der Leidenschaft, erfüllt ist.

[1] Vgl. oben S. 212. [2] Vgl. prä*sent* (*sant*); *Ess*enz, *ess*entiell (*as*).

Rajas trübt den Blick für alles; es verdunkelt dem Menschen nicht nur den Ausblick auf die Welt, sondern auch auf sich selbst. So erzeugt es sowohl intellektuelle wie sittliche Finsternis. Im mythologischen Bereich findet sich Rajas vorwiegend bei den Titanen, jenen Widergöttern oder Dämonen, die den Willen zur Macht in seiner ganzen Brutalität vertreten, in seinem rücksichtslosen Streben nach Herrschaft und Glanz, aufgeblasen von Ehrgeiz, Eitelkeit und prahlerischer Ichhaftigkeit. Rajas ist bei den Menschen in ihrem Daseinskampf überall als treibende Kraft zu erkennen. Sie ist es, die in uns die Begierden, Zuneigungen und Abneigungen, das Wetteifern und Trachten nach den Freuden der Welt aufrührt. Sie zwingt Mensch und Tier, nach den Gütern des Lebens zu jagen, ohne Rücksicht auf die Bedürfnisse und Leiden anderer.

3. *Tamas* (vgl. lat. *tene-brae*, franz. *ténè-bres*) heißt wörtlich «Finsternis, Dunkelheit, schwarz, dunkelblau»; im übertragenen Sinne «Blindheit»; es bezeichnet zugleich das Unbewußte, das im Tier-, Pflanzen- und Mineralreich vorherrscht. Tamas ist die Grundlage aller Gefühlskälte, Stumpfheit, Hartherzigkeit und Trägheit. Es verursacht geistige Verdüsterung, Unwissenheit, Irrtum und Illusion. Der Stumpfsinn der scheinbar leblosen Materie, der stumme und unerbittliche Kampf der Pflanzen um Boden, Luft und Feuchtigkeit, die vernunftlose Gier der Tiere bei ihrer Nahrungssuche und das unbarmherzige Verschlingen ihrer Beute gehören zu den elementaren Äußerungen dieses Weltprinzips. Beim Menschen zeigt sich Tamas in der sturen Dummheit der Ichbezogenen und Selbstzufriedenen, bei jenen also, die mit allem einverstanden sind, solange nur nicht ihr eigener Schlaf, ihre Sicherheit und ihre Interessen gestört werden. Tamas ist die Kraft, die das Gefüge der Welt, das Gefüge aller Gemeinschaften und den Charakter des Einzelnen zusammenhält, denn es wirkt der Gefahr der Selbstzersprengung entgegen, die stets von der unruhigen Dynamik des Rajas-Prinzips her droht.

Die erste der fünf Behinderungen, Avidyā, das Fehlen wahrer Einsicht, ist die Hauptstütze des nie endenden Spielens und Wirkens der drei Guṇas. Avidyā: von ihren eigenen Prinzipien verlockt und gepeinigt, hält das blinde Dahinstürmen des Lebens in Gang. Die anderen vier Behinderungen (Asmitā, die plumpe Vorstellung: «Ich bin ich»; Rāja: Bindung; Dvesha: Abneigung; Abhinivesha: Lebenswille) sind nur ebenso viele Um- und Abwandlungen jener Grundursache, der beharrlichen Täuschung, daß die vergänglichen sterblichen Werte irdischer und himmlischer Existenz doch noch einmal die Quelle ungetrübter, ewiger Glückseligkeit werden könnten. Avidyā ist das gemeinsame Los aller Lebewesen. Bei den Menschen hält es das Denken in seinem Zauberbann und zwingt es zu irrigen Voraussagen und falschen Folgerungen. Trotz der Tatsache, daß die Lebensgüter ihrem Wesen nach unrein und, weil letztlich substanzlos, notwendigerweise zur Ursache unserer Leiden werden, beharren wir dabei, so über sie zu denken und zu reden, als wären sie volle Wirklichkeit. Man glaubt, die Erde sei von ewiger Dauer, das Firmament mit Mond und Sternen sei unvergänglich, die in den himmlischen Palästen wohnenden Götter unsterblich – aber nichts von alledem ist wahr. Die Wahrheit ist vielmehr das genaue Gegenteil dieser allgemeinen Vorstellungen.

Während nun in der grundsätzlich materialistischen Anschauung der Jainas dem Jīva als elementarer, direkter Gegensatz der A-jīva[1] gegenübersteht, gilt hier, wo das Problem der Erlösung vom psychologischen Gesichtspunkt her betrachtet wird, die A-vidyā als das zu bekämpfende Gegenprinzip. Der ständige Hang zu wunschbedingtem Falschdenken ist es, der die ursächliche Kraft für das Dasein liefert, indem er eine üppige, lebensfördernde Vielfalt von falschen Meinungen schafft. Aus dem Wunsche nach ewigem Bestand vermeidet jedes Wesen den Gedanken an seine eigene Vergänglichkeit und übersieht geflissentlich die vielen Anzeichen ringsum, die darauf deuten, daß alle Dinge dem Tode verfallen sind. Darum weisen die *Yoga-sūtras* auf die Unbeständigkeit der Lebensgrundlagen hin: unbeständig ist das Weltall; die Himmelskörper, die durch ihr Kreisen den Zeitlauf messen und bezeichnen; die göttlichen Wesen selbst, «jene Oberen», welche die Gebieter dieses Kreislaufes sind. Die unbestreitbare Tatsache, daß die Vergängnis sogar für diese großen und scheinbar dauerhaften Wesen natürlich ist, bestätigt den vergänglichen, flüchtigen und trügerischen Charakter alles übrigen.

Die fünf Behinderungen zusammen entstellen jedes Wahrnehmungsobjekt und verursachen ständig neue Mißverständnisse. Aber der Yogī bekämpft sie im Laufe seiner Schulung methodisch von der Wurzel her; so verblassen sie und verkümmern in dem Maße, als er die Unwissenheit *(advidyā)*, aus der sie alle stammen, überwindet. Sie werden immer unwirksamer und verschwinden schließlich ganz. Denn so oft er sich in den Zustand einer nach innen gerichteten Versenkung begibt, werden sie für eine Weile eingeschläfert, und während sie untätig sind, gehen seinem

[1] Vgl. oben S. 246.

Geiste neue Einsichten auf, wohingegen im sogenannten «Normalzustand» des Bewußtseins, der die einzige Quelle *unserer* Erfahrung ist, die fünf Behinderungen gerade die Grenzen der Erkenntnis bilden, indem sie die gesamte Welt im zwingenden Zauberbann auswegloser Betörung halten.

Für das abendländische Denken ließe sich die gesamte Kategorie der «Behinderungen» *(klesha)* wohl unter den Begriff «Persönlichkeit» zusammenfassen. In ihnen sind alle Lebensmächte vereinigt, die den Einzelnen formen und an seine Umwelt binden. Das Anklammern an unser Ich und die übliche feste Vorstellung von dem, was unser Ich sei; die spontane Hingabe an unsere Zuneigungen und Abneigungen, die uns ständig begleiten und bestimmen, und die wir mehr oder weniger unbewußt als die teuersten Bestandteile unseres Wesens hegen und pflegen – das sind die Behinderungen. Und in all dem waltet das elementare Verlangen der lebenden Kreatur, das Menschen und Würmern gemeinsam ist: Abhinivesha, der Drang, das gegenwärtige Dasein in Gang zu halten. Aus den Wesenstiefen aller Geschöpfe entringt sich der gemeinsame Schrei: «Möchte ich nicht aufhören zu sein! Möchte ich immer mehr sein![1]»

Im Angesicht des Todes ist dies der letzte Wunsch «sogar des Weisen». Und dieser Lebenswille ist nach der indischen Theorie von der Wiedergeburt so stark, daß er den Menschen über den Abgrund des Todes hinweg trägt zu einer neuen Inkarnation und ihn zwingt, nach einem neuen Leib, einer anderen Maske, einem anderen Gewand zu greifen, um darin fortzuleben. Ja dies Verlangen steigt ganz spontan, ganz von selbst auf; es kommt nicht aus dem Denken. Denn wie sollte sonst ein soeben geborenes Geschöpf ohne jede Todeserfahrung vor dem Tode zurückschrecken?[2]

Dieses elementare Rufen und Begehren nach Entfaltung, ja sogar nach Vervielfältigung in neuen Formen, um dem unausweichlichen Los des individuellen Todes zu entgehen, kommt sehr lebendig zum Ausdruck in einem bildhaften großen Hindu-Mythos der Brāhmaṇa-Zeit (um 900–600 v. Chr.), der vom ersten weltschöpferischen Impuls Prajāpatis, des «Herrn der Ausgeburten», erzählt. Dieser alte Schöpfergott ist kein abstrakter göttlicher Geist wie der Gott in den ersten Kapiteln des Alten Testaments, der im reinen Nichts schwebte, der jenseits und fern vom Chaos der dunklen Weltsubstanz die Welt nur durch die Befehlsmagie seiner heiligen Stimme schuf, indem er die Dinge durch bloßes Aussprechen ihrer Na-

[1] *Yoga-sūtras* 2.9; Kommentar, Woods, a.a.O. S. 117.

[2] Vgl. ebenda, S. 118.

men ins Leben rief. Prajāpati dagegen ist die Personifizierung des allenthaltenden Lebensstoffes und der Lebenskraft selbst, die sich in wimmelnde Welten zu entfalten drängt. Und es trieb ihn, so wird erzählt, aus einem doppelten Impuls zur Schöpfung. Zum ersten fühlte er sich einsam in banger Verlassenheit, und so ließ er die Welt entstehen, damit er Gesellschaft habe. Dann aber begehrte er auch, seine Substanz überfließen zu lassen, und deshalb sprach er zu sich: «Mehr will ich sein! Ich will mich ausgebären![1]»

Dieser Doppelzustand von Ausgesetztsein und Sehnen, das Verlorensein im äußersten Nichts und zugleich der Drang, die lebenschaffende Kraft des Innern auszuströmen, stellt in mythischer Form den vollen Sinn des allgemeinen Urschreis dar. Der Schöpfergott der Hindu ist die Personifikation der zwiefachen Tendenz, die allen Lebewesen der ganzen Welt innewohnt. Das angstvolle Zurückweichen vor der möglichen Auflösung und gleichzeitig daneben die tapfere Bereitschaft, zu wachsen, sich unendlich zu vermehren und so durch Nachkommenschaft zu einer ganzen Welt zu werden: dies sind die beiden komplementären Aspekte des einen Urtriebes, der nach ewigem Bestand verlangt.

Die fünf Kleshas enthalten also jenes Erbgut an Strebungen, aus denen die Lebewesen gedeihen und immer gediehen. Diese «Behinderungen» sind unwillkürliche, unbewußte Neigungen, die sich in jedem Geschöpf auswirken und es durchs Leben treiben. Nach indischer Anschauung sind sie aus früheren Existenzen ererbt. Sind es doch eben die Kräfte, die unsere gegenwärtige Geburt gezeitigt haben. Darum sieht der Yoga seine erste Aufgabe darin, diese Neigungen mit Stumpf und Stiel auszurotten.

Das erfordert eine entschiedene Auflösung nicht nur der bewußten menschlichen Persönlichkeit, sondern auch der unbewußten animalischen Triebe, die diese Persönlichkeit am Leben halten – der blinden Lebenskraft, die «sowohl im Wurm wie im Weisen» waltet und sich gierig ans Dasein klammert. Denn erst wenn der natürliche Widerstand dieser beiden Bereiche, des ethischen und des biologischen, gebrochen ist, kann der Yogī als den Kern seines Wesens jenen Purusha erkennen, der fern vom Daseinsgetümmel keinen Teil hat am unaufhörlichen Fluß der Wandlung. Nur durch eine strenge und gründliche, zu Ablösung und Introver-

[1] *Shatapatha Brāhmaṇa* 2.2.4; 6.1. 1–9; 11.5.8.1. Vgl. *Brihadāraṇyaka Upanishad* 1.2. 1–7 und 1.4. 1–5.

sion führende Yoga-Schulung, wird der ewig unerschütterliche Wesensgrund gefunden, befreit und ins Bewußtsein gehoben. Zur Erreichung dieses Zieles hat der Yoga drei Richtlinien oder Schulungswege entwickelt: 1. die Askese, 2. «das Erlernen der heiligen Lehre» und 3. die vollkommene Unterwerfung unter den Willen und die Gnade Gottes.

1. Die Askese, als vorbereitende Übung, beseitigt die Unreinheiten, die unser eigentliches Wesen beflecken. Weil sie alles mit den Spuren einstiger Handlungen des Leibes und der Seele durchdringen, trüben sie auch alles, was wir erfahren und was von uns ausgeht. Diese verdunkelnden Spuren sind wie Wunden, die uns von den beiden animalischen Kräften unserer Natur, der Leidenschaft *(rajas)* und der Geistesträgheit *(tamas)*, geschlagen worden sind. Asketische Übungen heilen uns von diesen Wunden. Sie vertreiben die Behinderungen, wie der Wind die Wolken, die himmelverdeckenden, vertreibt. Dann wird das Bewußtsein durch das kristallklare Firmament der Seele, durch den ruhigen Spiegel des tiefen inneren Sees erhellt, der von keinem Affekt, keinem Gefühlssturm aufgewühlt wird. Das ist die erlösende, über das Menschliche hinausführende Erleuchtung, das Ziel aller grausamen und nur in diesem Zusammenhang verständlichen Yoga-Übungen.

2. «Das Erlernen der heiligen Lehre» bedeutet, daß man zunächst die heiligen Schriften auswendig zu lernen hat, dann aber soll man sie im Gedächtnis halten durch regelmäßiges Rezitieren heiliger Gebete, Sinnsprüche, Formeln und der verschiedenen symbolischen Silben aus der religiösen Überlieferung. Diese Übung senkt das Wesen der Lehre tief ins Gemüt ein, taucht es in die fromme Atmosphäre religiöser Einkehr und führt es so von allem Weltlichen fort.

3. Die vollkommene Unterwerfung unter den Willen und die Gnade Gottes ist eine Einstellung, bei der sich der Mensch mit seiner ganzen Person an die Aufgaben und Geschehnisse des täglichen Lebens hingibt. Jede Handlung des Alltags ist ohne persönliches Interesse, in einer Art Abgelöstheit vorzunehmen, ohne zu fragen, was dabei für das bewußte Ich herauskommt. Sie soll als Gottesdienst, gleichsam von Gottes Willen bestimmt, Gott zuliebe getan und durch Gottes eigene Kraft, die ja auch die Lebenskraft des Andächtigen ist, geleistet werden. Betrachtet man seine Pflichten in diesem Lichte, dann scheidet man Eigennutz und Selbstsucht mehr und mehr aus seinen Taten und deren Früchten aus. Jede Pflicht wird Teil eines geheiligten Rituals, das feierlich um seiner selbst

willen vollzogen wird, ohne Rücksicht auf den Gewinn, der dem Menschen daraus erwachsen könnte. Diese Art vorbereitender «Gottesliebe» *(bhakti)* wird in der *Bhagavad Gītā* und in vielen späteren Schriften der hinduistischen Klassik gelehrt. Es ist eine praktische Schulung, eine Technik, die den Geist entwickelt; sie beruht auf dem Grundsatz, alle Arbeit werde von Gott getan und müsse samt allem, was durch sie erreicht wurde, Ihm wieder als Dankopfer dargebracht werden.

Die *Yoga-sūtras* lehren, daß durch ein im Einklang mit diesem Prinzip geführtes Leben ein Zustand erreicht werde, wo die fünf Behinderungen – also die ganze menschliche Persönlichkeit mit den unbewußten und animalischen Schichten, die ihr als Grundlage und nie versiegende Quelle dienen – praktisch zu nichts werden. Man kann «im Feuer der Askese» die «Keime» zu künftiger, von Unwissenheit getrübter, individueller Existenzen «verbrennen». Diese Keime wurden durch freiwillige oder unfreiwillige Taten während dieser und früherer Existenzen angehäuft und aufgespeichert. Werden sie nicht vernichtet, dann keimen sie auf zu neuer Verstrickung und tragen als Frucht ein weiteres Schicksal voll trügerischer Darstellungen und Belohnungen. Durch den Yoga aber kann der Mensch, obschon an Gemüt und Charakter von Geburt auf belastet, zu einem sublimen, feineren Verstehen kommen, das ihm dann den Weg zur Erlösung und Erleuchtung öffnet. Gereinigt vom Wirbelstaub der Leidenschaften, der normalerweise die innere Atmosphäre vernebelt, befreit vom drückenden Gewicht der Finsternis, die über aller verkörperten Existenz lastet, wird der Naturstoff und die ihm innewohnende Lebenskraft *(prakriti)* ganz zu Sattva: ruhig und durchsichtig, ein Spiegel von keiner trübenden Schicht überdeckt, ein See ohne Wellengekräusel, leuchtend in kristallener Ruhe. Wenn die Behinderungen *(klesha)*, die gewöhnlich unseren Blick verstellen oder verdunkeln, beseitigt sind, dann entfaltet sich dem Gemüte die Erhellung wie von selbst, und das lebendige Bewußtsein erkennt sich als mit dem Licht identisch.

So hungert sich die Persönlichkeit an der «Abmagerungsdiät» des Yoga systematisch zu Tode. Es bleibt kein Platz für den naiven Egoismus, der im allgemeinen als gesunder Eigennutz der Geschöpfe angesehen wird, als die Kraft nämlich, die es Menschen, Tieren und Pflanzen ermöglicht, zu überleben und sich im Daseinskampf zu behaupten. Es ist eine «Abmagerungsdiät», die sogar die elementaren, unbewußten, im Biologischen wurzelnden pflanzenhaften und tierischen Tendenzen ausmerzt. Gewonnen wird damit aber dieses: wenn alles aus Rajas und Tamas Bestehende ausgelöscht ist und nur das Sattva – abgesondert, rein und dazu fähig, die wahre Natur unseres unverfälschten Seins widerzuspiegeln – übrig ist, wird ein Kern *(purusha)* sichtbar, der unabhängig vom Reich der Guṇas und verschieden von all dem ist, was einst die Persönlichkeit auszumachen schien: ein sublimer Bewohner und Zuschauer, der die Sphären der einstigen bewußt-unbewußten Zusammenhänge transzendiert und überhaupt nicht berührt wird von den Strebungen, die zuvor den Lebenslauf des Einzelnen bestimmt hatten[1]. Dieses anonyme «Diamantwesen» ist keineswegs das, was wir als unseren Charakter anzusehen geneigt sind und was wir als Fähigkeiten, Neigungen, Tugenden und Ideale in uns kultivierten. Denn es übersteigt den gewohnten Horizont eines unerhellten oder nur zum Teil erhellten Bewußtseins. Es war in die Körper- und Persönlichkeitshüllen eingewickelt, und die dunklen, trüben, dichten Guṇas ließen sein Bild nicht frei. Nur die durchscheinende Substanz des geläuterten Sattva kann es wie durch Glas oder durch ein stilles Quellwasser sichtbar machen. Dann aber, im Augenblick wo es erkannt wird, bringt sein Offenbarwerden auch die plötzliche Erkenntnis mit sich, daß dies unsere wahre Identität ist. Die Lebensmonade wird wiedererkannt und begrüßt, obgleich sie sich von allem unterscheidet, was uns in dieser irdischen Verbindung von Leib und Seele je begegnet ist, einer Verbindung, die wir, getäuscht von unserer gewöhnlichen Unwissenheit und unserem unterscheidungslosen Bewußtsein *(avidyā)*, in grobem Mißverstehen für die wahre, ewige Substanz unseres Wesens hielten.

«Das Unterscheidungsvermögen» *(viveka)* ist der Feind aller Avidyā und deshalb das beste Werkzeug, um uns aus der Macht der Guṇas loszuringen. Es durchschneidet Tamas und Rajas wie ein Messer, es macht den Weg zu der Erkenntnis frei, daß der Kern unserer Identität durch einen Abgrund von der ständig wechselnden Ebbe und Flut der Neigungen getrennt ist, die das Interesse des gewöhnlichen Menschen gebunden halten und die allenthalben als auf die eine oder andere Weise zum Selbst gehörig angesehen werden. Durch das «Unterscheidungsvermögen» *(viveka)* wird der Dauerzustand eines letzten «Ledigseins» *(kaivalya)* vom Lebensprozeß erkannt und erreicht. Dieser Zustand ist das irdische Gegenstück zu dem Zustand der transzendenten Monade selbst; diese hat sich nun dem inneren Bewußtsein des zu vollkommener Ruhe gelangten Yogī enthüllt, denn der

[1] Vgl. oben S. 265–266; und dort Anm. 2 und 3.

sattvahafte, durchsichtige, nicht durch Ichbehauptung befleckte Spiegel seines Gemüts wirft ihr klares Bild zurück. Dieser aus sich leuchtende ruhende Punkt inmitten des Wirbels flüchtiger Gefühle, Erregungen, Täuschungen und trugbildhafter «Überlagerungen», dieser innerste, eigentliche, kristallene Wesenskern, der echte Lebensfunke, hat sich nun strahlend offenbart und wird sogleich als Fundament und Gipfel des Daseins erkannt. Und wer auf diesem Punkt einmal festen Fuß gefaßt hat, wird ihn nie wieder verlassen. Denn er steht über dem Strudel äußerer und innerer Wandlungen und jenseits allen Geschehens. Von ihm aus lassen sich die Lebensvorgänge in Leib und Seele beobachten, so wie man wohl die Wolken drunten im Tale ziehen sieht, wenn man hoch über einem tobenden Gewitter auf sonnenbeschienenem Berggipfel steht.

4. INTEGRITÄT UND INTEGRATION

Der Zustand letzter Absonderung, der der Lebensmonade *(purusha)* eigen ist – fern von all den sich selbst fortsetzenden Prozessen der Materie *(prakriti)*, die eben das Leben von Leib und Seele ausmachen – wird *kaivalya* genannt. Dieses Wort hat eine Doppelbedeutung. *Kaivalya* ist der Zustand dessen, der *kevala* ist – ein Adjektiv, das ‚besonders, ausschließlich, abgesondert, allein, rein, schlicht, unvermischt; von nichts anderem begleitet, nackt, entblößt (wie der Boden)' bedeutet; und zugleich ‚ganz, unversehrt, uneingeschränkt und vollkommen' *(kevala-jñāna* bedeutet zum Beispiel ‚absolutes Wissen'). *Kaivalya* ist demnach ‚vollkommene Absonderung, letzte Befreiung, Ausschließlichkeit, Lediglich-Sein'; und zugleich ‚Vollkommenheit, Allwissenheit, Seligkeit'. Zudem wird das Substantiv *kevalin* vor allem zur Bezeichnung des Jaina-Heiligen, des Tīrthaṅkara, gebraucht. Gereinigt von karmischer Materie und dadurch aller Fesseln ledig, steigt dieser zur Vollkommenheit Gelangte in völliger Absonderung zum Gipfel des Alls empor. Allein, wenn er auch abgesondert ist, durchdringt er doch alles und besitzt Allwissenheit; denn da seine Wesenheit befreit ist von allen unterscheidenden, individualisierenden Eigenschaften, ist sie ohne alle Begrenzung. Für den Tīrthaṅkara und seinen Zustand gelten also beide Bedeutungen des Wortes *kevalin:* ‚abgesondert, ausschließlich, allein' und ‚ganz, unversehrt, absolut'; beides sind Vorstellungen, die zur Sphäre der seligen Vollkommenheit gehören.

Das Sāṅkhya-Yoga-System hat, wie wir gesehen haben, viele gemeinsame Züge mit der alten vorarischen Philosophie, die in den Glaubenssätzen der Jainas erhalten ist. In beiden Systemen sind die Götter zum Rang himmlischer Übermenschen herabgesunken; sie erfreuen sich der Vorrechte ihrer hohen Stellung nur eine Zeitlang; dann werden sie unter den Geschöpfen niederer Reiche wiedergeboren. Zudem ist in beiden Systemen die Materie *(prakriti*, die nach dem Sāṅkhya-Yoga aus den Guṇas, nach Ansicht der Jainas aus dem Karma der sechs Färbungen[1] zusammengesetzt ist) ein Prinzip, das sich nicht auflösen läßt; so wird die Welt mit ihren sichtbaren, tastbaren Geschöpfen als durchaus wirklich aufgefaßt. Sie ist kein bloßes Produkt des Nichtwissens *(avidyā)*, wie es die orthodoxe vedāntische Anschauung lehrt. Daneben aber sind auch die Lebensmonaden *(purushas, jīvas)* wirklich. Sie sind gesonderte, sich von der Materie unterscheidende Wesenheiten, und sie sind ohne Zahl. Auch diese Vorstellung widerspricht der vedāntischen Lehre.

Denn der Vedānta ist nicht-dualistisch. Statt die Welt auf eine Unzahl ewig-geistiger Wesenheiten *(jīvas, purushas)* zu gründen, die – obgleich dem Wesen nach ihr entgegengesetzt – in die Substanz einer ewig-materiellen Sphäre *(ajīva, prakriti)* eingebettet sind, behaupteten die arischen Lehrer, daß es letztlich und grundsätzlich nur eine Substanz gebe, das Brahman, und daß dieses sich in das Blendwerk der Welt mit der Vielzahl ihrer sichtbaren Wesen entfalte. Jedes Geschöpf scheint ein Individuum für sich zu sein und betrachtet sich auch als solches, aber grundsätzlich gibt es nur das Brahman. Brahman ist das Eine-ohne-ein-Zweites, das allumfassende einzige ‚Ding', das ist; ungeachtet der Tatsache, daß jeder Einzelne das Brahman gesondert erfährt, nämlich in seinem mikrokosmischen, psychologischen Aspekt als das Selbst.

In den *Yoga-sūtras* hat der Begriff *kaivalya* dieselbe Doppelbedeutung wie in der Philosophie des Jaina, wenn auch das Problem von Gebundenheit und Erlösung nun von einem psychologischen Standpunkt aus betrachtet wird, der sich in gewisser Weise dem psychologischen Illusionismus des Vedānta annähert. Das Wort *kaivalya* bezeichnet auch hier sowohl ‚Absonderung' als auch ‚Vollkommenheit'. Der Yogī, der sich befreit hat von der Behinderung *(klesha)*, die im gewöhnlichen Leben die Vollkommenheit des Seins beeinträchtigt, soll die Erfüllung in sich, in seiner allwissenden Absonderung erfahren, so wie es auch dem Jaina-

[1] Vgl. oben S. 211–213.

Kevalin, dem Tīrthaṅkara, geschieht; er verliert sich nicht wie der vedāntische Weise im Weltbrahman. Im Unterschied zum Jaina jedoch erlangt der Yogī Kaivalya nicht dadurch, daß er sich im wörtlichen Sinne vom anhaftenden Karma reinigt, sondern durch den einfachen (wenn auch höchst schwierigen) Akt des Begreifens, daß er – entgegen allem Anschein – nicht wirklich und wesentlich in die Sphären der Wandlungen und Mühsale verstrickt ist. Unberührt und unerschüttert vom Gang der natürlichen Guṇa-Wirkungen wird der Purusha (anders als der jainistische Jīva) nie beeinträchtigt oder befleckt, sondern ist ewig frei und unabhängig; dies gilt sogar für die Wesen niedrigster Ordnung und ungeachtet dessen, daß die meisten Geschöpfe – zu ihrem Nachteil – nie wissen werden (nie die Erkenntnis in ihr Bewußtsein aufnehmen werden), daß sie ihrer Substanz nach kevala sind: ‚heiter, erhaben, allwissend und allein'.

Diese Wiederbesinnung auf die Wahrheit über sich selbst, die sich mit dem Verschwinden der Behinderungen einstellt, bringt gleichzeitig den Besitz außergewöhnlicher Kräfte mit sich. Allerdings scheinen diese Kräfte nur unter dem Gesichtswinkel unseres naiven, ‚gewöhnlichen' Weltlebens so außergewöhnlich; liest man aber die Texte, in denen sie beschrieben werden, dann läßt sich nicht überhören, daß sie wohl gar nicht als außergewöhnlich zu betrachten sind, sondern als Attribute unserer ursprünglichen Wesenswirklichkeit, die wir durch den Yoga zurückerhalten. Sie sind keine Sondergaben, nichts dem zur Vollkommenheit gelangten Heiligen zusätzlich Verliehenes, sondern des Menschen ursprüngliches Eigentum. Sie sind Teile des menschlichen Erbes, die uns vorenthalten bleiben, solange uns das Leichentuch der Behinderungen deckt. Eine Ahnung von dem, was uns durch die Kleshas geraubt wird, gewinnt man durch die Lektüre der Texte; denn wenn der Yogī diese Kräfte erlangt, nimmt er von ihnen Besitz, wie jemand ein Recht antritt, das ihm als Mensch *(purusha, ātman, puṁs)* immer schon gehört hat. Das hierzu überlieferte Gleichnis ist das vom ‚Königssohn' *(rājaputra)*, der nicht wußte, daß er von königlichem Geblüt und rechtens ein König war. Das will sagen, es gibt im Grunde weder Gebundenheit, noch gibt es Erlösung; wir sind von Natur aus frei. Wir meinen nur, wir seien gebunden. Wenn der Yogī zu Erkenntnis gelangt, findet in seinem Wesen keine entscheidende Wandlung statt; nur seine Schau unterliegt der Wandlung, sein Verständnis dessen, was ‚wirklich' ist. Er gibt die falschen Vorstellungen auf, welche die zugrunde liegende Wirklichkeit seiner selbst und alles anderen überlagern, und kommt so in den Besitz all dessen, was er dem Wesen nach ist: *rājaputravat*, ‚gleich dem Königssohn‘[1]. Das Gleichnis stammt aus einer symbolischen Erzählung:

«Es gab einmal einen Königssohn, der war unter einem unglücklichen Stern geboren. Als Knäblein wurde er bereits aus der Hauptstadt des Reiches verbannt und von einem Bergbewohner, dem Angehörigen eines primitiven Volksstammes, fern von aller brahmanischen Kultur (das heißt als Kastenloser, Ungebildeter, rituell Unreiner) aufgezogen. Er lebte deshalb viele Jahre lang unter der falschen Vorstellung: ‚Ich bin ein Bergbewohner.‘ Als aber seine Zeit gekommen war, starb der alte König, und da es niemanden gab, der den Thron hätte einnehmen können, brachte einer der Kronbeamten in Erfahrung, daß der vor Zeiten in der Wildnis ausgesetzte Knabe noch am Leben sei. Er ging hinaus, durchsuchte das Gebirge, fand die Spur des Jünglings, und als er ihn entdeckt hatte, eröffnete er ihm seine Herkunft: ‚Du bist kein Bergbewohner, du bist der Sohn des Königs.‘ Sogleich ließ der Jüngling die Vorstellung, er sei ein Kastenloser und Ausgestoßener, fahren und nahm königliches Wesen an. Er sagte sich: ‚Ich bin ein König.‘»

«In gleicher Weise», so heißt es im Text weiter, «wird ein kluger Mensch die irrige Meinung, er sei eine Manifestation oder ein Erzeugnis der Prakriti, fahren lassen und sich auf sein eigentliches Wesen *(svasvarūpam)* besinnen, wenn ihm ein gütiger Mensch [ein Guru] erklärt: ‚Du stammst vom Urmenschen *(ādipurusha)* ab, von jener universellen göttlichen Lebensmonade, die sich in reinem Bewußtsein manifestiert, die geistig allumfassend und für sich selbst stehend ist; du bist ein Teil von ihr.‘

Er wird sich dann sagen: ‚Da ich ein Sohn des Brahman bin, bin ich selbst Brahman. Ich bin nichts anderes als Brahman, auch wenn ich an dieses Rad von Geburt und Tod gefesselt bin.‘[2]»

In dieser Version wird die Gestalt der alten Erzählung nach der nichtdualistischen Formel des Vedānta aufgefaßt: Das bist du *(tat tvam asi)*. «Du bist das universale einzige Selbst, obgleich du es nicht weißt.» So lautet auch die buddhistische Botschaft: «Alle Dinge sind Buddha-Dinge[3].» Saṁsāra, das Reich von Geburt und Tod, ist nur eine große Täuschung, ein

[1] *Sāṅkhya-sūtras* 4. 1.

[2] Vgl. Calderons spanische Version der Geschichte vom Königssohn in seinem berühmten Stück «La Vida es Sueño» (Das Leben ein Traum).

[3] *Vajracchedikā* 19. Vgl. unten S. 485.

kosmischer Traum, aus dem man erwachen muß. Darum wirf diese Unwissenheit ab; befreie dich von der Vorstellung, du seiest ein Ausgestoßener in der Wildnis. Besteige deinen eigenen Thron. Auch Sāṅkhya und Yoga lehren das gleiche, aber hier wird, wie wir bereits gesehen haben, der Purusha nicht mit dem ‚Ersten Purusha' *(ādipurusha)*, dem Urmenschen, dem Weltengrund *(brahman)* gleichgesetzt, sondern er ist losgelöst, abgesondert und allmächtig, er steht für sich allein.

Der Königsohn erkennt, was er, ohne es zu wissen, immer gewesen ist. Nichts ändert sich in der Sphäre der Tatsachen; nur das Bewußtsein, seine Vorstellung dessen, was er ist, hat sich verwandelt. Im Augenblick, da er ‚unterscheidendes Wissen' *(viveka)* erlangt, offenbart sich der Gegensatz zwischen seiner wahren Natur und der zufälligen Maske, die er bei seinem wilden, von allen gemiedenen Jägerstamme trug; es ist die gleiche Erkenntnis, die dem Tigerfindling unter den Ziegen aufging[1]. Da der Königssohn die Wirklichkeit seines nun begriffenen Wesens annimmt, findet er sich selbst wieder, wird er abgesondert *(kaivalya)* von seinem bisherigen Lebenslauf und allem, was dazu gehörte, denn er hat nun die Maske jener Scheinpersönlichkeit abgelegt. Ganz von selbst fällt damit die Vergangenheit von ihm ab. Der Königssohn erhebt sich aus seinem früheren Leben wie aus einem Traum, und im hellen Tageslicht seiner neuen Erkenntnis fühlt er sich wirklich als eines Königs Sohn und im Besitze königlicher Macht und königlicher Vorrechte. Endlich ist er mit der verborgenen Fülle seiner wahren Natur *(kaivalya)* vereinigt, und nie wieder können ihm die groben Entstellungen widerfahren, die während seines früheren Lebensabschnittes seine höchste Vollkommenheit verdeckten.

Daß zwischen dieser indischen Auffassung und Darstellung eines geistigen Prinzips und unserer modernen Tiefenpsychologie eine Verwandtschaft besteht, ist offensichtlich. Sobald die Verdrängung (‚Behinderung', ‚Fixierung') aufgelöst ist, erfolgt automatisch die Wiederbesinnung auf sich selbst. Wenn ein einziger tiefeingewurzelter Irrtum ausgerottet ist, löst sich das ganze Gewebe verdunkelnder Unwissenheit auf, und das Leben ändert sich. Ein solches Erwachen verwandelt in einem Augenblick und von Grund auf sowohl das eigene Gesicht wie die Erscheinung der Welt.

In der indischen Erzählung wird nicht ausdrücklich gesagt, daß der Prinz seinen Vater tötete, aber gleichwohl drängt sich die Parallele zur

[1] Vgl. oben S. 20–22.

Ödipus-Tragödie auf. Es wird erzählt, der orientalische Prinz sei ausgesetzt worden, weil er für seines Vaters Herrschaft und Reich eine Gefahr war, was heißen will: eine Gefahr für seines Vaters Leben. In der Geschichte Indiens wurde, wie überall sonst, die Herrschaft des despotischen Vater-Königs stets durch die Geburt eines Sohnes bedroht. Kauṭilya erörtert in seiner Abhandlung über die Kunst der Politik, im *Arthashastra*, diese Gefahr als ein klassisches Problem. Im Buch I (Kapitel XVII–XVIII) zählt er ausführlich auch die klassischen Methoden seiner Lösung auf. Wir haben bereits den Fall erwähnt, wo der Sohn den Vater tötete, nachdem er sich unter dem Bett seiner Mutter versteckt hatte[1]. Die Geschichte des Orients ist reich an solchen «Familienromanen».

Der große König Bimbisara wurde in hohem Alter von seinem Sohn Ajātashatru geblendet, der ihn dann in einem Kerker gefangen hielt, um das Kapitalverbrechen des Vatermordes zu vermeiden. Und in der mohammedanischen Epoche wurde (nach einem Bericht Ibn-Batutas) der rüstige alte Shah Ghiyasud-din Tughlak nach dem hinterhältigen Plan seines Sohnes Ulugh Khan von einem einstürzenden Dach erschlagen, als er nach Tughlakabad, der Hauptstadt, die er für sich südlich von Delhi erbaut hatte, und zu seinem dortigen großen Schatzhaus zurückkehrte. Ulugh Khan hatte bereits zuvor (während des Warangal-Feldzuges) seinem Erzeuger gegenüber offenkundige Treulosigkeit bewiesen. Er bestieg 1325 unter dem Titel Mohammed Tughlak über die Leiche seines ermordeten Vaters hinweg den Thron von Delhi[2]. Der berühmte Großmogul Shah Jahan, der Erbauer des Taj Mahal, wurde 1658 von seinem Sohn Aurangzeb entthront und bis zu seinem Tode im Jahr 1666 gefangen gehalten[3]. Es ist auch bekannt, daß König Ashoka auf den eiligen Rat seines überragenden Ministers Kauṭilya hin einer ähnlichen Gefahr zuvorkam, indem er seinen Sohn Kunāla in einer Grenzfestung unter Bewachung stellte, wo der Prinz seines Augenlichts beraubt wurde. In diesem besonderen Fall, wie zweifellos in vielen anderen dieser Art, war die Katastrophe offensichtlich die Folge einer Intrige der Königin, ähnlich wie es die antike Sage von Phaedra und Hippolytos erzählt. Der Jüngling hatte den Liebesantrag seiner Stiefmutter zurückgewiesen, die ihm vermutlich die Ermordung seines Vaters und die Thronbesteigung mit ihr als Gattin nahegelegt hatte; als er dann im Gefängnis lag, sandte die Königin den Wächtern einen doppel-

[1] Vgl. oben S. 123. [2] Vgl. oben S. 110 (Ibn-Batuta, Bd. III, S. 212–213).
[3] *Encyclopaedia of Islam*, 1934, Bd. IV, S. 257.

sinnigen Auftrag, den sie als Befehl auffaßten, den jungen Prinzen zu blenden[1].

Was die moderne Tiefenpsychologie als das Muster eines ambivalenten Vater-Sohn-Verhältnisses aufstellt, das zwar mehr oder weniger ins Unbewußte verdrängt, in Träumen und anderen Spontanmanifestationen aber greifbar wird, war praktisch zu allen Zeiten ein beispielhafter Vorgang an Königshöfen. Er findet sich vielfach dargestellt in der griechischen Mythologie, in der sich die frühe vorarische Geschichte der pelasgischen Dynastien spiegelt, aber auch in den Darstellungen der römischen Geschichte bei Tacitus, Sueton und anderen. Zeus entsagte der Thetis, als er begriff, daß ihr Sohn ihn einst ebenso beseitigen würde, wie er selbst seinen Vater Kronos beseitigt hatte; und Akrisios, der betagte König von Argos, sperrte seine Tochter Danae in einen Turm, als ein Orakel ihm verkündete, ihr (noch nicht empfangener) Sohn werde ihn dereinst töten.

Es handelt sich hier um ein in der ganzen Menschheit bekanntes Grundmotiv. Und die Philosophen haben es denn auch überall als eindrückliches Bild für das Zu-sich-selbst-Kommen des Individuums verwendet. Der leibliche Vater und das von ihm Ererbte (das heißt der gesamte Bereich der Sinnes- und Denkorgane, aber auch die überlieferten Sitten und Vorurteile des eigenen Volkes) müssen beseitigt werden, ehe man in den vollen Besitz des eigenen ursprünglichen Selbstes gelangen kann. In den Parabeln vom Königssohn und vom Tiger in der Ziegenherde ist dieses Gleichnis gemildert, aber zugleich noch lebendiger gestaltet dadurch, daß für das zu transzendierende Leben das der Pflegeeltern steht, während das Königs- und Tigerwesen Symbol für die Wirklichkeit bleibt, die wiederzufinden ist. Dies ist eine häufige Abwandlung und Differenzierung des ursprünglichen Gleichnisses[2]. Es symbolisiert sich darin die Erfahrung, daß ein nach Weisheit Strebender schlechthin mit allem brechen muß, was ihm Verstand und Gefühl je als sein Eigentum vorgestellt haben, auf daß er sich integrieren, loslösen, verwirklichen und zu voller Reife *(kevala)* kommen kann.

[1] *Ashokāvadāna* 2.3.1. (übersetzt von J. Przyluski, *La légende de l'empereur Açoka, dans les textes indiens et chinois*, Annales du Musée Guimet, bibliothèque d'études, Bd. 32, Paris 1923, S. 281 ff.) Vgl. auch Vincent A. Smith, *Ashoka, The Buddhist Emperor of India*, Oxford 1901, S. 188–189.

[2] Für eine Menge sprechender Beispiele vgl. Otto Rank, *Der Mythos von der Geburt des Helden*, Leipzig/Wien 1909.

Denn nach indischem Denken und dem unserer antiken Philosophen wie Platon kann die letzte, eigentliche Aufgabe der Philosophie mit den Mitteln des Verstandes nicht bewältigt werden. Um zur Wahrheit zu gelangen, müssen die Grenzen geordneten Denkens überschritten werden. Und gerade darum läßt sich die transzendente Wahrheit nicht durch Logik lehren, sondern nur durch das bedeutungsschwere Paradoxon und durch Symbol und Bild. Wo ein vorsichtig abwägender Denker bei seinem mählichen Aufstieg zum Anhalten gezwungen würde (gleichsam keuchend, weil ihm in der Stratosphäre die Luft ausgeht und ihm aus Atemnot und Herzschwäche die Kräfte schwinden), da kann die Seele noch weiter vordringen. Sie kann sich aufschwingen und auf den Flügeln der Symbole, welche die ‚Wahrheit jenseits der Gegensätze' enthalten, ins überirdische Reich gelangen; auf diesen Schwingen entgeht sie dem Netz der erdgebundenen menschlichen Logik, deren Grundprinzip der schwerfällige Satz von der Unvereinbarkeit der Gegensätze ist. Denn ‚transzendent' bedeutet – neben anderem – das Transzendieren der bindenden logischen Grundgesetze des menschlichen Verstandes.

‚Transzendent' bedeutet, daß ein Prinzip am Werke ist, welches die Identität anscheinend unvereinbarer Elemente in sich faßt und die Einheit von Dingen darstellt, die sich auf logischer Ebene ausschließen. Eine transzendente Wahrheit enthält die immer wiederkehrende ‚Vereinigung der Gegensätze' *(coincidentia oppositorum)* und ist darum durch einen unaufhörlichen dialektischen Prozeß gekennzeichnet. Die geheime Identität des Unvereinbaren wird durch die ständige Verwandlung der Dinge in ihren Gegensatz ironisch enthüllt, wobei ihr Antagonismus nur die Tarnung für ihre verborgene Identität ist. Hinter den Kulissen sind die widerstreitenden Kräfte im Einklang, die Dynamik der Welt kommt zur Ruhe, und das Paradoxon der Einheit widersprüchlicher Eigenschaften und Kräfte ist *in toto* verwirklicht; denn wo das Eine und das Viele identisch sind, ist das ewige Sein erkannt, das zugleich Quelle und Kraft der reichen Mannigfaltigkeit in der ständigen Weltwerdung ist.

Obgleich nun dieses Transzendente das wahre und einzige Sein *(sat)* genannt wird, heißt man es auch das Nichtsein *(asat)*; denn es ist jener unnennbare Punkt, «vor dem die Worte umkehren und das Denken, nicht findend ihn»[1], – so wie die Vögel, die im Flug die Sonne erreichen wollen, wieder umkehren müssen. Aber es heißt auch: «Wer dieses Brahmans

[1] *Taittirīya Upanishad* 2.9 (nach P. Deussen).

Wonne kennt, der fürchtet sich vor keinem mehr. Ihn, fürwahr, quälen nicht mehr die Fragen: ‚Welches Gute habe ich unterlassen?' – ‚Welches Böse habe ich begangen?' Wer solches weiß, ist diesen beiden Fragen enthoben und sichert sich das Selbst, indem er es freimacht[1].»

5. SĀṄKHYA-PSYCHOLOGIE

In der Form von Sāṅkhya und Yoga konnte die vorarische, dualistisch-realistische Philosophie und Kosmologie von den Lebensmonaden einerseits und dem Lebensstoff des Alls andererseits schließlich von der brahmanischen Orthodoxie angenommen werden. Sie wurde sogar zu einem der wichtigsten Bestandteile der gesamten klassisch-philosophischen Hindu-Überlieferung. Dennoch galt Kapila, der mythische Begründer der Sāṅkhya-Lehre, anfänglich als Ketzer, und unter den frühen Kommentatoren des Sāṅkhya und des Yoga erscheinen keine Namen von brahmanischen Lehrern der vedischen Richtung. In der Tat ist die grundsätzliche Unvereinbarkeit des nicht-dualistischen Idealismus des Vedānta mit dem dualistisch-pluralistischen Realismus von Sāṅkhya und Yoga auch später spürbar – sogar in der *Bhagavad Gītā;* obgleich es ein Hauptzug dieser großen Zusammenschau ist, daß sie die Sprachen der beiden gegensätzlichen Überlieferungen nebeneinander verwendet, um zu betonen, daß sie einander im Grunde nicht widersprechen. Im *Vedāntasāra*[2] des 15. Jahrhunderts und wiederum in den Schriften Vijñānabhikshus[3] aus dem 16. Jahrhundert werden die beiden Philosophen gemeinsam dargestellt, auf Grund der Theorie, daß sie eine einzige Wahrheit von zwei Standpunkten her betrachten. In der Tat haben die Vertreter beider Schulen in Indien jahrhundertelang Hand in Hand gearbeitet, indem sie die Hauptbegriffe voneinander entlehnten, um die Geheimnisse des Weges zu ihrem gemeinsamen Ziel des Moksha zu erläutern[4].

Ohne die vergeistigte Auffassung von der Verwandtschaft zwischen Lebensstoff und Lebensmonaden durch Sāṅkhya und Yoga wäre es den Trä-

[1] Ebenda, Fortsetzung. [2] Vgl. oben S. 58–62; unten S. 371 ff.

[3] Vgl. oben S. 263, Anm. 1.

[4] Das wichtigste Verbindungsglied zwischen den beiden Überlieferungen ist, wenigstens seit der Zeit der Upanishaden und der *Bhagavad Gītā*, die Lehre gewesen, daß hingebungsvolle Gottesliebe *(bhakti)* als Vorbereitung zur Selbstabsonderung geübt werden müsse.

gern der orthodox-brahmanischen Überlieferung kaum möglich gewesen, die aus altem nicht-vedischem Boden erwachsene Lehre anzuerkennen und aufzunehmen. Wie wir gesehen haben, stellte sich der Jainismus das Ineinanderwirken der beiden Prinzipien nach Art einer subtilen Chemie vor, als einen stofflichen Prozeß von Vermischung und Durchdringung, als Verfärbung des Kristalls der Lebensmonade durch Verunreinigung mit kleinsten Karmateilchen; aber in den *Yoga-sūtras* wird kein solcher konkreter Vorgang beschrieben. Hier ist es eher eine Art optischen Effekts, eine psychologische Täuschung, die den Anschein erweckt, als sei die Lebensmonade geknechtet, in karmische Netze verstrickt, gefangen im endlosen Getriebe der vielfältigen Aspekte der Materie *(der guṇas)*[1], während sie doch in Wirklichkeit stets frei ist. Die Fesselung ist nur eine von unserem beschränkten und beschränkenden Verstand gehegte falsche Vorstellung über unser transzendentes, unwandelbares und unbeflecktes Sein.

Sāṅkhya und Yoga halten allerdings, im Gegensatz zur orthodox-brahmanischen Anschauung, die Wirksamkeit der Guṇas für nicht weniger real, nicht weniger für sich selbst bestehend als die transzendente Ruhe der Lebensmonade. Die Materie (*prakriti*, die sich aus den *guṇas* zusammensetzt) verhüllt die Lebensmonade *wirklich;* es ist nicht eine nur vorgetäuschte, nur scheinbare Überlagerung. Das Wirken der Guṇas ist nur insoweit vergänglich, als es sich um veränderliche Einzelheiten handelt, aber es ist kontinuierlich in seinem steten Fortlauf. Nichtsdestoweniger kann im Bereich eines jeden Individuums die Wirkung der Guṇas zur ‚Aufhebung' *(nirodha)* gebracht werden: durch eine Art optischer Richtigstellung kann dem Menschen zum Bewußtsein kommen, wie fern die Lebensmonade all dem steht, was in sie einzugehen und sie zu färben scheint; denn obgleich die Materie und ihre Wirkungen *(prakriti* und die *guṇas*) real sind, ist die Verstrickung der Lebensmonade *(purusha)* in sie ebenso illusorisch, wie ein Mensch im Rahmen und Material eines Spiegels nicht wirklich vorhanden ist. Der Purusha ist wegen seiner Heterogenität vom Wechselspiel der Guṇas durch eine unüberbrückbare Kluft getrennt, obwohl beide, der Purusha und die Guṇas, gleichermaßen real sind. Dies ist eine Theorie, die vom Nicht-Dualismus vedantischer Anschauung grundsätzlich abweicht[2].

Der Yoga kann als eine Disziplin definiert werden, die darauf abzielt, die Erfahrung von uneingeschränktem Abgesondertsein und Ledigsein un-

[1] Vgl. oben S. 267–269. [2] Vgl. unten S. 365ff.

seres überpersönlichen Wesenskernes zu vermitteln und zwar dadurch, daß die Spontantätigkeit der Materie, die sich für gewöhnlich als leibliche und seelische Hülle um die Lebensmonade legt, zum Stillstand gebracht wird. Der Yoga beruht auf der Lehre eines psychologischen Funktionalismus – was deutlich hervortritt. Er schafft verschiedene Erfahrungsebenen oder -welten, um sie dann zu transzendieren und wieder aufzulösen, und verdeutlicht so die Relativität des Realen in all seinen Stadien; denn wenn die innere Welt nur als Funktion innerer psychischer Organe angesehen wird, kann analog auch die äußere, sichtbare und tastbare Welt nur als Folge wirkender Energien der äußeren Organe aufgefaßt werden. Wenn man nun Energien durch diese Organe leitet und dann dieselben Energien in innere, nicht weniger unmittelbare und reale Sphären wieder zurückholt, dann erlebt man die äußere Welt als etwas, das man nach Belieben einschalten, also durch Yoga-Einsatz aufbauen, wie auch abschalten, also wieder auflösen kann. Es hängt nur davon ab, ob die Sinnesfähigkeiten auf ihre gewöhnlichen ‚Projektionsflächen' *(āyatana)* gerichtet oder ob sie von ihnen abgelenkt werden.

Eine souveräne Unabhängigkeit von allen Gegensatzpaaren *(dvandva)*, die den Menschen von außen bedrängen und verführen, ist eine Voraussetzung für die Beherrschung und Erfahrung dieses Funktionalismus. Nur ein vollendeter Yogī, der seinen eigenen Mikrokosmos völlig beherrscht, kann die zum makrokosmischen Reich von Namen und Gestalt gehörenden Wesenheiten willentlich auflösen oder zurückholen. Denn was der menschliche Geist an Inhalt und Wissen besitzt, ist bei jedem Einzelnen bedingt durch die individuelle Mischung der Guṇas in Charakter und Veranlagung. Seine Ideen, Überzeugungen und Einsichten, ja auch die Dinge, die er um sich her erblickt, sind letztlich nur Funktionen oder Spiegelungen seines ihm eigentümlichen «Nicht-besser-Wissens». Diese Avidyā ist das Fangnetz, in dem er als Persönlichkeit zugleich gefangen und getragen wird. Sogar seine Erfahrungen nach dem Tode werden von dieser Einschränkung bestimmt, die sein Wesen unmerklich einengt und fesselt[1].

Nach der vom Sāṅkhya gegebenen und von den Yoga-Schulen übernommenen Analyse der Psyche ist der Mensch «aktiv» *(kartar)* durch seine fünf «Tatorgane» und «rezeptiv» *(bhoktar)* durch seine fünf «Wahrnehmungsorgane». Diese zwei Fünfergruppen sind die Träger seiner Spon-

[1] Swedenborgs Vorstellung von Leben und Tod ist die genaue Parallele zu dieser Karma-Theorie des Sāṅkhya und Yoga.

taneität, beziehungsweise seiner Rezeptivität. Sie werden als die ‚nach außen wirkenden Fähigkeiten' *(bāhyendriya)* bezeichnet und dienen als ebenso viele Tore oder Eingänge, bei denen ‚Intellekt' *(manas)*, ‚Ichbewußtsein' *(ahaṅkāra)* und ‚Urteilsvermögen' *(buddhi)* als Türwächter fungieren. Diese drei bilden zusammen das sogenannte ‚innere Organ' *(antaḥkaranaṇa)*; es sind die Instanzen, welche die Tore öffnen und schließen – wobei sie alles inspizieren, kontrollieren und registrieren, was hindurchgetragen wird.

Der Körper wird als Stadt oder königlicher Palast beschrieben, in dem der König nach orientalischer Weise untätig inmitten seines tätigen Hofstaates sitzt. Die äußeren Sinnestätigkeiten werden mit Dorfältesten verglichen, die bei den Hausvätern Steuern erheben, sie sammeln und dem zuständigen Verwalter aushändigen. Dieser gibt sie weiter an den Finanzminister, der sie dann dem Kanzler des Königs überreicht. Die Sinneserfahrungen werden gleichsam von *manas* gesammelt und verbucht, von *ahaṅkāra* übernommen und schließlich an *buddhi*, den ‚Kanzler' des Königs *purusha* ausgeliefert.

Die verschiedenen Sinnesfähigkeiten stehen sich zwar antagonistisch gegenüber, wirken aber automatisch ineinander, wie Flamme, Docht und Öl einer Lampe gemeinsam die Dunkelheit vertreiben und Formen und Farben in ihrem Lichtkreis erhellen. Die zehn ‚nach außen wirkenden Fähigkeiten' *(bāhyendriya)* werden, wie schon erwähnt, in zwei Gruppen eingeteilt: 1. die fünf «Fähigkeiten des Aufnehmens und Ergreifens» *(jñānendriya)*, nämlich Sehen, Hören, Riechen, Schmecken und Fühlen; und 2. die fünf ‚Fähigkeiten spontanen Tuns' *(karmendriya)*, nämlich Sprechen, Greifen, Gehen, Entleeren und Zeugen[1]. Die Fähigkeiten selbst sind feinstofflich, aber die Organe, in denen sie ihren Sitz haben, sind grobstofflicher Art. Die Fähigkeiten können, im Unterschied zu den Organen, nicht wahrgenommen, sondern nur aus ihrer Tätigkeit erschlossen werden. Rajas-Guṇa herrscht im Tatvermögen, Sattva-Guṇa im Aufnahmevermögen vor.

Da der ‚Intellekt' *(manas)* unmittelbar mit den zehn Fähigkeiten zusammenarbeitet, zählt er als elfte und wird «innerer Sinn» *(antar-indriya)* genannt. Wie bereits gesagt, läßt er sich mit dem Ortsverwalter vergleichen, der die Erfahrungen der äußeren Sinne einsammelt und dem Finanzminister *(ahaṅkāra*, dem Ichbewußtsein) übergibt; von ihm wer-

[1] Vgl. oben S. 211.

den sie an den Kanzler (*buddhi*, das Urteilsvermögen) weitergeleitet. *Manas*, *ahaṅkāra* und *buddhi* bilden zusammen das «innere Organ» *(antaḥkaraṇa)*, von dem gesagt wird, es sei von «mittlerer Größe» *(madhyamaparimāṇa)*, weder klein noch groß. Und aus diesem dreiteiligen Organ entspringt das Wirken der «lebenswichtigen Lüfte», die sich durch folgende fünf Manifestationen kundgeben[1]: 1. *prāṇa*, das ‚Vorwärtsatmen' oder der Aushauch, der den ganzen Organismus von der Spitze der großen Zehe über Nabel und Herz bis zur Nasenspitze durchdringt; 2. *apāna*, das entgegengesetzte oder «Abwärtsatmen», der Einhauch, der in der Kehle, den hinteren Rippen, den Eingeweiden, den Geschlechtsorganen und den Beinen vorherrscht; 3. *samāna*, der ‚ausgleichende Atem', der verdaut und assimiliert und seinen Sitz in den Verdauungsorganen, im Herz, im Nabel und in allen Gelenken hat; 4. *udāna*, der ‚aufsteigende Atem', der in Herz, Hals, Gaumen, Schädel und zwischen den Augenbrauen wohnt; 5. *vyāna*, der ‚durchdringende Atem', der den Kreislauf, die Schweißabsonderung und die Verteilung der Lebenssäfte beeinflußt und über den ganzen Leib verteilt ist. Diese fünf Prāṇas bauen und erhalten das Körpersystem; sie sind aber nur durch die königliche Anwesenheit des Purusha dazu imstande.

Ahaṅkāra, die Ichfunktion, macht uns glauben, daß wir handeln, daß wir leiden usw.; während in Wirklichkeit unser wahres Wesen, der Purusha, frei von solchen Wechselzuständen ist. Ahaṅkāra ist das Zentrum und die erste Ursache der ‚Täuschung' *(abhimāna)*. Ahaṅkāra ist der Irrtum, die Einbildung, die Annahme oder Meinung, alle Objekte und Handlungen des Bewußtseins seien auf ein ‚Ich' *(aham)* bezogen. *Ahaṅkāra* – der ‚Ich *(aham)*-macher *(kāra)*' – begleitet alle psychischen Prozesse, indem er die irreführende Vorstellung ‚ich höre; ich sehe; ich bin reich und mächtig; ich freue mich; ich habe zu leiden' usw. hervorruft. Er ist also Ursache der bedenklichen «Irrmeinung», die jeder Erfahrung in der Erscheinungswelt auf dem Fuße folgt; nämlich der Idee, die Lebensmonade *(purusha)* sei in die Prozesse der lebenden Materie *(prakriti)* verstrickt, ja sogar mit ihnen identisch. Infolge des Ahaṅkāra eignet man sich alles an, was im Gebiet von Körper und Seele vorgeht, indem sich an alles Tun und Sorgen die irrige Vorstellung (und scheinbare Erfahrung) von einem Subjekt (einem ‚Ich') knüpft. Ahaṅkāra zeichnet sich durch

[1] Diese fünf Lebenslüfte sind nicht ‚grob'-, sondern ‚fein'-stofflich und dürfen nicht mit dem Atmungssystem der Lunge verwechselt werden.

das Vorherrschen des Rajas-Guṇa aus, da er sich vor allem im Tun auslebt.

Buddhi dagegen, als die Fähigkeit des Gewahrwerdens, ist überwiegend sattvisch (durch das Vorherrschen des Sattva-Guṇa gekennzeichnet). Buddhi wird *mahat* genannt, ‚das große Prinzip‘ oder ‚die Ursubstanz‘; auch *mahan*, ‚das Große‘. Die Verbalwurzel *budh* bedeutet ‚erwachen, sich vom Schlaf erheben, zu Sinnen kommen oder das Bewußtsein wiedererlangen; wahrnehmen, bemerken, wiedererkennen, beachten; wissen, verstehen oder erfassen; erachten, erwägen; betrachten, einschätzen; denken, überlegen‘. *Buddhi* (das Gerundium) bedeutet also ‚wieder zum Bewußtsein kommend, aus einer Ohnmacht erwachend‘; auch ‚Geistesgegenwart, Schlagfertigkeit, Absicht, Vorsatz, Plan; Wahrnehmung, Erfassen; Eindruck, Überzeugung, Idee, Gefühl, Meinung; Intellekt, Verständnis, Intelligenz, Talent; Information, Wissen; Unterscheidung, Urteil, Scharfsinn‘.

Nach dem Sāṅkhya ist Buddhi eine Fähigkeit, die *adhyavasāya* genannt wird, nämlich ‚Bestimmtheit, Entschlossenheit, geistige Anspannung; Gewahrwerdung, Gefühl, Meinung, Überzeugung, Wissen, Unterscheidung und Entscheidung‘. Alle diese geistigen Vorgänge finden innerhalb des Menschen statt, doch verfügt er darüber nicht nach seinem bewußten Willen. Man hat nicht die Freiheit, genau das zu fühlen, zu wissen oder zu denken, was man möchte. Das bedeutet, daß Buddhi in Rang und Macht den Ahaṅkāra übertrifft. Die Art, wie wir urteilend und erlebend auf Eindrücke reagieren, beherrscht uns, nicht wir sie; wir haben nicht die Wahl, sie anzunehmen oder abzulehnen. Sie tritt aus unserem Inneren hervor, die feinstoffliche Substanz unseres Charakters manifestierend; sie ist geradezu die Beschaffenheit dieses Charakters. So kommt es, daß wir immer dann, wenn wir einen freien Entschluß zu fassen wähnen und der Vernunft zu folgen meinen, uns in Wirklichkeit der Führung der Buddhi, unseres eigenen ‚Unbewußten‘, überlassen.

Buddhi umfaßt die Gesamtheit unserer emotionalen Gefühle und geistigen Möglichkeiten. Diese stehen außerhalb unserer Ichfunktion als Vorrat in deren Hintergrund bereit. Sie machen die Totalität all dessen aus, was uns ständig durch das mit Buddhi bezeichnete Tun bewußt, das heißt unserem Ich offenbar wird. Als das große Reservoir für die bleibenden Baustoffe unseres Wesens, die von innen her dem Bewußtsein und der Ichfunktion fortlaufend zugeführt werden, ist Buddhi reich an vielfältigen Erzeugnissen und Äußerungen und von unerschöpflichem Gehalt; darum heißt sie «die Große», *mahan*. Der Reichtum ihrer überpersönlichen Inhalte tritt auch in den Synonymen, die sich für Buddhi in der Volksliteratur finden, hervor, denn in ihnen drücken sich die verschiedenen Aspekte aus, unter denen sich Buddhi manifestiert. Buddhi wird allgemein mit *manas*[1] bezeichnet, das heißt: ‚Vernunft, Verständnis, Intelligenz, Wahrnehmung und Erkennen'; oder auch mit *mat:* ‚Wissen, Urteilsvermögen, Entschlossenheit, Bestimmtheit; Absicht, Vorsatz, Plan; Wertschätzung, Ansehen; Rat, Vorschlag; Erinnerung, Besinnung'. In diesem großen Speicher unserer psychischen Bereitschaften sind alle unsere Fähigkeiten, die des Verstandes, des Willens, des Gefühls und der Intuition versammelt. Darum heißt ‚die Große' *(mahan)* auch *prajñā*, ‚Weisheit, Scharfsinn'; *dhī*, ‚Intuition, geistige Vorstellungskraft, Einbildung, Phantasie'; *khyāti*, ‚das Wissen, das Vermögen, Objekte durch geeignete Namen zu unterscheiden'; *smriti*, ‚Erinnerung, Gedächtnis' und *prajñānasantati*, ‚die Kontinuität des Wissens'. Buddhi läßt das Unbewußte durch alle möglichen psychischen Prozesse schöpferischer oder analytischer Art offenbar werden, und diese Prozesse werden von innen her aktiviert. Darum können wir das Ganze unseres Wesens erst a posteriori erkennen, nämlich durch seine Manifestationen und Reaktionen in der Form von Gefühlen, Erinnerungen, Intuitionen, Ideen und Entscheidungen, die wir mit dem Verstand oder Willen treffen.

Ein weiteres Synonym für Buddhi ist *citta*. *Citta*, das Partizip des Verbs *cint/cit*, ‚denken', bezeichnet alles, was durch den Geist erfahren und getätigt wird. Citta umfaßt 1. beobachten, 2. denken und 3. wünschen oder beabsichtigen; also sowohl die Funktion des Verstandes wie die des Herzens. Denn für gewöhnlich verhalten sich die beiden wie eine einzige, da sie im Seelengrund unseres Wesens eng verknüpft sind. Wenn das Denken in unser Bewußtsein emporsteigt, wird es von unseren gefühlsmäßigen Neigungen und Wünschen gelenkt und gefärbt; und zwar in solchem Maße, daß eine beträchtliche Übung in Kritik und Konzentration dazu gehört, bis man gelernt hat, vernünftige Überlegungen (etwa in der Wissenschaft) von Herzensregungen zu unterscheiden.

Buddhi setzt sich zwar aus den drei Guṇas zusammen, aber durch den Yoga kommt der Sattva-Guṇa zur Vorherrschaft[2]. Die Yoga-Schulung

[1] Das Wort bedeutet eigentlich ‚Intellekt'; vgl. oben S. 287f.

[2] Vgl. oben S. 273–276.

reinigt die Buddhi von ihrem ursprünglichen Tamas- und Rajas-Erbe. Durch Beseitigung von Tamas wird die Dunkelheit beseitigt, und die feine Materie der Buddhi wird durchsichtig wie das Wasser eines Bergsees. Durch Beseitigung von Rajas wird die Bewegung beseitigt, das Wellengekräusel der ruhelosen Oberfläche glättet sich, und das schon geklärte Wasser wird zum glatten Spiegel. Dann offenbart Buddhi den Purusha in seiner heiteren Gelassenheit, fern von der geschäftigen, wellenbewegten Sphäre der Prakriti.

Buddhi enthält und *ist* zugleich die Spontaneität unseres Wesens; die anderen Fähigkeiten (Ahaṅkāra, Manas und die zehn Indriyas) sind ‚gleich Bienen, die dem Rat ihrer Könige folgen'[1]. Dem Anschein nach verläuft jedoch der Einfluß in umgekehrter Richtung: da nehmen die äußeren Sinne die Verbindung mit ihrer Umwelt auf; ihre Erfahrungen werden von Manas verarbeitet; das Manas-Produkt wird durch den Ahaṅkāra in Kontakt mit der eigenen Individualität gebracht; und dann entscheidet die Buddhi, was getan werden soll. So aber wird der Vorrang der Buddhi ganz verdeckt. Erst durch Beseitigung von Rajas und Tamas wird der Schleier durchsichtig; denn die Kräfte, die alsdann in den menschlichen Organismus einfließen, sind die ‚übernatürlichen' des Königssohnes, und die Buddhi wird nun in ihrer uranfänglichen Macht offenbar. Ehe aber eine derartige Wirkung erreicht werden kann, muß die scheinbare Verbindung der Lebensmonade mit dem Leiden durchtrennt werden. Wie wir gesehen haben, wird die Illusion dieser Bindung durch fehlende Unterscheidung hervorgerufen, durch das Unvermögen, die Verschiedenheit zwischen Purusha und Prakriti – besonders zwischen Purusha und jenem feinsten der Prakriti-Produkte, nämlich dem inneren Organ und den zehn Sinnesfähigkeiten – zu erkennen. Da dieser Mangel an «unterscheidender Erkenntnis» *(viveka)* die Ursache ist, wird ein hinlängliches Maß dieser Erkenntnis aller Leidenserfahrung ein Ende machen. Viveka setzt das Individuum instand, zwischen seinem eigenen Lebensprinzip und der gleichgültigen Materie, die es umspült, zu unterscheiden.

Die Materie hört überdies auf, tätig zu sein, sobald man mit dem Purusha identisch wird; darum wird die durch die Guṇas in Bewegung gehaltene Prakriti mit einer Haremstänzerin verglichen, die zu tanzen aufhört, sobald der Zuschauer ihr seine Aufmerksamkeit nicht mehr zuwendet. Sie entzieht sich den Blicken des Königs, wenn er ihrer Darstellung

[1] Nach der Naturkunde der Hindus gibt es keine Bienenkönigin.

der weltlichen Freuden und Leiden überdrüssig ist. Die Prakriti stellt durch das Wirken der Guṇas alle Wunder zur Schau, die wir kennen und lieben und an denen wir leiden, aber das Auge, das dem Schauspiel seine Spannkraft verleiht, ist das allerleuchtende Auge des Purusha, und sobald dieses wieder in sich kehrt, verschwindet die ganze Weltszenerie.

Weil die feine Materie des inneren Organs alle ihm von den Sinnen dargebotenen Formen annimmt, pflegen die Objekte dem Geist eine Gestalt oder einen Charakter einzuprägen und in ihm einen Eindruck oder eine ‚Erinnerung' mehr oder weniger bleibender Art zu hinterlassen. Nicht nur die Form des Objektes selbst, sondern auch die damit verbundenen Gefühle und Gedanken, wie auch der davon erregte Wille und Entschluß zur Tat hinterlassen ihre Spuren und können später durch irgendeinen Anlaß von neuem erregt und wiederbelebt werden. Auf diese Weise werden Erinnerungen aufgerufen, Vergangenheitsbilder wiedererweckt und das Fortbestehen von Lebensdrang, Angst und gewissen Verhaltensweisen verursacht. Im Sāṅkhya und Yoga wird der psychologische Prozeß gewissermaßen in rein mechanischen Begriffen gefaßt. Die unaufhörliche Unruhe einer Umwandlung, die im inneren Organ durch Wahrnehmen, Fühlen, Denken und Wollen vor sich geht, ist von gleicher Art wie die in der Außenwelt zu beobachtenden Veränderungen. In beiden Sphären sind die Verwandlungen materiell, es sind rein mechanische, in der Materie stattfindende Prozesse. Der einzige Unterschied besteht darin, daß in der äußeren Welt (zu der natürlich auch der Körper des Subjektes gehört) die Materie grobstofflich, in der inneren Welt dagegen feinstofflich ist.

Diese mechanistische Formel gehört zum Wesen des Sāṅkhya. Sie liegt nicht nur dem System seiner Psychologie zugrunde, sondern bietet auch den Schlüssel zu seiner Deutung des Mysteriums der Seelenwanderung. In seinem grobstofflichen Leibe, der nach dem Tode der Auflösung verfällt, besitzt jedes Lebewesen einen inneren feinstofflichen Leib, der aus den Sinnesfähigkeiten, dem Lebensodem und dem inneren Organ gebildet wird. Das ist der Leib, der immer überdauert. Von Geburt zu Geburt ist er Grundlage und Träger der reinkarnierten Persönlichkeit[1]. Er verläßt die Hülle des grobstofflichen Leibes beim Tode und bestimmt dann die Art der neuen Existenz; denn in ihm haben sich – gleich Narben oder

[1] Dieser reinkarnierte feinstoffliche Leib verdient den Namen ‚Seele' viel eher als die Lebensmonade, obgleich gerade diese ständig mit ‚Seele' übersetzt worden ist (von Garbe und anderen), und doch wäre ‚Seele' auch hier nicht ganz richtig an-

Runzeln – Spuren erhalten von allen Wahrnehmungen, Taten, Begierden und Willensregungen der Vergangenheit, von allen Neigungen und Tendenzen, von den ererbten Sitten und Gewohnheiten und von individuellen Bereitschaften, auf die eine oder andere Art oder überhaupt nicht zu reagieren.

Die technischen Bezeichnungen für diese Überbleibsel der Vergangenheit sind *vāsanā* und *saṃskāra*. Das erste Wort (aus der Wurzel *vas*, ‚innewohnen, verweilen') kann auf den Geruch angewendet werden, der einem durchräucherten Gewand anhaftet. Ein Gefäß aus ungebranntem Ton bewahrt den Geruch von dem, was es zuerst enthielt, und ebenso ist der feinstoffliche Leib durchdrungen von den Vāsanās (‚den Düften, Wohlgerüchen, feinen Rückständen') seines ganzen früheren Karmas. Diese Vāsanās pflegen Saṁskāras zu verursachen, bleibende Narben, die von Leben zu Leben mitgenommen werden.

Das Substantiv *saṁskāra*, das ‚Eindruck, Einfluß, Wirkung, Form, Schablone' bedeutet, ist einer der Grundbegriffe indischer Philosophie. Es ist von der Verbalwurzel *kri*, ‚machen' abgeleitet. *Saṁskri* heißt ‚fertigmachen, für einen Gebrauch vorbereiten, ändern oder verwandeln'; sein Gegensatz ist *pra-kri*; vergleiche *prakriti*: Materie, wie sie sich in ihrem rohen, unberührten Zustand darbietet. *Prakriti* ist die jungfräuliche Urmaterie, an der sich noch keine Veränderung, Umwandlung oder Entfaltung vollzogen hat. *Saṁs-kri* dagegen bedeutet ‚etwas verwandeln, schmükken, verschönern, verzieren'. Die Sprache der Ungebildeten wird *prakrita* (‚Prakrit') genannt, während *saṁskrita* (‚Sanskrit') die klassische Sprache nach den Regeln einer festgelegten richtigen Grammatik ist. Diese Sprache beruht auf der heiligen Überlieferung der Priestersprache der Veden, die ihrerseits ein Abglanz der Göttersprache war und damit die natürliche Trägerin göttlicher Wahrheit. Das Verbum *saṁskri* bedeutet ‚einen Menschen mittels schriftgemäßer Zeremonien zu läutern', das heißt, ihn aus einem gewöhnlichen Menschen, einer bloßen Person zu einem Mitglied der sakramentalen, magischen Gemeinschaft zu machen, nachdem er seine früheren, groben Unreinheiten abgestreift hat und würdig geworden ist, an den traditionellen Zeremonien teilzunehmen. *Saṁskāra* ist also ‚Läuterung, Reinheit; Belehnung mit der heiligen Schnur der

gewendet; denn die Materie des feinstofflichen Leibes ist wesenhaft leblos, gefühllos *(jada)*, sie ist eher Leib als Seele. – Bei der Übersetzung aus dem Sanskrit wäre unser westlicher animistischer Ausdruck besser ganz zu vermeiden.

Zweimalgeborenen'[1], oder ganz allgemein jeder Reinigungsritus und jede heilige Zeremonie; es ist aber auch das ‚Kochen, das Anrichten von Nahrung (um sie schmackhafter und einladender zu machen, indem ihr die natürliche, unappetitliche, unverdauliche ‚rohe Natur', *prakriti*, genommen wird), das Polieren eines Edelsteins oder Juwels; Erziehung, Bildung, Schulung, Verschönerung, Schmuck, Ornament und Aufmachung' (der Mangel an Aufmachung ist bei Haus-, Land- und Werkarbeit zulässig, nicht aber bei der Begegnung mit andern Leuten; denn er würde einen Mangel an Respekt und Selbstachtung verraten). *Saṁskāra* ist also ein inhaltsreicher und sehr vielsagender Ausdruck. Seine Bedeutungen kreisen um den Begriff dessen, ‚was geschaffen, gepflegt, geformt worden ist'. Das aber ist in bezug auf das Individuum die Persönlichkeit – mit all ihren charakteristischen Ausschmückungen, Narben und Eigenheiten – die nicht nur im Lauf der Jahre, sondern ganze Lebenszeiten hindurch einem Verschmelzungsprozeß unterliegen.

Wäre Prakriti, die unentwickelte, primitive Materie, sich selbst überlassen, dann stünden in ihr die Guṇas in vollkommenem Gleichgewicht. In diesem Zustand gäbe es kein Verwandlungsspiel; es gäbe keine Welt. Tamas (Schwere, Trägheit, Hemmung), Rajas (Bewegung, Erregung, Schmerz) und Sattva (Helle, Erleuchtung, Freude) würden dann nicht aufeinander wirken, sondern wären vollkommen ausgewogen und verharrten in Ruhe. Dem Sāṅkhya zufolge ist die Welt nicht aus dem Akt eines Schöpfers entstanden. Sie hatte keinen zeitlichen Anfang. Sie ist vielmehr dadurch geworden, daß von unendlich vielen Purushas ein unaufhörlicher Einfluß ausgeübt wird. Diese Purushas sind selbst nicht aktiv; sie betrachten nur als Zuschauer die Bewegung, deren ständiger Ansporn sie sind. Auch üben sie ihren Einfluß nicht durch bewußtes Wollen aus. Ihr bloßes Vorhandensein regt die Prakriti zur Bewegung an, wie der Magnet das Eisen. «Kraft ihrer Nähe» erleuchtet die Lebensmonade das Wirkungsfeld und die Prozesse der Guṇas. Durch ihre bloße Ausstrahlung erzeugt sie eine Art Bewußtsein im feinstofflichen Leib. «Wie das Feuer in einer rotglühenden Eisenkugel, so ist Bewußtsein im Lebensstoff.»

Dieser Dualismus liegt dem Sāṅkhya zugrunde. Die beiden Prinzipien – Prakriti (aus den Guṇas zusammengesetzt) und Purusha (die Gesamtheit

[1] Die Mitglieder der drei oberen Kasten sind die ‚Zweimalgeborenen'. Das Ritual der Belehnung mit der heiligen Schnur in der Pubertät symbolisiert die Verwandlung, die in der christlichen Welt mit der Taufe verbunden ist.

der ausstrahlenden, aber untätigen Lebensmonaden) – werden als ewig und wirklich genommen, und zwar auf Grund der Tatsache, daß in allen Erkenntnisakten und -theorien ein Unterschied zwischen Subjekt und Objekt besteht, so daß keine Erfahrung übermittelt werden kann ohne die Anerkennung eines erkennenden Selbstes und eines erkannten Objektes. Auf der Grundlage dieser als axiomatisch anerkannten Dualität geht der Sāṅkhya dann dazu über, eine ‚erschöpfende analytische Aufzählung' *(parisāṅkhyāna)* von ‚Prinzipien oder Kategorien' *(tattva:* ‚Das-heiten') der Natur aufzustellen. Diese ergeben sich aus den endlosen Entfaltungen und Kombinationen der trägen Materie, die unter dem fortwährenden Einwirken der Lebensmonaden mit ihrer Bewußtsein schaffenden Ausstrahlung entstehen. Diese Entfaltung der Tattvas kann zusammengefaßt werden, wie es die Darstellung auf umstehender Seite zeigt.

Die Tattvas gehen allmählich eines aus dem andern hervor. Dieses Hervorgehen ist der natürliche Ausfaltungs- und Entwicklungsprozeß, das Entstehen des ‚gewöhnlichen' Wachzustandes des Bewußtseins aus dem ursprünglichen undifferenzierten Ruhezustand der Prakriti. Durch den Yoga werden diese Verwandlungen oder Tattvas rückläufig wieder aufgelöst; es findet also ein Involutionsprozeß statt. Der erste Prozeß, nämlich die Tattva-Entfaltung aus dem Feinen *(sūkshma)* zum Groben *(sthūla)*, ist durch das ständige Anwachsen des Tamas-Guṇa gekennzeichnet, während bei der Rückentwicklung der Sattva-Guṇa das Übergewicht bekommt. Doch der Purusha, die Lebensmonade, bleibt unverstrickt, in welcher Richtung der Prozeß auch verläuft und welchen Verfeinerungsgrad der Sattva-Guṇa auch erlangt. Ob nun die Guṇas in Entfaltung oder Rückbildung begriffen sind, der Purusha befindet sich absolut außerhalb ihres Systems. Aus sich leuchtend, auf sich selbst stehend, fern und abgelöst, verändert er sich nie, während die Prakriti ihren Verwandlungen ewig weiter unterliegt.

Der Purusha wird als ‚reiner Geist' *(caitanya)* definiert in Anbetracht dessen, daß er unstofflich ist; aber er steht doch jedem westlichen Begriff von Geistigkeit fern – denn alles, was wir mit ‚Seele' bezeichnen, ist nach dem Sāṅkhya Auswirkung des feinstofflichen Reiches, die sich im feinstofflichen Leib vollzieht. Ein solcher Leib darf keineswegs mit der Lebensmonade identifiziert werden. Über die Lebensmonade läßt sich (außer der Feststellung, daß sie *ist*) nichts aussagen, es sei denn in Negationen: sie ist ohne Attribute, ohne Qualitäten, ungeteilt, ohne Bewegung; sie ist unvergänglich, untätig und empfindungslos; sie wird von

PRAKRITI

(undifferenzierte Urmaterie)

↓

Buddhi/Mahat

(das überpersönliche Potential von Erfahrungen)

↓

Ahaṅkāra

(Ichbewußtsein: Die Funktion, die sich die Daten des Bewußtseins aneignet und sie fälschlicherweise dem Purusha zuschreibt)

↓

die 5 Karmendriya	*Manas*	*die 5 Jñānendriya*	*die 5 Tan-mātra*[1]
(die aktiven Fähigkeiten)	(das Denkvermögen)	(die Sinnesfähigkeiten)	(die feinstofflichen Grundelemente; erlebt als innere feinstoffliche Entsprechungen der fünf Sinneserfahrungen, nämlich: Laut, Tasterlebnis, Farbe, Form, Geschmack, Geruch: *shabda, sparsha, rūpa, rāsa, gandha)*

↓

parama-anu

(feinstoffliche Atome; wahrgenommen in den Erfahrungen des feinstofflichen Leibes)

↓

sthūla-bhūtāni

(die fünf grobstofflichen Elemente Äther, Luft, Feuer, Wasser, Erde, die den grobstofflichen Leib und die sichtbare, tastbare Welt ausmachen; wahrgenommen in den Sinneserfahrungen)[2]

[1] *Tan-mātra:* ‚nur *(mātra)* das *(tan)*', ‚nur eine Kleinigkeit'.

[2] Die Bildung der groben Elemente aus den feinen wird folgendermaßen beschrieben: «Indem jedes feine Element sich in zwei gleiche Teile spaltet und die eine Hälfte in vier gleiche Unterabschnitte, und indem dann zur ungeteilten Hälfte jeden Elementes ein Unterabschnitt der vier übrigen Elemente hinzukommt, wird jedes Element zu fünf in einem.» *(Pañcadashi* 1. 27.*)* Diese Mischungen heißen

Schmerzen und Freuden nicht berührt, ist frei von Affekten und Emotionen, völlig gleichgültig gegen Sinneseindrücke. Sie weilt außerhalb der weltlichen Kategorien. Der Purusha läßt sich mit einem Seher vergleichen, der nichts sieht, oder mit einem Spiegel, der nichts spiegelt. Außer ihm selber gelangt nichts zu ihm in jener Sphäre – obgleich alles, was diesseits von ihm ist, durch seine reine, ungetrübte, unbeirrbare Strahlkraft erhellt, in Tätigkeit gesetzt und bewußt gemacht wird.

Wer die vollkommene Erkenntnis des Purusha erlangt hat, gibt nicht sogleich seinen groben und feinstofflichen Leib auf, sondern das Leben zieht sich noch eine beträchtliche Weile hin. Wie die Töpferscheibe sich nach der Fertigstellung eines Gefäßes infolge ihres Antriebes noch weiterdreht, so setzen sich im Kevalin alle die feinen und groben Naturvorgänge weiter fort, obgleich der Wisser selbst, in abgelöster Ferne, ihnen nur noch mit erhabener Gleichgültigkeit zusieht; denn das gegenwärtige Leben ist das Ergebnis von Werken, die Frucht von Samen, die wir vor dem Erlangen unserer Befreiung gesät haben, und diese müssen bis zur Erfüllung ihrer Zeit ausreifen. Dagegen wird die Keimkraft all der Samen, die noch nicht aufgegangen sind, zerstört und aufgezehrt. Der Wissende weiß, daß es für ihn keine Zukunft, keine künftigen Leben mehr geben kann, weil er dem Prozeß seine Impulse entzogen hat. Der Prozeß läuft von selbst ab. Darum läßt er von nun an die Ereignisse seines Daseins einfach über sich ergehen, ohne sich auf etwas Neues einzulassen, bis die Kräfte der fruchttragenden Werke erschöpft sind und der Tod ihn ereilt, nach welchem es keine Wiederkehr mehr gibt. Der grobstoffliche Leib löst sich auf. Der feinstoffliche Leib löst sich ebenfalls auf. Und auch das Innenorgan mit seinen Saṁskāras, die von Geburt zu Geburt mitgegangen

grobe Elemente. Sie werden nach dem Faktor benannt, der in ihnen vorwiegt: Äther, Luft, Feuer, Wasser oder Erde.

Luft	Äther	Äther	Luft	Äther	Feuer	Äther	Wasser	Äther	Erde
Feuer		Feuer		Luft		Luft		Luft	
Wasser		Wasser		Wasser		Feuer		Feuer	
Erde		Erde		Erde		Erde		Wasser	

Da der Äther als Laut, die Luft als Tasterlebnis, das Feuer als Farbe und Form, das Wasser als Geschmack und die Erde als Geruch erlebt wird, wirkt sich jedes grobe Element (das eine Mischung aller fünf ist) auf alle Sinne aus.

sind, löst sich auf. Die Guṇas werden aus dem Getriebe dieses Strudels erlöst, und die Unrast des Einzelwesens verschwindet.

Aber die Lebensmonade besteht weiter – genau so wie ein Mensch auch dann weiterbesteht, wenn sein Abbild aus einem zerbrochenen Spiegel verschwunden ist, weil die für die Prozesse des Erkennens, Fühlens und Erfahrens notwendige materielle Basis nun fehlt – die Lebensmonade dauert fort als ein individuelles Wesen in und für und durch sich selbst. Ohne den Apparat des groben und feinstofflichen Leibes hat der Purusha überhaupt keine Verbindung mehr mit der Sphäre der Guṇas; nichts mehr kann zu ihm hingelangen, er ist unerreichbar, ist in absoluter Entlegenheit.

Das ist wahre ‚Absonderung'.

Hier zeigt es sich, wie eng verwandt der Sāṅkhya den Jaina- und Ajīvika-Lehren ist und wie gegensätzlich er zum Vedānta steht. Die Vorstellung vom Pluralismus der Lebensmonaden gehört offensichtlich der alten, vorarischen, einheimisch-indischen Philosophie an; ebenso die Theorie, daß die Sphäre der Materie *(prakriti)* an sich wesenhaft sei und keine bloße Spiegelung, kein Trugbild oder Zaubertrick der Maya[1]. Dennoch gibt es einen Aspekt in der Sāṅkhya-Lehre, der sowohl von der Erlösungsvorstellung der Jainas wie von der vedantischen abzuweichen scheint: in seinem Endzustand, dem Abgetrenntsein vom Bewußtseinsapparat, weilt der Purusha nämlich in ewiger *Unbewußtheit*. Zu Lebzeiten wird der gleiche Zustand zeitweilig im traumlosen Tiefschlaf, in Ohnmachten oder im Zustand vollkommener, durch strenge Yoga-Übung herbeigeführter Abstraktion erreicht. Das aber ist nicht der gleiche Zustand, wie er uns vom allwissenden Jaina-Tīrthaṅkara geschildert wird. Der Vedānta aber, der ja gerade den Gedanken besonders herausstellt, daß der vollkommene Zustand der eines reinen *Bewußtseins* sei, spricht von einer Stufe oder Sphäre jenseits des grobstofflichen Leibes (des Wachbewußtseins), des feinstofflichen Leibes (des Traumbewußtseins) und des ursächlichen Leibes (des Tiefschlafes); es ist die Stufe, die er die ‚vierte' *(turīya)*[2] nennt. Von dieser vedantisch-brahmanischen Einsicht her erweist sich die von Sāṅkhya und Yoga herausgearbeitete *psychische* Absonderung im Unbewußten als ebenso archaisch wie die *physische* Absonderung der jainistischen Tīrthaṅkaras.

Der bedeutendste Beitrag von Sāṅkhya und Yoga zur Hinduphilosophie liegt in der streng psychologischen Deutung des Daseins. Ihre Analysen

[1] Vgl. oben S. 30. [2] Vgl. unten S. 324–325 und 333ff.

des Mikro-Makrokosmos und aller menschlichen Probleme werden in Begriffen einer Art frühwissenschaftlichen psychologischen Funktionalismus dargeboten. Dieser läßt sich in seiner Genauigkeit und seinem nüchternen Positivismus mit dem ausführlichen System und der Theorie der biologischen Entwicklung vergleichen, die wir im Zusammenhang mit den Jainas und Gosāla erörtert haben. Hier wird das primitive mythische Bild vom Entstehen des Alls aus den kosmischen Wassern oder dem Weltei neu gedeutet und wiederbelebt im Sinne menschlicher Bewußtseinsstadien, wie sie in den subjektiven Erfahrungen des Yoga beobachtet werden können. Aus dem Urzustand der Selbstabsorption oder Involution, die praktisch völlige Unbeweglichkeit ist und dem Nichtsein gleichkommt, entwickelt sich ein Zustand intuitiven Innewerdens *(buddhi)*; dieser geht der ‚Ich'-Vorstellung *(ahaṅkāra)* voraus, die den nächsten Verwandlungszustand kennzeichnet; und durch den Verstand *(manas)* gelangt das Bewußtsein dann mit Hilfe der äußeren Sinne dazu, die Außenwelt zu erleben und auf sie einzuwirken. Der kosmogonische Prozeß wird also, analog der psychologischen Erfahrung, aufgefaßt als die Entfaltung der wahrgenommenen Umwelt aus einem innersten, alles wahrnehmenden Zentrum. Der naive Mythos erhält auf einmal eine bezeichnende Deutung: Die Welt wird verstanden als Entfaltung aus dem reglosen Zustand innerer Versunkenheit, und damit wird die Introspektion der Schlüssel zum Rätsel der Sphinx.

Zum Schluß sei darauf hingewiesen, daß vier charakteristische Züge des Sāṅkhya auch im Buddhismus erscheinen: das Betonen, daß alles Leben notwendigerweise Leiden ist; die Gleichgültigkeit dem Theismus und dem vedischen Opferritualismus gegenüber; das Verwerfen asketischer Auswüchse (wie sie etwa der Jainismus zeigt) und der Glaube an *pariṇāma-nityatva*, ‚das ständige Werden der Welt'[1].

[1] Auf den Sāṅkhya wird im buddhistischen Pāli-Kanon hingewiesen, und buddhistische Legenden erwähnen Kapila als einen Vorgänger des Buddha. «Es gibt einige Einsiedler und Brahmanen, die an die Ewigkeit der Welt glauben», lesen wir im *Brahmajālasuttanta (Dīgha-nikāya* 1.30.34; ins Englische übersetzt von T. W. Rhys Davids, Sacred Books of the Buddhists, Bd. II, Oxford 1899, S. 27–29); «sie widmen sich der Logik und Überlegung und verleihen den folgenden eigenen Schlüssen Ausdruck: ewig ist die Seele und die Welt; nichts Neues gebiert sie, sie ist beständig wie ein Berggipfel, wie eine festgegründete Säule; und die lebenden Geschöpfe, obgleich sie von Geburt zu Geburt wandern, aus einer Existenz herausfallen und in einer anderen wieder emporsteigen, sie bestehen dennoch fort und fort.»

III
BRAHMANISMUS

1. DIE VEDEN

Die orthodoxe indische Philosophie erwuchs aus der alten arischen Vedenreligion. Ursprünglich war das vedische Pantheon mit seinen Götterscharen ein Abbild der Welt, die der Mensch mit seinen Projektionen erfüllte, indem er seine Erfahrungen und die Vorstellungen über sich selbst ins Universum übertrug. Geburt, Wachstum und Tod, der Prozeß des Werdens, wie der Mensch ihn erlebt, wurde auf den Lauf der Natur projiziert. Kosmische Kräfte und Erscheinungen wurden personifiziert. Die Himmelslichter, veränderliche Wolkenbilder, Sturm, Wälder, Bergmassive und Flußläufe, die Gaben des Bodens und die Geheimnisse der Unterwelt – alles wurde verstanden und hingenommen als Lebensäußerungen und Wirkungen göttlicher Wesen, die die Menschenwelt widerspiegeln. Diese Götter waren Übermenschen, mit kosmischen Kräften begabt, und man konnte sie als Gäste zu sich laden, um sie mit Opfergaben zu erfreuen. Man rief sie an und suchte sie durch Schmeicheln und Geschenke günstig zu stimmen.

In Griechenland finden wir diese Phase alt-arischen Glaubens durch die Mythologie der homerischen Zeit vertreten, die Tragödie des attischen Theaters setzte sie fort. Mit dem Auftreten aber des philosophisch-kritischen Denkens bei den ionischen Griechen Kleinasiens und mit seiner Entfaltung durch die Philosophen und Sophisten von Thales bis Sokrates (unterstützt durch die fortschreitenden Naturwissenschaften, an deren Spitze die wissenschaftliche Astronomie, das heißt eine auf Mathematik beruhende Kosmologie stand) mußten die primitiven, traumgleichen, anthropomorphen Projektionen vom Schauplatz der natürlichen Welt verschwinden. Der Mythos konnte nicht mehr als eine vernünftige Erklärung der Naturvorgänge gelten. Die menschlichen Züge und Lebensformen der Götter wurden abgelehnt, ja sogar persifliert; die archaische Mythologie und Religion zerfiel; die glänzende Göttergemeinschaft des Olymp stürzte. Und diesem Sturz folgte bald darauf, zur Zeit Alexanders des Großen, auch der Zerfall der griechischen Stadtstaaten selbst.

Eine solche Götterdämmerung gab es im Bereich der alten Hindu-Denker nicht. Die herrschenden Weltgötter wurden nicht ausgeschaltet, sondern in eine weitere und vertiefte Schau einbezogen, wie lokale Duodezfürsten in das Königreich eines mächtigeren Herrn aufgenommen werden. Das Eine Sein, das innerhalb und jenseits des Vielen als Selbst *(ātman)* oder Göttliche Kraft *(brahman)* erfahren wird, zog die ganze Fülle indischer Seelenkraft an sich und beanspruchte deren volle Zuwendung. Diese universelle geistige Monarchie bedrohte die Herrschaft der Götter ernstlich und minderte ihre Bedeutung und ihr Ansehen um ein Beträchtliches. Trotzdem behielten die Gottheiten ihre hohen Throne, indem sie sozusagen als Vizekönige und Sondergesandte, vom Transzendenten her mit den Insignien ihrer Macht und ihrer Würde bekleidet, eine neue Funktion übernahmen. Sie wurden anerkannt als Manifestationen jener allgegenwärtigen, tragenden, inneren Macht, der man sich mit ernstem Bemühen hingab. Von dieser universalen Grundkraft nahm man an, daß sie als die gleiche allen Dingen innewohne, unwandelbar durch die sich wandelnden Gestalten hindurch. Erhaben west sie in den entfalteten Formen der Erscheinungswelt, sowohl in den gröberen Sphären der allgemeinen menschlichen Erfahrung wie in den feineren des Empyreums. Ja, über alle diese Bereiche hinaus reicht sie ins Unendliche. Mit der Entwicklung dieser Seite der brahmanischen Gedankenspekulation kam das komplexe polytheistische Ritual der früheren Perioden vedischer Tradition mehr und mehr außer Gebrauch. Statt dessen setzte sich eine Form des Gottesdienstes durch, die zwar weniger reich ausgestaltet, dafür aber von größerer Innigkeit und Tiefe war.

«OM! Shvetaketu war der Sohn des Āruni. Zu ihm sprach der Vater: ‚Shvetaketu, ziehe aus, das Brahman zu studieren, denn einer aus unserer Familie, mein Lieber, pflegt nicht ungelehrt und ein bloßes Anhängsel der Brāhmanenschaft zu bleiben.‘ Da ging er, zwölf Jahre alt, in die Lehre, und mit vierundzwanzig Jahren hatte er alle Veden durchstudiert und kehrte hochfahrenden Sinnes, sich weise dünkend und stolz zurück.

Da sprach zu ihm sein Vater: ‚Shvetaketu, mein Lieber, da du also hochfahrenden Sinnes, dich weise dünkend und stolz bist, hast du denn auch nach jener Unterweisung gefragt, durch die man das Ungehörte hören, das Ungedachte denken, das Unerkannte erkennen kann?‘

‚Wie, Ehrwürdiger, ist denn diese Unterweisung?‘

‚So, mein Lieber, wie durch einen einzigen Lehmklumpen alles erkannt werden kann, was aus Ton ist (denn die Verschiedenheit [der einzelnen Produkte] ist ja nur eine Wortunterscheidung, ein Name; das Wirkliche ist eben «Ton»)[1] – so, mein Lieber, wie durch ein einziges Kupferamulett alles erkannt werden kann, was aus Kupfer ist (die Verschiedenheit liegt nur im Wort, ist nur ein Name; das Wirkliche ist eben «Kupfer») – so, mein Lieber, wie man mit Hilfe einer Nagelschere alles erkennen kann, was aus Eisen ist (die Verschiedenheit liegt nur in der Wortunterscheidung, im Namen; das Wirkliche ist eben das «Eisen») – so, mein Lieber, ist diese Unterweisung.‘

‚Wahrlich, jene ehrenwerten Männer wußten dies nicht; denn hätten sie es gewußt, warum sollten sie es mir nicht gesagt haben? Du aber, Ehrwürdiger, wollest mir solches nun auslegen.‘

‚So sei es, mein Lieber ... Hol mir doch eine Feige her.‘

‚Hier ist sie, Ehrwürdiger.‘

‚Spalte sie.‘

‚Sie ist gespalten, Ehrwürdiger.‘

‚Was siehst du darin?‘

‚Ganz feine Körner, Ehrwürdiger.‘

‚Spalte nun bitte eines von ihnen.‘

‚Es ist gespalten, Ehrwürdiger.‘

‚Was siehst du darin?‘

‚Gar nichts, Ehrwürdiger.‘

Da sprach er zu ihm: ‚Wahrlich, mein Lieber, dieses Feinste, das du gar nicht wahrnimmst, aus ihm ist jener große heilige Feigenbaum entstanden. Glaube mir, mein Lieber‘, sprach er, ‚was diese feinste Substanz ist, die ganze Welt enthält es als ihr Selbst. Das ist das Wirkliche. Das ist Ātman. Das bist du *(tat tvam asi)*, Shvetaketu.‘

‚Schenk mir noch weitere Belehrung, Ehrwürdiger.‘

‚So sei es‘, sprach er. ‚Schütte dies Salz ins Wasser und komme morgen früh wieder zu mir.‘

So tat er.

Da sagte der Vater zu ihm: ‚Das Salz, das du gestern abend ins Wasser geschüttet hast, bring mir's her.‘

[1] Oder: «Jede Abwandlung ist nur eine Angelegenheit der Sprache, ein Name, und der Ton das einzig Wirkliche daran» *(vācārambhanam vikāra nāmadheyam – mṛttik-ety eva satyam)*.

Er griff danach, aber er fand es nicht, da es ganz und gar zergangen war.

‚Nimm bitte einen Schluck von dieser Seite', sagte jener. ‚Wie ist es?'

‚Salzig.'

‚Nimm einen Schluck aus der Mitte', sagte er. ‚Wie ist es?'

‚Salzig.'

‚Nimm einen Schluck von jener Seite', sagte er. ‚Wie ist es?'

‚Salzig.'

‚Setz es beiseite und komm her zu mir.'

Er tat so und sagte: ‚Es ist immer das gleiche.'

Da sprach jener zu ihm: ‚Wahrlich, mein Lieber, du siehst kein Seiendes hier, und doch ist es darin. Was diese feinste Substanz ist, die ganze Welt enthält es als ihr Selbst. Das ist das Wirkliche. Das ist Ātman. Das bist du, Shvetaketu[1].'»

Während nach der dualistischen Anschauung des Sāṅkhya und Yoga und in der materialistischeren Philosophie der Jainas und Gosālas die Welt erklärt wird aus dem Vorhandensein zweier ewig antagonistischer Prinzipien, Purusha und Prakriti (oder Jīva und Nicht-Jīva), fordert die vedische Tradition auf Grund ihres transzendentalen Nichtdualismus, daß alle jene Gegensätze als bloß phänomenal betrachtet werden müssen. Die Brahmanen ließen sich von weiterem Denken nicht abschrecken durch die augenfällige Unvereinbarkeit entgegengesetzter Funktionen. Ganz im Gegenteil fanden sie gerade in diesem Dilemma den Schlüssel für Wesen und Sinn dessen, was transzendent und daher göttlich ist.

Die Lehre, die der weise Āruṇi seinem Sohn erteilte, zeigt durch Analogie, daß das höchste Prinzip die Sphäre der «Namen und Formen» *(nāmarūpa)* transzendiert und dennoch, wie das Salz, alles durchdringt. Brahma ist so fein wie der Same des Samens in der Frucht; es wohnt allen Dingen inne als Potentialität ihrer Lebensentfaltung. Aber obwohl diese unsichtbare Wesenheit sich selbst verwandelt oder doch wenigstens sich zu verwandeln scheint in alle Formen und Werdeprozesse der Welt – so wie Kupfer und Ton sich in alle die Schüsseln und Töpfe der Küche verwandeln lassen –, so sind dennoch diese sichtbaren, tastbaren Dinge «nur Umgestaltungen» *(vikāra)*; man darf seine Aufmerksamkeit nicht auf das Schauspiel ihrer Gestalten allein richten. Namen und Formen sind zufällig und flüchtig. Für die tiefergehende Analyse ist die Wirklichkeit eben «Ton».

[1] *Chāndogya Upanishad* 6. 1; 6. 12–13. Nach der deutschen Übersetzung von E. Boethlingk.

Nach dieser brahmanischen Formel manifestiert sich in der Dialektik des Universums ein transzendentes, nichtdualistisches, transdualistisches, aber immanentes Prinzip, das die Welt der Namen und Formen *(nāmarūpa)* hervorbringt und zugleich als belebendes Prinzip beseelt. Der Dualismus einer *natura naturans (prakriti)* und einer transzendenten unstofflichen Monade *(purusha)* ist damit selbst transzendiert.

Schon in der Periode der frühesten philosophischen Hymnen (die in den späteren Teilen des Rig-Veda enthalten sind), war das Hauptmotiv der vedischen Philosophie die ständige Suche nach einer letzten Einheit, die der Mannigfaltigkeit der Welt zugrunde läge. Von Anbeginn an kreiste das brahmanische Denken um das Paradoxon, daß die Kräfte und Formen der Erscheinungswelt sich gleichzeitig in Antagonismus wie auch in Identität befinden; und das Ziel war, die geheime Macht hinter, in und vor allen Dingen als deren verborgene Quelle zu erkennen und wirksam zu lenken. Diese Untersuchung und Forschung bewegte sich überdies in zwei Hauptrichtungen, die letzten Endes zum gleichen Ziele führten. Die erste suchte Antwort auf die Frage: «Welches ist die eine und einzige Substanz, die sich vermannigfaltigt hat?», sie suchte die höchste Macht hinter den Gestaltungen der äußeren Welt. Die andere dagegen richtete den Blick nach innen und fragte: «Was ist die Quelle, aus der die Kräfte und Organe meines eigenen Daseins hervorgegangen sind?» So entwickelte sich die Selbstanalyse des Menschen als eine dem spekulativen Studium der äußeren Kräfte und Wirkungen parallele Disziplin, die jene ergänzte und erweiterte.

Im Gegensatz zur Flüchtigkeit ihrer Geschöpfe und Manifestationen wurde die mikro-makro-kosmische Substanz selbst schon früh als unerschöpflich, unwandelbar und unzerstörbar angesehen; denn sie wurde inwendig erfahren als die Quelle heiliger Kraft. Sie zu kennen, zu ihr durch Erkenntnis *(jñāna)* Zugang zu finden, bedeutet deshalb auch die Teilhabe an ihrer Furchtlosigkeit und Seligkeit, ihrer Unsterblichkeit und unerschöpflichen Kraft. Dahin zu gelangen hieß aber auch, in gewissem Maße die Bedrohung durch den Tod und das Elend des irdischen Daseins zu überwinden; und dies war ein dringendes, sehr ernstes und allgemeines Anliegen in jenen frühen Zeiten, da während und unmittelbar nach der großen Einwanderung der arischen Stämme in den indischen Teilkontinent endlose Kriege herrschten, da der Kampf der Feudalherren um die Vormacht in vollem Gange und die Welt von Feinden und Dämonen erfüllt war. Seit jenen frühen Zeiten des Haders zwischen Nomaden und feudaler Ordnung drang das vedische Forschen nach dem geheimen Hintergrund der kosmischen Mannigfaltigkeit stetig und ohne je abzubrechen voran, bis später, in den Jahrhunderten der Upanishaden, die bildhaften Vorstellungen von Mythologie und Theologie weit überflügelt wurden durch die abstrakten Denkbilder der Metaphysik. Aber durch alle Wandlungen der indischen Kultur hindurch blieb die tragende Idee der Brahmanen immer die gleiche, mögen wir nun auf die vergleichsweise primitive Form der früharischen Magie zurückgehen oder die hohe Vergeistigung ihres späteren Denkens betrachten; ihr Problem war immer das Wesen jener Kraft, die dem Menschen stets und überall in immer neuen Verkleidungen entgegentritt.

Man versuchte dieses Geheimnis zuerst im Geiste einer archaischen Naturforschung zu ergründen. Durch Vergleichen und Identifizieren entdeckte man, daß unterschiedliche Phänomene doch aus der gleichen Wurzel stammten und somit im Grunde eines waren. Die spekulative Sicht, mit der man hinter die ständigen Metamorphosen zu dringen suchte, führte so zur Erkenntnis einer ubiquitären Kraft der Selbstverwandlung, die *māyā* genannt wurde (von der Sprachwurzel *mā*, «bereiten, bilden, bauen»)[1] und die man als eine charakteristische Fähigkeit den über- und untermenschlichen Göttern und Dämonen zusprach. Es wurde nun zur Aufgabe der Theologie, die ganze Reihe von Masken, die jede göttliche Macht annehmen kann, zu identifizieren, zu verstehen und mit dem rechten «Namen» zu bezeichnen. Die Namen wurden zusammengefaßt in Anrufungen und Bittgebeten, denn die Opferhandlung hatte den Zweck, die namentlich angerufenen Mächte in Bittgebeten und unter Anwendung besonderer, ihnen eigener Formeln zu beschwören und sie so den menschlichen Absichten und Wünschen nutzbar zu machen.

Ein lebendiges Beispiel für die Vielfalt solcher Untersuchungen findet sich in der vedischen Theologie des Feuergottes Agni. Jede vedische Opferhandlung kreist um diese Gottheit, in deren Mund (das Altarfeuer) die Spenden gegossen werden. Als Götterbote trägt er die Opfer auf seiner Schleppe aus Flammen und Rauch zum Himmel empor, wo er die himmlischen Wesen füttert wie ein Vogel seine Jungen. Das Feuer in seiner irdischen Form, als beherrschende Macht in jedem arischen Herd und Heim, war «Agni Vaishvānara», das göttliche Wesen, das «bei allen *(vishve)* Men-

[1] Vgl. oben S. 30, Anmerkung 1.

schen *(nara)* lebt». Der gleiche Gott aber, als Sonnenglut am Himmel, war der solare Agni, während er im Zwischenreich *(antariksha)*, dort wo das Feuer in den Wolken wohnt und als Blitz erscheint, als Kind des atmosphärischen Wassers galt. Zwei noch wichtigere Formen von Agni kannte man auf Erden: seine Verbindung mit dem Holz und mit der Wärme der lebenden Zelle. Feuer machte man, indem man einen Stock aus Hartholz im Einschnitt eines weicheren Brettes quirlte. Die Reibung erzeugte Hitze und alsbald einen Funken. Dies war dem Zeugungsvorgang vergleichbar: der rotierende wirbelnde Stab und das Brett waren die Eltern des Feuers, beziehungsweise männlich und weiblich; daher war Agni der Sohn des Holzes. Holz aber wächst und nährt sich von Wasser, und so war Agni denn auch der «Enkel des Wassers» *(apāṁ-napāt)*, ebenso aber auch des Wassers Kind, denn die wassergeschwängerte Wolke gebiert ihn als Blitz. Weiterhin wohnt Feuer in allen Lebewesen – in Menschen, Vierfüßlern und Vögeln –, was schon aus ihrer Körpertemperatur hervorgeht. Diese Temperatur kann man spüren, sie steckt in der Haut. Später erklärte man die Wärme auch als Ursache der Verdauung – durch die Wärme der Körpersäfte wurden die Speisen in den Eingeweiden «gekocht» –, und so sah man in der verdauungsfördernden Galle die Hauptmanifestation des makrokosmischen Feuers im Mikrokosmos.

Das Wissen um solche Verwandtschaften und Zusammenhänge bildete einen wichtigen Teil der frühesten arischen Priesterweisheit. Sie ließe sich als eine Art intuitiver, spekulativer Naturwissenschaft bezeichnen. Genau so wie die spekulativen Wissenschaften unserer Tage die angewandte Technik begründen und unterbauen, so bot die Weisheit der alten Vedenpriester die Grundlage für eine angewandte Technologie der praktischen Magie. Magie war die primitive Entsprechung der modernen praktischen Wissenschaften, und das Denken der Priester war ein Vorläufer unserer reinen Wissenschaften, der theoretischen Astronomie, Biologie und Physik. Die archaisch-brāhmanische Forschung führte zu einer weitgehenden Identifikation verschiedenster, in ganz differenten Bereichen des Universums liegender Phänomene. Die Elemente des Makrokosmos (A) wurden gleichgesetzt den Fähigkeiten, Organen und Gliedern des Mikrokosmos (des menschlichen Organismus) (B) und beide wiederum dem ererbten und althergebrachten Opferritual (C). Das Ritual war das Hauptmittel, um mit den Mächten des Universums in Verbindung zu treten, sie gefügig und den menschlichen Wünschen und Bedürfnissen dienstbar zu machen.

Es trat jedoch mehr und mehr in den Hintergrund, als der «Weg der Erkenntnis» *(jñāna-mārga)* den «Weg der rituellen Aktivität» *(karma-mārga)* verdrängte, das heißt, als die abstrakte Philosophie der Upanishaden sich aus dem Gespinst ritueller Magie freimachte. Diese Entwicklung vollzog sich in solchen Kreisen vedischer Theologen, die sich der Pflege esoterischer Diskussionen, Meditationen und Initiationen widmeten. Damit wurde das Problem der Äquivalenz oder parallelen Struktur des Universums (A) und der menschlichen Natur (B) der einzig anwendbare Schlüssel zum Verständnis, und das Problem der Einzelheiten beim Opfer (C) wurde unwichtig. So hob eine Periode hervorragender spekulativer Forschung an, in der die geheime Übereinstimmung von Fähigkeiten und Kräften des menschlichen Körpers mit entsprechenden Mächten der Außenwelt eingehend und von allen möglichen Seiten her studiert wurde, um auf dieser Grundlage die Natur des Menschen erschöpfend auszudeuten, seine Stellung im Universum zu verstehen und damit hinter das Rätsel des allgemein-menschlichen Schicksals zu kommen.

Diese eigenartigen, auf lange Zeit durchgeführten vergleichenden Studien liefen auf zahlreiche Versuche hinaus, in denen man die Hauptkonstituenten des Mikromakrokosmos in Listen von Koordinationen, in Reihen von Gleichungen zusammenstellte[1]. So finden wir zum Beispiel in der *Taittirīya Upanishad* die Auffassung, daß die drei Elemente Erde, Feuer und Wasser ihre Entsprechung haben im Atem, der Sehkraft und der Haut des Menschen, ferner daß die Atmosphäre, der Himmel, die vier Himmelsgegenden und die vier Zwischenrichtungen einerseits dem Wind, der Sonne, dem Mond und den Sternen, andererseits dem Hören, Denken, Sprechen und Tastsinn entsprechen; während Pflanzen, Bäume, der Raum und der Leib verglichen werden mit Fleisch, Muskeln, Knochen und Mark[2]. Nicht wenige dieser Deutungen waren in ihrem übertriebenen Schematismus vorläufig und willkürlich und konnten deshalb die Nachfahren nicht überzeugen. Aber der praktische Erfolg dieser Bewegung bestand im ganzen darin, daß das Universum schrittweise depersonalisiert und die Autorität der frühen vedischen Götter untergraben wurde.

[1] Dies kann leicht verglichen werden in Humes Übersetzung der Upanishaden (a.a.O. S. 520), wenn man in seinem Index nachliest unter «correlation, or correspondence – of things cosmic and personal; – of the sacrifice and the liturgy with life and the world; – of the existential and the intelligential elements».

[2] *Taittirīya Upanishad* 1.7 (vgl. Hume, a.a.O. S. 279); vgl. oben S. 24–26.

Doch wurde es bereits gesagt: Die Götter sind in Indien nie ganz entthront worden. Sie gerieten nicht durch Kritik und Naturwissenschaft in Verfall und Auflösung, wie das den griechischen Göttern im Zeitalter der Sophisten, der Anaxagoras, Demokrit, Aristoteles und anderer widerfuhr. Die homerischen Götter verfielen der Lächerlichkeit, sie wurden verspottet wegen ihrer allzu menschlichen Liebesgeschichten und ihrer Affektausbrüche, die man unvereinbar fand mit der späteren, geistig und ethisch höheren Gottesvorstellung. Eine spätere, am Buchstaben haftende, pedantische Moralkritik nahm Anstoß an jenen Symbolbildern früher mythischer Phantasie, wie sie die Liebschaften des Zeus oder die Familienzwistigkeiten auf dem Olymp boten. Indien dagegen bewahrte sich seine anthropomorphen Personifikationen kosmischer Kräfte als lebendige Masken, als großartige himmlische *personae*, die in einer zwanglosen Weise dem Verstande ermöglichen, das zu begreifen, was man *durch* sie verkörpert glaubte. Sie blieben bestehen als brauchbare Symbole, voll Gewicht und Bedeutung, und durch sie fand man für die ewig gegenwärtigen Mächte Verständnis und Zugang. Sie dienten als Führer, waren aber auch immer zu erreichen auf dem Wege der alten Opferriten mit ihren unabänderlichen Texten, waren zu erreichen durch fromme Hingabe und private Andachtsübungen *(bhakti)*, wobei das «Ich» sich an ein göttliches «Du» wendet. Was sich in den persönlichen Göttermasken ausdrückte, das – so glaubte man – transzendierte sie, aber trotzdem wurde den göttlichen *personae* ihr Gewand nie wirklich ganz genommen. Mit dieser toleranten, liebevoll pfleglichen Haltung konnte das theologische Problem auf eine Weise gelöst werden, die den persönlichen Charakter der göttlichen Mächte für alle kultischen und alltäglichen Lebensbedürfnisse wahrte und gleichzeitig einer abstrakten, erhabenen, transzendenten Vorstellung Raum ließ, so daß auch einer höheren, über das Ritual sich hinweghebenden Stufe der Einsicht und Spekulation Genüge geschah.

Alles was in einer göttlichen *persona* – oder einer sonst greifbaren, sichtbaren oder vorstellbaren Form – ausgedrückt wird, darf nur als ein Zeichen, ein Hinweis aufgefaßt werden, der den Sinn auf ein Verborgenes aufmerksam macht, das mächtiger, umfassender und weniger vergänglich ist als alles, was sonst menschlichen Augen und Gefühlen vertraut ist. Ebenso dürfen die durch den Intellekt definierten und umschriebenen Vorstellungen und Ideen nur als hilfreiche Hinweise verstanden werden für alles, was man nicht definieren und nicht auf Namen festlegen kann. Denn das Reich der Formen *(rūpa)* sowohl wie das der Namen *(nāman)*, die Sphäre des Greifbaren wie die des Denkbaren, beide sind bloße Spiegelungen. Man kann sie nur verstehen, wenn man sie als die Manifestation von etwas Höherem, etwas Unbegrenztem erkennt, das sich *jeder* Definition versagt, mag diese nun in den Formeln einer frühen wundergläubigen Theologie oder in den Hypothesen einer späten realistisch eingestellten Wissenschaft bestehen.

In Indien erreichte die Suche nach der Urkraft auf ihrem Höhenflug eine Wirklichkeitsebene, von der aus alles Geschehen sich nur als rein temporär, rein phänomenal erweist. Diese letztwirkliche Kraft im Universum und im Menschen transzendiert die Welt der sinnlichen wie auch der begrifflichen Wahrnehmung; sie ist daher *neti neti*, «weder das *(neti)* noch das *(neti)*[1].» Es ist das, «vor dem Worte und Gedanken umkehren, denn sie erreichen es nicht»[2]. Aber dennoch gibt es keine Zweiteilung, gibt es keinen Antagonismus zwischen «wirklich» und «unwirklich» in dieser streng undualistischen Welt; denn die transzendente höchste Wirklichkeit und ihre mundane Verkörperung, sei sie nun sichtbar oder begrifflich-verbal, sind doch im Wesen eines.

Immerhin gibt es aber eine Hierarchie, eine Stufenfolge in den Manifestationen, Zuständen und Verwandlungen der allumfassenden, allentfaltenden Substanz, je nach dem Grad ihrer Intensität und Macht. Und dieses philosophische Prinzip stimmt nun auch überein mit demjenigen Ordnungsprinzip, das so wesentlich zur frühmythologischen Hierarchie gehört, wo nämlich die verschiedenen Götter je nach der Größe ihrer Machtsphären eingestuft wurden. Einige Götter, wie Indra, Soma und Varuṇa, herrschten als Könige; andere, wie Agni, waren mit den Zeichen und Würden priesterlicher Macht ausgestattet; wieder andere, von viel geringerem Range, wie die Windgötter (die Maruts), füllten die Reihen der göttlichen Kriegerscharen. Die Götterhimmel spiegeln immer lokale Sozialordnungen von Familien und Stämmen und ebenso die lokalen Sozialkonflikte wider; Gruppen und Generationen von Göttern werden von andern verdrängt und ersetzt, die jeweils die kulturellen Krisen und die Ideale ihrer Gläubigen reflektieren. Jüngere Götter gewinnen die Ober-

[1] Das ist die große Formel des Yājñavalkya, des überragenden Denkers in der Upanishadentradition. Für ihr häufiges Vorkommen in den Texten vgl. Humes Index unter «neti neti» (a.a.O. S. 511).

[2] *Taittirīya Upanishad* 2.4 (vgl. Hume, a.a.O. S. 285); vgl. oben S. 79–86.

hand über ältere, so wie Indra einst Varuṇa, und in früherer Zeit Varuṇa den großen Vater Dyaus, den Himmelsvater, verdrängte. Das entscheidende Problem für einen Theologen besteht darin, die Verbindung mit den für die Zeitbedürfnisse richtigen Gottheiten aufzunehmen und herauszufinden, welcher von den Göttern überhaupt am mächtigsten ist. Dies war aber auch das Problem einer späteren mehr philosophischen Suche, nämlich des Jñāna-mārga, wo man auch darauf ausging, einen tragfähigen Kontakt mit dem höchsten allbeherrschenden Prinzip herzustellen – hier allerdings mehr auf dem Wege *(mārga)* der Erkenntnis *(jñāna)* als auf dem des Rituals. Das höchste Prinzip kann durch Weisheit gefunden und bemeistert werden. Der Einzelne kann durch abstrakte Mittel zu einem Teil von ihm werden. Und dann wird er an dessen Wirkungskraft teilhaben, ebenso wie ein Priester teilhat an der Macht seines Gottes. Er wird allmächtig und unsterblich sein; er wird jenseits von Wechsel und Furcht, wird außerhalb des allgemeinen Untergangs stehen; und er wird Herr sein über die Fülle des irdischen und des zukünftigen Lebens.

Wie wir sahen, beschritt das brahmanische Denken die zwei Wege der makrokosmischen und der mikrokosmischen Suche. Ein frühes Stadium der ersteren wird uns in der Hymne des sogenannten Schwarzen Yajurveda geschildert, wo das höchste Prinzip sich als Nahrung *(annam)* manifestiert[1]. Die Nahrung wird als Quelle und Substanz aller Dinge verkündet. Brahman, die göttliche Substanz, gibt sich dem Priester-Seher in den folgenden eindrucksvollen und ehrfurchterweckenden Versen zu erkennen:

Ich bin der Erstgeborene des Wahren,
Den Göttern vorauf, Nabel [Zentrum und Quelle] der Unsterblichkeit.
Wer mich schenkt, der eben hält mich fest.
Ich bin Essen – Essen und Esser eß ich[2].

Der göttliche Stoff, aus dem das lebende Weltall und seine Geschöpfe bestehen, offenbart sich hier als Nahrung, die Stoff und Kraft in sich vereint. Dieser Lebenssaft baut und bildet alle Lebensformen. Wenn auch veränderlich in seinen Formen, bleibt er doch unzerstörbar. Die Geschöpfe gedeihen, indem sie sich voneinander ernähren – sich ernähren, verschlingen und erzeugen – aber die göttliche Substanz selbst lebt ohne Unterbre-

[1] Dieser Gedanke wird als ein Hauptthema in der späteren Periode der Upanishaden festgehalten. Beispiele dafür in Humes Index unter «food» (a. a. O. S. 523).
[2] *Taittirīya Brāhmana* 2.8.8 (Übers. von H. Zimmer, wie auch die folg. Zitate).

chung weiter, durch die unaufhörlichen Lebensabbrüche aller Lebewesen hindurch. So finden wir in diesem feierlichen Hymnus, im Erleben und Betrachten seines heiligen Mysteriums, das Urgesetz des furchtbaren *Arthashāstra* bestätigt: den erbarmungslosen Lebenskampf, der das Naturreich in aller Unschuld durchwaltet[1].

Der Hymnus fährt fort:

In höchster Welt ruht dieses Essen,
Von allen Göttern und Ahnen behütet ist Essen.
Was gegessen, vertan, als Spende gestreut wird,
War nur ein Hundertstel meines Leibes.

Die beiden großen Töpfe: Himmel und Erde allzumal
Füllte mit Milch einer Melkung das Scheckige.
Das mindern, vereint davon trinkend, die Frommen nicht,
Nicht mehr wird es noch weniger.

Die Lebenssubstanz, die den Weltkörper erfüllt, kreist in raschem unaufhörlichem Strom auch durch seine Geschöpfe, indem sie einander zur Beute werden, indem sie sich fressen und gefressen werden. Was aber in dieser Weise sichtbar wird, ist nur der hundertste Teil der totalen Substanz, ist nur eine schwache Andeutung des Ganzen, da der bei weitem größere Teil den Augen verborgen bleibt. Denn dieser wird in der obersten Region des Weltalls aufgehoben, behütet von den Göttern und den abgeschiedenen Ahnen, die an den himmlischen Wohnungen teilhaben. Das eigentliche Wesen dieses göttlichen Vorrats ist Überfluß; der als Welt sich manifestierende Teil ist nur ein einziger Melkertrag aus der erhabenen Quelle, der großen gefleckten Kuh. Durch die ständige Umwandlung in Energie und Substanz der Welt erfährt der unerschöpfliche Vorrat doch nicht die geringste Minderung. Die Kuh erleidet durch eine einzelne Milchspende keine Einbuße, weder an Lebenssubstanz noch an Schöpferkraft.

Der alte Hymnus fährt fort:

ESSEN ist Aufhauch, ESSEN ist Abhauch, so sagen sie,
ESSEN nennen sie Tod, eben es auch Leben,
ESSEN nennen die Brahmanen Altern [Zerfall],
ESSEN nennen sie das Zeugen der Gezeugten.

[1] Vgl. oben S. 45f. und 117.

Nahrung regiert alle Lebensprozesse. Sie schafft Energie für den lebenslangen Atemvorgang. Sie verursacht Verfall und Greisenalter, das in Tod und Auflösung übergeht; aber sie drängt auch zur Zeugung von Nachkommen, und sie baut den Körper des heranwachsenden Kindes auf.

Wertloses Essen findet der Einsichtslose.
Wahres spreche ich: sein Tod ist es.
Nicht den Freund noch den Gefährten nährt er:
Allein schuld wird der allein essende.

Ich – das ESSEN – bin Wolke donnernd regnend.
MICH essen sie [die Wesen], ich esse die anderen.
Ich bin wahrhaft seiend, todlos.
Von mir her glühen alle Sonnen.

Die gleiche göttliche Milch, die die Geschöpfe hier auf Erden durchströmt, hält die Sonne in Brand – alle Sonnen der Milchstraße. Sie verdichtet sich auch in der Wolkenbildung. Sie strömt herab als Regen und nährt die Erde, die Pflanzen und die Tiere, die von den Pflanzen leben. Der Mensch, der eingeweiht ist in dieses Geheimnis, kann niemals mit dem geizen, was ihm als Anteil von dieser überreichen Nahrung zufällt. Er wird vielmehr seinen Gefährten gern davon abgeben. Er wird den Kreislauf nicht dadurch unterbrechen wollen, daß er die Substanz für sich aufspeichert. Und aus dem gleichen Grunde wird jeder, der Nahrung in seinem Besitz hortet, sich selbst aus dem belebenden Strom der Lebenskraft ausschalten, die das ganze übrige Weltall unterhält – alle Geschöpfe der Erde, alle Wolken in ihrem Lauf und die Sonne. Solch ein knauseriger Sparer schneidet sich selbst ab vom göttlichen Stoffwechsel der lebendigen Welt. Seine Speise nützt ihm nichts: wenn er ißt, ißt er sich seinen eigenen Tod.

Das Gebot der Hymne, die aus ihren Versen tönende, feierliche Verkündigung von der heiligen Substanz, steigert sich zu einer Art kosmisch-kommunistischen Manifestes – zumindest in bezug auf die Nahrung. Nahrung soll allen Wesen gemeinsam sein. Feierlich faßt die Hymne die zu bezeugende Wahrheit in dem Satze zusammen: «Ich tue die Wahrheit kund»; damit wird ein kosmischer Fluch auf das Haupt jedes starren Individualisten herabbeschworen, der etwa darauf ausginge, nur für sich selbst zu sorgen. «Es wäre sein Tod», erklärt die Hymne; die Speise würde sich in seinem Munde zu Gift verkehren.

Die Götter sind älter als die Menschen, viel älter, aber sie sind dennoch geboren; sie sind nicht ewig, nicht aus sich selbst seiend. Sie sind nur die ersten Abkömmlinge der kosmischen Kraftsubstanz, die Nahrung ist, die früheste Selbstverkörperung dieser transzendenten Urkraft. Und da sie geboren wurden, müssen sie auch sterben. Es kann kein ewiges Sein geben für Geschaffenes, individuell Geformtes. Wenn dies aber für die Götter gilt, wie dann nicht auch für geringere Wesen? Im Ein- und Aushauchen des Lebensatems, im Zeugen von Nachkommen und im Dahinwelken halten die zahllosen Organismen aller Daseinsbereiche die Phasen eines einzigen, rhythmischen, unentrinnbaren Verwandlungsprozesses in Gang. Sie verkörpern und erleiden die Metamorphosen einer Substanz, deren eigentliches Wesen ewige Frische, nie welkende Unsterblichkeit ist. Genährt von der göttlichen Substanz in Form anderer Wesen und wiederum diesen selber zur Nahrung werdend, lebt jedes Einzelwesen nur einen Augenblick lang in dem großartigen universalen Verwandlungsspiel, in dem lebhaften Maskentreiben; denn diese tolle Preisgegebenheit, die das Spiel um die Nahrung charakterisiert, gehört zum Zustand des Maskendaseins. Was hinter der Maske steckt, ist immer das gleiche: «die Quelle», «das Zentrum», die anonyme göttliche Lebenskraft, die kein Gesicht hat und doch die Masken aller Gesichter des Lebens trägt.

Trost findet der Einzelne nur in dem Wissen, daß in und hinter seinem Untergang das Unzerstörbare liegt, das Kern und Wesen seiner selbst eigentlich ausmacht. Erlöst wird er vom Untergang, wenn er sich eins fühlt nicht mit der Maske, sondern mit deren allesdurchdringender, ewig lebendiger Substanz. Und mit ihr eins werden durch Weisheit heißt, sich ihrer Wirklichkeit fügen, indem man die rechte Haltung hinsichtlich Nahrung und Ernährer einnimmt. Das Geheimnis vom Einssein aller Dinge im göttlichen Wesen wird sich dann im alltäglichen Leben offenbaren. Wenn man sich der differenzierenden, unterscheidenden Denkweise enthält – diese Denkweise veranlaßt oppositionelle Individuen, sich abzusondern, sie treibt jedes Ich in krampfhafte Isolierung und in das Ringen um die bloße Selbsterhaltung um jeden Preis –, dann fühlt man sich nicht mehr im Banne persönlicher Vergänglichkeit gebunden. Dann sieht man alle Dinge an als Manifestation einer einzigen, vielfach abgewandelten, aber ewig dauernden Substanz, von der auch unser eigenes Dasein nur ein flüchtiges Gebilde ist. Solch ein Wissen verändert wie durch Zauberei den Anblick dieses scheinbar erbarmungslosen Daseins und gewährt unverzüglich das Gnadengeschenk des Friedens.

Die Nahrungshymne erhebt somit ihre Stimme für das gleiche «Welten-Ja», das Jahrhunderte später den Tantrismus mit seiner berühmten Devise «Wer sucht Nirvāṇa?»[1] auszeichnet. Das Körperreich der Māyā, das wie ein Schleier die Wahrheit verhüllt, es ist auch gleichzeitig die Selbstoffenbarung der Wahrheit. Alles ist Maske, alles ist Gebärde der Selbstoffenbarung. Die dunklen Seiten des Lebens (Tod, Verlust und Kummer) bilden das Gegengewicht für die hellen (Erfüllung und Glück); beide Seiten wechseln sich ab, wie die himmlischen und höllischen Mächte beim Aufbau des Weltalls, wie die milde Güte der Götter und der selbstsüchtige, grausame, zersetzende Ehrgeiz der Dämonen. Um den kaleidoskopartigen, ewig wechselnden, fließenden Aspekt der Welt zu ertragen, bedarf es der Annahme der Totalität; das heißt, es ist notwendig, den allzu natürlichen, egoistischen Anspruch aufzugeben, als ob Leben und Welt sich auf den kurzsichtigen, engbrüstigen Zustand eines ichhaften Gliedes des Ganzen einzustellen hätte, eines Gliedes, das alles aus seiner Betrachtung ausschließt, was sich außerhalb seiner beschränkten persönlichen Sicht befindet.

Nichtwissen könnte man als die Kurzbeinigkeit des Menschen bezeichnen, im Gegensatz zur Reichweite des göttlich-kosmischen Menschen, Vishṇus, der mit drei Riesenschritten Erde, Luft und Himmel schuf, indem er bei jedem Schritt einfach seine Fußsohle dort aufsetzte, wo zuvor leerer Raum war. Die kosmische Dynamik, deren winzige Manifestationen wir selber sind, kann so wenig in unserem Hirn Platz finden wie im Hirn einer Ameise; denn das Weltall ist die hehre Offenbarung einer absolut transzendenten Substanz. Wir dürfen froh sein, wenn wir sie, entsprechend dem Range unseres egozentrischen Sinnes- und Denkvermögens, zu einem geringen Teil verstehen. Obschon in jedem Augenblick durch seine Vergänglichkeit gezeichnet, ist der Weltenwirbel selbst von ewiger Dauer, ewig wie die verborgene Kraft, aus der er stammt. Er ist von ewiger Dauer eben gerade durch die Flüchtigkeit der fortwährend aufscheinenden und wieder verschwindenden Erscheinungen all seiner vergänglichen Formen. Und gerade weil *diese* zerbrechen, ist *er* von ewiger Dauer. Die Wolkenschatten von Tod und Verlust verfinstern das Antlitz der Welt in jeder Sekunde; sie jagen unter dem Mondenschein und unter dem Sonnenlicht hin, aber sie vermögen nicht das Licht, nicht die Fülle der Lebens-

[1] Vgl. unten, S. 498ff., und oben, S. 67, Anmerkung des Herausgebers, und Anhang B.

lust in der ewigen Fortzeugung neuer Formen zu überbieten. Die Welt ist trotz ihrer Schmerzen geradezu von sich selbst hingerissen, sie zählt die Wunden nicht, die der Lebensprozeß ihr schlägt; so wenig wie Liebende in ihrer Verzückung sich darum kümmern, daß Küsse schmerzen können, oder ein Kind beim Genuß von Eiscreme sich daran stößt, daß die Kälte ein bißchen weh tut. Es hängt immer alles nur davon ab, worauf es wirklich ankommt. Für die Nahrungshymne liegt der Nachdruck auf dem dionysischen Aspekt der Welt. Die beständige Mischung und Umformung von Gegensätzen durch eine rücksichtslose vitale Dynamik – die sogar nach Schmerzen ruft, um die Heftigkeit der Lust auszugleichen und zu steigern – hält es ohne Zögern, kraftvoll und freudig mit jener ungeheuren orientalischen Bereitschaft, das ganze Ausmaß des Weltalls hinzunehmen. Und diese leidenschaftliche Bejahung ist nun, wie wir finden werden, ganz besonders charakteristisch für den Hinduismus.

Shiva, der kosmische Tänzer, der göttliche Herr der Zerstörung, wird gleichzeitig beschrieben als das Muster asketischer Inbrunst und als Vorbild eines rasenden Liebhabers und treuen Gatten[1]. Die alexandrinischen Griechen erkannten in ihm die Hindu-Form ihres Dionysos, und in ihrer typisch abendländischen Art bezeichneten sie ihren eigenen Gott als denjenigen, der Indien im Triumph betreten und erobert habe. Soweit wir aber wissen, haben die Brahmanen den dynamischen, dionysischen Aspekt des Weltalls gepriesen, lange bevor der weinlaubbekränzte «Zweimalgeborene» die Täler Griechenlands mit seiner wilden Schar betrat und bei den vernünftig-nüchternen Weltlenkern im orthodoxen griechischen Olymp Bestürzung und Empörung erregte.

Vom Anbeter eines solchen Gottes wird nicht gefordert, daß er Namen und Formen *(nāmarūpa)* verehre, sondern die Dynamik: jenen kosmischen Sturzbach flutender Entfaltungen, der unaufhörlich Einzelwesen hervorbringt und – ein Niagara, dessen Tropfen wir sind – im Brausen und Schäumen seines siedenden Sturzes wieder hinwegschwemmt. Diese Einstellung ist es, die in der tantrischen Periode des indischen Denkens entscheidend hervorbricht: das sterbliche Individuum identifiziert sich mit dem Prinzip, dem es seine Existenz verdankt, das es herausschleudert und dann wieder hinwegfegen wird; der Einzelne fühlt sich als Teil dieser höchsten Kraft, als ihre Manifestation, als einen Teil ihres Schleiers und Spiels. Man unterwirft sich der Totalität. Man stimmt sein Ohr sowohl auf

[1] Vgl. Zimmer, *The King and the Corpse*, S. 264–316.

die dissonierenden wie auf die konsonierenden Saiten der kosmischen Symphonie ab und betrachtet sich selbst als einen kurzen schnellen Übergang, eine flüchtige Melodie, die eben anhebt, dann schnell wieder verklingt und nicht mehr zu hören ist. Wenn der Einzelne seine Rolle und seinen Anteil am ewigklingenden, lust- und leidvollen Lebenslied in diesem Sinne begreift, dann gibt es für ihn keine Trauer beim Anblick der Leiden von Tod und Geburt, keine Trauer um die Enttäuschung seiner persönlichen Hoffnungen. Das Leben wird nicht mehr bewertet nach Kummer und Sorgen. Leiden und Freuden des Tageslaufes werden aufgehoben in der Ekstase.

«Wer sucht Nirvāṇa?» Das Verstehen der Lebensabläufe, die in unterschiedlichen Dichtheitsgraden hervorgehen aus der Ursubstanz, dem Einen und Einzigen, dem innersten Selbst und Kern alles Seienden, der «Heiligen Kraft» – dem Brahman-Ātman – kann nicht mit logischen Mitteln erlangt werden; denn die Logik verwirft als absurd und hält für unmöglich, was gegen die Regeln der Vernunft geht. So ist zum Beispiel 1 plus 1 logischerweise 2, niemals aber 3 oder 5, auch kann 1 plus 1 niemals zu 1 zusammenschrumpfen. Die Sache verhält sich jedoch ganz anders auf dem Gebiet der natürlichen Lebensprozesse, wo sich täglich und überall und mit Selbstverständlichkeit höchst unlogische Vorgänge abspielen. Die Lebensgesetze sind nicht logischer, sondern dialektischer Art; die Argumente der Natur nicht solche der Vernunft, sondern eher solche unserer alogischen Verdauungs- und Zeugungsorgane, das heißt der vegetativ-animalischen Seite unseres Mikrokosmos. In dieser Sphäre der biologischen Dialektik, der Sphäre der alogischen Natur- und Lebenskräfte pflegt die Rechnung 1 plus 1 gleich 2 nicht allzu lange zu gelten.

Nehmen wir zum Beispiel an, die eine 1 sei ein männliches, die andere 1 ein weibliches Wesen. Wenn sie zusammenkommen, so sind sie zunächst nur 1 plus 1 gleich 2; wenn sie sich aber liebgewinnen und ihr Schicksal zusammenlegen, dann gilt, daß 1 plus 1 gleich 1 wird «in guten und bösen Tagen». Das heilige Sakrament – zumindest in seiner älteren feierlichen, magischen Form, wie sie der römisch-katholische Ritus beibehalten hat – legt größten Nachdruck darauf, daß die zwei nun «ein Fleisch» seien *(una caro facta est)*. Gerade dieses wirkliche Einssein aber nimmt den Makel, den Verdacht, den Beigeschmack der Sünde hinweg, der nach dem asketischen Christenglauben jedem Akt fleischlicher Beziehung zwischen den Geschlechtern anhaftet. Der Umstand, daß die zwei durch die verwandelnde Kraft des Sakraments zu eins geworden sind, enthebt das verheiratete Paar der *concupiscentia*, der Sündhaftigkeit, und heiligt ihre geschlechtliche Vereinigung. So verschmilzt durch eine magische Verwandlung ausdrücklich 1 plus 1 zu 1, und die sakramentale Formel bestätigt nur, was alle wahrhaft Liebenden im tiefsten Grunde erleben, wenn sie sich gefunden haben und vereint wissen in der beglückenden Aussicht, daß für die Dauer ihres Lebens ein einziger gemeinsamer Weg vor ihnen liegt.

Indem die Alchemie der Natur zwei Herzen in gemeinsamer Glut verschmelzt, reduziert sie das 1 plus 1 zu einem 1-aus-2-gemacht. Aber dabei bleibt die Natur als Alchemistin nicht stehen. An Stelle der normalen Multiplikationstafel, die wir in der Schule lernen und in Geschäften und Alltagsrechnungen anwenden, folgt die Natur einer Hexen- oder Zauberermultiplikation – dem Hexeneinmaleins, wie Goethe es im Faust nennt. Bald nachdem 1 plus 1 gleich 1 wurde, pflegt aus dem Ehepaar eine Dreiheit zu werden; das erste Kind wird geboren. Und wenn der Entwicklung nicht durch ein vorbedachtes Planen Einhalt geboten wird, dann entsteht eine beliebig große Reihe. Die 1, die aus 1 plus 1 entstanden war, kann nun zu 4, 5, 6, ja zu einer potentiell unendlichen Reihe anwachsen. Hinzu tritt die erstaunliche Tatsache, daß jede weitere Einheit potentiell die ganze biologische Erbmasse der ersten Elterneinheit in sich trägt und in die Zukunft weitergibt; kommen doch auch Wesenszüge zum Vorschein, die in beiden Partnern der ursprünglichen 1, aus 1 plus 1 gemacht, latent waren.

Wenn das mythische Denken eine Vielfalt von göttlichen Kräften und Gestalten aus der einen Urquelle oder Ursubstanz hervorgehen läßt, so entspricht dies der dialektischen Daseinserklärung. Und das brahmanische Denken mit seinen glänzenden, während der Upanishadperiode entwickelten Formulierungen psychologischer Selbstanalyse weist auf die gleiche Art dialektischer Entwicklung im menschlichen Bewußtsein hin, und zwar folgendermaßen. Der tiefe Schlaf *(sushupti)* könnte, vom Standpunkt des Wachbewußtseins *(vaishvānara)* oder des im Traumweben vorhandenen Bewußtseins *(taijasa)* aus betrachtet, wie ein Zustand reinen Nicht-Seins *(a-sat)* erscheinen; immerhin aber ist es diese reine Leere, aus der die Träume emportauchen, wie Wolken sich in der Leere des Firmaments zusammenballen; und aus dem gleichen unbewußten Zustand bricht außerdem auch das Wachbewußtsein unvermittelt hervor. Dann aber ist es wiederum diese Leere, in die der kleine Kosmos des menschlichen Wachbewußtseins sich auflöst und im Schlafe dahinschwindet[1]. So kann man sagen, daß das Auftauchen von Träumen und der Übergang des Bewußtseins vom Schlaf zum Wachen zwei Stadien oder zwei Spielarten einer ständig wiederkehrenden, täglich sich wiederholenden Kosmogonie im Kleinen oder auch ein Weltschöpfungsprozeß innerhalb des Mikrokosmos sei. So wie das ungeheure Weltall sich aus einem solch transzendenten geheimen Quell herausgestaltet – aus jener Substanz ohne Namen und Gestalt, die unbeeinflußt bleibt von der ungestümen Ausströmung – genau so geschieht es sowohl dem geheimnisvollen Traum-Ich, das seine eigenen Landschaften und Abenteuer in den Träumen entfaltet, wie auch dem sichtbaren greifbaren Individuum, das sich im Erwachen seiner selbst bewußt wird: beide enttauchen für kurze Zeit jener innersten geheimsten Substanz, die das Selbst genannt wird und die den Urgrund aller menschlichen Lebensäußerungen und -erfahrungen bildet. Mit anderen Worten: das makrokosmische Selbst *(brahman)* und das mikrokosmische *(ātman)* erzeugen parallele Wirkungen. Sie sind ein und dasselbe, nur von zwei verschiedenen Aspekten her gesehen. Wenn nun der Mensch mit dem Selbst, das er in sich trägt, in Verbindung kommt, so gelangt er in den Besitz der göttlich-kosmischen Kraft und steht in seinem Mittelpunkt ruhig und fest über allen Ängsten, Kämpfen und Wechselfällen. Dieses Ziel zu erreichen ist der eine und einzige Zweck des vedischen und vedantischen Denkens.

Wir haben es hier mit einer Philosophie des Lebensstoffes und der Lebenskraft zu tun, einer Philosophie, die sich mehr mit dem Lebensprozeß und dem Körper als mit Seele und Geist befaßt. Deshalb war das Denken der brahmanischen Tradition so leicht mit der frühen Mythologie der Veden in Einklang zu bringen, denn diese haben ja ihrerseits die gleichen vitalen Prinzipien und Vorgänge bildhaft dargestellt. Und sofern wir nicht nur Seele, nicht nur körperloser Geist sind, geht uns alle diese Art des Philosophierens etwas an. Ihre Hauptaufgabe ist es, das wahre Wesen unseres sichtbaren Daseins abzugrenzen und zu definieren; dann auch den Aspekt der dynamischen Totalität herauszufinden, mit der wir uns identifizieren müssen, wenn wir mit dem Problem unserer Existenz fertigwerden wollen. Sind wir identisch mit unserer Körperhülle? Oder müssen wir doch vielleicht unser eigenstes Wesen suchen mit Hilfe jener Gemüts- und

[1] Vgl. unten S. 324–325 und 333 ff.

Geisteskräfte, die dem unsichtbaren Wesen, Seele genannt, entstammen? Oder wäre es sogar möglich, daß es etwas gäbe jenseits nicht nur des greifbaren Körpers, sondern jenseits auch der begreifbaren Merkmale und Vorgänge der unsichtbaren Seele, ein Etwas, das, in uns als Quelle und stille Führungskraft wohnend, sowohl Körper wie Seele mit Leben erfüllt? Was sind wir? Was können wir vernünftigerweise erhoffen?

Diese brennenden Fragen können nicht durch eine ontologische Analyse gelöst werden. Metaphysische Argumente bringen keine Lösung. Wir müssen zu den Wurzeln gelangen, die dem analysierenden, erwägenden Verstand genau so wie seinem Träger, dem Körper, zugrunde liegen und die beide am Leben erhalten. Der Verstand selbst ist für diese Aufgabe nicht geeignet (vgl. Kant, *Kritik der reinen Vernunft*) und sollte beiseite gelassen werden.

In der früh-vedischen Zeit wurde die Aufgabe des transzendierenden Verstandes durch den «Weg der Hingebung» *(bhakti-mārga)* vollzogen; bedingungslose Hingabe nämlich an die symbolischen Götterpersönlichkeiten und langwierigen Riten ununterbrochenen Gottesdienstes. Im Laufe der folgenden Jahrhunderte richtete sich die Konzentration der Philosophen auf das Innen, und das Ziel wurde auf einem inneren Wege gesucht. Aber auf beiden Wegen konnte die Gnade der spendenden Lebenskraft gewonnen werden. Eine festgegründete, vollkommen sichere Position wurde erreicht, in der das dynamische Schauspiel der Erscheinungen und das ewige Fortwirken des lebenspendenden Prinzips erfahren werden konnte als das eine und immer gleiche erhabene Mysterium – das Mysterium jenes absolut transzendenten, reinen Seins, das den werdenden Formen der Erscheinungswelt immanent ist und sich teilweise in ihnen verkörpert.

2. DIE UPANISHADEN

Die schöpferischen Philosophen aus der Periode der Upanishaden versenkten sich in das Problem des Ātman und wurden dadurch zu geistigen Pionieren und Freidenkern ihrer Zeit. Sie überwanden die traditionellen theologischen Anschauungen über den Kosmos, aber, wie wir sahen, überwanden sie sie, ohne sie zu zerstören oder auch nur zu kritisieren. Denn die Sphäre, in der ihr Denken sich bewegte, war eine ganz andere als die, welche die Priester für sich in Anspruch nahmen. Sie kehrten der äußeren Welt den Rücken, jener Welt, die durch die Mythen gedeutet und durch komplizierte Opferriten im Gleichgewicht gehalten wurde; denn sie hatten etwas gefunden, das ihre Aufmerksamkeit viel stärker anzog: sie hatten die Innenwelt entdeckt, den inneren Kosmos im Menschen selbst und darin das Mysterium des Selbst. Diese Entdeckung trug sie weit hinaus über den Bezirk der zahlreichen anthropomorphen Gottheiten, die nach althergebrachter Vorstellung den Makrokosmos und die Sinnesfunktionen des mikrokosmischen Organismus lenkten. Den nach innen gewandten brahmanischen Philosophen blieb daher jener heftige Zusammenstoß mit den Priestern und der Vergangenheit erspart, den ein Demokrit, ein Anaxagoras und andere griechische Naturphilosophen erleben mußten, als ihre wissenschaftlichen Erklärungen der Himmelskörper und anderer Phänomene des Universums in Widerspruch gerieten zu den von den Priestern aufrechterhaltenen und von den Göttern gestützten Vorstellungen. Die Sonne konnte ja nicht gleichzeitig ein anthropomorphes Götterwesen mit Namen Helios und eine leuchtende Kugel aus glühender Materie sein. Man hatte sich für die eine oder andere der beiden Anschauungen zu entscheiden. Wenn jedoch – wie das in Indien der Fall war – das Hauptanliegen des Philosophen einem Mysterium gilt, dem in der anerkannten Theologie nur eine metaphysisch-anonyme, aller Anthropomorphisierung entzogene und bloß als unbeschreibbarer Urgrund des Kosmos verehrte Konzeption entspricht (ein *ens entis*, mit dem das polytheistische, konkretere, volkstümliche Ritual nicht unmittelbar zu tun hat), dann gibt es weder Gelegenheit noch Möglichkeit für einen offenen theologisch-philosophischen Konflikt.

Indessen bewirkte die neue Denkrichtung doch eine sehr bedenkliche Entwertung der Ritual-Theologie und des sichtbaren Universums, auf das diese gerichtet war. Denn statt der frommen Hinwendung zu den Göttern und zur äußeren Welt widmete die neue Generation ihre ganze Aufmerksamkeit ausschließlich dem alles transzendierenden, wahrhaft überirdischen Prinzip, aus dem die Kräfte und Erscheinungen und die göttlichen Lenker der Naturwelt erst hervorgingen. Ja, mehr noch: diese schöpferischen Denker fanden jenes Prinzip sogar in sich selbst und traten dort mit ihm in Verbindung. So geschah es, daß die geistige Energie, die bisher auf das Studium und die Entwicklung einer Technik zur Bewältigung göttlicher und dämonischer Kräfte im Kosmos verwandt worden war – einer Technik, die aus einem weitläufigen System von Sühnopfern und Beschwörungsformeln bestand –, daß diese Energie sich nun auf das Innere richtete, wo sie mit der erhabensten Lebenskraft selbst in Berührung kam. Die kosmische Energie wurde dort aufgefangen, wo sie entsprang, dort, wo ihre Macht und Fülle am stärksten war. Deshalb gerieten alle jene sekundären, bloß abgeleiteten Energieströme, die durch die magische Technik des Priesterrituals eingedämmt, kanalisiert und für menschliche Zwecke nutzbar gemacht waren, in den Hintergrund. Im indischen Denken verloren nicht nur die Götter, sondern auch die ganze äußere Welt an Bedeutung.

«Der große Weise Yājñavalkya», so lesen wir, «kam einst zu Janaka, dem mächtigen Herrscher von Videha. Und der Weise gedachte jenem nichts zu offenbaren [er hatte nur vor, sich eine Gabe zu erbitten]. Der gleiche Janaka aber hatte schon einmal früher ein Gespräch mit Yājñavalkya gehabt, und damals hatte Yājñavalkya dem Herrscher eine Gunst zugestanden. Da hatte Janaka um die Erlaubnis gebeten, in Zukunft alles fragen zu dürfen, was er wolle, und Yājñavalkya hatte dieser Bitte zugestimmt. Als nun der Weise zu seiner Audienz kam, überfiel ihn Janaka sofort mit einer Frage.

«,Yājñavalkya', sagte der Fürst, ,welches Lichtes bedient sich der Mensch?' ,Des Lichtes der Sonne, o König!' antwortete er. ,Beim Licht der Sonne sitzt man, geht man umher, verrichtet man ein Werk und kehrt man heim.' ,So ist es, Yājñavalkya.'

,Wenn aber, Yājñavalkya, die Sonne untergegangen ist, welches Lichtes bedient sich dann der Mensch?' ,Des Lichtes des Mondes, o König!' antwortete er. ,Beim Lichte des Mondes sitzt man, geht man umher, verrichtet man ein Werk und geht man heim.' ,So ist es, Yājñavalkya!'

,Wenn aber, Yājñavalkya, die Sonne untergegangen und der Mond untergegangen ist, welches Lichtes bedient sich dann der Mensch?' ,Des Lichtes des Feuers', antwortete er. ,Beim Lichte des Feuers sitzt man, geht man umher, verrichtet man ein Werk und kehrt man heim.' ,So ist es, Yājñavalkya.'

,Wenn aber, Yājñavalkya, die Sonne untergegangen ist, der Mond untergegangen ist und das Feuer erloschen ist, welches Lichtes bedient sich dann der Mensch?' ,Des Lichtes der Stimme, o König', antwortete er. ,Beim Lichte der Stimme sitzt man, geht man umher, verrichtet man ein Werk und kehrt man heim. Daher kommt es, o König, daß man, wenn man sogar die eigene Hand nicht zu erkennen vermag, sich dorthin begibt, wo eine Stimme ertönt.' ,So ist es, Yājñavalkya.'

,Wenn aber die Sonne untergegangen, der Mond untergegangen, das Feuer erloschen und die Stimme verhallt ist, welches Lichtes bedient sich dann der Mensch?'» Da war der Weise in die Enge getrieben. «,Ātman das Selbst', erklärte er, ,wird sein Licht. Beim Lichte des Selbst sitzt man, geht man umher, verrichtet man ein Werk und kehrt man heim.'» Der Herrscher war zufrieden. Aber das Gespräch mußte noch zu seinem Ziel kommen. «,So ist es, Yājñavalkya; was aber, unter den vielen Prinzipien im Menschen, ist das Selbst?'» Erst als diese Frage gestellt war, begann der Weise endlich den König zu unterweisen[1].

Das Selbst, über das Yājñyavalkya den König Janaka unterrichtete, war das gleiche, das auch alle die anderen großen Meister der neuen Weisheit lehrten. Um davon eine wenn auch nur geringe Vorstellung zu geben, seien eine Anzahl typisch brahmanischer Gleichnisse und Metaphern angeführt, wie sie in jener fruchtbaren Periode der Upanishaden im Überfluß erdacht wurden.

Ghaṭasaṁvṛtam ākāśam nīyamāne ghaṭe yathā,
ghaṭo nīyeta nākāśam tathā jīvo nabhopamaḥ.

«Raum ist umgrenzt durch einen irdenen Krug. So wie der Raum nicht fortgetragen wird, wenn man den Krug entfernt [von einer Stelle zur andern], so ist es mit Jīva, [das ist das im Gefäß des feinen und groben Leibes enthaltene Selbst]: wie der unendliche Raum [bleibt er unbewegt und unbetroffen][2].»

Es ist für den Raum gleichgültig, ob er innerhalb oder außerhalb des Kruges ist. Gleichermaßen wird das Selbst nicht leiden, wenn der Leib zerfällt:

Ghaṭavad vividhākāraṁ bhidyamānaṁ punaḥ punaḥ,
tad bhagnaṁ na ca jānāti sa jānāti ca nityaśaḥ.

«Die verschiedenen Formen zerfallen wieder und wieder, gleich irdenen Krügen. Er weiß nicht, daß sie zerbrechen müssen, und dennoch weiß er es ewiglich[3].»

Das Selbst weiß nichts von Körpern. Sie können zerbrochen, sie können heil sein. Das Selbst ist der Kenner seiner eigenen undifferenzierten Fülle,

[1] *Brihadāraṇyaka Upanishad* 4. 3. 1–7, nach Boethlingk.
[2] *Amritabindu Upanishad* 13. (Bei P. Deussen: *Brahmabindu Upanishad.*)
[3] Ebenda 14.

die außerhalb aller Form steht, wie das Element Äther außerhalb aller Form steht. Und wie das Element Äther als das erstgeborene der fünf Elemente[1] alle Eigenschaften der übrigen vier sowie alles, was aus diesen hervorgehen kann (alle Objekte und Gestalten der sinnlichen Erfahrung), potentiell schon enthält, so ist es mit dem Selbst, das die einzige Wirklichkeit, die Quelle aller Dinge ist.

Yathā nadyaḥ syandamānāḥ samudre
astaṁ gacchanti nāmarūpe vihāya,
tathā vidvān nāmarūpād vimuktaḥ
parātparaṁ puruṣam upaiti divyam.

«Wie die strömenden Flüsse zur Ruhe kommen im Ozean und hinter sich lassen Namen und Gestalt, so geht der Wissende, von Namen und Gestalt befreit, ein in diesen göttlichen Menschen *(purusha)*, der jenseits alles Jenseitigen ist *(parātparaṁ:* höher als das höchste, das Transzendente transzendierend)[2].»

Gleichnishafte Schilderungen werden vervielfacht und aneinandergereiht zu einer Kette von klassischen Bildern, die sich wie ein Kranz um das Mysterium des Selbst schlingen. «Brich die Feige auseinander.» «Schütte dies Salz ins Wasser.» «Genau so wie durch ein Stück Lehm alles aus Lehm Gemachte erkannt werden kann.» «Mögen auch die verschiedenen Formen zerbrechen, er weiß nicht einmal, daß sie zerbrochen sind.» «Diese ganze Welt hat das als ihre Seele in sich; das ist *Wirklichkeit;* das ist Ātman; das bist du, Shvetaketu[3].»

«Das bist du» *(tat tvam asi)*, dieses Wort des alten Brahmanen Āruṇi an seinen Sohn, es wird zur «großen Formel» *(mahāvākya)* vedantischer Wahrheit, und es führt das ganze gewaltige Naturschauspiel auf seine eine, alles durchdringende, allerfeinste, absolut untastbare, verborgene Substanz zurück. Shvetaketu lernt bei seiner Unterweisung, hinter das sichtbare, in der vedischen Hymne vom Essen gefeierte Prinzip zu schauen; denn der Gedanke, daß die Nahrung die sichtbare und greifbare, in ihren verschiedenen Manifestationen die höchste Substanz des Weltalls sei, hat sich inzwischen längst überlebt. Die Lebenssubstanz wird jetzt verstanden als etwas

[1] Luft, Feuer, Wasser und Erde werden in dieser Reihenfolge als aus dem Äther entstanden gedacht.

[2] *Muṇḍaka Upanishad* 3. 2. 8.

[3] *Chandogya Upanishad* 6. Vgl. oben S. 301–303.

Unsichtbares (wie das Leere im Samen der Feige), etwas Alldurchdringendes (wie das Salz in einem Gefäß voll Wasser), etwas Ungreifbares, aber doch als die letzte Substanz hinter allen Phänomenen. Man kann sie wie das aufgelöste Salz gewahr werden, aber nicht fassen, sie ist von höchster Feinheit wie das im Innersten des Samenkörnchens Wesende. Deshalb soll sich der Mensch nicht für ein grobstoffliches, greifbares Individuum halten, auch nicht für ein feingeistiges Wesen, sondern für das Prinzip, das jene hervorbringt. Alle Dinge, die sich verkörpern, sollen erkannt werden als seine «Wandlungsformen» *(vikāra)*. Die Formen sind zufällig. Überdies sind sie zerbrechlich. Töpfe zerbrechen, aber der Lehm bleibt bestehen. *Tat tvam asi* will sagen: «Du mußt dir dessen bewußt sein, daß dein innerstes Wesen identisch ist mit der unsichtbaren Substanz jeglichen Dinges.» Dieser Gedanke bedeutet die strenge Abkehr von der differenzierten Welt individueller Erscheinungen. Damit wurden in der hierarchischen Stufenfolge der Wirklichkeit die groben und die feinen Formen der Welt auf einen erheblich niedrigeren Rang verwiesen als den der gestaltlosen Leere.

Dve vāva brahmano rūpe mūrtam cāmūrtam ca,
atha yan mūrtan tad asatyam yad amūrtam tat satyam,
tad brahma yad brahma taj jyotiḥ.

«Wahrlich, es gibt zwei Arten des Brahman: die gestaltete und die gestaltlose. Nun aber ist die gestaltete unwirklich *(asatyam)*, die gestaltlose aber ist wirklich *(satyam)*, ist Brahman, ist Licht.»

«Licht», so geht der Text weiter, «das ist die Sonne, und selbst sie hat die Silbe OM als ihr Selbst[1].»

Um den Begriff des absolut Gestaltlosen zu entwickeln und zu seinen letzten Folgerungen zu treiben, brauchte es Zeit. Die Suche nach dem «wirklich Wirklichen» blieb deshalb auch für eine Zeitlang gebunden an Phänomene wie die Sonne im Makrokosmos (als Urquell des Lichtes), der Lebensatem *(prāṇa)* im Mikrokosmos (als Ursprung des Lebens) und die rituelle Silbe OM. Diese drei Begriffe verschwinden nicht mehr aus den Texten und dienen heute noch als vorbereitende Stützen. Schließlich aber wurde doch der kühne Schritt gewagt und das Ziel einer absoluten Transzendenz erreicht.

Im Bereich des menschlichen Bewußtseins ließen sich unschwer drei Zustände oder Ebenen erkennen:

[1] *Maitrī Upanishad* 6. 3. Zu *satya* und *asatya* vgl. oben S. 159–160.

1. der Wachzustand, wo die Sinneskräfte nach außen gerichtet sind und die Wahrnehmung sich auf die groben Körper erstreckt;

2. der Traumzustand, das Reich der feinstofflichen Körper, die ihre eigene Leuchtkraft und ein magisches Fluidum haben; und

3. der selige Zustand traumlosen Tiefschlafes.

Vom zweiten dieser Zustände glaubte man, daß er Einblick gewähre in die feinstofflichen, die unter- und überirdischen Sphären der Götter und Dämonen, die es sowohl innen wie außen gibt[1]; diese Welt war jedoch nicht weniger unerfreulich als die des Wachbewußtseins, denn auch sie war beladen mit Schrecken, Leiden, Täuschungen und unaufhörlichem Wechsel. Es bestand also kaum die Versuchung, diese Sphäre mit der des vollkommenen Seins gleichzusetzen. Der selige Zustand traumlosen Schlafes aber war etwas anderes; ihn störten nicht die Wechselfälle des Bewußtseins, er schien vielmehr die volle Rückkehr der Lebenskräfte zu ihrem wahren Zustand des «Fern-und-für-sich-Seins» *(kaivalya)*, des Seins in und durch sich selbst, darzustellen. Es hat den Anschein, als sei dieser Gedanke auch im Sāṅkhya angestrebt worden[2]. Indessen erhebt sich unabweisbar die Frage, ob dieser Zustand, der eine Herabminderung, ja eine vollständige Aufhebung des Bewußtseins mit sich bringt, wirklich das höchste Ideal, die höchste Form geistigen Lebens darstellen könne[3].

In einem berühmten Dialog mit seiner geliebten Gattin Maitreyī sagt der weise Yājñavalkya, daß es für den erlösten und vollendeten Wissenden nach dem Tode kein Bewußtsein gebe, weil dann alle Gegensatzpaare, alle Dualismen, auch die Unterscheidung von Subjekt und Objekt, verschwunden sein würden.

«Wenn es eine Zweiheit gäbe, dann würde einer den anderen sehen, einer den anderen riechen, einer den anderen schmecken, einer zum anderen reden, einer den anderen hören, einer an den anderen denken, einer den anderen berühren, einer den anderen erkennen. Wenn einem aber alles zum Selbst geworden ist, womit und wen sollte er dann sehen? womit und wen sollte er dann riechen? womit und wen sollte er dann schmecken? womit und zu wem sollte er dann sprechen? womit und wen sollte er dann hören? womit und an wen sollte er dann denken? womit und wen sollte er berühren? womit und wen sollte er erkennen? womit sollte er den er-

[1] Die Himmel und Höllen betrachtete man als makrokosmische Entsprechungen des Reiches, das im Traum betreten wird.

[2] Vgl. oben S. 298. [3] Vgl. Humes Index, unter «sleep» (a.a.O. S. 534).

kennen, durch den er dieses All erkennt? ... Sieh her, womit sollte er den Erkenner erkennen?

Dieses Selbst *(ātman)*, es ist nicht dieses und nicht das *(neti, neti)*. Es ist ungreifbar, denn es kann nicht gegriffen werden; unzerstörbar, denn es kann nicht zerstört werden; es ist unhaftbar, denn es haftet nichts an ihm; es ist ungebunden, es zittert nicht, es leidet keinen Schaden[1].»

Das Selbst läßt sich nicht leicht erkennen. Es kann nur mit äußerster Anstrengung erfaßt werden. Jede Spur der normalen Wachheitseinstellung, die so nötig und wichtig ist für den täglichen Existenzkampf *(artha)*, die Lustbefriedigung *(kāma)* und die Erlangung von Rechtschaffenheit *(dharma)*, muß ausgetilgt werden. Der wahre Sucher nach dem Selbst muß zu einem Introvertierten, den weltlichen Zielen ganz und gar Abgewandten werden, ja er muß der Fortsetzung seiner individuellen Existenz gleichgültig gegenüberstehen. Denn das Selbst überschreitet den Bereich der Sinne und des Intellekts, es überschreitet sogar die Tiefe intuitiver Erkenntnis *(buddhi)*, die doch die Quelle der Träume und die Hauptstütze für die äußere Persönlichkeit bildet. «Der Schöpfer, das göttliche Wesen, das aus sich selbst Seiende *(svayam-bhū)*, bildete die Öffnungen unserer Sinne so, daß sie nach außen in die verschiedenen Richtungen gewendet sind; darum erkennt der Mensch die äußere Welt und nicht das innere Selbst *(antar-ātman)*. Der weise Mensch jedoch, im Verlangen nach Unsterblichkeit, sein Auge nach einwärts und rückwärts wendend (*pratyag*, ‚ins Innere'), erschaut das Selbst[2].»

DAS GLEICHNIS VOM WAGEN

«Das Selbst *(ātman)* ist der Wagenbesitzer; der Leib *(sharīra)* ist der Wagen; intuitives Unterscheiden und Erkennen *(buddhi)* ist der Wagenlenker; die Denkfunktion *(manas)* ist der Zügel; die Sinneskräfte *(indriya)* sind die Rosse; und die Objekte oder Bereiche der Sinneswahrnehmung *(vishaya)* sind die Fahrbahn (*gocara:* die Wege und Triften der Tiere). Der Mensch, in dem sich das Selbst, die Sinnes- und die Denkkräfte zusammenfügen, wird der Esser oder Genießer *(bhoktar)* genannt[3].»

Die Kräfte der Sinneswahrnehmungen (in der Reihenfolge von der feinsten oder feinstofflichen bis zur konkretesten und gröbsten) sind:

[1] *Brihadāraṇyaka Upanishad* 4. 5. 15 (Hume, a.a.O. S. 147).

[2] *Kaṭha Upanishad* 4. 1. [3] Ebenda 3. 3–4.

1. das Hören, das durch das Ohr geschieht,
2. das Sehen, das durch das Auge geschieht,
3. das Riechen, das durch die Nase geschieht,
4. das Schmecken, das durch die Zunge geschieht,
5. das Fühlen, das durch die Haut geschieht.

Dies sind die fünf Sinneskräfte des Erkennens *(jñānendriyāṇi)*, die im lebenden Organismus die Haltung des Essers oder Genießers *(bhoktar)* ausmachen. Der Bhoktar ist einer, «der angenehme und unangenehme Empfindungen und Gefühle erlebt, weil er mit Empfänglichkeit begabt ist.» Danach würden wir also unsere Sinneswahrnehmungen sozusagen essen, und diese würden vom Organismus als eine Art Nahrung eingenommen. Die Augen verschlingen schöne Dinge, trunken von Musik sind die Ohren und von köstlichen Düften die Nase. Aber auch das entgegengesetzte Prinzip, die Aktivität oder Spontaneität *(kartar)*, ist ständig am Werk. So wie der Bhoktar durch seine empfangenden Sinneswerkzeuge lebt, so der Kartar durch die Kräfte des Handelns *(karmendriyāṇi)*; sie besorgen:

1. das Sprechen, das durch die Sprechwerkzeuge geschieht,
2. das Greifen, das durch die Hände geschieht,
3. die Fortbewegung, die durch die Füße geschieht,
4. die Entleerung, die durch den After geschieht,
5. die Zeugung, die durch die Genitalien geschieht.

Bhoktar und Kartar im Zusammenwirken befähigen den gesunden Organismus zum Bewältigen der Lebensprozesse[1].

Wer der wahren Einsicht ermangelt, wer nicht ständig und mit Sorgfalt seine Gedanken anjocht und zügelt (das heißt, wer nicht seine bewußte Denkfähigkeit *[manas]* ebenso wie seine intuitive Wahrnehmung *[buddhi]* – welche eine Manifestation des irrationalen Unbewußten ist – lenkt und überwacht), der wird mit den Sinnen so wenig fertig wie der Wagenlenker mit ungebärdigen Pferden. Wer aber stets erfüllt ist von intuitiver Wahrnehmung *(vijñanavant)* und wer sein Denken gezügelt und angejocht hat, dem sind die Sinne gefügig wie gute Pferde dem Wagenlenker.

«Wer der wahren intuitiven Wahrnehmung ermangelt, wer gedankenlos und unrein ist, der gelangt nicht an ‚jenen Ort' (*pada;* der Zustand transzendenten Seins); der stürzt hinab in den Wirbel von Tod und Wiedergeburt *(saṁsāra)*. Wer aber erfüllt von intuitiver Wahrnehmung, be-

[1] Vgl. oben S. 286f.

dacht und rein zu allen Zeiten ist, der gelangt zu «jenem Ort», von wo er nicht wiedergeboren wird. Der Mensch, dem die intuitive Wahrnehmung als Wagenlenker und das Denken als Zügel dient, der erreicht das Ende seiner Reise, das weit entfernte. Dieses Ziel ist der erhabene Wohnsitz Vishṇus [des kosmischen alldurchdringenden göttlichen Selbst][1].»

Vishṇus himmlisches Paradies, das auf der höchsten Kuppe des Himmelsgewölbes liegt und das als sein «dritter Schritt» bezeichnet wird, weil es beim dritten seiner drei kosmischen Riesenschritte unter seinem Fuße entstand[2], dieses Paradies symbolisiert den Zustand dessen, der als vollkommen Eingeweihter durch die Erkenntnis seiner eigenen geistigen Wesenheit zur Befreiung von den Fesseln und zur Göttlichkeit gelangt ist. Nachdem er einmal die Naturkräfte in seinem eigenen Organismus besiegt und damit die Schleierhüllen des Selbst durchstoßen hat, nimmt der Wagenlenker nicht mehr teil an weltlichen Leiden, Freuden und Strebungen, sondern ist für jetzt und immer frei geworden.

ĀTMAN: DER INNERE LENKER

Das Selbst – «der Faden, der diese und die andere Welt und alle Dinge zusammenbindet»[3] – ist der zeitlose Lenker im Inneren. «Er wohnt im Atem, er ist im Inneren des Atems; der Atem aber kennt ihn nicht; der Atem ist sein Leib, er lenkt den Atem von innen. Er wohnt im Verstand, er ist im Innern des Verstandes; der Verstand aber kennt ihn nicht; der Verstand ist sein Leib, er lenkt den Verstand von innen.» Gleichermaßen ist er im Reden, im Auge, im Ohr, in der Haut, im Erkennen und im Samen. Und ebenso ist er auch in den Elementen des Makrokosmos. «Das Selbst wohnt im Element Erde und lenkt es von innen; die Erde ist sein Leib»; aber die Erde gewahrt dieses in ihren Atomen eingesenkte Prinzip nicht. Die Erde ist das greifbarste der fünf Elemente; aber auch in Wasser, Feuer, Luft und im Äther (dem feinststofflichen der fünf) wird das Selbst nicht erkannt. «Das Selbst wohnt in allen Wesen, es ist im Inneren aller Wesen; die Wesen aber kennen es nicht; alle Wesen sind sein Leib, es lenkt alle Wesen von innen. Es ist ungesehen, aber sehend; ungehört, aber hörend; ungedacht, aber ‚der Denker' *(mantar)*. Es ist ungekannt,

[1] *Kaṭha Upanishad* 3.5–9. – Vgl. Platos Schilderung des Wagens im Phaidros.

[2] Oben S. 314; vgl. auch Zimmer, *Mythen und Symbole in indischer Kunst und Kultur*, S. 146–147.

[3] *Brihadāraṇyaka Upanishad* 3.7.1.

und dennoch der Kenner *(vijñātar*, das innere Prinzip der Erkenntnis). Es gibt keinen der sieht außer ihm, keinen der hört außer ihm, keinen der denkt, keinen der wahrnimmt außer ihm. Es ist das Selbst, der innere Lenker, der Eine Unsterbliche[1].» Das Selbst wäre also das wirkende Agens in jeder Sinnes- und Denktätigkeit, und die Organe wären nur seine Werkzeuge.

«Das überragende göttliche Wesen ist von Natur unbegreiflich. Es erscheint feiner als das Feinste, ferner als das Fernste, und dennoch ist es hier, ganz in nächster Nähe – gerade hier sich niederlassend im Innern der Höhle (dem tiefsten Herzensgrund) derer, die sehen[2].» Die innere Erfahrung des Selbst, sein Erschauen mittels Versenkung in die innerste Höhle, ist Beweis genug dafür, daß es überall als der wahre Kern inmitten jeden Wesens ist. Unzerstörbar und keiner Veränderung unterworfen, transzendiert es das Weltall und wohnt zugleich jedem seiner Teilchen inne; in beiden Aspekten aber bleibt es unentdeckt.

«Nicht um des Gatten willen ist der Gatte lieb, sondern um des Selbstes willen ist der Gatte lieb; nicht um der Gattin willen ist die Gattin lieb, sondern um des Selbstes willen ist die Gattin lieb; nicht um der Söhne willen sind die Söhne lieb, sondern um des Selbstes willen sind die Söhne lieb .... Nicht um des Weltalls willen ist das Weltall lieb, sondern um des Selbstes willen ist das Weltall lieb. Das Selbst soll man sehen, soll man hören, soll man verstehen, soll man überdenken [und in Versenkung betrachten]. Fürwahr, wer das Selbst gesehen, gehört, verstanden und erkannt *(vijñāna)* hat, von dem wird diese ganze Welt gewußt[3].»

«Der Eine Gott verbirgt sich in allen Wesen. Er ist das all-durchdringende, all-erfüllende Innere Selbst *(antar-ātman)* aller Wesen; der Wächter über allem Tun [dem inneren wie dem äußeren, dem willentlichen wie dem unwillentlichen]; der Bewohner *(adhivāsa)* aller Wesen. Er ist der Zeuge [ständig beobachtend, aber nicht verflochten in das Geschehen],

[1] Ebenda 3.7 (vgl. Hume, a.a.O. S. 114–117).

[2] *Muṇḍaka Upanishad* 3.1.7.

[3] *Brihadāraṇyaka Upanishad* 2.4.5. (Übers. v. P. Deussen.) Hier spricht wieder der weise Yājñavalkya in einer Unterredung mit seiner Gattin Maitreyī (vgl. oben S. 325–326). – Die Lehre der letzten Strophe ist die: wenn die eine innere Substanz aller Dinge im eigenen Innern erkannt ist, dann werden die verschiedenen Masken, die sie annimmt, transparent. Jedes Verstehen, jede Sympathie und jede Liebe beruht auf der wesenhaften Identität des «Erkenners» und des «Erkannten». Haß entsteht nur aus der Illusion der Verschiedenheit.

der Wächter *(cetar)*, vollkommen und einsam *(kevala)*[1], jenseits der Guṇas[2].»

«Der einzige Herrscher, den es gibt, ist das Selbst im Innern aller vergänglichen Kreaturen; er faltet seine eine Gestalt in viele Gestaltungen aus. Die Weisen schauen ihn, die in ihrem eigenen Sein stehen; darum fällt ihnen ewige Wonne zu – und niemandem sonst.

Er ist der Dauernde inmitten des Nichtdauernden. Er ist der Verstand des Verständigen. Obwohl der Eine, erzeugt er das Begehren der Vielen. Die Weisen schauen ihn, die in ihrem eigenen Sein ihren Stand haben; darum fällt ihnen ewiger Friede zu – und niemandem sonst[3].»

Aus Furcht vor ihm der Wind bläst,
Aus Furcht vor ihm die Sonne scheint,
Aus Furcht vor ihm eilt hin Agni [der Gott des Feuers],
  Indra [der Regen und Sturm schafft, König der Götter],
Und der Tod als fünfter, alle eilen sie [damit jeder seine Aufgabe erfülle].[4]

«Dort ein Volles [die transzendente Substanz als Ursprung und Leben aller Dinge] und hier ein Volles [die sichtbare, greifbare Welt]. Aus einem Vollen wird ein Volles ausgeschöpft [die Fülle der Welt entströmt der Fülle des Göttlichen], und dennoch: Wenn man das Volle eines Vollen wegnimmt, bleibt ein Volles[5].»

FÜNF GLEICHNISSE

«So wie die Spinne ihren Faden aus sich spinnt und wieder einzieht; so wie die Pflanzen aus der Erde und die Haare aus dem Haupt des Menschen hervorwachsen, genau so wächst das Weltall aus dem Unvergänglichen hervor[6].»

[1] Vgl. oben S. 276–284.

[2] *Shvetāshvatara Upanishad* 6.11 (Hume, a.a.O. S.409). Für die Guṇas vgl. oben S. 267–269.

[3] *Kaṭha Upanishad* 5.12–13 (vgl. Hume, a.a.O. S.357–358).

[4] *Taittirīga Upanishad* 2.8 (vgl. Hume, a.a.O. S.288). Gemeint ist, daß durch sein bloßes Sein das Selbst alles in Gang hält.

[5] *Brihadāraṇyaka Upanishad* 5.1.

[6] Ebenda 1.1.7 (vgl. Hume, a.a.O. S.367). – Hier liegt die Betonung auf dem Kontrast zwischen dem Ewigen *(nitya)* und dem Vergänglichen *(anitya)*. Es geschieht eine wirkliche Verwandlung der ewigen transzendenten Substanz in ihre vergänglichen Verkörperungen. Das Unvergängliche ist die einzige wahrhaft inne-

«Wie die Butter in der Milch verborgen, so wohnt das Reine Bewußtsein (*vijñānam:* der Zustand des Ātman als Brahman, lautere Seligkeit) in jedem Wesen, wobei der Verstand als Quirl dient[1].»

«So wie aus einem Feuerbrand Tausende von Funken, dem Feuer ähnelnd, hervorsprühen, so gehen die verschiedenen Wesen (oder Zustände: *bhāva*) aus dem Unvergänglichen hervor; und in es gehen sie wahrlich wieder ein[2].»

DAS GLEICHNIS VON DEN ZWEI VÖGELN AUF EINEM BAUM

Dvā suparṇā sayujā sakhāyā samānaṁ vṛkṣaṁ pariṣa-svajāte
tayor anyaḥ pippalaṁ svādv atty anaśnann anyo abhicākaśīti.

«Zwei Vögel in schönem Gefieder, innige Freunde und Gefährten, wohnen in engster Gemeinschaft auf demselben Baume. Der eine ißt die süße Frucht des Baumes; der andre, ohne zu essen, hält Wache.»

Der Baum mit den beiden Vögeln, der Baum des Lebens oder der menschlichen Persönlichkeit ist ein wohlbekanntes Motiv auf orientalischen Geweben und Teppichen. Das Bild wird in der folgenden Strophe ausgelegt und erläutert:

Samāne vṛkṣe puruṣo nimagno 'nīśayā śocati muhyamānaḥ
juṣṭaṁ yadā paśyati anyam īśam asya mahimānam iti vītaśokaḥ.

«Die individuelle Lebensmonade *(purusha)* ist betrogen, und bedrückt vom Gefühl ihrer Hilflosigkeit (*anīshāyā:* kein souveräner Herrscher zu sein) bricht sie in Klagen aus; erblickt sie aber auf dem gleichen Baume jenen andern, den Herrn, der dem Frommen Entzücken bereitet *(juṣṭam īśam)* und begreift er seine Größe, dann ist sein Kummer dahin»[3]; denn er weiß, daß zwischen ihm und jenem anderen eine Wesensidentität besteht.

DIE ZWEI ARTEN DES WISSENS

«Zwei Arten des Wissens muß man kennen: das des «tönenden Brahman *(shabda-brahman)* und das des Höchsten Brahman *(param-brahman)*». Das

wohnende Substanz, im Gegensatz zu seinen vergänglichen Verwandlungen, welche die Erscheinungswelt ausmachen.

[1] *Amritabindu Upanishad* 20.

[2] *Muṇḍaka Upanishad* 2.1.1 (vgl. Hume, a.a.O. S. 370).

[3] *Muṇḍaka Upanishad* 3.1.1–2 (vgl. Hume, a.a.O. S. 374).

«tönende Brahman» ist die Summe aller Hymnen, Formeln, Zaubersprüche, Beschwörungen, Gebete und exegetischen Kommentare, die die vedische Offenbarung ausmachen. Dies Brahman kann jedoch nicht das höchste sein, weil es mit Namen und Formen versehen ist; mit Namen zur Stütze für das Denken, und mit den Tonformen von Sprache und Gesang, von Melodie und Prosa *(nāman* und *rūpa)*. «Aber jeder vom Shabda-Brahman benetzte *(niṣṇāta)* Mensch gelangt weiter zum Höchsten Brahman. Nach emsigem *(abhyāsa:* das ist das Wort für den beständigen Eifer in der Yogapraktik) Studium der Bücher *(grantha)* sollte der Weise dann, gestützt allein auf sein Wissen und auf die Fülle-des-Wissens *(vijñāna)* die Bücher ganz beiseite legen – genau so wie ein Mensch, der zum Reiskorn gelangen will, die Hülsen wegwirft[1].»

Das niedere, vorläufige Wissen gleicht einem Floß: Es wird aufgegeben, wenn es den Reisenden einmal an seinen Bestimmungsort gebracht hat. Die Opferlehren und die moralischen Lebensregeln kann man am Ufer der höheren Erkenntnisse fahren lassen[2].»

«Dieses Ziel kann allein erreicht werden durch Wahrhaftigkeit *(satya)* und Askese *(tapas)*, durch echte Einsicht *(samyag-jñāna)* und ständige Enthaltsamkeit *(brahmacarya)*. Aus göttlichem Lichte bestehend, strahlend wohnt Es im Leibe. Jene Asketen, die ihre Mängel ausgetilgt haben, erblicken Es[3].»

«Das Selbst wird nicht erreicht durch Schulung, Klugheit oder vieles Lernen. Es wird nur von demjenigen erreicht, den Es erwählt. Einem solchen enthüllt das Selbst seine wahre Natur *(tanūm svām)*[4].»

[1] *Amritabindu Upanishad* 17–18. – *Vijñāna* (die «Fülle des Wissens»): *vi-* weist hier auf Unendlichkeit, die allumfassend ist und keinen Spielraum läßt, wo sich etwa ein nicht dazugehöriges sekundäres Sein befinden könnte. *Vijñāna* ist also ein nicht-dualistisches *(advaita)* Wissen *(jñāna)* und daher synonym mit dem im Vedānta als *turīya*, das «Vierte», bekannten Zustand. Dieser steht noch über den drei Stufen des Wachbewußtseins, des Traumbewußtseins und des Tiefschlafs (vgl. unten S. 333–339). Die gleiche Bedeutung dürfte das Wort *vijñāna* auch in der *Bhagavad Gītā* haben.

[2] Während der späteren Periode hinduistischer Tradition hat man den Ausdruck «niedere Weisheit» *(aparavidyā)* auf die durch Schriften übermittelte Weisheit bezogen: das Bücherwissen sollte schließlich einmal aufgegeben werden. Das ausdrückliche Gebot ist dem der europäischen Alchemisten ähnlich: «rumpite libros ne corda vestra rumpantur», hat aber nichts mit polemischer Kritik zu tun.

[3] *Muṇḍaka Upanishad* 3.1.5 (vgl. Hume, a.a.O. S. 374).

[4] Ebenda 3.2.3 (vgl. Hume, a.a.O. S. 376). Vgl. die christliche Gnadenlehre.

«Wahrlich, das Selbst, das in den drei Stufen von Wachen *(jāgrat)*, Träumen *(svapna)* und traumlosem Schlaf *(sushupti)* west, muß als ein und dasselbe aufgefaßt werden. Für den, welcher diese dreifachen Stufen überstiegen hat, gibt es keine Wiedergeburt.

«Wahrhaft nur eines seiend, ist das Selbst-aller-Wesen-und-Elemente in jedem Wesen gegenwärtig. Es ist zu verstehen als Einheit und Vielheit zugleich, wie der Mond, der sich im Wasser spiegelt[1].»

DIE VEREINIGUNG DER LEBENSMONADE MIT DEM GEISTIGEN SELBST

«So wie ein Mann in der innigsten Umarmung seines geliebten Weibes von nichts mehr weiß, weder von Äußerem noch Innerem, so geht es diesem Menschen (*purusha:* die individuelle Lebensmonade); in innigster Umarmung des erhaben-wissenden Geistigen Selbst *(prajñātman)* weiß er von nichts mehr, weder von Äußerem noch Innerem. Das ist der Seinszustand, wo er der Sorgen ledig, wo sein Sehnen erfüllt ist, wo sein einziger Wunsch das Selbst ist [das er nun erreicht hat], und in ihm hat er keine Wünsche mehr. In diesem Zustand ist ein Vater kein Vater mehr, eine Mutter keine Mutter mehr, die Welt keine Welt mehr, die Götter keine Götter mehr ... ein Dieb kein Dieb mehr, ein Asket kein Asket mehr. Nicht mehr achtend der guten Werke, nicht mehr achtend der bösen Werke, ist er hinübergelangt ans andere Ufer und hat die Kümmernisse des Herzens hinter sich gelassen[2].»

TURĪYA, «DAS VIERTE», UND DIE BEDEUTUNG DER SILBE OM

Die sehr kurze *Māṇḍūkya Upanishad*, die nur aus zwölf Versen besteht, hat man als den letzten Extrakt und die zusammengefaßte Lehre sämtlicher hundertundacht Upanishaden angesehen. Ihr Thema ist die Silbe OM, die geschrieben wird ओं oder ॐ; durch sie wird das Mysterium des Brahman in einem Punkt gesammelt. Zuerst hält sich der Text über das OM an die Upanishadenlehre von den drei Stadien des Wachens, Träumens und Tiefschlafens, dann aber geht er auf das «Vierte» *(turīya)* über, und damit führt

[1] *Amritabindu Upanishad* 11–12. – Es steht nur ein Mond am nächtlichen Himmel, aber er spiegelt sich in den vielen Wasserkrügen, die im Mondlicht stehen. Die Krüge aus vergänglichem Ton sind mit den Individuen zu vergleichen.

[2] *Brihadāraṇyaka Upanishad* 4.3.21–22 (vgl. Hume, a.a.O. S. 136–137).

er uns über die für die Upanishaden typische Sphäre hinaus in diejenige des späteren klassischen, des Advaita-Vedānta.

Um dieses Kapitel abzuschließen und uns zugleich auf die weitere Entwicklung der orthodoxen Tradition vorzubereiten, ist es wohl angebracht, diesen außerordentlichen Text vollständig wiederzugeben.

1. OM! – *Dieser unvergängliche Laut ist die Ganzheit des sichtbaren Weltalls. Er wird folgendermaßen erklärt. Was geworden ist, was wird und was werden wird – wahrlich, all dies ist der Laut OM. Und was über diese drei Stadien hinausgeht – auch das ist wahrlich der Laut OM.*

Es gibt gleichsam zwei Reiche, die jedoch identisch sind: 1. das Reich der sichtbaren Erscheinungen (das der Verwandlung *[jagat]*, des Heraklitischen Flusses), in dem die Manifestationen des Zeitlichen in Erscheinung treten und wieder verschwinden, und 2. das Reich des Transzendenten, Zeitlosen, das jenseits von jenem anderen und doch eins mit ihm ist (das Reich unvergänglichen Seins). Beide Bereiche werden Symbol und Gegenwart in der heiligen Silbe OM.

2. *All das* (mit einer umfassenden Geste, die rings auf das Weltall hindeutet) *ist Brahman. Dieses Selbst* (die Hand sich aufs Herz legend) *ist gleichfalls Brahman.*

Hier tritt uns wieder die nicht-dualistische Lehre entgegen. Die Essenz der zahlreichen Gestaltungen im Makrokosmos ist ein und dieselbe, und sie ist überdies identisch mit der Essenz des Mikrokosmos. Dem Geheimnis des Weltalls mit all seinen Schichtungen von Grobem und Feinem, mit dem Leben in all seinen Formen, dem Stoff in all seinen Modifikationen, kann man sich daher sowohl von innen wie von außen nähern.

Dieses Selbst – so fährt der Text fort – *hat vier Glieder* (pāda: Fuß, Teil, Viertel – «wie die vier Füße einer Kuh», so stellt der Kommentar von Shaṅkara zu dieser Stelle fest). Wir wollen nun die Beziehung betrachten, die zwischen den vier Stadien des Mikrokosmos und denen des Makrokosmos besteht.

3. *Das erste Glied ist Vaishvānara, «das allen Menschen Gemeinsame». Sein Ort ist der Wachzustand. Sein Bewußtsein ist* (durch die Tore der Sinne) *nach außen gerichtet. Es hat sieben Gliedmaßen und neunzehn Münder. Es findet Genuß* (bhuj, «ißt oder lebt von») *an der groben Materie* (sthūla).

Das ist das Selbst im Wachzustand, das konkrete individuelle Sichbewegen und Leben in der Erscheinungswelt. Die Beziehung zur Zahl Sieben ist jedoch dunkel. Shaṅkara versucht, sie in seinem Kommentar auf Grund der *Chāndogya-Upanishad* 5. 12. 2 zu erklären; dort werden die Glieder des Welt-Ātman beschrieben als 1. Kopf (Himmel), 2. Auge (Sonne), 3. Atem (Wind), 4. Rumpf (Raum), 5. Nieren (Wasser) und 6. Füße (Erde). In der gleichen Strophe wird der Opferplatz mit der Brust des Welt-Ātman, das Opfergras mit seinem Haar, und die drei Feuerstätten des Agnihotra-Opfers mit seinem Herz, Verstand und Mund verglichen. Um seinen Katalog auf sieben aufzurunden, wählt daher Shaṅkara das letzte der aufgezählten Feuer und nennt als siebtes Glied den Mund (das Āhavanīya-Feuer). Diese Erklärung mag zwar etwas gezwungen erscheinen, sie gibt aber doch recht lebendig die Grundidee wieder, daß nämlich Vaishvānara sich gleichermaßen in der physischen Welt wie in der menschlichen Physis manifestiert.

Die im Text erwähnten neunzehn Münder werden von Shaṅkara gleichgesetzt den fünf Sinnesfähigkeiten *(jñānendriya)*, den fünf Tätigkeitsarten *(karmendriya)*, den fünf Lebenslüften *(prāṇa)* und den vier Bestandteilen des inneren Organs: Das sind *manas* (der Verstand, engl. mind), *buddhi* (das Unterscheidungsvermögen), *ahaṅkāra* (die Ichheit) und *citta* (der «Seelenstoff», von dem alle anderen achtzehn Münder nur die verschiedenen Vertreter sind). Citta ist jener «Seelenstoff», den zur Ruhe zu bringen das Anliegen des Yoga ist[1].

4. *Das zweite Glied* (des Selbst) *ist taijasa, «das Glänzende». Sein Bereich ist der Traumzustand. Sein Bewußtsein ist nach innen gekehrt. Es hat sieben Glieder und neunzehn Münder. Es freut sich an feinstofflichen Dingen* (pravivikta: *«das Auserwählte, das Erlesene; das Besondere»*).

Es ist das Selbst, wenn es träumt, wenn es versunken ist in die Betrachtung des leuchtenden, zarten, magischen Fluidums und der seltsam fesselnden Objekte aus jener Welt, die hinter den Augenlidern schlummert. Taijasa nährt sich von den aufgestapelten Traumerinnerungen, so wie Vaishvānara von den grobstofflichen Objekten der Welt. Seine «Glieder» und «Münder» sind die verfeinerten Gegenstücke derer, die dem Genießer im Raume des Wachbewußtseins zugehören.

5. *Wo aber ein Schläfer sich weder etwas Wünschenswertes wünscht noch einen Traum schaut, da liegt er im Tiefschlaf* (sushupta). *Prājña, «der Wisser», der in diesem Reich des traumlosen Schlafes zu einem Ungeteilten wurde, ist das dritte Glied des Selbst. Er ist eine undifferenzierte Masse* (ghana: *«ein homogener Klumpen»*) *von Bewußtsein, bestehend aus Wonne und sich nährend von Wonne (wie die*

[1] Vgl. oben S. 258–259.

beiden vorhergehenden sich nährten vom Groben und vom Feinstofflichen). Sein (einziger) Mund ist Geist (cetomukha).

Diese Strophe ist ein Höhepunkt. In der folgenden wird die Herrlichkeit des Prājña, des «Wissers», des Herrn im Reiche traumlosen Schlafes beschrieben.

6. *Er ist der Herr über Alles* (sarveshvara); *der Allwissende* (sarvajñā); *der innewohnende Lenker* (antaryāmī); *der Ursprung* (yoni: *der gebärende Schoß*) *des Alls. Er ist Anfang und Ende der Wesen*[1].

Nun aber kommt der erhabene Gipfelpunkt der Reihe. Das Wirkliche Selbst, das nun endlich erkannt werden soll, wird verkündet als das unbeschreibbare «vierte» Glied des Selbst; es steht noch über der Sphäre des Herrn, der den Raum des traumlosen Schlafes beherrscht, das heißt noch jenseits von Anfang und Ende der Wesen.

7. *Was als das vierte Glied erkannt wird – weder einwärts noch auswärts gekehrtes Bewußtsein, noch beides zusammen; keine undifferenzierte Masse schlummernder Allwissenheit; weder wissend noch unwissend – weil unsichtbar, unsagbar, unberührbar, ohne alle Kennzeichen, unfaßbar, undefinierbar, und weil die Gewißheit seines eigenen Selbst sein alleiniges Wesen ausmacht* (eka-ātma-pratyaya-sāram); das *Zu-Frieden-und-Ruhe-Kommen alles differenzierten relativen Seins* (prapañca-upashamam); *tiefste Ruhe* (shāntam); *friedevoll-wonnevoll* (shivam); *ohne-ein-Zweites* (advaitam) – *das ist Ātman, das Selbst, das erkannt werden soll.*

Die vier Glieder lösen einander ab, während der Unterscheidungsprozeß vom einen zum nächsten wechselt; trotzdem bilden erst alle vier zusammen die Ganzheit des «vierfüßigen», «viereckigen», stufenweisen alleinigen Seins, das das Selbst ist. Jedes Viertel steht sozusagen auf dem gleichen Boden wie die andern (so wie der Kali Yuga, das schlimmste der vier Weltalter, nicht weniger ein Teil des Zeitenzyklus ist als der heilige Kirta Yuga – von kürzerer Dauer freilich und von geringerer Vollkommenheit, aber doch ein ebenso unentbehrliches Glied des Zyklus). Im Verlauf der geistigen Fahrt nach innen verschiebt sich der Akzent von der äußeren auf die innere Welt und schließlich vom Manifesten zum Nicht-Manifesten, und so wird ein gewaltiger Zuwachs an Kraft gewonnen; gleichwohl bleiben beide Zustände, der niedere und der höhere, als Wesensteile der

[1] Man vergleiche dies mit der Vision von Ishvara, dem Herrn, im elften Kapitel der *Bhagavad Gītā*, wo die göttliche Inkarnation, Krishṇa, von seinem Anhänger Arjuna angeredet, sich in seiner «universalen Form» als Vishṇu, der allwissende Beherrscher des Makrokosmos, als Ursprung, Erhalter und Ende aller Wesen enthüllt.

Ganzheit erhalten. Sie gleichen, nach Shaṅkara, «den vier Füßen einer Kuh».

Der von selbst einsetzende Akzentwandel wird für den geübten Yogapraktiker zu einer vertrauten und lenkbaren Erfahrung. Er kann die Zustände ganz nach seinem Willen kommen und gehen, kann ihre Sphären hervortreten und verschwinden lassen. Und das führt ihn, wie wir bereits sagten, zu einer Philosophie des Phänomenalismus. Durch seine überlegene Yogakraft hat der grobe Aspekt der Wirklichkeit für ihn an Wert verloren; denn er kann die feinen, fließenden Formen des inwendigen visionären Zustandes hervorrufen, so oft es ihm beliebt, er kann sie fixieren und festhalten so lange er will, um dann, ebenfalls nach Wunsch, zeitweise den Kontakt mit der äußeren Welt wieder aufzunehmen. Solch ein Virtuose ist dem Wachzustand nicht hilflos unterworfen und preisgegeben, sondern er kann, wann und wie er es immer wünscht, in ihn eintreten – sein wahrer Aufenthalt aber, seine Heimstatt ist das «Vierte», das entgegengesetzte Ende der Reihe. Durch den Yoga wird ihm diese tiefgelegene Zone zur Grundlage und Stütze seines Daseins, von der aus alle übrigen Erfahrungen und Einstellungen vollständig neu gedeutet und bewertet werden. Der Wachzustand, der normalerweise die einzig mögliche menschliche Seinsweise ist, wird hier zu einer nach Wunsch herstellbaren, bloßen Alltagsspiegelung *(lokayātrā)*, in die der Meister des Bewußtseins eintritt mit der Gebärde eines, der sich in den Weltlauf fügt (genau so wie in mythologischer Darstellung das Höchste Wesen sich dem Weltenlauf dadurch einfügt, daß Es von Zeit zu Zeit in einer Inkarnation herabsteigt, «immer dann, wenn das Dharma in Verfall gerät»[1]).

Die fünf letzten Strophen der *Māṇḍūkya Upanishad* geben die Analyse der vier Glieder, Füße oder Zustände des Selbst in Verbindung mit der Silbe OM, die, wie gesagt, identisch mit dem Selbst ist. Im Sanskrit ist der Vokal O ursprünglich ein Diphthong aus A und U; deswegen kann man statt OM auch AUM schreiben. Der Text lautet daher:

8. *Der identische Ātman oder das Selbst im Reich der Laute ist die Silbe OM; dabei sind die oben beschriebenen vier Glieder des Selbst identisch mit den Bestandteilen der Silbe, und die Bestandteile der Silbe sind identisch mit den vier Gliedern des Selbst. Die Bestandteile der Silbe sind A, U, M*[2].

[1] *Bhagavad Gītā* 4.7.

[2] Wie sich gleich zeigen wird, ist das Schweigen, das der Silbe folgt und sie umgibt, der vierte Bestandteil. Die Identifikation dieser drei Buchstaben und des

9. *Vaishvānara, «das allen Menschen Gemeinsame», dessen Raum der Wachzustand ist, ist der Laut A, weil er alles umfaßt und weil er der erste ist*[1]*. Wer solches weiß (ya evaṁ veda), umfaßt alles Erstrebenswerte; er wird der Erste.*

10. *Taiyasa, «das Glänzende», dessen Reich der Traumzustand ist, ist der zweite Laut, das U – denn er ist ein Extrakt und enthält die Eigenschaften der andern beiden*[2]*. Wer solches weiß, schöpft aus dem Fluß des Wissens und wird ihm gleich; in seiner Familie wird keiner geboren werden, dem Brahman fremd ist.*

11. *Prājña, «der Wisser», dessen Reich der Tiefschlaf ist, ist der dritte Laut, das M, denn er ist das Maß und alles mündet in ihn*[3]*. Wer solches weiß, kann alles ermessen und hat an allem teil.*

12. *Der Vierte ist lautlos: unaussprechlich, ein Verstummen all der differenzierten Manifestationen, voller Wonne und Frieden, nicht-dualistisch. So ist OM wahrhaftig der Ātman. Wer solches weiß, taucht sein Selbst ins Selbst ein – fürwahr, wer solches weiß.*

A der Wachzustand, U der Traum, M der Tiefschlaf, und das SCHWEIGEN, Turīya, «das Vierte»; alle vier zusammen enthalten die Ganzheit des sich als Silbe manifestierenden Ātman-Brahman. So wie der Laut OM sich manifestiert, wächst, sich stimmlich wandelt und schließlich in das nachfolgende Schweigen eingeht (dieses ist in seinem latenten, bedeutsamen Ruhezustand als Mitgestalter des Lautes anzusehen), so auch die vier «Zustände» oder Komponenten des Seins. Sie sind Wandlungsformen des einen Seins, die, zusammengenommen, die Ganzheit seiner Modalitäten ausmachen, mögen wir sie nun mikrokosmisch oder makrokosmisch betrachten. A und U sind ebenso wesentlich für den Laut wie M oder wie

Schweigens mit den vier Zuständen oder Gliedern des Selbst ist buchstäblich und genau zu nehmen; denn alle Dinge – Laut und Schweigen sowohl wie die menschlichen Bewußtseinszustände – sind Brahman-Ātman.

[1] Das A gilt als der Urlaut, der in allen andern enthalten ist. Er wird hinten im geöffneten Munde gebildet und schließt daher, wie es heißt, jeden anderen Laut der menschlichen Stimme ein und wird von ihm eingeschlossen. A ist der erste Buchstabe im Sanskrit-Alphabet.

[2] Der geöffnete Mund des A schließt sich zum M. Dazwischen liegt, aus der Offenheit des A durch die sich schließenden Lippen geformt, das U. So setzt sich der Traum aus dem Wachbewußtsein und dem unbewußten Schlafzustand zusammen.

[3] Mit der geschlossenen Mundstellung nämlich beginnt alles; für das A wird der Mund geöffnet, in anderer Weise für das U. So ist der geschlossene Mund die Grundlage, von der jeder Laut der Sprache sein Maß empfängt und in die er wieder mündet.

das SCHWEIGEN, von dem der Laut sich abhebt. Es wäre sogar falsch, zu sagen, daß es kein AUM gäbe, solange das SCHWEIGEN herrscht; ist es doch immer noch potentiell vorhanden. Andererseits ist die tatsächliche Manifestation der Silbe flüchtig und verschwindend, während das SCHWEIGEN bleibt. Das SCHWEIGEN ist sogar immer da, wenn irgendwo die Silbe AUM ausgesprochen wird – also analog auch im transzendenten Sinne: während der Erschaffung, Manifestation und Auflösung eines Universums.

3. DIE BHAGAVAD GĪTĀ

In den großartigen Paradoxen der epochemachenden *Baghavad Gītā*[1] geschah es, daß sich das nicht-brahmanische, vorarische Denken des ursprünglichen Indien zu einem fruchtbaren harmonischen Zusammenklang mit den vedischen Ideen der arischen Eroberer verband. In den achtzehn kurzen Kapiteln wird ein kaleidoskopisches Ineinanderwirken der zwei Traditionen entfaltet, die sich etwa ein Jahrtausend lang um die Beherrschung und Lenkung der indischen Seele gestritten hatten.

Wie wir sahen, sind die nichtarischen Systeme (der Jainismus, die Lehre Gosālas, Sāṅkhya und Yoga) charakterisiert durch eine rein logisch-theoretische Zweiteilung, die auf der strengen Scheidung zweier Sphären besteht, nämlich der der Lebensmonade *(jīva, purusha)* und der des Stoffes *(a-jīva, prakriti)*, oder der reinen, kristallgleichen, unstofflichen Essenz des ursprünglichen Individuums und dem befleckenden, verdunkelnden Prinzip der stofflichen Welt. Der Lebensprozeß wurde aufgefaßt als Ergebnis der gegenseitigen Durchdringung dieser polaren Prinzipien – ein fortwährendes Vermischen zweier antagonistischer Kräfte, die das unaufhörliche Entstehen und Vergehen zusammengesetzter, unsubstanzieller Formen in Gang halten. Die Verbindung wurde verglichen mit der Mischung von Feuer und Eisen in einer rotglühenden Eisenkugel; sie war das Ergebnis von Annäherung und Vereinigung, keinem der beiden Prinzipien *an sich* zugehörig. Und beide ließen sich in ihrer unterschiedlichen, einander entgegengesetzten, wahren Natur nur verstehen, wenn man sie wieder trennte und jedes auf seinen einfachen Urzustand zurückführte. Die praktische Konsequenz dieses Denkens war eine asketische Lehre (oder vielmehr eine ganze Anzahl verschiedener asketischer Lehren) mit dem Ziel,

[1] Der volle Titel lautet: *Śrīmad-bhagavad-gītā-upaniṣadas*, «Die Lehren aus dem Gesange des Höchsten Erhabenen».

die beiden unverträglichen Prinzipien zu trennen. Dazu mußte der Lebensprozeß zum Stillstand gebracht werden. Reinheit, Unfruchtbarsein sollte zum hohen menschlichen Tugendideal werden; und das Ziel war die Erlangung absoluter Bewegungslosigkeit in kristallener Reinheit – nicht aber die Dynamik der unaufhörlichen Lebensvorgänge. Denn alle natürlichen Vorgänge (Zeugung, Verdauung, Assimilierung, Eliminierung, die Auflösung des toten Leibes, wobei Schwärme von Würmern und Insekten entstehen, Stoffwechsel, Schwangerschaft) sind unrein. Der Wille wird darauf gerichtet, alle diese Dinge hinwegzufegen. Ob der unsaubere Prozeß der ewig sich verbindenden, ewig sich sondernden Elemente nun in der mikrokosmisch-alchemischen Retorte des Individuums oder ob er sich im Makrokosmos des Weltlaboratoriums abspielt, immer ist er gleich beklagenswert, ist eine Art allgemeiner Orgie von Unanständigkeiten, die der Geist in seiner Selbstbesinnung nur verwerfen kann.

Man stelle dieser Haltung die kraftvolle, lärmend-fröhliche Lebensbejahung der vedischen Hymne über die Nahrung gegenüber[1]. Das Neue, das die Brahmanen nach Indien mitbrachten, war die jubelnde monistische Betonung der Heiligkeit des Lebens, war die kraftvolle, unerschütterliche Feststellung, daß Das Eine immer in einer Zweiheit anwesend ist. «Ich bin beides», spricht der Herr der Nahrung; «ich bin die zwei, die Lebenskraft und der Lebensstoff – beides zugleich». Die nüchterne Trennung der Welt in Stoff und Geist ergibt sich aus einer Abstraktion des Intellekts und sollte nicht auf die Wirklichkeit rückübertragen werden. Gehört es doch zum Wesen des Verstandes, Unterschiede festzustellen, Definitionen zu geben und Unterscheidungen zu treffen. Die Behauptung, es gäbe Unterschiede, weist schon darauf hin, daß da ein begreifender Intellekt am Werke ist. Wahrgenommene Gegensatzpaare spiegeln nicht das Wesen der Dinge, sondern das des wahrnehmenden Verstandes wider. Daher muß das Denken, der Intellekt selbst transzendental werden, um zur wahren Wirklichkeit zu gelangen. Die Logik ist eine Hilfe zur vorläufigen Klärung, aber sie ist ein unvollkommenes, ungeeignetes Werkzeug für die letzte Einsicht; die Ordnungen seiner Begriffe, Gegensätze und Bezogenheiten müssen überwunden werden, wenn der suchende Geist zu einem unmittelbaren Begreifen oder Realisieren der transzendenten Wahrheit kommen soll. Das Eine, welches die erste, letzte und alleinige Wirklichkeit ist (so lautet die brahmanische Grundthese), umfaßt alle Gegensatzpaare *(dvandva)*, die

[1] Vgl. oben S. 310–312.

aus ihm hervorgehen, sei es im physischen Bereich, also im Laufe der Lebensentfaltung, sei es begrifflich, als logische Unterscheidungen, die der Intellekt denkgerecht vollzieht.

Gegründet auf die Vorstellung eines allesvereinigenden, transzendentalen Prinzips war das brahmanische Denken der Upanishaden-Periode sehr geeignet, nicht allein die Götter des frühen vedischen Pantheon, sondern auch die bedeutend abstrakteren philosophischen und religiösen Formeln aus der Tradition der nichtarischen Urbevölkerung aufzunehmen. Die *Bhagavad Gītā* ist das klassische Dokument für das erste Stadium dieser Anpassung. Ihre Lehre gilt als esoterische Anweisung; trotzdem wurde sie zur populärsten, von vielen auswendig gelernten, autoritativen Fassung der entscheidenden Grundideen indischer Religiosität. Der Text, eine Episode von achtzehn kurzen Kapiteln, ist ein Teil des *Mahābhārata* und setzt in dem epischen Augenblick ein, da die beiden großen Heere im Begriff stehen, sich eine Schlacht zu liefern[1]. Der Text ist keineswegs aus einem Guß. Die westlichen Kritiker haben zahlreiche Widersprüche darin gefunden; für den indischen Geist jedoch liegt gerade in diesen Widersprüchen der Hauptwert. Denn sie sind es, die den Beginn der großen «*Annäherung*» aufzeigen, und zudem lassen sie sich leicht auflösen in der Vorstellung, daß das Eine in allem ist.

Die Kämpferreihen der beiden feindlichen Heere im *Mahābhārata* sind schon gegeneinander aufgestellt, und alles harrt auf den eröffnenden Trompetenstoß, da wird Arjuna, der Führer der Pāṇḍavas, von dem Wunsch ergriffen, sein Wagenlenker möge ihn auf das Schlachtfeld zwischen die Heere führen, damit er mit einem Blick seine Kampfkräfte und auch die seiner gegnerischen Vettern, der Kauravas, überschauen könne. Als er jedoch in beiden Reihen seine Freunde und Lehrer, Söhne und Großväter, Neffen, Onkel und Brüder erblickt, da überkommt ihn ein Gefühl tiefsten Mitleids und Bedauerns. Sein Geist wird schwach, und Zweifel überfallen ihn, ob er den Befehl zum Beginn der Schlacht überhaupt geben dürfe.

In diesem kritischen Augenblick redet sein Wagenlenker zu ihm und flößt ihm Mut ein. Und was hier unter so heroischen Umständen unmittelbar vor der furchtbarsten Schlacht der indischen Epik gesprochen wird, diese Worte heißen in der *Bhagavad Gītā* «der Gesang vom erhabenen Herrn»; denn der Wagenlenker ist niemand anderer als der Gott Krishṇa, eine Inkarnation des Schöpfers, Erhalters und Zerstörers der Welt. Die

[1] *Mahābhārata*, Buch 6, Bhīsmaparvan, Abt. 6.

Offenbarung erteilt der Freund dem Freunde, der junge Gott seinem Gefährten, dem Prinzen Arjuna. Es ist eine exklusive, eine aristokratische Lehre; denn der Gott Krishṇa, dieser göttliche Repräsentant der heiligen überweltlichen Substanz, er, der herabgekommen war auf die Erde zur Rettung der Menschheit, er selbst ist ein Dämonentöter, er selbst ist ein epischer Held, und der adlige Jüngling, an den sich seine Worte richten in einem Moment, da jener ratlos ist, was zu tun sei (im kritischen Augenblick seiner Laufbahn unfähig zu entscheiden, was für ihn *dharma*, rechtes Verhalten, wäre), dieser Jüngling ist die schönste Blüte aus der epischen Zeit der hinduistischen Ritterschaft. Es geschah aus Mitgefühl für diesen entrechteten jungen König, daß der schöne dunkle Krishṇa in der allegorischen Rolle des Wagenlenkers Arjunas Ratgeber wurde, gerade als dieser sich anschickte, die Schlacht zu schlagen, um sich seinen entrissenen Thron zurückzuerobern und die Herrschaft über das Land Indien zu gewinnen. Krishṇa wollte nicht nur seinem Freund gegenüber die Rolle des geistigen Beraters spielen, sondern benutzte diesen bedeutenden Augenblick dazu, um der ganzen Menschheit seine Lehre von der Rettung *in* der Welt zu verkünden – eine Lehre, die als «Yoga des selbstlosen Handelns» *(karma-yoga)* bekannt ist – und zu zeigen, was alles sie fordert an Selbstverleugnung und Hingabe *(bhakti)* an den Herrn, der mit dem inneren Selbst aller Wesen identisch ist. Die Lehre ist «sehr schwer zu begreifen»; das wird wieder und wieder betont. Zum Beispiel: «Das allerinnerste Prinzip des menschlichen Wesens [der sogenannte ‚Eigentümer des Organismus‘: *dehin sharīrin*] manifestiert sich nicht, es ist undenkbar, unveränderlich ... Der eine Mensch erblickt dieses Selbst als ein Wunder. Der andere spricht von ihm als einem Wunder. Wieder ein anderer hört und lernt von ihm als einem Wunder [wenn er in die heilige esoterische Tradition durch einen Guru eingeführt wird]. Aber trotz Hören und Lernen hat doch niemand ein wirkliches Verständnis dafür, was Es ist[1].»

Der Verlauf des Zwiegespräches wird in anschaulichen, einfachen Worten wiedergegeben.

«Arjuna sagt: ‚Stell meinen Wagen, o Unwandelbarer, zwischen die beiden Heere, damit ich in diesem Augenblick der nahenden Schlacht diese kampfbereiten Männer betrachten kann, mit denen ich zu kämpfen habe ...‘

[1] *Bhagavad Gītā* 2.25 und 29.

So angeredet lenkt Krishṇa den unvergleichlichen Wagen zwischen die zwei zur Schlacht gereihten Heere und steht nun Bhīshma, Droṇa und all den andern Herrschern der Erde gegenüber. Und er spricht: ‚Sieh hier, o Sohn des Prithā, die Kauravas versammelt!'

Da blickt Arjuna auf die zwei Völker: Väter, Großväter, Lehrer, Mutterbrüder, Brüder, Söhne, Enkel, Gefährten, Schwiegerväter und Freunde ...» Und das Entsetzen überwältigte ihn bei dem Gedanken an die furchtbare, brudermordende Kampfwut, die sie nun alle ergreifen würde. Einerseits war er nicht gewillt, die Schlacht zu beginnen, die – wie er sagte – alle jene vernichten würde, «die mein eigenes Volk sind», andererseits aber war er durch den Adelskodex verpflichtet, die Beleidigungen zu rächen, die er und seine Brüder von ihren Vettern erlitten hatten, und seinen Brüdern in ihrem gerechten Bemühen um die Wiedergewinnung ihrer Herrschaft beizustehen. Nicht wissend, was zu tun sei, verwirrten Geistes, unfähig, das Rechte vom Unrechten zu unterscheiden, wandte Arjuna sich in Verzweiflung an Krishṇa, seinen Freund und Wagenlenker; und als die göttlichen Worte des Herrn ihm in Ohr und Herz flossen, erhellte sich ihm das Geheimnis von Recht und Unrecht[1].

Krishṇas Botschaft gipfelt in der «erhabenen Rede», die im Kapitel 10 beginnt.

«Nun leihe dein Ohr Meiner letzten Verkündung. Weil du Mir lieb bist, will Ich sie dir zu deinem Besten offenbaren. Weder die Scharen der Götter noch die großen Seher kennen Meinen Ursprung. Älter bin Ich als sie alle. Wer Mich kennt als den Ungeborenen, den Anfanglosen, den Großen Herrn der Welt, der ist unter den Sterblichen, frei von Täuschung, befreit von allen seinen Sünden. Aus Mir allein entstehen die vielfältigen Gemütszustände der erschaffenen Wesen: Urteilskraft, Wissen, Geistesklarheit, Geduld, wahre Einsicht, Zucht, Gelassenheit, Freude und Leid, Wohlsein und Kummer, Furcht und Vertrauen, Mitleid, Gleichmut, Zufriedenheit, Selbstbeherrschung, Wohlwollen, Ehre und Schmach. So entsprangen auch die sieben großen Rishis der alten Zeit und die vier Manus[2] aus Mir allein, gezeugt aus Meinem Geist. Und von ihnen stammen all die Geschöpfe in der Welt. Wer diese Offenbarung Meiner Macht und Schöpferkraft in Wahrheit kennt, der ist gewappnet mit nie wankender

[1] Ebenda 1.21–47.

[2] *Rishi:* ein Heiliger und Weiser, ein inspirierter Dichter der vedischen Hymnen. *Manu:* der erste Mensch am Anfang aller neuentstehenden Menschenrassen.

Stetigkeit. Ich bin der Urquell aller Dinge, aus Mir geht alles hervor. Wer Einsicht hat, der weiß solches. Und in dieser Einsicht verehrt Mich der Weise, überwältigt von Ehrfurcht ...[1].»

«Die Zeit *(kāla)* bin Ich, der große machtvolle Zerstörer, und ich bin hier erschienen, die Menschen alle fortzuraffen. Auch ohne dich [und deine Feldherrntat] wird keiner der Krieger, die dort in Reihen stehen, am Leben bleiben. Darum erhebe dich, erwirb dir Ruhm, zerschmettere den Feind, genieße das Blühen deiner Herrschaft. Durch Mich, durch Mich allein sind diese lange schon getötet. DU SEI NICHTS ALS MEIN WERKZEUG![2]»

Das ist angewandter Bhakti-Yoga. Der Bhakta, der Andächtige, verwirklicht in Raum und Zeit, als bloß scheinbare Ursache, was für den Zeit und Raum transzendierenden Gott außerhalb der Kategorien des Nichtereigneten und des Ereigneten, des «Noch nicht» und des «Schon» liegt. Das unvergängliche Selbst, der Eigentümer der vergänglichen Leiber, ist der erhabene Lenker des qualvollen Schauspiels der ZEIT. «,Ein Ende habend' heißen die Leiber von Ihm, dem Ewigen, der da ist der ,Eigentümer der Leiber' *(sharīrin)*, der da ist unvergänglich, unbegrenzt und unergründlich ... Wer meint, Er sei der, welcher töte, und wer meint, Er sei der, welcher getötet wird – sie beide ermangeln der wahren Einsicht. Denn weder tötet Er, noch wird Er getötet. Er ward nicht geboren, noch stirbt Er je; Er ist nicht entstanden in der Vergangenheit, noch wird Er neu entstehen in einer zukünftigen Stunde; Er ist ungeboren, ewig, dauernd – der ,Alte' *(purāṇa)*; Er wird nicht getötet, wenn den Leib man tötet. Der Mensch, der von Ihm weiß, daß Er unzerstörbar, ewig, ohne Geburt und unwandelbar ist – wie kann der töten? Oder wen? Gleich wie ein Mensch seine alten vertragenen Kleider abwirft und andere, neue anlegt, so wirft auch der ,Eigentümer des Leibes' *(dehin)* die abgetragenen Leiber ab und tritt in andere, neue ein[3].» «Nichts anderes als was Kindheit, Jugend und Alter in diesem Leibe dem bedeuten, dem der Körper eignet *(dehin)*, ist ihm das Annehmen eines anderen Leibes. Der Weise wird da nicht verwirrt[4].»

Das Selbst wird nicht berührt davon, daß seine Maske wechselt, erst von der Kindheit zur Jugend und dann zum Alter. Das individuelle Ich, die umhegte Persönlichkeit mag sich wohl verwirrt fühlen und sich nur

[1] *Bhagavad Gītā* 10. 1–8. [2] Ebenda 11. 32–33. [3] Ebenda 2. 18–22.
[4] Ebenda 2. 13.

schwer mit den Veränderungen und all den Verlusten an Lebenswerten, die der Wechsel mit sich bringt, abfinden, aber das Selbst ist davon unberührt. Und es wird auch nicht davon betroffen, wenn in der Stunde des Todes die Maske überhaupt abgelegt und wenn eine neue für die nächste Geburt angenommen wird. Für das Selbst gibt es keinen Tod, keinen wirklichen Wechsel. Ob es sich also um die Aufeinanderfolge der Verkörperung oder um die der Lebensalter handelt, die Änderungen bedeuten für das Selbst nicht mehr als der Sonnenlauf der Jahreszeiten oder die Mondphasen. Da ist kein Grund zur Trauer. «Waffen können Ihn nicht schneiden, Feuer kann Ihn nicht brennen, Wasser Ihn nicht benetzen, noch der Wind Ihn hinwegtrocknen. Er kann nicht verwundet, Er kann nicht gebrannt, Er kann nicht benetzt, Er kann nicht ausgetrocknet werden. Er ist unwandelbar *(nitya)*, alldurchdringend *(sarvagata)*, beständig *(sthāṇu)*[1], unerschütterlich *(acala)*[2] und ewig *(sanātana)*[3].»

Der Eigentümer des Leibes ist jenseits des Geschehens; und da Er die wahre Substanz des Individuums ist, soll man die vergänglichen Geschöpfe nicht um ihrer Vergänglichkeit willen bedauern. «Du hast Mitleid», sagt Krishṇa zu dem bestürzten Kriegshelden, «da wo Mitleid nicht am Platze ist. Der Weise hat kein Mitleid, weder für die Sterbenden noch für die Lebenden. Nie gab es eine Zeit, wo Du und ich nicht waren, und ebenso alle diese Fürsten. Auch wird der Tag in Zukunft nie erscheinen, wo wir alle aufhören zu sein[4].» «Kein Sein kommt aus dem Nichts; keine Zerstörung gibt es für das, was ist. Sei gewiß: das All ist aus Unvergänglichem gewirkt, und keines Menschen Macht kann es zerstören. Die Körper gehen zugrunde, aber ‚Er, der sich in den Körper kleidet' *(sharīrin)* ist ewig, unzerstörbar und unendlich. – So kämpfe denn, o Bhārata![5]»

Der Karma-Yoga, das große ethische System, das sich aus dem metaphysisch unterbauten Realismus der «Inkarnierten Göttlichen Substanz» entwickelt hat, fordert, daß das Individuum weiterhin die Pflichten und Arbeiten des Alltagslebens ausüben solle, aber mit einer ganz neuen Einstellung in bezug auf die Früchte seines Tuns, nämlich unbekümmert um die möglichen Gewinne oder Verluste, die ihm daraus erwachsen. Der Welt und ihrer Weise des Tätigseins soll man nicht den Rücken kehren,

[1] Bewegungslos stehend wie ein Pfeiler, wie ein Fels oder wie der vollkommene Yogī Shiva in seiner Meditation.

[2] Wie ein festverwurzelter Berg. [3] *Bhagavad Gītā* 2.23–24.

[4] Ebenda 2.11–12. [5] Ebenda 2.16–18.

doch der Wille des Individuums soll in Einklang kommen mit dem Weltengrund, nicht aber mit den Wechselzuständen des leidenden Körpers und seines Nervensystems. Das ist die Lehre des inkarnierten Schöpfers und Erhalters. Das ist der die Welt im Gleichgewicht haltende Auftrag seiner erhabenen Anweisung an den Menschen. «Die fromme Übung des Opferbringens *(yajña)*, das Almosenspenden *(dāna)* und die Enthaltsamkeit *(tapas)* sollen nicht vernachlässigt werden. Wohl sollen diese Werke getan werden; denn Andacht, Barmherzigkeit und Enthaltsamkeit dienen dem Weisen zur Läuterung. Aber gerade diese selbstlosen Werke müssen so geübt werden, daß man verzichtet auf alle daraus sich ergebenden Bindungen und Früchte[1]; das ist meine letzte und unerschütterliche Überzeugung[2].» «Bedenke nichts als deine Tat, doch niemals ihre Früchte, und laß dich nicht zur Tatenlosigkeit verleiten. Wer nur nach innen sich zu binden lernt, für den gibt es hienieden weder gut noch böse[3].» «Betrachte Lust und Schmerz, Wohlstand und Armut, Sieg und Niederlage als von gleichem Wert. Nun rüste dich zur Schlacht. So handelnd wirst du nicht befleckt von Schuld[4].»

Der Gott selbst ist tätig – sowohl als Makrokosmos, im Geschehen der Welt, wie als Mikrokosmos, wenn er sich inkarniert. Schon diese Tatsache sollte als heilsame Lektion dienen. «Da gibt es nichts in den Drei Welten», erklärt Krishṇa, «das ich tun müßte, nichts, das mir fehlte und das ich erlangen müßte, und dennoch nehme ich teil am Tun. Täte ich dies nicht ohne Unterlaß, so würden die Menschen meinem Beispiel folgen. Diese Welt würde zugrunde gehen, wenn ich nicht immerfort meine Werke vollbrächte. Ich würde Verwirrung stiften [denn die Menschen würden die ihnen von Geburt zugewiesenen Aufgaben und Tätigkeiten im Stiche lassen]; ich würde alle diese Wesen zugrunde richten [denn die Götter, die himmlischen Leiber usw. würden dann dem vom Höchsten gegebenen Beispiel folgend auch ihr Wirken einstellen]. So wie die Unverständigen handeln, an ihren Taten hängend, so sollte der Weise, Verständige (*vidvān*, der Versteher) auch handeln, nur ohne daran zu hängen – vielmehr nur darauf bedacht, die Weltordnung aufrecht zu erhalten[5].»

[1] In diesem Falle sind mit den Früchten die versprochenen himmlischen Belohnungen oder die Vorteile gemeint, die man in Zukunft oder nach einer Wiedergeburt genießen wird.

[2] *Bhagavad Gītā* 18.5–6. [3] Ebenda 2.47. [4] Ebenda 2.38.

[5] Ebenda 3.22–25.

Die unermüdliche Tätigkeit des das Weltall lenkenden Göttlichen Wesens vollzieht sich gewissermaßen als Routine, als eine Art Ritual, das Es nur wenig berührt. Gleicherweise sollte ein vollkommener Mensch seine täglichen Pflichten im Geiste einer spielerischen Routine ausführen, um nicht etwa den Lauf des ganzen Spiels zu unterbrechen, in dem ihm seine Rolle (von der er sich schon völlig abgelöst hat) zugewiesen ist. «Denn für ein Wesen, das einen Leib besitzt», spricht Krishṇa, «ist es unmöglich, jegliches Tun aufzugeben; wer aber sich um die Früchte (*phala:* Lohn, Erfolg) seiner Taten nicht kümmert, der wird ein Mann der echten Entsagung *(tyāgin)* genannt[1].»

Der Glaube, ein Mensch könne, im Leibe befangen, die Verstrickung in das Gewebe des Karma vermeiden, ist eitel Illusion. Gleichwohl ist es möglich, einer tieferen Verstrickung zu entgehen, ja sogar den Geist ganz abzulösen, durch Nichtachtung dessen, was an Folgen und scheinbaren Verheißungen aus den unvermeidlichen Pflichten und Unternehmungen erwächst, das heißt durch ein vollkommenes Selbstopfer. Man darf bei der Erfüllung seiner Pflichten nicht auf Belohnung rechnen, weder als Sohn noch als Vater, weder als Brahmane noch als Krieger, weder in Ausübung orthodoxer Riten, im Almosenspenden, noch im Vollbringen anderer guter Werke. «Man soll nicht das Tun aufgeben, zu dem man geboren ist (*sahajaṁ karma:* die Pflicht, die einem auferlegt ist durch Geburt, Kaste, Beruf), selbst dann nicht, wenn es Übles im Gefolge hat; denn alles was wir unternehmen, ist vom Übel umwölkt, wie das Feuer vom Rauch[2].»

Die irdische Ebene ist das Reich des Unvollkommenen, sozusagen schon als Definition. Vollkommenheit, makellose Reinheit kann nur gewonnen werden durch Ablösung vom Erscheinungsbereich der Guṇas[3] – durch einen geistigen Prozeß, der das Individuum, die Maske der Persönlichkeit und jegliches auf sie bezogene Tun auflöst und in das unbefleckte, undifferenzierte, anonyme, absolut unveränderliche Reich des Selbst hinüberführt. Indessen muß man trotzdem an den Aufgaben und Pflichten des Lebens, in das man hineingeboren ist, festhalten. «Besser ist es, die eigenen Lebensaufgaben und Pflichten *(dharma)*, und seien sie auch noch so gering und nur von bescheidenem Wert *(vi-guṇa)*, als die Pflicht eines anderen zu erfüllen. Wer die Taten *(karma kurvan)* ausführt, die ihm seine angeborene Natur [sie ist identisch mit der seines Standes] vorschreibt, den trifft kein Makel.[4]»

[1] Ebenda 18.11. [2] Ebenda 18.48. [3] Für die Guṇas siehe oben S. 267–269.
[4] *Bhagavad Gītā* 18.47.

Auch wenn ein Mensch in einer unreinen Kaste geboren ist (zum Beispiel als Straßenkehrer, als Leichenbestatter), so soll er bei der ererbten Laufbahn bleiben. Wenn er seine Arbeit so gut wie möglich nach der eingesetzten Ordnung ausführt, wird er ein vollkommenes, rechtschaffenes Mitglied der Gemeinschaft; würde er sich dagegen losreißen und in anderer Leute Pflichten einmengen, dann würde er sich einer Störung der heiligen Ordnung schuldig machen. Sogar die Dirne, die, wie wir sahen[1], in der sozialen Hierarchie weit unter der Stufe der braven Hausfrau steht, sogar sie wird, wenn sie den Moralkodex ihres verachteten Gewerbes vollkommen erfüllt, an der über-individuellen, übermenschlichen Heiligen Kraft teilhaben, die sich im Kosmos manifestiert – und sie kann Wunder wirken, die Könige und Heilige verblüffen[2].

Krishṇa, der göttliche Künder der Bhagavad-Gītā-Lehre, bietet sich nicht nur als Lehrer, sondern auch als gutes Beispiel an. Er vertritt den freien Willen der Höchsten Gottheit, selbst an den rätselvollen Freuden und Leiden der Gestalten in der Erscheinungswelt teilzunehmen – jener Wesen, die schließlich nichts Geringeres sind als seine eigenen Spiegelungen. «Obgleich ich ungeboren bin, obgleich mein Selbst unwandelbar ist, obgleich ich der Göttliche Herr aller vergänglichen Wesen bin, so nehme ich doch Wohnung in meiner eigenen stofflichen Natur *(prakriti)* und werde zum vergänglichen Wesen *(sambhavāmi)* durch die göttliche Zauberkraft meiner spielerisch täuschenden Verwandlung, die alle Erscheinungen hervorbringt und zu meinem eigenen Selbst *(ātmamāyayā)* gehört. Immer wenn die Grundsätze der Pflichterfüllung sich lockern oder erschlaffen und die Ungerechtigkeit überhand nimmt, dann ströme ich hervor. Um den Gerechten zu schützen und die Übeltäter zu vernichten,

[1] Oben S. 154–156.

[2] «Die Schriften laß dir Richtschnur sein für das, was du tun, was du nicht tun sollst. Weißt du, was das Gesetz der Schriften bestimmt, dann kannst du deine Taten tun.» *(Bhagavad Gītā* 16. 24.) Dagegen aber: «Für den Brahmanen, der das höchste Wissen *(vijnānan)* erworben, sind die Veden nicht von größerem Nutzen als ein Brunnen dort, wo alles überflutet ist.» (Ebenda 2. 46.) Die Überlieferung in den Schriften enthält die höchste Wahrheit, aber das Erfahren dieser Wahrheit macht jene überflüssig. Wer das Wissen hat, ist ins Reich transzendenter Wirklichkeit eingetreten und bedarf nun keiner Führung mehr. *Vor* dem Eintritt der Erkenntnis aber dienen die Schriften und der Kreis sozialer Pflichten als notwendige Führer; *nach* der Erkenntnis werden sie freiwillig anerkannt im Geiste eines erhabenen guten Willens.

um die Tugend und die göttlich-sittliche Weltordnung wieder einzusetzen, werde ich in jedem Weltalter zum vergänglichen Wesen inmitten der sterblichen Geschöpfe[1].»

Nach der hinduistischen Auffassung vollzieht sich die Herabkunft Gottes in den Kampf der Welt nicht als der einmalige bestürzende Eintritt der transzendenten Substanz in die Wirrnis weltlichen Geschehens (wie im Christentum, wo die Inkarnation als einmaliges, erhabenes, nie wiederholbares Opfer angesehen wird), sondern als rhythmisch wiederkehrendes, mit dem Ablauf der Weltalter zusammenhängendes Ereignis. Der Heilbringer kommt herab als Ausgleich gegen die Macht des Bösen, immer dann, wenn das weltliche Geschehen in seinen zyklischen Abläufen in Verfall gerät, und er vollendet sein Werk im Geiste unerschütterlicher Unparteilichkeit. Die periodisch eintretende Inkarnation der Heiligen Kraft ist eine Art feierlichen Leitmotivs im endlosen Drama des kosmischen Prozesses; es tönt von Zeit zu Zeit wie ein majestätisches Schmettern himmlischer Trompeten auf, um die Disharmonien zum Schweigen zu bringen und die triumphierenden Gesetze moralischer Ordnung wiederherzustellen. Dies Motiv übertönt wohl die zahlreichen Melodien und Dissonanzen der Gesamtpartitur, aber es läßt sie nie ganz verstummen. Wenn der Heilbringer, der göttliche Held (der Über-Lohengrin, -Parsifal oder -Siegfried) die dämonischen Mächte – sowohl in ihrem kosmischen Aspekt wie in ihren menschlichen Verkleidungen als böse Tyrannen und Übeltäter – niedergeworfen und dadurch die Ordnung der Dinge wiederhergestellt hat, zieht er sich aus dem Reich der Erscheinungen so ruhig, feierlich und freiwillig wieder zurück, wie er herabgekommen ist. Niemals wird er zum zeitweiligen scheinbaren Opfer der dämonischen Mächte (wie der ans Kreuz genagelte Christus), sondern sein Erdenwandel ist ein Triumphzug von Anfang bis Ende. Es tut der Gottheit in ihrer Jenseitigkeit keinen Abbruch, vorübergehend eine tätige Rolle auf dem Erscheinungsfeld der ewig tätigen Natur zu übernehmen.

Der indischen Mythologie zufolge ist die Herabkunft nur das Aussenden eines winzigen Teilchens *(aṁsha)* aus der unendlichen überweltlichen Substanz der Gottheit, wobei diese Substanz selbst sich nicht verringert; denn das Aussenden eines Heilbringers, ja selbst das Hervorbringen des Trugbildes einer ganzen Welt mindert so wenig die Fülle des transzendenten und letztlich unmanifestierten Brahmans, wie die Substanz unseres eigenen

[1] Ebenda 4. 6–8.

Unbewußten durch das Hervorbringen von Träumen vermindert wird. So kann man denn sagen (und seitdem unsere westliche Psychologie diese Dinge zu erforschen begann, wird es uns immer deutlicher), daß die hinduistische Anschauung und ihre Symbolik der makrokosmischen universalen Māyā auf einer jahrtausendealten Innenschau beruht, und daß aus dieser Erfahrung heraus die schöpferischen Prozesse in der Psyche des Menschen als bester Schlüssel zu Macht, Tatkraft und Haltung des weltschöpferischen, überweltlichen Wesens gelten. Dadurch, daß wir in uns eine Traumwelt mit Traumszenerie und Traumfiguren entwickeln – ja daß wir uns einen Traumhelden als Doppelgänger unseres eigenen Ichs erschaffen, um so allerlei seltsame Abenteuer zu erdulden und zu genießen – erleiden wir doch nicht die geringste Beeinträchtigung, vielmehr erleben wir eine Ausweitung unserer persönlichen Substanz. Ungeahnte Kräfte manifestieren sich in all diesen Bildern, genießen und erleben sich selbst. Das gleicht der Schöpferweise Gottes, wenn er seine Māyā-Kräfte aus sich entläßt. Unsere psychische Substanz wird auch dadurch nicht verringert, daß sie ihre Sinneskräfte durch die Tore der Sinnesorgane aussendet, um die Sinnesobjekte zu ergreifen, sie in sich aufzunehmen und vor den Geist hinzustellen; ebensowenig nimmt die Seele ab, wenn sie sich den durch die Sinne angebotenen Formen angleicht und sie in ihrer eigenen feinsten Substanz, die lehmartig, weich und knetbar ist, genau nachbildet[1]. Solche Lebensäußerungen sind im Träumen wie im Wachen überströmende, selbstbeglückende Betätigungen der menschlichen Lebenskraft, die sich so gern und leicht dem Spiel der Selbstverwandlung hingibt. Was der Mensch dabei leistet, ist die mikrokosmische Entsprechung des schöpferischen Prinzips im Weltall. Gottes Māyā formt die Welt, indem sie selbst Form annimmt, indem sie alle die vergänglichen Gestalten und verwirrenden Geschehnisse durchspielt, ohne dabei auch nur im geringsten abzunehmen; sie wird im Gegenteil nur herrlicher und reicher.

Die mikro-makrokosmische Erscheinungswelt wurde im Sāṅkhya charakterisiert als ein unaufhörliches Zusammenspiel der drei Bestandteile oder Qualitäten der Prakriti, nämlich der sogenannten Guṇas[2]. In der *Bhagavad Gītā* wurde dieser Gedanke zwar übernommen, aber der vedisch-brahmanischen Konzeption vom einen und alleinigen Selbst ganz angeglichen. «Alle Zustandsformen des Klaren *(sāttvika)*, des Leidenschaftlich-Heftigen *(rājasa)*, und des Dunkel-Trägen *(tāmasa)* – fürwahr, sie kom-

[1] Vgl. oben S. 258–259 und 261–262. [2] Oben S. 267–269.

men aus Mir; Ich bin in ihnen nicht, sie sind in Mir. Das ganze Weltall voll Lebewesen wird irregeführt durch diese aus den drei Qualitäten gebildeten Zustände. Deshalb kennen sie Mich nicht, der Ich über ihnen bin und unwandelbar. Denn die göttliche Täuschung *(māyā)* von Mir, die aus den Guṇas besteht [und durch sie wirkt], ist nur sehr schwer zu überwinden. Wer sich aber ganz und gar Mir hingibt, der überwindet sie[1].»

Der breite Fluß des Nichtwissens und der Leidenschaften ist ein gefährlich reißender Strom, aber der Retter, der göttliche Fährmann kann seine Gläubigen sicher ans andere Ufer hinüberbringen. Dieses Gleichnis findet sich in allen indischen Überlieferungen immer wieder. Die Jaina-Heilbringer werden Tīrthaṅkaras, das heißt «die Furtbereiter» genannt. Der Buddha überschreitet einen Fluß, indem er über die Wellen geht, und von seiner Weisheit sagt man, sie sei «das Wissen, das zum anderen Ufer gelangt ist» *(prajñā-pāram-itā)*. Im gleichen Sinne wird der bekannte Heilbringer des Mahāyāna, Avalokiteshvara (chinesisch: Kwan-yin; japanisch: Kwannon) als geflügeltes Roß mit Namen «Wolke» *(valāhaka)* dargestellt; es trägt jeden, der es wünscht, zum fernen Gestade der erleuchteten «Freiheit im Ausgelöschtsein» hinüber.

Eine ergötzliche Allegorie in dem buddhistischen Sūtra «*Kāraṇḍavyūha*»[2] erzählt, wie «Wolke» sich einer Gesellschaft von schiffbrüchigen Kaufleuten zu erkennen gibt, die sich nach der Juweleninsel eingeschifft hatten. Diese Leute waren auf eine andere Zauberinsel zu verführerischen Frauen geraten, die sie scheinbar gastlich aufnahmen und ihnen zu Willen waren; schließlich aber entpuppten sie sich als männerfressende Ungeheuer, die nur darauf warteten, sie zu verschlingen. Die Verführerinnen hatten schon vorher manchen Kaufmann verzehrt, der, gleich der gegenwärtigen Gruppe, an ihren Strand gespült worden war. Lockend zugleich und verschlingend, versinnbildlichen sie in der buddhistischen Allegorie das verlockende, zerstörerische Wesen der Sinnenwelt. Aber über der Insel dieser Verführerinnen, der Insel, wo der Mensch in die Welt verstrickt wird, pflegt zuweilen, durch den Himmel schwebend, die Gestalt der

[1] *Bhagavad Gītā* 7.12–14.

[2] Der vollständige Titel dieses wichtigen Sūtra des Mahāyāna-Buddhismus lautet: *Avalokiteshvaraguṇakāraṇḍavyūha*, «Die vollständige Beschreibung des Korbes der Eigenschaften von Avalokiteshvara». Es gibt davon zwei Versionen, eine ältere in Prosa und eine jüngere in Versen. Siehe M. Winternitz, *Geschichte der indischen Literatur*, Bd. II, S. 238–240, und L. de la Vallée Poussin, «Avalokiteshvara», in Hastings, *Encyclopaedia of Religion and Ethics*, Bd. II, S. 259–260.

‚Wolke‘ *(valāhaka)*, der Heilbringer, zu erscheinen. Und er ruft herab: *Ko pāraga?* «Wer will hinüber zum andern Ufer?» – in Indien ein wohlbekannter Ruf; es ist der Ruf des Fährmanns, wenn er sein Boot anlegt. Der Fährmann ruft laut, damit jeder säumige Wanderer im Ort weiß, daß er sich zu eilen hat; und laut ertönt auch die Stimme der ‚Wolke‘. Wenn nun die Kaufleute sie hören, besteigen diejenigen unter ihnen, die sich von den gefährlichen Freuden der Insel zu trennen vermögen, ohne Zögern das geflügelte Roß und werden zum «anderen Ufer» des Friedens hinübergetragen. Alle Zurückbleibenden jedoch erleiden schließlich einen schrecklichen Tod. Ja, auch jene, die zuerst den riesigen, fliegenden Heilbringer bestiegen haben, sich dann aber für einen letzten liebevollen Blick zurückwenden, stürzen hinab in die erbarmungslose See und finden einen elenden Tod.

Der Bewohner des sterblichen Leibes – die unzerstörbare Lebensmonade *(purusha)*, die nach der Sāṅkhyalehre als Kern und Lebenskeim jedes lebenden Individuums betrachtet werden muß – ist nach der synkretistischen Lehre der *Bhagavad Gītā* bloß ein Teil des einen Höchsten Göttlichen Seins, mit dem er wesensgleich ist. So wurde mit einem kühnen Griff der transzendentale Monismus der vedisch-brahmanischen Lehre vom Selbst verbunden mit der pluralistischen Lebensmonadenlehre des dualistischen, atheistischen Sāṅkhya; und so werden noch im heutigen Indien die beiden Denksysteme aufgefaßt als Darstellungen zweier verschiedener Aspekte der selben Wirklichkeit. Das nicht-dualistische Ātmavāda vertritt die höhere Wahrheit; der Sāṅkhya dagegen ist eine empirische Analyse der logischen Grundlagen der niederen rationalen Sphäre von Gegensatzpaaren *(dvandva)*. Im Sāṅkhya sind antagonistische Prinzipien maßgebend; auf ihnen beruhen alle normalen menschlichen Erfahrungen und das rationale Denken. Trotzdem aber ist es ein Zeichen von Nichtwissen, anzunehmen, daß die dualistische Beweisführung, weil sie logisch ist und den Erfahrungstatsachen entspricht, deswegen auch mit der letzten Wahrheit übereinstimme. Der Dualismus gehört ins Reich der Erscheinungen, ins Reich der verwirrenden Vielfalt, die durch die Guṇas bewirkt wird; er ist bloß ein Teil vom großen kosmischen Spiel der Māyā.

Der alleinige Urquell der Wahrheit verkündet durch Krishṇas Mund: «Ein Teil von meinem wahren Selbst, ein ewiger, wird zur Lebensmonade *(jīva-bhūta)* im Reich der Lebensmonaden (*jīva-loka:* in der Verkörperungssphäre der Schöpfung, die von Lebensmonaden wimmelt). Diese zieht den Verstand und die fünf Sinneskräfte an sich, die im Stoff des Weltalls wurzeln und wohnen. Wenn so der Göttliche Herr *(ishvara)*[1] einen Körper erhält, und wenn er ihn wieder verläßt und fortgeht, dann nimmt er diese sechs Kräfte oder Funktionen mit sich aus ihrer Wohnstatt oder ihrem Behältnis [dem Herzen] und geht seiner Wege; gleich wie der Wind Düfte davonträgt von ihrem Enstehungsort. Bemeisternd Gehör, Gesicht, Gefühl, Geschmack, Geruch und auch Verstand, erlebt er die Sinnenwelt. Menschen, von Nichtwissen geblendet, schauen ihn nicht, ob er hinausgeht aus dem Leibe oder mit den Guṇas vereint, die Sinnesobjekte genießend, darin bleibt. Die aber werden ihn schauen, die das Auge der Weisheit besitzen[2].»

«Der Herr *(ishvara)*[3] wohnt in der Herzregion aller sterblichen Geschöpfe, und durch seine göttliche Spielkraft *(māyā)* bringt er alle Wesen in Umschwung *(brāhmayan)*, so als wenn sie ein Tretrad bestiegen hätten (*yantrārūḍha:* das ist ein Rad mit Eimern, um die Reisfelder zu bewässern)[4].» «Der Eigentümer des Leibes, der Wohnung nimmt im Leibe aller, ist ewig unzerstörbar: darum sollst du kein Geschöpf betrauern[5].»

Die besondere Lehre der *Bhagavad Gītā* ist, wie wir bereits erwähnten, der Karma-Yoga, die selbstlose Ausübung irdischer Pflichten; dies ist aber nicht der einzige Weg zur Freiheit und Herrschaft des Göttlichen Selbst. Krishṇa, die Krieger-Inkarnation des Höchsten Wesens, erkennt viele Wege an, je nach den verschiedenen Neigungen und Fähigkeiten der menschlichen Typen. «Einige», so erklärt der Gott, «schauen mittels Versenkung, indem sie sich inneren Bildern hingeben, das Göttliche Selbst durch ihr eigenes Selbst und in ihrem eigenen Selbst[6]. Andere [schauen oder erleben es] in der Yoga-Technik nach dem Sāṅkhya-System des aufzählenden Wissens[7]; und wieder andere durch den Yoga der selbstlosen Tat[8]. Andere wiederum, nicht wissend [sc. diese Wege der introvertierten Selbstzucht und Verwandlung], verehren Mich, wie man sie's gelehrt hat, in Form der orthodoxen mündlichen Überlieferung; aber

[1] So heißt die Lebensmonade, denn sie ist ein Funken vom jenseitigen göttlichen Licht. *Ishvara* bedeutet «der Starke, Allmächtige, Beherrschende»; grundsätzlich nimmt die Lebensmonade an der Allmacht der göttlichen Substanz teil.

[2] *Bhagavad Gītā* 15.7–10. [3] Hier wird der universale Aspekt hervorgehoben.

[4] Ebenda 18.61. [5] Ebenda 2.30.

[6] Das ist der Weg des Dhyāna, der «Versenkung».

[7] Patañjali-Yoga; vgl. oben S. 258ff. [8] Der besondere Weg der *Bhagavad Gītā*.

auch diese besiegen den Tod, wenngleich sie ausschließlich nach den in den Veden verkündeten Offenbarungen anbeten[1].»

Die frühen Zeiten der äußerlichen vedischen Opferbräuche waren längst vorbei, als die *Bhagavad Gītā* verkündet wurde. Der zeremoniöse Priesterstil war im Gottesdienst nicht mehr vorherrschend. Trotzdem konnte der Wert solcher Übungen für die Erreichung des Zieles noch immer anerkannt werden, aber sie galten als der geringere Weg. Er blieb noch lange durch die Tradition geheiligt, war aber recht beschwerlich und altmodisch. Leute, die nicht auf der Höhe des philosophischen Denkens standen – die «Vettern vom Lande», die «pagani» – pflegten weiterhin diese etwas wunderlichen Methoden und erlebten dabei natürlich auch die gewohnten, lang erprobten guten Wirkungen; doch die wahren Abenteurer und Helden des wagemutigen Menschengeistes suchten auf dem direkten, angespannteren, rascheren und zuverlässigeren, dem inneren psychologischen Weg zur neuen esoterischen Offenbarung zu kommen.

Nach der Hindu-Anschauung liegt dem Höchsten Wesen keineswegs daran, jeden Menschen unmittelbar durch Erleuchtung in sein überweltliches Reich emporzuziehen oder jedem die gleichen Wahrheitserkenntnisse über Wesen und Wirken seiner Göttlichkeit zu schenken. Er ist kein eifernder Gott. Im Gegenteil; er läßt mit gütigem Wohlgefallen all die vielfachen Illusionen zu, die das umwölkte Hirn des homo sapiens bevölkern. Er begrüßt und versteht alle Arten des Glaubens und der Überzeugungen. Obwohl er selbst die vollkommene Liebe ist und sich allen seinen Gläubigen zuneigt, auf welcher Stufe des Verständnisses sie auch stehen mögen, ist er doch auch gleichzeitig von erhabener Gleichgültigkeit und ganz unbeteiligt, denn er selbst ist von keinem Ich besessen. Er hat nicht das zornmütige Wesen des alttestamentlichen Jahve. Er erhebt keine totalitären Ansprüche wie der mohammedanische Allah. Er verlangt auch nicht, daß die sündige Menschheit mit ihm versöhnt würde durch solch ungeheuerliche Sühne, wie sie im höchsten Opfer des Erlösers geschah: Gottes eigener Sohn, sein anderes Ich, die zweite Person in der Heiligen Dreieinigkeit kommt herab als das einzig angemessene Opfer, als der zum Verbrecher gebrandmarkte Sündenbock, das Lamm, das auf sich nimmt die Sünden der Welt, und erlöst die sündige Menschheit von dem verdienten Tod dadurch, daß er sein eigenes kostbares Blut vergießt und am Kreuze hängt als das in der Geschichte unerhörteste Opfer eines Justizmordes.

[1] *Bhagavad Gītā* 13.24–25.

«Jeder Fromme, der irgendein göttliches Bild *(rūpa)* in Glaubensinbrunst anzubeten sucht, wahrlich, dessen Glauben mache Ich festgegründet. Durch seinen Glauben mit jenem Bild vereinigt, bewahrt er es andächtig in seiner Seele und entzündet dadurch in sich das Verlangen, das in Wahrheit nur durch Mich allein gestillt wird. Beschränkt jedoch sind die Früchte solcher, deren Verständnis klein ist: die die Götter anbeten, gehen zu den Göttern, die sich aber Mir weihen, kommen zu Mir[1].»

Ganz bestimmte Ideen, fest umrissene Begriffe und Formen, die vielen verschiedenen Göttergestalten des großen Pantheons, all dies wurde aufgefaßt als ebenso viele Aspekte oder Reflexe des schattenhaften menschlichen Nicht-besser-Wissens. Sie alle enthalten ein gewisses Maß von Wahrheit – sie stimmen annähernd, und ihre Unvollkommenheiten sind graduell verschieden; doch sie alle sind selbst Teile und Folgen des kosmischen Māyā-Spiels und stellen dessen Wirken auf der Ebene der intellektuellen und emotionalen Organe dar. Sie haben teil an den Qualitäten der Guṇas. So entspringen zum Beispiel der Menschheit reinere, geistigere Vorstellungen von den Göttern dort, wo Sattva-Guṇa (Klarheit, Güte, Reinheit) vorherrscht; das Bild von einem grimmigen, jähzornigen, emotionalen Gott (wobei die Gottheit ein Übermaß an Aktivität entfaltet) wird durch Rajas-Guṇa hervorgerufen; während die Halbgötter übelwollender Art – die Götter des Todes, der Krankheit und der Zerstörung – aus der Dunkelheit von Tamas-Guṇa entstehen. Die Aspekte und Personifikationen der göttlichen Substanz werden verschieden erscheinen je nachdem, ob der eine oder der andere Guṇa im Wesen des Frommen vorwiegt; und so kommt es, daß die Gottheiten der verschiedenen Rassen, Kulturperioden und Gesellschaftsklassen sich so erheblich voneinander unterscheiden. Das Höchste Wesen selbst ist in seiner vollkommenen Abgewandtheit vom Spiel der Guṇas – obgleich deren Ursprung – weit davon entfernt, sich zu einer Einmischung in die besonderen Neigungen der einzelnen Menschenrassen herabzulassen, vielmehr ermutigt und fördert es jede fromme Neigung, welcher Art sie auch sei, da es ja selbst die innere Kraft in jedem Menschenwesen ist.

«Jeder Fromme, der irgendein göttliches Bild *(rūpa)* in gläubiger Inbrunst anzubeten sucht ...» Das Bild *(rūpa)* ist die manifeste Erscheinung der transzendenten göttlichen Substanz im Gewande einer göttlichen Person, sie ist eine göttliche Individualität, und als solche verdient sie Ver-

[1] Ebenda 7.21–23.

ehrung, weil sie genau dem Geist und Herz des Andächtigen entspricht. Es kann dies eine Gottheit der ältesten Orthodoxie sein (ein Agni, Indra, Varuṇa), eine des späteren Hinduglaubens (Shiva, Vishṇu, Kālī) oder eine der viel später eingedrungenen missionierenden Systeme (Allah und Christus). Über jedes Geschöpf das Blendwerk seiner Täuschungen breitend, durch die Handlungen aller Wesen seine weltschöpferische Māyā entfaltend, ist das Höchste Wesen stets bereit, jedem Menschen seinen eigenen mehr oder weniger verdunkelten Weg der Unwissenheit zu gestatten, den Weg, den er und seine Umwelt für Wissen und Weisheit halten. Soweit es auf das Höchste Wesen ankommt, ist alles durchaus in Ordnung, wenn sich die Fische des tiefen Meeres an ihre eigenen zwei oder drei Gedanken über Welt und Leben halten, wenn die Vögel in der Himmelsluft ihre davon verschiedenen Ideen hegen, und wenn die Bewohner der Wälder und der Menschenstädte ihre eigenen Vorstellungen haben. Der herrliche zehnte Gesang der *Bhagavad Gītā* sagt, daß das Göttliche Wesen selbst in allem west. «Jeder Keim *(bīja)* aller Geschöpfe, das bin Ich. Es gibt kein Geschöpf, sei es beweglich oder unbeweglich, das ohne Mich existieren kann. Ich bin der Würfel des Falschspielers, Ich bin die Stärke des Starken. Ich bin der Sieg, bin die Bemühung, bin die Reinheit des Reinen[1].» Jeder darf, ja jeder soll die eigene ihm gehörige Täuschung ausleben, solange er sie für wahr halten kann. Wenn es ihm jedoch einmal aufgeht, daß er sich nur in einer Tretmühle abmüht, daß er nur die Welt, so wie er sie sieht, durch sein Tun in Bewegung hält, daß er so weitermacht nur deswegen, weil er darauf besteht, so weiterzumachen, in Wahrheit aber immer auf der gleichen Stelle tritt – genau da wo er stünde, wenn er überhaupt nichts täte –, dann ist der Zauber gebrochen, Sehnsucht und Verlangen nach Freiheit ergreifen ihn; und das Göttliche Wesen ist nun ebenso bereit, ihm den verborgenen Weg, der aus dem Kreis herausführt, zu eröffnen.

«Der Erhabene sprach:

‚Dreifach ist das gewaltige Glauben und Verlangen *(shraddhā)*[2] derer, die in den Leibern wohnen, je nach ihrer verschiedenen Wesensart: sāttvic, rājasic oder tāmasic. Vernimm du die Auslegung ihrer Beschaffenheiten. Eines jeden Shraddhā richtet sich nach seiner Naturanlage, denn der Mensch besteht aus seiner Shraddhā und ist das, was seine Shraddhā ist.

[1] Ebenda 10.39, 36.

[2] *Shraddhā* heißt sowohl «Glaube» wie «Verlangen». Vgl. oben S. 56.

Menschen, bei denen heitere Klarheit oder Güte *(sattva)* vorherrscht, verehren Götter; Menschen, bei denen stürmischer Tätigkeitsdrang und Begierde *(rajas)* vorherrschen, verehren Yakshas und Rākshasas[1]; Menschen, bei denen Dunkel und Trägheit *(tamas)* vorwiegen, dienen bösen Geistern, Gespenstern und Erscheinungen[2]; diejenigen aber, die Lebensenergien oder Hitze *(tapas)* in sich aufstauen durch glühende Strenge, durch von der heiligen Überlieferung nicht vorgeschriebene Kasteiungen, die werden besessen von einem dämonischen Drang: sie sind voll Heuchelei und Eigennutz[3]; sie sind voll unbeherrschter sinnlicher Begierden, Gelüste, Leidenschaften und animalischer Kräfte *(kāmarāga-bala)*; sie reißen und zerren mit Gewalt nicht nur an den ihnen einverleibten Lebenselementen und Wesensteilen [das heißt: an den Funktionen und Organen des Lebensprozesses], sondern auch am Göttlichen Selbst, dem gottgleichen Prinzip [Krishṇa sagt einfach an ‚Mir'], das im Innern des Leibes wohnt[4].'»

[1] Yakshas sind Halbgötter der Fülle und Fruchtbarkeit, in der Mythologie örtlich gebunden an Hügel und Erdboden; Rākshasas sind Kobolde oder Gnome, nächtlich sich herumtreibende, verschlingende Ungeheuer, feindliche Wesen, die die Wirksamkeit der den Göttern orthodox dargebrachten Opfer stören und ablenken. Es ist kaum nötig, darauf hinzuweisen, daß man der Meinung sein kann, einen Gott zu verehren, und dabei in Wahrheit einem Yaksha oder Rākshasa dient. Die Beispiel eim modernen Leben sind nicht weit zu suchen.

[2] Pretas und bhūtas: diese gehören zur Schar der niederen Dämonen, über die Shiva herrscht, der Gott des dämonischen Schreckens und der kosmischen Zerstörung. Sie vertreten die Mächte der Nacht, des Todes, der Gewalt und der Vernichtung.

Nach der Anschauung der *Bhagavad Gītā* würde ein launischer eifernder Gott, der für sich einen totalitären Anspruch erhebt, oder ein Gott, der seinen verlorenen Schafen gegenüber nichts als Gnade und Barmherzigkeit bezeugt, die göttliche Substanz nicht in ihrer letzten Reinheit und Entrücktheit repräsentieren. Jene Gottesbilder sind bloß getrübte und verzerrte Spiegelungen, in denen sich die Seelen derjenigen Anbeter spiegeln, die meinen, Gott gleiche ihnen. Der rachedurstige, aggressive Gott ist symptomatisch für die Mischung von Rajas und Tamas, während die Gottheit, die sich aus überströmendem Erbarmen selbst opfert, die Mischung von Sattva und Rajas spiegelt. Der Charakter eines Gottes zeugt nicht vom Wesen des wahren Seins, sondern von dem des Gläubigen.

[3] Er posiert als selbstloser Heiliger, ist aber in Wirklichkeit voll arroganter Geltungssucht.

[4] *Bhagavad Gītā* 17. 2–6. – Die Übung des Tapas gehört zum vorarischen, nicht-vedischen Erbe indischer archaischer Asketik. Sie ist eine der ältesten nichtbrahmanischen Elemente des altindischen Yoga. Ihre Technik verschafft dem Übenden vollkommene Herrschaft über sich selbst durch das Ertragen selbstauf-

Die von den Menschen verehrten Götter sind jedoch nicht die einzigen Symptome ihrer Guṇas. «Auch die Nahrung, die ein jeder von ihnen gern hat, ist dreifach[1].»

Die Guṇas, die die Bestandteile der Weltsubstanz sind, wenn diese sich aus ihrem ursprünglichen Zustand vollkommen ausgewogener Ununterschiedenheit ausfaltet, sind, wie überall sonst, so auch in den Nahrungsmitteln vorhanden. «Milde Speise, voll Saft und Geschmack, fest und angenehm, ist beliebt bei den Menschen, in denen Sattva vorwiegt. Ṣcharfe, bittre, beißende, saure, salzige, scharf gewürzte, herbe und sehr heiße Speisen, beizende (*vidāhin*, wie heißer Curry) werden von Menschen bevorzugt, in denen Rajas vorherrscht. Diese Kost verursacht Leiden, Schmerzen und Krankheiten (während die Sattvic-Speise langes Leben, Stärke, Kraft, Wohlbefinden, Freude und Verschontsein von Krankheit verleiht). Speise, die schal und geschmacklos, faulig und abgestanden, (von anderen Mahlzeiten) übriggeblieben und rituell unrein ist, wird von Menschen mit Tamasic-Disposition geschätzt[2].»

Die von Sattva erfüllte Haltung fragt nicht nach Lohn *(phala)*, sie führt die Riten nach der Vorschrift aus, indem der Fromme sich schlicht und redlich denkt: «Opfer müssen eben gespendet werden.» Wenn man je-

erlegter Qualen, die an Heftigkeit und Dauer bis zur äußersten Grenze getrieben werden; zugleich ist dies der Weg, die Kräfte des Alls selbst, des Makrokosmos zu gewinnen, indem man sich dessen Spiegelung im Mikrokosmos, das heißt im eigenen Organismus, vollständig untertan macht. Diese Technik drückt einen extremen Machtwillen aus, das Verlangen, die unerschöpflichen, geheimen, im Unbewußten der menschlichen Natur aufgespeicherten Kräfte zu beschwören.

Diese Technik wird als dämonisch bezeichnet; denn sie gehört zum Wesen der Gegengötter oder Titanen. In der Hindu-Mythologie wird immer wieder gezeigt, wie die Titanen furchtbare Bußübungen dieser Art verrichten, um dadurch genügend Macht zu erwerben, damit sie die Götter stürzen und deren Throne als Herrscher über das Weltall einnehmen können. Tapas solcher Art bedeutet Ehrgeiz, Selbstsucht und Eigennutz auf einer gigantischen Stufe. Es ist voll gewaltsamen Tatendrangs *(rajas)* und voll finsterster Unwissenheit *(tamas)*, und es klammert sich mit äußerster Hartnäckigkeit an den Erscheinungsbereich des Ichs.

Diese Art Kasteiung wird sowohl vom Jainismus (vgl. oben S. 184–186) wie von der *Bhagavad Gītā* kritisiert und abgelehnt. Der Vorwurf, daß diese Leute «mit Gewalt die Lebenselemente und Wesensteile, die ihren Organismus bewohnen, reißen und zerren», spiegelt die Angst wider, die der Jaina davor hat, die Atome der Elemente zu verletzen. (Vgl. oben S. 253–254.) Beide Überlieferungen halten übertriebenes Tapas für einen schweren Fehler.

[1] *Bhagavad Gītā* 17.7. [2] Ebenda 17.8–10.

doch die Zeremonie auf Belohnung oder Erfolg abstellt oder in einer gewissen scheinheiligen Arroganz vollzieht *(dambha)*, nur um als vollkommener, heiliger Mann dazustehen, dann ist man in der Haltung des Rajas. Rajas erzeugt Egoismus und Ehrgeiz. Zeremonien aber, die nicht mit der orthodoxen Vorschrift übereinstimmen (das heißt, die nicht zum Bereich der brahmanischen Tradition gehören, sondern sich entweder an böse Dämonen oder an außerhalb des anerkannten Pantheons stehende Wesen richten) oder bei denen die geopferten Speisen nachher nicht an würdige Empfänger (in der Regel Priester oder Brahmanen) verteilt werden (kurz, jeder Ritus, der die Brahmanen und ihre kostspielige Unterstützung außer acht läßt), zeigen eine Haltung, in der – nach dem priesterlichen Urteil – Tamas vorwiegt[1].

Das Verhältnis von Sattva, Rajas und Tamas kann in jeder einzelnen menschlichen Lebensform und -tätigkeit nachgemessen werden. Sogar bei den streng asketischen Kasteiungen *(tapas)* in den traditionellen Einsiedlerhainen läßt sich das Wirken der drei Qualitäten leicht unterscheiden. So steht geschrieben: «Sattva herrscht vor in Tapas, wenn es um seiner selbst willen, ohne Gedanken an eine Belohnung, ausgeübt wird. Rajas herrscht vor, wenn Tapas aus Verehrung [für eine Gottheit] und aus Rücksicht auf den Zweck des Gottesdienstes oder in heuchlerischem Dünkel *(dhamba)* ausgeführt wird. Kasteiungen dieser Art sind schwankend und unbeständig. Tamas aber dominiert, wenn die Übungen um einer törichten, falschen Idee willen, mit großer Mühe und Qual für den Übenden, oder in der Absicht, einen anderen zu vernichten (das heißt im Dienste der zerstörerischen Mächte von Tod und Finsternis), unternommen werden[2].»

Dreifach sind auch die Haltungen in bezug auf die Barmherzigkeit *(dāna)*, beim Spenden von Gaben. Das Spenden ist sattvic, wenn die Gaben an würdige Leute, die sie nicht erwidern können (Arme, Waisen, Witwen, Bettler, fromme Almosenfordernde, Heilige usw.), wenn sie zur rechten Zeit und am rechten Ort ausgeteilt werden und einfach in dem Gedanken, daß eben Gaben zu spenden seien. Die Wohltätigkeit ist rajasic, wenn sie geübt wird in Erwartung einer Gegenleistung oder um einer Belohnung willen, die man von seiten der Götter oder des Schicksals nach dem Gesetz des Karma *(phalam:* Frucht) erwartet, oder wenn die Gabe mit Widerstreben gegeben wird, oder wenn das Geschenk in schlechtem Zustand, abgetragen oder verbraucht ist. Tamasic ist das Geben, wenn Ort

[1] Ebenda 17.11–13. [2] Ebenda 17.17–19.

und Zeit dafür ungeeignet, wenn die Motive unrein und schlecht sind und wenn mit Geringschätzung gegeben wird[1].

«Arjuna sprach:

,Unter welchem Zwang, Krishṇa, begeht denn ein Mensch gegen seinen Willen Sünde, wie von einer Gewalt getrieben?'

Der Erhabene erwiderte:

,Begierde *(kāma)*, diese wütende, rasende Leidenschaft *(krodha)*, die dem Guṇa der Gewalttat entspringt, ist das große Übel, der große Hunger. Wisse, in dieser Welt ist das der böse Feind[2].

Wie das Feuer vom Rauch, wie der Spiegel vom Staub, wie das ungeborene Kind im Mutterleib von der Embryohülle verdeckt ist, so die Einsicht von der Begierde. Die höhere Vernunft *(jñāna)* des Menschen – der im Grunde mit vollkommener Einsicht *(jñānin)* begabt ist – ist eingehüllt in diese ewige Feindin Begierde, die nach Wunsch alle möglichen Formen annimmt und wie eine unersättliche Feuersbrunst ist. Die Sinneskräfte *(indriyāṇi)*, das Denken *(manas)* und die Fähigkeit intuitiven Erfassens *(buddhi)* sind alle, wie man sagt, von ihr besetzt. Durch sie versetzt sie den Eigentümer des Leibes in Verwirrung und Bestürzung und umwölkt seine höhere Einsicht. Drum zügle du von Anfang an die Sinne, vernichte jenes Böse, das dir Weisheit *(jñāna)* und Erkennen *(vijñāna)* zerstört[3]. Die Sinneskräfte stehen höher [als der physische Leib]: das Denken steht höher als die Sinne; intuitives Erfassen ist wiederum höher als das Denken, über dem intuitiven Erfassen aber steht Er (*sa*: der Eigentümer des Leibes, das Selbst). Wenn du also erwacht bist zu der Erkenntnis, daß Er jenseits und über der Sphäre des intuitiven Erfassens ist, dann festige standhaft das Selbst durch das Selbst (oder dich selbst durch das Selbst) und töte den Feind, der die Form der Begierde angenommen hat [oder der jedwede Form, die ihm gefällt, annimmt] und der schwer zu bezwingen ist[4].'»

[1] Ebenda 17.20–22.

[2] *Kāma*, die Begierde, das Verlangen, in der Rolle des bösen Feindes, des Üblen, findet sich in genau dem gleichen Sinne in einer Legende vom Buddha. Ein schöner Jüngling mit einer Laute erscheint als Versucher, als der «Böseste» *(pāpīyān)*, um den zukünftigen Buddha erst durch den Liebreiz seiner drei Töchter, dann durch Gewalt zu verführen (vgl. oben S. 191–192).

[3] *Vijñāna:* die höchste unterscheidende Einsicht, die das Selbst als völlig verschieden von der mit Wünschen, Leiden und Verhaftungen beladenen Person begreift.

[4] *Bhagavad Gītā* 3.36–43.

«Indem man sich in die Sinnesobjekte betrachtend versenkt, indem man sie in seinem Inneren nachbildet und über ihnen brütet, schafft man sich Bindung an die Objekte; aus der Bindung entsteht Verlangen, aus dem Verlangen Raserei, stürmische Leidenschaft; aus der Leidenschaft Verwirrung und Bestürzung; aus der Verwirrung Verlust des Gedächtnisses und der bewußten Selbstkontrolle; diese Störung oder gar Zerstörung der Selbstkontrolle unterbindet das intuitive Erfassen; und der Verlust des intuitiven Erfassens hat schließlich den Zerfall des ganzen Menschen zur Folge[1].»

Die vom Erhabenen Krishṇa in der *Gītā* gelehrte Technik der Ablösung ist eine Art «mittleren Weges». Einerseits soll sein Anhänger das extreme Haften an der Sphäre der Tat und ihrer Früchte (die eigennützige Lebensführung um persönlicher Ziele willen, aus Erwerbs- und Besitzgier) vermeiden, andererseits aber darf er ebensowenig dem negativen Extrem einer lebensfeindlichen Abstinenz verfallen, die jedes Handeln und Eingreifen verbietet. Der erstere Fehler liegt im normalen Verhalten des naiv-weltzugewandten Menschen, der zur Tat geneigt und begierig auf ihre Ergebnisse ist. Das führt nur dazu, daß die Hölle des Kreislaufs der Geburten – unser übliches, unbedachtes und hilfloses Teilnehmen an den unvermeidlichen Leiden, die mit dem Ich-Sein verknüpft sind – sich fortsetzt. Der entgegengesetzte Fehler ist dagegen die neurotische Enthaltsamkeit; der Fehler der ganz strengen Asketen – Männer wie die Mönche der Jainas und Ājīvikas[2] –, die sich der vergeblichen Hoffnung hingeben, man könne sich aus dem Fluß des Karma dadurch befreien, daß man sein Fleisch abtötet, alles Denken und Fühlen zum Stillstand bringt und die Leibeshülle aushungert, bis sie stirbt. Im Gegensatz dazu vertritt die *Bhagavad Gītā*[3] einen moderneren, geistigeren und mehr psychologischen Standpunkt. Handle! denn wie du es auch drehen magst, du handelst doch – aber erstrebe Gleichgültigkeit gegen die Früchte deines Handelns! Löse so die Selbstbezogenheit deines Ichs auf, und damit wirst du das Selbst entdecken! Das Selbst kümmert sich nicht um die Individualität drinnen *(jīva, purusha)* noch um die Welt draußen *(a-jīva, prakriti)*.

[1] Ebenda 2.62–63.

[2] Vgl. oben S. 172–191. Obwohl die Jainas solche qualvollen Kasteiungen, wie sie in der oben zitierten Legende von den titanischen Gegnern des Pārshvanātha berichtet werden, verwarfen, so war doch, wie wir sahen, ihre eigene Askese darauf gerichtet, alle Lebensprozesse anzuhalten und so zum Tode zu führen.

[3] So auch der Buddhismus; vgl. unten S. 419ff.

Diese Formel des Karma-Yoga ist jedoch nicht der einzige Weg; er kann unterstützt und ergänzt werden durch die traditionellen Vorschriften des Bhakti-Yoga – des Weges inbrünstiger Verehrung für die Inkarnation, das Bild, den Namen oder die Personifikation einer dem Betreffenden besonders teueren Gottheit. In der Tat ist die Gleichgültigkeit gegenüber den Früchten des unvermeidlichen Tuns leichter zu erlangen durch solch eine Haltung der Hingabe an den Willen eines persönlichen Gottes – der seinerseits nur das Abbild des im Herzen jedes Menschen wohnenden echten Selbstes ist. «Alles was du tust, alles was du issest, alles was du bei der Opferspende darbringst, alles was du hingibst [als Wohltätigkeit], alle Kasteiung, die du übst – tue das Werk als ein Opfer an Mich [das Göttliche Wesen]»[1]; das heißt: verzichte darauf, gib es hin, zugleich mit seinen Früchten. Alles was man tut, sollte man als freiwillige Darbringung an den Herrn ansehen.

So kommt es, daß es zwei Arten von Karma-Yoga gibt, die zum gleichen Ziele führen: 1. eine primär geistige, auf der Basis und dem Vorbild des Sāṅkhya beruhende Disziplin, wobei der Unterschied zwischen den Guṇas und dem Selbst bewußt gemacht wird, und 2. eine vom Gefühl getragene, fromme Disziplin der Hingabe an den Herrn *(ishvara)*. Die zweite Form ist eine mehr volkstümliche, vorbereitende Elementarstufe, auf der man stehen bleibt, bis man den Erscheinungscharakter sowohl des Herrn wie auch des anbetenden Ichs zu begreifen gelernt hat. Beide (der Herr und das Ich) werden als Zweiheit aufgehoben im Brahman-Ātman, der weder Gestalt, Name, Persönlichkeit, noch die frommen Erhebungen des Herzens hat.

«Wirf im Geiste all dein Tun auf Mich. Nimm Mich als höchstes Ziel, wende dich der Yogapraktik der inneren Erkenntnis *(buddhi-yoga)*[2] zu und halte deinen Sinn immer auf Mich gerichtet[3].»

«Für alle Wesen bin Ich der Gleiche. Mir ist keiner verhaßt noch lieb. Wer aber sich selbst Mir weiht [und anvertraut] in voller Hingabe *(bhakti)* – der ist in Mir, und Ich bin in ihm[4].»

[1] *Bhagavad Gītā* 9.27. – Der Gedanke, alles was man tut, Gott darzubringen, ist der römisch-katholischen Kirche wohlvertraut; hier nehmen Übungen in geistiger Askese und geistiger Liebe (Karma-Yoga und Bhakti-Yoga) einen wichtigen Platz ein.

[2] An Stelle des Yoga körperlicher Bußen, des Hungerns und des Abtötens, des Yoga des Jainismus, oder jener dämonischen Anhäufung von Energie, mit der man die Macht über das Universum zu gewinnen hofft (wie oben S. 356–357 dargestellt).

[3] *Bhagavad Gītā* 18.57. [4] Ebenda 9.29.

Die tröstliche, erhellende Weisheit Krishṇas ist schön zusammengefaßt in dem Satz *mattaḥ sarvaṁ pravartate*, «von Mir nimmt alles seinen Ursprung»[1]. Alle Gefühle, Sorgen, Freuden, Nöte und Erfolge des Menschen kommen von Gott. Deshalb gib ihm all das in deiner Seele durch Bhakti zurück und erlange Frieden! Verglichen mit der ewigwährenden Wirklichkeit des göttlichen Seins sind deine Freuden und Kümmernisse nur flüchtige Schatten. «In Ihm allein denn suche deine Zuflucht mit all deinem Sein, und durch seine Gnade wirst du höchsten Frieden und ewige Heimat erlangen[2].»

So hat denn die *Bhagavad Gītā* den alten brahmanischen Weg des vedischen «Opferpfades» *(karma-mārga)* weit hinter sich gelassen. Die Techniken, die mit Hilfe der Magie von ausgedehnten Opferriten und Spenden den Zugang zur Heiligen Kraft erreichen wollten, sind endgültig und ausdrücklich außer Gebrauch gesetzt zugunsten der rein geistigen und psychischen Prozeduren des «Erkenntnispfades» *(jñāna-mārga)*. Und die erlösende Kraft dieser Erkenntnis wird in den höchsten Worten gepriesen. «Der Opferritus, der in Erkenntnis besteht, ist der Darbringung materieller Opfer weit überlegen[3]; denn alles Tun [wie es in den weitläufigen Riten traditioneller Opfer geübt wird] gipfelt in der Erkenntnis[4].» «Auch wenn du der sündigste unter den Sündern bist, dennoch wirst du allein auf dem Floß der Erkenntnis alle Bosheit überqueren. Gleich wie ein Feuer, zur Flamme entfacht, das Brennholz zu Asche macht, so glüht das Feuer der Erkenntnis alle Arten des Karma zu Asche. Denn hier [auf Erden] gibt es nichts von solcher Reinigungskraft wie die Erkenntnis. Wenn ein Mensch zur rechten Zeit im Yoga vollkommen wird, dann entdeckt er diese Erkenntnis selber, in seinem eigenen Selbst[5].»

Diese Formulierung kommt denen der *Yoga-sūtras* des Patañjali schon sehr nahe. Die geniale Leistung der *Bhagavad Gītā* besteht, wie bereits gesagt, darin, daß sie *alle* wesentlichen Schulen des gesamten religiösen Erbes von Indien nebeneinanderstellt und koordiniert. Der Sāṇkhya, die brahmanisierte Form des alten vorarischen Dualismus von Leben und Stoff, unterschied sich wesentlich von dem alles bejahenden Monismus der vedischen Tradition, und doch war auch der letztere, gereift und nach

[1] Ebenda 10.8. [2] Ebenda 18.62.

[3] Die Darbringung von Gebäck, Butter, gemischten Getränken *(mantha)*, berauschenden Flüssigkeiten *(soma)* u.a.

[4] *Bhagavad Gītā* 4.33. [5] Ebenda 4.36–38.

innen gewendet durch die Meister der Kontemplation in der Periode der Upanishaden, eine Art des Jñāna. Daher konnten beide einander angenähert werden; und in der *Bhagavad Gītā* wird diese Vereinigung vollzogen: die Sāṇkhya-Idee vom Pluralismus der Lebensmonaden wird aufgenommen als eine vorläufige Sicht, die dem Wesen der manifestierten Welt entspricht. Aber auch der Theismus der Veden bleibt bestehen: er ist für die Seele eine brauchbare Stütze auf den Anfangsstufen ihres mühevollen Vordringens zur Ablösung; deshalb wird der Weg des Bhakti gelehrt, ohne daß er nun noch notwendig verknüpft ist mit den früheren, besonderen Gebräuchen äußerlicher materieller Opfer. Er wird – wie wir in einem späteren Kapitel sehen werden – eher in seiner individuelleren, introvertierten, tantrischen Form entwickelt. Und da das Ziel all dieser Disziplinen Erkenntnis ist, wird schließlich auch der direkte Pfad des völlig introvertierten Yogī als ein wirksamer Weg anerkannt. «An einem reinen Ort sich richtend seinen Sitz, fest, weder zu hoch noch zu niedrig, darauf ein Tuch, ein Fell und Kusha-Gras in richtiger Weise geordnet, auf diesem Sitze sitzend, das Treiben der Phantasie und der Sinne zähmend, soll er Yoga üben zur Reinigung des Herzens. Seinen Leib soll er unbewegt, Kopf und Hals aufrecht und ruhig halten, den Blick auf seine Nasenspitze gerichtet und nicht um sich schauend. Reinen Herzens und furchtlos, fest im Gelübde der Keuschheit, den Sinn zügelnd und immer an Mich denkend, soll er sitzen, Mich als sein hohes Ziel im Sinne habend[1]. So immer den Sinn in Beständigkeit haltend, erlangt der Yogī mit bezwungenem Sinn den Frieden, der in Mir wohnt – den Frieden, der im Nirvāṇa gipfelt[2].»

Und über den irdischen Zustand dessen, der das Ziel erlangt hat: «Wenn einer der gleiche ist vor Freund und Feind, gleichmütig gegen Ehre und Schmach, gleichmütig gegen Hitze und Kälte, gegen Freude und

[1] Vgl. Patañjali: «Indem man alles dem Ishvara opfert, kommt Samādhi» (*Yogasūtras* 2.44). Ein Hauptziel des Yoga ist, wie wir sahen, den Sinn standhaft zu machen, indem man die Sinne von der Außenwelt abzieht und sie so zur Ruhe bringt. Der Geist kann sich dann auf ein Innenobjekt konzentrieren – auf eine Formel oder eine Vision – und darauf fixiert bleiben, bis dieses Objekt mehr oder weniger Dauer erhält und von selber bestehen bleibt.

[2] *Bhagavad Gītā* 6.11–15. – «Das Gemüt, das sich dem unsteten Umherschweifen der Sinne angleicht und sich auf deren Objekte richtet, raubt dem Menschen seine Unterscheidungskraft und Einsicht *(prajñā)*, wie der Wind das auf dem Wasser treibende Boot hinwegträgt» (ebenda 2.67).

Schmerz, frei von aller Bindung [an den Bereich widerstreitender Erfahrungen und der Gegensatzpaare], wenn ihm Tadel oder Lob gleich sind, und wenn er schweigend und beherrscht in allem bleibt [in Gutem und Bösem, wie es sich schickt], wenn er heimatlos, standhaft und voll frommer Selbstaufgabe ist – ein solcher Mensch ist Mir lieb[1].»

«Wer als ein Unbeteiligter sitzt und sich nicht durch die Guṇas bewegen läßt; wer schlechthin weiß: ‚diese Guṇas wirken aus sich selbst, sie wirbeln im Kreise', wer dabei unberührt bleibt und sich nicht ablenken läßt – von einem solchen darf man sagen, daß er die Guṇas überwunden habe[2].»

«‚Gleich wie die Lampe, vor dem Wind geschützt, nicht flackert ....' Das ist ein Gleichnis für den Yogī, der sein Gemüt bezwungen hat, indem er sich der Yoga-Übung der Versenkung in das Selbst unterjochte[3].» «Wer sein Tun dem Universalen Selbst *(brahman)* überantwortet, indem er die Bindung an seine Taten und ihre Erfolge preisgibt, der bleibt vom Bösen unbefleckt – so wie das Lotosblatt vom Wasser unbefleckt bleibt[4].» Auch das ist ein klassisches Gleichnis. Wie die Blätter des Lotos wegen ihrer glatten, öligen Oberfläche vom Wasser, in dem sie doch wachsen und leben, nicht benetzt werden, so geht es dem Menschen, der im Selbst seinen Halt gefunden hat: die Wogen der Welt, in der er lebt, zerstören ihn nicht. «Wer schaut, wie der Erhabene Herr gleichermaßen in allen vergänglichen Wesen wohnt, der Unvergängliche in den Dingen, die vergehen – der schaut das Wahre. Und wenn er erschaut, wie die mannigfaltigen Existenzen alle in dem Einen ihre Mitte haben, alle aus dem Einen hervorgehen, dann wird er selbst zum Brahman[5].»

4. DER VEDĀNTA

Das Selbst der vedisch-arischen Überlieferung, das Universale Wesen, wohnt im Individuum, das sein Leben von ihm erhält. Es steht nicht nur über dem groben Organismus des Leibes, sondern auch über dem feinen Organismus der Psyche, es besitzt keine eigenen Sinnesorgane, durch die es wirken und erleben könnte, und doch ist es die eigentliche Lebenskraft, die das Individuum überhaupt erst zum Wirken befähigt. Diese paradoxe Beziehung des Geschöpfes als Teil der Erscheinungswelt zu seinem anony-

[1] Ebenda 12.18–19. [2] Ebenda 14.23–25. [3] Ebenda 6.19. [4] Ebenda 5.10.
[5] Ebenda 13.27, 30.

men, unvergänglichen, in der vergänglichen Hülle steckenden Kern, wird in Rätseln und dunkeldeutigen Versen ausgedrückt, die an unsere eigenen Kinderreime erinnern.

Blind fand den Edelstein,
Fingerlos steckt ihn ein,
Halslos hing ihn um,
Ihn preisen tat Stumm[1].

Der Eigentümer des Leibes hat weder Augen, Hände, Hals noch Stimme, und dennoch verrichtet er alles durch das Instrument des groben und des feinen Leibes, die ihm zum zeitweiligen Aufenthalt und Fahrzeug dienen. Das blinde Wesen ohne Finger, Hals und Stimme nimmt den Lebenslauf des seiner selbst bewußten Geschöpfes an, in das es sich eingekleidet hat. Es ist der eigentliche Täter aller Taten und bleibt dabei doch unbeteiligt an allem, was dem Individuum an Leid oder Freude begegnet. Was für das Individuum die Wirklichkeit des Lebens ist – des Lebens mit seinen zahllosen und so unendlich verschiedenen sichtbaren und greifbaren Dingen –, das sind für das anonyme Überindividuum bloße «Namen», das heißt ebenso viele wesenlose Wörter.

Name, Name nur, Name bei mir,
Un-mann, Mann und Weib ich,
Verwurzelt steh ich und rege mich frei,
Ich opfere, opferte und werde opfern.

Durch mich brachten die Wesen Opfer,
Meine Opfertiere sind die Wesen,
Opfertier am Stricke bin ich allerfüllend[2].

Das will sagen, daß die göttliche Lebenskraft, die das Weltall durchdringt und jedem Geschöpf innewohnt, das anonyme, antlitzlose Wesen hinter den zahllosen Masken unsere alleinige, inwendige Wirklichkeit ist. Steine, Hügel, Bäume und die übrigen Pflanzen «wurzeln im Boden» und können sich nicht fortbewegen; Tiere, Menschen und übermenschliche Wesen «bewegen sich frei umher» im Raume; die göttliche Lebenskraft wohnt in Form der Lebensmonaden ihnen allen inne und belebt sie alle gleichzeitig. Allein, welche Formen sie auch immer annehmen und aus-

[1] *Taittirīya Āraṇyaka* 1.11.5. (Übers. v. H. Zimmer.) [2] Ebenda 1.11.3–4.

füllen mag, sie bleibt an ihnen doch ewig unbeteiligt, kann nie beschädigt, nie einbezogen werden.

Die höchste religiöse Pflicht des orthodoxen Gläubigen gegenüber Göttern und Ahnen war von jeher das Darbringen von Opfern. Der Bewohner des Leibes, der die Werke des Individuums lenkt, er ist es auch, der dieses heiligen Amtes waltet und ebenso alles andere ausführt, was die Geschöpfe in Gegenwart, Vergangenheit oder Zukunft an Taten verrichten. In bezug auf dieses innere Prinzip sind die drei Zeitphasen ein und dasselbe; die Zeit besteht vor ihm nicht; es ist ein zeitloser Bewirker. Ferner ist es nicht nur der Vollzieher des Opfers, sondern im Grunde west es auch in allen Gegenständen, die beim heiligen Ritus oder bei sonstigen menschlichen Tätigkeiten verwendet werden. So ist es auch anwesend im «Opfertier» – im Tier, das, an den Opferpfahl gebunden, geschlachtet werden soll. So ist das eine Wesen Opferer, Opfer und Opfergerät – das alldurchdringende, weltbelebende, allgegenwärtige Prinzip der Erscheinungswelt[1].

Für den brahmanischen Priester – dessen Weisheit die des vedischen Opferrituals war – bedeutete der kosmische Prozeß eine gigantische, unaufhörliche Opferzeremonie. Die göttliche Lebenssubstanz selbst ist es, die als riesiges Schlachtopfer den Leib der sich selbst hinopfernden, sich selbst verzehrenden Welt erfüllte, ja eigentlich ausmachte. Die eine überirdische Substanz wohnte anonym in allem – sowohl im zelebrierenden Priester, im dargebotenen Opfertier, in den Göttern, die das Opfer annehmen, wie auch in den reinen Opfergeräten, mit denen das Opfer vollzogen wird. Dies alles waren nur ebenso viele Erscheinungsformen der göttlichen Macht. Diese einzigartige Präsenz faltete sich aus in die Formen der lebenden Geschöpfe und waltete in ihnen als der Kern ihres Wesens, das Energiezentrum, das sie dazu trieb, zu handeln, zu leiden, abwechselnd ihre Rollen auszuführen, sei es als Opferer, sei es als Opfer in der fortwährenden, nie endenden Darbringung, die den Weltprozeß ausmacht. So betrachtet, als das bloße Gewand der einen Anonymität, waren der Opferer und sein Opfer, der Esser und sein Essen, der Sieger und seine Eroberung dasselbe: gleichzeitige Rollen oder Masken des einen kosmischen Darstellers.

[1] Vgl. *Bhagavad Gītā* 4. 24: «Der Vorgang des Opferns ist Brahman. Das Opfer ist Brahman. Das Feuer ist Brahman. Durch Brahman geschieht es, daß geopfert wird. Der wahrlich geht zum Brahman, der Brahman in jedem Tun erblickt.»

Das ist die orthodoxe vedische Anschauung von der göttlichen Lebenskraft und ihrem endlosen Spiel – eine Sicht, die fraglos zu einer Geringschätzung des Individuums führen mußte. Jede auf solcher Weltschau beruhende Kultur wird dazu neigen, die einmaligen, persönlichen Qualitäten der verschiedenen Menschen, durch die sie geformt wird, zu übersehen; und so finden wir denn auch, daß die heilige Weisheit der Brahmanen in hohem Maße die Entwicklung des Individuums vernachlässigte. Selbstfindung und Selbstäußerung wurden niemals als Mittel betrachtet, die den Menschen zu sich selbst führen und instandsetzen könnten, seinen Beitrag an die Welt zu leisten. In der Tat führte das ganze Denken der brahmanischen Kultur zum genauen Gegenteil. Erfüllung wurde gesucht durch Selbstauslöschung; jeder war alles. Das eine Wesen, das die bunte Vielfalt der Erscheinungen erfüllt, das, selbst zeitlos und gestaltlos, allen Wechsel überlebt, war das Einzige, das man ernst zu nehmen hatte. Das, und das allein, der ewige Kern, war die innere Zuflucht, die ewig wartende Heimstatt, zu der zurückzukehren jeder ewig bestrebt sein mußte.

In der frühen vedischen Philosophie wurde, wie wir sahen, das Selbst dargestellt als der oberste Lenker aller Zentren der tätigen Erscheinungswelt, gleichzeitig aber auch als der unbeteiligte Zeuge von all diesem Tun. Zwischen dem alles durchdringenden Seinszustand des Tuns und dem entgegengesetzten Zustand letzten Sichfernhaltens besteht irgendwie eine höchst rätselhafte und schwer verständliche Identität. Zwar ist das Selbst beteiligt am Handeln, wird aber nicht in den Vorgang und seine Folgen hineingezogen. Es durchdringt alles und ist doch nicht darein verstrickt. Mit anderen Worten: es ist das genaue Gegenstück zu jenem Höchsten Wesen der populären indischen Mythologie, dem göttlichen Schöpfer, Erhalter und Zerstörer der Welt, der aus seiner eigenen unerschöpflichen transzendenten Substanz das vergängliche Weltall und seine Geschöpfe hervorbrachte. Aus diesem unwandelbar seligen göttlichen Wesen strömen alle Gestaltungen in diesem Bereich der Verwandlungen. Dieser Eine läßt zwar als der Herr der Māyā unablässig einen winzigen Teil seiner eigenen Unermeßlichkeit sich verkörpern in den wimmelnden Scharen von Wesen, die im schrecklichen und wunderbaren Kreis der Wiedergeburten fließend ineinander übergehen – als Brahman jedoch ist er nicht einbezogen.

Die vorarische indische Philosophie dagegen (wie sie im Jainismus und verwandten Schulen widergespiegelt und später im Sāṅkhya und Yoga neu interpretiert wurde)[1], weist dem Selbst eine rein passive Rolle zu und bezeichnet überdies das Selbst nicht als Kraft und Substanz des Kosmos, sondern als die individuelle Lebensmonade. Da gab es kein alleiniges, alles umschließendes göttliches Wesen, das Energie und Substanz aus einem transzendenten Urgrund ausströmte. Alles Handeln gehörte zur stofflichen Welt *(ajīva, prakriti)*. Jede Lebensmonade *(jīva, purusha)* war eine individuelle Wesenheit, ein einsamer Fremdling, der im Strudel kosmischer Materie entweder hauste, wie der Jainismus lehrte, oder reflektiert wurde, wie der Sāṅkhya es auffaßte. Und diese Monaden schwammen (oder schienen zu schwimmen) in zahlloser Menge ganz passiv wie Korken auf der strömenden kreisenden Flut von Geburt und Tod. Sie spiegelten nicht die Macht eines göttlichen, allmächtigen, allgegenwärtigen Weltzauberers, waren keine Funken aus seiner ewigen Flamme, wesenhaft eins mit ihm und miteinander. Auch sahen die nicht-arischen, nicht-brahmanischen Yogīs ihr Ziel nicht darin, in einem Einen aufzugehen – oder überhaupt in etwas aufzugehen –, sondern sie wollten ihre eigene wesenhafte Vereinzelung verwirklichen. Jeder einzelne war bemüht, sich dem Stoff zu entringen, von dem er sich eingesogen und umflutet fühlte, und dadurch Erlösung zu finden; daß dies ein ganz anderes Ziel ist als das, was die vedischen Hymnen, die Upanishaden und das kosmische Gedicht der *Bhagavad Gītā* lehren, fällt in die Augen.

In der Endperiode der vedisch-brahmanischen Entwicklung aber – nämlich in den nach-buddhistischen Lehren des Vedānta – finden wir etwas höchst Bemerkenswertes: obwohl die Sprache der orthodoxen indischen Philosophie noch immer die der nicht-dualistischen, paradoxen arisch-brahmanischen Überlieferung ist, so haben sich doch Stimmung, Ideale und Gesinnung derjenigen durchgesetzt, die als weltverneinende Verkünder zum Rückzug gerufen hatten. Die frühere lebensvolle, triumphierende, weltbejahende Schwungkraft des vedischen und des Upanishaden-Zeitalters ist verschwunden, und eine mönchische, kalte Asketik beherrscht das Feld; denn die lebensfeindliche Theorie von der totalen, absoluten Untätigkeit des Selbst herrscht nun vor – nur daß jetzt anstatt der individuellen Lebensmonade *(jīva, purusha)* das universale Selbst *(ātman-brahman)* zum inaktiven Prinzip geworden ist.

Der wichtigste Name in dieser erstaunlichen Entwicklung ist der des geistreichen Shaṅkara, des Gründers der sogenannten «nicht-dualistischen» *(advaita)* Schule innerhalb der Vedānta-Philosophie. Über seinen

[1] Vgl. oben S. 171–254.

kurzen Lebenslauf ist nur wenig bekannt; man nimmt jetzt an, daß er um 800 n. Chr. gelebt hat und nur etwa 32 Jahre alt wurde. Die Legende glaubt an seine wunderbare Empfängnis durch den Gott Shiva und berichtet, er sei schon im frühen Kindesalter ein Meister in allen Wissenschaften gewesen; man erzählt von ihm, er habe es vermocht, einen Fluß näher an die Haustür seiner Mutter zu lenken, um ihr die Mühe des Wasserholens zu ersparen. Schon in sehr früher Jugend zog er sich in die Wälder zurück, traf dort mit dem weisen Govinda zusammen und wurde dessen Schüler. Später durchwanderte er Indien und ließ sich überall in siegreiche Streitgespräche mit den damaligen Philosophen ein. Shaṅkaras Kommentare zu den *Brahmāsūtra*, zur *Bhagavad Gītā* und den Upanishaden sowie seine eigenen philosophischen Werke (zum Beispiel *Vivekacūḍāmaṇi*, «Das Kronjuwel der Unterscheidung») waren von unermeßlich großem Einfluß auf die Geschichte der Philosophie im Fernen und Mittleren Osten.

Indem er seine Überlegungen auf die vedische Formel «*tat tvam asi*», «das bist du»[1] gründete, entwickelte er konsequent und zielbewußt ein Lehrsystem, in dem das Selbst *(ātman)* als die alleinige Realität erkannt und alles übrige nur als die phantasmagorische Schöpfung des Nichtwissens *(avidyā)* angesehen wird. Der Kosmos ist ein Ergebnis des Nichtwissens, und ebenso jenes innere Ich *(ahaṅkāra)*, das überall fälschlich für das Selbst gehalten wird. Māyā, die Illusion, täuscht und betrügt Wahrnehmung, Denken und Intuition auf Schritt und Tritt. Das Selbst ist in großer Tiefe verborgen. Ist es aber einmal erkannt, dann gibt es keine Unwissenheit, keine Māyā, keine Avidyā; das heißt, weder Makrokosmos noch Mikrokosmos – also keine Welt.

Einer einführenden Zusammenfassung dieser Lehre zufolge, die von Sadānanda[2], einem Mönch des 15. Jahrhunderts, in seinem *Vedāntasāra* gemeinverständlich verfaßt wurde, liegt das Selbst in fünf Hüllen, unter fünf übereinanderliegenden psychosomatischen Schichten verborgen. Die erste und dichteste, die materiellste, heißt *annamaya-kosha*, «die aus Nahrung *(anna)* gemachte *(maya)* Hülle *(kosha)*»; das ist der grobstoffliche Körper mit seiner Welt aus grober Materie. Diese Schicht entspricht der Sphäre des Wachbewußtseins, wie es in der *Maṇḍukya Upanishad* beschrieben wird[3]. Die zweite Schicht, *prāṇa-maya-kosha*, «die aus den Vitalkräften *(prāṇa)*[4] gebildete Schicht», und die dritte, *mano-maya-kosha*, «die aus dem

[1] Oben S. 287–288. [2] Vgl. oben S. 58–62. [3] Oben S. 333–339.
[4] Oben S. 301–303.

Gemüt (und den Sinnen) *(manas)* gebildete Schicht, machen zusammen mit der vierten, *vijñāña-maya-kosha*, «der aus Verstehen *(vijñāna)* gebildeten Schicht», den feinstofflichen Körper aus, welcher der Sphäre des Traumbewußtseins entspricht; die fünfte aber, *ānanda-maya-kosha*, «die aus Seligkeit *(ānanda)* gebildete Schicht», die der Ebene des Tiefschlafs in der Darstellung der *Maṇḍukya Upanishad* entspricht, ist das, was man unter dem ursächlichen Leib versteht. Dieser ist eine dunkle, sehr dichte Hülle von Unwissenheit *(avidyā)*, die die Grundlage der gesamten Schöpfungswelt bildet. Erst wenn *diese* Hülle zerrissen ist, kann das Selbst erkannt werden – nämlich jenes ungestörte Schweigen über der Silbe AUM, das nach der Anschauung des «nicht-dualistischen» Vedānta Shaṅkaras die alleinige Wirklichkeit, das einzig wahrhaft Reale ist. «Eingehüllt in die fünf Schichten», schreibt Shaṅkara in seiner Schrift *Vivekacūḍāmaṇi*, «die es aus eigener Kraft hervorgebracht hat, ist das Selbst so wenig sichtbar wie Wasser in einem Teich, der mit dichtem, unbeschnittenem Schilf, das ja auch von der Kraft des Wassers hervorgebracht wurde, zugewachsen ist. Entfernt man aber das Schilf, so wird das klare Wasser dem Menschen sichtbar, stillt seinen quälenden Durst und schenkt ihm höchste Glückseligkeit[1].»

Unwissenheit *(avidyā)*, die «Macherin» *(māyā)* des Schilfes, ist nicht bloß der Mangel an Einsicht, also etwas rein Negatives, sondern auch eine positive Kraft *(shakti)*[2], welche die Illusion von der Welt und die fünf Schichten projiziert oder aus sich hervortreibt. In ihrer negativen Funktion verbirgt sie das Selbst, «genau so wie eine kleine Wolke die Sonne verdeckt»[3]; in ihrer positiven Qualität jedoch läßt sie die Vielfalt des Kosmos entstehen, und damit überschwemmt sie all unsere Urteilsfähigkeit, bringt unsere Sinne und Geisteskräfte in Verwirrung, erregt in uns Affekte der Begierde und des Abscheus, der Furcht, der Befriedigung und Verzweiflung, stürzt uns in Leiden und fesselt unser verwirrtes törichtes Bewußtsein mit flüchtigen Nichtigkeiten des Glücks.

Wie im Sāṅkhya, so bewirkt auch im Vedānta nur die Erkenntnis *(vidyā)* Befreiung *(moksha)* von den Hüllen und Fesseln des Nichtwissens;

[1] Shaṅkara, *Vivekacūḍāmaṇi* 149–150.

[2] *Shakti*, aus der Sprachwurzel *shak*: «fähig sein oder die Kraft haben, etwas zu tun»; vgl. oben S. 81–82, und H. Zimmer, *Mythen und Symbole in der indischen Kunst und Kultur*, S. 32.

[3] *Vedāntasāra* 52.

auch ist die Erkenntnis nicht etwas, das man erst erlangen müßte, vielmehr ist sie schon immer inwendig vorhanden als Kern und Grundlage unserer Existenz. Das Wasser ist nur vom Schilf verdeckt; es ist aber immer da und immer klar und rein; wir brauchen es nicht zu ändern, sondern nur das Hindernis wegzuräumen. Oder – wie es in der Geschichte vom Königssohn heißt[1]: – Erlösung ist nichts anderes als das Innewerden unseres eigentlichen Wesens. Dieses Innewerden kann der Mensch erlangen durch kritisches Denken, wie im Sāṅkhya, durch die geiststärkenden Übungen des Yoga (der hier auf dem illusionistischen Monismus fußt, während der in den *Yogasūtras* sich der dualistischen Anschauung anschließt), oder durch irgendeinen anderen «Weg» der orthodoxen Tradition; wenn jenes Wissen aber schließlich erreicht ist, erhebt es sich zu einem Wunder der Selbsterinnerung, und bei diesem Erlebnis versinkt die sichtbare Weltschöpfung unverzüglich ins Nichts, und die umhüllenden Strukturen des Leibes und der Seele fallen dahin.

Dabei wird aber an der Tugendübung im Sinne orthodoxer Moral weiter festgehalten, weil sie als vorbereitende Disziplin für die letzte Übung des Durchbruches wertvoll ist. Wenn die guten Werke, auch die rein zeremoniellen, aus echten, reinen Motiven getan werden, ohne daß man sich um die Ergebnisse, Zwecke und Ziele kümmert oder Dank erwartet, dann sind sie eine vorzügliche Vorbereitung für das letzte Wagnis: das Streben nach der höchsten Erleuchtung. Yoga-Übungen in äußerster Konzentration sind das Hauptwerkzeug, um die durch den Guru vermittelte Wahrheit in sich aufzunehmen; die Übungen können jedoch von niemandem unternommen werden, der sich nicht zuvor durch reinigende Kasteiungen und untadeligen Lebenswandel im Geiste tugendhafter Selbstverleugnung dazu vorbereitet hat. Wer sich also der Schulung des Vedānta unterwerfen will, von dem wird verlangt, daß er alle normalen religiösen (das heißt auch sozialen) Pflichten *(dharma)* des indischen Lebens erfüllt habe. Er muß durch seine Geburt ausgezeichnet sein, muß die vier Veden und ihre «Glieder» kennen, muß die ewigen Dinge von den vergänglichen unterscheiden können, muß die sogenannten «sechs Kleinode» besitzen, er muß fest im Glauben sein und sich den Beistand eines geeigneten geistigen Lehrers gewonnen haben[2]. «Die Lehre soll immer nur an einen solchen Menschen weitergegeben werden», sagt Shaṅkara, «der stillen

[1] Vgl. oben S. 279–281.

[2] All diese Forderungen sind oben, S. 58–62, ausführlich dargestellt worden.

Gemütes ist, der seine Sinneskräfte gezügelt hat, der frei von Verfehlungen, gehorsam, tugendhaft, demütig ist und sich glühend nach Befreiung sehnt[1].»

«Das große Thema aller vedantischen Lehre», so lesen wir im *Vedāntasāra*, «ist die Identität der individuellen Lebensmonade mit dem Brahman, das seinem Wesen nach reines Bewußtsein oder reiner Geist ist[2].» Ein Zustand von Homogeneität, der sich über alle charakterisierenden Attribute erhebt, ein Zustand des Erkenntnisvermögens jenseits der Gegensatzpaare, wo jeder Gedanke an Abgetrenntsein und Verschiedenheit ausgelöscht ist, ein solcher Zustand ist es, der bei dieser Konzeption vorschwebt. Mit anderen Worten: der Adept des Vedānta muß über das Ziel des «Weges der frommen Hingabe» *(bhakti-mārga)* hinausgelangen. Die liebende Vereinigung des Herzens mit seinem persönlichen höchsten Gottesbild ist nicht genug. Die erhabene Erfahrung des Andächtigen, wenn er das Inbild seines Gottes in hingebungsvoller Versenkung betrachtet, ist nur das Vorspiel für den letzten unaussprechlichen Höhepunkt der vollendeten Erleuchtung, die selbst die Sphäre der göttlichen Form noch übersteigt. Um zu diesem höchsten Ziel zu gelangen, muß die allerletzte Spur, der innerste Keim des «Nichtwissens» *(avidyā)* ausgetilgt sein. Dann wird die Glückseligkeit des nicht-dualistischen Brahman sich unwillkürlich einstellen – ja die Erfahrung dieser Seligkeit ist innerhalb der irdischen Welt der einzige unmittelbare Beweis für die *Tatsache* der transzendentalen Identität. Durch Gedanken und rationale Methoden kann man den nicht-dualistischen Endzustand mittelbar herbeiführen oder doch einen Begriff davon erhalten; es ist aber das eigentliche Ziel des Vedānta, nicht nur einen Begriff zu geben, sondern die genaue Kenntnis zu vermitteln. Dieses Ziel ist in der vielzitierten vedisch-upanishadischen Sentenz ausgedrückt: *brahmavid brahmaiva bhavati*, «Wer das Brahman gewahr wird durch Erkennen, der wird Brahman»[3].

Das Hauptparadoxon der ganzen Lehre ist dies: Obwohl die Identität von Jīva und Brahman, als die einzige ewigwährende Wirklichkeit, über allem Wechsel steht, muß sie dennoch verwirklicht und vollzogen werden durch einen mühevollen Prozeß menschlicher Anstrengung in der Zeitlichkeit. Der Vorgang wird verglichen mit der Fabel von einem Mann, der vergessen hat, daß er seinen kostbaren Schmuck um den Hals trägt, und nun

[1] Shaṇkara, *Upadeshasahasrī* 324. [2] *Vedāntasāra* 27.
[3] *Muṇḍaka Upanishad* 3.2.9; zitiert in *Vedāntasāra* 29.

voll Kummer und Unruhe ist, weil er meint, ihn verloren zu haben. Als er von jemand, den er trifft, auf seinen Schmuck hingewiesen wird, hat sich nichts geändert außer seinem Nichtwissen – das aber ist eben (zumindest für ihn selbst) von entscheidender Wichtigkeit.

Der unmittelbare Weg der Verwirklichung ist das Aufgehen im transzendenten, aller Qualifikationen baren Zustand. Dazu bereiten die Texte und die Unterweisungen des Guru den Adepten durch den indirekten, einleitenden, negativen Weg vor; dieser besteht in der «Maxime oder Methode *(nyāya)* der Widerlegung *(apavāda)* von Irrtümern, Zumutungen und Überlagerungen *(adhyāropa)*[1].» Vom Verbum *adhy-ā-ruh*, «ein Ding auf ein anderes setzen», auch «verursachen, hervorbringen, zustandebringen», kommt das Hauptwort *adhyāropa:* «die Handlung, mit der einem Ding ein Zustand oder eine Eigenschaft fälschlich oder versehentlich zugelegt wird; irriges Wissen.» Der Ausdruck *āropa* wird häufig gebraucht, um die bilderreichen Schmeicheleien in den Lobreden zu bezeichnen, welche die Hofpoeten an ihre Könige oder die Liebhaber an ihre Angebeteten richten. So schildert zum Beispiel ein Dichter, der den Sieg des Königs über seine Feinde preist, wie die unterjochten Nachbarn ihre Nacken unter seine Füße beugen: «Die Könige», so lautet die Schmeichelei, «tragen auf ihren Häuptern die Lotosblüte, die dein Fuß ist. Der Kranz der Blütenblätter ist aus deinen rosigen Zehen gemacht; die Staubfäden sind die Strahlen deiner polierten Nägel[2].»

Hier benutzt der Dichter die vergleichende Übertragung *(āropa)* als metaphorische Technik, indem er das Sichniederwerfen der Könige an den Thronstufen des Königs der Könige vergleicht mit den Frommen, die den heiligen Lotos – das Symbol ihres Gottes (Brahmā, Vishṇu, Lakshmī oder Buddha) – sich aufs Haupt setzen, zum Zeichen ihrer vollständigen Unterwerfung und Ergebenheit vor dem Herrn. Was der Dichter in voller Absicht tut, um seiner Darstellung Anmut und Lebendigkeit zu geben, das tun die Menschen im allgemeinen unabsichtlich. Das Gemüt übermalt in seiner Unwissenheit *(avidyā)* mit einer Welt von Dualismen und Pluralismen die nicht-dualistische einmalige Identität von Jīva und Brahman und

[1] *Vedāntasāra* 31.

[2] Dieses Beispiel findet sich in Daṇḍins *Kāvyādarsha* («Spiegel der Dichtung»), 2.69–70. Daṇḍin erläutert: «Der Dichter ‚überträgt' oder schreibt zu: den Zehen usw. das Wesen der Blütenblätter usw., und dem Fuß das Wesen einer Lotosblüte.»

bringt so wie in einer wundervollen Spiegelung die Vielfalt von Wesen, Strebungen und widerstreitenden Gegensätzen zum Erscheinen. Wie sich eine Schlange, die man in der Dämmerung erblickt, als ein Stück Seil entpuppen kann (bloß ein harmloses Seil, und doch konnte es für eine Schlange gehalten werden und Angst erregen), oder wie eine aufschimmernde begehrte Silbermünze sich als ein verhältnismäßig wertloses Stück Perlmutter erweisen kann, so kann die Welt, die Angst und Begierde erweckt, sich zu etwas ganz Neutralem verflüchtigen. «Aus grenzenlosem Erbarmen unterweist der Guru seinen Schüler durch die Methode des Widerlegens *(apavāda)* der Übertragungen *(dhyāropa)*[1].» «Übertragung *(adhyāropa)* ist die Zuschreibung von etwas Unwirklichem an etwas Wirkliches[2].»

Der Guru ist durch Erkennen des Brahman selbst Brahman geworden, und deshalb weiß er, daß es eigentlich keine Dualität von Schüler und Lehrer gibt; während der Unterweisung lebt er deshalb ein Doppelleben. Aber er läßt sich darauf ein aus Rücksicht auf die illusorische Sphäre der Vielfalt, die ihn als Spiegelung umgibt, und aus Mitleid stellt er sich auf den Dualismus ein, weil der Schüler, der zu ihm gekommen ist, vor Verlangen nach Unterweisung glüht. Der erleuchtete Lehrer steigt dem Unerleuchteten zuliebe vom transzendentalen Seinszustand auf unsere tiefere Ebene der empirischen Pseudorealität herab. Dieser Akt ist vergleichbar dem Gnadenakt einer Inkarnation in der Hindu-Mythologie, wo der Höchste Gott in Gestalt einer illusorischen Verkörperung (zum Beispiel Vishṇu als Krishṇa) um der Erlösung der Frommen willen herabsteigt, oder in der Mythologie des Mahāyāna-Buddhismus, wo ein überweltlicher Buddha ebenfalls herabkommt. Bei diesem Akt befolgt der Guru die Weisung der vedischen Strophe: «Dem Schüler, der sich ihm mit gebotener Höflichkeit genähert hat, dessen Gemüt vollkommen ruhig geworden ist und der die Herrschaft über seine Sinne gewonnen hat, dem soll der weise Lehrer redlich die Kenntnis des Brahman vermitteln, durch das einer den unvergänglichen Menschen *(purusha)*, den Wahrhaft-und-ewig-Seienden erkennt[3].»

Die einfache, wenn auch paradoxe Wahrheit, die die Lehren des Vedānta übermitteln, besteht darin, daß Brahman, als das Ewigseiende *(sat)*, Bewußtsein *(cit)* und Glückseligkeit *(ānanda)*, durchaus «ohne-ein-Zweites» ist *(advayam)*; das heißt wörtlich, daß alle Erfahrungsobjekte so

[1] *Vedāntasāra* 31. [2] Ebenda 31.

[3] *Muṇḍaka Upanishad* 1.2.13; zitiert in *Vedāntasāra* 31.

gut wie die schöpferische Unwissenheit, die sie hervorbringt, im Grunde keine Substanzialität haben, wie die Schlange, die man im Seilende, oder das Silber, das man im Perlmutterstück zu sehen glaubt. Diesen Objekten wird jede Realität im absoluten Sinne abgesprochen, und dies gilt für alles, was man berühren, sehen, hören, riechen, betasten, bedenken, erkennen oder definieren kann, soweit es dem Reich von Raum und Zeit angehört. Diese Wahrheit steht in Widerspruch zu aller empirischen Erfahrung des Menschen, sie widerspricht auch seiner Vernunft. Infolgedessen muß sie, wenn sie in Worten des rationalen Denkens und der Alltagssprache ausgedrückt und erklärt wird, auch voller Widersprüche erscheinen. Von einem Vedānta-Yogī kann sie indessen erfaßt werden. Ja, sie erfassen bedeutet sogar die Teilnahme an einem reinen, anonymen, neutralen Bewußtsein, das ohne alle Qualitäten ist, bedeutet somit noch das Hinausgelangen über die individuelle Person eines sogenannten «Höchsten Gottes», der durch Attribute wie Allmacht und Allwissen gekennzeichnet wird. Brahman, das Selbst, ist gänzlich unqualifiziertes Bewußtsein. Das aber ist eine Wahrheit, die allein durch die Erfahrung erkannt werden kann.

Dennoch kann das Gemüt der Wahrheit nahekommen; zum Beispiel durch die Überlegung, daß der Gedanke «Ich bin der Erkenner» gar nicht in einem verkörperten Geist auftauchen könnte, wäre nicht das Selbst Bewußtheit. Die scheinbare Bewußtheit der verkörperten Wesen in der Erscheinungswelt könnte etwa bezeichnet werden als der Widerschein oder eine besondere Form der reinen Urbewußtheit des Brahman – gleichsam so wie die Spiegelbilder des Mondes auf verschiedenen Wasserflächen doch alle von dem einen Mond herkommen, ihn aber als den einen «ohne einen Zweiten» zu widerlegen scheinen. Die Wirklichkeit solcher Wesen in der Erscheinungswelt ist jedoch undefinierbar, unbestimmbar. Man kann keinen der beiden gegensätzlichen Begriffe «Sein» oder «Nichtsein» auf sie anwenden. Denn man kann die menschliche Unwissenheit nicht einfach als ein «Nichts» bezeichnen; wäre sie das, so könnten wir überhaupt keine Erscheinungsdinge wahrnehmen. Die Unwissenheit und die materiellen Phänomene, die sie wahrnimmt, beruhen ja in Wahrheit auf dem Brahman, das wirklich ist (genau so wie die illusorische Schlange auf dem wirklichen Seil beruht). Wie das aber zugeht (oder was diese Magie eigentlich *ist*), das weiß nicht einmal der Wissende.

Die Wahrheit über das Nichtwissen kann nicht erkannt werden, denn solange man in den Fesseln der Unwissenheit befangen ist, steckt uns die

Unwissenheit selbst den Horizont unseres Denkens ab. Die Wissenden aber können die Wahrheit über die Unwissenheit nicht kennen, denn sobald ihr Bewußtsein mit dem Brahman identisch wird, gibt es (wenigstens für sie) keine Unwissenheit mehr. Daher ist die Unwissenheit – und mit ihr die Welt – sowohl existent als nicht-existent, oder vielleicht besser gesagt: weder ist sie, noch ist sie nicht. Jedenfalls ist sie rätselhafter als selbst das Brahman.

Die Unwissenheit *(avidyā)*, deretwegen die Scheinwirklichkeit unserer empirischen Erfahrung ständig die letztliche Wirklichkeit des Brahman überlagert, ist also ihrem Wesen nach ganz unerklärlich. Sie kann nicht erklärt werden durch Überlegungen, da das Überlegen selbst sich nie von der Unwissenheit freimachen kann. Die Unwissenheit durch Überlegung analysieren, hieße, die Dunkelheit mit Hilfe der Dunkelheit untersuchen. Ebensowenig kann sie erklärt werden durch Erkenntnis; denn beim Erwachen der Erkenntnis schwindet jede Spur von Unwissenheit. Unwissenheit analysieren durch Erkenntnis, hieße Dunkelheit mit blendendem Licht durchforschen. «Was die Unwissenheit ganz besonders charakterisiert», sagt der vedantische Philosoph Sureshvara, «das ist ihre völlige Unverständlichkeit. Es gibt für sie gar keinen Beweis; gäbe es einen solchen, dann wäre sie etwas Wirkliches[1].» Sie ist vielmehr trügerischer Eindruck *(bhrānti)*. «Dieser trügerische Eindruck hat keine reale Unterlage und steht in Widerspruch zu aller Überlegung», sagt der gleiche Autor an einer anderen Textstelle. «Er hat vor der Überlegung so wenig Bestand wie die Finsternis vor der Sonne[2].»

Die Existenz der Unwissenheit muß also einfach hingenommen werden, wenn sie auch an sich unerklärlich ist; sonst müßten wir die unbestreitbare Tatsache bestreiten, daß die Erscheinungswelt von uns erfahren wird. Brahman wird erfahren, und diese Erfahrung ist dem Weisen der Beweis für Brahman; wenn aber Erfahrung in dem einen Zusammenhang gilt, dann muß sie auch in dem anderen gelten dürfen. Daher wird die Unwissenheit dargestellt als «etwas», von dem man sagen könne, es habe «die Form oder das Aussehen einer fließenden oder flüchtigen Wirklichkeit» *(bhāvarūpa)*[3]. Mit den in ihm heimischen Wesen und Erfahrungen hat dieses «Etwas» die «Form des Werdens» (auch *bhāvarūpa*) gemeinsam: es ist flüchtig, vergänglich, überwindlich. Ins Dasein getreten am Anfang der

[1] *Brihadāraṇyaka-vārtikā* 181. Sureshvara war ein direkter Schüler von Shankara.
[2] *Naishkarmyasiddhi* 3.66. [3] *Vedāntasāra* 34.

Zeit, als die eigentliche Grundlage der Welterfahrung und des Ichbewußtseins, kann sie auch wieder aus dem Dasein verschwinden. Wäre sie wahrhaft seiend (*sat*, «Wirkliches ohne Wandlung»), dann könnte sie niemals vertrieben werden, und es gäbe die Erfahrung des Ātman-Brahman als die alleinige Wirklichkeit nicht; es gäbe keinen Vedānta. Wenn andererseits aber die Unwissenheit nicht-seiend wäre, würde sie nicht all diese Wirkungen ausüben können. Daher kann nur das über sie ausgesagt werden: daß dieses «Etwas der Erkenntnis gegensätzlich und mit Weisheit unvereinbar» ist[1], denn sobald die Erkenntnis aufdämmert, schwindet jene dahin mit all ihren Wandlungsformen; und ferner, daß die Guṇas zu ihr gehören[2], denn sie läßt sich so wenig von ihnen trennen wie eine Substanz von ihren Attributen. Der Beweis ihrer Existenz ist schließlich die schlichte Erkenntnis: «Ich bin unwissend.»

Wie alle Phänomene kann auch die Unwissenheit auf zweierlei Weise betrachtet werden: 1. zusammenfassend *(sam-ashṭy-abhiprāyena)*, als ein Ganzes; 2. analysierend *(vy-ashṭy-abhiprāyena)*, als ein aus mehreren unterschiedlichen Einheiten Zusammengesetztes[3]. Das Wort *samashṭi* bedeutet «die Summe aus Teilen, die zusammen eine Einheit bilden», während *vyashṭi* die einzelnen Faktoren einer Summe bezeichnet. Wenn zum Beispiel eine Anzahl Bäume als Summe *(samashṭi)*, als zusammengehörige Gruppe, betrachtet werden, dann bezeichnet man sie auch als eine Einheit, nämlich als «Wald»; ebenso würde man eine Menge von Wassertropfen «Teich», «See» oder «Reservoir» nennen, je nach Größe und Art ihrer Ansammlung. Allein, auch wenn man sie als Einzelheiten *(vyashṭi)* nimmt, sind es doch immer so und so viele Bäume oder Tropfen (oder Liter)[4]. Ebenso kann man die «Unwissenheit» *(avidyā)* als ein alles durchwaltendes, überall vorhandenes Aggregat oder als die Vielheit verschiedener Einzelfaktoren auffassen. Das heißt: die offenkundig sehr verschiedenartige Unwissenheit bei den einzelnen Individuen kann bloß als jeweiliger Aspekt der Unwissenheit an sich angesehen werden (so als wollte man sagen: «Es gibt keine Bäume, es gibt nur einen Wald»); dagegen kann man ebensogut behaupten, die Unwissenheit existiere nur in den vielen (was der Aussage gleichkäme, es gebe gar nicht so etwas wie einen Wald, es gebe nur so und so viele Bäume). Am Ende ist es doch immer die Unwis-

[1] Ebenda.
[2] Ebenda. Für die Darstellung der Guṇas vgl. oben S. 268–269, 356–359.
[3] *Vedāntasāra* 35. [4] Ebenda 36.

senheit, die je nach der Beobachtungsart entweder als vielfältig oder als ein Eines gesehen wird.

Der zusammenfassende, summarische *(samashṭi)* Aspekt der Unwissenheit wird im Mythos einem persönlichen göttlichen Wesen zugeschrieben, das als Schöpfer, Herrscher und Erhalter des Kosmos verehrt wird. Er ist höchstes Bewußtsein, Brahman, aber unter dem Bann einer persönlichen Rolle stehend und in diesem Zustand eine Verkörperung des allerhöchsten, zartesten und feinsten Aspektes oder Grades von Unwissenheit und Selbsttäuschung[1]. Dieser Gott – Schöpfer, Erhalter und Auflöser –, dieser Höchste Herr *(ishvara)* ist der allumfassende Aspekt der Lebenskraft (die Unwissenheit ist), die den Kosmos entfaltet und durchwaltet. Er wird mit dem Wald oder dem alles enthaltenden Meer verglichen.

So wird zum Beispiel Vishṇu, der in seiner Inkarnation als Krishṇa die Verkündigung der *Bhagavad Gītā* brachte, im Hindu-Mythos als das Milchmeer des Unsterblichen Lebens dargestellt, aus dem das vergängliche Weltall emporsteigt und in das es wieder zurücksinkt. Dieses Meer ist personifiziert in Ādi-shesha, der riesigen Urschlange des Abgrunds, welche die entfaltete Welt auf ihren Köpfen trägt und der lebenspendende Drache in den Tiefen ist. Zuweilen wird Vishṇu in anthropomorpher Gestalt auf der Schlange ausgestreckt dargestellt. Diese Schlange ist sowohl er selbst als auch sein lebendiges Lager, das ihn über die Fläche des Milchmeeres trägt, aber auch dieses Meer ist er selbst in seiner Urgestalt. Denn dieses göttliche Wesen ist Ursaft und Ursubstanz des Lebens, aus ihm entfalten und nähren sich alle Gestalten der lebendigen Geschöpfe im All. Der Gott träumt. Aus seinem Nabel wächst, wie aus dem Weltenwasser, der Lotoskelch, auf welchem Brahma thront, der Erstgeborene des Alls, der den kosmischen Schöpfungsvorgang überwachen wird. Der schimmernde Lotos ist die Weltenblume, ist Vishṇus Traum; und der auf ihr thronende Gott, Brahma, der «Schöpfer», ist eine Emanation aus dem Weltenschoß von Vishṇus kosmischem Schlaf.

Dieser Mythos bedeutet: Wenn die reine, überiridische, metaphysische Substanz *(brahman)*, über alle Attribute und persönlichen Masken erhaben, Eines-ohne-ein-Zweites, reine Wonne, reine Urteilskraft und Bewußtheit, in den Zustand hinabsinkt, in dem sie sich vorspiegelt, unter einer persönlichen Maske der Weltengott zu sein, dann trübt sich die Klarheit des reinen Geistwesens, und diese Trübung ist Selbsttäuschung

[1] Ebenda 37–38.

auf kosmischer Stufe: das Weltbewußtsein verliert den wahren Zustand und das wahre Wesen des Brahman aus seinem Gedächtnis. Es bildet sich ein, eine göttliche Persönlichkeit zu besitzen: das ist das entscheidende Mysterium der Schöpfung. Der Höchste Herr gewinnt unter diesem Trugbild das Bewußtsein, der Höchste Herr zu sein; er gefällt sich und fühlt sich darin, Allwissenheit, Allmacht, Weltherrschaft und all die übrigen hohen Eigenschaften zu besitzen. Der Besitz dieser Attribute (sie werden auf der ganzen Welt ganz allgemein dem Höchsten Wesen zugeschrieben, im Islam und im Christentum so gut wie in den volkstümlichen Kulten Indiens) ist aber selbst nur ein Täuschungsreflex. Unpersönlich, anonym und untätig, bleibt Brahman hinter diesem populären Wolkenvorhang, dieser äußersten Verfinsterung, unberührt. Nur scheinbar steht die Weltsubstanz in Zusammenhang mit dieser höchsten persönlichen Gestalt, die als ein großartiges Über-Ich aus dem sublimen Zustand göttlichen Bewußtseins-in-Nichtwissen geboren wird.

Der Vedānta-Beflissene kommt im Laufe seiner Yoga-Schulung an einen Punkt, wo er mit diesem persönlichen Schöpfer der Weltillusion identisch wird. Er fühlt sich eins mit dem Höchsten, teilnehmend an Seiner Allwissenheit und Allmacht. Dies ist jedoch eine gefahrvolle Phase; denn um zu seinem Ziel, um zu Brahman zu gelangen, muß er zur Erkenntnis kommen, daß diese Inflation nur eine subtile Form der Selbsttäuschung ist. Der Adept muß sie überwinden, muß noch über sie hinausgelangen, damit die Anonymität des reinen Seins *(sat)*, der Bewußtheit *(cit)* und der Seligkeit *(ānanda)* über ihn hereinbrechen kann als die überpersönliche Essenz seines eigentlichen Selbst. Die bannende Person der höchsten Gottheit wird sich dann auflösen und als die letzte, zarteste aber auch zäheste kosmische Illusion verschwinden. Der Weltschöpfer wird überwunden sein und mit Ihm die ganze Illusion einer existierenden Welt.

Für den Anfänger indessen wie für den religiösen Laien wird das gemeinhin «Gott» benannte göttliche Über-Ich ausdrücklich als Mittelpunkt frommer Religionsübungen in Selbsthingabe *(bhakti)* empfohlen. Indem man sich auf diesen «Gott» richtet und «Ihn» zum Zielpunkt des Bewußtseins macht, wird man fähig, das individuelle Ich abzuwerfen. Und so wird es möglich, über den Zustand hinwegzukommen, wo das Individuum viele Bäume, aber nicht den Wald sieht und wo es sich einbildet, selber ein Baum zu sein. Man erkennt nun den allumfassenden Aspekt des Waldes, das heißt die kollektive Identität aller Wesen mit «Gott». Das ist ein Schritt zur Überwindung des Dualismus von «Ich» und «Du» – des Widerstreites der Geschöpfe untereinander. Alle werden als eines erlebt, alle sind beschlossen in der einen göttlichen Person. Alle Geschöpfe, wo und wann sie immer leben, sind «Seine» ewig wechselnden Verkörperungen.

Was aber nun das Problem des Höchsten Wesens selbst betrifft, das, als «Gott», sich einbildet, so zu sein, wie die Theologen es von ihm behaupten, so ist zu sagen, daß Selbsttäuschung, Unwissenheit, Avidyā – die eigentliche Grundlage des irrigen Bewußtseins von Gottes Existenz – in Seinem weitumfassenden, allwissenden Geist doch von geistigerer Art ist als in dem gröberen, engumzirkelten kleinen Bewußtseinsbereiche der Sterblichen. Da die Unwissenheit Gottes in unmittelbarer Verbindung steht zur reinen Geistigkeit des Brahman, herrscht in ihrer Zusammensetzung Sattva-Guṇa (reinste Klarheit) vor. Sie ist frei von Rajas (unbeherrschter Leidenschaft) und von Tamas (Trägheit, Dumpfheit), welche beide in Tier-, Mineral- und Pflanzenreichen sowie bei den gewöhnlichen Menschen überwiegen. Gottes Ich, die letzte persönliche Wesenheit, ist im Grunde so unwirklich wie das menschliche Ich, so sehr Illusion wie das All, nicht weniger unsubstanziell wie all die übrigen Namen und Formen *(nāmarūpa)* der Erscheinungswelt; denn Gott ist nur das allerfeinste, großartigste und schönste Trugbild in diesem allgemeinen Schauspiel von Irrtum und Selbsttäuschung. Wie alle anderen Formen dieser fließenden vergänglichen Realität, existiert auch «Gott» nur in Zusammenhang mit der Kraft *(shakti, māyā)* der verfälschenden Selbstdarstellung. «Gott» ist also nicht wirklich. Zudem ist er mit seiner eigenen verfälschenden Selbstdarstellung nur für uns, also nur scheinbar, verquickt. Mit einem Wort: da er Brahman – die einzig existente Substanz – ist, kann er sich nicht *wirklich* in dieser Unwissenheit verlieren, die, von ihm aus, weder «unwirklich» noch «wirklich» ist.

Deshalb ist es so, daß Gott nur dem unerleuchteten Geist als etwas Reales erscheint, als ein Wesen, das mit Eigenschaften wie Allwissenheit, Allmacht und Weltherrschaft begabt ist und sich gütig oder zornig verhalten kann. Die fromme Hingabe an Gott, die Riten der verschiedenen Religionsgemeinschaften und die Gedanken ihrer Theologen bilden und erhalten die Atmosphäre einer höchst verfeinerten, achtungswürdigen Art von Selbstbetrug. Gewiß haben sie einen unschätzbaren Wert als Vorbereitung. Sie liefern sozusagen die Leiter, auf der das so überaus ichhafte Individuum aus dem düsteren Verlies seines eigenen Ichs emporklettern kann. Wenn aber die letzte Sprosse erreicht ist und der Mensch endlich die Allerweltswahrheit eines personalen Monotheismus hinter sich zu lassen vermag, dann muß auch die Leiter zurückbleiben.

Das Höchste Wesen gehört als Gott zur Erscheinungswelt – ein majestätisches Antlitz des Herrn, gemalt auf das sublime Nichts des Brahman, des wahren Seins, das keine Physiognomie und keinerlei sonstige Attribute und Definitionen besitzt. Das Brahman ist nicht tatsächlich, sondern nur scheinbar in die Unwissenheit verstrickt – und dies auch nur in den am wenigsten dunkeln, am wenigsten aktiven, lichtesten Zustand von Unwissenheit, den Zustand strahlender Klarheit *(sattva)*. Von «Gott» kann nicht gesagt werden, daß er sich in seiner eigenen illusorischen Haltung höchster Über-Ichheit, groß an Allwissenheit, Allmacht und göttlichem Herrschertum, verloren habe. Wenn der Herr seine kosmische Rolle auszuüben scheint, ist er doch nicht in das Netz der von ihm geschaffenen Illusion verwickelt; die Pantomime des göttlichen Spiels narrt ihn, den Spieler, nicht. Wenn deshalb «Gott» als derjenige aufgefaßt wird, der das All entfaltet, erhält und durchdringt, der die geistigen Strebungen der begrenzten Wesen durch seine universale, alles-lenkende Kraft bestimmt, so muß das so verstanden werden, daß Er dabei – wie ein Kind es wohl tut – eine Art Schauspiel aufführt, für das es keinen Zuschauer gibt. «Gott» ist der einsame kosmische Tänzer, dessen Gesten aus allen Wesen und allen Welten bestehen. Diese fließen ohne Ende hervor aus dem nie ermüdenden, nie nachlassenden Strom seiner kosmischen Energie, wenn er die endlos sich wiederholenden rhythmischen Figuren tanzt. Shiva, der tanzende Gott, ist nicht mitverzaubert, und dies eben ist der Hauptunterschied zwischen dem Herrn *(ishvara)* und den Lebensmonaden *(jīva)*, die auch im Weltenspiele mittanzen.

Wir kleinen Lebewesen sind der Illusion des großen Gaukelspiels verfallen. Wir glauben wirklich, wir seien Menschen, unser individuelles Ich *sei* Wirklichkeit, und so hängen wir ebenso an uns selbst wie an der trügerischen Wirklichkeit anderer anziehender oder abstoßender Erscheinungen ringsum fest. Während Gott weiß, daß sein göttliches Personsein nur eine Maske, ein irreführender Eindruck ist, den er jederzeit dadurch aufheben kann, daß er einfach seinen Schwerpunkt wieder in seine undifferenzierte Substanz zurückverlegt, ist unser eigenes Personsein so derb und dauerhaft wie unsere Unwissenheit selbst, die Person Gottes aber ist das große Unbekannte. Für unseren Stand der Unwissenheit ist sein Wesen unerforschlich. Und dennoch nennen wir ihn mit Recht unseren «Inneren Führer»; denn er kann zum Erleuchter unseres ganzen Unwissenheitszustandes werden. Wie die Sonne die Welt erhellt und die Finsternis vertreibt, so erhellt das Göttliche Wesen, einmal erkannt, die Unwissenheit und zerstreut ihr Ergebnis, die Erscheinungswelt mit all ihren individuellen Erscheinungen. Die Sonne wird niemals durch Finsternis befleckt, so wenig wie das Göttliche Wesen durch diese Welt der Unwissenheit, in der seine Gnade ein solch Wunderspiel treibt.

Das reine Selbst – dieses einzig wahrhaft seiende Wesen, reines, weder durch Inhalte noch Eigenschaften eingegrenztes Bewußtsein und vollkommene Glückseligkeit – läßt sich dazu herab, in kosmische Verbindung mit der Unwissenheit, die ihre eigene, wahre, weder reale noch unreale Natur nicht kennt, zu treten und Persönlichkeit und Bewußtsein des Herrn des Alls, des alldurchwaltenden, allmächtigen Höchsten Einen, das in jedem Schöpfungsteilchen wohnt, anzunehmen. Obwohl nun aber so eng mit der Täuschung verbunden, verfällt er ihr doch nicht wirklich; Unwissenheit ist bei ihm ganz und gar sattvic. Er ist stets durchwaltet von der Wonne des Brahman, des Selbst, willigt jedoch ein in ein seltsames kindliches Spiel: er ist sich des Täuschungscharakters seiner erhabenen Persönlichkeit und des Weltalls wohl bewußt, während er es spielerisch hervorbringt, erhält und dann wieder verschwinden läßt. Dies ist die Unwissenheit in einer kollektiv gehäuften Unbewußtheit – die großartige Unwissenheit des Waldes.

Wir andererseits, die auf uns selbst zentrierten einzelnen Bäume, sind eingeschränkt durch den individuellen Aspekt der Unwissenheit. Wir bilden uns ein, Herr X oder Fräulein Z zu sein; wir bilden uns ein, dies sei ein Hund und jenes eine Katze, beide voneinander und von uns getrennt und verschieden. Während der Herr die Unwissenheit in ihrer Größe, als die Eine, erfährt, ist bei uns das Selbst zerstückt und überdies an ein komplexes Nichtwissen gebunden, das nicht allein aus Klarheit *(sattva)* besteht, sondern sich aus Klarheit *(sattva)*, heftiger Aktivität *(rajas)* und dumpfer, stummer, finsterer Trägheit *(tamas)* zusammensetzt. Wenn die beiden letzteren Guṇas überwiegen, wird die Kraft von Sattva ausgeschaltet, und dann ist das Bewußtsein des Einzelwesens – sei es nun Mensch, Baum, Vogel oder Fisch – wahrlich nur ein kümmerliches Abbild vom Bewußtsein des Selbst. Es ist nicht allwissend, nicht allmächtig, sondern von ganz geringer Erkenntnis und ohne Adel; dennoch mag man es *prājña*, «Intelligenz» nennen[1], weil es ja einen individuellen Betrag von Unwissenheit, einen einzelnen Baum im Walde, «erleuchtet». Wie das individuelle Bewußtsein auch beschaffen sein mag, es dient als Licht. Es kann zwar die Dunkelheit, die das Individuum umwölkt, nicht vollständig vertreiben – so wie die Sonne die Finsternis der Welt vertreibt –, aber es leuchtet immerhin als Kerze in einem Hause, das sonst ganz dunkel wäre.

Diese Finsternis in uns können wir wegen ihrer vermischten und unreinen Natur im allgemeinen nicht loswerden. Sie ist «durchsetzt von undurchsichtigen, unklaren oder dumpfen, beschränkenden Zutaten»; sie «besitzt nicht eine überaus leuchtende Selbstausstrahlung»[2]. Dennoch ist das Bewußtsein des allumfassenden, alldurchdringenden Höchsten Herrn des Alls von der gleichen Substanz wie die Bewußtseinssumme in den vielfältigen Einzelwesen zusammen – gleich wie es ein und derselbe Raum *(ākāsha)* ist, den der Wald bedeckt und den die Kronen aller seiner einzelnen Bäume einnehmen; oder gleich wie es ein und derselbe Himmel ist, der sich in der Gesamtfläche aller Seen und Teiche einer Gegend spiegelt, und dessen Abbild in jedem einzelnen See oder Teich aufgefangen wird[3]. Der Höchste Herr ist reine, ungetrübte Selbstausstrahlung, wie das echte Selbst auch, ungeachtet dessen, daß ein lichtes Nichtwissen *(sattva-avidyā)* ihn spiegelt. Das Spiel der Unwissenheit ist für ihn kaum so viel wie ein dünner Schleier; er durchschaut ihn, und wie ein Erwachsener in einem Kinderspiel agiert er seine Rolle dabei. So ist er identisch nicht mit unserer Unwissenheit (mit jenen einschränkenden Umständen, die uns voneinander fernhalten und die den ganzen Unterschied ausmachen zwischen der allmächtigen, allwissenden, höchsten Präsenz und unseren getrübten, irdischen Selbsten), sondern er ist eins mit dem Bewußtsein, der Glückseligkeit und dem reinen Sein, dem leuchtenden geistigen Raum *(ākāsha)*, der innen ist.

Nichtwissen *(avidyā, ajñāna)* ist, wie wir erwähnten, von zwei Kräften besessen: 1. von der Kraft, zu verdecken, und 2. von der Kraft, sich zu übertragen oder auszubreiten[4]. Durch das Wirken der ersteren wird das wahre Wesen des Brahman – zeitloses Sein, reines Bewußtsein und un-

[1] *Māndūkya Upanishad* 5; zitiert in *Vedāntasāra* 46. [2] *Vedāntasāra* 44.
[3] Ebenda 47–48. [4] Oben S. 371; *Vedāntasāra* 51.

endliche Wonne *(sat-cit-ānanda)* – verhüllt, das heißt, es wird uns unser eigenes Selbst, der innerste Kern unseres Wesens verdeckt, während gleichzeitig durch die zweite Kraft ein Schauspiel täuschender, von uns als Wirklichkeit genommener Erscheinungen hervorgebracht wird – eben jene Spiegelung von Name-und-Gestalt *(nāma-rūpa)*, die uns von der Suche nach dem wahrhaft seienden Wesen des Selbst ablenkt.

Man wird sich wohl mit allen verfügbaren Argumenten gegen diese vedantische Darstellung der Schwierigkeiten, in denen wir stecken, wehren; denn zunächst scheint es unglaubhaft, daß das Nichtwissen, wenn es doch weder wirklich noch unwirklich ist, imstande sein sollte, das Letztwirkliche zu verdecken. Deshalb wird, solange noch ein unmittelbares Verständnis für das Geistige in der ihm eigenen reinen Form nicht erreicht ist, das Anwenden von Übungen empfohlen. Diese geleiten den ernsthaft Strebenden schrittweise durch eine Reihe von einführenden, vorbereitenden Stadien des Verstehens.

1. Das erste dieser Stadien heißt *shravaṇa:* Studium, Anhören des Lehrers und gründliches Erlernen der Offenbarungstexte, wobei ihrem Sinn sorgfältig nachgeforscht werden soll. Die sechs Wege oder Schlüssel zum Verständnis eines heiligen indischen Textes heißen: I. *upakrama* («Anfang») und *upasaṁhāra* («Ende»): der Inhalt eines jeden Textes wird am Anfang und dann am Ende noch einmal festgelegt; II. *abhyāsa* («Wiederholung»): beim Durchnehmen des Textes überdenkt man den Inhalt in Abwandlungen und Wiederholungen; III. *apurvatā* («Originalität»): das heißt, der Inhalt kann nicht anderswo studiert werden; IV. *phala* («Ergebnis»): das Ergebnis aus dem Studium des Inhaltes findet sich im Text angegeben (das Ergebnis nämlich ist die Erkenntnis des Brahman); V. *arthavāda* («Lobrede»): der Wert des Studiums wird aufgezeigt; und VI. *upapatti* («Darstellung»): die Wahrheit der Lehre wird mit logischen Beweisen dargestellt[1].

2. Das zweite Stadium der geistigen Entwicklung heißt *manana*: Denken, Versenken, Überlegen[2]. Dies besteht in fortlaufendem, ununterbrochenem Nachdenken über Brahman, das Eine-ohne-ein-Zweites, über das der Lehrer bereits früher im Sinne des Vedānta gesprochen und disputiert hatte. Durch unablässige und konsequente Konzentration der Gedanken auf die Lehre und ihr Ziel – wobei der Schüler durch gar keine anderen Denkinhalte und durch keine dem Vedānta fremde Vorstellungen

[1] Ebenda 182–190. [2] Ebenda 191.

abgelenkt wird – geht er ganz in dem Geiste auf, den ihm die Lehre vermittelt hat. So wird sein ganzes Wesen durchtränkt mit den Einstellungen und Ideen, die für das Finden und Erkennen des Selbst unerläßlich sind.

3. Das nächste Stadium ist *nididhyāsanam:* die gespannte Hinwendung an eine langwährende, auf etwas Bestimmtes ausgerichtete innere Vision; eine inbrünstige Konzentration. Diese Stufe führt über die Sphäre des Beweisens und Denkens hinaus. Die Rastlosigkeit des Geistes kommt zur Ruhe, weil sich seine ganze Energie auf einen einzigen, festen Punkt richtet. *Nididhyāsanam* wird definiert als «ein Ablauf oder Strom von Ideen, die alle von gleicher Art sind wie diejenigen des Einen-ohne-ein-Zweites; ein Ideenstrom, frei von jedem Gedanken an Körper, Seele und Ich, an die Zweiheit von Subjekt-Objekt und ähnliches[1].» Nachdem der Verstand im zweiten Stadium von den Ideen und Einstellungen des Vedānta ganz gesättigt ist, so daß keine anderen Gedanken mehr darin Platz haben, treibt es ihn nun, unaufhörlich in der Wahrheit des Vedānta zu verweilen und seine eigenen spontanen Regungen auf die Zentren zu richten, die ihn zum Ziele hinweisen. Das Ziel, das Eine-ohne-ein-Zweites, wird nicht mehr aktiv, mittels Beweisen und Nachdenken, angestrebt, sondern wie auf den Wassern eines Stromes gleitet der Geist gleichsam wie von selbst darauf zu. Das Bewußtsein nimmt ganz spontan die Form des Brahman an, indem es darin aufgeht.

4. Das letzte Stadium wird verbildlicht durch das klassische Gleichnis von dem im Wasser aufgelösten Salz. «Wie wenn Salz in Wasser aufgelöst ist und nun nicht mehr für sich wahrgenommen werden kann, sondern das Wasser bleibt allein übrig, so kann auch der geistige Zustand, der die Form des Brahman, des Einen-ohne-ein-Zweites, angenommen hat, nicht mehr wahrgenommen werden, sondern es bleibt nur das Selbst[2].» In diesem Zustand verschwindet die Unterscheidung zwischen dem Betrachter und dem Betrachteten (zwischen Subjekt und Objekt). Das Bewußtsein des Adepten hat sich in das Wesen des Selbst hineinverwandelt. Der Zustand mag dem traumlosen Tiefschlaf, in dem das Bewußtsein vollständig verlorengeht, identisch oder doch sehr verwandt scheinen, denn in beiden Zuständen gibt es allem Anschein nach keinerlei «Bewußtseinsschwingung». Trotzdem aber besteht da ein bemerkenswerter Unterschied; während nämlich im Tiefschlaf eine solche Schwingung tatsächlich

[1] Ebenda 192. [2] Ebenda 198.

fehlt, ist sie im Stadium, da das Bewußtsein mit dem Wesen des Selbst verschmilzt *(samādhi)*, sehr lebhaft vorhanden. Wenn das Bewußtsein auch nicht wahrgenommen wird, so existiert es doch; es hat die Form des Brahman angenommen; es ist durchaus lebendig. Es ist eingegangen in einen Zustand transzendenter Wachheit – so wach und wahrnehmend wie es fern ist der Halbbewußtheit von Körper, Seele, Ich und intuitivem Unterscheidungsvermögen. In dieser Erfahrung (die dem «Vierten» in der *Māṇḍūkya Upanishad*[1] entspricht) ist der Sinn der Formel *Tat tvam asi*[2] Wirklichkeit geworden.

Ein streng mönchisches, asketisches Leben wird von dem vedantischen Adepten gefordert, der ernstlich gewillt ist, die ersten drei Stadien der Versenkung (*samādhi*, «Einigung», «Vollendung») zu durchlaufen. Zahlreiche Disziplinen werden ihm auferlegt, und diese pflegte man unter bestimmten Namen zusammenzufassen[3].

1. *Yama*, die «allgemeine Disziplin»; sie umfaßt eine Menge von Anweisungen, die eine selbstlose, zuchtvolle, weltabgewandte Haltung ausbilden sollen. Die Vorschriften ähneln denen der Buddhisten und anderer indischer Asketenorden, deren Ziel die Erlösung vom Kreislauf von Geburt und Tod ist. Der *Vedāntasāra* beschreibt sie folgendermaßen: a) *ahiṁsā*, Nichtgewalt: der Verzicht auf jeden Versuch, ein anderes Wesen zu schädigen durch Gedanken, Wort oder Tat (besonderes Gewicht liegt auf dem Verbot, einem Geschöpf das Leben zu nehmen); b) *satya*, Wahrhaftigkeit, Ehrlichkeit, Aufrichtigkeit: Einheit von Gedanken, Wort und Tat; c) *asteya*, nicht stehlen; d) *brahmacarya:* ehelos leben, wie es vom Schüler schon in dem ersten seiner vier Lebens-āshramas *(brahmacārin)*

[1] Oben S. 333–339.

[2] *Tat* (das) *tvam* (du) *asi* (bist). Vgl. oben S. 301–303. *Tat* bezeichnet Brahman, das Absolute und Unbegrenzte; *tvam* das Individuum in seiner Endlichkeit und graduell verschiedenen Begrenztheit; *asi* bringt beides in Verbindung. Die Gleichsetzung der beiden Ausdrücke ist aber mit deren eigentlicher Bedeutung unvereinbar; die Identität von «du» und «das» ist erst dann möglich, wenn das Unvereinbare in beiden Begriffen entfernt und das Übereinstimmende stehengelassen wird. Das Unvereinbare ist in erster Linie ihre Verschiedenheit überhaupt, in zweiter Linie aber sind es alle die Unterscheidungen wie «absolut und unbegrenzt» bzw. «endlich und verschiedenartig begrenzt». Das Übereinstimmende ist «Geist, Intelligenz» *(caitanya)*. «Du» und «das» sind also identisch, weil *caitanya*, die Substanz von «du», gleichzeitig auch die Substanz von «das» ist. Das Übrige ist nicht Substanz, sondern bloße Illusion.

[3] *Vedāntasāra* 200–208.

gefordert wurde, da er als Kind bei seinem Lehrer lebte und die heilig-magische Substanz *(brahman)* der vedischen Offenbarungstradition in sich aufnahm[1]; und e) *aparigraha*, Nichtannehmen, Verwerfen, Verzichten auf alle Besitztümer, die den Menschen an die Welt und sein Ich binden und geeignet wären, der Meditation im Wege zu stehen.

2. *Niyama*, die «besondere Disziplin»; sie besteht in der fortlaufenden Übung von a) *shauca*, Sauberkeit des Körpers und Reinhaltung des Gemüts; b) *santosha*, Sichzufriedengeben, Sichbegnügen mit dem, was kommt, Gleichmut in bezug auf Angenehmes und Unangenehmes und überhaupt auf alles, was geschieht; c) *tapas*, Enthaltsamkeit, Gleichgültigkeit gegenüber den Extremen von Hitze und Kälte, Freude und Schmerz, Hunger und Durst; körperliche Bedürfnisse, Begierden und Beschwerden müssen überwunden werden, so daß sie den nach innen gerichteten Geist von seiner schwierigen Aufgabe der Selbstfindung nicht mehr ablenken können; d) *svādhyāya*, Studium, das Auswendiglernen der heiligen Texte, die die Grundlagen des Vedānta vermitteln, das Festhalten der Texte im Gedächtnis durch fortwährendes inneres Rezitieren, und das unermüdliche Meditieren über den Sinn der heiligen Formeln und Gebete, zum Beispiel über die mystische Silbe OM[2]; e) *īshvara-praṇidhāna*, die Hingabe an den Herrn; das heißt die Ausübung von Bhakti, der fromme Dienst am Göttlichen Wesen in dessen persönlichem Aspekt, als dem alldurchwaltenden Weltenbeherrscher, dem «Zeugen», der in jedem Geschöpf wohnt, dem inneren Lenker *(antaryāmin)* jeglichen Tuns, ihm, dem die Früchte *(phala)* aller Taten zu überlassen sind.

[1] Vgl. oben S. 149–150. Wenn schon der magische Prozeß, durch den ein Knabe zum Priester, Magier und zu einem um das Wesen der Götter Wissenden erzogen wird, strengste Enthaltsamkeit und Keuschheit fordert, wieviel mehr gilt das für den Erkenntnisweg zum transzendenten inneren Selbst! Das Sexualleben belebt die Vitalsphäre *(prāṇa)*, es regt die Sinneskräfte und die physischen Körperkräfte an. Es wird von den äußeren Schichten des gestuften Organismus getragen und kräftigt diese seinerseits wieder; es sind dies: der grobstoffliche Leib *(anna-maya-kosha)*, die Schicht des Lebensatems *(prāṇa-maya-kosha)* und die Schicht der Sinne und des Gemütes *(mano-maya-kosha)*, also gerade die Zonen, von denen der Kandidat sein Bewußtsein ablenken will. In Indien beruht die Vermeidung des Geschlechtlichen nicht etwa auf der Meinung, das normale Geschlechtsleben sei etwas Böses, sondern auf der Überzeugung, daß Energien, die in eine bestimmte Richtung gelenkt werden müssen, nicht gleichzeitig einem anderen Ziele zufließen können.

[2] Vgl. oben S. 333–339.

3. *Āsana*, die besonderen Haltungen von Körper, Händen und Füßen; sie sind für alle geistigen Übungen vorgeschrieben und werden in den Yogatexten genau geschildert; so etwa der «Lotos-Sitz» *(padmāsana)* oder der «Svastika-Sitz» *(svastikāsana)*. Die richtigen Haltungen sind wesentlich bei allen Arten von Yogaübungen; sie werden als die körperliche Grundbedingung für jede Meditation, Betrachtung und Versenkung angesehen.

4. *Prāṇāyāma*, Beherrschung und gelenkte Entwicklung des Atems. Diese in Indien hochentwickelte Technik soll dazu dienen, den Lebenshauch *(prāṇa)* mit seinen drei Grundphasen a) des «Einfüllens» *(pūraka)*, b) des «Aufspeicherns oder Zurückhaltens, als wäre der Körper ein Topf» *(kumbhaka)*, und c) des «Entleerens» *(recaka)* willkürlich zu regeln, je nach Rhythmus und Quantität. Auch diese Kunst wird in den Yogatexten gelehrt.

5. *Pratyāhāra*, das Zurücknehmen der Sinnesfunktionen aus der Objektwelt in die Innenwelt, damit sie ganz zur Ruhe kommen[1].

6. *Dhāraṇā*, Konzentration, scharfes Fixieren des inneren Sinnesvermögens *(antar-indriya)* auf das Eine-ohne-ein-Zweites.

7. *Dhyāna*, Meditation, eine Zwischentätigkeit *(vritti)* des inneren Sinnes, nachdem er sich an das Eine-ohne-ein-Zweites geheftet hat; eine Schwingung, die sich nach Art eines Stromes *(pravāha)* fortbewegt, der zeitweise stockt und dann wieder weiterfließt. Das Selbst enthüllt sich dem Blick, entschwindet dann aber trotz der Konzentration des inneren Sinnes wieder. Diesem ersten Gewahrwerden des Selbst folgt dann die höchste Vollendung.

8. *Samādhi*, Versunkenheit; es gibt zwei Arten: a) *savikalpa*, *samprajñāta*, das ist Versunkenheit bei vollem Bewußtsein der Dualität von Wahrnehmendem und Wahrgenommenem, von Subjekt und Objekt, von betrachtendem innerem Sinn und betrachtetem Selbst; und b) *nirvikalpa*, *asamprajñāta*, das ist nicht-dualistische Versunkenheit, in der es überhaupt kein Bewußtsein des Unterschiedes zwischen Wahrnehmendem und Wahrgenommenem gibt.

Im Samādhi der ersten Art nimmt der geistige Prozeß oder die Schwingung der Bewußtseinskraft *(citta-vritti)* die Form des Brahman, des Einen-ohne-ein-Zweites an, genau so wie sie im gewöhnlichen Wachzustand die

[1] «Wenn ein Mensch seine Sinne ganz aus dem Bereich ihrer Objekte einziehen kann, wie eine Schildkröte ihre Glieder einzieht, dann wird seine Innenschau *(prajña)* beständig.» (*Bhagavad Gītā* 2.58.)

Form der durch die Sinne wahrgenommenen Objekte annimmt[1], und so kommt diese Schwingung im Brahman zur Ruhe; doch bleibt sie ihrer selbst bewußt, sie weiß von ihrer eigenen Tätigkeit, von dem gegenwärtig Erreichten, sie weiß auch von der beseligenden Berührung und Vereinigung. Auch wenn sie dank ihrer proteischen Verwandlungskraft die Form des Brahman angenommen hat, so weiß sie sich doch von ihrem Objekt unterschieden; die Kluft zwischen den beiden bleibt bestehen, während das Subjekt die erhabene Ekstase einer beseligenden Vision erlebt. Viele dichterisch-lyrische Stellen der Vedānta-Schriften sprechen von diesem hinreißenden Augenblick. «Ich bin das», so lesen wir zum Beispiel, «dessen wahrer Inbegriff der unbeteiligte Zeuge, das allerhöchste Wesen ist, vergleichbar dem formlosen, reinen, unberührbaren Äther, der das Weltall erfüllt, hervorleuchtend und sich offenbarend: zugleich der Ungeborene, der Eine, der Unvergängliche, der Fleckenlose und Alldurchdringer, der Ohne-ein-Zweites, der Für-immer-Freie-und-Erlöste»[2]. Gerade durch die Ausdrucksform selbst – das Ich setzt sich dem Das gleich – wird eine Trennungslinie gezogen zwischen dem Subjekt und all den Namen der ausführlichen Preisung. Es ist das deutliche Bewußtsein von der Vereinigung der beiden, das wir hier ausgedrückt finden; ein vollkommen bewußter Versenkungszustand, beruhend auf der ekstatischen Identifikation zweier Wesenheiten, die dennoch als voneinander verschieden erlebt werden.

Nirvikalpa samādhi jedoch, die Versenkung ohne Bewußtsein seiner selbst, ist das Eintauchen der geistigen Aktivität *(citta-vritti)* in das Selbst, und zwar in einem solchen Maße oder in solcher Weise, daß die Unterscheidung *(vikalpa)* zwischen Erkennendem, Erkenntnisakt und erkanntem Objekt sich verflüchtigt, wie Wellen im Wasser verschwinden, wie Schaum im Meere sich auflöst. Eigentlich sollte Savikalpa-samādhi sich zu Nirvikalpa vertiefen. Das Bewußtsein, ein Subjekt mit gewissen hohen Prädikaten zu sein, muß schwinden, und die beiden Glieder der Vision müssen dann ineinander verfließen – sie sind nun wirklich Eines-ohne-ein-Zweites, ohne Prädikate, ohne Attribute und jenseits der Sprache. Die einzig mögliche Sprache, um die Erfahrung und Seligkeit dieser Samādhi-Stufe wiederzugeben, ist Schweigen.

Vier Geisteszustände sind es, die sich dem Erreichen von Nirvikalpa-samādhi hindernd entgegenstellen. Das erste Hindernis ist *laya*, der Wi-

[1] Vgl. oben S. 258–259. [2] *Upadeshasāhasrī* 73.

derstand des tiefen traumlosen Schlafes. Anstatt zu Turīya, dem «Vierten», zu gelangen, gleitet der Geist ins Unbewußte ab, und der Adept nimmt dieses Hinschmelzen *(laya)* irrtümlich für das Eintauchen ins Selbst. Der Tiefschlaf überfällt ihn, wenn es der spontanen Aktivität des nach innen gewendeten Geistes *(citta-vritti)* nicht gelingt, das wandellose Eine Ganze zu fassen und festzuhalten[1].

Das zweite, und zwar entgegengesetzte Hindernis ist *vikshepa*, die Zerstreuung. Die Schwingung des Geistes kann nicht in die eindeutige Richtung gelenkt werden, die schließlich zum Samādhi hinführt. Der Geist verharrt in seinem normalen Wachsein, weil er durch Sinneseindrücke abgelenkt und zerstreut wird. Allerlei Bilder, Gedanken und Erinnerungen tauchen in ihm auf, eine Folge seiner elementaren Neigung, sich in alles hineinzuverwandeln, das ihm Sinne, Gedächtnis und Intuition anbieten. So bleibt der Adept ein Behälter für vorbeirauschende, flüchtige Inhalte, und es heißt von ihm, er sei «zerstreut» *(vikshipta)*. Vikshepa ist die Geisteshaltung im Alltagsleben. Auch dann, wenn die Kräfte sich notwendig konzentrieren sollten, kommen sie doch nicht zur Ruhe[2]. Den *Yoga-Sūtras* zufolge muß dieser unfreiwillige Zustand überwunden werden durch eine wohldurchdachte, eiserne Anspannung der Konzentration, bevor überhaupt mit einem Weiterkommen auf dem Wege der Yogapraktik gerechnet werden kann.

Das dritte Hindernis, das nach den zwei elementaren Widerständen *(laya* und *vikshepa)* den Weg zum unwandelbaren «Einheitsobjekt» blockiert und das überwunden werden muß, heißt *kashāya*[3]. Das Wort bedeutet «Gummi, Harz, Extrakt oder Saft von einem Baum»; als Adjektiv kann es sowohl «rot, dunkelrot oder braun» wie auch «wohlriechend, zusammenziehend; unsauber, schmutzig» heißen. *Kashāya* als Substantiv heißt auch «ein zusammenziehender Geschmack oder Geruch»; ebenfalls «anstreichen, einschmieren, salben; den Körper mit duftenden Salben einreiben (der Grundstoff von Salben besteht aus harzigen Extrakten gewisser Bäume); Schmutz, Unsauberkeit». In bezug auf die Psyche bedeutet das Wort «Bindung an weltliche Objekte; Leidenschaft, Affektivität, Stumpfheit, Dummheit». So darf man wohl sagen, *kashāya* bezeichne etwas mit starkem Geruch und Aroma Behaftetes, Klebriges, das das Helle verdunkelt.

Das Wort wird im Vedānta benutzt, um metaphorisch eine versteifte oder verhärtete Seelenhaltung zu kennzeichnen. Ein solcher Adept ist unfähig,

[1] *Vedāntasāra* 210. [2] Ebenda 211. [3] Ebenda 212.

zu lernen und zur Ruhe im Selbst zu kommen, weil seine geistige Beweglichkeit durch die latenten, von seinen Liebhabereien, Passionen, Zu- und Abneigungen bestimmten Abhängigkeiten und Tendenzen (wörtlich «Gerüche, Düfte», *kashāya*) versteift, verhärtet, gelähmt oder betäubt worden ist. Diese Tendenzen quellen wie Harz aus den unbewußten, verborgenen Kammern, in denen die Erfahrungen aus früheren Leben aufgespeichert liegen und nun die Ursache sind für alle die besonderen persönlichen Reaktionen des Individuums auf Eindrücke und Ereignisse. Diese Veranlagungen – das karmische Erbe aus früheren Zeiten – äußern sich als heimliches Begehren nach erneutem Genuß. Sie erfüllen die innere Atmosphäre wie duftender Rauch verbrannten Harzes oder wie ein Wohlgeruch, der lang Vergangenes ins Gedächtnis ruft, und so versperren sie den Weg. Sie verursachen Bindungen, Gedanken an weltliche Dinge, die man schon hinter sich gelassen haben sollte. Sie überziehen das Feld innerer Visionen wie eine dunkle Salbe. Und so ist das Ziel der Aufmerksamkeit verschwommen, das Streben nach dem inneren Selbst abgelenkt, der Verstand festgebannt in den Zauber lockender, aufreizender Rückerinnerungen und verführerischer Vergangenheitsbilder, hinschmelzend in tiefem Heimweh. So ist der Adept außerstande, sich zu stählen für die Kraftanspannung, die er zur Erlösung braucht.

Das vierte und letzte Hindernis auf dem Wege zu Nirvikalpa-samādhi liegt in dem seligen Zustand, der jenem unmittelbar vorausgeht – im Genuß des Savikalpa-samādhi. Der Yogī möchte sich und seine Ekstase nicht dadurch aufgeben, daß er sich im Selbst auflöst, gerade jetzt, da er ihm endlich Auge in Auge gegenübersteht. Er verharrt versunken in die selige Vision ohne jeden Wunsch, aus der Dualität von Schauendem und Geschautem herauszutreten. Dieses Hindernis heißt *rasa-āsvāda:* «das Kosten oder Genießen *(āsvāda)* vom Wesensgeruch oder -saft *(rasa)* des Selbst». Es ist, als wollte man eine überaus schmackhafte Speise für ewig auf der Zunge behalten. Der Geist ist gefangen im Wohlgeschmack dieses überirdischen Zustandes, wo das Selbst sozusagen zwiespältig ist, als Selbst und als das sich genießende Bewußtsein, das «den Saft schmeckt» *(rasa-āsvāda)* und sich weigert, zur letzten Verschmelzung von Schauendem und Geschautem, in den Zustand des wandellosen vollständigen Einen fortzuschreiten[1]. Dieses Hindernis stellt sich dann ein, wenn es dem Geist an Kraft fehlt, um das glückselige Sich-gleich-Fühlen mit dem Selbst und

[1] Ebenda 213.

dessen erhabenen Anblick aufzugeben und selber zu nichts zu werden, indem er das Wohlschmeckende hinunterschluckt und nun in den Eintauchungs-, Verschmelzungs- und Einigungsprozeß eingeht.

Nirvikalpa-samādhi wird erlebt, wenn der Geist sich durch die vier Hindernisse hindurchgekämpft hat. Er steht nun unbewegt wie die Flamme einer Lampe, die vor dem Winde geschützt ist[1]. Ohne Wechsel, ohne Ereignis ruht er in der «Geistigkeit oder Bewußtheit» *(caitanya)*, die eine «totale» *(akhaṇḍa)* ist. Seine Schwingungen stehen still wie die vom Winde unbewegte Flamme der Lampe. Der Eifer der feinstofflichen Seele, mit dem sie normalerweise alle Formen von Namen, Erinnerungen und Empfindungen, die auf sie zuströmen, aufnimmt, ist gestillt und beruhigt; sie ruht nun, da sie die Form des wandellosen Ganzen endgültig angenommen hat – eine Verwandlung, die ihrem Wesen nach nicht rückgängig gemacht werden kann.

Die Seele ist zum Selbst geworden, sie ist über die Sphäre der Vergänglichkeit und der wechselnden Formen, die ihr bisher Heimat war, hinausgedrungen. «Wie eine vor dem Wind geschützte Lampe, die nicht flakkert, so ist das beherrschte Gemüt eines Yogī[2].» Die Seligkeit vor dem Endziel brachte die letzte Versuchung, in der Sphäre der dualistischen Formen, im Bereich der scheinweltlichen Gegensatzpaare *(dvandva)* stekken zu bleiben. Es war der letzte, feinste Fallstrick, die raffinierteste Nuance der allgemeinen großen Täuschung, welche Māyā ist. Denn wenn der Adept dem Wandellosen All-Einen begegnet, ohne ganz in es einzutauchen, so muß ihm – selbst wenn er die Identität vollkommen erfaßt hat – doch der Sinn der Wahrheit entgangen sein, daß das All-Eine gleich ist dem «Einen-ohne-ein-Zweites»; daß der, welcher Es schaut, gerade durch diese Schau sich als trügerische Überlagerung über dieser einzigen Substanz behauptet[3].

[1] Ebenda 214.

[2] *Bhagavad Gītā* 6.19; zitiert in *Vedāntasāra* 215.

[3] Obgleich im Savikalpa-samādhi das Selbst als anonymes Wesen, ohne persönliches Gesicht, und als identisch mit dem Adepten erkannt wird, ist die Einstellung in gewissem Sinn doch derjenigen verwandt, die das vorbereitende Stadium des Andächtigen im Bhakti-Zustand kennzeichnet. Dieser nämlich verehrt einen allgegenwärtigen Herrn der Welt *(īshvara)*, er hält diesen Herrn für identisch mit seinem eigenen Selbst und unterscheidet sich trotzdem von ihm. Savikalpa-samādhi ist auch der christlichen Vorstellung vom Himmel vergleichbar; siehe oben S. 264 bis 266, wo der Yogī in Versuchung geführt wird von «Höchsten Wesen».

Zur Überwindung der Hindernisse werden folgende Ratschläge erteilt: «Wenn die seelische Aktivität dahinschmilzt, indem sie sich dem unbewußten Zustand des Tiefschlafs überläßt, dann soll der Yogī sie erwecken und ermuntern; wenn sie zerstreut und zerfahren ist, dann soll er sie beruhigen; wenn sie vom Wohlgeruch und der Unsauberkeit ererbter Abhängigkeiten *(sa-kashāya*: Abneigungen und Zuneigungen, die aus dem karmischen Vorrat der Dispositionen aufsteigen, die das Individuum aus früheren Leben mitgebracht hat) durchdrungen wird, soll er sich ganz und gar dessen bewußt sein, was in ihm vorgeht; wenn die Seele von tiefer Ruhe und Stetigkeit erfüllt ist, soll er darauf bedacht sein, sie nicht von neuem aufzurütteln und zu zerstreuen; und er soll nicht bei der Wonne des Saftkostens verweilen – hat er dies überstanden, dann wird er ohne jede Verhaftung sein und erleuchtet in absoluter Bewußtheit[1].»

*

Der Zustand des befreiten Menschen, des «schon zu Lebzeiten Erlösten» *(jīvan-mukta)*, wird in vielen Texten der Vedānta-Schule beschrieben. Er stellt das erhabene Ideal des «göttlichen Menschen auf Erden» dar, wie es in den Büßerhainen erschaut wird – das Bild menschlicher Hoheit und heiterer Gelassenheit, von dem Indien jahrhundertelang inspiriert wurde. Man könnte es wohl in Vergleich oder Gegensatz stellen zu den verschiedenen menschlichen Idealgestalten, die in anderen Ländern den Urstoff des Lebens zu formen halfen: zum alttestamentlichen Patriarchen, dem griechischen Athleten-Philosophen, dem römischen Soldaten-Stoiker, dem höfischen Ritter des Mittelalters, dem Edelmann des 18. Jahrhunderts, dem objektiven Wissenschaftler, dem Mönch, dem Krieger, dem König oder dem konfuzianischen Weisen.

Wer das Universale Selbst *(brahman)* als Kern und Wesen *(ātman)* seiner eigenen Natur erfahren hat, wird mit einem Schlage frei von den Bezügen der Erscheinungswelt, die, aus Unwissenheit gewoben, das Selbst in Schleiern verhüllt; es sei denn, daß ein aus früheren Handlungen (entweder des gegenwärtigen oder eines früheren Lebens) stammendes Moment ihn vorwärtstreibt und als Körper und «Individuum» eine Zeitlang in der Erscheinungswelt festhält. Dieser karmische Antrieb nimmt im Laufe seiner letzten Lebensjahre allmählich ab; zwar tragen seine Samen Früchte,

[1] *Gaudapāda-kārikā* 3.44–45; zitiert in *Vedāntasāra* 215.

werden zu Erfahrungen und Begebenheiten, die das noch beeinflussen, was vom verkörperten Individuum übrigbleibt; doch das Bewußtsein des Befreiten, das ja im Selbst wohnt, bleibt davon unberührt. Obwohl noch immer an den Körper und seine Bedingungen gebunden, stören ihn keine Schatten des Nichtwissens mehr. Zwar bewegt er sich noch immer zwischen Gestalten und Ereignissen der Zeit, aber seine Wohnstatt ist im ewigen Frieden. Wenn einmal der Augenblick der letzten Befreiung – der letzten Loslösung *(kaivalya)*, der «körperlosen Befreiung» *(videka-mukti)* – gekommen und jede Spur seiner früheren Irrtümer über sich selbst verschwunden ist, dann geht in der Sphäre der Ewigkeit, in der er eigentlich wohnt – und in der wir alle eigentlich wohnen, wenn wir es nur wüßten – überhaupt nichts vor.

Der Vedānta unterscheidet nämlich drei Arten des Karma:

1. *Sañcita-karma:* Die Saat des Schicksals hat sich bereits angehäuft als Ergebnis früherer Taten, ist aber noch nicht zum Keimen gekommen. Sich selbst überlassen, würde diese Saat mit der Zeit einen Betrag latenter Veranlagungen hervorbringen, die ein Lebensschicksal formen könnten; doch sind sie noch im Keimzustand; sie haben noch nicht angefangen zu sprießen, zu reifen und sich in eine Lebensernte zu verwandeln.

2. *Āgāmi-karma:* die Saat, die normalerweise gesammelt und angehäuft würde, wenn ein Mensch den Weg des Nichtwissens, der sein gegenwärtiges Leben bestimmt, fortsetzen sollte; das heißt, das noch nicht verdichtete Schicksal.

3. *Prārabdha-karma:* die in der Vergangenheit gesammelte und aufgehäufte Saat, die am Aufgehen ist; das heißt: das Karma, das Frucht trägt in Gestalt wirklicher Ereignisse. Diese Ereignisse sind sowohl Vorfälle und Umstände unseres gegenwärtigen Lebens, als auch Züge und Neigungen unserer Persönlichkeit, die jene Ereignisse veranlaßt und erleidet; sie werden die gegenwärtige Existenz auch weiterhin formen bis an ihr Ende.

Die Erkenntnisse des Selbst vernichtet nun mit einem Schlag die latente Macht des ganzen Sañcita-karmas, weil die dann folgende Ablösung das weitere Anhäufen von Āgāmi-karma verhindert. Mag auch der vollkommene, «schon im Leben erlöste» Weise in der Erscheinungswelt als ein Tätiger erscheinen, so gibt er sich in Wahrheit doch nicht mehr an sein Tun hin; eigentlich ist er inaktiv, und so wird er von den zwei ersten Arten des Karmas nicht mehr berührt. Indessen kann Prārabdha-karma, können die Keime individuellen Schicksals, aus denen die Ernte seines jetzigen Lebens hervorgegangen ist, nicht ausgeschaltet werden. Diese Keime bewirken, daß «der schon zu Lebenszeiten erlöste» Mensch weiter in seiner Verkörperung bleibt, da sie aber nicht erneuert werden, sterben sie alsbald ab, und der Mensch selber verschwindet[1].

Der schon zu Lebzeiten erlöste Weise aber, der die Einsicht erlangt hat, daß das Unwandelbare, Vollständige, Universale Selbst die wahre Form seines eigenen Wesens sei, dieser Weise fühlt und weiß, daß sein Ich und die Inhalte seines Denkens und Empfindens nur trügerische Übertragungen sind, die man nicht zu beachten braucht. Nur seiner früheren Unwissenheit über sich selbst und ihrer wahren Natur wegen war er in diese Inhalte verwickelt worden und hatte sich mit ihnen identifiziert; sie bilden ja nur das Reich vergänglicher Gedanken und Leiden, sie besitzen nur die Substanzialität der Erscheinungen. «Indem er die Unwissenheit über das wahre Selbst vertreibt, erkennt er das Unwandelbare Vollständige Universale Selbst als seine eigene wahre Form an, und durch dieses Anerkennen ist die Unwissenheit zerstört, gleichzeitig aber auch ihre Früchte oder Ergebnisse, ihre Irrtümer und Mißverständnisse[2].» Er wird niemals wieder fehlgehen bei der Unterscheidung zwischen seinem wahren Wesen und seiner verkörperten Form. Da er nicht mehr im Zweifel über die Substanz des Universums ist und da die Samen seines Sañcita- und Āgāmikarmas unfruchtbar wurden, hat er nun, obgleich noch von der letzten Triebkraft des Vergangenen getragen, keine Zukunft mehr. Zwar übt Prārabdha-karma noch immer seine Wirkungen; sein Gemüt jedoch, unbeweglich eins mit dem Selbst, wird nicht davon betroffen. «Frei von allen Fesseln der Bindung (in der er sich doch noch zu bewegen scheint), steht er fest im Universalen Selbst. Sein Zustand wird gekennzeichnet durch die Worte der Upanishad: ‚Der Knoten des Herzens ist durchschnitten; alle Zweifel sind zerronnen; die Karmas verschwinden, wenn Er, der hoch und nieder ist (Er, der Ursache und Wirkung ist, transzendent und alldurchdringend), geschaut wird[3].‘»

[1] «Das Tun, das diesen Leib noch vor der Aufdämmerung des Wissens geformt hat, wird durch dies Wissen erst zerstört, wenn das Tun seine Früchte getragen hat – wie der auf ein Ziel abgeschossene Pfeil. Wenn ein Pfeil in der Vorstellung abgeschossen wird, das Ziel sei ein Tiger, so wird er, sollte das Ziel sich auch als Rind herausstellen, dadurch doch nicht angehalten; er fliegt weiter und durchbohrt das Ziel mit aller Kraft» (*Shaṅkara*, *Vivekacūḍāmaṇi* 451–452).

[2] *Vedāntasāra* 217. [3] *Muṇḍaka Upanishad* 2.2.8; zitiert in *Vedāntasāra* 217–218.

«Wenn solch ein erlöster Mensch», heißt es im *Vedāntasāra* weiter, «mit seiner Seele nicht ganz in das Selbst versunken ist, sondern im gewohnten Zustand alltäglichen Gewahrseins von Körper und Umwelt dahinlebt, so nimmt er auf durch den Körper, der ja bloß ein Gefäß für Fleisch und Blut ist und die unreinlichen Eingeweide enthält; er nimmt auf mittels der ‚Dorfgemeinschaft der Sinnesorgane', die bloß ein Gefäß für Blindheit, Schwäche, Stumpfheit, Unvermögen und andere Mängel ist; er nimmt auf durch das innere Organ, das bloß ein Gefäß für Hunger und Durst, Kummer und Enttäuschung ist; er nimmt auf all die Früchte, die ein mannigfaltiges Karma bilden, und in denen sich die Veranlagungen aus ferner und fernster Vergangenheit auswirken. Und er hat diese Früchte hinzunehmen, insofern sie Erzeugnisse des Karmas sind, das nun beginnt, sich in Früchte wirklicher Geschehnisse umzuwandeln, denn dies Karma läßt sich nicht durch erleuchtendes Wissen aufheben. Obwohl er nun aber diese Karma-Wirkungen in seinem eigenen Leben und dem seiner Umwelt erlebt, sieht er doch eigentlich nichts von diesen Auswirkungen, denn sie bedeuten ihm nichts, sie bleiben ohne Folgen. Er gleicht einem Manne, der einer Zaubervorführung beiwohnt (wo der Gaukler durch allerlei Kniffe die Illusion einer Feuersbrunst oder einer Überschwemmung oder wilder, die Zuschauer bedrohender Tiere hervorruft): er weiß, daß alles eine durch Zauberkunst bewirkte Sinnestäuschung ist. Obgleich er etwas sieht, hält er es doch nicht für wirklich[1].»

Im Grunde genommen sieht ein solcher Sehender gar nicht, was vor sich geht, da er ja weiß, daß da gar nichts zu sehen ist. Der im irdischen Leben Erlöste begreift, daß seine persönliche Form zwar in der scheinbar wirklichen Welt zu Hause ist, aber im Grunde sieht er weder seinen Leib noch seine Welt, weil er weiß, daß beide nur Illusionen sind, nur Täuschungsmanöver im Zauberspiegel der Seele. Er erlebt als unbeteiligter Zeuge seine eigene Person und alles, was mit ihm in Berührung kommt, niemals aber identifiziert er sich mit sich selbst oder mit irgend etwas, das er zu sehen scheint. «Obwohl er Augen hat, ist er wie ein Mensch ohne Augen; obwohl er Ohren hat, ist er wie ein Mensch ohne Ohren[2].»

«Wie schon gesagt wurde», heißt es im *Vedāntasāra*, «wer im Wachzustand nichts sieht, so als befände er sich in traumlosem Schlafe; wer beim Erlebnis der Dualität sie als nicht-dualistisch erfährt; wer, obschon tätig,

[1] *Vedāntasāra* 219. [2] Ebenda 220.

doch untätig ist: dieser, und kein anderer, kennt das Selbst. Dies ist die Wahrheit[1].»

«Bei einem solchen Menschen bleiben als einzige verborgene Neigungen nur jene bestehen, die zu guten Taten führen; sie stimmen mit ererbten Gewohnheiten überein, bis diese ganz ausgemerzt sind. So bleiben auch die Gewohnheiten von Essen, Schlafen und Umhergehen weiter so bestehen, wie sie vor dem Einbruch der Erkenntnis da waren. Man kann aber auch vollkommen gleichgültig allem Handeln gegenüber werden, sei es gut oder böse[2].»

«Auf dem Wege zur Innewerdung des Selbst als der einzig wahrhaft wirklichen Wesenheit werden die Eigenschaften, die als Mittel zur Erlangung jener Erkenntnis nötig waren (Demut, Nichthaß, Nichtkränkung und andere), getragen wie ebensoviele Schmuckstücke[3].» Das wahre Wesen aber, das reine Selbst des Erleuchteten, steht über allen Tugenden und Eigenschaften. Böse Begierden wurden, als eine erste Voraussetzung zur Erlangung der Erkenntnis, durch asketische Übungen vernichtet, das Gute aber, das den Erleuchteten zu seinem Ziele trug, darf an seiner körperlichen Erscheinung sichtbar bleiben vor den Augen der Welt wie kostbare Juwelen. Sie sind nicht eigentlich Teile von ihm, so wenig Juwelen Teile des Körpers sind; und so lesen wir: «Tugenden wie das Nichthassen entstehen und bleiben von selbst bei einem, dem die Erweckung des Selbst gelungen ist. In diesem Fall sind sie aber keineswegs als Werkzeug oder Mittel für irgendeine Aufgabe nötig[4].»

Der schon im Leben Erlöste erfährt also nur die Früchte *des* Karmas, dessen Wirkungen bereits eingesetzt hatten, und diese letzten Spuren irdischer Täuschung bilden die einzigen Hindernisse für sein unmittelbares Hinübergehen. Er erlebt sie als das Endkapitel seiner irdischen Biographie – auch das muß durchlebt werden, aber ohne sich mit dem Leib, dem Gemüt und den sie nährenden Gefühlen zu identifizieren. Er beobachtet seine eigene unwesentliche Geschichte als Zeuge, der selbst nichts mit dem zu tun hat, was in seiner irdischen Person vorgeht, so wie man etwa sein Haar vom Wind durchblasen läßt. Auch könnte man seine Haltung mit einer Lampe vergleichen: Das aus sich leuchtende Selbst erhellt das ganze psychosomatische System, denn es spendet dem inneren Organ das Licht, und dieses wiederum sendet sein geborgtes Licht aus bis zu den

[1] *Upadeshasāhasrī* 5; zitiert im *Vedāntasāra* 221. [2] *Vedāntasāra* 242.
[3] Ebenda 224. [4] *Naishkarmyasiddhi* 4.69; zitiert im *Vedāntasāra* 225.

äußeren Schichten der seelisch-leiblichen Person; so wenig aber die Lampe, die einen Raum erhellt, sich um das kümmert, was darin vorgeht, so wenig nimmt der, welcher das letzte Kapitel seiner Biographie durchlebt, teil an diesem Hause, diesem Individuum, dieser überlebten Maske. Sein Selbst übernimmt die Erhellung der eigentlich schon überlebten irdischen Persönlichkeit, nur um den Körper am Leben zu erhalten, nicht aber um irgendein Gut, eine Befriedigung der Sinne oder ein sonstiges irdisches Ziel zu erlangen. Der Lebensprozeß darf weiter ablaufen – bis er sein Ende findet in der Erschöpfung des Prārabdha-karma. Der im Leben Erleuchtete durchläuft die Reste der Karma-Wirkungen, die durch des Trägers eigenen Willen in früheren Daseinszeiten oder durch den Willen anderer oder gar gegen den eigenen Willen entstanden sind, und er weiß wohl, daß diese Wirkungen mit seiner Substanz nichts zu tun haben.

«Und wenn dann endlich der Rest des Prārabdha-karma (durch das letzte Aufscheinen physischer Freuden und Leiden) sich erschöpft hat, löst sich der Lebensatem *(prāṇa)* in das Höchste Brahman auf, das Inwendige Seligkeit ist[1].» Ausgetilgt ist die Unwissenheit mit all ihren Folgen, den Überlagerungen der äußeren Schichten unseres Wesens. Da es keine Unwissenheit mehr gibt, kann es auch kein körperliches oder seelisches Erscheinungswesen mehr geben, aus dem sich Täuschungen weben lassen. Es gibt keine Grundlage mehr für ein Ich. Die Sinne, dereinst Übermittler aller äußeren Objekte, ja einer Welt ringsum, bauen nicht mehr am Zauberwerk einer Pseudo-Wirklichkeit, die uns die Illusion von inneren Wahrnehmungen schenkt und ihre gefühlvolle Welt von Visionen und Träumen schafft. Denn die Sinne vermitteln nun keine Eindrücke mehr von äußeren Objekten. Es kann sich überhaupt gar nichts mehr ereignen, weder in der Sphäre, die einst «Außenwelt» hieß, noch in der, die vorher das «Innenreich» war. Alles Erscheinungshafte ist verschwunden. Das Selbst wohnt ganz und gar im Selbst. Es hat zu seiner «äußersten Isolierung und Integration» *(parama-kaivalya)* hingefunden, deren Geschmack und Saft Wonne ist und die den trügerischen Anschein von Dualität nicht kennt, da sie das Ganze ist. In diesem Endstadium verweilt das Selbst für immer[2].

Der Zustand dessen, der dies Ziel erreicht hat, nämlich das Ziel von Turīya, dem «Vierten»[3], wird in den direkten Zeugnissen vieler zur Erfüllung gelangter Adepten ausgedrückt und beschrieben. Diese Zeugnisse finden sich in den jüngeren Upanishaden, in den sogenannten *Vedānta Gītās*

[1] *Vedāntasāra* 226. [2] Ebenda. [3] Vgl. oben S. 333–339.

(Lieder, Hymnen oder Rhapsodien des Vedānta) und in manchen Strophen des Shaṅkara.

«Aus mir ist alles geboren, auf mich ist alles gegründet; in mich ist alles wieder aufgelöst (*layaṁ yāti:* es schmilzt in mich ein wie Schnee in Wasser). Ich bin dieses Brahman, das Eine-ohne-ein-Zweites.

Ich bin kleiner als das kleinste Atom, aber auch größer als das Größte. Ich bin das Ganze, das vielgestaltige, vielfarbige, zauberischschöne *(vicitra)* Weltall. Ich bin der Uralte. Ich bin der Mensch (*purusha:* das erste und einzige, das kosmische Urwesen), der Herr. Ich bin das Wesen aus Gold (*hiraṇmaya:* der goldene Keim, aus dem die Welt sich entfaltet). Ich bin der wahre Zustand göttlicher Glückseligkeit.

Ohne Hände bin ich und ohne Füße; von unausdenkbarer Kraft bin ich; ohne Augen sehe ich; ohne Ohren höre ich; alles weiß ich mit alldurchdringender Weisheit. Durch mein Wesen bin ich von allem getrennt, und es gibt keinen, der mich kennt. Reine Geistsubstanz bin ich für ewig[1].»

Dies klingt ganz nach einer Art heiligen Größenwahns, nach einer gewissen schizoiden Inflation, bei der das persönliche rationale Bewußtsein vollständig aufgesogen worden ist von einem göttlichen Über-Ich. Tatsächlich aber sollen diese Formeln einem nüchternen Zweck, dem Meditieren dienen. Sie bezeichnen den erstrebten Vollkommenheitszustand und lehren den Kandidaten, wie er jene Haltung vorwegnehmen muß. Wenn der nach Unsterblichkeit Strebende solch übersteigerte Äußerungen rezitiert, auswendig lernt und meditiert, indem er sich in das versenkt, was sie aussagen, und sich ihren Sinn ganz zu eigen macht, kann er von seinem Erscheinungs-Ich frei werden. Die *Vedānta Gītās* preisen die Seligkeit dessen, der durch die Rückerinnerung an seine Identität mit dem Selbst die Selbstvergöttlichung erreicht hat. Sie verkünden in aphoristischen Strophen – großartigen Ausbrüchen einer transzendentalen lyrischen Ekstase – die souveräne Erfahrung des Geistes, der heimgefunden hat.

«Niemals ward ich geboren, noch kann ich sterben; in mir gibt es kein Handeln, weder heiliges noch sündiges. Ich bin die durch und durch reine, göttliche Substanz *(brahman)*, bar aller ausdifferenzierten, begrenzenden und widerstreitenden Qualitäten *(guṇa)*. Wie also könnte in mir irgend etwas wie Bindung oder Lösung sein?[2]»

[1] *Kaivalya Upanishad* 19–20.

[2] *Avadhūta Gītā* 1.59. «Der Sang *(gītā)* dessen, der alles abgeschüttelt hat (wie Staub von den Füßen oder Kleidern) *(avadhūta)*».

Diese Verse wollen sagen, daß keiner, der noch an den polaren Begriffen von «Bindung und Lösung» hängt, den Māyābereich der Gegensatzpaare *(dvandva)* wirklich schon verlassen hat. Sein Geist ist immer noch erfüllt von differenzierten, aus den sich widersprechenden Guṇas stammenden Vorstellungen. Es ist ihm noch nicht wirklich aufgegangen, daß das Eine-ohne-ein-Zweites, das Advaita-Brahman, die alleinige Wirklichkeit ist. Sein ausgewogenes Bewußtsein ist noch nicht umgewandelt in das rein geistige, selige Wesen des Selbst.

Denn solange noch ein Unterschied zwischen Bindung und Freiheit gesehen wird, ist die Grenzlinie nicht überschritten, die den (aus dem Hin und Her der Guṇas gewobenen) Erscheinungsbereich von dem (jenseits der Guṇas liegenden) qualitätslosen Bereich trennt. Auf das gleiche weist die buddhistische Mahāyāna-Philosophie unablässig hin: Solange man noch einen Unterschied zwischen Nirvāṇa und dem Bereich von Geburt und Tod sehe, so lange sei man noch im Stadium der Unterscheidungen, sei noch kein Bodhisattva, kein «Wesen, dessen Natur Erleuchtung ist». Das scheinbar Sinnlose, Paradoxe in den Worten eines vollkommenen Heiligen ist gerade der Beweis (und zwar der einzig mögliche Beweis im Gebiet der Sprache), daß er die Wirklichkeit jenseits aller Formen und Namen erfahren hat. Das Denken des Menschen schwelgt in Spitzfindigkeiten; daher vertragen sich alle seine rationalen Begriffe und Forderungen am Ende nicht mit der Wahrheit der göttlichen Substanz, mit der Wirklichkeit des Inneren Selbst. Alles was über diese Substanz gesagt werden kann, muß notwendig den Begriffen des Denkens *(manas)* und den Einsichten der Vernunft *(buddhi)* widerstreiten. Deshalb sind verworrene Reden und Bilder, die jede Vorstellungskraft übersteigen, das Ausdrucksmittel des Heiligen, wenn er von der mit Worten nicht auszusagenden Wirklichkeit spricht.

«Wo es Nacht für alle vergänglichen Wesen ist, da wacht der Yogī, der sich zügeln kann. Und wo die übrigen Wesen wach sind, da ist es Nacht für den Heiligen, der wahrhaft schaut[1].»

Die Wahrheit über das, was der Weise, «der Stumme» *(muni)* wirklich schaut, kann nur ausgedrückt werden in monoton wiederholten, paradoxen, übertreibenden, der Vernunft und Logik widersprechenden, das Normalbewußtsein schockierende Äußerungen. Diese sollen erstens das Individuum aus der Scheinsicherheit seines Nichtgewahrseins in der Māyā

[1] *Bhagavad Gītā* 2.69.

herausholen, wo es mit seinem vernünftigen Denken selbstzufrieden festsitzt, zweitens aber wenden sie sich auch an den Initiierten (den wahren Adepten des Vedāntā), der schon unterwegs ist zum Ziel des transzendenten Selbst, um ihm einen Vorgeschmack des erstrebten Zustandes zu geben. In diesem Falle sollen die unlogischen, schwülstigen Aussprüche sein Bewußtsein formen und schärfen, indem sie es zur reinen, transparenten Geistigkeit des Selbst hindrängen. Sie läutern den bereitwilligen Geist vom Irrweg des Verstandes (der sich mit seinem raschen Erfassen der Gegensätze immer in falschen Hoffnungen wiegt), sie heilen dadurch die Wunden, die das Wissen um Gut und Böse, um Subjekt und Objekt, um Wahr und Falsch schlägt; sie vertreiben diese Unzulänglichkeit des Intellektualismus, der als natürliche Folge der üblichen Verbindung von Sattva und Rajas entsteht[1].

«Ich bin frei von Leidenschaft und ähnlichen Befleckungen. Das Leiden, den Leib und andere Beschränkungen habe ich abgelegt, Ich bin das Selbst, das Einzig-Einsame Eine *(eka)*, das dem unendlichen Himmel vergleichbar ist[2].»

Wenn er nach seinem eigenen Wesen forschte, so würde der zu Lebzeiten Befreite sich umsonst fragen müssen: «Wo gibt es etwas, das je war? Wo etwas, das in Zukunft je sein wird? Wo ist das, was im gegenwärtigen Augenblick existiert? Wo ist Raum *(desha)*? Wo fürwahr ist die Ewige Substanz *(nityam)*, wenn ich in der Glorie meiner eigenen Größe wohne?[3]»

Vergangenheit, Gegenwart und Zukunft gehören zu den zeitlichen Wesen. Zeit ist Werden und Vergehen, Lebensgrund und Element des Vergänglichen, sie ist Rahmen und Inhalt für die fließenden Prozesse der Psyche und deren wechselnde, flüchtige Erfahrungsobjekte. Mit ihren drei Aspekten Vergangenheit, Gegenwart und Zukunft, die einander ausschließen und widersprechen, gehört die Zeit dem Reich der Gegensatzpaare *(dvandva)* an, dem aus dem Spiel der Guṇas gewobenen; darum kann man sie nicht zum Wesen der Ewigkeit rechnen. Wie in Kants *Kritik der reinen Vernunft*, so wird auch hier die Zeit angesehen und diagnostiziert als zur

[1] Sobald die intellektuelle Einstellung, das Vergnügen an der Ratio, bei den Intellektuellen – den Philosophen, Wissenschaftlern, Schriftstellern usw. – zur Leidenschaft wird, entzieht sich ihnen stets die Wahrheit. Zu Sattva und Rajas vgl. oben S. 268–269, 356–359.

[2] *Avadhūta Gītā* 1.67.

[3] *Ashṭāvakra Saṁhitā* 19.3.

Erscheinungswelt gehörig, zum Bereich unserer menschlich-subjektiven Erfahrungen, nicht aber zu demjenigen der «Dinge an und für sich». Dies ist einer der Ausgangspunkte für Schopenhauer in seinem Werk *Die Welt als Wille und Vorstellung*, wo er versucht, Kants theoretische Kritik mit der transzendentalen Weisheit der indischen Metaphysik zu verbinden.

Der gleiche sekundäre Charakter muß dem Prinzip des Räumlichen *(desha)* zugeschrieben werden, denn auch der Raum ist ein Gebiet gegensätzlicher Begriffe. Auch für Kant ist der Raum eines der Grundprinzipien der Erscheinungswelt[1]. Der Raum ist ein Hauptanlaß für unsere gewöhnliche Logik der sich ausschließenden Behauptungen, der Logik, auf die sich Leidenschaft und Rausch des reinen Denkens stützen, die abgrenzende Macht des Sattva. Da gibt es immer ein «hier» und ein «nicht-hier», ein «da» und ein «dort».

Im transzendenten Zustand aber verschwinden die dem Denken geläufigen Unterscheidungen, so daß nicht einmal der Gedanke an eine bewegungs- und eigenschaftslose, undynamische ewige Substanz bestehenbleiben kann. Diese große Idee sollte nur den Anfänger anspornen und den Fortgeschrittenen auf den Weg zur echten, alle Begriffe vernichtenden Erfahrung leiten. An und für sich, und am Ende des Weges, erweist sich die Idee als Hemmnis. Wo sie steht, bleibt auch der Eingeweihte stehen und wird so im Bereich der sich widersprechenden Gegensatzpaare festgehalten; denn der Gedanke der Ewigkeit ruft nach seinem Gegensatz, nach der Idee der vergänglichen, illusorischen Welt der Erscheinungen. Und so ist der Eingeweihte, der die «Ewigkeit» gefunden hat, noch immer im Trugnetz der Māyā befangen. Sein Festhalten an solchen Ideen beweist, daß er immer noch ein gutes Stück Weges vor sich hat. Wenn ein vollkommen Erleuchteter einen solchen Ausdruck gebraucht, so tut er es nur, um sich dem teilhaft erleuchteten, mehr oder weniger noch umwölkten Geist eines rat- und hilfesuchenden Schülers anzupassen. Der Guru verwendet den Ausdruck aus einer Haltung heraus, die aus Gleichgültigkeit und erhabenem Mitgefühl gemischt ist, denn die ihm wesenhafte und bevorzugte Haltung ist Schweigen, das Schweigen des Selbst[2].

Der zu Lebzeiten Erleuchtete fragt: «Wo ist das Selbst, und wo ist das Nicht-Selbst? Wo ist das Rechte, Günstige und Gute, und wo ist das Unrechte, Ungünstige und Sündhafte? Wo ist Denken, Grübeln und Angst,

[1] Vgl. Kant, *Kritik der reinen Vernunft*, Teil I, «Transzendentale Ästhetik».

[2] *Maunam* («Schweigen»), die Tugend des *muni* (des «Heiligen»).

und wo ist Nicht-Denken, wo Nicht-Angst – für mich, der in seiner eigenen Größe und Herrlichkeit wohnt?»[1]

Das ungeheure Gefühl des Erlöstseins, das den befällt, der den Albdruck des phänomenalen Ichs mit seiner Welt von Leiden, Aufregungen und Ängsten abwerfen konnte, auch dieses Gefühl muß noch überwunden werden. Gehört es doch noch zum Reich der qualitätsbedingten Zustände. Es deutet zurück auf die Last, die man gerade abgeworfen hat. Der damit verbundene Schauer der Befreiung steht weit unter der bewegungs- und wandellosen Klarheit des in sich ruhenden Selbst – jener Ruhe der Tiefsee, die durch keinen Windhauch des Denkens oder Fühlens bewegt wird.

«Wo ist Traum *(svapna)*, wo traumloser Schlaf *(sushupti)*? Wo ist Wachsein *(jāgaraṇa)*, und wo ist das «Vierte» *(turīya)*? Ja, wo gibt es denn Furcht für mich, der ich in meiner eigenen Größe und Herrlichkeit wohne?[2]»

Die Analyse und Erfahrung der «vier Bewußtseinszustände» – nämlich Wachsein, Traum, traumloser Schlaf und das «Vierte» – bildeten in der Zeit der *Upanishaden* die Hauptrichtlinie, das Gerüst für Experimentalpsychologie und Selbstanalyse. Diese Lehre von den Vier Zuständen, die an die Stelle des früheren vedischen Weges der magischen Rituale *(karmamarga)* getreten war und den Weg der introspektiven Yogapraktik, den «Pfad der Erkenntnis» *(jñāna-marga)* bezeichnet, diente als eine Art Stufenweg, auf dem das Erscheinungs-Ich und sein trügerischer Horizont voll illusionärer Erfahrungen überwunden und die Persönlichkeit aufgelöst werden sollte. Sobald aber das Ziel erreicht ist, wird der Stufenweg, das Instrument, das Gefährt bedeutungslos und entbehrlich, ja, es ist dann eigentlich gar nicht mehr existent[3]. Es ist also nicht zu fürchten, daß diese Zustände, oder auch nur einer von ihnen, je wieder den, der weiß, verzaubern könnten.

«Wo ist Ferne, wo ist Nähe? Wo Äußeres, wo Inneres? Und wo ist Grobes *(sthūla)*, wo ist Feines *(sūkshma)* – für mich, der ich in meiner eigenen Größe und Herrlichkeit wohne?[4]»

Die Grenzen der sinnlichen Erfahrung *(sthūla)* und der Bezirk innerer geistiger Ereignisse *(sūkshma)* sind nun überschritten. Der vollendete Hei-

[1] *Ashṭāvakra Saṁhitā* 19.4. [2] Ebenda 19.5.

[3] Man vergleiche die buddhistische Erfahrung von der Irrealität, die das «Floß» oder «Boot» der Lehre für den am «Anderen Ufer der transzendentalen Weisheit» angelangten Erleuchteten hat (siehe unten S. 426–427).

[4] *Ashṭāvakra Saṁhitā* 19.6.

lige fühlt sich ergriffen von einer unbegrenzten, weltweiten, alldurchdringenden Einsicht, die sich tatsächlich zur Allwissenheit steigert. Es ist wirklich eine potentielle Allwissenheit – kein mühseliges, enzyklopädisches Buchstabenwissen um jedes sogenannte wissenschaftliche, theoretische Detail, wie es in dem geordneten Weltsystem etwa der Jainas und Ājīvikas angestrebt wurde, sondern eine unfehlbare Intuition für die Dinge, die sich im Alltag zutragen, und die von den Kindern der Welt als Fragen und Probleme dem Heiligen, dem erleuchteten Lehrer zugetragen werden. Diese wunderbare Sicherheit ist das eindrücklichste äußere Zeichen dafür, daß er in vollkommener Harmonie mit seinem eigenen Selbst ist, unerschüttert durch die Stürme der Leidenschaft, ungehemmt durch die allgemeinen einschränkenden Qualifikationen, an keine der besonderen Reaktionsarten gebunden, die für die verschiedenen Menschentypen, je nach dem Überwiegen des einen oder des anderen Guṇa, bezeichnend sind. Er trägt keine verschmierten, gefärbten Brillen wie andere Menschen, deren Gläser durch ihre eigenen Affekte und Unzulänglichkeiten beschmutzt sind. Er ist zum unabhängigsten Zeugen geworden, zum Kenner des Spielfeldes, zum Selbst selber *(ātman)*; alles beobachtet er mit unbewegtem Blick, da er selbst nicht einbezogen ist, während rings um ihn die Welt sich im unaufhörlichen Wirbel wechselnder Erscheinungen dreht.

«Wo ist Tod, wo ist Leben, wo sind höhere Welten?[1] Wo ist das Reich irdischer Verhaftungen und Bindungen? Wo ist Auflösung, Versinken, Hinschmelzen?[2] Und wo ist letzte Versunkenheit[3] – für mich, der ich in meiner eigenen Größe und Herrlichkeit wohne?

[1] *Lokās:* sowohl die höheren Himmelswelten, von gestalthaften Gottheiten beherrscht, die ihrerseits nur anthropomorphe Übertragungen auf die neutrale, antlitzlose, ewig-gleiche göttliche Substanz sind; wie auch die von büßenden Sündern und von den furchtbaren Schergen des Königs Tod bevölkerten Unterwelten. Sie alle sind entstanden aus dem Wunsch- und Angstdenken des getäuschten Bewußtseins. Sie sind die unwillkürlichen Projektionen seiner umwölkten leidenschaftlichen Bildekräfte.

[2] *Laya:* das Ende des ganzen vielstöckigen Weltalls mit seinen oberen und unteren Schichten, in ihrer Mitte liegend die Schichten der Erde; das Verschwinden von all dem, als einer Illusion der Erscheinung, in die eigenschaftslose, unveränderte Seinssubstanz, wenn diese im eigenen Innern als das Selbst erlebt wird. Wo ist das Zerschmelzen des Weltalls – wie Schnee im Wasser der Meere?

[3] *Samādhi:* die letzte Stufe und Erfahrung des Yoga: Ichheit und alles, was zu ihr gehört, löst sich auf in der unendlichen Klarheit des Selbst, wie das Licht einer Kerze nach der Morgendämmerung untergeht im strahlend hellen Tagesschein.

Nichts mehr von dem Gerede über die drei Lebenszwecke[1]; nichts mehr von dem Gerede über Yoga; nichts mehr von dem Gerede über Allwissenheit – für mich, der ich ruhe im Selbst![2]

Wo sind die fünf Elemente? Wo ist der Leib?[3] Wo sind die Sinnesfähigkeiten?[4] Wo der denkende Sinn? Wo ist die erhabene transzendente Leere? Wo ist der Zustand über aller Erwartung, frei von Hoffen und Wünschen?[5] – Wo fürwahr, wenn doch mein wahres Wesen von keinem Farbstoff gefärbt oder befleckt ist?[6]

Wo ist das Entfalten und Zerstreuen[7], wo das Sammeln meines Bewußtseins auf eine Spitze hin?[8] Wo ist das Erwachen zur transzendenten Wirklichkeit? Und wo ist der Zustand eines unerleuchteten Narren? Wo ist Frohlocken, wo ist Trübsinn – für mich, der für immer untätig ist?

Wo ist Unterweisung? Wo ist das heilige Buch, das auf Offenbarung beruhende? Wo ist der Schüler, wo der Lehrer?[9] Wo ist das höchste Ziel des Menschen – für mich, der ich ohne unterscheidende Merkmale[10] bin und voller Glückseligkeit?[11]»

[1] *Tri-varga*, «die Dreiheit der weltlichen Gebiete»: 1. *artha:* das Streben nach materiellem Besitz, Reichtum, politischem Erfolg und Macht; 2. *kāma:* das Streben nach persönlichem Glück durch Befriedigung der Sinne; 3. *dharma:* die Erfüllung religiöser und sozialer Pflichten, soweit sie vom geoffenbarten Rechts- und Ordnungssystem vorgeschrieben sind. Vgl. oben S. 89–168.

[2] *Ashṭāvakra Samhitā* 19.7–8.

[3] Der aus den fünf Elementen zusammengesetzt ist.

[4] *Indriyāṇi:* zusammengesetzt aus den feinstofflichen Teilen der fünf Elemente und zum Erfassen ihrer Manifestationen in der äußeren Welt bestimmt.

[5] *Nair-āshya:* der Zustand, der die seelenbestürmenden Gegensatzpaare überwunden hat; der inbrünstig gesuchte Zustand.

[6] *Nir-añjane:* unbefleckt von jeder Farbe, von jeder Berührung mit Unreinem, das die innere, aus sich leuchtende Klarheit verdunkeln könnte.

[7] *Vikshepa:* die Ausbreitung des Bewußtseins über die fünf Gebiete der Sinneserfahrungen oder mit dem Gefälle der inneren geistigen Prozesse.

[8] *Ekāgryam:* der gesammelte Zustand eines Yogī, der fest auf ein inneres Meditationsobjekt gerichtet ist und ganz darin aufgeht.

[9] *Shishya-guru:* das augenfälligste Gegensatzpaar *(dvandva)* im Verlauf des Erleuchtungsprozesses.

[10] *Nir-upādhi:* jenseits von *upādhi*, «Attribut, Beschaffenheit, Einschränkung, Besonderheit», jenseits von Zeit, Raum, Kausalität, Verkleidungen usw.

[11] *Ashṭāvakra Saṁhitā* 20.1, 9, 13.

Swāmī Brahmānanda faßt die Stufen des vedantischen Advaita-Weges zur Erlangung des Brahman in seinem Buch *Spiritual Teachings*[1] kurz zusammen. Der Weg beginnt mit *pūjā* (äußerliche und innerliche Anbetung): Der Adept widmet sich mit seinem Denken und mit Blumen, Brandopfer und *pādya* (Wasser für die Fußwaschung) seiner «erwählten und geliebten Gottheit» *(ishṭa-devatā)*. Dann folgen Meditation und geistiger *japa* (Wiederholungen des heiligen Namens, ohne die Lippen zu bewegen). «In der Meditation», schreibt Brahmānanda, «mußt du an die Gestalt deines *ishṭam* als an etwas Strahlendes denken. Stelle dir vor, daß alles durch seinen Glanz erhellt wird. Denke ihn dir als unstofflich und mit Intelligenz begabt. Diese Meditationsweise wird dann in die Meditation über den gestaltlosen, unendlichen Aspekt Gottes übergehen. Im Anfang muß der Aspirant die Hilfe der Imagination in Anspruch nehmen; später wird er, nachdem sich sein geistiger Sinn entwickelt hat, die Gegenwart des Göttlichen fühlen. Wird ihm endlich die höchste geistige Vision zuteil, dann wird er die Wahrheit von Angesicht zu Angesicht schauen. Er ist nun in einen ganz anderen Bereich erhoben, vor dem diese stoffliche Welt als ein bloßer Schatten, als etwas Unwirkliches erscheint. Die Seele geht dann ganz auf in *savikalpa samādhi* (von Denken begleitete, überbewußte Vision). Danach folgt *nirvikalpa samādhi* (überbewußte Vision ohne Denken). Hierbei endlich wird das erfaßt, was alles Denken und Reden übersteigt. In diesem Zustand gibt es kein Sehen und kein Hören mehr. Alles versinkt im Unendlichen.»

Der Grundgedanke des Advaita Vedānta ist der, daß die Lebensmonade oder verkörperte Seele *(jīva)* ihrem Wesen nach das Selbst *(ātman)* ist, das jenseits aller wechselnden, vergänglichen, sichtbaren und unserer empirischen Erfahrung zugänglichen Erscheinungen steht und nichts anderes ist als Brahman, die alleinige und universelle Ewige Wirklichkeit. Auch das Brahman ist unwandelbar, aus sich leuchtend und ewig frei, es wird definiert als das «Eine-ohne-ein-Zweites» *(advitīya)*; als «wahrhaft seiend» *(sat)*, «reiner Geist» *(cit)* und «lautere Seligkeit» *(ānanda)*. Die Lebensmonade täuscht sich über ihr eigenes, wahres Wesen. Sie hält sich für gebunden. Dieser Irrtum aber schwindet, wenn die Wahrheit zu dämmern beginnt. Dann entdeckt die Lebensmonade *(jīva)*, daß sie selber das Selbst *(ātman)* ist. Dann gibt es keine Fesseln mehr. Ja, angewandt auf et-

[1] *Spiritual Teachings of Swāmī Brahmānanda*, ins Engl. übers. aus *Conversations and Letters in Bengali*, Mylapore, Madras, 1932, S. 11–12.

was, das immer frei war, sind Ausdrücke wie Fesseln und Befreiung gar nicht angebracht. Sie scheinen nur während der Vorstufen der geistigen Lehrzeit einen Sinn zu haben, solange der Schüler noch vor seiner entscheidenden Entdeckung steht. Das Wort «Befreiung» wird vom Guru nur in einem vorläufigen Sinne gebraucht; es gilt für einen Menschen, dessen gefesselter Zustand nur in seiner eigenen Vorstellung besteht.

Der altehrwürdige Gauḍapāda formuliert in seinem berühmten Kommentar zur *Māṇḍūkya Upanishad* diese Frage folgendermassen: «Da gibt es keine Auflösung, keinen Anfang, keine Fesseln, auch keinen Anwärter; da gibt es keinen, der sich nach Befreiung sehnt, noch gibt es eine befreite Seele. Das ist die letzte Wahrheit[1].»

«Nur der, welcher die Meinung, er habe das Brahman erkannt, aufgegeben hat», so lesen wir in Shaṅkaras *Upadeshasahasrī*, «nur der ist ein Kenner des Selbst, und niemand sonst»[2].

Wenn man das Brahman setzt, so heißt das, daß man auch die Erfahrung der Befreiung setzt; die Befreiung setzen zieht zwangsläufig nach sich, daß man auch Gefangenschaft setzt, und wenn dieses Gegensatzpaar gesetzt wird, dann sind damit auch alle anderen Gegensatzpaare gesetzt. Täuschung, Unwissenheit und die Welt von Geburt und Tod werden so wieder aufgerichtet, und es ist nichts gewonnen. Der spekulierende Geist hat sich von neuem in sein eigenes feines Gedankennetz verstrickt. Durch die Kraft des Paradoxons aber kann die Logik dieses feinen Denkgewebes durchbrochen werden, und dann verschwindet die ganze große Zaubertradition leidvoller Kundgebungen – wie der schimmernde Regenbogen sich in der durchsichtigen Reinheit des Firmaments auflöst. Die letztliche, paradoxe, selbstauslöschende Formel des Advaita Vedānta stimmt vollkommen überein mit derjenigen der transzendentalen «Weisheit vom Andern Ufer» in den Texten und Meditationen des buddhistischen Mahāyāna[3]. Alle stimmen darin überein, daß geistige Wagnisse, Eroberungen, Meditationen und Erfahrungen, die die Befreiung zum Ziel haben, immer noch der bloßen Erscheinungswelt angehören.

[1] *Gauḍapāda-kārikā* 2.32. Man nimmt an, daß Gauḍapāda Govindas Lehrer war, dessen Schüler wiederum Shaṅkara gewesen ist. Eine Übersetzung seines Kommentars *(kārikā)* sowie auch von Shaṅkaras Kommentar zum Kommentar und zur Upanishad findet sich in Swāmī Nikhilānanda, *The Māṇḍūkyopanishad with Gauḍapāda's Kārikā and Shaṅkara's Commentary*, Mysore 1936. Das erwähnte Zitat, *Kārikā* 2.32, steht dort auf S. 136.

[2] *Shaṅkara, Upadeshasahasrī* 115. [3] Vgl. unten S. 427ff.

So hat das indische Denken durch das Paradoxon schließlich seine eingeborene Leidenschaft für Metaphysik und Philosophie überwunden. Die durch Vertiefung im Yoga gewonnene wirkliche Erfahrung war von solcher Wucht, daß sie die logisch aufgebauten Systeme spekulativer Erkenntnis *(jñāna-mārga)* verdrängte. Das Denken, dieser Spiegel der Wirklichkeit, wurde zerschlagen durch die Kraft der Wirklichkeit selbst, wenn am Ende des introspektiven Weges die Wahrheit erlebt wurde. Da wurde das Denken mit all seinen feinen Unterscheidungen erkannt als eine nur weiter hinausgeschobene Grenze der Unwissenheit, ja als der allerfeinste Täuschungskniff der Māyā. Denn das Denken ist doch nur wieder eine Versuchung, dem Reiz der Mannigfaltigkeit zu verfallen (diese besteht hier in individuellen Ideen, die zur Bildung von Gegensatzpaaren tendieren), anstatt die funkelnde Kraftsphäre der Unwiderstehlichkeiten zu durchstoßen und zu dem Einen-ohne-ein-Zweites vorzudringen.

Die Macht, die von den Ideen und Paradoxen des Advaita Vedānta ausgeht und sich auf Leben und Geschichte des hinduistischen Bewußtseins, ja auch noch auf die Kultur des modernen Indiens auswirkt, ist gar nicht auszumessen. So schreibt Richard Garbe: «Fast alle gebildeten Hindus des modernen Indiens, sofern sie sich nicht der europäischen Gedankenwelt angeschlossen haben, sind Anhänger des Vedānta; und drei Viertel von ihnen bekennen sich zu Shaṅkaras Interpretation der *Brahmasūtras*, während sich die übrigen auf verschiedene andere Auslegungen des Systems verteilen, wie sie vom einen oder anderen der Kommentatoren geboten werden[1].»

«Unter den Kommentatoren», fährt Garbe fort, «die von Shaṅkaras Interpretation des Vedānta abweichen und die philosophischen und religiösen Gesichtspunkte verschiedener Sekten darstellen, ist der bekannteste Rāmānuja, der im 11. Jahrhundert n. Chr. lebte. Rāmānuja führt ... in seiner Auslegung ... Anschauungen ein, die dem Christentum verwandt, dem echten Vedānta jedoch fremd sind. Nach ihm sind die individuellen Seelen nicht mit der höchsten Seele, das heißt nach seiner Darstellung: mit Gott, identisch, sondern sie sind getrennt und verschieden wie im Sāṅkhya-Yoga[2]. Die Ursache für ihre irdische Existenz ist nicht ‚Unwissenheit', sondern Unglauben; die Erlösung liegt in der Vereinigung mit Gott, die

[1] Richard Garbe, «Vedānta», in Hastings, *Encyclopaedia of Religion and Ethics*, Bd. XII, S. 597.

[2] Zu Sāṅkhya und Yoga vgl. oben S. 255–299.

nicht durch ‚Wissen', sondern durch gläubige Liebe *(bhakti)* zu Gott gewonnen werden kann[1].» Garbe weist darauf hin, daß diese Auffassung derjenigen nahekommt, die im Advaita Vedānta des Shaṅkara als die untere Vorstufe des Wissens und Verstehens beschrieben wird. Ihr gleichen auch viele Formen buddhistischer Gläubigkeit und Gottesverehrung.

Es ist bemerkenswert, daß Garbe den abgeänderten Vedānta des Rāmānuja mit der pluralistisch-dualistischen Weltanschauung von Sāṅkhya und Yoga vergleicht; denn in gewissem Sinne ist auch der Advaita Vedānta des Shaṅkara dem Sāṅkhya und Yoga vergleichbar. Der unbedingte, uneingeschränkte Zustand jenseits der Welt der Gegensätze, wie ihn Shaṅkara in seiner «Theorie der illusorischen Manifestationen» *(vivarta-vāda)* beschreibt, spiegelt, wenn auch in einer sehr vergeistigten Form, sowohl den Zustand des alten Jaina-Kevalin als auch den des gänzlich unbeteiligten Purusha der Sāṅkhya-Lehre. So hören wir den Sänger der *Ashṭāvakra Gītā* ausrufen[2]: «Wo ist Frohlocken, wo Traurigkeit – für mich, der für immer untätig *(nishkriya)* ist?» Ein Beiwort wie *nishkriya* («jenseits von allem Tun») läßt die ganze Bedeutung des alten, nicht-arischen, nicht-brahmanischen, nicht-vedischen, ursprünglich-indischen Ideals aufklingen – wenn auch jetzt im Gewande einer nicht-dualistischen Formulierung.

Und so fühlen wir uns zur Frage bewogen: Ist der Einfluß des Bodens so mächtig gewesen, daß selbst in der Lehre, die höchst autoritär den Anspruch erhebt, «den vollen und letzten Sinn der Veden» *(vedānta)* zu vertreten – daß gerade in dieser Lehre nicht das Weltgefühl der vedischen Sänger, sondern das des besiegten, verachteten, aus der Gemeinschaft der Zweimal-Geborenen ausgestoßenen Volkes sich durchgesetzt hat? Ist die Passivität des Selbst, wie sie im Vedānta erscheint, etwa beeinflußt von der Vorstellung des Jaina-Sāṅkhya vom absolut passiven Jīva-Purusha? Wenn dem so wäre, dann wiese dieser Umstand auf ein sehr interessantes, sehr ironisches, kaum beachtetes Kapitel der indischen Geistes- und Kulturgeschichte hin.

Auch wirft diese Tatsache noch einige weitere Fragen für die Forschung auf. So müßte zum Beispiel untersucht werden, wie weit das Selbst als «innerer Lenker» *(antaryāmin)* nach den Anschauungen der *Bhagavad Gītā* und der frühen Veden wirklich aktiv ist. Wie weit ist der Ātman ein unbeteiligter, ferner Zuschauer des individuellen Lebensprozesses, und wie weit ist er ein alles bestimmender aktiver Aufseher? Wie weit ist der

[1] Garbe, a.a.O. S. 598. [2] Oben S. 406.

Ātman dem Großen Selbst des Alls *(īshvara)* vergleichbar, der zwar nicht am Leiden teilnimmt, jedoch alles zusammenhält und sich von Zeit zu Zeit in das kosmische Geschehen einläßt, indem er herabsteigt und so gewissermaßen als ein universelles Unbewußtes, als kosmischer Buddhimahat[1] handelt, der nicht nur Zeuge, sondern auch Mitspieler im Lebensprozeß ist? Mit anderen Worten: hatte in früherer Zeit das Selbst mehr die Funktion des Buddhi? und kam sein völliges Darüberstehen, seine Läuterung erst später auf durch ein systematisches Angleichen an die Anschauungen des Jaina-Sāṅkhya? Von der *Baghavad Gītā* müßte auch noch eine weitere Untersuchung ausgehen, die der älteren Vorstellung eines aktiveren, ambivalenten Selbst gälte, bei dem sich das Mitmachen auf wunderbare Weise mit dem Unbeteiligtsein verträgt[2].

Der glänzende Shaṅkara, dem wir den Advaita Vedānta verdanken – in der Form wenigstens, in der er die letzten tausend Jahre hindurch gegolten hat und in der er noch heute als die typische und bekannteste Philosophie Indiens weiterlebt –, Shaṅkara war nicht nur ein überlegener scholastischer Denker, sondern überdies noch ein bedeutender religiöser Dichter. Seine Preisgedichte auf die Göttin (Shakti-Māyā-Devī)[3] gehören zu den berühmtesten Beispielen der religiösen Dichtung Indiens. Sie schenken uns einen erstaunlichen Ausblick auf seine geistige Haltung; denn obgleich er in seinen philosophischen Schriften die Māyā übergeht und geradenwegs zur unaussprechlichen Transzendenz des Brahman, des «Einen-ohne-ein-Zweites» vorstößt, preist er in seinen Versen fromm das «Zweite» – Māyā, die Weltenmutter –, preist sie mit aller Aufrichtigkeit, indem er das Erleben dualistischer Gotteserfahrung auf der Bhakti-Ebene

[1] Vgl. oben S. 289–291.

[2] *Anmerkung des Herausgebers:* Diese Fragestellung fand sich in Heinrich Zimmers Notizen zusammen mit einem kurzen Hinweis auf Rāmānuja (dessen Theorie von der tatsächlichen «Verwandlung» (*parināma*) des Brahman in die Weltwirklichkeit zwar später entstanden ist als Shaṅkaras Theorie von der «illusorischen Manifestation» (*vivarta*), aber nach Zimmers Ansicht doch auf Werken früherer Meister – Taṅka, Dramiḍa, Guhadeva, Kapardin und Bhāruci – beruht und wohl eine noch vor dem Advaita liegende Anschauung vertritt). Diese Notizen Zimmers waren als Hinweise für spätere Forschungsarbeiten gedacht, denn den vorliegenden Abschnitt über den Vedānta wie auch die folgenden über Buddhismus und Tantra hat er in einem sehr ungesichteten und vorläufigen Zustand hinterlassen.

[3] Ein Kapitel über die Göttin findet sich in Zimmer, *Mythen und Symbole in indischer Kunst und Kultur*, S. 210–240.

schildert, wo der Fromme sich als Geschöpf und Diener der nach dem Menschen gestalteten Gottheit betrachtet und versteht.

Die Du trägst die vielfältige Welt des Sichtbaren und des Unsichtbaren;
Die Du das All in Deinem Schoße hältst!
Die Du den Faden abschneidest des Spiels, das wir auf Erden spielen!
Die Du die Lampe der Weisheit entzündest; die Du Freude bereitest dem Herzen Deines Herrn Shiva!
O Du, Herrscherin und Königin des heiligen Benares! Göttliche Spenderin der Nahrung, unerschöpfliche!
Sei mir gnädig und gewähre mir Deine Gaben![1]

In anderen Gedichten des Shaṅkara aber schwingt sich sein Geist weit empor über die Sphäre des Heiligen Namens und der Gottesgestalt bis dicht an die Schwelle der Erfahrung des Nirguṇa-Brahman. Diese Gedichte wurden verfaßt als Grundlage für Meditationen, die den Geist durch das letzte Hindernis des Denkens hindurchstoßen oder -ziehen sollten. Die Sammlung «Morgen-Meditationen» *(prātaḥ-smaraṇam-stotram)* beginnen mit den Zeilen:

«Bei der Morgendämmerung rufe ich mir ins Gedächtnis das Wesen des Selbst, wie es mir, aus sich selbst leuchtend, ins Herz scheint, das ‚Vierte' *(turīya)*, das ewiges Sein ist, reines Geistbewußtsein und Seligkeit – das Ziel und Heil der ‚Höchsten Schwäne'[2]. Das Wesen, das die Zustände von Traum, Wachen und Tiefschlaf betrachtet – diese erhabenste Substanz *(brahman)* bin ich. Sie ist unteilbar, ohne Teile; ich bin nicht aus den fünf vergänglichen Elementen zusammengesetzt. Ich bin weder Leib und Sinne, noch was im Leibe ist *(antaraṅga:* das ist die Seele). Ich bin nicht die Ich-Funktion; ich bin nicht die Summe der vitalen Atemkräfte; ich bin nicht intuitives Verstehen *(buddhi)*. Fern bin ich von Weib und Sohn, fern von Land, Reichtum und anderen Gütern dieser Art. Ich bin der

[1] Strophe aus dem «Hymnus an Annapurnā» («sie, die von Nahrung überfließt»); übersetzt ins Englische von Swāmī Nikhilānanda, *Self-Knowledge (Ātmabodha)*, New York, 1946, S. 185.

[2] *Paramahaṁsas:* Die heimatlos und frei durch die Welt wandernden vedantischen Asketen werden mit den wilden Schwänen oder Gänsen verglichen; denn diese Vögel sind im weiten weglosen Himmel, aber auch in den Seegewässern des Landes daheim, wie die Heiligen in der gestalt- und eigenschaftslosen Sphäre, aber auch im Gewande eines menschlichen Wesens zu Hause sind, da sie sich ja zwischen uns in der Erscheinungswelt der Gefangenschaft bewegen.

Zeuge, der Ewige, das Innere Selbst, der Selige *(shivo-'ham:* das könnte auch heißen ‚Ich bin Shiva')[1].»

«Infolge der Unwissenheit über das Seil erscheint das Seil als Schlange; infolge der Unwissenheit über das Selbst entsteht der vergängliche Zustand, die begrenzte, individuelle, irdische Erscheinungsform des Selbst. Das Seil wird wieder zum Seil, wenn durch die Aussage einer glaubwürdigen Person der falsche Eindruck verschwindet; auf Grund der Aussage meines Lehrers bin ich keine individuelle Lebensmonade *(jīvo-nāham)*, ich bin der Selige *(shivo-'ham)*[2].»

«Ich bin nicht geboren; wie kann es dann für mich Geburt oder Tod geben?

Ich bin die Lebensluft; wie kann es für mich Hunger oder Durst geben?

Ich bin nicht die Seele, das Organ des Denkens und Fühlens; wie kann es für mich Kummer oder Enttäuschung geben?

Ich bin nicht der Tuer; wie kann es für mich Binden oder Lösen geben?[3]»

«Weder Haß noch Abneigung noch leidenschaftliche Zuneigung habe ich; weder Begierde noch Enttäuschung. Weder von Ichsucht noch von Selbstverblendung bin ich besessen. Kein Anspruch auf rituelle Erfüllung der Lebensaufgaben *(dharma)*, kein weltliches Ziel *(artha)*, kein Wunsch nach irgendeinem Genuß *(kāma)*, keine Freiheit, die zu gewinnen oder zu verlieren wäre *(moksha)*, haftet mir an[4]. Ich bin Shiva, dessen Wesen Geist und Glückseligkeit ist. Ich bin Shiva, das ewig friedvolle, vollkommene Sein.

Für mich gibt es keinen Tod, keine Furcht, keinen Unterschied der Kaste. Ich habe weder Vater, Mutter, Geburt, Verwandte noch Freunde. Für mich gibt es weder Meister noch Schüler. Ich bin Shiva (‚der Friedvolle'), dessen Gestalt *(rūpa)* Geist und Seligkeit ist[5].»

«Ich bin weder Mann noch Weib, noch bin ich geschlechtslos. Ich bin der Friedvolle, dessen Gestalt, aus sich selbst leuchtend, gewaltige Strah-

[1] Aus der an den Ātman gerichteten Meditation. [2] Shaṅkara, *Ātmapañcaka* 2.

[3] Ebenda, Schluß.

[4] Das heißt: «die drei irdischen Lebenszwecke *(trivarga)* bedeuten mir nichts; aber auch das höchste Ziel, Erlösung *(moksha)*, das jene Zwecke entwertet, bedeutet mir nichts. Wäre es anders, so wäre ich immer noch in den zwanghaften Prozeß des Zielsuchens verstrickt, wäre immer noch weit entfernt vom Zustand vollkommener, statischer Ruhe.»

[5] Shaṅkara, *Nirvāṇashatka* 3 und 5. – Wie bereits erwähnt, nimmt der Meister beim Unterrichten eines Schülers zeitweise den Standpunkt des Bewußtseins ein,

lung ist. Ich bin weder Kind noch Jüngling noch Greis; ich bin von keiner Kaste. Ich gehöre keiner der vier Lebensstufen an[1]. Ich bin der Friedvoll-Gesegnete, der der alleinige Urgrund vom Werden und Vergehen der Welt ist[2].»

Die grandiose Monotonie dieser Gesänge (die stumm und unablässig in den einsamen Stunden des Meditierens wiederholt werden zur Unterstützung des heißen Bemühens, die Schranken des Urteilens zu durchbrechen, die aber nicht als feinsinnige Lektüre für eine Anthologie bestimmt sind) wirkt als absichtliche, bewußte Herausforderung, gegen Skepsis und weltliche Logik gerichtet. Solch heiliger Größenwahn sprengt die Grenzen der Vernunft. Bei Shaṅkara wird die Größe erhabenster menschlicher Erfahrung intellektualisiert und enthüllt ihre unmenschliche Sterilität. Die Gedichte sollen auswendig gelernt und durchmeditiert werden; man soll sich durchdringen lassen von der Stimmung, die sie einflößen. Ihr kühnes, endlos wiederholtes, vernunftzersetzendes Paradoxon ist ein Mittel, um zum fernen Ufer transzendenten Friedens hinzuführen.

das es immer noch mit den Gegensatzpaaren zu tun hat. Wenn alle anderen Gegensätze bereits aufgehoben sind, besteht immer noch der von Meister und Schüler. Er ist der letzte, der fallen muß.

[1] Schüler, Hausvater, Einsiedler, wandernder Weiser; vgl. oben S. 149–154.

[2] Shaṅkara, *Nirvāṇamañjarī*.

IV

BUDDHISMUS

1. BUDDHASCHAFT

Der Buddhismus ist die einzige religiös-philosophische Botschaft Indiens, die sich über die Grenzen ihres Ursprungslandes hinaus verbreitet hat. Er eroberte das nördliche und östliche Asien, wurde in jenen weiten Gebieten zum Glaubensbekenntnis der Massen und prägte Jahrhunderte hindurch deren Kultur. Darunter jedoch liegt die Tatsache verborgen, daß der Buddhismus seinem Wesen nach sich doch nur für die wenigen Auserlesenen eignet. Die philosophische Doktrin, die den zahlreichen anziehenden Populärformen zugrunde liegt, ist keineswegs eine Lehre, die für alle geeignet und annehmbar erscheint. Ja, unter den vielen Antworten, die seit Jahrtausenden in allen vier Weltgegenden zur Lösung der Lebensrätsel angeboten wurden, ist keine andere so kompromißlos, dunkel und paradox.

Die buddhistischen Mönche von Ceylon berichten uns, wie – nach ihrer Tradition – der Orden des Buddha, des «Erweckten» gegründet worden ist[1]. Der große fürstliche Yogī Gautama Shākyamuni verließ heimlich Palast und Königreich seines Vaters und widmete sich viele Jahre lang der Askese, bis er die Schwelle vollkommener Erleuchtung erreichte. Als er unter dem Bo-Baum saß, kam der Gott Kāma-Māra («Verlangen und Tod»), der Zaubermeister der Weltillusion, zu ihm[2] und versuchte ihn. Als der Prinz durch unbewegliches Verharren in Introversion die Versuchung überwunden hatte, erlebte er die Große Erweckung, und seit dieser Zeit ist er als der «Erweckte», der Buddha bekannt. Versunken in das tiefe Erlebnis, blieb er unter dem Bo-Baum, unbewegt und unberührt, sieben Tage und sieben Nächte lang, «erfahrend die Seligkeit des Erwachens». Dann erhob er sich, um den Ort zu verlassen, vermochte aber nicht fortzugehen. Er setzte sich unter einen zweiten Baum und blieb hier

[1] Eine gute Wiedergabe der betreffenden Texte findet sich in: Henry Clarke Warren, *Buddhism in Translations*, Harvard Oriental Series, Vol. III, Cambridge, Mass. 1922.

[2] Vgl. oben S. 191–192.

abermals sieben Tage und sieben Nächte lang eingetaucht in den Strom der Erwachenswonne. Ein drittes Mal, unter einem dritten Baum, umfing ihn wiederum der Zauber sieben Tage und sieben Nächte lang. In dieser Art wechselte er sieben Wochen hindurch von Baum zu Baum, und während der fünften Woche beschützte ihn die Königsschlange Mucalinda mit ihrer Haube[1]. Nach der gesegneten Zeit von neunundvierzig Tagen öffnete sich sein erhabenes Auge wieder der Welt. Da begriff er, daß das, was er erfahren hatte, alle Worte übertraf; jedes Bemühen, darüber zu reden, wäre vergeblich gewesen. Deshalb beschloß er, eine Mitteilung gar nicht erst zu versuchen.

Brahmā aber, der Allherrscher über die flüchtigen Lebensprozesse[2], blickte von seinem ewigen Sitz auf der Spitze des eiförmigen Weltalls auf den Erweckten herab und bemerkte, daß dieser den Entschluß gefaßt hatte, die Lehre für sich zu behalten. Brahmā, selbst ein Geschöpf, freilich das höchste aller Geschöpfe, erschrak bei dem Gedanken, daß das erhabene Wissen (ein auch dem Brahmā unbekanntes Wissen) nicht offenbart werden sollte. Er stieg vom Zenith herab und beschwor den Buddha mit Bitten, er möge doch zum Lehrer der Menschheit, zum Lehrer der Götter, zum Lehrer der erschaffenen Welt werden. Waren doch alle in Schlafesschoß gehüllt, träumend den Traum, den sie für das Wachleben der erschaffenen Wesen hielten. Brahmā flehte den wahrhaft Erweckten an, er möge seinen Pfad für alle auftun. Denn es könnte doch einige geben, so drängte der Gott, einige wenige Glückliche unter all diesen Getäuschten, deren Augen nicht durch den Staub der Leidenschaft geblendet würden, und diese würden verstehen. Wie Lotosblüten im Aufsteigen aus dem dunklen Seegewässer verschiedene Reifestadien zeigen können – einige als Knospen noch tief unter Wasser, einige dicht unter der Oberfläche, andere schon geöffnet und bereit, die Sonnenstrahlen einzutrinken –, geradeso könnten sich doch unter Menschen und Göttern einige wenige zum Hören bereitfinden.

Da ließ der Buddha sich dazu bewegen, den Weg zu lehren. Schüler strömten herbei, ein Orden bildete sich, und die buddhistische Tradition

[1] Vgl. oben S. 192–193.

[2] Nicht Brahman, das anonyme Transzendente, sondern Brahmā, das höchste erschaffene Wesen, das den Entfaltungsprozeß der Weltenblume überwacht. Vgl. oben S. 379, und Zimmer, *Mythen und Symbole in indischer Kunst und Kultur*, im Index unter «Brahmā».

trat ins Dasein. Allerdings war von Anbeginn an und dem Wesen des Problems gemäß die Lehre nur für diejenigen gedacht, die sie zu hören bereit waren. Niemals bestand die Absicht, auf Leben und Gewohnheiten der vielen oder auf die kulturelle Entwicklung Einfluß zu nehmen. Mit der Zeit würde sie sogar aus der Welt verschwinden, würde unverständlich und sinnlos werden können, wenn niemand mehr da wäre, der den Pfad zum Verständnis gehen könnte; und auch dieses wäre dann richtig. Mit anderen Worten: Im Gegensatz zu anderen großen Lehrern der Menschheit (Zarathustra, der das religiöse Gesetz für Persien predigte; Konfuzius, der die wiederhergestellte Gedankenwelt des frühen China kommentierte; Jesus, der das Heil der Welt verkündete) gilt Gautama, der Prinz aus dem königlichen Hause Shākya, mit Recht als Shākya-muni: der «schweigende Weise *(muni)* der Shākyas»[1]; denn trotz allem, was über ihn gesagt und gelehrt worden ist, bleibt der Buddha das Symbol für etwas, das über alles Sagen und Lehren hinausgeht.

In den buddhistischen Texten findet sich kein Wort, das unzweifelbar und sicher dem Gautama Shākyamuni zugeschrieben werden könnte. Wir erhaschen nur den erleuchtenden Schatten seiner Persönlichkeit; das aber genügt, um uns in eine geistige Atmosphäre ohnegleichen einzutauchen. Denn obwohl Indien zu jener Zeit, nämlich ein halbes Jahrtausend vor Christus, ein wahres Schatzhaus religiös-magischer Überlieferungen – für unseren Blick ein Urwald mythologischer Systeme – war, hat die Lehre des Erleuchteten keine mythologische Schau weder von der gegenwärtigen noch von der jenseitigen Welt und kein faßbares Glaubensbekenntnis aufzuweisen. Sie wurde empfohlen als ein Heilverfahren, als Behandlung oder Kur für die, welche stark genug waren, nach ihr zu leben – eine Heilmethode und ein Heilungsprozeß. Offensichtlich hat Gautama, zumindest in seiner Terminologie, mit allen populären Formen und allen in Indien üblichen Methoden religiöser und philosophischer Unterweisung gebrochen. Er bot seinen Rat wie ein geistiger Arzt an; es ist, als habe durch ihn die Kunst der indischen Medizin den Bezirk geistiger Probleme betreten – jene riesige alte Arena, wo seit Jahrhunderten Magier aller Art sich Kräfte abgezapft hatten, mit deren Hilfe sie und ihre Schüler sich zu den Höhen der Gottheit emporschwangen.

Indem Buddha dem Vorgehen der damaligen Ärzte bei der Untersuchung ihrer Patienten folgt, stellt er vier Punkte fest, die den Fall

[1] Vgl. oben S. 403, Anm. 2.

«Mensch» betreffen. Dies sind die sogenannten «Vier Edlen Wahrheiten», die Kern und Inbegriff seiner Lehre bilden. Die erste lautet: *Alles Leben ist leidvoll*; sie verkündigt, daß wir Angehörigen der menschlichen Rasse geistig krank seien; das Symptom dafür ist, daß wir auf unseren Schultern eine Last von Leiden tragen; die Krankheit ist endemisch. Mit dieser Tatsachendiagnose wird keinerlei Erörterung der Schuldfrage verbunden. Denn der Buddha läßt sich weder auf metaphysische noch auf mythologische Diskussionen ein. Er forscht jedoch nach der Ursache auf der praktisch-psychologischen Ebene, und daraus ergibt sich die zweite der «Vier Edlen Wahrheiten»: *Die Ursache des Leidens ist unwissendes Begehren (trishṇā)*.

Wie in der Lehre des Sāṅkhya wird ein aller Kreatur gemeinsamer, unfreiwilliger Gemütszustand als Wurzel der Weltkrankheit angegeben. Das Begehren aus Unwissenheit, das Nichts-Besseres-Wissen *(avidyā)* ist das Problem – nichts weniger und nichts mehr. Solche Unwissenheit ist eine natürliche Funktion des Lebensprozesses, aber sie ist nicht ganz unausrottbar, nicht unausrottbarer als die Unschuld eines Kindes. Wir wissen eben nur nicht, daß wir uns in einer Welt bloßer Konventionen bewegen und daß unser Fühlen, Denken und Handeln von ihnen bestimmt wird. Wir bilden uns ein, unsere Vorstellungen von den Dingen stellten ihre letzte Wirklichkeit dar, und so sind wir in sie verfangen wie in die Maschen eines Netzes. Dabei wurzeln sie in unserem eigenen Bewußtsein und in unserer persönlichen Einstellung; sie sind bloß Schöpfungen unseres Verstandes, konventionelle, unwillkürlich entstandene Modelle, die Dinge anzusehen, zu urteilen und uns zu verhalten; unsere Unwissenheit aber nimmt diese Modelle in jeder Einzelheit und ohne zu fragen an und hält sie und ihre Inhalte für Fakten des Daseins. Dieser Irrtum aber über das wahre Wesen der Wirklichkeit, er ist die Ursache aller Leiden, die unser Leben ausmachen.

Die buddhistische Analyse stellt weiterhin fest, daß unsere anderen Symptome (die üblichen zu unserem allgemeinen Krankheitszustand gehörenden Vorfälle und Umstände) sich sämtlich aus dem Grundübel ableiten. Die Tragödien und Komödien, in die wir verwickelt sind, die wir selbst hervorrufen und in denen wir mitspielen, entwickeln sich ganz von selbst aus den Impulsen unseres innersten Zustandes von Nichtwissen. Deshalb wandern wir durch die Welt mit eingeschränkten Sinnen und Vorstellungen. Unbewußte Wünsche und Erwartungen, die in Gestalt von subjektiv bedingten Entschlüssen und Taten aus uns hervorgehen, reichen über die Grenzen der Gegenwart hinaus; von der Vergangenheit her mitbestimmt, drängen sie uns in die Zukunft. Als Erbe aus früheren Geburten sind sie Ursache künftiger Geburten, da der endlose Lebensstrom, der uns trägt, weit größer ist als das von Geburt und Tod begrenzte Einzelleben. Mit anderen Worten: Das Unglück des Einzelmenschen kann nicht aus den individuellen Verfehlungen erklärt werden. Es entsteht aus unserer menschlichen Lebensform, und der ganze Gehalt dieser Lebensform ist ein krankhaftes Gemisch von unerfülltem Begehren, quälender Sehnsucht, Angst, Reue und Schmerz. Für diesen Leidenszustand Heilung zu suchen, ist nur ein Gebot der Vernunft.

Dieser grundlegenden Feststellung von Problemen, die die meisten von uns als naturgegebene Begleitumstände des Daseins auffassen und zu ertragen gewillt sind, halten die dritte und vierte der «Vier Edlen Wahrheiten» in Buddhas Lehre das Gleichgewicht. Nachdem die Krankheit diagnostiziert und ihre Ursache gefunden ist, fragt sich der Arzt nun, ob diese Krankheit geheilt werden könne. Die buddhistische Diagnose geht dahin, daß eine Heilung in der Tat möglich sei. Wir hören also: *Die Überwindung des Leidens kann erreicht werden;* und die letzte der Vier Wahrheiten gibt den Weg an: *Der Weg besteht im Edlen Achtfachen Pfad* – Rechte Anschauung, Rechte Gesinnung, Rechtes Reden, Rechtes Handeln, Rechte Lebensführung, Rechtes Streben, Rechtes Aufmerken und Rechte Versenkung.

Die gründliche Kur des Buddha löscht mit sicherem Erfolg die Ursache des krankhaften, im Nichtwissen befangenen Traumbannes aus und ermöglicht das Eingehen in einen Zustand von klarer wacher Vollkommenheit. Es bedarf keiner philosophischen Erklärung von Mensch und Welt, nötig ist allein dieses psycho-diätetische Programm eines geistigen Arztes. Und dennoch kann die Lehre kaum den vielen etwas bieten, denn diese vielen sind gar nicht davon überzeugt, daß ihr Leben so ungesund sei, wie es wirklich ist. Nur jene wenigen, die nicht bloß den Versuch machen wollen, sondern sich wahrhaft und ernstlich dazu gedrängt fühlen, eine Art gründlicher Kur zu unternehmen, nur diese werden den Willen und die Standhaftigkeit aufbringen, um solch eine mühsame Selbsterziehung, wie sie das buddhistische Verfahren verlangt, bis zum Ende durchzuführen.

Der Weg des Gautama Shākyamuni wird der «mittlere Pfad» genannt, weil er Extreme vermeidet. Ein Paar solcher Extreme sind etwa das rücksichtslose Ausleben weltlicher Begierden einerseits und die streng asketische, körperliche Zucht andererseits, die von Zeitgenossen des Buddha, zum Beispiel von den Jainas, gefordert wurde, deren Askese bis zur physischen Auslöschung führen sollte. Ein anderes Paar von Extremen sind die jede Möglichkeit transzendenter Erkenntnis leugnende Skepsis und die polemische Aufstellung unbeweisbarer metaphysischer Doktrinen. Der Buddhismus vermeidet die Sackgassen nach beiden Richtungen und führt den Menschen zu einer Haltung, durch die er von selbst zur transzendenten Erfahrung kommt. Er verwirft ausdrücklich *alle* widerstreitenden Formulierungen des Intellekts, da sie weder geeignet seien, zur paradoxen Wahrheit hinzuleiten, noch auch sie auszudrücken, denn diese Wahrheit liegt den zerebralen Begriffen unendlich fern.

Ein Gespräch des Buddha, das in den sogenannten «Langen Dialogen» berichtet wird, zählt eine lange Liste praktischer und theoretischer Disziplinen auf, durch die der Mensch verschiedene Fertigkeiten, Handwerke und Berufe meistert oder durch die er sein eigenes Wesen und den Sinn der Welt zu verstehen sucht. Sie werden alle beschrieben, ohne Kritik, dann aber mit der Formel verworfen: «Solche Kenntnisse und Einsichten werden, wenn man sie wirklich beherrscht, im Leben sicherlich zu bestimmten Zielen führen und bestimmte Erfolge haben. Der Erleuchtete ist sich all dieser möglichen Folgen bewußt, und auch dessen, was dahinter steht. Aber er legt keinen sonderlichen Wert auf diese Kenntnisse. Denn für sich selbst fordert er eine andere Kenntnis: die Kenntnis vom Aufhören, von der Unterbrechung dieser irdischen Existenz und von der tiefsten Ruhe durch Freiwerden. Er weiß sehr gut, wie unsere Sinnes- und Gefühlserlebnisse entstehen und wie sie in all ihrer Süße und Bitterkeit wieder vergehen, aber er weiß auch um den Weg, auf dem man sich von ihnen befreien kann, er weiß, wie er selbst sich von ihrem Bann erlöst hat, indem er aus der rechten Erkenntnis ihres Wesens sich nicht an sie hat binden lassen[1].»

Der Buddhismus legt keinen großen Wert auf die Kenntnisse, die den Menschen nur fester in das Lebensnetz verstricken, die dem Dasein einen angenehmen materiellen oder interessanten geistigen Hintergrund verleihen und dadurch nur noch mehr zur Aufrechterhaltung der Individualität beitragen. Der Buddhismus lehrt, daß der einer Sache zugelegte Wert von der besonderen Lebensform, von der aus sie betrachtet wird, und von der jeweiligen Persönlichkeit des Menschen abhängt. Die Bedeutung einer Tatsache oder einer Idee wechselt je nach dem Unerleuchtetsein des Be-

[1] *Dīgha-nikāya* 1.

trachters, je nach seiner spontanen Bezogenheit auf gewisse Erscheinungsbereiche und menschliche Wertstufen. Die ihn umgebende und beherrschende Atmosphäre, ja seine ganze Umwelt wird fortwährend durch sein eigenes Unbewußtes hervorgebracht und treibt ihn je nach seinen Verhaftungen in die eigenen Unvollkommenheiten hinein. Die Züge dieser Umwelt sind verkörperte Projektionen seines inneren Unwissenheitszustandes, der in das Reich der Sinneserfahrung verlegt und dort durch einen empirischen Erlebnisakt sozusagen erst entdeckt wird. Deshalb spricht der Buddhismus letztlich allem, was gewußt werden kann, jede Macht und jeden Wert ab.

Ein tibetanischer Autor – ein buddhistischer Dalai Lama – drückt dies so aus: Die eine Substanz, die grundsätzlich qualitätslos ist, erscheint in mehreren Geschmacksformen, die je nach Art des Schmeckenden ganz verschieden sind. Das Getränk, das für die Götter in ihrem himmlischen Reich ein köstlicher Unsterblichkeitstrank ist, kann für die Menschen auf Erden bloßes Wasser sein, für die gequälten Höllenbewohner aber eine widerliche Flüssigkeit, die zu trinken sie trotz unerträglicher Durstqualen ekelt[1]. Die drei Qualitäten der einen Substanz oder die drei Arten, sie zu erleben, sind nichts anderes als die normalen Auswirkungen dreier Karma-Ordnungen. Die Sinne selbst sind bedingt durch subjektive Kräfte, die sie ins Leben riefen und streng beherrschen. Die Außenwelt ist keine bloße Illusion – sie ist nicht als nicht-existent anzusehen; doch bezieht sie ihre betörenden oder schreckenden Aspekte aus der unfreiwilligen inneren Haltung dessen, der sie anschaut. Die verlockenden Farben und die angsterregenden Schatten, aus denen ihr Gewebe geflochten ist, sind projizierte Spiegelungen psychischer Tendenzen.

Mit anderen Worten: der Mensch lebt umhüllt von Impulsen seiner eigenen verschiedenen Wesensschichten, die im Bann ihrer jeweiligen Atmosphären gewoben wurden und denen er sich als einer Außenwelt unterwirft. Das Ziel der buddhistischen Heilungsverfahren ist es nun, diesem Prozeß der Selbstumnebelung Einhalt zu gebieten. Der Lebensprozeß ist einem Feuerbrand vergleichbar. Durch die unwillkürliche Aktivität unseres Wesens, die im Kontakt mit der Außenwelt in Gang kommt, setzt sich das Leben, wie wir es kennen, unaufhörlich fort. Die Kur liegt nun im Aus-

[1] *Anmerkung des Herausgebers:* Es war mir nicht möglich, die Quelle dieser Angabe festzustellen. Vgl. aber Candrakīrti, *Prasannapadā* 1. 50–54, in Th. Stcherbatsky, *The Conception of Buddhist Nirvana*, Leningrad, 1927, S. 131–133.

löschen *(nirvāṇa)* des Feuers, und der Buddha, der Erwachte, ist der Nicht-mehr-Angezündete, der Nicht-mehr-Brennende. Der Buddha hat sich keineswegs in Nichtsein aufgelöst; nicht Er ist erloschen, sondern die Lebensillusion: Leidenschaften, Begierden und normale Dynamik von Leib und Seele. Nicht mehr geblendet, weiß er sich nun auch nicht mehr gebunden an die falschen Vorstellungen und die sie begleitenden Begierden, von denen sich die Einzelwesen und ihre Welt, Leben um Leben, formen lassen. Der Buddha ist sich bewußt, daß er frei geworden ist von den Merkmalen, die für den Einzelnen schicksalbildend sind. So ruht er, erlöst vom allgemeinen Gesetz, dem Karma, jenseits des Schicksals und ist den Folgen persönlicher Beschränkung nicht mehr unterworfen. Für Menschen, die ihn in seiner leiblichen Gegenwart betrachten, ist er eine Art Spiegelung: denn er ist vollkommen frei von den Dingen, die sie verehren und erstreben.

Die buddhistische Kunst hat versucht, diese paradoxe Erfahrung des Erleuchteten wiederzugeben. Es sind die eigenartigen Skulpturen, welche die Versuchung des Buddha darstellen. Die wilden Scharen des Versuchers Kāma-Māra stürmen auf den meditierend der Erleuchtung Harrenden ein, während er unter dem heiligen Baume sitzt. Sie schwingen ihre Waffen, sie schleudern ausgerissene Bäume und riesige Felsbrocken gegen ihn und versuchen auf jede Weise, den Frieden seiner Meditation zu stören. Durch diese Bedrohungen wollen sie seine Todesfurcht erwecken, oder doch eine Spur von Selbsterhaltungstrieb und den Hang, sich an die vergängliche Hülle des Leibes, den sie mit Zerstörung bedrohen, zu klammern. Gleichzeitig breiten sie allen Zauber des Lebens, alle seine Süßigkeit in Gestalt himmlischer Frauen vor ihm aus; so soll die Erregung der Sinne ihn in Bewegung bringen – nicht etwa ihn buchstäblich von seinem Platze verdrängen, sondern nur eine ganz kleine Regung der Lust bewirken, eine Regung, die schon einen Schritt zurück in die Knechtschaft des Lebens bedeuten würde. Beide Versuchungen aber mißlingen. Die Gegenmächte mühen sich umsonst, in seinem Wesen einen Bruch, einen letzten Rest von Furcht und Begierde zu entdecken. Weder Drohungen noch Verlokkungen können ihn erreichen. Denn er ist der Sphäre der Strömungen und Gegenströmungen von Lust und Leid, die Zettel und Einschlag des Daseins bilden, entrückt. In dem erwähnten Bildwerk ist dieser unangreifbare Zustand «dessen, der nicht mehr erreicht werden kann», dadurch ausgedrückt, daß der Buddha selbst in der Komposition weggelassen wird. Zwischen den anstürmenden Horden und den Verführungskünsten der

Töchter des Versuchers steht der heilige Sitz unter dem Bo-Baum leer; der Buddha ist nicht zu sehen (Abb. IX).

Der Ent-hauchte[1] wird in den frühen buddhistischen Bildwerken nie als sicht- oder tastbare Figur dargestellt; denn jedes tastbare oder sichtbare Abbild würde ihn beschreiben – sei es als Menschen oder als Gott. Er müßte dann Merkmale tragen, die nur den gewöhnlichen, unter dem Einfluß früherer Leben geformten Wesen zukommen, den Wesen, die nach dem Gesetz des Karma irdische oder himmlische Gestalt annehmen. Jede Körperform aber würde schon an sich einen falschen Begriff von seinem Wesen geben, das ja einer unbeschreibbaren Ebene angehört. Jede Form würde ihn als ein Wesen darstellen, das durch die feinen Bande des Karma an lauter begrenzende und flüchtige Eigenschaften gebunden ist, während der Sinn seines Daseins eben darin besteht, daß er von jenen Symptomen des Nichtwissens und Verlangens ganz frei ist. Bei der Betrachtung jener frühen buddhistischen Skulpturen soll man sich den Buddha als wahrhaft gegenwärtig, dort auf dem Throne der Erleuchtung denken, aber so, als wäre er nur eine Luftblase. Fußtapfen am Boden und ein leichter Abdruck auf dem Kissen verraten seine Gegenwart, aber keine sichtbaren Züge vermöchten die Essenz seines Wesens wiederzugeben. Sichtbare Züge (wie Schönheit und Würde zum Beispiel, oder die blendenden Strahlen einer Gottheit) sind nur Zeichen gewöhnlicher Wesen und offenbaren deren Karma. Der Buddha aber ist ohne Karma und muß deswegen ohne bestimmte Gestalt wiedergegeben werden. Das ist die angemessenste, ja die einzige wirklich entsprechende Art, sein vollkommenes Freisein von dem Gesetz zu kennzeichnen, das alle Menschen zu immer neuen Existenzen in wechselnden und vergänglichen Verkleidungen verpflichtet.

Die Lehre des Buddha wird *yāna* genannt. Das Wort bedeutet ein Fahrzeug oder, genauer, eine Fähre. Die Fähre ist im Buddhismus das gebräuchlichste Bild, um Sinn und Bedeutung der Lehre zu bezeichnen. Dieser Gedanke wird in all den verschiedenen, mehr oder weniger widerstreitenden Lehrmeinungen der zahlreichen Sekten beibehalten, die sich während der langen, ruhmreichen Geschichte der weitverbreiteten Lehre in vielen Ländern entwickelt haben. Jede Sekte schildert das Fahrzeug auf ihre Weise, aber wie es auch beschrieben werden mochte, immer blieb es die Fähre.

[1] Diesen Ausdruck hat Ananda K. Coomaraswamy eingeführt; er ist die wörtliche Übertragung von *nir*-(de-)*vāna* (gehaucht) und bedeutet ‚ausgeblasen'.

Um die ganze Kraft dieses Sinnbildes und den Grund für seine Dauerhaftigkeit zu verstehen, muß man sich erst einmal klarmachen, welch ungemein wichtige Rolle das Fährboot im Alltagsleben der Hindus spielt. In einem von vielen mächtigen Flüssen durchströmten Kontinent, wo es praktisch keine Brücken gibt, ist die Fähre ein unentbehrliches Verkehrsmittel. Nahezu auf jeder Reise wird man, um an sein Ziel zu kommen, wieder und wieder eine Fähre benützen müssen, denn die breiten, reissenden Ströme können nur mit dem Boot oder auf einer Furt überquert werden. Die Jainas nannten ihren Heilsweg die Furt *(tīrtha)*, und die obersten Jaina-Meister waren, wie wir sahen, *Tīrthaṅkaras*, das sind «solche, die eine Furt bereiten oder beschaffen». Im gleichen Sinne beschafft der Buddhismus durch seine Lehre ein Fährboot, das über den reißenden Fluß des Saṁsāra zum fernen Ufer der Befreiung führt. Durch Erleuchtung *(bodhi)* wird der Einzelne hinübergetragen.

Den Inbegriff des Buddhismus wird man besser und richtiger erfassen, wenn man sich in seine wichtigsten Metaphern, die zur Intuition sprechen, zu vertiefen sucht, als wenn man den komplizierten Überbau und die Subtilitäten der ausgearbeiteten Lehre systematisch studiert. Man braucht zum Beispiel nur für einen Augenblick an das Alltagserlebnis einer Flußüberquerung mit der Fähre zu denken, und man hat die einfache Grundidee, aus der all die vielen Rationalisierungen und Systematisierungen der Lehre geschöpft sind. Das buddhistische Fahrzeug – das Boot der Unterweisung – betreten, heißt den Lebensstrom überqueren, heißt vom Ufer der vernünftigen Erfahrung im Nichterleuchtetsein, vom Ufer der geistigen Unwissenheit *(avidyā)*, des Begehrens *(kāma)* und des Todes *(māra)* hinüberkreuzen zur jenseitigen Küste transzendenter Weisheit *(vidyā)*, die die Befreiung *(moksha)* von der allgemeinen Knechtschaft bedeutet. Wir wollen nun kurz die Stadien betrachten, die praktisch zum Überqueren eines Flusses mit der Fähre gehören, und wir wollen sehen, ob uns diese Überfahrt gleichnishaft den Sinn jener Stufen nahebringen kann, die den buddhistischen Pilger zu seinem Ziele hinführen.

Wenn man an der Küste, diesseits des Stromes stehend, auf das Boot wartet, um einzusteigen, gehört man zum Leben dieses Stromes, man hat teil an seinen Gefahren und Vergünstigungen, kurz an allem, was sich da abspielt. Man spürt die Wärme oder Kühle seiner Brise, hört das Rauschen der Bäume, erlebt die Wesensart seiner Anwohner, und man weiß, man hat den Uferboden unter den Füßen. Das andere Ufer indessen, das ferne, ist unerreichbar, ist bloß ein optisches Bild drüben über dem breiten, strömenden Wasser, das uns von seiner unbekannten Gestaltenwelt trennt. Wir haben noch gar keinen Begriff davon, wie es wäre, drüben in jenem fernen Lande zu sein. Wie diese gleiche Landschaft des Flusses und seiner beiden Ufer von der anderen Seite her aussehen würde, das können wir uns noch nicht vorstellen. Wie viele Häuser von hier wird man zwischen den Bäumen sehen können? Welche Aussichten werden sich flußauf und flußab ergeben? Alles hier auf dieser Seite, im Augenblick für uns so faßbar und wirklich, all diese realen, soliden, körperhaften Dinge und greifbaren Formen – all dies wird man nur noch als fernen Flecken, als unzusammenhängendes optisches Bild sehen, das uns nichts mehr anhaben kann, weder Gutes noch Böses. Diese feste Erde selbst wird nur ein von fern gesichteter Horizontstreifen sein, eine Einzelheit nur in der ganzen Szenerie, für uns nicht mehr erlebbar und nicht bedeutsamer als eine Fata Morgana.

Die Fähre stößt an Land; und während sie landet, erregt sie unsere Neugier. Bringt sie doch etwas von der Luft des jenseitigen Landes mit, das uns bald zum Schicksal werden soll. Doch fühlen wir uns, wenn wir das Boot betreten, immer noch als Angehörige der Welt, die wir verlassen wollen, und immer noch steht unser Bestimmungsort wie etwas Unwirkliches vor uns. Wenn wir unseren Blick von Boot und Fährmann erheben, ist die ferne Küste noch ein entlegenes Bild, nicht gegenständlicher als zuvor.

Sacht stößt die Fähre ab und beginnt über das bewegte Wasser zu gleiten. Jetzt allerdings macht man sich bewußt, daß man gerade eben eine unsichtbare Linie unmerklich überschritten hat, eine Linie, hinter der das zurückgebliebene Ufer mehr und mehr zu einem blassen Bildeindruck, zu einer Art Luftspiegelung wird, während das fernere Ufer, langsam sich nähernd, zu etwas Wirklichem zu werden beginnt. Was zuvor in nebelhafter Ferne lag, wird nun zur neuen Wirklichkeit, und schon ist es fester Boden, der unter der Fähre knirscht, richtige Erde, Sand und Steine, die wir beim Aussteigen betreten. Die Welt aber, die wir zurückließen, hat sich, vor kurzem noch so greifbar, in einen wesenlosen optischen Reflex verwandelt, unerreichbar und bedeutungslos; sie hat den Zauber verloren, den sie mit all ihren Einzelheiten, ihren Menschen und Ereignissen auf uns ausübte, als wir noch dort umhergingen und selber ein Teil ihres Lebens waren. Überdies verschafft uns die neue Wirklichkeit, der wir nun angehören, eine ganz neue Aussicht auf den Fluß, das Tal und die zwei

Küsten, eine von der früheren ganz abweichende und völlig unerwartete Aussicht.

Während wir uns aber im Boot auf der Überfahrt befanden, während uns das rückwärtige Ufer immer verschwommener und bedeutungsloser wurde, Straßen und Häuser, Gefahren und Freuden ständig weiter zurückschwanden, da war eine Zeitlang die vor uns liegende Küste doch noch sehr weit entfernt. Und während dieser Zeit war für uns die einzige greifbare Realität das Boot, das so tapfer gegen die Strömung ankämpfte und schwankend auf dem strudelnden Wasser dahintrieb. Das einzige, was uns da wesentlich schien und um das wir uns kümmerten, waren Zustand und Ausrüstung der Fähre selbst: der Umriß des Bootsrumpfes und der Dollborde, die Ruder und Segel, die verschiedenen Taue und vielleicht der Teergeruch. Alles übrige, mochte es vor oder hinter uns liegen, bedeutete uns nicht mehr als eine hoffnungsvolle Aussicht oder eine schwindende Erinnerung – zwei Pole unrealistischer, gefühlvoller Assoziationen, die sich an weit entlegene optische Eindrücke knüpften.

Mit dieser Situation der Bootsinsassen wird in den buddhistischen Texten die Lage der Menschen verglichen, die die Überfahrt auf dem Fahrzeug der Lehre unternommen haben. Das Boot ist die Unterweisung des Buddha, und die Ausrüstung der Fähre sind die verschiedenen Hilfsmittel der buddhistischen Disziplin: Meditation, Yoga-Übungen, die asketischen Lebensregeln und die Praktik der Selbstverleugnung. Das sind die einzigen Dinge, welche die Schüler im Fahrzeug mit tiefer Überzeugung betrachten können. Diese Menschen sind erfüllt von glühendem Glauben an den Buddha als den Fährmann und an den Orden als den umschließenden Bootsrand (der sie umfaßt, beschützt und ihre mustergültige asketische Lebensweise bestimmt) und an die Steuerkraft der Lehre. Die Küsten der Welt haben sie hinter sich gelassen, die entlegene Küste der Befreiung aber noch nicht erreicht. Während dieser Phase befinden sich die Leute im Boot in einem besonderen Zwischenzustand, der für sie ganz charakteristisch ist.

Unter den als «Mittellange Dialoge» bezeichneten Gesprächen des Buddha gibt es eine Abhandlung über den Wert des Fahrzeugs der Lehre. Zunächst schildert Buddha einen Menschen, der wie er selbst oder einige seiner Nachfolger gegen die Gefahren und Freuden des weltlichen Daseins von Überdruß erfüllt ist. Dieser Mensch beschließt, die Welt zu verlassen und den Strom des Lebens nach dem fernen Lande geistiger Sicherheit zu überqueren. Er sammelt Holz und Schilf, baut sich ein Floß, und es gelingt ihm, damit das andere Ufer zu erreichen. Nun stellt der Buddha seinen Mönchen die Frage:

«Was würdet ihr denken über diesen Mann», fragt der Buddha, «wäre er ein kluger Mann, wenn er aus Dankbarkeit, weil das Floß ihn über den Strom in Sicherheit gebracht hat, nach seiner Landung drüben es behalten, auf seinen Rücken laden und mit dieser Last davongehen würde?»

Die Mönche erwiderten: «Nein, ein Mann, der das täte, wäre sicherlich kein kluger Mann.»

Der Buddha fährt fort: «Wäre nicht der ein kluger Mann, der das Floß (das ja keinen Nutzen mehr für ihn hat) der Strömung überließe und ohne sich danach umzusehen weiterginge? Ist es nicht ganz einfach ein Werkzeug, das man fortwerfen und vergessen darf, nachdem es seinen Zweck erfüllt hat?»

Die Schüler stimmten zu, daß dies die richtige Haltung gegenüber dem Fahrzeug sei, sobald es seinen Zweck erfüllt hat.

Der Buddha zieht nun den Schluß: «In gleicher Weise soll man das Fahrzeug der Lehre wegwerfen und vergessen, sobald man das andere Ufer der Erleuchtung *(nirvāṇa)* einmal erreicht hat[1].»

Die Regeln der Lehre sind für Anfänger und fortgeschrittene Schüler bestimmt, für den Vollendeten aber werden sie bedeutungslos. Sie haben für den wahrhaft Erleuchteten keinen Nutzen, es sei denn, sie dienen ihm in seiner Unterweisungsaufgabe als geeignetes Mittel, die Wahrheit, die er selber gefunden hat, weiterzugeben. Die Lehre war es, mit deren Hilfe der Buddha auszudrücken suchte, was ihm unter dem Baume als unaussprechliche Erfahrung zuteil geworden war. Durch seine Lehre konnte er sich der Welt mitteilen, konnte er seinen unvorbereiteten Jüngern helfen, solange sie am Anfang oder noch in der Mitte ihres Weges waren. Indem die Lehre sich zur Stufe relativer oder vollständiger Unwissenheit herabläßt, vermag sie noch unvollkommene aber inbrünstige Seelen anzutreiben. Einer Seele aber, die sich der Finsternis entrang, hat sie nichts mehr, nichts wirklich Wesentliches mehr zu sagen. Deshalb soll sie wie das Floß zurückgelassen werden, wenn das Ziel einmal erreicht ist; denn von nun an könnte sie nur noch eine unnütze Last sein.

Aber nicht nur das Floß, nein, auch der Strom verliert alle Wirklichkeit für den, der das andere Ufer erreicht hat. Wenn ein solcher sich umwendet, um auf das zurückgelassene Land zu schauen, was erblickt er da? Was

[1] *Majjhima-Nikāya* 3.2.22.135.

kann er erblicken, er, der die Grenze überschritten hat, hinter der es keine Dualität gibt? Er schaut – und da gibt es gar kein «anderes Ufer» mehr; Es gibt keinen trennenden, reißenden Fluß, kein Floß, keinen Fährmann; es kann gar keine Überfahrt über den nicht existierenden Strom gegeben haben. Der ganze Schauplatz mit den zwei Ufern und dem Fluß dazwischen ist spurlos verschwunden. Für Auge und Seele des Erleuchteten kann es ja so etwas nicht geben, denn irgend etwas als ein «anderes» zu sehen oder zu denken (eine außerhalb liegende, vom eigenen Wesen verschiedene Realität), würde heißen, daß die letzte Erleuchtung noch nicht erreicht worden ist. Ein «anderes Ufer» kann es nur für Menschen geben, die noch im Reich dualistischer Wahrnehmung wohnen; für Menschen diesseits des Stromes oder solche, die bereits im Boot den Kurs nach dem «anderen Ufer» genommen haben; für solche, die noch nicht an Land gestiegen und noch nicht das Floß weggestoßen haben. Erleuchtung heißt, daß die trügerische Unterscheidung zwischen den zwei Ufern des weltlichen und des transzendenten Seins nicht mehr besteht. Es gibt jetzt keinen Strom der Wiedergeburt, der zwischen zwei getrennten Ufern fließt: kein Saṁsāra und kein Nirvāṇa.

Die lange Pilgerreise zur Vollendung, in unzähligen Existenzen aus frommer Hingabe unternommen und um den Preis namenloser Ich-Entäußerungen schließlich vollbracht, schwindet nun dahin wie eine Traumlandschaft beim Erwachen. Die endlose Geschichte einer heldenhaften Laufbahn, die zahlreichen Lebensläufe in fortschreitender Selbstreinigung, die Bilderbuchlegende einer durch langes Leiden gewonnenen Ablösung, das heilige Epos vom Werden eines – erleuchteten und erleuchtenden – Heilbringers, all das verblaßt wie ein Regenbogen. All das wird nichtig, während doch zuvor, als der Traum sich Schritt für Schritt mit ewig wiederholten Krisen und Entscheidungen abspielte, die endlose Reihe erschütternder Opfer die Seele ganz in Bann hielt. Es ist der geheime Sinn der Erleuchtung, daß diese übermenschlichen Anstrengungen der reinen Seelenkraft, dies inbrünstige Bemühen, durch immer neue erhabene Taten der Selbstüberwindung ans Ziel zu gelangen, dieses hohe, durch viele Inkarnationen hindurch nie endende Streben nach Befreiung vom allgemeinen Gesetz der sittlichen Kausalität *(karma)* – daß dies alles keine Realität habe. An der Schwelle seiner Verwirklichung löst es sich auf, und gleichzeitig damit auch der Hintergrund des in sich befangenen Daseins; es löst sich auf wie ein Albtraum in der Morgendämmerung.

Für den Buddha ist sogar der Begriff Nirvāṇa bedeutungslos. Dieser Begriff gehört zu den Gegensatzpaaren und kann nur als Gegensatz zu Saṁsāra gebraucht werden – zu Saṁsāra, dem Strudel, wo die Lebenskraft durch ihre eigenen gegensätzlichen Affekte der Furcht und der Begierde in Unwissenheit gebannt ist.

Der buddhistische Weg der Askese will zu der Einsicht hinführen, daß es kein wesenhaftes Ich noch sonst irgendwelche Objekte gäbe, die von Dauer wären, sondern nur aufwallende und wieder nachlassende seelische Vorgänge: Empfindungen, Gefühle, Visionen. Diese Vorgänge können unterdrückt oder in Bewegung gehalten und nach Wunsch beobachtet werden. Die Idee, daß das Feuer der Wollust, Bosheit und Unwissenheit ausgelöscht werden müßte, verliert allen Sinn, wenn der Mensch sich jene psychische Kraft und jenen Standpunkt zu eigen gemacht hat; denn der Lebensprozeß wird nun gar nicht mehr als ein brennendes Feuer erfahren. Wenn daher im Ernst von Nirvāṇa als einem erstrebenswerten Ziel gesprochen wird, so verrät sich darin nur die Einstellung dessen, der den Prozeß immer noch als einen Feuerbrand im Gedächtnis hat oder so erfährt. Der Buddha selbst läßt eine solche Einstellung nur bei der Unterweisung derer zu, die das Leiden noch fühlen und meinen, die Flamme löschen zu müssen. Seine berühmte Feuer-Rede ist eine Anpassung, keineswegs aber das letzte Wort des Weisen; sein letztes Wort ist Schweigen. In der Perspektive des Erweckten, des Erleuchteten sind gegensätzliche Bezeichnungen wie Nirvāṇa und Saṁsāra, Erleuchtung und Unwissenheit, Freiheit und Knechtschaft ohne Belang und ohne Inhalt. Aus diesem Grunde lehnte der Buddha das Reden über Nirvāṇa ab. Die Sinnlosigkeit solcher Hinweise, die sich für die Hörer notwendig aus seinen Worten ergibt, würde alle diejenigen verwirren, die seinen geheimnisvollen Wegen folgen möchten. Solange sie noch im Fährboot an diesen Begriffen hängen, solange sie sie als Hilfsmittel für die Überfahrt zum Ufer der Einsicht brauchen, wird ihr Meister ihnen die praktische Bedeutung solch brauchbarer Bezeichnungen nicht abstreiten; indessen wird er ihnen auch nicht zuviel Gewicht dadurch geben wollen, daß er sie diskutiert. Wörter wie «Erleuchtung», «Unwissenheit», «Freiheit» und «Gebundenheit» sind vorübergehende, keiner letzten Realität zugehörige Hilfsmittel; sie führen den Wanderer als Signale oder Wegweiser über sich selbst hinaus und zeigen ihm als Ziel eine Einstellung, in der das Denken in Gegensätzen nicht mehr gelten wird. Ist das Floß endlich zurückgeblieben und die Vision von den zwei Ufern und dem trennenden Fluß verlassen, dann gibt es in Wahrheit weder das Reich von Leben und Tod noch das der Erlösung. Ja mehr noch: es gibt auch keinen Buddhismus – kein Boot, denn da sind weder Ufer noch Wasser zwischen ihnen. Es gibt keine Fähre, und es gibt keinen Fährmann – keinen Buddha.

Es ist daher die große Paradoxie des Buddhismus, daß kein Buddha je ins Dasein getreten sei, um die Welt mit buddhistischen Lehren zu erleuchten. Leben und Mission des Gautama Shākyamuni sind nur ein allgemeines Mißverständnis in der unerleuchteten Welt, zwar notwendig und hilfreich, um den Geist zur Erleuchtung zu führen, aber abzuschütteln, wenn die Erleuchtung erreicht ist. Ein Mönch, dem es nicht gelingt, solche Vorstellungen loszuwerden, klammert sich (indem er sich an die Vorstellung klammert) an das allgemeine Trugbild der Welt, das er, wie er meint, hinter sich zu lassen strebt. Denn – kurz gesagt – solange man Nirvāṇa noch für etwas anderes als Saṁsāra hält, ist der Grundirrtum über das Dasein noch nicht ausgetilgt. Die beiden Begriffe geben zwei gegensätzliche Haltungen des halbbewußten Menschen sich selbst und seiner Umwelt gegenüber wieder; außerhalb dieses subjektiven Kreises aber haben sie keine Berechtigung.

Der Buddhismus, diese volkstümliche Glaubenslehre, die in ganz Ostasien Verehrung genießt, hält an jenem kühnsten Paradoxon als an seiner eigentlichen Wurzel fest. Es ist die erstaunlichste Auslegung der Wirklichkeit, die je von Menschenohren vernommen wurde. Jeder gute Buddhist sucht deshalb alle Feststellungen über Sein und Nichtsein zu vermeiden. Ihr «Mittlerer Pfad» hält sich zwischen den beiden, indem er darauf hinweist, daß ein Begriff immer nur relative Gültigkeit habe, relativ nämlich zu der Stelle, an der er sich auf der Wanderschaft vom Nichtwissen zur Buddhaschaft gerade befindet. Bejahen und Verneinen sind Haltungen, die den weltlichen Wesen auf dem diesseitigen Ufer des Nichtwissens zustehen, oder den Frommen, die im überfüllten Fährboot der Lehre vorwärtszukommen suchen. Ein Begriff wie Leerheit *(shūnyatā)* kann nur für das an die Realität der Dinge sich klammernde Ich etwas bedeuten; wer einmal von dem Gefühl losgekommen ist, daß Dinge real seien, der findet keinen Sinn in solch einem Wort. Trotzdem sind derartige Wörter in allen Texten und Lehrbüchern stehengeblieben. Es ist tatsächlich das große wirkliche Wunder des Buddhismus, daß derartige, mit Erfolg als Trittsteine benutzte Begriffe nicht zu Felsen wurden, auf denen eine Glaubenslehre gegründet und aufgerichtet wurde.

Der größte Teil der uns bekannten, in Übersetzungen zugänglichen buddhistischen Literatur ist im erwähnten Sinne auf den allgemein menschlichen Zustand der Teil-Unwissenheit zugeschnitten. Die Schriften sollen zur Unterweisung und Anleitung von Schülern dienen. Sie bezeichnen und schildern den Wandel auf dem Pfade der Buddhas *(buddha-mārga)*, indem sie die Laufbahn des «zur Erleuchtung gehenden» *(bodhicarya)* Helden beschreiben. Ihre Aufgabe ist also der des Fährmanns vergleichbar, wenn er die Menschen am diesseitigen Ufer auffordert, die Fähre zu besteigen und übers Wasser zu fahren, oder wenn er während der Überfahrt seine Besatzung beim Manövrieren anleitet. Das jenseitige Ufer wird vorläufig nur sehr skizzenhaft angedeutet; es wird nur erwähnt und als sehr begehrenswert hingestellt, um diejenigen dafür einzunehmen und ständig anzuspornen, die immer noch in der Denkart des dualistischen Ufers festgebannt sind – Menschen, die im Begriff sind, sich loszureißen, oder die in der mühseligen Phase des Hinüberwechselns zu einem völlig anderen Standpunkt begriffen sind, von dem sie in Kürze erkennen werden, daß er in keiner Weise ihren Erwartungen entspricht.

Es liegt unbedingt im pädagogischen Interesse des Buddhismus, den innersten Kern seiner Lehre zu verbergen. Die einleitenden Vorschriften lenken in Abstufungen geradenwegs zum Ziele hin – dann aber soll man sie hinter sich lassen, sonst wird man das Ziel nie erreichen. Wer eine Ahnung von der angestrebten Verwandlung der Perspektive bekommen will, der muß die umfangreichen Bände voll einführender Gespräche, Fragen, Analysen und Regeln beiseite legen und sich einem besonderen, viel weniger ansehnlichen, eigenartigen Zweige des buddhistischen Schrifttums zuwenden, in dem versucht wird, wirklich etwas über die letzte Erfahrung auszusagen.

Man kann nur staunen über das kühne Unterfangen, über den Versuch, das Letzte einer im Grunde nicht mitteilbaren Intuition in Worten und Begriffen darzustellen, die dem gewöhnlichen philosophischen und religiösen Verständnis zugänglich sind. Aber das Erstaunliche ist gelungen: In dieser beispiellosen Sammlung seltsamer, esoterischer Texte wird in der Tat ein lebendiges Verständnis für die unaussprechliche, «Auslöschung» *(nirvāṇa)* genannte Wirklichkeit vermittelt. Die Textsammlung heißt *Prajñā-pāramitā:* «Vollendung der transzendenten Weisheit» oder «Die zum anderen Ufer *(pāram-itā)* gelangte Weisheit *(prajñā)*». Und sie besteht aus einer Reihe höchst eigenartiger Dialoge, die in einer Art Diskussionskreis von Buddhas und Bodhisattvas geführt werden. Die Gesprächspartner sind meist legendäre Wesen, übermenschliche Heilbringer, unter denen sich kein einziger rein menschlicher, noch halb verworrener Jünger der Erleuchtung befindet.

Die Erleuchteten benehmen sich nun so, daß jeder Vernünftige, der aus Gewohnheit und Grundsatz gern sicheren Boden unter den Füßen behalten will, aus der Fassung geraten würde. In einer Art Spottgespräch unterhalten sich diese Buddhas und Bodhisattvas mit rätselhaften Feststellungen über die unfeststellbare Wahrheit. Sie vergnügen sich wieder und wieder mit Erklärungen, daß es so etwas wie Buddhismus gar nicht gäbe, ebensowenig so etwas wie Erleuchtung, und auch gar nichts, was nur entfernt dem Auslöschen des Nirvāṇa gleichkäme; sie stellen einander Fallen; sie suchen sich Behauptungen abzulisten, die etwas von der Realität jener Begriffe – wenn auch nur ganz entfernt – enthalten. Dann umgehen sie stets sehr geschickt die schlau gelegten Fallen und heimlich versteckten Fußangeln, und schließlich brechen alle in ein schallendes, olympisches Gelächter aus. Denn die leiseste Anspielung auf den Begriff Nirvāṇa würde ja implizite Spuren von dessen Gegensatz, nämlich dem Saṁsāra in sich tragen und damit die Verhaftung an eine individuelle Existenz verraten.

In einem der Texte zum Beispiel gibt der Buddha seinem Jünger Subhūti folgende Erklärung: «Wer immer im Fährboot der Heilbringer-die-zum-fernen-Ufer-geleiten steht, der soll die Rettung aller Lebenden im Sinne behalten und sie zur Befreiung und Auslöschung im reinen vollkommenen Nirvāṇa hinführen. Und wenn er kraft dieser Haltung alle Lebewesen gerettet hat, dann wird doch kein einziges Nirvāṇa erreicht haben.»

Zu diesem paradoxen Satze bringt der Buddha seine Erklärung. «Warum ist das so, Subhūti? Wenn dieser Heilbringer von der tatsächlichen Existenz eines Wesens wüßte, dann könnte man ihn gar nicht einen vollkommen Erleuchteten nennen. Wenn er die Vorstellung von einem Wesen haben könnte, das sich in verschiedene Leiber gekleidet hätte und durch zahlreiche Existenzen gewandert wäre, oder die Vorstellung von einer individuellen Persönlichkeit hätte, dann könnte man ihn nicht einen Bodhisattva nennen, ‚ein Wesen, dessen Inbegriff die Erleuchtung ist'. Und warum? Weil es gar nichts und niemanden gibt, der sich im Fahrzeug der Erleuchteten befindet[1].»

[1] *Vajracchedikā* 17.

Ein anderer Text berichtet: Als an einem bestimmten Tage Myriaden von Göttern zusammenkamen, um mit einem glänzenden Fest das große Ereignis zu feiern, daß der Buddha eine Predigt hielt, da riefen sie alle freudig: «Fürwahr, das ist das zweite Mal, daß sich das Rad des wahren Gesetzes auf Indiens Boden in Bewegung gesetzt hat. Laßt uns gehen und es anschauen!» Der Buddha aber wandte sich verstohlen zu Subhūti und flüsterte ihm etwas zu, was er den Göttern nicht sagen wollte, weil es ihr Erkenntnisvermögen überstiegen hätte. «Das ist nicht das zweite Mal, daß das Rad des wahren Gesetzes in Bewegung gesetzt wurde. Da wird gar nichts in Bewegung gesetzt, noch wird die Bewegung von irgend etwas aufgehalten. Dies zu wissen, das eben ist vollendete Weisheit *(prajñā-pāramitā)*, welche die kennzeichnet, deren Wesen Erleuchtung ist[1].»

Diese verblüffenden Texte mit ihrer klaren Belehrung über die ‚Weisheit des Fernen Ufers' *(prajñā-pāramitā)* gehören einer späteren Periode der buddhistischen Tradition an, nämlich der Phase des sogenannten «Großen Fahrzeugs» oder Mahāyāna, dessen Lehre lautet, daß der geheime Sinn und das Ziel der Doktrin die allgemeine Buddhaschaft *aller* Wesen sei. Im Gegensatz dazu steht die frühere Lehre des sogenannten «Kleinen Fahrzeugs», des Hīnayāna, in dem zwar ein erfolgreicher Weg zur *individuellen Befreiung* aufgezeigt, die Erfüllung der *Buddhaschaft* aber als ein Ziel angesehen wird, das im Laufe der Weltalter nur sehr wenigen vorbehalten sei. Die Prajñā-pāramitā-Texte wollten dem entgegentreten, was ihre Autoren für die Hauptmißverständnisse des Hīnayāna ansahen, Mißverständnisse, die den eigentlichen Kern der Weisheit Buddhas trafen und auf der Meinung beruhten, daß in der vorbereitenden Lehre auch schon die transzendenten Erkenntnisse des Buddha enthalten seien. Das Überhandnehmen von Heilsmitteln, Pfad, Ordensregeln und ethischen Vorschriften bei der ‚Überfahrt' drohte das Wesentliche der Tradition in den eigenen Reihen des Buddhismus zu überwuchern. Der Mahāyāna-Weg aber sollte demgegenüber das Eigentliche mittels eines kühnen, überwältigenden Paradoxons wieder zur Geltung bringen.

«Der Erleuchtete», so heißt es, «schifft sich in das Große Fahrzeug ein; aber da gibt es nichts, von wo er ausschifft. Er fährt ab von der Welt, aber in Wahrheit reist er nirgendwo ab. Sein Schiff ist mit allen Vollkommenheiten bemannt, und es ist von niemandem bemannt. Seine Stütze wird auf nichts beruhen, und er wird eine Stütze finden im Zustand des Allwissens,

[1] *Ashṭasāhasrikā Prajñāpāramitā* 9.

das ihm als Nicht-Stütze dienen wird. Ja es ist sogar so, daß niemals einer mit dem Großen Fahrzeug ausgefahren ist; daß niemals einer mit ihm je ausfahren wird, und daß keiner gegenwärtig auf ihm ausfährt. Und warum? Weil weder der Ausfahrende noch das Ziel, zu dem er ausfährt, gefunden werden kann: wer also sollte denn ausfahren und wohin?[1]»

Die Vorstellungen, die den Inhalt der verbreiteten Lehre ausmachen, haben vom Standpunkt des Erleuchteten aus mit der letzten Wirklichkeit nichts zu tun. Sie sind Teile eines Bootes, das zwar zum Überqueren des Stromes der Unwissenheit gut und nützlich, das für den Schüler auf seinem Wege unentbehrlich ist, das aber für den vollendeten Meister nach vollbrachter Überfahrt keine Bedeutung mehr hat. Sie spiegeln die Schemen der flüchtigen Lebensvorgänge wider und sind deshalb ohne Dauer. Sie führen zur Erleuchtung hin und sind dennoch nur trügerische, gebrochene Reflexe ihrer Wahrheit. Sie unterscheiden sich in der Tat von dem, was der Erleuchtete weiß, wie das Boot oder Floß vom fernen Ufer unterschieden ist. Solche hilfreichen Vorstellungen gehen mit allen übrigen sichtbaren und denkbaren Dingen rings um uns aus einer unendlich reinen Wirklichkeit hervor, die jenseits aller Begriffswelt, ohne einschränkende Qualitäten, undifferenziert und von keiner Dialektik der Gegensatzpaare berührt ist – obschon sie deren Untergrund bildet, so wie der sichtbare Himmel und die Atmosphäre als Erscheinungen vor der reinen Ätherleere stehen.

«Gleich wie im weiten Ätherraume Sterne und Finsternis, Licht und Spiegelungen, Tau, Schaum, Blitze und Wolken auftauchen, sichtbar werden und wie Traumgestalten wieder verschwinden – so soll man alles betrachten, was individuelle Gestalt angenommen hat.» So lesen wir in einem der berühmtesten Meditationstexte des Mahāyāna[2]. Aus dem ungreifbaren Stoff, der das Weltall erfüllt, tauchen greifbare Formen als seine kurzlebigen Verwandlungen auf. Aber ihr Eintritt ins Dasein und ihr Wiederverschwinden hat keine Wirkung auf die tiefe durchsichtige Klarheit des Grundelementes, dessen Raum sie für eine kurze Daseinsweile ausfüllen. Ähnlich werden die Erleuchteten in unerschütterlicher Gelassenheit ihre eigenen Empfindungen, Gefühle und sonstigen Erfahrungen der Außen- und Innenwelt betrachten; sie werden unbewegt über den sich ständig in ihnen vollziehenden Veränderungen stehen wie der ruhevolle Äther über den Gestalten, die sich in seinem unendlichen Raume bewegen.

[1] Ebenda 1. [2] *Vajracchedikā* 32.

Für den Erwachten ist die Vorstellung des Erwachens im Grunde so sinnlos wie die Vorstellung eines Traumzustandes, der jenem vorausgeht (der Zustand normalen Lebens – unsere eigene Einstellung und Atmosphäre). Er ist unwirklich. Er existiert gar nicht. Er ist das Segel des nichtexistierenden Floßes. Durch den Schulungsweg lernt der buddhistische Yogī, sich im Innern eines solchen Friedens bewußt zu werden, wie man ihn draußen erlebt, wenn man in den weiten Ätherraum mit seinem erhabenen Schauspiel vergänglicher Gestalten blickt. Er lernt, einwärts blikkend, in stufenweiser Steigerung von Selbstbeherrschung und Meditation, eine ätherische Substanz seiner selbst erleben – eine Substanz, die reine Leerheit ist, unbefleckt von seelischen Vorgängen und unberührt vom Einfluß der an die Außenwelt geknüpften Sinne. Wenn er sich ganz in äußerster Abkehr hält, der Himmelsatmosphäre vergleichbar, die von den vielen in ihr sich abspielenden Licht- und Dunkelheitsphänomenen unbewegt bleibt, dann hat er den wahren Sinn der transzendenten buddhistischen Weisheit, die rechte Sehweise vom jenseitigen Ufer erfaßt. Er kommt zur Erkenntnis, daß der eigentlichen Substanz seines Wesens im Grunde gar nichts geschehen kann, nichts, was ihm Leid oder Freude verursachen könnte.

Der Jünger Subhūti spricht: «Tief, o Verehrungswürdiger, ist die vollkommene Transzendente Weisheit.»

Darauf der Verehrungswürdige: «Abgrundtief wie der Weltenraum, Subhūti, ist die vollkommene Transzendente Weisheit.»

Der Jünger Subhūti spricht wiederum: «Schwer zu erlangen durch Erwachen ist die vollkommene Transzendente Weisheit, o Verehrungswürdiger.»

Darauf der Verehrungswürdige: «Das ist der Grund, Subhūti, warum niemals einer sie durch Erwachen erlangt[1].»

Und wir dürfen uns vorstellen, wie beide in Gelächter ausbrechen. Das ist Metaphysik als höchstes Spiel des Intellekts.

2. DIE GROSSEN BUDDHISTISCHEN KÖNIGE

Das weitaus Eigenartigste und Kühnste am Buddhismus sind seine Verzichtleistungen. Da wird kein enzyklopädisches Allwissen ausgebreitet wie in den Systemen des Jaina und Ājīvika. Da gibt es keine Doktrin vom we-

[1] *Ashṭasāhasrikā Prajñāpāramitā* 8.

senhaften Selbst im Menschen oder vom kosmischen Selbst als letzter Weltwirklichkeit wie in den verschiedenen Formen des Sāṅkhya, Veda und Vedānta oder in den Lehren des Bhakti. Da gibt es – ganz im Gegensatz zu den reichen Schilderungen in den Upanishaden – keine Definitionen und Beschreibungen der Glückseligkeit nach Erlösung und Tod. Es finden sich auch keine metaphysischen Exkurse, keine ontologischen Schlüsse. Denn des Buddha Methode war streng psychologisch. Von den traditionellen Schemata makro-mikrokosmischer Entsprechungen (die den Aufbau des Weltalls und den menschlichen Organismus als parallele Manifestationen der göttlich-kosmischen Mächte darstellen) wollte der Erleuchtete nichts wissen, weil sie nicht zur Erleuchtung beitrügen; er warf den ganzen Ballast, den ganzen Schatz kostbarer und komplizierter Erkenntnisse beiseite. In einem Lande, wo Diskussionen und endlose Haarspaltereien, wo Geistesturniere und metaphysische Demonstrationen seit Jahrhunderten die eigentlichen Vergnügungen der gebildeten Klassen waren, wo selbst das einfache Volk sein Heldenbild im weisen Manne, im gelehrten Theologen und Philosophen sah (Männer, die allerdings so hoch bezahlt wurden, daß sie in eitler Selbstüberschätzung geistlos und träge wurden), wo ein Wettstreit im Redestadion vor einer gelehrten Hörerschaft zu den Genüssen sowohl der Höflinge wie des Stadtvolkes gehörte (und dem Sieger übrigens einen beträchtlichen materiellen Gewinn eintrug) – in diesem Lande hat es Gautama Shākyamuni, als er sich endlich zur Verkündigung seines Weges an die wenigen Glücklichen und dafür Reifen entschlossen hatte, abgelehnt, sich zu den klassischen Fragen zu äußern, deren Lösung man von jedem Lehrer erwartete.

Seine Haltung war jedoch so eindrucksvoll und das, was er lehrte, so begeisternd, daß man ihn nicht geringachtete oder gar totschwieg, sondern daß sich vielmehr eine wachsende Zahl von ungesuchten Jüngern um ihn scharte. Aus allen Ständen und Berufen strömten sie ihm zu. Gleich zu Anfang gab es unter den Ordensmitgliedern eine ganze Anzahl von Brahmanen aus den ältesten Familien, und in den späteren Jahrhunderten wetteiferten reiche Kaufleute (die Kapitalisten des post-feudalen späteren Mittelalters), Fürsten und Könige miteinander, um die buddhistische Gemeinde reichlich mit Gaben zu unterstützen[1].

[1] In einer abfälligen orthodoxen Version heißt es: Als die Götter in einem ihrer unzähligen Kämpfe mit den Titanen unterlagen, suchten sie bei Vishṇu Hilfe, und auf ihre Gebete hin wurde dieser in der Truggestalt des Buddha geboren, durch

Im Grunde genommen ist es nicht so wichtig, vieles zu wissen – es kommt darauf an, das Eine zu wissen und zu üben, was not tut, und das ist: sich von all dem zu lösen, an das man verhaftet ist. Der Buddhismus zeigt und beschreibt mit allen technischen Einzelheiten den Weg, auf dem man diese Befreiung erlangen kann – es ist der Edle Achtfache Pfad. Und dazu wird die Versicherung gegeben, daß das Voranschreiten auf diesem Wege nach einer gewissen Zeit von selbst die Antworten auf alle Fragen bringen wird, die von den populären Rhetorikern behandelt werden.

Im Verlauf der zweieinhalb Jahrtausende, die verflossen sind, seitdem der Buddha in den Hainen und Dörfern Nordostindiens lehrte, hat man oft versucht, seine Weltverneinung mit dem für den Hindu-Geist so charakteristischen unersättlichen Durst nach Metaphysik und Philosophie in Einklang zu bringen. Diese Versuche endeten in der Regel damit, die in den psychologischen Lehren und Techniken steckenden metaphysischen Prinzipien herauszuholen und zu entwickeln. Mochten aber die späteren Denker es auch für notwendig erachten, Gautamas schlichte praktische Vorschriften in ein aufgeblasenes theoretisches System umzuwandeln, es gelang ihnen doch nicht, das Kern-Mysterium zu beseitigen; dieses bleibt doch für ihr schlagkräftiges Denken unzugänglich. Wenn wir daher beim Durchlesen ihrer tiefschürfenden Versuche an eine Stelle kommen, wo das rationale Theoretisieren höchst paradox wird, oder wo eine kühne, rätselhafte Formulierung plötzlich alles umwirft, was der rationale Verstand fordern darf, dann sollten wir uns auf die Grundsätze des Buddha besinnen, der es für möglich hielt, jedermann durch Rede und Lehre von der Wahrheit zu überzeugen, die er selbst durch Erleuchtung allein gewann.

Die buddhistische Metaphysik und die Wortstreitigkeiten der entstehenden Sekten beunruhigten die Jünger in ihrer Konzentration schon vor dem Tode, dem *parinirvāṇa* (dem «letztlichen oder vollkommenen Nirvāṇa») ihres Meisters. Daß die noch unerleuchteten Anhänger untereinander Fragen besprachen, die der Erleuchtete zu erhellen ablehnte, war unvermeidlich; die kanonischen «Dialoge» sind voll von ihren spitzfindi-

den die Titanen sich auch täuschen und dazu verleiten ließen, die Religion der Veden aufzugeben; so verloren sie all ihre Kraft als Kämpfer. Von dieser Zeit an kam der Glaube des Buddha zur Blüte, und leider gibt es der Ketzer viele, die die heiligen Vorschriften der Veden vergessen haben. – Lt. Col. Vans Kennedy, *Researches into the Nature and Affinity of Ancient and Hindu Mythology*, London, 1831, S. 251.

gen Fragestellungen. Auch über die Einzelheiten des Klosterlebens bestanden Unklarheiten. «Ein Ding gibt es in der Welt, ihr Mönche», soll der Buddha ausgerufen haben, «das, wenn es entsteht, nur zum Schaden und Unheil für viele, Götter wie Menschen, gereicht.» «Was für ein Ding ist das?» fragten sie. «Uneinigkeit im Orden», erwiderte der Buddha. «Denn in einem Orden, der sich geteilt hat, gibt es innere Kämpfe und Mißbräuche, gibt es innere Widersprüche und Abfall; und in einem solchen Orden sind sie mißvergnügt und genießen keine Zufriedenheit, und selbst die Zufriedenen unter ihnen sind verschiedener Meinung[1].»

Es wird erzählt, daß eines Tages der folgende umständliche Bericht zu Ohren des Buddha kam:

«Ein gewisser Mönch, o Herr, hatte ein Unrecht begangen, das er für ein Unrecht hielt, während die übrigen Mönche dies Unrecht für kein Unrecht hielten. Später kam er dazu, dies Unrecht für kein Unrecht zu halten, die übrigen Mönche aber begannen, das Unrecht für ein Unrecht zu halten .... Da verhängten die Mönche die Ausstoßung über jenen Mönch, weil er sich weigerte, das Unrecht einzusehen .... Daraufhin brachte der Mönch seine Gefährten und Freunde unter den Mönchen auf seine Seite und schickte eine Botschaft an seine Freunde und Gefährten unter den Mönchen des ganzen Landes .... Und die Parteigänger des ausgestoßenen Mönches stellten sich auf die Seite des Ausgestoßenen und folgten ihm.»

Der Buddha rief schmerzlich aus: «Der Orden ist geteilt! Der Orden ist geteilt!» und überschüttete mit bitteren Vorwürfen jene, die es gewagt hatten, ihren Kameraden zu exkommunizieren. «Denkt nur nicht, ihr Mönche», sprach er, «daß ihr für dies oder jenes einen Mönch ausstoßen dürft, indem ihr einfach sagt: ‚Es fällt uns ein, diesen Mönch auszustoßen.‘[2]»

Als der Begründer nicht mehr unter den Lebenden weilte, wuchsen in der Gefolgschaft die Differenzen; trotzdem aber findet sich in der Geschichte des Buddhismus eine starke Tendenz, kleinere und selbst größere Abweichungen in Meinungen und Praktiken zu dulden; dies ist vielleicht die Folge der Besorgnis, mit der Gautama selbst vor jeder Spaltung gewarnt hatte. Der Pāli-Kanon von Ceylon berichtet, daß unmittelbar nach seinem Tode ein Mönch namens Subhaddha zu seinen Gefährten gesagt

[1] *Iti-vuttaka* 18. (Übersetzt ins Englische von Justin Hartley Moore, *Sayings of the Buddha, the Iti-vuttaka*, New York 1908, S. 31.)

[2] *Mahāvagga* 10. 1.

habe: «Trauert nicht, klagt nicht! Wir sind den großen Asketen glücklich los. Es verdroß uns ja, immer hören zu müssen ‚Dies ziemt euch, dies ziemt euch nicht'; jetzt aber werden wir tun können, was wir mögen, und was wir nicht mögen, werden wir nicht tun müssen[1].» Als der große Mönch Kāshyapa von dieser schmählichen Äußerung hörte, regte er an, daß ein Konzil der Brüder zusammengerufen werde, damit sie sich die Vorschriften des dahingegangenen Meisters ins Gedächtnis riefen und festlegten. Fünfhundert Arhats[2] versammelten sich in Rājagriha (der alten Hauptstadt von Magadha) und legten in einer sieben Monate dauernden Sitzung *Vinaya* («Zucht») und *Dhamma* (Skr. *Dharma*, «Gesetz») fest. Als sie jedoch zum Schluß ihr Werk in einer Proklamation bekanntmachten, trat ein berühmter Mönch namens Purāṇa («der Alte») mit fünfhundert Anhängern hervor und weigerte sich, die Beschlüsse des Konzils anzuerkennen. «Die Lehre und die Zuchtregeln sind zwar von den Ältesten gut vorgetragen worden», gab er höflich zu, «trotzdem aber will ich sie genau in der Weise, wie ich sie selbst gehört und wie ich sie aus dem Munde des Gesegneten selbst empfangen habe, genau in der Weise will ich sie in meinem Gedächtnis bewahren.» Und weder die Ältesten noch die Berichterstatter dieser Episode finden auch nur ein Wort des Vorwurfs gegen diese Unabhängigkeitserklärung[3].

Ein zweites, im Pāli-Kanon erwähntes buddhistisches Konzil soll hundert (oder hundertzehn) Jahre nach dem Parinirvāna des Buddha in Vaishālī (dem heutigen Basarh, im Teilbezirk Hajipur des Muzaffarpur-Distriktes der Provinz Bihar)[4] zusammengetreten sein, um zehn häretische Praktiken der Mönche aus jener Gegend zu verdammen. Die Art jener Praktiken kann nach den kurzen Angaben des Berichtes, der sie nur mit Bezeichnungen wie «zwei Finger», «ein anderes Dorf», «Wohnstätte» usw.[5] andeutet, nicht genau ersehen werden, sie scheinen aber doch gewichtig genug gewesen zu sein, um die Gemeinschaft zu spalten. Der Ceylonese Dīpavaṁsa berichtet, daß sich die getadelten Mönche nach ihrer

[1] *Cullavagga* 11.1. (Nach der Zusammenfassung von H. Kern, *Manual of Indian Buddhism*, 1896, S. 101–102.)

[2] Ein Arhat ist ein buddhistischer Mönch, der Erleuchtung erlangt hat.

[3] *Cullavagga* 11. 11; zit. nach L. de la Vallée Poussin, «Councils and Synods (Buddhist)», in Hastings, *Encyclopaedia of Religion and Ethics*, Bd. IV, S. 181.

[4] Es ist die alte Stadt, bei der Vardhamāna Mahāvīra, der letzte der Jaina-Tīrthaṅkaras (vgl. oben S. 205) geboren sein soll.

[5] *Cullavagga* 12.

Verurteilung wegen Häresie zurückzogen und ein eigenes Konzil abhielten, und dieses Konzil wurde bezeichnenderweise selbst in den orthodoxen Texten der Gruppe, gegen die es gerichtet war, Mahāsaṅgīti, das «Große Konzil» genannt.

Die Mönche vom Großen Konzil verdrehten die Lehre.
Sie brachen mit den Originalschriften und machten eine neue Ausgabe.
Sie gaben den Kapiteln eine andere Reihenfolge.
Sie verstellten den Sinn und die Lehre von den Fünf Nikāyas.
Diese Mönche – die weder wußten, was lang und breit besprochen,
Noch was in Kürze besprochen worden war, weder
Was klar zutage lag, noch was tiefere Bedeutung hatte –
Faßten das, was sich auf eine Sache bezog, so auf, als bezöge es sich auf eine andere,
Und zerstörten viel vom Geist, indem sie sich an den Buchstaben klammerten.
Sie verwarfen teilweise das Sutta und das Vinaya so gründlich
Und schufen ein eigenes Gegen-Sutta und -Vinaya.
Den Parivāra-Abriß und das Buch des Abhidhamma,
Die Paṭisambhidā, den Niddesa und einen Teil des Jātaka,
So vieles warfen sie beiseite und stellten anderes an dessen Platz.
Sie verwarfen auch die wohlbekannten Regeln der Hauptwörter und der grammatischen Geschlechter,
Der Komposition und literarischen Kunstfertigkeit und setzten andere Regeln an ihre Stelle[1].

Der Tonfall dieser Schilderung entspricht zwar, wie T. W. Rhys Davids nachweist, einer Gruppe, die sich für überlegen hält; sie fühlt sich aber doch veranlaßt, das Konzil ihrer Gegner das Große Konzil zu nennen, «was doch anzuzeigen scheint, daß die Zahl seiner Anhänger nicht zu verachten war»[2]. Jede Partei besaß ihre eigene Version der allgemein anerkannten Bücher und offenbar auch ihre eigenen Begriffe vom Wesen der Lehre. «Der Hauptunterschied zwischen der orthodoxen und der fort-

[1] *Dīpavaṁsa* 5.32ff.; nach der Übersetzung und Zitierung von T. W. Rhys Davids, *Buddhism, Its History and Literature*, New York and London, 1896, S. 193. Die erwähnten verschiedenen Texte sind Teile des orthodoxen Pāli-Kanons, wie er von der Buddhisten-Gemeinde in Ceylon aufbewahrt wird.

[2] Ebenda S. 193–194.

schrittlichen Richtung», schreibt S. Radhakrishnan, «scheint in der Frage gelegen zu haben, wie die Buddhaschaft zu erlangen sei. Die Sthaviras (die ‚Ältesten', das sind die Teilnehmer des Konzils von Vaishālī) hielten daran fest, daß die Buddhaschaft eine Sinnesart sei, die nur durch strenges Beachten der Regeln des Vinaya (des überlieferten Gesetzeskanons) erreicht werden könne. Die Fortschrittlichen behaupteten dagegen, sie sei eine jedem Menschen eingeborene Sinnesart und könne bei entsprechender Reifung ihren Eigentümer in den Rang eines Tathāgata erheben[1].» Aber die ganze Angelegenheit der frühen Konzile bleibt doch recht dunkel. Man hat sogar gemeint, sie seien von späteren Chronisten erfunden worden in der Absicht, den orthodoxen Texten des Pāli-Kanons einen Anstrich von apostolischer Ehrwürdigkeit zu geben, so als wären sie unmittelbar nach des Buddha Tode festgelegt und hundert Jahre später in einem feierlichen Konzil bestätigt worden.[2] Wenn sie aber reine Erfindung wären, würde man dann das gegnerische Konzil mit dem Titel des Großen Konzils beehrt haben? Und sollte die Einzelheit aus dem Bericht über Rājagriha, nämlich die Unbeugsamkeit des Purāṇa und seiner Gruppe von fünfhundert Abtrünnigen etwa dazu erfunden und niedergeschrieben worden sein, um im Leser Zweifel zu erwecken, ob denn nicht überhaupt das Erbe des Meisters in der Erinnerung verfälscht worden sei?

Auf festerem Grund stehen wir in der Periode des Königs Ashoka, eines Enkels jenes Candragupta Maurya, dessen Vertreibung der Nanda-Dynastie (322 v. Chr.) und Staatenbildung in der Gangesebene – wie wir oben sahen[3] – unterstützt wurde durch das glänzende Genie des Cāṇakya Kauṭilya, des Autors des *Arthashāstra*. Candragupta Maurya kam zur Herrschaft fünf Jahre nach Alexanders des Großen Einfall in die Nordwestprovinzen des indischen Subkontinents. Er machte Pāṭaliputra (das heutige Patna) zu seiner Hauptstadt und war bei der Wiederaufrichtung der von dem makedonischen Romantiker erschütterten Staaten so erfolgreich, daß Seleukos Nikator, Alexanders jugendlicher General, der sofort nach dessen Tode, 323, die Seleukiden-Dynastie in Persien gründete, bei dem Versuch, die griechischen Eroberungen in Indien zurückzugewinnen, so

[1] S. Radhakrishnan, *Indian Philosophy*, London 1923, Bd. I, S. 582. Zu *tathāgata* vgl. oben S. 133, Anmerkung 49.

[2] R. O. Franke, «The Buddhist Councils of Rājagṛaha and Vesālī,» *Journal of the Pali Text Society*, 1908, S. 1–80.

[3] Oben S. 46.

stark beeindruckt wurde von der Heeresmacht der Einheimischen, daß er um Frieden und Freundschaft bat, den Punjab und das Kabultal gegen fünfhundert Elefanten in Tausch gab und seine Tochter mit Candragupta verheiratete; 302 v. Chr. schickte er dann den Megasthenes als Gesandten an den Hof des Maurya.

Candraguptas Sohn Bindusāra folgte ihm 297 v. Chr. Er soll seine Herrschaft südwärts bis Madras ausgedehnt haben. Im übrigen verlief seine Regierung friedlich und ohne besonderes historisches Ereignis. Sein Sohn jedoch, König Ashoka (264–247) war einer der größten Eroberer und Religionslehrer aller Zeiten.

Die Bekehrung des Königs Ashoka zum buddhistischen Glauben hat für den Orient die gleiche Bedeutung wie Konstantins Bekehrung zum Christentum für das Abendland. Sein oberherrlicher Schutz erhob die Lehre, die als eine Anleitung zu geistigen Exerzitien begonnen hatte, in die Stellung einer blühenden, weitverbreiteten Volksreligion. Es wird berichtet, daß König Ashoka, als er an Stelle der königlichen Jagdpartien den frommen Brauch staatlicher Pilgerschaften zu den heiligen Plätzen der Buddhalegende einführte, die Heiligen, die ihn bekehrt hatten, als Führer aufbieten ließ. «Der große Abt Upagupta kam aus seiner Waldeinsamkeit bei Mathurā die Flüsse Jumna und Ganges herabgefahren und brachte achtzehntausend Ordensmitglieder als Gefährten mit sich. In Pāṭaliputra trafen sie das Gefolge des Herrschers, und mit einem glänzenden militärischen Geleit brach die königliche Prozession nach dem Lumbīni-Garten auf. Hier – dies berichtet noch heute eine von Ashoka errichtete Inschriftensäule – deutete Upagupta auf die Geburtsstätte des Buddha und sagte: ‚Hier, Großkönig, wurde der Ehrwürdige geboren. Hier wurde dem Erleuchteten das erste Denkmal errichtet; und hier machte der Heilige unmittelbar nach Seiner Geburt sieben Schritte über den Boden.' Ashoka erwies darauf der heiligen Stätte Verehrung, befahl dort eine königliche Standarte aufzurichten, verteilte freigebig Gold und befreite den Ort auf immer von Steuern. Kapilavastu, wo sich der große Verzicht abgespielt hatte, war der nächste Ort, den man besuchte, dann der Bo-Baum in Gayā, unter dem der Shākya-Prinz Nirvāṇa erlangt hatte. Hier errichtete Ashoka einen Altar, vermutlich demjenigen ähnlich, der sich noch heute an jenem Ort befindet, und verteilte an die Menge der Bettler reiche Almosen: hunderttausend Goldstücke, wie die Legende erzählt. Dann zog die große Prozession weiter nach Sarnāth, dem Tierpark oder heiligen

Hain, wo der Buddha zuerst das Dharma verkündet, ‚das Rad des Gesetzes umgedreht‘ hatte; dann nach Shravāsti, dem Kloster, wo der Buddha lebte und lehrte; dann nach Kushināgara, wo Er verschieden war, wo Er das Ziel des Pari-Nirvāṇa erreicht hatte. In Shrāvasti verehrte Ashoka die Stūpas (Reliquienschreine) der Buddha-Schüler. Bei dem Stūpa des Ānanda, des beliebtesten und verehrtesten Jüngers, verteilte er, wie erzählt wird, eine Million Goldstücke, bei dem das Vakkula aber nur eine einzige Kupfermünze, weil Vakkula nicht sehr eifrig auf dem Achtfachen Pfad vorwärtsgestrebt und gegen seine Mitgeschöpfe nicht sehr hilfreich gewesen war[1].»

Von König Ashoka wird berichtet, er habe vierundsechzigtausend buddhistische Mönche unterhalten; achtzigtausend Stūpas und zahllose Klöster werden ihm zugeschrieben. Im ganzen Lande stellte er Gedenksäulen auf und ließ auf sie die Lehrsprüche eingravieren. Missionare wurden ausgesandt «bis zu den äußersten Grenzen der Barbarenländer», um «sich mit den Ungläubigen abzugeben», sowohl im Königreich wie auch «in fremden Ländern, und sie Besseres zu lehren». Indem er seine Verbindungen zum Abendland, die seit der Ankunft des Megasthenes am Hofe des Candragupta bestanden, ausnutzte, schickte Ashoka Lehrer des buddhistischen Dharma zu Antiochus II. von Syrien, Ptolemäus II. von Ägypten, Magas von Cyrenien, Antigonus Gonatas von Macedonien und Alexander II. von Epirus[2]. Die Wirkung dieses buddhistischen Vorgehens dem Abendland gegenüber ist schwer abzuschätzen[3], aber für den Orient bringen Ashokas Missionen eine Epoche von entscheidender geistiger Wandlung.

Der König beschränkte seine Wohltaten nicht allein auf die buddhistische Gemeinde. «Seine Heilige, Gnädige Majestät», so lesen wir in einem seiner der Toleranz gewidmeten Edikte, «erweist Menschen aller Sekten seine Achtung, seien es Asketen oder Familienväter, durch Gaben und sonstige Auszeichnungen. Seine Heilige Majestät aber legt weniger Wert auf Gaben oder äußerliche Verehrungsbezeugungen als darauf, daß in allen

[1] Aus E.B. Havell, *The History of Aryan Rule in India from the Earliest Times to the Death of Akbar*, New York, o.J., S.97.

[2] Diese Fürsten werden angeführt in Ashokas Rock Edict XII. Vgl. Vincent A.Smith, *The Edicts of Aśoka*, London 1909, S.20. (Dies ist ein äußerst seltenes Buch, da nur 100 Exemplare gedruckt wurden. Es bringt die durchgesehenen Übersetzungen des Autors aus seinem früheren Buche: *Aśoka, der buddhistische Herrscher Indiens*, Oxford, 1901.)

[3] Vgl. J.Kennedy, «Buddhist Gnosticism, the System of Basilides», *Journal of the Royal Asiatic Society*, 1902, S.377–415.)

Sekten das Wesentliche wachse und gedeihe. Das Anwachsen des Wesentlichen kann in verschiedenen Formen geschehen, grundlegend aber ist Zurückhaltung im Reden, das heißt, ein Mensch darf nicht dadurch seine eigene Sekte hochhalten, daß er diejenigen anderer Menschen ohne Grund herabsetzt. Ablehnung sollte sich auf ganz bestimmte Gründe stützen, denn auch die Sekten anderer Leute verdienen aus diesem oder jenem Grunde Verehrung ... Eintracht ist daher verdienstvoll, es gilt auf die Glaubensgesetze, die andere Menschen angenommen haben, zu horchen und gern zu horchen. Denn es ist der Wunsch Seiner Heiligen Majestät, daß Anhänger aller Sekten sich viele Lehren anhören und an einer gesunden Lehre festhalten sollen[1].»

Der König gab ein praktisches Beispiel seiner Ehrfurcht vor allem Lebenden dadurch, daß er für seine Untertanen ein Reich des Friedens schuf, das dem Ideal des weltbeherrschenden Cakravartin gleichkam[2]. Sein Gebiet umfaßte den größeren Teil von Indien selbst, dazu Afghanistan südlich des Hindukusch, Beludschistan, Sind, das Tal von Kaschmir, Nepal und den niederen Himalaya. Straßen wurden durch das ganze Land geführt mit Herbergen und geschützten Brunnen in regelmäßigen Abständen. Wir lesen auch von Obstgärten und Alleen, öffentlichen Kornkammern, ärztlicher Hilfe für Tiere sowohl wie für Menschen; von besonderen Beamten, die ungerechte Haft und Bestrafung verhüten, Eltern mit großen Familien unterstützen und für die Alten sorgen sollten; von Gerichtshöfen, die allen zugänglich waren, und vom Eifer des Herrschers selbst, der allzeit und allerorts über die Angelegenheiten des Volkes wachte, «beim Essen und im Frauengemach, in meinem Schlafzimmer und in meinem Kabinett, in meinem Wagen oder in den Palastgärten[3].» Viele Edikte wenden sich an das Volk, um es zu Frömmigkeit, Eltern- und Kindesliebe, Wohltätigkeit, Reinheit der Gesinnung, Selbstbeherrschung, Großmut gegen Freunde, Bekannte und Verwandte – und zwar gegen Brahmanen ebenso wie gegen buddhistische Mönche und Nonnen – anzuspornen. Bestimmungen wurden getroffen zum Schutze der Tiere und Vögel: Wälder durften nicht in Brand gesetzt werden, nicht einmal Spreu, «die Lebewesen enthielt», durfte verbrannt werden. Keine Fleischnahrung kam

[1] King Ashoka's Rock Edict XII; Smith, a. a. O. S. 17. Das aus dem Felsen gehauene Höhlenheiligtum der Ājīvikas, das wir bereits oben S. 241 erwähnten, trägt eine Widmungsinschrift des Ashoka.

[2] Vgl. oben S. 124–131. [3] Rock Edict VI; Smith, a.a.O. S. 12.

auf den königlichen Tisch; und der König selbst, der das größte Reich der damaligen Welt regierte, leistete die Gelübde eines Mönches und befolgte sie gewissenhaft[1].

Ashokas wichtigste Mission war es, die buddhistische Lehre bis in das ferne südliche Inselreich von Ceylon zu verbreiten. Die Missionsgruppe wurde angeführt von Mahendra, des Königs jüngerem Bruder (nach anderer Version sein Sohn), ihm folgte alsbald die fürstliche Nonne Saṅghamittā, des Königs Tochter, die einen Zweig des heiligen Bo-Baumes mitbrachte; dieser wurde eingepflanzt, faßte Wurzel und steht noch heute in Anurādhapura.

In Ceylon wurde 80 v. Chr. mit der Niederschrift des frühen buddhistischen Kanons begonnen. «In alten Zeiten», berichtet der Ceylonese Mahāvaṁsa, «gaben die gebildetsten Mönche Text und Kommentar der Drei Piṭakas mündlich weiter. Da sie aber feststellen mußten, daß die Leute von der orthodoxen Lehre abwichen, kamen die Mönche zusammen, und damit die wahre Lehre erhalten bliebe, schrieben sie sie in Büchern nieder[2].» Dieses Corpus heiliger Schriften – der oft zitierte Pāli-Kanon – ist, vermutlich ohne viel Abänderungen, bis heute erhalten. Ein Vergleich mit den Inschriften auf König Ashokas Steinmonumenten zeigt, daß zumindest ein beträchtlicher Teil heute noch so dasteht wie in jenem Jahrhundert. Das aber genügt nicht als Beweis für die orthodoxe Behauptung, der Kanon sei in seinem jetzigen Wortlaut schon auf dem «Ersten Konzil» zu Rājagriha, gleich nach des Buddha Tod, niedergelegt worden. «Gewisse Teile des Textes», schreibt Ananda K. Coomaraswamy, «gehen höchstwahrscheinlich auf eine frühere Periode zurück und geben die Aussprüche und Lehrmeinungen Gautamas so wieder, wie seine direkten Schüler sie im Gedächtnis trugen ... Aber ... die buddhistische Bibel besteht so wie die christliche aus Büchern verschiedenen Alters, und viele oder gar die meisten Bücher sind von mehreren Autoren und aus verschiedenen Perioden zusammengetragene Kompilationen[3].»

Immerhin sind die Bücher des Pāli-Kanons dem Geiste nach sicher *vor* die große Volksbewegung zu datieren, die wir zu Ashokas Zeit mit ihrem fürstlichen Patronat, ihren Pilgerfahrten, der Reliquienverehrung und den verschwenderisch mit Skulpturen ausgeschmückten religiösen Monumen-

[1] Vgl. Havell, a. a. O., S. 89–103, und Smith, a. a. O. passim. [2] *Mahāvaṁsa* 33.
[3] Ananda K. Coomaraswamy, *Buddha and the Gospel of Buddhism*, New York, 1916, S. 262.

ten in vollster Entwicklung sehen. Eine beachtenswerte Tatsache, die Bände spricht für die allmähliche Veränderung der buddhistischen Religiosität während der nahezu unbelegten Periode zwischen dem Tod des Erleuchteten und König Ashokas Bekehrung, ist dies, daß in den Felsinschriften der königlichen Edikte die Betonung vom Ideal des *nirvāṇa* übergeht auf das des *svarga* – der himmlischen Erlösung als Lohn für rechtes Verhalten im irdischen Dasein: «Legt alle Freude in die Bemühung», spricht der König, «denn das ist nützlich für diese und jene Welt[1].» «Die Zeremonie frommen Wandels ist nicht zeitgebunden; denn wenn sie auch das erwünschte Ziel in dieser Welt nicht erreicht, so zeugt sie doch ewigen Lohn in der anderen Welt[2].» «Und wofür mühe ich mich ab? Zu keinem anderen Zweck, als daß ich meine Schuld den Lebewesen entrichte und daß einige Menschen, die ich hier glücklich mache, in der nächsten Welt den Himmel erlangen[3].» «Auch der kleine Mann kann sich, wenn er will, durch Anstrengung viel himmlische Glückseligkeit gewinnen[4].» Und weiter: «Seine Majestät hält nichts für wichtig, außer was sich auf die nächste Welt bezieht[5].»

Das ist die Einstellung des Bhakti, und sie deutet auf einen tiefen Wandel mindestens im *Lehr*stil der Doktrin. Die buddhistische Kunst, die zu Ashokas Zeiten auf einmal hervortritt, bildet eine Fülle von Erdgottheiten ab, von Göttern und Göttinnen, Schlangenkönigen und -königinnen, Baumnymphen und frommen Tieren. Sie alle dienen den verschiedenen Heiligtümern der buddhistischen Gemeinde; sie bewachen sie, haben teil an der Erleuchtung des Buddha und zeigen sich auch sonst dem Gläubigen in Gebärden frommer Verehrung. Stūpas, Altäre, heilige Bäume, Wundertaten, Episoden aus dem «früheren Leben» des Buddha, geistliche Prozessionen und all das klassische Rankenwerk eines populären Kultes werden in den lebensvollen Bildwerken dargestellt, dazu kommen Standbilder der reichen Stifter und ihrer Ehefrauen, die ehrfurchtsvoll ihre eigenen Stiftungen betrachten. Der Erleuchtete selbst wird auf diesen Monumenten nie dargestellt; wir erwähnten es bereits[6]: Der Ort seiner Gegenwart wird durch einen leeren Fleck bezeichnet; oder er wird durch des Buddha Fußtapfen, das Rad der Doktrin, den Bo-Baum oder durch ein anderes wohlbekanntes

[1] Rock Edict XIII; Smith, a. a. O. S. 21. [2] Rock Edict IX; Smith, a. a. O. S. 15.
[3] Rock Edict VI; Smith, a. a. O. S. 12.
[4] Minor Rock Edict I (Rūpuāth Text); Smith, a. a. O. S. 3.
[5] Rock Edict XIII; Smith, a. a. O. S. 20–21. [6] Vgl. oben S. 422–423.

Zeichen wiedergegeben. Selbstverständlich läßt sich die Einstellung, die sich nun durchsetzte, kaum aus den Lehren des Meisters, wie der Kanon sie überliefert, ableiten. «Statt des Dröhnens der Kriegstrommel», so heißt es in einer der Felsinschriften, «hört man den Klang der Dharma-Trommel, während himmlische Schaustellungen von Prozessionswagen, Elefanten, Illuminationen und dergleichen dem Volke geboten werden[1].»

Trotz alldem aber wird berichtet, daß der König Ashoka, unter dessen Schutzherrschaft diese Formen weltlicher Frömmigkeit blühten, Maßnahmen traf zur Unterdrückung von Ketzerei und gegen das Einsetzen sektiererischer Disputationen. Der *Mahāvaṁsha* berichtet darüber: «Ketzer legten das gelbe Gewand an, um daraus Vorteil zu ziehen; alle ihre eigenen Ansichten gaben sie aus als Lehren des Buddha; sie handelten nach ihrem eigenen Gutdünken und nicht nach dem, was Recht ist[2].» Ashoka stellt fest, daß er gegen gewisse Mönche und Nonnen die Ausstoßung anordnete – «indem er sie in weiße [das heißt Laien-] Kleidung steckte»[3]. Und dazu gibt es eine buddhistische Tradition, derzufolge er im achtzehnten Jahr seiner Regierung zu Pāṭaliputra ein allgemeines Konzil des Ordens zusammenrief, um zweifelhafte Punkte der Doktrin zu klären, die Zuchtregeln für die Mönche zu ergänzen und den Glauben gegen ketzerische Übergriffe zu verteidigen. Wir dürfen freilich nicht den Schluß ziehen, daß nun, weil der Weg des Jñāna (der Weg der Mönche) ersetzt wurde durch den Weg des Bhakti (den Weg der Laiengemeinde), die buddhistischen Grundprinzipien aus dem Blickfeld derer hätten verschwinden können, die reif und bereit waren, sie anzunehmen und zu verstehen.

Tatsächlich gibt es für das Werden und Wachsen einer buddhistischen Laiengemeinde, die ein weltliches Leben nach religiösen Regeln führt, ein frühes Vorbild. Es findet sich in den Reden des Buddha selbst, wo berichtet wird, daß der Erleuchtete in früheren Leben als Laie in der Welt gelebt habe, und daß man durch wohltätige Werke sich die dem überlieferten Glauben entsprechende himmlische Belohnung verdienen könne. «Nun wurde ich fürwahr, ihr Mönche», sagte der Gesegnete, «Sakkra (Indra), der Beherrscher der Götter, sechsunddreißigmal; viele hundert Male war ich ein König, ein Weltherrscher *(cakravartin)*, ein gerechter König, sieg-

[1] Rock Edict IV; Smith, a. a. O., S. 59.

[2] *Mahāvaṁsha* 38–39.

[3] L. de la Vallée Poussin, «Councils and Synods (Buddhist)», in Hastings, *Encyclopaedia of Religion and Ethics*, Band IV, S. 184.

reich in den vier Himmelsrichtungen, um die Sicherheit meiner Reiche besorgt, angetan mit den sieben Kleinodien. Was war nun die Lehre in jenem Gebiet und Königreich? Das ist's, was ich bei mir bedachte, ihr Mönche: ‚Von welcher meiner Taten ist das die Frucht? Von welcher Tat ist es die Folge, daß ich jetzt zu so großer Blüte und so großer Macht gekommen bin? Sicherlich ist es die Frucht von drei meiner Taten, ist es die Folge von drei meiner Taten, daß ich in dieser Zeit zu so großer Blüte und so großer Macht gekommen bin, nämlich der drei Taten: Wohltätigkeit *(dāna)*, Selbstüberwindung *(dama)* und Selbstzucht *(saññama)*.'

Darüber redete der Gesegnete und sprach darauf folgendes:

‚Man soll Tugend lernen, die auf ein weites Ziel gerichtet ist,
Und die imstande ist, glücklich zu machen;
Man soll Wohltätigkeit üben,
Ein ruhiges Betragen und freundliche Gesinnung.

Wer sich diesen drei Tugenden geweiht hat,
Die die Ursache für das Glück verleihen,
Dieser Weise gewinnt die Welt des Glückes –
Eine Welt ganz frei von Trübsal.'

Genau zu diesem Zweck hat der Gesegnete so gesprochen, so habe ich es gehört[1].»

Während der ersten Regierungsjahre, vor seiner Glaubensbekehrung, hatte König Ashoka einen Eroberungsfeldzug gegen das mächtige benachbarte Königreich von Kaliṅga unternommen. Hunderttausend Feinde wurden erschlagen, fünfzigtausend in Gefangenschaft geführt, und eine große Zahl ging an Hunger und Krankheit zugrunde. Mit anderen Worten, der König war damals genau wie jene anderen, von denen wir in den Annalen der Christen- und der Heidenwelt zu lesen gewohnt sind: er war ein Herrscher, durch den der Matsya-Nyāya, der Brauch der Fische[2], sich ohne Unterlaß vollzieht. Sobald er jedoch den neuen Glauben angenommen hatte, wurde ein in der Menschheitsgeschichte einmaliges Edikt in Stein eingemeißelt; einmalig nicht seines Inhaltes wegen (denn viele Könige haben fromme Proklamationen erlassen), sondern darum, weil während des weiteren Lebens dieses Königs die Kriegstrommel sich nie wieder hören ließ.

[1] *Iti-vuttaka* 22. (Übersetzt ins Englische von Justin Henry Moore, a.a.O. S. 35 bis 36.)

[2] Vgl. oben S. 46 und 117.

«Nach der Annexion der Kaliṅgas», lautet die Erklärung, «begann Seiner Heiligen Majestät eifrige Förderung des Dhamma, seine Liebe zum Dhamma und seine Unterweisung darin. So erwachte in Seiner Heiligen Majestät die Reue darüber, daß er die Kaliṅgas erobert hatte, denn die Eroberung eines bisher unbesetzten Landes bringt Mord und Tod und das Fortschleppen der Menschen in Gefangenschaft mit sich. Wenn nun von all denen, die bei den Kaliṅgas erschlagen, hingerichtet oder in Gefangenschaft fortgeführt wurden, jetzt ein Hundertstel oder nur ein Tausendstel das gleiche Schicksal erleiden würde, so wäre das für Seine Heilige Majestät Anlaß zum Bedauern. Mehr noch, sollte ihm jemand Unrecht zufügen, so müßte das von Seiner Heiligen Majestät mit Nachsicht ertragen werden, wenn es überhaupt zu ertragen möglich ist ... Seine Heilige Majestät wünscht, daß alle Lebenden in Sicherheit, Selbstbeherrschung, Friedfertigkeit und Freudigkeit leben sollen ... Und zu diesem Zwecke wurde dieses fromme Edikt geschrieben, damit meine Söhne und Enkel es nicht etwa für ihre Pflicht halten, neue Eroberungen zu machen. Sollten sie aber doch in eine Eroberung mit Waffen hineingezogen werden, dann sollen sie Gefallen haben an Nachsicht und Milde, und sie sollen als die einzige echte Eroberung die durch Frömmigkeit gewonnene erachten. Das gilt für diese und auch für die nächste Welt. Laßt alle Freude sein im Bemühen, denn das gilt für diese und auch für die nächste Welt[1].»

Doch dem ewig gültigen Gesetz der Geschichte folgend zerfiel Ashokas Reich bald nach seinem Tode. Einige fünfzig Jahre nach seinem Hinscheiden wurde sein letzter Nachfolger, Brihadratha, anläßlich einer Heerschau von seinem eigenen Oberfeldherrn ermordet[2], und eine neue *nicht*-buddhistische Dynastie, die aus der Gegend von Ujjain stammte (einem Bestandteil des Maurya-Reiches), bestieg den Thron. Brihadrathas Mörder und der Begründer der neuen hinduistischen Shuṅga-Dynastie ließ zur Vorbereitung eines klassischen vedischen Pferdeopfers ein Pferd los, damit es nach Belieben über ein von hundert jungen kriegerischen Fürsten bewachtes Gelände schweifen sollte. Aber irgendwo unterwegs im Punjab wurde das dahinjagende opfergeweihte Roß von einem Trupp griechischer Reiterei eingefangen[3]. Die Europäer wurden niedergemacht, und

[1] Rock Edict XIII; zitiert nach Coomaraswamy, a. a. O. S. 183.

[2] *Harshacarita*; zit. in *Cambridge History of India*, Bd. I, S. 518.

[3] *Kālidāsa*, *Mālavikāgnimitra*; zit. in *Cambridge History of India* Bd. I, S. 520. Zum Pferdeopfer vgl. oben S. 130–131.

das königliche indische Opfer wurde vollzogen – das Auftauchen der griechischen Eindringlinge aber war bezeichnend genug für das, was sich damals im Westen abspielte. Das Gebiet, das durch Candragupta dem Begründer der hellenistischen Seleukiden-Dynastie in Persien abgenommen war, hatten die alexandrinischen griechischen Provinzverwalter von Baktrien sich wieder geholt, und diese – Demetrios, Eukratides und ihre Dynastien – lagen nun im Streit miteinander. Die Münzen, die sie prägten, haben ihre Porträts bis auf uns gebracht: kräftige mediterrane Köpfe. Und offensichtlich hatten sie sich weitgehend an ihre zweite Heimat angepaßt. Denn es wird von einem griechischen Gesandten am Shuṅga-Hof zu Vidishā, namens Heliodoros, berichtet, daß er ein Anhänger des Vishnu gewesen sei[1], und die Münzen des Demetrios (eines jungen Königs und Eroberers, dessen indisches Reich für kurze Zeit ausgedehnter war als das Alexanders) zeigen das kühne Gesicht von einer königlichen Kopfbedeckung in Gestalt eines Elefantenkopfes gekrönt. Die Eroberer setzten Indra mit ihrem Zeus, Shiva mit Dionysos, Krishṇa mit Herakles und die Göttin Padma («Lotos») mit Artemis gleich. Ja, eine der berühmtesten nichtkanonischen Pāli-buddhistischen Schriften heißt «*Die Fragen des Milinda*»[2], in der die religiöse Bekehrung eines griechischen Königs mit Namen Melinda (Menander, ca. 125 bis ca. 95 v. Chr.) durch den buddhistischen Mönch Nāgasena erzählt wird. Einige Münzen des Menander, jetzt in Museen zu sehen, zeigen das buddhistische Gesetzesrad, und Plutarchs Bericht von der Verstreuung seiner Asche nach dem Tode, die Legende von der Verstreuung der Asche des Buddha wiederholend, beweist wohl, daß der griechische König zwar vielleicht nicht selbst dem buddhistischen Orden angehörte, aber doch mindestens ein so großer Wohltäter war, daß die Gemeinde ihn als einen der Ihrigen betrachtete.

Diesem vielversprechenden Idyll einer Vermählung von Ost und West war jedoch keine lange Dauer beschieden. Denn bereits im Zeitpunkt ihres Beginns, als Demetrios in Indien einfiel, bereiteten fernliegende Ereignisse die Voraussetzungen für ihr Ende vor. Eine Hunnenschar, die das Land zwischen dem südlichen Teil der großen chinesischen Mauer und den Bergen von Nan Shan bewohnte, brach aus ihren Grenzen und zog in langer Wanderung westlich gegen ein Volk, das in der chinesischen Geschichte als Yueh-Chi bekannt ist. Die Wanderung dauerte einige vierzig

[1] *Cambridge History of India*, Bd. I, S. 558.
[2] *Milindapañha*, Secret Books of the East, Bde. XXXV–XXXVI.

Jahre (etwa von 165–125 v. Chr.) und verursachte große Völkerverschiebungen in der ganzen Nachbarschaft von Singkiang. Ein neuer Druck gefährdete die Grenzen der griechischen Provinz Baktrien, die Verteidigung brach zusammen, und die wilden Skythenschwärme, gedrängt von den nachrückenden Yueh-Chi, strömten ins Land. Zuerst nahmen die Skythen (Sanskrit: *Shaka*), dann die Yueh-Chi ihrerseits nacheinander die griechische Provinz Baktria, Afghanistan, Beludschistan, das untere Indusgebiet und den Punjab ein. Während der kurzen Zeit ihres Verweilens in Baktria standen die fünf Stämme der Yueh-Chi unter der Führung ihres mächtigsten Stammes, den sogenannten Kushānas; daher kamen sie unter diesem Namen nach Indien. Das von den Kushānas beherrschte Gebiet dehnte sich ostwärts weit über die Grenzen des hellenistischen Indien aus, umfaßte die ganze Länge der Gangesebene und erstreckte sich südlich bis zu den Vindhya-Bergen.

Kanishka (ca. 78–123 n. Chr.), der größte der Kushāna-Könige, war ursprünglich Anhänger einer nicht-buddhistischen Richtung (vielleicht des Brahmanismus oder der Zoroaster-Religion), bekehrte sich aber wie Ashoka zum Evangelium. Wie Ashoka war auch er für den Orden ein freigebiger Schutzherr. Und auch das hatte er mit Ashoka gemein, daß er sich um die Berichtigung der Texte kümmerte. Für die Großzügigkeit seiner Regierung spricht die Tatsache, daß unter seinem Protektorat eine der – soweit bekannt – frühesten Schulen buddhistischer Kunst (die Gandhāra-Schule) zu Aufstieg und Blüte kam; die dort schaffenden Künstler waren griechischer Herkunft. Die Satrapen seiner südlichen Provinzen aber waren die Nachkommen eben jener Skythenfürsten *(Shaka)*, deren Herrschaft die Kushānas gestürzt hatten[1]. Kanishkas Eroberungen öffneten wieder die Landwege zum römischen Imperium. Im Jahre 99 n. Chr. wurde Trajan nach seinem Einzug in Rom von einer indischen Gesandtschaft besucht. Auch die nördlichen Straßen nach China, die Karawanenwege durch Turkestan, wurden für den indischen Handel offengehalten. Als Angelpunkt der ganzen Kulturwelt in einer der gewaltigsten Perioden der Geschichte – Han-China im Osten und das kaiserliche Rom im Westen – blühte das buddhistische Reich der Kushāna-Herrscher gleichzeitig mit der abendländischen Periode, die zwischen Caesars Übergang über den Rubicon und dem beginnenden Zerfall Roms unter den Soldatenkaisern (Maximinus und den folgenden) liegt. Die Kushānas wurden 236 n. Chr. gestürzt.

[1] *Cambridge History of India*, Bd. I, S. 585.

Aber binnen eines Jahrhunderts stieg in Magadha eine hervorragende einheimische Dynastie empor (die Gupta-Dynastie, 230 bis ca. 530 n. Chr.)[1], und damit hob das sogenannte Goldene Zeitalter der religiösen Kunst Indiens, sowohl der buddhistischen wie der hinduistischen, an, die sich, angeregt durch die tiefsinnigen psychologischen Einsichten des Tantra, in einer märchenhaften Welt des Friedens, des kulturellen Bewußtseins, umfassender Toleranz und allgemeinen Wohlstandes entwickeln durfte. Wiederum schien das Ideal des Cakravartin nahezu erreicht zu sein.

3. HĪNAYĀNA UND MAHĀYĀNA

Die indische Lebensweise wurde durch den Aufstieg und Verfall der Dynastien wenig verändert. Die Eroberer, sogar die selbstbewußten Griechen, erkannten bald den hohen Wert der einheimischen Kultur. Alexander rief den Jaina-Heiligen Kalanos als Guru zu sich, der bei ihm die Stelle seines alten Jugenderziehers Aristoteles einnehmen sollte. Unter den Kriegerkönigen der Kushānas begann für die buddhistische Kunst und Philosophie eine neue und reich dokumentierte Periode. Die hellenistisch-buddhistischen Skulpturen von Gandhāra und auch die gleichzeitige, mehr geistig ausgerichtete, sehr lebensvolle einheimische Jaina- und buddhistische Kunst von Mathurā beweisen deutlich, daß unter der Protektion ihrer fremden Beherrscher die indischen Religionssysteme sich ständig weiterentwickelten. Und die Überlieferung bezeugt uns, daß zu dem großen buddhistischen Konzil, das Kaniskha berief (das «vierte buddhistische Konzil», das nach einigen Berichten zu Jalandhar im östlichen Punjab, nach anderen zu Kuṇḍalavana in Kaschmir zusammentrat), die Vertreter von nicht weniger als achtzehn buddhistischen Sekten erwartet wurden.

Die Glaubwürdigkeit der Berichte über dieses Konzil hat man in Frage gestellt[2]. Immerhin machen es verschiedene Faktoren wahrscheinlich,

[1] Das Eindringen der Hunnen in die nordwestlichen Provinzen um 480 machte der Friedenszeit der Gupta-Regierung ein Ende. Die Dynastie behielt zwar ihren Thron bis zum beginnenden achten Jahrhundert, aber seit dem Tode des Bālāditya um 530 war sie kaum mehr von Einfluß. Der Schwerpunkt der indischen Kultur verlagerte sich für eine Zeitlang nach Süden, wo nun die großen Perioden der Cāḷuykas aus dem Dekkan (550–753) und der Pallavas von Conjeeveram (ca. 400 bis 825) folgten.

[2] Vgl. de la Vallée Poussin, a.a.O. S. 184.

daß sich in den buddhistischen Lehrmeinungen um jene Zeit eine entscheidende Gewichtsverschiebung vollzogen hat. Die religiöse Praktik der Bhakti, die schon in der Volkskunst und in den königlichen Edikten unter Ashokas Regierung hervorgetreten war, begann nun auch von buddhistischen Philosophen volle Unterstützung zu erhalten. Eine kanonisch-buddhistische, in Sanskrit verfaßte Literatur (nicht mehr in Pāli, der Sprache des in Ceylon aufbewahrten früheren Kanons) aus der Periode des Kanishka vertritt den Standpunkt (der sich bereits in der buddhistischen Volkskunst zeigte), daß der Buddha als göttliches Wesen zu verehren sei und daß überdies zahlreiche Buddhas (Buddhas der Vergangenheit, Buddhas der Zukunft) dem Frommen bei seinem Bestreben helfen, die in ihm latente Buddhaschaft zu verwirklichen. Denn während die frühere orthodoxe Anschauung das Ziel in der Erleuchtung des Einzelnen, in der Arhatschaft sah und lehrte, daß dieses Ziel nur erlangt werden könne durch getreue Wiederholung der strengen Weltverneinung des fürstlichen Mönches, des historischen Gautama Shakyamuni, lautete nun die Lehre, daß des Menschen eigentliches Ziel die Buddhaschaft (der Stand eines Welterlösers) sei, und daß ferner, *da alle Dinge in Wirklichkeit Buddha-Dinge seien, auch alle Dinge potentiell und aktuell Heilbringer der Welt seien.*

«Es ist, wie wenn ein Mensch seinen Vater verließe und sich an einen anderen Ort begäbe. Er lebt dort in der Fremde viele Jahre, zwanzig, dreißig, vierzig oder fünfzig Jahre. Im Lauf der Zeit wird der Vater ein großer Mann, der Sohn aber ist arm; um sein Leben zu fristen, streift er überall umher.» Den Vater bekümmert es, keinen Sohn mehr zu haben. Eines Tages aber, während er, große Geschäfte tätigend, an der Pforte seines Palastes sitzt, entdeckt er seinen Sohn, arm und zerlumpt. Der Sohn denkt sich: «Unerwartet bin ich hier an einen König oder Großen geraten. Leute meinesgleichen haben hier nichts zu schaffen. Ich will wieder gehen. In den Straßen der Armen werde ich eher ohne viel Mühe Nahrung und Kleidung finden. Ich will nicht länger hier verweilen, sonst werde ich noch zur Zwangsarbeit geholt oder es geschieht mir sonst etwas Unangenehmes.» Der Vater läßt den Sohn zu sich rufen. Bevor er ihm aber seine Herkunft enthüllt, läßt er ihn einige Jahre allerlei Arbeiten verrichten, erst geringe, dann aber wichtigere. Der Vater behandelt seinen Sohn mit väterlicher Güte, der Sohn aber, obschon seines Vaters ganzes Vermögen verwaltend, lebt in einer elenden Hütte und hält sich für arm. Erst zuletzt, da seine Erziehung vollendet ist, erfährt er die Wahrheit.

In dieser Weise sind wir die Söhne des Buddha, und der Buddha sagt auch heute noch zu uns: «Ihr seid meine Söhne.» Aber gleich dem armen Manne ahnen wir nichts von unserer Würde, nichts von unserer Sendung als zukünftige Buddhas. So hat uns der Buddha auf geringere Lehren verwiesen. Ihnen haben wir uns verschrieben, haben als Lohn für unser Tagewerk nur Nirvāṇa gesucht und entdecken, daß wir es bereits haben. Inzwischen hat der Buddha uns zu Verwaltern des Wissens von den Buddhas gemacht, und wir haben es gepredigt, ohne es für uns selbst zu begehren. Schließlich aber hat der Buddha uns offenbart, daß sein Wissen das unsere ist und daß wir Buddhas sind gleich ihm[1].

Das ist die Lehre, die sich etwas selbstgefällig «das Große Fahrzeug» *(Mahāyāna)* nannte, das Fahrzeug, in dem alle mitfahren können, im Gegensatz zu dem «Kleinen Fahrzeug» *(Hīnayāna)*, dem Weg jener Einzelnen, die, «Lichter für sich selbst», durch die schwierige Enge persönlicher Befreiung hindurchsteuern. Das «Große Fahrzeug» mit seinem Pantheon von Buddhas und Bodhisattvas, mit seinen Gebetsmühlen, Brandopfern, Gongs, Götzenbildern, Rosenkränzen und dem Gemurmel heiliger Silben ist von modernen Kritikern des Abendlandes allgemein als eine vulgäre Popularisierung von Buddhas Lehre herabgesetzt worden. Sie schieben diese Entwicklung dem Eindringen der Barbarenvölker (natürlich nicht der Griechen, sondern der Shakas und der Yueh-Chi) in die Nordwestprovinzen zu. Eines ist jedoch klar, daß die volle Bedeutung des Paradoxen, das zur eigentlichen Idee der Buddhaschaft gehört, erst hier zum Ausdruck gekommen ist. Nāgārjuna (ca. 200 n. Chr.), der Begründer der buddhistisch-philosophischen Mādhyamika-Schule, welche die höchste Stufe der Mahāyāna-Doktrin vertritt, war keineswegs ein «simplificateur», sondern einer der bedeutendsten Metaphysiker, die die Menschheit überhaupt hervorgebracht hat. Asaṅga aber und sein Bruder Vasubandhu (ca. 300 n. Chr.), welche die Yogācāra-Schule des Mahāyāna zur Blüte brachten, verdienen gleichermaßen die Achtung jedes Denkers, der ihre Rationalisierung der Doktrin des Nāgārjuna von der Leere wirklich zu verstehen sucht. Auch Ashvagosha, der große Zeitgenosse des Kanishka (ca. 100 n. Chr.) kann kein Barbarenschmeichler gewesen sein, wenn auch sein Epos über das Leben des Buddha, *Buddhacarita*, mit manchen unmönchischen Ausschmückungen versehen ist.

[1] *Saddharmapundarīka* («The Lotus of the True Law») 4. (Sacred Books of the East, Bd. XXI, S. 98 ff.)

Fa Hian (ca. 400 n. Chr.), ein buddhistischer Pilger aus China, dem wir viel Wissenswertes über die klassische Gupta-Periode verdanken, berichtet, er habe vier durchgebildete buddhistische Philosophiesysteme in Indien vorgefunden. Zwei davon, der Mādhyamika und der Yogācāra, bildeten den Mahāyāna, während die anderen beiden – Vaibhāshika und Sautrāntika[1] – zur älteren Hīnayāna-Schule gehörten. Fa Hian erzählt, daß in Pātaliputra, der alten Hauptstadt König Ashokas, die Anhänger des Mahāyāna und des Hīnayāna je ein Kloster mit etwa sechs- oder siebenhundert Mönchen hatten. In seinem Bericht über die weiter westlich gelegenen Städte schreibt er, daß in Mathurā die beiden Bodhisattvas Mañjushrī und Avalokiteshvara als Gottheiten verehrt wurden; dies aber ist für den Mahāyāna charakteristisch. Die Schriften, die er heimbrachte, gehörten beiden Glaubensrichtungen an. Von Yuan Chwang (629–640), einem anderen chinesischen Pilger, zwei Jahrhunderte später, erfahren wir ferner, daß die beiden Schulen auch damals noch in Streit lagen. Die Beziehungen zwischen Buddhismus und Hinduismus waren friedlicher Art, zwischen dem Mahāyāna und dem Hīnayāna aber hatten die Lehrstreitigkeiten und gegenseitigen verbalen Verunglimpfungen einen solchen Grad erreicht, daß der Buddha, wäre er wiedergekommen, höchstwahrscheinlich in die gleiche Klage wie elf Jahrhunderte früher hätte ausbrechen müssen: «Der Orden ist gespalten! Der Orden ist gespalten![2]»

Der Keim des Konfliktes liegt in den Worten des Buddha selbst, wie sie vom Kanon überliefert sind. Der Erleuchtete war zwar in der ihm eigenen Eindeutigkeit über platte Rationalisierungen erhaben, was aber in seinem geistigen Heilungsprogramm an unsystematischen epistemologischen, metaphysischen und psychologischen Folgerungen steckte, stiftete in den

[1] Die Sautrāntikas bekennen sich zur Lehre des *sūtra-antra*, das heißt: «Ende, Kern, geheimer Sinn» *(antra)* der Niederschriften von Buddhas ursprünglichen Reden und Dialogen *(sūtras)*.

[2] *Anmerkung des Herausgebers:* Die obigen Abschnitte von S. 437 bis hierher wurden aus einer einzigen Seite in Heinrich Zimmers Aufzeichnungen ausgearbeitet. Die Seite enthält eine Zeile: «Die Konzile von Ashoka und Kanishka.» Die Darstellung gründet sich auf meine Erinnerungen an Gespräche mit H. Zimmer und auf die Autoren, die ich sorgfältig in Fußnoten anzugeben bemüht war. H. Zimmers Niederschriften von hier an sind äußerst skizzenhaft, viele bestehen aus bloßen Notizen von Texten und aus kritischen Bemerkungen. Ich habe sie – so kurz wie möglich – ausgearbeitet, indem ich mich an die Texte hielt, und führe alle zitierten Autoren in den Fußnoten an. Wo solche Anmerkungen fehlen, stützt sich die Darstellung auf H. Zimmers Angaben.

Köpfen derer Verwirrung an, die noch in den Netzen des Denkens verstrickt waren; oder wohl auch in den Köpfen derer, die ursprünglich Brahmanen und nicht, wie Gautama, Kshatriyas gewesen waren und deshalb mehr als er dazu neigten, die Wege des Verstandes, die Wege des Jñāna zu gehen, das heißt, den Problemen mit dem *Denken* beizukommen. Viele sind sicherlich zur Erleuchtung gelangt; ihre Aussagen sind keineswegs das leere Gerede eines ruhelosen Intellekts, sondern die tief empfundene, ursprüngliche, aber philosophisch formulierte Wiedergabe der Erfahrung, die in Buddhas Heilweg verheißen wird. So finden wir, daß die gleiche Doktrin, aus der Bhakta-Einstellung interpretiert, eine buddhistische Kunst von breiter volkstümlicher Wirkung hervorbrachte, auf dem Boden des brahmanischen Intellektes aber sich zu den großartigsten, verfeinerten Systemen der Metaphysik entfaltete. Das Rad des Gesetzes knetete wahrhaftig die ganze menschliche Natur zu neuem Vollbringen um. Der Mahāyāna, das große Fahrzeug, und das kleine des Hīnayāna haben, vereint oder weit getrennt, die Millionen Menschen des Ostens durch Jahrhunderte der Umwandlung hindurchgetragen. Sie haben den Menschen das sichere Wissen geschenkt, daß der Buddha auf die persönlichste, zuverlässigste Art – unabhängig davon, auf welchem Wege sie zu ihm kamen – ihre unverlierbare, allen offenstehende Zuflucht sei.

«Der Ozean von Tränen, vergossen von jedem, der ein Leben nach dem anderen durchläuft, ohne Anfang», so wird gesagt, «ist tiefer als die Vier Meere zusammen.

Die Knochen der Leiber, die ein Mensch in zahllosen Geburten getragen hat, wenn man sie aufeinanderhäufte, würden sie einen Berg bilden, höher als die Gipfel der Berge, die seine Augen mit ehrfürchtigem Staunen erblicken[1].

Das ist der Anfang des Wissens um Befreiung. Alles Leben ist kummervoll – da gibt es weder Anfang noch Ende in diesem Tränental; wie wesenhaft aber, wie tief, wie wirklich ist dieses weltweite Leiden?

Der Pāli-Kanon gibt dazu eine Parabel in dem «Gedicht von den älteren Schwestern». Es war einmal eine Mutter, heißt es, die hatte sechs Kinder verloren; nur eines blieb ihr, eine Tochter. Aber schließlich starb auch dieses Kind, und die Mutter war untröstlich. Der Buddha kam zu ihr und sprach: «Viele hundert Kinder haben wir bestattet, du und ich, Scharen

[1] *Saṁyutta-nikāya* 15.1.3; 15.2.10 (vgl. Mrs. Rhys Davids, *The Book of the Kindred Sayings*, Pāli Text Society, 5 Bde., Oxford, 1917 (?) bis 1930, Abt. II, S. 120, 125).

von Angehörigen, in den vergangenen Zeiten. Klage nicht um diese liebe kleine Tochter; vierundachzigtausend gleichen Namens sind von dir schon auf dem Scheiterhaufen bestattet worden. Welche unter diesen ist es nun, um die du trauerst?[1]»

Offensichtlich liegt hier ein ontologisches Problem verborgen. Denn wie kann von der Frau mit all den Kindern, von dem Mann mit dem Berg von Knochen, von dem Menschen mit all den Tränen gesagt werden, sie hätten viele Leben durchlebt, wenn wir die Grundlehre des Buddha für wahr halten sollen: «Alle Dinge sind ohne ein Selbst *(an-attā)*»?

Die Philosophen des Hīnayāna suchten die Schwierigkeit mit der Behauptung zu lösen, daß der Ich-Prozeß aus einer Reihe *(santāna, santati)* von Momenten *(kshaṇa)* flüchtiger Daseinsformen *(dharmas)* bestünde. Es gibt nichts Bleibendes. Nicht nur sind alle Seinsabschnitte vergänglich *(anita)*, auch ihre Dauer ist unendlich kurz. «Alle Dinge dauern nur so kurz wie ein Augenblick» *(yat sat tat kshaṇikam)*. Ihr Eintritt ins Dasein fällt beinahe schon mit ihrem Aufhören zusammen. Sie folgen einander jedoch in Ketten von Ursache und Wirkung, Ketten ohne Anfang und weitergehend in alle Ewigkeit. Diese Ketten, aus kurzfristigen Dharmas bestehend, sind es, die den Anderen, in manchen Fällen auch den betreffenden Wesen selbst, als Individuen erscheinen: als Götter, Tiere, Meere, Menschen, Steine oder Bäume. Jedes Erscheinungswesen muß als solch ein Dahinströmen von Teilchen betrachtet werden, die ihrerseits nur kurzlebig sind. Durch die Verwandlung von Geburt, Wachstum, Alter, Tod und durch die endlose Kette der Wiedergeburten hindurch ist das sogenannte Individuum nichts weiter als der Wirbel einer solchen Kausalfolge – nie ganz das, was es soeben noch war oder was es im Begriff ist zu werden, und trotzdem auch nicht davon unterschieden. Ein Gleichnis dafür ist die

[1] *Therigāthā* 314. Vgl. dazu den Gedanken, den Lukian von Samosata (ca. 125 bis 180 n. Chr.) in seiner biographischen Schrift über den zeitgenössischen zypriotischen Philosophen Demonax von Athen ausspricht. «Er ging zu einem Mann, der den Tod seines Sohnes betrauerte und sich im Dunkeln eingeschlossen hatte. Und er sagte zu ihm, er sei ein Zauberer und könne ihm den Schatten des Knaben heraufholen, wenn jener ihm drei Menschen zu nennen vermöchte, die noch niemals um jemanden getrauert hätten. Als der Mann lange zögerte und verlegen schwieg – er konnte vermutlich keinen einzigen nennen –, sagte Demonax: ‚Du wunderlicher Mensch, meinst du denn, daß du allein Unerträgliches leiden mußt, wo du doch siehst, daß keinem Menschen das Trauern erspart bleibt?‘» Aus *Lukian*, ins Engl. übersetzt von A. M. Harmon (Loeb Classical Library), Bd. I, «Demonax», S. 159.

Flamme einer Lampe. In der ersten, der mittleren und der letzten Nachtwacht ist die Flamme weder stets die gleiche noch je eine andere.

Ein anderes Gleichnis ist das von der Braut, die als kleines Mädchen ihrem Vater um das Brautgeld abgekauft wird. Der Käufer gedenkt sie, wenn sie erwachsen sein wird, zum Weibe zu nehmen. Er begibt sich dann auf eine Geschäftsreise und ist viele Jahre abwesend. Das Mädchen wächst heran, kommt ins Heiratsalter und sollte nun nach indischem Brauch von einem Ehemann unterhalten werden. Nach schwerem Entschluß entscheidet sich der Vater dazu, einen nochmaligen Kaufpreis von einem zweiten Bewerber anzunehmen, und dieser Mann wird nun wirklich der Gatte des Mädchens. Bald aber kehrt der erste Freier zurück und verlangt, daß die Gattin, jetzt eine reife Frau, ihm zurückgegeben werde. Ihr Gatte jedoch erwiderte: «Diese Frau, die ich geheiratet habe, ist nicht deine Braut. Das kleine Mädchen von einst ist nicht die gleiche wie diese erwachsene Frau, die jetzt meine Gattin ist[1].» Und so ist es in der Tat. Durch die Reihe unserer, durch Tod und Geburt bedingten Existenzen hindurch und durch die verschiedenen Stadien unseres gegenwärtigen Lebens hindurch sind wir mit uns selbst identisch und doch auch nicht identisch.

Das Problem wurde in den Schulen des Hīnayāna sozusagen gelöst mit der Erklärung, daß alles, was man als dauernde Seinsform anzusehen pflegt, gar nicht existiert. Was allein als wirklich existent angesehen werden kann, sind nur die Dharmas: kleine kurzfristige Wirklichkeiten, die, wenn in Gruppen und zur Kette von Ursache und Wirkung zusammengeschlossen, den Eindruck von Pseudo-Individuen schaffen. Es gibt keinen Denker, es gibt nur das Denken; keinen der fühlt, sondern nur das Fühlen; keinen der handelt, sondern nur sichtbare Handlungen. Das ist Phänomenalismus, eine Lehre, die die Nichtexistenz von Substanzen und Einzelwesen vertritt, dabei aber auf der Realität unendlicher Einheiten besteht, aus denen die Weltillusion sich zusammensetzen soll. Die Seele, das Individuum ist nichts weiter als ein Komplex flüchtig dauernder Daseinsabschnitte; und diese allein sind Realität. Nirvāṇa, das Erlangen der Befreiung, ist also nur das Aufgeben der Idee, daß all diese Erscheinungseindrücke, die wir sehen und fühlen, die Wirklichkeit darstellen, die sie darzustellen scheinen. Die Ausmerzung dieser falschen Idee – des Leitgedankens und -irrtums unseres Lebens – schneidet das ganze Gefolge von fal-

[1] *Milindapañha («The Questions of King Milinda»)* 2.2.6. (Sacred Books of the East, Bd. XXXV, S. 74.)

schen Hoffnungen und Ängsten, Lebensplänen, Begierden und Feindseligkeiten ab. Der Arhat, der Erleuchtete ist nur ein Wirbel, der sich nicht länger täuschen läßt, weder über sich selbst noch über das Erscheinungshafte von Namen und Formen anderer: in ihm hat das Wissen um die Bedingtheiten der Erscheinungswelt das befreit, was sich zuvor infolge der allgemeinen Täuschung als eine Wesenheit betrachtete. Was aber noch weiteres über Nirvāṇa gesagt werden könnte, das einzusehen macht der Hīnayāna-Philosoph gar keinen Versuch. Der Begriff Nirvāṇa ist für ihn ein streng negativer; wäre der Begriff positiv, so verfiele er sofort dem Bann der Grundformel: *yat sat tat kshaṇikam:* alles was ist, ist von kürzester Dauer, nur wie ein Augenblick.

Die einst sehr weit verbreitete Hīnayāna-Gruppe, die man Sarvāstivādins oder «Realisten» (*sarva*, «alles»; *asti*, «seiend»; *vāda*, «sagend») nennt, unterscheidet fünfundsiebzig Dharmas oder «Kategorien», unter denen nach ihrer Behauptung jeder Gedanke und jede Wesensform zusammengefaßt werden kann. Alle sind «wirklich in bezug auf ihre Substanz» *(dravyato santi);* das heißt, alle existieren als Substanz, wenn sie auch als kurzlebige Manifestationen ständigem Wechsel unterworfen und höchst vergänglich sind. Sie existieren in einer fortlaufenden Reihe von Geburten, Daseinszuständen und Auflösungen, die aufhört, sobald wahre Erkenntnis die ruhelose Bewegung eines Zufallsprozesses beendet und in die Ruhe des Ausgelöschtseins *(nirvāṇa)* hinüberführt. Diese Theorie bezeichnet den Höhepunkt des *frühen* Hīnayāna und schuf die Grundlage für die Spekulationen der *späteren* Hīnayāna-Schulen.

Die Frage, wie denn das Leiden in dieser Welt erlitten werden könne, wenn es gar keine Ichs gibt, in denen das Leiden sich abspielt, wird von den Denkern der späteren Schulen verschieden beantwortet. Die Sautrāntikas zum Beispiel suchen das Problem zu erklären mit Hilfe ihrer Grundidee, daß unsere Denkprozesse kein direktes Abbild der äußeren Realität wiedergeben, sondern in einer ihnen eigenen Gedankenreihe abrollen, wohl unter dem Druck von außen, aber doch autonom. Auf Grund unserer inneren Erfahrungen müssen wir schließen, daß es äußere Objekte gibt. Das heißt aber nicht, daß diese Objekte ihrem Wesen nach auch mit den inneren Denkbildern, die zwar unter ihrem Einfluß entstanden, übereinstimmen. Es gibt zwischen außen und innen keine Ursachenkette, durch die etwa das Leiden, das im Inneren empfunden wird, hervorgerufen würde. Die Qualen der Hölle, die Freuden des Himmels und die gemischten Gaben der Welt, sie alle sind gleichermaßen Denkbilder, erzeugt nicht durch äußere Tatsachen, sondern durch vorausgehende geistige Ursachen, wobei jede Gedankenkette die mehr oder minder dauerhafte Macht einer besonderen Art von Unwissenheit oder Verzauberung darstellt. Was sich für ein leidendes Ich hält, ist nur die Kontinuität des Leidens selbst. Die ununterbrochene Folge ähnlicher geistiger Dharmas läuft einfach als ein Reflex ihrer eigenen Unvollkommenheit weiter.

Die Vaibhāshikas dagegen widersetzen sich dieser Doktrin als einem «widerspruchsvollen Geschwätz» *(viruddhā bhāshā)*[1]. Sie halten die Behauptung für absurd, daß die äußere Welt erschlossen werden könne auf Grund einer Gedankenreihe, die gar nicht in Berührung mit ihr steht. Für sie ist die Welt der direkten Wahrnehmung zugänglich. Auf die Existenz einiger äußerer Objekte kann wohl bisweilen geschlossen werden, aber in der Regel ist es die Wahrnehmung, die uns deren Existenz anzeigt. Daher gibt es zwei Arten von Erfahrungsobjekten: 1. fühlbare oder wahrgenommene und 2. denkbare oder erschlossene. Die Gesetze, welche die Kausalfolgen in diesen zwei Bereichen bestimmen, sind zwar verschieden, beeinflussen sich aber gegenseitig. Das Leiden zum Beispiel stellt einen tatsächlichen Einbruch der äußeren Welt in die innere dar, wenn auch der übliche Schluß, daß das Leiden des Individuums eine Prüfung bedeute, durch die Realität nicht zu belegen ist. Denn alles, was der Denkablauf als äußerlich hinstellt, existiert auch wirklich außen, wenn auch nicht substantiell und dauernd, wie allgemein geschlossen wird.

Nach den Überlegungen dieser beiden späten Hīnayāna-Schulen sind die Formen der Erfahrung – der äußeren wie der inneren – zwar ephemer, aber real. Im Mahāyāna dagegen sind sie nicht einmal real. Ein metaphysisches Substrat alles Erscheinungshaften wird zwar angenommen, aber der ganze Bereich der Erscheinungswelt selbst (sei sie nun geistig oder physisch, erschlossen oder wahrgenommen, langewährend oder von allerkürzester Dauer) wird als substanzlos angesehen. Die Philosophen des Mahāyāna vergleichen die Welt mit einer Zaubervorstellung, einem Spiegel, einem Blitzstrahl oder dem Wellengekräusel auf dem Meer. Das Meer selbst, die Wirklichkeit jenseits und innerhalb der Wellenformen, kann nicht mit dem Maß des Gekräusels ausgemessen werden. Ähnlich die Ob-

[1] Ihr Name, Vaibhāshika, wird merkwürdigerweise zurückgeführt auf ihre Gepflogenheit, die Sautrāntika-Doktrin von der Beeinflußbarkeit der Außenwelt als «*viruddhā bhāshā*» abzutun.

jekte in der Welt: sie haben Eine Realität und sind deshalb in der Realität eins. Aber diese Realität kann nicht in Begriffen der Erscheinungswelt beschrieben werden. Diese eine Realität in ihrem ontologischen Aspekt kann nur bezeichnet werden mit *bhūta-tathatā*, das heißt «das Sosein der Wesen, die Essenz des Seins». In ihrer Beziehung zur Erkenntnis heißt sie *bodhi* («Weisheit») und *nirvāṇa*.

Dadurch nun, daß die Mahāyāna-Schulen den Begriff und das Problem, dem die Hīnayāna-Philosophen nur einen negativen Wert beimessen, positiv betrachten, haben sie sich über den verhältnismäßig naiven Positivismus ihrer Gefährten emporgehoben und dem Nondualismus des zeitgenössischen Vedānta angenähert. Die Hīnayāna-Denker haben aber, kurz gesagt, niemals wirklich die Frage nach dem Grad oder Wesen ihrer sogenannten «Realität» angepackt. Haben sie denn je erklärt, in welchem Sinne ihre Dharmas und ihre Ketten von Ursache und Wirkung «existieren»? Was ist schließlich damit gesagt, wenn behauptet wird, die Dharmas seien letztlich «real»? Die Mahāyāna-Philosophen, die ihre Aufmerksamkeit dieser Frage zuwendeten, unterschieden drei Aspekte, nach denen die Realität jedes Objektes betrachtet werden kann: 1. Die Quintessenz, 2. die Attribute, 3. die Aktivität. Die *Quintessenz* eines Kruges ist Erde oder Ton; seine *Attribute* sind Rauheit oder Feinheit, Zerbrechlichkeit oder Stärke, Schönheit oder Häßlichkeit der Form usw.; seine *Aktivität* aber ist das Aufnehmen, Halten und Abgeben von Wasser. Sowohl die Attribute wie die Aktivitäten unterliegen den Gesetzen der Wandlung, die Quintessenz aber ist absolut unzerstörbar. Die Wogen des Meeres können hoch oder flach sein, das Wasser selbst aber wird weder mehr noch weniger. Und so kommt es, daß, obwohl alle Dinge geboren sind, um zu sterben – seien es nun langlebige Individuen oder unendlich kurz dauernde Teilchen –, die Quintessenz von ihnen allen unverändert bleibt. Das Weltall, die ganze Welt der Namen und Formen hat ihren Erscheinungs- und ihren Daueraspekt, aber nur der letztere, diese Grundlage aller Dinge, kann mit *bhūta-tathatā*, mit «Sosein oder Essenz des Daseins» bezeichnet werden.

Nach dem Grundgedanken dieser metaphysischen Philosophie (die sozusagen ihren Stand im Nirvāṇa hat) ist jeder Dharma *pratītya-samutpanna*, «abhängig von anderen». Er kann nicht erklärt werden durch Bezüge auf sich selbst oder auf etwas anderes, oder indem man die beiden Bezugsreihen miteinander in Verbindung setzt. Jedes Begriffssystem endet in inneren Widersprüchen und ist daher einfach leer. Aber ebensowenig wäre richtig, zu sagen, daß alles «nicht-existent» sei. Denn das wäre nur ein neuer Akt dialektischen Überlegens, während echtes Wissen weder Bejahung noch Verneinung ist. «Nichts wird preisgegeben, nichts vernichtet *(na kasyacit prahānam, nāpi kasyacin nirodhaḥ)*[1].»

Die einzige letztliche Wahrheit ist also das Leere – eine unaussprechliche Wesenheit, der Zustand des «Soseins» *(tathatā)*, der als Gegensatz zum ewig-veränderlichen Trugbild zufälliger Vorstellungen angesehen wurde. Was durch alle Räume und Zeiten hindurch als die Essenz der Dinge bestehen bleibt, das – und das allein – ist das Absolute. In ihrem Grundwesen können die Dinge weder benannt noch erklärt werden; sie lassen sich nicht untersuchen; sie entziehen sich der Wahrnehmung; sie sind von absoluter Identität; sie haben keine unterscheidenden Merkmale; sie unterliegen keiner Veränderung, keiner Zerstörung. Ihr Wirklichkeitsbereich ist der der «absoluten Wahrheit» *(paramārtha-tattva)* nicht der der «relativen Wahrheit» *(saṁvriti-tattva)*, mit anderen Worten also genau das, was in den Upanishaden mit *brahman* bezeichnet wird. Allerdings führt die negative Formulierung, als der positiven gegenübergestellt, hier im Buddhismus zu einer anderen Haltung und einer anderen Denk- und Lehrweise.

Als der große Meister dieser Doktrin wird Nāgārjuna (2. oder 3. Jahrhundert n. Chr.) angesehen. In einer Biographie, die ein hinduistischer Weiser mit Namen Kumārajīva etwa 405 n. Chr. ins Chinesische übertrug, wird von ihm erzählt, er sei ein Brahmane in Südindien gewesen, habe schon als Knabe die vier Veden studiert und sei ein Meister in allen Wissenschaften, einschließlich der Magie, geworden. Schon in früher Jugend machte er sich und drei seiner Freunde unsichtbar, um so in den königlichen Harem zu gelangen. Aber die vier hatten noch kaum den Vorteil ihrer Lage nutzen können, als sie schon ergriffen wurden. Die Freunde wurden zum Tode verurteilt, dem Nāgārjuna aber wurde gestattet, den anderen Tod, nämlich das Mönchsgelübde zu wählen.

In neunzig Tagen bewältigte er das ganze Studium des buddhistischen Pāli-Kanons. Dann zog er fort gen Norden, auf der Suche nach weiterem Wissen, bis er zum Himalaya kam, wo ein uralter Mönch ihn mit den *Mahāyāna-sūtras* bekannt machte; dann entdeckte ihm ein Schlangenkönig *(nāgarāja)* einen authentischen Kommentar zu jenen Schriften. All diese

[1] Vgl. Candrakīrti, *Prasannapadā* 1, bei Stcherbatsky, a. a. O. S. 83 ff. Die *Prasannapadā* ist ein Kommentar zur *Akutobhayā* des Nāgārjuna, vermutlich im 6. oder 7. Jahrhundert n. Chr. verfaßt.

heiligen Schriften waren jahrhundertelang – so wird erzählt – im geheimen aufbewahrt worden. Sie waren tatsächlich eine authentische Enthüllung der Lehre, die der Buddha selbst für seine Zeitgenossen zu tiefgründig befunden und deshalb vertrauenswürdigen Wächtern zur Aufbewahrung gegeben hatte. Die Menschheit mußte sich buchstäblich jahrhundertelang üben (in der Übung des Hīnayāna), um auf dieses höhere Gesetz vorbereitet zu werden. Nun aber, da die Welt dafür bereit war, durfte Nāgārjuna die endgültige buddhistische Lehre des «Großen Fahrzeugs» über ganz Indien verbreiten. Und dies tat er – der Legende zufolge – dreihundert Jahre lang.

Die Gründung des Mahāyāna schreibt die Legende also dem Nāgārjuna zu. Es gibt jedoch Zeugnisse dafür, daß die Grundprinzipien schon vor seiner Epoche formuliert waren. Obgleich die gesamte sogenannte *Prajñāpāramitā*-Literatur seiner Feder zugeschrieben wird, scheint es heute doch so, als ob einige dieser Texte vor seiner Zeit, andere dagegen erst nach ihm entstanden seien. Das eine aber ist sicher, daß Nāgārjuna, wenn sich in seiner Biographie auch manches Erdichtete findet, eine wirkliche Persönlichkeit war, und nicht nur das: er war ein glänzender philosophischer Geist, kristallklar und feurig. In Nordindien spricht man noch heute von ihm als dem «Buddha ohne charakteristisches Merkmal». Und die ihm zugeschriebenen Werke werden gleich den «Sūtras aus des Buddha eigenem Munde» verehrt[1].

Im vierzehnten Kapitel von Nāgārjunas *Mādhyamika Shāstra* («Leitfaden für die Schule des Mittleren Weges») ist zu lesen: «Die Lehre des Buddha vermittelt zwei Arten von Wahrheit: die relative, bedingte Wahrheit und die transzendente, absolute Wahrheit[2].» Was mit dieser fundamentalen Äußerung gemeint ist, wird klar genug durch das erhellt, was wir bereits über das Mysterium der Erleuchtung wissen, wie es in den traditionellen Schulen Indiens erfahren und erklärt wird. Jedenfalls enthält der Satz nichts Neues. Und auch Nāgārjunas Schilderung von der Unaussprechlichkeit der höchsten Erfahrung enthält nichts Überraschendes: «Nicht das Auge ist es, das sieht, nicht der Verstand ist es, der denkt; das ist die höchste Wahrheit, in die die Menschen nicht eindringen. Das Land, in dem die vollständige Vision aller Objekte auf einmal erlangt wird, hat

[1] Bunyiu Nanjio, *A Short History of the Twelve Japanese Buddhist Sects*, Tokyo, 1886, S. 48.

[2] *Mādhyamika Shāstra* 14; zit. bei Radhakrishnan, a.a.O. Bd. I, S. 658.

der Buddha als das höchste Ziel *(paramārtha)*, das Absolute, die Wahrheit, die sich nicht in Worten predigen läßt, bezeichnet[1].» Dies aber ist, wie schon gesagt, nichts Neues. Die folgenden Verse indessen bringen den Hauptschlüssel zu Nāgārjunas eigenster Konzeption:

śūnyam iti na vaktavyam
aśūnyam iti vā bhavet,
ubhayaṁ nobhayaṁ ceti;
prajñāptyarthaṁ tu kathyate.

«Es kann weder leer noch nicht leer genannt werden, weder beides noch keines von beidem, sondern, um es zu kennzeichnen, wird es eben das Leere genannt[2].» Diese negative Kennzeichnung des transzendenten «höchsten Zieles» gibt im Gegensatz zu der in der vedischen Tradition vorherrschenden positiven Haltung dem ganzen Lehrgebäude, das sich mit Namen und Werk des Nāgārjuna verbindet, seine Eigenheit und Kraft. Die kühne Konsequenz, mit der diese Verkündungsweise durch alle Phasen des Denkens und Fühlens bis zur äußersten Grenze durchgeführt wird, ist von einem herrlichen, wahrhaft großen Hauch von Freiheit getragen, der alle Schriften des Mahāyāna durchweht.

«Ein Bodhisattva sollte keine Geschenke machen», heißt es zum Beispiel in dem «Das Diamantschiff» *(Vajracchedikā)* genannten *Prajñāpāramitā-sūtra*, «solange er noch an Gegenstände glaubt. Er sollte keine Geschenke machen, solange er an irgend etwas glaubt. Er sollte nichts schenken, solange er an die Form glaubt; er sollte nichts schenken, solange er an die besonderen Qualitäten von Ton, Geruch, Geschmack und Empfindung glaubt. Denn, Subhūti, ein Bodhisattva sollte erst dann etwas schenken, wenn er auch nicht mehr an die Kausalität glaubt. Und warum? Weil das Maß der Verdienste eines Bodhisattva, der ohne an etwas zu glauben ein Geschenk macht, nicht leicht auszumachen ist[3].»

Radhakrishnan stellt in seiner Erläuterung der Mādhyamika-Doktrin vom Leeren fest: «Es gibt eine fundamentale Wirklichkeit, ohne welche die Dinge nicht das wären, was sie sind. Shūnyatā ist ein positives Prinzip.

[1] Ebenda, 3. Radhakrishnan, a.a.O. 662–663.

[2] Ebenda, 15. 3 (vgl. *Mūlamadhyamakakārikās de Nāgārjuna*, Bibliotheca Buddhica IV, St. Petersburg, 1913, S. 264, 11). 9–10); Radhakrishnan, S. 663.

[3] *Vajracchedikā* 4 (Sacred Books of the East, Bd. XLIX, Teil 2, S. 114). Ins Deutsche übers. v. M. Walleser, Göttingen 1914.

Kumārajīva bemerkt in seinem Kommentar zu Nāgārjuna: ‚Um der Shunyatā (der Leere) willen wird alles erst möglich, ohne sie ist in der Welt nichts möglich.' Sie ist die Grundlage für alles. ‚O Subhūti, alle Dharmas haben Shūnyatā als ihre Zuflucht; sie ändern diese Zuflucht nicht' *(Prajñāpāramitā)*. ‚Shūnyatā ist ein Synonym für das, was keine Ursache hat, für das, was über allem Denken und Begreifen steht, für das, was nicht geschaffen wird, für das, was nicht geboren wird, für das, was kein Maß hat' *(Ashṭasāhasrikā Prajñāpāramitā* 18)..., ‚Das Absolute ist weder seiend noch nicht seiend, noch ist es vom Nichtsein und vom Sein unterschieden' (Mādhava, *Sarvadarshanasaṅgraha*). Begrenzte Kategorien auf die unbegrenzte Welt zu übertragen, das gliche dem Versuch, die Sonnenhitze mit einem gewöhnlichen Thermometer zu messen. Das Absolute ist von unserem Standpunkt aus nichts. *Shūnyam tattvam.* Wir nennen es Shūnyam, weil keine auf die Weltbeschaffenheit anwendbare Kategorie ihm angemessen ist. Es als seiend zu bezeichnen, ist falsch, da nur konkrete Dinge *sind*. Es als nicht seiend zu bezeichnen, ist ebenso falsch. *(Tatra astitā vā nāstitā vā na vidyate nopalabhyate.)* Am besten vermeidet man jede Beschreibung[1].»

«Was meinst du denn, o Subhūti», sprach der Gesegnete, «denkt der Tathāgata in dieser Weise: das Gesetz ist durch mich gelehrt worden?»

Subhūti sprach: «Wahrlich nicht, o Gesegneter, der Tathāgata denkt nicht in dieser Weise: das Gesetz ist durch mich gelehrt worden.»

Der Gesegnete sagte: «Wenn ein Mensch behaupten würde, das Gesetz sei durch den Tathāgata gelehrt worden, würde er behaupten, was nicht wahr ist; er würde mir etwas Unwahres, das er gelernt hat, anhängen. Und warum? Da doch, o Subhūti, gesagt ist: das Lehren des Gesetzes, fürwahr das Lehren des Gesetzes! O Subhūti, es gibt nichts, das durch die Bezeichnung ‚das Lehren des Gesetzes' verstanden werden könnte.»

«Was meinst du denn, o Subhūti, gibt es etwas, das vom Tathāgata in der Form der höchsten vollkommenen Erkenntnis erkannt worden ist?»

Der ehrwürdige Subhūti erwiderte: «Wahrlich nicht, o Gesegneter; es gibt nichts, o Gesegneter, das vom Tathāgata in der Form der höchsten Erkenntnis erkannt worden ist!»

«So ist es, Subhūti», sprach der Gesegnete, «so ist es[2].»

[1] Radhakrishnan, a.a.O. S. 663–664.

[2] *Vajracchedikā* 21–22 (Sacred Books of the East, Bd. XLIX, Teil II, S. 137–138, übers. v. M. Walleser, Göttingen 1914).

Der Begriff *shūnyatā* beruht, soweit er der metaphysischen Wirklichkeit gilt, auf der Tatsache, daß Verstand und Sprache nur in der endlichen Welt anwendbar sind; über das Unendliche kann nichts ausgesagt werden. Der Begriff wird aber auch für alle Dinge der Erscheinungswelt angewendet – und hier liegt nun das große Meisterstück des Shūnyavāda. «Auf die Erfahrungswelt angewandt», schreibt Radhakrishnan, «bedeutet Shūnyatā den ewig wechselnden Zustand der Erscheinungswelt. In der furchtbaren Öde der Unendlichkeit verliert der Mensch jede Hoffnung, im Augenblick aber, wo er ihre Unwirklichkeit erkennt, geht er über sie hinaus und strebt nach der Dauer. Er weiß, alles ist nur ein flüchtiger Traum, in dem er, unbekümmert um den Ausgang, seines Sieges gewiß ist[1].»

Mit anderen Worten: die Vorstellung der Leere, des Nichts, des Vakuums wird von der Mādhyamika-Schule als geeignetes, wirksames Erziehungsmittel benutzt, um das Denken über jenes Dualitätserleben hinwegzutragen, das all den Systemen innewohnt, die die absolute Welt und die der Relativität in verschiedenartigen oder gar gegensätzlichen Begriffen darstellen. Die *Vedānta-gītās* haben, wie wir sahen[2], die Nichtdualität von Nirvāṇa und Saṁsāra, von Befreiung und Gefangenschaft in rhapsodischen Versen verkündet und gepriesen. In der buddhistischen Formulierung aber trägt das eine Wort *shūnyatā* die ganze Botschaft in sich und enthebt gleichzeitig den Verstand jeden Versuches, eine Synthese zu konzipieren. Philosophisch, als metaphysische Doktrin, führt die Formulierung zu einem reinen Doketismus; die Welt, der Buddha und das Nirvāṇa selbst sind weiter nichts als Figuren eines ganz leeren Traumes. (Dieser Punkt ist denn auch bei Auseinandersetzungen immer wieder angegriffen worden, und es ist sicherlich nicht schwer, hier eine Absurdität aufzuzeigen, wenn man die üblichen Vernunftkategorien anwendet.) Man darf aber nicht vergessen: diese buddhistische Philosophie will nicht in erster Linie ein Werkzeug der Vernunft sein, sondern dazu dienen, die Vernunft in Erlebnis umzuwandeln; ein Schritt nur über den Begriff hinaus, und man versteht erst, was er wirklich meint[3]. Und der Kunstgriff, der zu diesem ganz anderen

[1] Radhakrishnan, a.a.O. S. 663. [2] Oben S. 399–406.

[3] «Die Metaphysik des Mahāyāna in ihrer lückenhaften Systematik zeigt deutlich genug, daß sie in den Augen der Mönche nur von zweitrangigem Interesse war; ihr Hauptinteresse ist auf das Erlangen der Befreiung gerichtet. Der Mahāyāna sieht ebenso wie der Hīnayāna sein entscheidendes Anliegen in diesem praktischen Ziel, und seine Philosophie ist nur soweit von Wert, als sie dem Menschen zu diesem

Erkennen führt: erst einmal zwischen all den Gegensätzen stehen, die «die Welt» und das «Befreitsein von der Welt» auseinanderhalten, dann zwischen dem Moment des vorläufigen Erfassens und dem der bewußt erlebten Erleuchtung stehen – fürwahr, es wäre schwer, ein passenderes und besseres Wort dafür zu finden. Darum eben wird diese Lehre Mādhyamika, der «Mittlere Weg» genannt. Und wirklich bringt sie, soweit das möglich ist, den ganzen Gehalt der «Mittleren Lehre» des Buddha selbst in ein philosophisches System. Denn in dem orthodoxen, in Pāli verfaßten «Korb *(piṭaka)* der Gespräche des Buddha» heißt es: «Daß die Dinge ein Sein haben, o Kaccāna, das ist das eine Extrem der Lehre; daß die Dinge kein Sein haben, ist das andere Extrem. Diese Extreme, Kaccāna, sind vom Tathāgata vermieden worden, und es ist eine mittlere Lehre, die er bietet [1].» Unaufhörlich lenkte der Buddha den Verstand von seiner natürlichen Neigung weg, sich über oder unter dem endlosen und sinnlosen Zwang der Kausalverkettung eine ewige Substanz zu denken. Und das gleiche bezweckt auch Nāgārjunas Metaphysik vom Leeren.

Der Verstand will jedoch auch mitzusprechen haben. Und er tat es in den Schulen des Mahāyāna so gut wie in den Gemeinschaften der ganzen Welt, wo immer Menschen sich die Rätsel des Daseins zu erhellen suchen. Die Gelehrten sind unentschieden über die Frage, ob die Yogācāra-Schule des Mahāyāna der Mādhyamika-Theorie von der Leere vorausgegangen oder gefolgt ist; in beiden Fällen aber wäre der logische Zusammenhang der beiden Mahāyāna-Schulen evident [2]. Einen Stützpunkt für das Denken hat allerdings der Yogācāra festgehalten – einen alleräußersten, aber immerhin einen Stützpunkt. Das Leere *(shūnyatā)* wird hier nämlich wie im Vedānta dem reinen Bewußtsein, dem reinen Denken, dem echten Wissen *(prajñā)* gleichgesetzt, und über diesem Grundgedanken ist dann ein rationales System gebaut worden.

Es wurde zum Beispiel die Frage gestellt, wieso diese Erscheinungswelt aus dem Leeren geschaffen werden konnte. Wie war es möglich, daß reines Denken die als Wesen und Dinge bezeichneten Phantasmen, die in die

Ziele verhilft.» (Arthur Berriedale Keith, *Buddhist Philosophy in India and Ceylon*, Oxford 1923, S. 273.)

[1] *Saṁyutta-Nikāya* 22.90.17 (Warren, a.a.O. S. 166).

[2] Vgl. unten S. 468, Anm. 2. «Im allgemeinen setzt man den Shūnyavāda früher an als den Vijñānavāda (gleich: Yogācāra), obwohl das nicht sicher ist. Vermutlich haben sich beide nebeneinander entwickelt.» (Radhakrishnan, a.a.O. S. 645).

Kategorien *(dharmas)* gehüllt sind, erschafft, und daß ebenfalls reines Denken (etwa in der Erfahrung der Weisen) deren Leersein erkennt und sie sozusagen auf das Nichts zurückführt? Die Denker des Yogācāra haben sich dieser Frage mit ernstem Bemühen zugewandt.

Ihre Philosophie hat man als *nir-ālambana-vāda* bezeichnet, das heißt «die Lehre *(vāda)* ohne *(nir)* Stütze *(ālambana)*», da sie bestreitet, daß es außerhalb unserer Seelenvorgänge irgendwelche äußeren Objekte gebe, welche die Denkkonstruktionen von außen her stützen könnten. Man hat die Lehre auch *vijñānavāda*, «die Lehre *(vāda)* von den Denkvorstellungen *(vijñāna)*», genannt, da sie die rein geistigen Vorstellungen als das einzig Existierende betrachtet. Sie besteht auf dem logischen Primat nicht der erschaffenen Vielfalt, sondern des schöpferischen Prinzips, des reinen Denkens. Nicht die Welt, sondern das Denken wird als das Positive hingestellt. Ausgehend von dieser primären Substanz, wenden dann die Philosophen ihre Überlegungen nach außen, der kurzlebigen Vielfalt der Dinge zu. So führen sie das von den Hīnayāna-Sautrāntikas[1] angebahnte buddhistische Denken mit seiner idealistischen Tendenz zu einem logischen Schluß und rechtfertigen überdies dogmatisch ihre eigene Bewegung, indem sie gewisse Formulierungen des orthodoxen Pāli-Kanons betonen – wie etwa diese: «Das Bewußtsein ist leuchtend hell, aber es ist beschmutzt durch zufällige Verunreinigungen[2].»

Dem Yogācāra zufolge ist also die Wurzel des ewig bewegten *santāna* («Ausdehnung»: jene fließende Folge seelischer Zustände, die das ausmacht, was ein Individuum zu sein scheint und selbst zu sein glaubt) die «Ideation», die Vorstellungskraft *(vijñāna)*. Alles, was zu existieren scheint, ist das Ergebnis von *parikalpa*, «Schöpfung von innen», das heißt «Imagination». Solch magisch schöpferisches Denken ist aber nur deshalb möglich, weil es eine Art ewigen Aufbewahrungsraumes gibt *(ālaya*, «Wohnung»*)*, aus dem die Substanz jedes möglichen Bildes und Gedankens bezogen werden kann. Es ist das sogenannte *ālaya-vijñāna*, «Vorratsbewußtsein»: das Denken an und für sich; das Denken ohne das Gedachte; das Denken also, das «leer» *(shūnya)* ist. Der Ausdruck dafür ist *tathātā*, «das Sosein», und dies ist der *positive* Aspekt der Leere[3].

[1] Vgl. oben S. 459–460. [2] *Aṅguttara Nikāya* 1. 10.

[3] «Sollte der Yogācāra später als die Mādhyamika-Theorie anzusetzen sein», schreibt Radhakrishnan, «dann wäre die Logik der Entwicklung leicht verständlich. Ein Überdenken von Nāgārjunas Absolutem muß zur Theorie des *ālaya-vijñāna*

Der *ālaya-vijñāna* steht zwar über jedem Begriff und jeder Vorstellung, enthält aber doch gleichzeitig alle Möglichkeiten des Denkens: jedes wahrnehmbare, anschauliche Ding, jedes sogenannte Einzelwesen, alle Gegenstände der Erscheinungswelt, alle Schöpfungen aus dem ununterbrochenen Strom der Imagination *(parikalpas*, «Schöpfung von innen»), die sich wie Wogen aus diesem Ozean erheben, nur um gleich wieder in seine Unendlichkeit zu versinken. Das Individuum hört durch den Kontakt mit diesem «Vorratsbewußtsein» auf zu existieren; denn die oberflächlich bewegten Seelenzustände, die das Ichbewußtsein ausmachen, lösen sich darin auf. Der Begriff meint also praktisch das Gleiche wie *nirvāṇa* oder auch wie *shūnya*, aber er bedeutet immer einen positiven Zustand. *Ālaya-vijñāna* ist eine Art von buddhistischem Brahman, das durch rein geistigen Yoga – vollkommen reine Bewußtheit – erkannt werden kann. Ja, reine Bewußtheit ist geradezu identisch mit dem *ālaya-vijñāna*. Und da alles übrige nur bedingte Bewußtheit ist, stellt jene reine Bewußtheit die letzte Wirklichkeit, die abstrakte Quintessenz alles Seienden dar.

«Wenn die Bodhisattvas von vier Qualitäten durchdrungen sind, dann üben sie den Großen Yoga aus», heißt es im *Lankāvatāra-sūtra*, einem der Haupttexte des Yogācāra[1]. «Diese vier Qualitäten sind folgende: 1. Die Erkenntnis, daß alles nur eine Manifestation unseres Geistes ist, 2. die Befreiung von dem Irrtum, daß es in der Dingwelt etwas wie Wachstum, Dauer oder Aufeinanderfolge gebe, 3. die Einsicht, daß das einzige Merkmal der äußeren Objekte das Nichtsein ist, 4. die Einsicht, daß die Heilige Erkenntnis in uns selbst verwirklicht werden muß.» Dieser vierfache geistige Yoga rettet den Ausübenden aus dem qualvollen Wirbel des sonst endlosen Saṁsāra. *Prajñā*, «Weisheit», löst den Schleier auf, der die Gestalten der Illusion auf sich trägt, macht dem rastlosen Schauspiel ein Ende und führt so zu dem «ruhevollen, potentiellen universalen Bewußtsein, das alles enthält und nichts manifestiert» *(ālaya-vijñāna)*, und von dem nichts ausgesagt werden kann. Der Yoga erreicht dieses Ziel allmählich, Schritt für Schritt. Er verfolgt die Ausdehnung des tätigen Denkens *(san-*

führen ... *ālaya-vijñāna* ist die Geistigkeit, *vijñāna* heißt, sich in der Objektwelt objektivieren oder sich in ihr ausdrücken. Die höchste Form, in der das Denken sich dem Absoluten nähern kann, ist, dieses als Bewußtsein, *cit*, *vijñāna* anzusehen.» (Radhakrishnan, a.a.O. S. 665–666.)

[1] *Laṅkāvatāra-sūtra* 2.30. Nach der Gepflogenheit des Mahāyāna heißen die Eingeweihten Bodhisattvas (vgl. unten S. 475 ff.).

tāna) zurück durch den ständigen Fluß der Seelenzustände und geleitet die Seele zuletzt zum unerschöpflichen Vorratsraum, aus dem die Ausdehnung sich unablässig ergießt. Und diese echte Fülle über und hinter den Zufälligkeiten der Weltillusion ist Nirvāṇa.

Eine Frage jedoch bleibt bestehen – ein klassisches Problem der Metaphysik –, nämlich: wie denn die mannigfachen flüchtigen Vorgänge aus dem ungestörten Frieden eines untätigen Seinsvorrates heraustreten können. Wie kann ein «unaufhörlicher Strom seelischer Zustände» *(pravritti)* hervorgehen aus reinem Denken, das vollkommen in sich ruht? Mit dieser Frage ist natürlich auch die nach dem ewigen Problem vom Ursprung des Bösen gestellt. Was treibt denn das reine, das absolut reine «Vorratsbewußtsein» unaufhörlich dazu, aus der Ruhe, die sein Wesen und seine Substanz ist, eine Erscheinungswelt hervorzubringen, deren Ursache und Merkmal Unvollkommenheit (*karma*, Sünde) ist, und die außerdem durchtränkt ist mit Leiden aller Arten?

Diesem Rätsel steht der ausübende Yogī immer dann gegenüber, wenn bei ihm der Zustand vollkommener Versunkenheit *(samādhi)* einem normalen Bewußtseinszustand mit seinem rationalen Denken, seinem Ich-Bewußtsein und den Wahrnehmungen einer Außenwelt weicht. Der ganze Zauber der Erscheinungen umfängt dann wieder das Bewußtsein des Yogī, ja erhebt sich auch aus seinem Inneren. Wo kommt er her?

Die Annahme, daß *avidyā* (Nichtwissen) und *vāsanās* (eingedrungene und eingewurzelte unbewußte Tendenzen) von Ewigkeit her als Verunreinigung im *ālaya* lägen und daß sie die letzte Ursache der Weltwerdung seien, würde die Einführung eines dualistischen Prinzipes bedeuten, wie der Sāṅkhya es anerkennt. Und das würde weiter heißen, daß man zwei voneinander unabhängige Prinzipien anzunehmen hätte, beide ohne Anfang und Ende, *ālaya* und *āvidyā*, jenes passiv, dieses aktiv, jenes seinem Wesen nach bewegungslos, dieses aber Ursache ständiger Bewegung und Unruhe. Der Sāṅkhya gibt, wie wir sahen, keine Erklärung für die Anziehungskraft der Lebensmonaden *(purusha)* auf die Natur *(prakriti)*. Es wird nur gesagt, daß die Lebensmonaden reines Bewußtsein seien, die Natur aber bloße Materie, und dabei läßt man es bewenden. Das Problem bleibt ungelöst. Ähnlich im Yogācāra: es wird keine wirklich befriedigende Erklärung der Beziehung zwischen den beiden Prinzipien geboten. Die frühe Yogācāra-Schule trägt in Gestalt jenes implizierten heimlichen Dualismus den Keim zur eigenen Widerlegung in sich. Bei den späteren, den klassischen Meistern der Lehre aber, den berühmten Brüdern Asaṅga und Vasubandhu (5. Jahrhundert n. Chr.) wurde diese philosophische Sackgasse geschickt vermieden[1].

In ihrer Darstellung ist *ālaya* der Vorratsraum sowohl für das Schlechte *(kleshita)*, «das Unglückliche und Ungünstige», wie auch für das Gute *(kushala)*, «das Glückliche und Günstige», und damit bringen sie die buddhistische Metaphysik in Übereinstimmung mit den Hauptkonzeptionen der Hindu-Mythologie und -Theologie. Denn der Hinduismus stellt das Höchste Wesen (sei es nun unter der Maske Shivas, Vishnus oder der Göttin) immer als Schöpfer sowohl der Dämonen als auch der Götter dar. Dies Höchste Wesen ist Urquell aller Dinge im Kosmos, der bösen wie der guten, der sichtbaren wie der unsichtbaren, und verkörpert selbst durch sie die Rollen und Haltungen, die sie darstellen. Als die Ursubstanz, aus der die Geschöpfe hervorgehen, ist das Allwesen ambivalent, ja mehr noch, es ist polyvalent. Als Schöpfer und Vernichter, Tröster und Bedrücker, als Lehrer und Betrüger – wobei er jedoch gleichzeitig transzendent, ruhevoll und ewig unbeteiligt ist – vereinigt er in seiner einen Gegenwart alle Gegensatzpaare, vereinigt sie und steht unendlich hoch über ihnen. Das gleiche Prinzip taucht nun wieder auf in der Interpretation des *ālaya* durch die klassischen Meister der Yogācāra-Schule. Es ist unverkennbar, daß die buddhistische Metaphysik nicht eigentlich abgeleitet werden kann von den großen Grundideen und Problemen des orthodox-brāhmanischen indischen Denkens[2].

[1] Asaṅga und Vasubhandu waren die älteren dreier Brüder, von deren jüngstem, Viriñcivatsa, nichts bekannt ist. (Einer anderen Version zufolge war Vasubandhu der jüngste und Viriñcivatsa der zweite.) Sie stammten aus einer Brahmanenfamilie in Gandhāra und nahmen die Weihen in der Sarvāstivāda-Schule des Hīnayāna (vgl. oben S. 459). Asaṅga trat als erster zum Mahāyāna über. Er bekehrte auch seinen Bruder, und nun wurden die beiden zu hervorragenden Vertretern ihrer Glaubensgemeinschaft. Als Zeitgenossen des Königs Bālāditya und seines Vaters Vikramāditya (vielleicht identisch mit Candragupta II.?) standen sie in enger Verbindung zum Gupta-Hofe von Ayodhyā (dem heutigen Oudh). Vasubandhu gilt als Verfasser von rund zwanzig Werken, von denen zwei besonders berühmt und einflußreich waren, nämlich der *Abhidharmakosha* («Lehrbuch der Erhabenen Wahrheit»), der noch aus seiner Hīnayāna-Periode stammt, und die in späterer Zeit verfaßte *Vijñaptimātratā-trimshikā* («Abhandlung in dreißig Strophen über die Welt als bloße Vorstellung»). Asaṅgas bedeutendste Werke sind die *Yogācāryabhūmi* («Stufen des Yogācāra») und der *Mahāyāna-samparigraha* («Mahāyāna-Handbuch»).

[2] *Anmerkung des Herausgebers:* In diesem Zusammenhang muß die Mahāyāna-Lehre des Trikāya, der «Drei Leiber des Buddha» erwähnt werden. Sie steht der

Der Buddha hatte als ein Hindu begonnen. Ja, die Hindu-Götter hatten – der buddhistischen Legende zufolge – bei jeder Stufe seines Fortschreitens über ihn gewacht. Er blieb also im Bereich der traditionellen indischen Philosophie und griff nur ihr klassisches Problem der Erlösung *(moksha)* von einem neuen und fruchtbaren Gesichtspunkt auf. Seine Anliegen und Bestrebungen entsprachen genau denen der zeitgenössischen brahmanischen Denker. Und so flossen nach einiger Zeit die zwei Systeme praktisch ineinander. Den gleichen Gedanken, Problemen und Methoden zugewandt, mühten sich ihre leitenden Vertreter in den gleichen Städten, ländlichen Hainen und höfischen Gärten um die gleichen Fragen, bis schließlich der Unterschied zwischen den beiden Systemen praktisch verschwand. Ob man nun Vishnu oder den Bodhisattva, Shiva oder den Buddha verehrte, ob man Erlösung im Brahman oder im allenthaltenden Ālaya suchte, die Methoden und Wege waren praktisch die gleichen, die Einstellungen dem göttlichen Guru gegenüber kaum zu unterscheiden, und für eine redliche und gründliche Auseinandersetzung gab es keine Basis mehr.

hinduistischen Dreiheitsauffassung nahe (vgl. oben S. 339–365): 1. Das transzendente Prinzip *(brahman-ātman)*, 2. der Herr der erschaffenen Welt *(īshvara)* und 3. die geschichtliche Inkarnation *(avatāra)*. Die drei Leiber des Buddha sind: 1. der Dharmakāya (der substanzielle Leib); er ist identisch mit der Leere *(shūnya)*, dem Sosein *(tattva)*, der göttlichen Erkenntnis *(prajñā)* und der Weisheit *(bodhi)*; 2. Sambhogakāya (Leib der Glückseligkeit); er ist die Substanz, die sich im Himmel manifestiert (oder in den verschiedenen Himmeln, den «Buddha-Ebenen»); er ist «durch Name und Form beschränkt, aber allwissend, allgegenwärtig und innerhalb des Kausalitätsgesetzes allmächtig» (Coomaraswamy, *Buddha and the Gospel of Buddhism*, S. 246); 3. Der Nirmāṇakāya (der Leib der Verwandlung); er ist die Substanz, die sich auf Erden als historischer Buddha manifestiert, hervorgegangen oder projiziert aus dem Sambhogakāya.

Es mag hier auch darauf hingewiesen werden, daß in späteren Perioden des Mahāyāna der Dharmakāya personifiziert wird als Ādi-Buddha (der Höchste Buddha), dessen Gattin oder Shakti die Prajñā-Pāramitā (die Weisheit vom jenseitigen Ufer) ist; vgl. Coomaraswamy, a.a.O. S. 239–241, 249, und Zimmer, *Mythen und Symbole in indischer Kunst und Kultur*, S. 111–112, 161. Der Symbolismus dieser Gestalt in der Umarmung mit seiner Gattin (Yab-Yum, vgl. unten S. 491–497) ist das buddhistische Gegenstück zum tantrischen Paar Shiva-Shakti (unten S. 516–528).

Zur Frage, wie die Trikāya-Lehre sich in den verschiedenen Mahāyāna-Schulen Chinas und Japans abgewandelt hat, vgl. Junjiro Takakusu, *The Essentials of Buddhist Philosophy*, herausgegeben von W. T. Chan und Charles A. Moore, 2. Aufl., Honolulu, T. H., 1949, S. 47, 48, 52, 79, 82, 127, 141, 147, 172, 194.

Das universelle «Vorratsbewußtsein» – reines Denken an und für sich – ist der Ursprung jedes nur möglichen schöpferischen Gedankens und daher auch der unendlichen Reihe vergänglicher Ideen, durch die sowohl der Lebensprozeß jedes Einzelnen wie auch das große Schauspiel der gesamten Erscheinungswelt ins Leben gerufen wird. Die Dynamik der seelischen Vorgänge entsteht durch Verunreinigung – durch im Ālaya ruhende Keime –, und trotzdem transzendiert im Grunde der Ālaya die Verunreinigung. Weisheit *(prajñā)*, die durch Erleuchtung erfahren wird, läßt diese Wahrheit erkennen und verstehen. Der Ālaya ist Tathātā, reines Wesen, ist das ewig über der Verunreinigung stehende Absolute und daher einem Juwel vergleichbar. Ein Juwel mag man in der Erde vergraben; herausgeholt, gereinigt und poliert, erstrahlt es in seinem früheren Glanz. Im Augenblick, wo der Yogī-Bodhisattva «das Reinigen oder Weglegen» *(vyavadāna)* als Folge der erlangten transzendenten Weisheit erreicht hat, kann der strahlende Glanz in seiner unbewegten, vollkommen unberührten Reinheit erblickt werden. Was als Verunreinigung erschien, ist verschwunden; denn die wahrgenommene Verunreinigung war nur die Folge unvollständiger Erkenntnis, sie spiegelte nur die Bedingtheit aller irdischen Vorstellungen.

Gewiß ist damit das Problem nicht gelöst. Die ganze Überlegung ist ein Zirkelschluß. Die Verunreinigung *(klesha)* ist eine Wirkung von Verunreinigung *(avidyā)*, das «Wegwischen» *(vyavadāna)*, das den Glanz des Juwels enthüllt, wird durch das Entdecken des Juwelenglanzes bewirkt. Der Glanz, obschon vollkommen rein, wird mit der Verunreinigung wahrgenommen, während die Verunreinigung in gewisser Weise durch Reinheit bewirkt wird und das Ergebnis der strahlenden Substanz der Widerschein des Glanzes selbst ist. Die Erörterung löst sich in Paradoxe auf. Gleichwohl ist ihr Hauptzweck klar genug: sie will nämlich den Geist aus der physischen und rationalen Ebene heraus- und durch die Kontemplation ins Metaphysische emporheben.

Im Licht dieses metaphysischen Anliegens wandeln alle im Hīnayāna gebrauchten Ausdrücke ihre Bedeutung. Das Karma zum Beispiel kann nun nicht mehr gelten als einzige oder auch nur primäre Funktion der Unwissenheit eines Individuums, als Kontinuität einer besonderen Kausalkette, eines Santāna, das heißt einer individuellen Reihe, zwar ohne Anfang aber doch mit möglichem Ende. Jetzt hat das Karma einen kosmischen Aspekt angenommen. Es wird nicht mehr verstanden als ein Tun, das «Same» ist *(bīja)* und Früchte tragen soll, es ist selbst die Frucht eines «Samens» *(bīja)* im «Vorratsbewußtsein». Karma ist der universelle «Same», aus dem jegliches Tun als Frucht hervorgeht; ein imaginärer Same, der sozusagen den reinen unbefleckten Leib des Ālaya-vijñāna befruchtet, ihn imaginäre Einzelwesen hervorbringen läßt, imaginäre Welten, Erscheinungsphantome wie die Gestalten eines Traumes. Diese Wesen leben und leiden unter der Illusion, daß sie leben, leiden und im Laufe der Zeit Karma schaffen, während sie in Wirklichkeit selbst nur Spiegelungen von imaginären, in die Ewigkeit gesäten universellen Ideen sind. Karma, das Reale in allem, was wir sehen, fühlen, erleben und hören, ist der offenbare Schöpfer der Erscheinungswelt. Seine Samen entfalten sich zu einer endlosen Ernte individueller Bewußtheiten, die wie das Gras aus dem Samen fort und fort hervorsprießen. Die scheinbar getrennten Bewußtseinsketten machen die Mannigfaltigkeit dieser Welt und der Weltsysteme aus, sie wurzeln jedoch alle in dem einen Vorratsraum. Daher wird das Leben von allgemeinen Gesetzen beherrscht. Es gibt viele Lampen, aber ihr Licht ist nur eines; viele «Bewußtseinsströme» *(vijñānas)*, die aus dem Ālaya aus- und (durch Befreiung) dahin zurückfließen, die Totalität aber der Erscheinungen, so vielfältig sie in ihren Manifestationen auch sind, ist ihrer Beschaffenheit nach und als fortlaufender Werdeprozeß nur eins.

Die Welt als Lebensprozeß ist eins. Da aber «Tatsachen» niemals in ihrer Wirklichkeit, sondern als unterschiedlich begrenzte, individuelle Bewußtseinsinhalte erfahren werden, wird gleichwohl das Wesen des Daseins in den verschiedenen Seinsbereichen ganz verschieden erlebt. «Ein Fluß erscheint dem Menschen», schreibt ein Kommentator des Vasubandhu, «als Masse strömenden Wassers; den Unterweltsbewohnern, die zu den Qualen der Hölle verdammt sind, erscheint er als ein Strom rotglühenden geschmolzenen Metalles; und den Göttern, die inmitten ihrer himmlischen Freuden von oben herabschauen, erscheint er als ein Perlenband an der Brust der Göttin Erde[1].» Jede Sicht ist subjektiv bedingt, ist eine Funktion der besonderen Nuance von Avidyā bei den verschiedenen Wesensarten. Denn was uns empfinden läßt, daß die Welt überhaupt existiert, ist bloß der Zauber der «Unwissenheit», und diese eben wirkt sich in jedem Wesen anders aus. So ist also alles, was wir sehen, jeweils eine Spiegelung unserer selbst, während in Wirklichkeit das Ganze gar nicht exi-

[1] *Anmerkung des Herausgebers:* Vermutlich Agotra in seinem Kommentar zu *Vijñaptimātratā-viṁshatikā* 3–5. Vgl. oben S. 421. Es war mir nicht möglich, Zimmers Quelle für diese Zitate festzustellen.

stiert. Die Hölle ist nichts weiter als eine Vorstellung der Hölle, die unsere jeweilige Phantasie uns aufdrängt. Es gibt keine Höllengeister, wie Vasubandhu in seinen *Vijñaptimātratā-viṁshatikā* nachweist, «die Sünder aber bilden sich um ihrer Sünden willen ein, die Höllengeister zu sehen, und so entsteht in ihnen der Gedanke: ,das ist die Hölle; das ist der Ort der Hölle; das ist die Zeit der Hölle .... Das ist ein Höllengeist. Ich bin ein Sünder ...' Als Folge ihres bösen Karma bilden sie sich ein, die verschiedenen Höllenqualen zu sehen und zu fühlen [1].» Das böse Karma wurzelt im reinen Ālaya und manifestiert sich als die sich selbst fortzeugende Unreinheit eines unwirklichen Individuums, das von entsprechenden Unwirklichkeiten gepeinigt wird, obwohl sie genau so wenig real sind wie es selbst.

Dies ist die paradoxe Wahrheit in der rationalisierenden Formulierung des Yogācāra [2].

4. DER WEG DES BODHISATTVA

Avalokiteshvara, der große Bodhisattva des Mahāyāna, personifiziert das höchste Lebensideal eines Mahāyānabuddhisten. Die Legende erzählt: Nach einer Reihe von sittlich hervorragenden Inkarnationen, die er durchlebt hatte, stand er im Begriff, in die Ruhe des Nirvāṇa einzugehen. Da erklang durch die ganze Welt ein Aufstöhnen, ähnlich dem Grollen eines weithin rollenden Donners. Der Erhabene wußte, daß dies ein Wehklagen war aus dem Munde alles Erschaffenen, der Felsen und Steine, der Bäume, Insekten, Götter, Tiere, Dämonen und Menschen, aus allen Sphären des Alls – ein Wehklagen um sein bevorstehendes Fortgehen aus dem Reich der Geburten. Und voll Erbarmen, wie ein guter Hirte, der seine Herde zuerst durch das Tor einläßt, um dann erst selbst hindurchzugehen und es hinter sich zu verschließen, verzichtete er auf das Glück des Nirvāṇa, bis alle Wesen ohne Ausnahme bereit sein würden, vor ihm in es einzugehen.

Während im Hīnayāna das Wort *Bodhisattva* denjenigen bezeichnet, der vor der Einweihung in die Buddhaschaft steht (Gautama zum Beispiel war ein Bodhisattva vor seiner Erweckung unter dem Bô-Baum), bezeichnet die

[1] Vasubandhu, *Vijñaptimātratā-viṁshatikā* 4.

[2] *Anmerkung des Herausgebers:* Zimmers Aufzeichnungen zu diesem Thema brechen hier ab. Für eine weitere Orientierung über die Lehren der Hīnayāna- und Mahāyāna-Schulen siehe Takakusu, a. a. O. S. 57–73 (Sarvāstivāda), 74–79 (Sautrāntika), 80–95 (Yogācāra) und 96–107 (Mādhayamika). Vgl. auch Daisetz Teitaro Suzuki, *Essays in Zen Buddhism*, *First Series*, London, o. J., S. 116–160.

Überlieferung des Mahāyāna mit diesem Wort jene erhabenen unparteiischen, mitleidsvollen Wesen, die zum Trost und Heil der Welt an der Schwelle des Nirvāṇa zurückbleiben. Aus vollkommener Indifferenz (Selbstlosigkeit) und vollkommenem Mitleid (das ebenfalls Selbstlosigkeit ist) versagt sich der Bodhisattva des Mahāyāna die Erfahrung der «verwirklichten, echten Erleuchtung» *(samyak-sambodhi)* des Buddha, die dann zur letzten Auslöschung führt *(parinirvāṇa)*; statt dessen bleibt er an der Schwelle stehen, an der Schwelle zwischen Zeit und Ewigkeit, und transzendiert so dieses Gegensatzpaar. Denn die Welt wird nie aufhören: der Zyklus kosmischer Äonen rollt ohne Unterlaß fort und fort. Wenn der Bodhisattva gelobt, an der Schwelle stehen zu bleiben, bis alle vor ihm hineingegangen sind, so gelobt er nichts Geringeres, als für ewig das zu bleiben, was er ist. Und dies ist der Grund, warum sein Gelübde welterlösende Kraft hat. Es symbolisiert die Wahrheit, daß Zeit und Ewigkeit, Saṁsāra und Nirvāṇa, nicht als Gegensatzpaare existieren, sondern beide gleichermaßen «Leerheit» *(shūnyatā)* sind.

Im Volksglauben wird der Bodhisattva angerufen, weil er über unerschöpfliche Heilskräfte verfügt. Seine potentielle Vollendung strömt sich immerzu in einem unaufhörlichen, universellen Rettungsakt aus. Sie erscheint in hilfreichen Gestalten, wie zum Beispiel als das sagenhafte, geflügelte Rettungsroß «Wolke»[1], um die Geschöpfe aus der Finsternis ihres leidvollen Daseins in der Unwissenheit zu befreien. Er verfügt über einen unerschöpflichen «Schatz von Tugenden» *(guṇa sambhāra)*, den er durch viele Leben hindurch in langer und vollkommen fehlerloser Ausübung der «höchsten Rechtschaffenheit» *(pāramitā)* angehäuft hat. Äonenlang dringt der werdende Bodhisattva auf dem erhabenen Pfad einer psychologisch verfeinerten, großartigen Selbstverleugnung vorwärts, indem er stets jede Gefühlsregung, jeden Einfall des Ichs entwertet. Dadurch gewinnt er sich jenen unerschöpflichen «Schatz», der als Frucht seiner großmütigen, immerwährenden Verzichtleistung schließlich jedem Leidenden und Strebenden in der Welt immer zur Verfügung steht.

Der besondere, einzigartige Weg des Mahāyāna-Bodhisattva stellt eine letzte Vergeistigung – sozusagen das auf Mitleid beruhende Gegenstück – der ursprünglichen indischen Disziplin des Tapas dar. Wie wir sahen, ist dies eine Technik, mit der man in sich einen Zustand innerer Glut entfachen kann. Die psychische Energie, systematisch beherrscht, zurückge-

[1] Vgl. oben S. 351–352.

halten und im Körper aufgespeichert, erzeugt einen dem Fieber vergleichbaren Zustand erhöhter Temperatur und verleiht eine gewisse Herrschaft über die Mächte des Makrokosmos, weil man sich die parallelen Kräfte im Mikrokosmos unterworfen hat. Denn es ist eine Tatsache, daß jede Form von Askese ihre eigene Freiheit schenkt, die den Asketen von den normalen Bedürfnissen und den sie bedingenden Naturgesetzen unabhängig macht. Der glühende Asket läßt sich von den Mächten seiner Umwelt, der Natur, dem Wetter, den Tieren und der menschlichen Gesellschaft weder bedrängen noch enttäuschen. Auf seine höheren Kräfte pochend, trotzt er ihnen. Er ist ohne Furcht und läßt sich nicht einschüchtern, er ist Herr über seine Reaktionen und Gefühle.

Für dieses Auf-sich-selbst-Stehen gibt es nur eine Gefahr: nämlich von einer unwillkürlichen Reaktion überwältigt zu werden. Das könnte zu einem unvorhergesehenen Ausbruch des aufgestauten, gewaltsam verdrängten Gefühls führen. Die indische Dichtung ist reich an Erzählungen, in denen Heilige aus ganz geringfügigem Anlaß in Zorn geraten. (Es ist ein beliebtes Motiv der orientalischen Märchenerzähler für eine verwickelte Handlung.) Die greisen Männer fahren mit dem Blitzstrahl ihres Fluches auf irgendeinen armen Unschuldigen los, der sie ungewollt bei einer geistigen Übung störte; sie lassen ihre außergewöhnlichen Kräfte restlos ausströmen und verspielen so in einem einzigen Augenblick ihr schwer errungenes Gleichgewicht. Dies ist eine wahre Katastrophe sowohl für den Heiligen wie für sein niedergeschmettertes, unseliges, ahnungsloses – oft ganz harmloses – Opfer. So wird auch von Indra erzählt: Wenn dieser eifersüchtige Götterkönig merkt, daß seine Weltherrschaft durch die zunehmende geistige Macht eines Asketen gefährdet ist, schickt er eine himmlische Kurtisane von wunderbarer Schönheit herab, um die Sinne des Geistesathleten zu betören. Wenn sie ihr Ziel erreicht, dann vergeudet der Heilige in einer Nacht (vielleicht auch in einem Äon) hoher Leidenschaft den ganzen Betrag psychophysischer Kräfte, den er sein Leben lang aufzuhäufen bemüht war. Für die Welt ergibt sich daraus, daß nach der üblichen Zeit ein Kind von außergewöhnlichen Gaben geboren wird, für den heiligen Mann selbst aber der Schiffbruch seiner Machtpläne.

Im Falle eines Bodhisattva sind nun die Anforderungen an seine geistigmenschliche Haltung so streng, daß er eigentlich ständig in Gefahr wäre zu stürzen, stände er nicht so fest in seinem Wissen und seiner eigenen Lebensform. Versuchungen liegen in jedem Lebensumstand versteckt, sei er noch so geringfügig; für den vollendeten Bodhisattva aber gibt es gar keine Möglichkeit des Strauchelns. Da er wirklich ganz ohne Ich ist, fühlt er sich nie versucht, den Wert seines bloßen Erscheinungs-Ichs herauszustreichen, selbst nicht für einen kurzen Augenblick des Besinnens, wenn er vor einer schwierigen Entscheidung steht. In den Legenden wird geschildert, wie die Bodhisattvas Leib und Leben, ja sogar Weib und Kind für etwas aufopfern, was dem normalen Verstand als eine ganz unbillige Zumutung erscheinen muß. Besitztümer, die jedem Durchschnittsmenschen *(prithagjana)* als die kostbarsten und heiligsten gelten, gibt der Bodhisattva ohne Bedenken auf, um einem unsinnigen und durchaus ungerechtfertigten Anspruch zu genügen, etwa dem Hilferuf eines geängstigten Vogels oder Tigerjungen, oder dem Befehl eines bösen, habgierigen, genußsüchtigen alten Brāhmanen.

In der volkstümlichen Erzählung von den Kindern des Königs Vessantara[1] wird zum Beispiel berichtet, wie der fromme Herrscher, eine frühere Inkarnation des Buddha, das Gelübde ablegt, er werde niemals eine Bitte abschlagen: «Mein Herz und Auge, mein Fleisch und Blut, meinen ganzen Leib – wer immer dies von mir erbäte, ich würde es ihm geben.» Ohne sich zu besinnen, gab er einen herrlichen Elefanten her, von dem das Wohlergehen seines Königreiches abhing, und wurde deshalb mit der getreuen Königin und seinen zwei kleinen Kindern vom empörten Volk in die Verbannung getrieben. Und als in der Wildnis ein häßlicher alter Brahmane seine Kinder von ihm als Sklaven forderte, gab er sie ohne Zögern her. Der Alte forderte auch die Königin und erhielt sie. Schließlich aber gab sich der Brahmane als Indra, den König der Götter zu erkennen und erklärte, er sei herabgekommen, um den frommen Menschenkönig zu prüfen, und so nahm alles ein gutes Ende. In diesem Falle, wo die Versuchung durch Indra wirkungslos blieb, erwies sich der Gott im Unterliegen gnädig.

Selbst ein einfaches, anspruchsloses Gemüt wird nur Befremdung und Abscheu vor solchen Beweisen frommer Gleichgültigkeit empfinden, die sich gegen alle normalen menschlichen Daseinswerte richtet, zumal durch diese Haltung gar nichts gewonnen wird. Denn was bedeutet es schon, wenn eine einzelne Taube vor den Klauen des Habichts bewahrt[2], wenn ein neugebo-

[1] *Jātaka* 547. (Auch: *Jātakamālā* 9. J. S. Speyer, The *Jātakamālā*, Sacred Books of the Buddhists, Bd. 1, London, 1895, S. 71–93; vgl. unten S. 483, Anm. 1.)

[2] Ashvagosha, *Sūtralaṅkāra* 64. (Gut übersetzt in E. W. Burlingame, *Buddhist Parables*, New Haven, 1922, S. 314–324.)

rener Wurf von jungen Tigern vor dem Verhungern gerettet[1] oder wenn die Gier und senile Lüsternheit eines schmutzigen alten Brāhmanen durch die Versklavung zweier Prinzenkinder befriedigt wird? Die Grausamkeit der Natur wird damit nicht aufgehoben. In Tat und Wahrheit werden die brutalen Gesetze, die den Lebenskampf dort beherrschen, wo er sich in seiner ganzen ungezügelten Roheit und tierischen Dämonie abspielt, durch die sinnlosen Opfer des Bodhisattva oft nur noch unterstützt und verschärft. In der Geschichte vom Brahmanen und den jungen Fürstenkindern dagegen scheint uns das vornehmste Gebot menschlicher Sittlichkeit verletzt.

Vom Standpunkt des Bodhisattva jedoch und seiner ihm wesentlichen Aufgabe und Problematik ist es gerade das scheinbar Sinnlose, ja Anstößige des Opfers, auf das es ankommt. Denn das Verweigern einer paradoxen Selbstaufgabe würde heißen, daß er sich – wenn auch nur durch Negation – den Maßstäben und Überzeugungen des triebgebundenen, ichbesessenen Durchschnittsmenschen unterwirft, eben dessen, der die Zumutung an ihn gestellt hat. Die höchste und vornehmste Probe, die der Bodhisattva zu bestehen hat, ist gerade seine Bereitschaft und Fähigkeit, sich immer wieder in grenzenlosem Geben *(dāna)* zu verströmen. Das verlangt von ihm, daß er ständig dem Ich entsagt, oder besser, daß es für ihn gar nicht mehr existiert. Jedes Zurückschrecken vor dem Opfer – auch wenn es unsinnig ist – würde den Keim der Ichhaftigkeit nähren und festigen. Der ganze Sinn der Bodhisattvaschaft liegt aber darin, das eingeschränkte und einschränkende Ich verschwinden zu lassen. Wollte man von einem Bodhisattva annehmen, er könne sich bei der Erfüllung einer absurden Forderung auch nur einen Moment bedenken oder den Verlust von Leib und Leben, Familie und Besitz auch nur im mindesten bedauern, so würde man ihm zumuten, er sei ein Mensch, der Wert und Wesen der Dingwelt anerkenne. Und das wiederum würde implizieren, daß auf der transzendenten Ebene, die der Bodhisattva vertritt, überhaupt irgendeiner irdischen Sache, etwa dem eigenen Leib oder Besitz, der Königswürde, der Königin, den Kindern oder der Ehre ein Wert zugebilligt würde, wo doch auf jener Ebene, wie man weiß, alles nur von flüchtigster Dauer, nur erscheinungshaft und also in Wirklichkeit nichtexistent ist. Ablehnung oder Widerstand würde den Anwärter für die Bodhisattvaschaft zurückwerfen in die Sphäre des Unwesentlichen, würde ihn jählings abtrennen von der wahren Realität. Er hätte dann keinen Anspruch mehr auf Erleuchtung,

[1] *Jātakamālā* 1. (Speyer, a. a. O., S. 1–8.)

dürfte nicht mehr hoffen, ein solcher zu werden, «dessen Wesen *(sattva)* (eigentlich) Erleuchtung *(bodhi)* ist», sondern wäre gleich dem Yogī, der den Verführungskünsten einer himmlischen Buhlerin verfällt, in Versuchung geführt, überlistet und ins Reich der vielen «gewöhnlichen Wesen» *(prithagjana)* zurückgeschickt worden.

Wie jeder Lehrling einer Kunst, zum Beispiel des Tanzes, versuchen muß, schon möglichst wie ein Meister in seinem Fach zu arbeiten, so muß auch der Bewerber um die Bodhisattvaschaft danach streben, sich von vornherein schon so zu verhalten, als habe er gar kein Ich. Die Nichtexistenz aller Erscheinungswerte auf der transzendenten Ebene muß er unentwegt in seinem Denken und Handeln vorausnehmen, muß den Standpunkt absoluter Weisheit in zahllosen Taten durch zahllose Leben hindurch unermüdlich üben. Auf diese Weise wird sich die Weisheit im Kandidaten zunehmend verleiblichen. Zunächst ist sie nur ein Teil, ein Stück seiner Persönlichkeit, schließlich aber sein ganzes Wesen und sein einziger Seinszustand. Eine «Überfülle an Kräften und Tugenden» *(guṇa-sambhāra)* bringt ihm diese hohe Errungenschaft der Gleichgültigkeit ein. In völliger Unbekümmertheit, hinausgewachsen über seine Menschlichkeit, erhebt er sich in seiner absoluten Unbedingtheit zu dauerndem Aufenthalt in die geistige Sphäre universeller Allmacht. Dann strahlt diese Kraft in Ewigkeit von ihm aus, herabströmend zum Heil all derer, die darum bitten.

Das heiße Ringen um übermenschliche Kräfte, das die alten Asketen in den Einsiedlerhainen erfüllte, erreicht also im Ideal des Bodhisattva seine schönste, gütigste Ausgestaltung. Der Zustand unendlicher Macht in der Heilbringerschaft ist das geläuterte, vervollkommnete, nicht-egoistische Gegenstück zu jenen früheren, überaus selbstbejahenden Anstrengungen, denn die ganze Schulung wird nun nicht um des Einzelnen willen, sondern der ganzen Welt zuliebe geübt. Was uns im heiligen Kult und Legendenschatz des Mahāyāna von Avalokiteshvara, Kshitigarbha (chinesisch: Ti-tsang; japanisch: Jizo), Amitabha und all den anderen Bodhisattvas berichtet wird, zeigt uns in jeder Phase, jeder Krise, jeder Erkenntnis auf ihrem Weg zur Vollendung die Verwirklichung jener allmächtigen, von allem Irdischen abgelösten Selbstlosigkeit.

Der kurze, sehr gedrängte Mahāyāna-Text mit dem Titel *Prajñā-pāramitā-hirdaya-sūtra*, «Handbuch vom Herzen (das heißt: vom Geheimnis) der Vollkommenheit der Weisheit vom Anderen Ufer»[1], sagt: Wenn ein Bo-

[1] Sacred Books of the East, Bd. XLIX, Teil II, S. 147–149.

dhisattva, tief bemüht um das Wissen vom Anderen Ufer, in seinem Inneren den Satz bedenkt, «Es gibt die fünf Elemente des Seins», dann begreift er unmittelbar, daß sie «ihrem wahren Wesen nach leer sind»[1]. «Hier ist Gestalt gleich Leerheit», heißt es, «und Leerheit ist in Wahrheit Gestalt. Leerheit unterscheidet sich nicht von Gestalt, Gestalt unterscheidet sich nicht von Leerheit. Was Gestalt ist, das ist Leere, was Leere ist, das ist Gestalt.»

Das ist es, was der Bodhisattva in bezug auf die Gestalt wahrnimmt. Seine Wahrnehmung in bezug auf die übrigen Seinselemente – Empfindungen, Vorstellungen, Anlagen und Wissen – sind die gleichen. «Alle Dinge tragen die charakteristischen Kennzeichen der Leerheit. Sie fangen nicht an zu sein, sie hören nicht auf zu sein; sie sind nicht fleckenlos, sie sind nicht befleckt; sie werden nicht zu etwas Unvollkommenem, sie werden nicht zu etwas Vollkommenem. Deshalb gibt es in dieser Leerheit keine Gestalt, es gibt weder Empfindungen, Vorstellungen noch geistige Neigungen; es gibt keine Bewußtheit; es gibt weder Auge, Ohr, Nase, Zunge, Leib noch Seele; weder Farbe, Klang, Geruch, Geschmack noch Gegenstände der Berührung; es gibt keine realen Elemente des Sehens noch irgendeines anderen Sinnesvorgangs, kein reales Element geistiger Vorgänge. Es gibt kein Wissen und kein Nichtwissen, keine Zerstörung des Wissens, keine Zerstörung des Nichtwissens. Es gibt keine zwölffache Verkettung von Ursache und Wirkung, die in Alter und Tod endet[2]. Es gibt keine Zerstörung durch Alter und Tod. Es gibt weder ein Eintreten in die Existenz noch ein Aufhören des Leidens. Es gibt keinen Weg, das Leiden zu vernichten. Es gibt keine Erleuchtung, keine Vollendung, keine Erkenntnis, da Erleuchtung gar nicht existiert.»

[1] Die fünf Seinselemente sind: 1. *rūpa* (Gestalt), die vier Elemente Erde, Wasser, Feuer und Luft umfassend, dazu jede Gestalt, die aus ihnen hervorgeht, d.h. jedes natürliche Phänomen; 2. *vedanā* (Empfindungen, Sinneswahrnehmungen, Gefühle); 3. *sañjñā* (alles, was den seiner selbst bewußten Intellekt ausmacht); 4. *saṁskāra* (Anlagen, Neigungen, Geistesart); 5. *vijñāna* (Bewußtheit, Unterscheidung, Wissen). Die Gruppe 2–5 bildet den Bereich von *nāman* (Name), den der geistigen Phänomene.

[2] Die zwölffache Verkettung von Ursache und Wirkung *(pratītya-samut-pāda)* wird im Buddhismus wie folgt angegeben: 1. Unwissenheit, 2. Tätigkeit, 3. Bewußtheit, 4. Name und Gestalt, 5. Die Sinne, 6. Kontakt, 7. Empfindung, 8. Streben, 9. Verhaftung, 10. Werden, 11. Geburt, 12. Alter, Krankheit und Tod. Vgl. Takakusu, a.a.O. S. 29 36.

Für diese höchst seltsamen Behauptungen wird keinerlei Begründung gegeben. Sie werden einfach als Äußerungen des Bodhisattva Avalokiteshvara berichtet und sollen offenbar zeigen, daß die paradoxe Wahrheit der Weisheit vom Anderen Ufer von diesem Ufer aus nicht erreichbar ist. Das Wesen solch einer Wahrheit kann vielleicht mit Worten wiedergegeben werden, der Analyse und den Argumenten des Verstandes aber widersetzt es sich. Auf die Angabe dessen, was man wissen muß, folgt daher die Beschreibung des vollkommenen Zustandes selbst. Und dies nun ist der Schlüssel zu dem seltsamen «Weg der Tat», den der Anwärter der Bodhisattvaschaft zu geben hat:

«Es gibt kein Hindernis des Denkens für den Bodhisattva, der der Weisheit des Anderen Ufers anhängt. Da es keine Hindernisse des Denkens gibt, hat er auch keine Furcht. Er hat alle falschen Vorstellungen hinter sich gelassen. Er wohnt im dauernden Nirvāṇa. Alle Buddhas der Vergangenheit, Gegenwart und Zukunft[1], die der Weisheit des Anderen Ufers anhängen, sind erweckt worden zum letzten, höchsten, vollständigen Erwachen.

Darum muß man wissen:» – und hier erhebt sich der Text zu seiner höchsten, sehr geheimnisvollen und tröstlichen Aussage – «die Weisheit vom Anderen Ufer ist die große magische Formel *(mantra)*, die magische Formel hoher Weisheit, die unübertreffliche magische Formel, die unvergleichliche magische Formel, die imstande ist, alles Leiden zu beschwichtigen. Sie ist die Wahrheit, denn sie enthält keine Falschheit. Eine magische Formel ist uns gegeben in der Weisheit vom Anderen Ufer. Sie lautet also:

‚O GEGANGENE, GEGANGENE, ANS ANDERE UFER GEGANGENE, INS ANDERE UFER EINGEGANGENE ERLEUCHTUNG! HEIL!'

Hier endet das Handbuch vom Herzen des vollkommenen Wissens vom Anderen Ufer.»

Das erste, das – wie wir sahen – vom geistigen Schüler in Indien gefordert wird, ist die hohe Tugend des Glaubens *(shraddhā)*, das Vertrauen in den Meister und seine Worte. Der Glaube wird im Laufe des geistigen Fortschreitens durch des Schülers eigene Erfahrung bekräftigt, einstweilen aber kann er sich in seiner Unerfahrenheit nicht erkühnen, mit seinem Guru über die paradoxe Lehre kritisch zu disputieren. Zuerst muß er eine Wandlung durchmachen, und diese Wandlung, nicht aber Kritik, wird

[1] Dem Mahāyāna zufolge gibt es zahllose Buddhas, die waren, sind und sein werden. Vgl. oben S. 452.

ihm den Weg des Verständnisses öffnen. Er muß durch einen inneren Entfaltungsprozeß auf eine geistige Ebene gelangen, wo er die Bedeutung der rätselhaften Lehre selbst erfahren kann. Der Prozeß seiner Differenzierung wird ihm inzwischen erleichtert durch das Meditieren der magischen Formel, die «das Herz der Weisheit vom Anderen Ufer» ist und die er als Ausdruck seiner eigenen höchsten Überzeugung anzusehen hat, dazu bestimmt, seinen Glauben zu stützen und zu stärken. Obschon im Augenblick ihm noch unbegreiflich, ist es doch sein Credo, das er ständig hersagen muß als Anrufung und Gebet um die Weisheit vom Anderen Ufer. Und das Wunder geschieht: diese magische Formel wirkt tatsächlich wie ein starker alchemistischer Zauber, die Verwandlung erleichternd, die wie von selbst das Gold der Erleuchtung schenkt.

Die Meditation über diesen seltsamen Spruch ist nämlich nicht das einzige Mittel, durch das der gläubige Neophyt die so überaus wichtige Wandlung seines Begreifens herbeizuführen sucht. Vielmehr müssen auch noch besondere Taten vollbracht werden, und diese Taten, zusammen mit dem Erlebnis ihrer Wirksamkeit, geben jener Formel mit der Zeit mehr und mehr Gewicht, während wiederum die Formel, ständig fest im Geiste bewahrt, dazu hilft, die notwendigen Taten getreulich auszuführen.

So hat zum Beispiel die mahāyānistische Wiedergabe gewisser Erzählungen aus dem Jātaka, der *Jātakamālā* («Erzählungskranz aus dem früheren Leben des Buddha»)[1] genannten Sammlung aus dem 6. Jahrhundert, den Sinn, zu zeigen, daß man bestimmte Haltungen einnehmen, in kritischen Situationen auf ungewöhnliche Weise reagieren und ganz besondere Taten vollführen müsse, um überhaupt je zu einem neuen Ausblick auf das Leben und sich selbst zu kommen. Das Tun steht über der Einsicht; Erkenntnis ist der Lohn der Tat: also muß man handeln! So lautet der Gedankengang. Das Tun ist es, was verwandelt. Indem man eine symbolische Gebärde ausführt, indem man eine besondere Rolle bis an ihre Grenze ganz ausfüllt, wird man die in der Rolle eingeschlossene Wahrheit erkennen. Indem man

[1] Die *Jātakamālā* ist in Sanskrit geschrieben und wird einem gewissen Āryasūra zugeschrieben (für die Übersetzung vgl. oben S. 478, Anm. 1). Das Werk enthält 34 Jātakas oder beispielhafte Erzählungen aus den früheren Leben des Buddha, die zum größten Teil aus dem viel älteren, mehr als 500 Jātakas enthaltenden Pāli-Kompendium übernommen sind. Letzteres ist eines der großen Stücke des orthodoxen Hīnayāna-Kanons. (Vgl. *The Jātaka, or Stories of the Buddha's Former Births*, aus der Pāli übersetzt von verschiedenen Autoren und herausgegeben von E. B. Cowell, 6 Bde., Cambridge, 1895–1907.)

sie mit all ihren Konsequenzen durchleidet, schöpft man ihren Inhalt restlos aus. Mit anderen Worten: Erkenntnis wird erreicht nicht durch Untätigkeit – wie im Jaina und in den klassischen Yoga-Schulen –, sondern durch ein kühn und beispielhaft gelebtes Leben.

Diese Idee unterscheidet sich zwar ihrem Gehalt nach ganz wesentlich von den in den Büßerhainen gepflegten Grundsätzen, stimmt aber durchaus überein mit der altindischen Vorstellung vom Karma[1]. Man zieht die helle Karmasubstanz an sich, damit sie das Tamas[2] austilgt und ersetzt, indem man sich im Geiste der Demut und Selbstauslöschung rückhaltlos opfert, gute Taten vollbringt und dabei jeden Impuls von Selbsterhöhung und Selbstgefälligkeit schonungslos unterdrückt. Der «werdende Buddha» läßt sich mehr und mehr von karmischer Helligkeit durchdringen, indem er die «höchsten Tugenden oder Vollkommenheiten» *(pāramitās)* tätig übt, bis schließlich gar kein Raum mehr in ihm ist für eine dunklere, unheilvolle Karma-Macht. Menschen, die sich an ihr Ich klammern, bevorzugen instinktiv die Täuschungen der illusionistischen Erscheinungswelt und binden sich so mit jedem Tun immer mehr an den leidenschaftlichen Lebensinstinkt, der nur an sich selbst gebunden ist. Wer aber die Weisheit vom Anderen Ufer erstrebt, verhält sich ständig so, als habe er die Täuschungen des irdischen Spiels schon hinter sich gelassen. Bei jedem Tun im täglichen Leben trifft er seine Entscheidung zugunsten der Selbstüberwindung, bis er zuletzt, als Ergebnis unendlich vieler solcher Einzelerfahrungen, die Täuschungen seiner erscheinungsbedingten psychischen Einstellung wirklich überwunden hat. Von da an verhält er sich instinktiv so, als existiere sein Ich mit all den irrigen Eindrücken gar nicht mehr. Diese Umwandlung ist der eigentliche Sinn und das wahre Wesen der Weisheit vom Anderen Ufer.

Einstweilen sind Taten das einzige, was uns freimachen kann. Gute, ichlose Taten befreien die Seele schließlich von den Fesseln ihrer eingewurzelten normal-menschlichen Haltungen und Neigungen, die aus dem Nichtbesserwissen kommen. Aber solch ichlose, scheinbar gefahrvolle Taten

[1] *Anmerkung des Herausgebers:* Letztes und wichtigstes Ziel ist, wie immer in Indien, die Erkenntnis und nicht das Werk. Aber Werk oder Tat werden als Mittel bezeichnet. In H. Zimmers Manuskript findet sich eine kurze Notiz, aus der seine Absicht hervorgeht, diesen Gedanken mit dem des Karma-Yoga, wie ihn die *Bhagavad Gītā* lehrt, zu vergleichen, aber er scheint diesen Abschnitt nicht ausgeführt zu haben.

[2] Tamas-Guṇa; über die Guṇas vgl. oben S. 267–269, 356–360.

setzen den Glauben an das noch Unbekannte voraus, den schlichten Mut und die edle Bereitschaft, sich blind in das Dunkel zu werfen. Als Lohn jedoch öffnen sie uns dann einen neuen Ausblick. Ein zaubergleicher Szenenwandel findet statt, eine neue Wertordnung taucht auf. Denn es ist ein Faktum, daß man durch seine Taten verwandelt wird, sei es zum Besseren oder zum Schlimmeren. Unwissenheit und Wissen sind nur die intellektuellen Aspekte der Veränderungen, die unsere Lebensweise in uns bewirkt.

Die Lebensweise des Bodhisattva ist treffend zusammengefaßt in der Formel: «Ein Hüter will ich denen sein, die keinen Schutz haben, ein Führer für den Wanderer, ein Schiff, ein Quell, ein Brunnen, eine Brücke für den, der das Andere Ufer sucht[1].»

Der allerbeste und richtigste Zugang zu den Wesen in der Welt ist dies, daß man in ihnen allen, im Verbrecher wie im Rechtschaffenen, im Tier wie im Menschen, die potentielle Buddhaschaft sieht. Alle Wesen, alle Menschen, seien sie gut oder böse, selbst niedere Geschöpfe bis hinab zu den Ameisen sollen als potentielle Buddhas betrachtet, geachtet und behandelt werden. Diese Anschauung ist gleichzeitig demokratisch und aristokratisch. Sie ist im Grunde die gleiche wie die des alten Jaina-Systems und der Lehre von Gosāla. Und eigentlich spiegelt sich diese Anschauung auf die eine oder andere Weise auch in allen späteren philosophischen Schulen Indiens, die sich das Innewerden der verborgenen Wahrheit durch das Streben nach individueller Vervollkommnung angelegen sein ließen. Ihr Grundprinzip ist, daß Vervollkommnung nicht etwas von außen Hinzugefügtes oder Erworbenes sei, sondern das Eigentliche, das immer im Inneren als Möglichkeit bereitliegt und die letzte Wirklichkeit des Individuums ist. Deshalb ist das passende Gleichnis für die indische Auffassung vom Vollendungsprozeß nicht der Fortschritt, das Wachstum, die Entwicklung oder die Ausbreitung nach außen in die Weite, sondern die Sammlung nach innen, das Zurückziehen in sich selbst. Aufgabe und Bemühen des Schülers ist es, ins Bewußtsein zu heben, was immer schon schlafend und ruhend in verborgenem Zustand als die zeitlose Wirklichkeit seines Seins wartet.

Das ist Indiens Grundauffassung vom Weg, eine grundsätzlich statische Anschauung von der «Pilgerschaft zur Erleuchtung» *(bodhicaryā)*. Die

[1] Vgl. Louis de la Vallée Poussin, *Bouddhisme*, 3. Aufl., Paris, 1925, S. 303, und Keith, a. a. O., S. 290.

Yoga-sūtras bezeichnen als Ziel das Erlangen von «Isolation-Integration» *(kaivalya)*, der Sāṅkhya das Erlangen der «unterscheidenden Einsicht» *(viveka)*, der Vedānta das Innewerden des «transzendenten Selbst» *(ātman-brahman)* und der Buddhismus die «Erleuchtung» *(bodhi)*. Aber dem Wesen nach sind sich diese Ziele alle gleich. Etwas, das befleckt, beeinträchtigt, zeitweise untätig und ausgeschaltet, besudelt und verdunkelt war, das nicht in seinem höchsten Lichte erstrahlte, das seine unerschöpflichen Kräfte und reichen Möglichkeiten nicht manifestieren konnte, wird geläutert, wach und in seinem Urzustand wieder eingesetzt in seine eingeborene Glorie. Der Prozeß wird verglichen mit dem Polieren eines Kristalls oder dem Reinigen eines Spiegels, der irgendwie beschmutzt und verschmiert war[1].

Die Reinigung des grobstofflichen Leibes ist füglich der erste Schritt, und dieser wird am besten vollzogen durch die körperlichen Übungen und Verfahren des Haṭha-Yoga: das Säubern des Verdauungstraktes durch die *basti* und *neti* genannten Übungen und der Körperkanäle, die den Lebenswind *(prāṇa)* beherbergen und weiterbefördern, durch die klassische Methode der Atembeherrschung *(prāṇāyāma)*. Solche Verfahren reinigen und erneuern das Nerven- und Drüsensystem[2].

Inzwischen wird auch die systematische Reinigung des feinstofflichen Leibes unternommen. Nach der Yoga-Methode des Patañjali wird sie be-

[1] *Anmerkung des Herausgebers:* Nach Nāgārjunas Lehre von der Leehreit war dieses Bild überlebt. Trotzdem diente es auch weiterhin als ehrwürdiges Gleichnis, bis Hui-neng (638–713 n. Chr.) seine berühmten Verse an die Mauer des Gelben Pflaumenklosters schrieb:

«Nirgends gibt es einen Bô-Baum,
Nirgends strahlt der Glanz des Spiegels;
Da doch alles Shūnyatā ist,
Wo denn sollte Staub sich sammeln?»

Hui-neng wurde der sechste Patriarch der Ch'an-Schule (japanisch: Zen) des fernöstlichen Buddhismus. (Vgl. Suzuki, a.a.O. S. 205; Alan W. Watts, *The Spirit of Zen*, The Wisdom of the East Series, London, 1936, S. 40; Sokei-an, «The Transmission of the Lamp» in *Cat's Yawn*, herausg. vom First Zen Institute of America, New York, 1947, S. 26.)

[2] *Anmerkung des Herausgebers:* Diesem Abschnitt folgt in Zimmers Aufzeichnungen eine kurze Notiz, aus der seine Absicht hervorgeht, ihn noch weiter auszuführen. Der Haṭha-Yoga ist ein System von Körperübungen zur Pflege vollkommener Gesundheit und übernormaler Körperkräfte. Eigentlich ist er nur die Vorschule für andere Yoga-Disziplinen, kann aber auch als Selbstzweck geübt werden.

wirkt durch eine schrittweise Umwandlung von Tamas- und Rajas-Qualitäten und -kräften in solche des Sattva[1], während sie nach den älteren, weniger psychologischen, mehr materialistischen Ansichten der Jaina-Lehren dadurch erreicht wird, daß man die physische Einströmung der verdunkelnden karmischen Farbe in den Kristall der Monade verhindert. In beiden Fällen ist der Kern der Lehre der gleiche: es ist nicht eine bloße Meinung, daß wir reinster und vollkommenster Kristall seien, sondern wir sind es in Wahrheit dem Wesen nach. Das psychophysische System ist gestört, verdunkelt und verwirrt durch eine Art hemmenden Stoffes, der die Gefäße und Kanäle von Leben und Bewußtsein auf allen Ebenen verstopft. *Mala*, «Schmutz, Abfall, Unsauberkeit», erfüllt uns; wir sind «verschmutzt». Der wahre und höchste Zustand dagegen ist *nir-añjana*: «ohne Beschmutzung». Das Brahman ist *nir-añjana*. Der Buddha ist *nir-añjana*. Wir selbst werden ganz zu Brahman, ganz zu Erleuchteten, ganz zu dem, was wir sind, nur dadurch, daß wir den trübenden Stoff *(prakriti)*, der uns von außen anhaftet, loswerden, indem wir Leib und Seele mit Hilfe einer ständigen, radikalen Reinigungsdiät läutern.

Wie wir sehen, geht also das Denken Indiens nicht auf Wachstum, Erweiterung, Entwicklung und Eroberung aus, sondern auf ein Entschlacken, Ausputzen und Reinigen, das einer *restitutio in integrum* dienen soll: einer integralen Wiederherstellung des Urzustandes, der da war, bevor ein rätselhafter Impuls die Welt und ihren mikrokosmischen Gegenspieler, den umnebelten Menschenverstand, in Bewegung setzte. Wenn das Selbst geläutert ist, strahlt es hell aus eigenem Licht, und in diesem Augenblick ist unsere Erleuchtung nicht mehr potentiell, sondern ein Faktum. In der Hindu-Medizin findet sich eine vergleichbare Prozedur in der Anwendung von vorbereitenden Kuren mit Abführmitteln, Klistieren und Brechmitteln, denen dann eine leichte, gesunde, aufbauende Sattva-Kost zu folgen hat[2].

[1] Zu den Guṇas *(tamas guṇa, rajas guṇa, sattva guṇa)* vgl. o. S. 267–269, 356–360.

[2] Anmerkung des Herausgebers: «Der Unterschied in der Methode zwischen den indischen und chinesischen Meistern des Buddhismus gab oft Anlaß zu der Frage nach dem Unterschied – wenn überhaupt ein solcher besteht – zwischen dem ‚Tathāgata-Dhyāna' und dem ‚Patriarchen-Dhyāna'. Als zum Beispiel Hsiang-yen dem Yang-shan sein Gedicht über die Armut zeigte, sagte dieser: ‚Du verstehst zwar den Tathāgata Dhyāna, aber noch nicht den Patriarchen-Dhyāna.' Als man den Mu-chou nach dem Unterschied fragte, erwiderte er: ‚Die grünen Berge sind grüne Berge, und die weißen Wolken sind weiße Wolken'» (Suzuki, a. a. O. S. 224–225). Der hier erwähnte Unterschied in der Methode will nicht heißen, daß das

Philosophische Theorie, religiöser Glaube und intuitive Erfahrung trugen gemeinsam zu der Leitidee Indiens bei, daß im Grunde genommen alles gut ist. Ein hochgemuter Optimismus herrscht überall vor, trotz der ganz unromantischen Einsicht, daß die Welt der menschlichen Dinge in einem erdenklich unvollkommenen Zustande sei, ja daß sie praktisch vom Chaos bedroht werde. Der Weltengrund jedoch, die geheime, verschleierte Wirklichkeit, ist von unzerstörbarer, diamantener Härte, mögen wir mit unseren Gefühlen, Meinungen und Wahrnehmungen auch im Unrecht sein, was ja allermeistens der Fall ist. Geistig, leiblich und sittlich sind wir weit entfernt von Vollkommenheit. Deshalb sind wir unfähig, die Wahrheit widerzuspiegeln und unserer inneren Klarheit innezuwerden. Aber gerade die Wahrheit, diese höchste Realität, ist immer und überall gegenwärtig, ob unser Bewußtsein von ihr berührt wird oder nicht. Mehr noch: wenn auch im Bereich des Vergänglichen, in der Spanne zwischen Geburt und Tod, in der Welt von Freude und Leid sich alles wandelt, so bleibt doch über oder jenseits von diesen verwirrenden Verwandlungen die Möglichkeit jener einen, höchsten, umfassenden Wandlung bestehen, die einzigartig und *sui generis* ist: die Verwandlung in unserem eigenen Wesen, die der ewigen Unruhe des Verwandelns ein Ende setzt, indem wir das Unwandelbare erkennen, das Fundament unseres eigenen, innersten, unwandelbaren Wesens.

Diese dauernd vorhandene Präsenz wird mit der Sonne verglichen, die von der Unwissenheit unserer Seele wie durch Wolken verdunkelt wird. Leiden, Schmerzen und die Unordnung der Welt bedeuten nicht den wahren Zustand der Dinge, sie sind vielmehr der Widerschein unserer eigenen falschen Perspektive; dennoch scheinen sie uns überaus real zu sein, bis die Sperrung aufgehoben ist und der Geist die Quelle seines eige-

Ziel des fernöstlichen Buddhismus ein anderes wäre als das des indischen, eben die *restitutio in integrum*. «Als der Mönch Ming zu Hui-neng kam und ihn um Unterweisung bat, sagte Hui-neng: ‚Zeige mir dein Gesicht, wie es war, bevor du geboren wurdest'» (ebenda S. 224). Der von Suzuki erwähnte «Tathāgata Dhyāna» ist die Methode der «Kontemplation» (Sanskrit: *dhyāna*; chinesisch: *ch'an*; japanisch: *zen*), wie Gautama Shākyamuni (der Tathāgata) sie lehrte. Der «Patriarchen-Dhyāna» wurde in China 520 n. Chr. durch den indisch-buddhistischen Patriarchen Bodhidharma eingeführt und von Hui-neng weiterentwickelt. Er ist noch heute in den Zen-Schulen von Japan lebendig. Zur Darstellung dieser Technik der Restitutio wird der Leser verwiesen auf Takakusu, a. a. O., S. 153–165, und auf die oben S. 486, Anm. 1, erwähnten Werke.

nen Lichtes erblickt. Die dazwischenliegende Wolke ist nur klein, trotzdem kann sie mit ihrer schmalen, veränderlichen Form die strahlende Präsenz verdecken. Sobald diese Wolke verweht ist, wird das transzendente Licht durch seine eigene Kraft unmittelbar erschaut, und auch wenn es vor uns verdunkelt ist, weil wir es nicht sehen, nicht innewerden, nicht aufdecken können, ist es doch in seinem ewigen Glanze immer da. Ja, es ist nicht nur immer da, es ist auch Quelle und Grundlage aller Dinge hienieden.

Wie wir bereits mehrfach dargestellt haben und es hier nun noch einmal erwähnen müssen, denken sich die Jainas den Kristall der Lebensmonade *(jīva)* getrübt durch eine physische Farbsubstanz *(leshya)* des Karma, die in sie eindringt und ihr inneres Licht verdunkelt. Diese feinstoffliche Einströmung *(āsrava)* muß buchstäblich abgedrosselt, der verdunkelnde Stoff zum Verdampfen gebracht oder verbrannt werden, indem er in Erfahrung, Lebensführung, Leiden und Schicksal umgesetzt wird – und dies ist eine verhältnismäßig einfache, materialistische Auffassung des Problems. Die späteren indischen Anschauungen, vertreten durch die klassischen halbmaterialistischen Systeme des Sāṅkhya, des Yoga und der Upanishaden, betrachteten die Lebensmonade (im Sāṅkhya und Yoga: *purusha*) oder das Selbst (in den Upanishaden: *ātman*) als ewig unbefleckt wie die Sonne. Nur die um diesen Kern gelagerten Seelenfähigkeiten liegen im Dunkel, und dieses Dunkel beruht überdies mehr auf Unwissenheit als auf einer ausgesprochenen Verkettung. Der Karmastoff ergießt sich nach dieser Anschauung nicht mehr in den innersten Kern unseres Wesens, wie es die Jainas wollten, sondern ein Schleier von Unwissenheit verwehrt dem Lichte den Zutritt. Wir müssen nur diese Wolke zum Verschwinden bringen, indem wir sie der Kraft ihres Gegensatzes aussetzen: nämlich dem *viveka* (der Unterscheidung), der *vidyā* (der Erkenntnis). Eine ungelöste Frage bleibt allerdings die nach dem Wesen der Wolke, und das gab denn auch, wie wir schon sahen, Anlaß zu unerschöpflichen Diskussionen. Wie auch die Philosophen das Problem drehen mochten, auf die eine oder andere Weise mußte ein *zweites* Kraftfeld (mochte es wie immer definiert, wie immer rationalisiert oder in abfälligem Sinne beurteilt werden) in das System eingeführt werden als Gegenstück zu der Sphäre dessen, «was wahrhaft ist». Und die beiden Sphären mußten dann auf irgendeine Weise zu einer nie ganz befriedigenden, unbezogenen Beziehung koordiniert werden.

Das Gemüt zum Beispiel ist ein Teil des Körpersystems, obwohl es das Licht des Geistes – freilich meist sehr unvollkommen – spiegelt. Das Gemüt ist nicht unbeteiligt. Es ist kein absolut gleichgültiger Gast aus höheren Regionen. Im Gegenteil, zum größten Teil ist es gefärbt, getönt und bestimmt, begrenzt und getragen von Wesen und Material des individuellen Leibes, an und in welchem es wächst und dem zu gebieten und zu folgen es bestimmt ist. Die Gemütskraft ist in all ihren Leistungen nur eine Funktion des leiblichen Ganzen, beeinflußt durch die jeweilige Qualität sowohl der grobstofflichen Substanz, die sie umhüllt, wie der feinstofflichen, aus der sie selbst besteht. Das Gemüt ist ein Spiegel, jedoch verfinstert durch seine eigene Dunkelheit; eine Wasserfläche, gekräuselt durch die Wellen seiner eigenen Leidenschaften, durch die Winde seiner flüchtigen Gefühle, die Rastlosigkeit «dessen, der weht». Wäre es nur wie ein lieblicher Bergsee, gegen kräuselnde Brisen auf allen Seiten geschützt durch die Berghänge, kristallklar, durch keine schmutzigen Zuflüsse aufgewühlt, die seine stillen Wasser trüben und seine glatte Oberfläche bewegen könnten, genährt nur durch eine unterirdische Quelle in der eigenen Tiefe – dann wäre es wohl imstande, die Gestalt der Wahrheit ohne Verzerrung zu spiegeln. Aber selbst dann bliebe jenes dualistische Problem bestehen (zumindest soweit es sich um metaphysische Überlegungen und Erklärungen handelt), daß Spiegel und Licht zweierlei sind.

Der Buddhismus beantwortet diese Schwierigkeit, indem er eine dauernde Substanz jenseits oder diesseits der verhüllenden Wolke eher verneint als bejaht. Der Buddha selbst veranlaßte diese Haltung mit seinem grundsätzlichen Ausspruch: «Alles ist ohne ein Selbst». Und seine Nachfolger ließen sich zwar trotz ihres Meisters wiederholter Weigerung, auf metaphysische Gespräche einzutreten, bald genug sowohl untereinander als mit den Brahmanen in Auseinandersetzungen ein und fanden zu guter Letzt doch wieder in das Hindugehege zurück[1], aber ihre grundlegende Verneinungstendenz wurde doch in der klassischen Blütezeit des Mahāyāna auf eine eigene, wahrhaft wunderbare Weise in der «Lehre von der Leerheit» theoretisch niedergelegt. Das Prinzip des Paradoxen wurde aus den Meditationshainen in das Feldlager des Verstandes, in die Akademie philosophischer Benennungen versetzt, wo das Gemüt sich dann systematisch in eine Reihe sorgfältiger Demonstrationen zergliederte, Stück um Stück seine eigenen Stützpfeiler auflöste und das «überhirnliche»

[1] Vgl. oben S. 471.

Bewußtsein allein der Leerheit überließ. Und im gleichen Geiste des Vertrauens auf das Transzendente wurde der Weg des Bodhisattva entwickelt als die ethische Anwendung des unerschütterlichen Glaubens an die metaphysisch gegründete Lehre des Buddha. In diametralem Gegensatz zum Weg des jainistischen «Furtbereiters», dessen geistige Überfahrt zum Jenseitigen Ufer durch eine extreme Technik des Sich-nach-innen-Einziehens geleistet wird, stellt der Bodhisattva, befeuert vom Wissen, daß die Transzendenz des jenseitigen Ufers im diesseitigen immanent ist, sich und seine Welt dadurch in den Nicht-Dualismus, daß er wahrheitsoffenbarende Taten tut. Die Doktrin von der nichtdualistischen Leerheit wird kühnlich auf die Leerheit des Lebens angewendet. Alle Dinge, die Buddhas und Arhats sowohl wie die «flüchtigen Teilchen» *(dharmas)* sind leer, leer bis zur «Nichtigkeit» *(abhāvadhātu)*.

5. DIE GROSSE LUST

Im späteren Mahāyāna wird das Schöpfungsgeheimnis in den Denkformen des Bodhisattva interpretiert. Als Avalokiteshvara das Nirvāṇa ablehnte, um als Heilbringer für alles Geschaffene zurückbleiben zu können, war er erfüllt von der *karuṇā*, «Mitleid» genannten Eigenschaft Dieses lautere Mitleid ist von der Substanz des Bodhisattva und identisch mit seiner richtigen Auffassung von der Leerheit. Man könnte auch sagen, es sei der erste Widerschein der Leerheit. Denn aus Mitleid *(karuṇā)* nimmt ja der Bodhisattva die verschiedenen Gestalten an, in denen er zum Heile der Wesen in der Erscheinungswelt auftritt. So nimmt er zum Beispiel die göttliche Gestalt des Vishṇu an für diejenigen, die den Vishṇu verehren, und die des Shiva für die Anbeter des Shiva. Auch ist es dem Mitleid des Bodhisattva zu danken, daß die Buddhas in die Welt kommen, ein Glaube, der eine bedeutsame Verschiebung und Wandlung buddhistischer Überzeugungen mit sich bringt. «In dem erlesenen Akanishṭha-Himmel, der noch über dem Suddhāvāsa-Himmel liegt», lesen wir im *Tattvasaṅgraha* des Shāntarakshita, «erlangt der Bodhisattva Allwissenheit, und (unter seinem Einfluß) wird in der Welt ein Buddha geboren[1].»

Mitleid liegt in den Herzen aller Geschöpfe bereit als Zeichen ihrer möglichen Bodhisattvaschaft. Denn alle Dinge sind Shūnyatā, Leerheit;

[1] Shāntarakshita, *Tattvasaṅgraha*, zit. nach Benoytosh Bhattacharyya, *An Introduction to Buddhist Esoterism*, Oxford 1932, S. 99.

und der reine Widerschein dieser Leerheit, nämlich ihres eigentlichen Wesens, ist Mitleid. In Wahrheit ist Mitleid *(karuṇā)* die Kraft, welche die Dinge in ihrer Erscheinungsform festhält, so wie es den Bodhisattva vom Nirvāṇa zurückhält. So besteht also das ganze Universum aus Karuṇā, Mitleid, das auch Shūnyatā, Leerheit genannt wird.

In gewissem Sinn ist der welterhaltende Abstieg des Bodhisattva vergleichbar mit der in der *Bhagavad Gītā*[1] berichteten Herabkunft des Krishṇa und mit der des Herrn der Schöpfung, die im *Vedāntasāra*[2] offenbart wird. Es ist ein Akt freiwilliger Unwissenheit; ein liebevolles Herniedersteigen, ein «geistiges Opfer» *(ātma-yajña)*, wie es im Christentum als Inkarnationsmysterium gefeiert wird. Im Geist und in der Praxis führt dieser Akt allerdings noch einen Schritt weiter, denn er fordert die *unbedingte Bejahung, daß «Unwissenheit»* (avidyā) *dem Wesen nach identisch mit «Erleuchtung»* (bodhi) *sei*. Dadurch aber sind die alten mönchischen Verhaltensweisen des Verwerfens oder Annehmens im Sāṅkhya, Vedānta und Hīnayāna – deren Darstellung einen so breiten Raum in diesem Buch einnimmt – überholt. «Unwissenheit» *(avidyā)* ist zwar immer noch das, wofür der Buddha sie erklärte, nämlich die Ursache des Leidens, die Ursache der Gefangenschaft aller Wesen im Wirbel von Geburt, Alter und Tod. Sie ist immer noch das blinde Leiden jener, die in Begierde und Angst, in Hoffnung, Verzweiflung, Überdruß und Sorge leben. Wessen Gemüt aber geläutert ist, wessen «Seele» und Selbstheit sich in die Leere auflöste, der wird sich eines freudvollen Wunders bewußt, das ihm wie ein Traum, wie ein Zauberwerk vorkommt, und mit dem als der Leere er identisch ist. Die Wesen, die sich in ihrer Unwissenheit von einem Meer von Leiden verschlungen fühlen, sind «Nicht-Wesen», leer und unveränderlich; nur ihre Unwissenheit gibt ihnen das Gefühl, als seien *sie* es, die leiden. In das Mitleid des Bodhisattva mischt sich daher das Erlebnis der «großen Lust» *(mahā-sukha)*. Denn wo andere Leid, Unglück, Wechsel, Armut, Laster oder andererseits Ehre, Vergnügen, Erfolg, Überfluß und Tugend sehen, da offenbart die «höchste Erkenntnis» *(prajña)* die Leere: die namenlose, absolute, unwandelbare, makellose Leere, ohne Anfang und Ende wie der Himmel. So wandert der Bodhisattva überall umher, fessellos, furchtlos wie ein Löwe, brüllend das Löwengebrüll der Bodhisattvaschaft. Diese drei Welten sind sozusagen erschaffen worden für, durch und aus der Freude dieses Unsterblichen: sie sind seine *līlā*, sein «Spiel».

[1] Oben S. 348–351. [2] Oben S. 379–384.

Da der Anwärter für solche Erkenntnis sich so verhalten soll, als habe er sie bereits erlangt, gehörte es zum Programm gewisser Schulen des Mahāyāna, daß die sakramentalen Schranken, die normalerweise die Grenze des Tugendhaften bezeichnen, mit Vorsicht durchbrochen wurden. In einem berühmten Text lesen wir: «Die gleichen Taten, für welche die Sterblichen Hunderte von Zeitumläufen in der Hölle braten, machen den Yogī frei[1].» Trotz der Entrüstung, die diese Phase buddhistischer Frömmigkeit ausgelöst hat, war doch die Mehrzahl der sakramental begangenen Verstöße – zumal in einer Gemeinschaft, die von allen Seiten durch die strengsten Tabus eingeschränkt war – derart, daß sie dem modernen Durchschnittschristen nicht die geringsten Skrupel bereitet hätten. Diese Übertretungen bestanden etwa im Genuß verbotener Speisen wie Fisch, Fleisch, gewürzter Gerichte und Wein, oder im Sexualverkehr. Das einzig Neuartige war, daß diese Handlungen nicht aus sinnlicher Begierde oder satter Langeweile, sondern ohne Ichhaftigkeit und unter der Führung eines religiösen Meisters begangen wurden. Denn man betrachtete sie als notwendige Begleitumstände einer schwierigen und gefährlichen, aber durchaus unentbehrlichen geistigen Übung. Der Bodhisattva steht über Begehren und Furcht; und überdies sind alle Dinge Buddha-Dinge und leer.

Der Geschlechtsakt kann als unübertreffliches Gleichnis und als tiefe menschliche Erfahrung des metaphysischen Mysteriums nichtdualistischen Seins, das sich als Zwei manifestiert, angesehen werden. Die Umarmung des männlichen und weiblichen Prinzips und die dabei empfundene Lust beweist ihre wesenhafte Einheit, ihre metaphysische Identität. Vom logischen Standpunkt, in der Welt von Raum und Zeit, sind Mann und Frau zwei Wesen. Aber im intuitiven Wissen um ihre Identität, das der Keim der Liebe ist, wird der Gedanke der Zweiheit überwunden, während durch das Mysterium ihrer körperlichen Vereinigung – ihr Tun und Erleben während ihrer wirklichen, geheimen Nichtzweiheit – ein neues Wesen entsteht; es ist als habe die leibliche Nachahmung der überleiblichen, nichtdualistischen Wahrheit auf magische Weise die unerschöpfliche Quelle berührt, aus der alle Erscheinungen des Kosmos hervorgehen. Es ist, als kämen durch den Geschlechtsakt die Geschöpfe der sichtbaren Welt erfahrend in Berührung mit dem metaphysischen Bereich des nichtdualisti-

[1] *Jñānasiddhi* 1. (In: *Two Vajrayāna Works*, herausg. mit Einleitung von Benoytosh Bhattacharyya, Gaekwad's Oriental Series, No. XLIV, Baroda, 1929, S. xix.)

schen Quellgrundes. Dieser Bereich steht also nicht ganz für sich, ist nicht unbezogen. Es ist vielmehr ihr eigenes wahres Wesen, das die Geschöpfe in jedem Impuls des Mitgefühls erleben, in seiner allerhöchsten Form aber während jener höchsten menschlichen Verwirklichung des Mitfühlens, das sich im Mysterienspiel der Geschlechter zu erkennen gibt.

shunyatābodhito bījam bījāt bimbam prajāyate
bimbe ca nyāsavinyāsa tasmāt sarvam pratītyajam

«Aus der richtigen Auffassung von Shūnyatā (der ‚Leere') entsteht Bīja (der ‚Same'). Aus Bīja entwickelt sich die Vorstellung eines göttlichen Bildes, und aus dieser Vorstellung wird die äußere Abbildung des Gottes abgeleitet[1].»

Benoytosh Bhattacharyya kommentiert diesen Text folgendermaßen: «So baut sich die gesamte Ikonographie der Buddhisten auf dem richtigen Verständnis der Lehre von der Shūnyatā auf[2].» Man könnte noch hinzufügen, daß diese Schöpfung eines Gottesbildes ein Akt von gleichem Range wie die Weltschöpfung ist: *ars imitatur naturam in sua operatione*[3]. Durch die Versenkung in ein Gottesbild verbindet sich die Seele mit dem «Keim» *(bīja)*, und durch diesen Keim kehrt sie wiederum in die Leere zurück. Das äußere Abbild, das nur eine vorläufige Stütze dieses Innewerdens ist, kann aus Stein, Holz, Metall oder einem anderen leblosen Stoff bestehen, es kann aber auch ein lebendes Wesen sein, zum Beispiel der Guru oder sogar der Andächtige selbst in irgendeiner symbolischen Rolle. Das treffendste Symbol für die Mahāyāna-Lehre vom *mahāsukha*, «der Großen Lust», ist die Darstellung der männlichen und der weiblichen Gottheit in ihrer Umarmung (Tibetisch: *Yab-Yum*).

Als Grundidee liegt in diesem Götterbild beschlossen die Vorstellung des Weiblichen als des aktivierenden Prinzips. Durch ihre Reize weckt die Göttin das schlafende männliche Element aus seiner Ruhe auf; durch

[1] In anderer Version: «Das Leere bringt den Samen hervor; dieser entwickelt sich zur geistigen Vorstellung; diese konkretisiert sich außen, und daraus entspringt alles, was in die Existenz tritt.» *Mahāsukhaprakāsha* («Die Auslegung der Lehre von der Großen Lust»), Bd. 32. Dies ist das Werk des Advayavajra, eines bengalischen Kommentators aus dem 12. Jahrhundert.

[2] Benoytosh Bhattacharyya, *The Indian Buddhist Iconography*, Oxford, 1924, S. xiii.

[3] «Für den Osten gilt wie für den hl. Thomas v. Aquin: *ars imitatur naturam in sua operatione*» (Ananda K. Coomaraswamy, *The Transformation of Nature in Art*, Cambridge, Mass., 1934, S. 15).

ihre Umarmung ergänzt sie die männliche Energie. Wie wir sahen[1], wird in Indien die ewig sich erneuernde Kosmogonie, das In-die-Existenz-Treten des Weltalls und sein Wiederverschwinden, auf Grund der Yoga-Erfahrung als eine grandiose Psychogenese aufgefaßt: Wenn der Yogī aus dem transzendentalen Innesein des Samādhi zurückkehrt, tritt er wieder ein in die Welt der Gestalten, die sich dem Bewußtsein durch seine inneren und äußeren Sinne darbietet, wobei die Erscheinungsformen nur Funktion seiner wieder in Tätigkeit gesetzten Sinnesorgane selbst sind. In der buddhistischen Mahāyānalehre von der Großen Lust *(mahā-sukha)* wird der Meditationsvorgang, der sich auf das Hervortreten und Wiederverschwinden seelischer Vorstellungen richtet, durch eine weibliche Gestalt gefördert und gelenkt, und die rituelle geschlechtliche Vereinigung wird zu einer Art *via crucis*, wobei der Einzelmensch das Mysterium der kosmogonischen Manifestation des Mitleids erlebt. Die richtige Wahrnehmung der Shūnyatā ermöglicht ihm, sich vollkommen mit jenem Gefühl zu identifizieren, «Erkenner und Erkanntes, Seher und Gesehenes finden sich in einem alle Unterscheidung übersteigenden Geschehen», und somit wird der Eingeweihte selbst zum Engel, dem Engel mit den zwei Rücken: Mann-und-Weib – die anthropomorphe Gestalt der mitfühlenden Leere.

Dieses Yab-Yum-Bild soll auf zwei Arten betrachtet werden. Einmal soll der Adept den weiblichen Teil als die Shakti oder den dynamischen Aspekt der Ewigkeit, den männlichen Teil als das ruhende, jedoch in Tätigkeit gesetzte Element anschauen. Andererseits soll er dann wieder das Männliche betrachten als das Prinzip des Pfades, des Weges, der Methode *(upāya)*, das Weibliche aber, mit dem es verschmilzt, als das transzendente Ziel. Sie ist dann der Ursprung, in den die Kraft der Erleuchtung im Zustand höchster, ewigwährender Glut zurückströmt. Und daß das dualistische Symbol des vereinten Paares auf diese zwei Arten (indem einmal das Männliche, das andere Mal das Weibliche die transzendente Wahrheit vertritt) betrachtet werden soll, bedeutet schließlich auch, daß beide Wirklichkeitsaspekte oder -funktionen durchaus von gleichem Range sind: es gibt keinen Unterschied zwischen Saṁsāra und Nirvāṇa, weder in bezug auf ihre Würde noch ihre Substanz. Tathatā, die reine «Soheit», offenbart sich auf beide Arten, und der scheinbare Unterschied existiert für die wahre Erleuchtung nicht.

[1] Oben S. 298–299.

Die Symbolik des Yab-Yum betont also die Würde der gestalthaften Welt. Diese lebendige Erkenntnis, in der die Leib-Geistigkeit der geschlechtlichen Totalität mit dem Metaphysischen verknüpft wird – wobei die gegensätzlichen Spannungen und Impulse zur Ruhe kommen, indem sie sich ausgleichen, erfüllen und gegenseitig aufheben –, ist aus ganz anderem Geiste als die weiberverachtende, weltverachtende Überheblichkeit der Einsiedelweisen, mögen sie nun zu den Jainas, zum Vedānta oder zum buddhistischen Hīnayāna gehören. Es ist ganz offensichtlich, daß diese weltbejahende Methode geistiger Führung ein Beitrag der aristokratischen Kshatriya-Kaste war. Vielleicht hat sie sich entwickelt aus jener frühen, tiefmystischen Liebesweisheit, die im späteren klassisch-brahmanischen *Kāmasūtra*[1] nur noch dürftig in Erscheinung trat und dann ganz verlorenging. Die Anfänge der Bewegung liegen im Dunkel, aber es gibt eine Überlieferung, die sie auf den Hof eines gewissen Indrabhūti, Königs von Uḍḍiyāna im 7. oder 8. Jahrhundert n. Chr., zurückführt. Dieser königliche Mann ist der berühmte Verfasser der *Jñānasiddhi*, eines grundlegenden Werkes, in dem die Yab-Yum-Initiation beschrieben wird[2]. Über die genaue Lokalisierung seines Königreiches sind sich die Gelehrten jedoch nicht einig; einige verlegen es in das Swat-Tal in der nordwestlichen Grenzprovinz, andere nach Oṛissā, das nicht weit von der Heimat des Buddha liegt. Es wird erzählt, daß die begabte Tochter des Indrabhūti, die Prinzessin Laksmīṅkarā Devī, der geistige Mittelpunkt dieses höfischen Liebeskultes war[3].

Man wird unwillkürlich an Eleonore von Aquitanien und die provenzalischen Liebeshöfe erinnert, die vier Jahrhunderte später in der Zeit der Kreuzzüge entstanden, als der abendländische Adel vom Zauber des Orients berührt wurde. Zur gleichen Zeit spielten im Mahāyāna-buddhistischen Japan die Herren und Damen des Kaiserhofes von Miyako ihre poetische Romanze als «Wolkenritter» und «Blumenmädchen», während in Persien die Lieder des Omar Nizami und der sufitischen Dichter entstanden.

[1] Vgl. oben S. 136–145.

[2] Der Sanskrittext ist veröffentlicht in Gaekwad's Oriental Series, No. XLIV (vgl. oben S. 493, Anm. 1); eine Zusammenfassung des Inhaltes findet sich in Bhattacharyya, *Introduction to Buddhist Esoterism*, S. 38 ff.

[3] Vergleiche Bhattacharyya, *The Indian Buddhist Iconography*, S. XXVI, Anmerkung.

Ein Vers des Hafis könnte dieser Bewegung als Motto dienen: «Sklave bin ich der Liebe und von beiden Welten frei[4].» Von den Schlössern Portugals bis zu denen Japans war die Kulturwelt fünfhundert Jahre lang vom Klang dieses Liedes erfüllt, und sein Widerhall läßt sich noch heute in den tibetanischen Klöstern vernehmen. Die grundlegende Lehre Indiens, die Lehre vom transzendentalen Monismus, der die gegensätzlichen Prinzipien in zeitloser Einigung verschmilzt, findet nirgends ein treffenderes Sinnbild als in der lamaistischen Verehrung des Kultbildes, das die heilige Lust *(mahāsukha)* des vereinten Götterpaares darstellt.

[1] Hafis, *Ghasel* 455.

V

TANTRA

1. WER SEHNT SICH NACH NIRVĀṆA?

Die veränderte, für den späteren Buddhismus bezeichnende Einstellung zum letzten Ziel hat ihre getreue Parallele in der gleichzeitigen Entwicklung des Hinduismus. Wie wir sahen[1], verwendet der Hīnyāna den Ausdruck *bodhisattva* für einen überragenden Menschen, der im Begriff steht, ein Buddha zu werden und so aus der Zeit in das Nirvāṇa überzugehen; es wird damit der Archetypus des buddhistischen Laien-Initiierten bezeichnet, der sich aus der Welt zurückzieht, während der Begriff im Mahāyāna ein die Zeit neu bestätigendes Symbol universellen Erlösertums meint. Indem der Bodhisattva auf die Buddhaschaft verzichtet, zeigt er, daß das Erlangen von Moksha, «Erlösung, Befreiung, Errettung aus den Wechselfällen der Zeit», nicht das höchste Gut sei, ja daß Moksha eigentlich bedeutungslos sei, da Saṃsāra und Nirvāṇa gleichermaßen dem Wesen nach Shūnyatā, «Leerheit, das Leere», sind. Der gleiche Geist spricht aus den Worten des im Tantra eingeweihten Hindu: «Wer sucht Nirvāṇa?» «Was wird gewonnen durch Moksha?» «Wasser mischt sich mit Wasser.»

Diese Einstellung zeigen viele Gespräche des Shrī Rāmakrishna mit seinen Laienschülern.

Eines Abends sprach er zu ihnen: «Einst betrat ein Sannyāsin den Tempel von Jagganāth. Während er das Gottesbild betrachtete, überlegte er bei sich, ob Gott wohl eine Gestalt habe oder gestaltlos sei. Er bewegte seinen Stab von links nach rechts, um zu spüren, ob dieser an das Bildnis stoße. Der Stab stieß an nichts. Der Sannyāsin entnahm daraus, daß da gar kein Bildnis vor ihm stehe, und schloß, daß Gott gestaltlos sei. Dann bewegte er den Stab von rechts nach links. Dieser stieß an das Bild. Der Sannyāsin entnahm daraus, daß Gott eine Gestalt habe. So ward er inne, daß Gott Gestalt habe und doch auch wieder gestaltlos sei[2].»

[1] Oben S. 475–476.

[2] *The Gospel of Shrī Rāmakrishna*, übers. und eingel. von Swāmī Nikhilānanda, New York, 1942, S. 858.

Ein anderes Mal sagte er: «Was ist Vijñāna? Es heißt Gott erkennen auf eine besondere Weise. Das Erkennen und Überzeugtsein, daß Feuer im Holz stecke, ist Jñāna, Wissen. Aber Reis kochen auf diesem Feuer, den Reis essen und sich davon nähren, ist Vijñāna. Durch eigene innere Erfahrung wissen, daß Gott existiert, ist Jñāna. Aber mit Ihm reden, von Ihm wie von einem Kind, einem Freund, einem Meister, einem Geliebten beglückt werden, ist Vijñāna. Das Innewerden, daß Gott allein zum Universum und zu allen lebenden Wesen geworden ist, das ist Vijñāna[1].»

Und in bezug auf das Ideal der Auflösung im Brahman mochte er zuweilen den Dichter Rāmprasād zitieren: «Ich esse gern Zucker, ich möchte aber nicht gern Zucker werden.[2]».

Der Bodhisattva des Mahāyāna genießt nicht endendes Heilbringertum, indem er sich mit vollkommener Selbstlosigkeit seiner Lehraufgabe im Wirbel der Welt widmet. Das gleiche gilt vom hinduistischen Tāntra-Initiierten: Indem er in der dualistischen Haltung der Andacht *(bhakti)* verharrt, genießt er unaufhörlich die Seligkeit des Wissens um die Allgegenwart der Göttin.

«Die Göttliche Mutter offenbarte mir im Kālī-Tempel, daß sie es ist, die zu allem wurde.» So sprach Rāmakrishna zu seinen Freunden. «Sie zeigte mir, daß alles von Bewußtsein erfüllt ist. Das Bildnis war Bewußtsein, der Altar war Bewußtsein, das Wasserbecken war Bewußtsein, die Türschwelle war Bewußtsein, der Marmorboden war Bewußtsein – alles war Bewußtsein. Ich endeckte, daß jedes Ding im Raume sozusagen getränkt war von Seligkeit, der Seligkeit des Satcidānanda[3]. Ich sah einen Übeltäter vor dem Kālī-Tempel stehen, aber auch ihn sah ich durchzittert von der Macht der Göttlichen Mutter. Das veranlaßte mich, eine Katze mit der Speise zu füttern, die der Göttlichen Mutter hätte gespendet werden sollen[4].»

Weiter sprach er: «Der Jñānī, der am Pfad des Wissens festhält, rechtet immer mit der Wirklichkeit, indem er sagt: ‚Nicht dies, nicht dies.' Brahman aber ist weder ‚dies' noch ‚das'. Es ist weder das Weltall noch dessen Lebewesen. Durch Überlegungen solcher Art wird das Gemüt standhaft und ruhig. Dann schwindet es, und der Adept geht in Samādhi ein. Das ist das Wissen des Brahman. Eine unerschütterliche Überzeugung des

[1] Ebenda S. 288. [2] Dagegen oben S. 392 f.
[3] Brahman als Sein *(sat)*, Bewußtsein *(cit)* und Seligkeit *(ānanda)*. Vgl. oben S. 380.
[4] *The Gospel of Shrī Rāmakrishna*, S. 345–346.

Jñānī ist es, daß allein das Brahman real ist, die Welt aber illusorisch wie ein Traum. Was Brahman ist, kann man nicht beschreiben. Man kann nicht einmal sagen, Brahman sei eine Person. Das ist die Ansicht der Jñānīs, der Nachfolger der Vedānta-Philosophie.

Die Bhaktas aber anerkennen alle Bewußtseinszustände. Sie halten auch den Wachzustand für real. Sie glauben nicht, daß die Welt illusorisch wie ein Traum sei. Sie sagen, die Welt sei eine Manifestation von Gottes Macht und Herrlichkeit. Gott hat all dies geschaffen: Himmel, Sterne, Mond, Sonne, Gebirge, Meere, Menschen, Tiere. Sie alle bilden Seine Herrlichkeit. Er ist in uns, in unseren Herzen. Aber Er ist auch außen. Die das Göttliche am tiefsten geschaut haben, sagen, daß aus Ihm selbst all das geworden sei; die vierundzwanzig kosmischen Prinzipien, das Weltall und alle lebendigen Geschöpfe. Die Gott anbeten, wollen Zucker essen, nicht aber zu Zucker werden. (Gelächter.)

Wißt ihr, was der Gott-Liebende fühlt?» fuhr Rāmakrishna fort, «Seine Einstellung ist so: ‚Gott, Du bist der Herr, und ich bin Dein Diener. Du bist die Mutter, und ich bin Dein Kind.' Oder so: ‚Du bist mir Vater und Mutter. Du bist das Ganze, und ich bin ein Teil.' Er sagt nicht gern: ‚Ich bin Brahman.'

Der Yogī sucht des Paramātman, der Höchsten Seele innezuwerden. Sein Inbild ist die Vereinigung der verkörperten Seele mit der Höchsten Seele. Er zieht sein Gemüt von den Sinnesobjekten weg und sucht es ganz auf den Paramātman zu sammeln. Darum geht er während des ersten Stadiums seiner Geistesschulung in die Einsamkeit und übt in einer bestimmten Haltung und mit ungeteilter Hingabe seine Meditation.

Aber die Wirklichkeit ist ein und dieselbe. Der Unterschied liegt nur im Namen. Er, der Brahman ist, er ist in Wahrheit Ātman, und Er ist auch der Bhagavān, der Erhabene Herr. Er ist Brahman für die, welche den Pfad des Wissens wandeln, Paramātman für die Yogis und Bhagavān für die Gottliebenden.

Die Jñānīs, die der nicht-dualistischen Philosophie des Vedānta anhängen, sagen, daß die Tätigkeiten der Schöpfung, Erhaltung und Zerstörung, das Weltall selbst und all seine Lebewesen Manifestationen der Shakti, der göttlichen Macht[1] seien. Wenn ihr darüber nachdenkt, dann werdet ihr erkennen, daß all das so illusorisch wie ein Traum ist. Brahman allein ist

[1] Im Vedānta «Māyā» genannt. Vgl. oben S. 381–382. Shakti ist Yum im Yab-Yum-Kultbild. Vgl. oben S. 494–495.

Wirklichkeit, alles andere ist unwirklich. Sogar diese Shakti selbst ist unsubstanziell wie ein Traum.

Ihr mögt aber euer ganzes Leben lang nachdenken, solange ihr nicht in Samādhi steht, könnt ihr euch nicht dem Bannkreis der Shakti entziehen. Selbst wenn ihr sagt: ‚Ich meditiere' oder ‚Ich bin in Versunkenheit', so weilt ihr doch immer noch im Reiche der Shakti, im Schatten ihrer Macht.

So sind also Brahman und Shakti identisch. Wenn ihr das eine anerkennt, müßt ihr auch das andere anerkennen. Sie sind wie das Feuer und sein Brennvermögen. Wenn ihr das Feuer seht, so müßt ihr auch sein Brennvermögen anerkennen. Ihr könnt euch nicht das Feuer denken, ohne an sein Brennvermögen zu denken; noch könnt ihr euch das Brennvermögen denken, ohne Gedanken an das Feuer. Ihr könnt nicht die Sonnenstrahlen ohne die Sonne erfassen, noch könnt ihr die Sonne ohne ihre Strahlen erfassen.

Wie sieht Milch aus? Ach, werdet ihr sagen, sie ist etwas Weißes. Ihr könnt euch die Milch nicht ohne die Weiße denken, ihr könnt euch aber auch das Weiße nicht ohne die Milch denken.

So kann man sich auch das Brahman nicht ohne Shakti noch Shakti ohne Brahman denken. Man kann sich das Absolute nicht ohne das Relative, noch das Relative ohne das Absolute denken.

Die göttliche Urkraft ist immer spielend am Werk[1]. Sie schafft, erhält und zerstört gleichsam im Spiel. Diese Kraft heißt Kālī. Kālī ist in Wahrheit Brahman, und Brahman ist in Wahrheit Kālī. Es ist ein und dasselbe Wirkliche. Wenn wir Es uns untätig, das heißt nicht wirkend in Schöpfung, Erhaltung und Zerstörung denken, dann nennen wir Es Brahman. Wenn Es aber mit diesen Werken beschäftigt ist, dann nennen wir Es Kālī oder Shakti. Das Wirkliche ist ein und dasselbe; der Unterschied liegt in Name und Gestalt[2].»

Diese Einführung in die tantrischen Anschauungen wurde auf dem Deck eines den Ganges auf und ab fahrenden kleinen Ausflugsdampfers gegeben. Es war ein wundervoller Herbstnachmittag des Jahres 1882. Keshab Chandra Sen (1838–1884), der hervorragende Leiter des halb hinduisti-

[1] Dieser Gedanke vom Spiel *(līlā)* der Gottheit in den Gestalten der Welt ist grundlegend für die tantrische Anschauung und ist das hinduistische Gegenstück des Mahāsukha der Mahāyāna-Buddhisten (oben S. 492).

[2] *The Gospel of Shrī Rāmakrishna*, S. 133–135.

schen, halb christlichen Brāhmo Samāj[1], war mit einigen seiner Anhänger gekommen, um Shrī Rāmakrishna in Dakshineswar, einer Vorstadt des modernen Kalkutta, zu besuchen, wo der göttliche Lehrer in einem der Schwarzen Göttin Kālī geweihten Tempel als Priester diente. Keshab war ein moderner, westlich eingestellter Hindu mit kosmopolitischer Gesinnung und huldigte einer «sattva-haften», humanistisch-fortschrittlichen Religionsphilosophie, ähnlich der seines neuenglischen Zeitgenossen, des Transzendentalisten – und Kenners der *Bhagavad Gītā* – Ralph Waldo Emerson. Rāmakrishna dagegen war ein echter Hindu, vorsätzlich des Englischen unkundig, genährt aus den Traditionen seines Mutterlandes, tief erfahren in den Methoden introvertierter Versenkung und erfüllt von Gotteserfahrung. In dieser Begegnung der zwei religiösen Führer traf das moderne, zeitgebundene Indien mit dem zeitlosen, das moderne indische Bewußtsein mit den halbvergessenen göttlichen Symbolen seines eigenen Unbewußten zusammen. Bemerkenswert ist nun, daß bei dieser Gelegenheit nicht der westlich erzogene, westlich gekleidete Gelehrte, der in London von der Königin empfangen worden war, der Unterweisende war, sondern der Yogī in seinem Lendentuch, der aus seiner eigenen persönlichsten Erfahrung von den altüberlieferten indischen Göttern sprach.

Keshab (lächelnd): «Erkläre uns, Herr, auf wieviel Arten sich die Göttliche Mutter Kālī in dieser Welt zu erkennen gibt.» Shrī Rāmakrishna (ebenfalls lächelnd): «Oh, Sie spielt in verschiedenster Weise. Immer ist Sie es, die Eine, die man Mahā-Kālī [‚die Große Schwarze'], Nitya-Kālī [‚die Ewige Schwarze'], Shmashāna-Kālī [‚die Kālī der Leichenverbrennungsstätten'], Rakshā-Kālī [‚die Gespenster-Kālī'] und Shyāmā-Kālī [‚die Dunkle Kalī'] nennt. Mahā-Kālī und Nitya-Kālī werden in der Tantra-Philosophie erwähnt. Als es noch weder Verbrennung, noch Sonne, Mond, Planeten und Erde gab, und als Finsternis von Finsternis verhüllt war, da war die Mutter, die Gestaltlose, Mahā-Kālī, die Große Kraft, eines mit Mahā-Kāla [das ist die männliche Form des gleichen Namens] dem Absoluten.

Shyāmā-Kālī hat einen lieblichen Aspekt und wird in den Heimstätten der Hindu verehrt. Sie ist Spenderin der Gnaden und Vertreiberin der

[1] Eine Zusammenstellung der Ideale und der Geschichte des Brāhmo Samāj (gegründet 1828 durch Rājā Rammohan Roy) findet sich in Swāmī Nikhilānandas Einleitung zu *The Gospel of Shrī Rāmakrishna*, S. 40–42. Eine hervorragende Gestalt in dieser Bewegung war Devendranath Tagore (1817–1905), der Vater des Nobelpreisdichters Sir Rabindranath (1861–1941).

Furcht. Das Volk betet zu Rakshā-Kālī, der Beschützerin, in Zeiten der Hungersnöte, Epidemien und Erdbeben, der Dürre und Überschwemmung. Shmashāna-Kālī ist die Verkörperung der zerstörenden Kräfte. Sie waltet auf den Verbrennungsstätten, umgeben von Leichen, Schakalen und furchtbaren weiblichen Dämonen. Aus ihrem Munde fließt ein Strom von Blut, an ihrem Halse hängt ein Kranz von Menschenschädeln, und sie trägt einen Gürtel aus Menschenhänden.

Nach der Zerstörung der Welt, am Ende eines großen Zyklus, speichert die Göttliche Mutter den Samen für die nächste Schöpfung auf. Sie gleicht einer erfahrenen Hausfrau, die in einer Büchse allerlei Kram für den Haushalt aufhebt. (Gelächter.) Gewiß, Hausfrauen haben solche Büchsen, worin sie Meerschaum, bunte Knöpfe, kleine Säckchen mit Gurken-, Kürbis- und Melonenkernen und noch viel anderes derartiges aufheben. Sie holen sich davon, wenn sie etwas brauchen. Und ganz ähnlich sammelt meine Göttliche Mutter, die Verkörperung des Brahman, nach der Weltzerstörung die Samenkörner für die nächste Schöpfung. Nach vollzogener Schöpfung wohnt die Urkraft in der Welt selbst. Sie bringt diese Erscheinungswelt hervor und durchdringt sie dann. In den Veden wird die Schöpfung mit der Spinne und ihrem Netz verglichen, die Spinne bringt ihr Netz hervor und hält sich darin auf. Gott enthält die Welt und alles, was in ihr enthalten ist.

Ist Kālī, meine göttliche Mutter, von schwarzer Hautfarbe? Sie erscheint schwarz, weil sie aus der Ferne gesehen wird. Von nahem aber ist sie nicht mehr schwarz. Der Himmel erscheint durch die Ferne blau, wenn man aber die Luft von nahem betrachtet, so wird man sie farblos finden. Das Wasser im Meer sieht von ferne blau aus, wenn du aber hingehst und es in die Hand schöpfst, wirst du finden, daß es farblos ist.»

Erfüllt von Liebe für die Göttin, sang ihr nun Shrī Rāmakrishna zwei Lieder ihres bengalischen Anhängers, des Yogī Rāmprasād. Dann nahm er seine Rede wieder auf.

«Die Göttliche Mutter ist immer zu Scherz und Spiel aufgelegt. Diese Welt ist ihr Spiel. Sie ist eigenwillig und geht immer ihre eigenen Wege. Sie ist voll Glückseligkeit. Sie gibt unter Hunderttausenden einem die Freiheit.»

Ein Brāhmo-Anhänger: «Wenn sie aber will, dann kann sie allen die Freiheit geben. Warum also fesselt sie uns an die Welt?» Shrī Rāmakrishna: «Das ist ihr Wille. Sie möchte mit ihren Geschöpfen weiterspielen. Beim Versteckspielen hört das Rennen allzubald auf, wenn gleich zu

Anfang alle Spieler den ‚Anschlag' berühren. Wenn alle ihn berühren, wie kann das Spiel weitergehen? Das mag sie nicht. Es macht ihr Freude, wenn das Spiel weitergeht.

Es ist, als ob die Göttliche Mutter zur Menschenseele mit verständnisvollem Augenzwinkern spräche: ‚Geh nur und freue dich der Welt.' Wie kann man das menschliche Gemüt tadeln, das Gemüt kann sich aus der Weltlichkeit befreien, wenn Sie in ihrer Gnade es zu Sich hinwendet.»

Wieder unterbrach Shrī Rāmakrishna seine Rede mit dem Singen von Rāmprasāds Liedern, dann fuhr er fort: «Gefangenschaft gehört zur Seele, aber auch Freiheit gehört zu ihr. Der Mensch ist frei, wenn er ständig denkt: ‚Ich bin eine freie Seele. Wie könnte ich gefesselt sein, ob ich nun in der Welt oder in der Waldeinsamkeit lebe? Ich bin ein Kind Gottes, des Königs der Könige. Wer kann mich fesseln?' Wenn ein Mensch von einer Schlange gebissen worden ist, kann er vielleicht das Gift los werden, indem er sich eindringlich sagt: ‚Ich habe kein Gift in mir.' Wenn man in gleicher Weise mutig und entschlossen sagt: ‚Ich bin nicht gefesselt, ich bin frei', dann wird man es auch wirklich, man wird wirklich frei.

Einmal gab mir jemand ein Buch der Christen. Ich bat ihn, es mir vorzulesen. Es handelte von nichts anderem als von Sünde. (Zu Keshab Chandra Sen gewandt:) Sünde ist auch das einzige, was man in eurem Brāhmo-Samāj hört. Ein armer Teufel, der ständig wiederholt ‚Ich bin gefesselt, ich bin gefesselt', erreicht damit nur, daß er wirklich gefesselt wird. Wer Tag und Nacht sagt ‚Ich bin ein Sünder, ich bin ein Sünder', der wird auch wirklich zum Sünder.

Wir sollten einen so glühenden Glauben an Gott haben, daß wir sagen können: ‚Wie? Ich habe den Namen Gottes wiederholt ausgesprochen, und da könnte die Sünde noch an mir hängen? Wie kann ich noch ein Sünder sein? Wie kann ich noch in Fesseln sein?'

Wenn ein Mensch den Namen Gottes immer wieder anruft, dann wird ihm Leib, Seele und alles rein. Warum soll man von Sünde, Hölle und dergleichen reden? Sagt nur einmal: ‚O Herr, ich habe sicherlich Böses getan, aber ich will es nicht wieder tun.' Und vertraut auf seinen Namen.»

Shrī Rāmakrishna sang:

O daß ich stürbe, Durgās Namen auf den Lippen;
Wie könntest du, Gebenedeite,
Mir die Befreiung dann versagen,
Wenn ich auch noch so elend wäre? ...

Dann sprach er: «Zu meiner Göttlichen Mutter betete ich nur um reine Liebe. Ich legte Blumen zu ihren Lotosfüßen und betete zu ihr: ,Mutter, hier ist deine Tugend, hier ist dein Laster. Nimm beides und gewähre mir nur die reine Liebe zu dir. Hier ist dein Wissen, hier ist deine Unwissenheit. Nimm beides und gewähre mir nur die reine Liebe zu dir. Hier ist deine Reinheit, hier ist deine Unreinheit. Nimm beides, Mutter, und gewähre mir nur die reine Liebe zu Dir. Hier ist dein Dharma, hier ist dein Adharma. Nimm sie beide, Mutter, und gewähre mir nur die reine Liebe zu dir[1].»

Der Tantra in seiner theistischen Haltung entwertet praktisch das abstrakte Ideal des Gestaltlosen Brahman *(nirguṇa brahman)* zugunsten des Brahman-in-den-Guṇas *(saguṇa brahman)*, das heißt zugunsten des Herrn *(īshvara)*, des persönlichen Gottes. Und ihn stellen die Tantriker lieber in seinem weiblichen Aspekt dar, da sich in diesem das Wesen der Māyā-Shakti unmittelbar ausprägt[2]. Die tantrische Entwicklung hat dazu beigetragen, daß im hinduistischen Volksglauben die Gestalt der Muttergöttin mit ihren vielen Namen wieder zur Macht kam: die Devī, Durgā, Kālī, Pārvatī, Umā, Satī, Padmā, Candī, Tripura-sundarī und andere – deren Kult, in neolithischer Vergangenheit wurzelnd, für eine etwa tausendjährige Periode durch die männlichen Gottheiten des arisch-patriarchalischen Pantheons überschattet worden war. Die Göttin begann sich wieder durchzusetzen in der Zeit der späteren Upanishaden[3]. Heute ist sie wieder die Hauptgottheit. Alle Gemahlinnen der verschiedenen Götter sind Verkörperungen von ihr. Als die Shakti oder «Kraft» ihrer Gatten stellen sie die Energie dar, welche den jeweiligen Gott zur Manifestation bringt. Überdies personifiziert die Göttin als Mahāmāyā die Weltillusion, in deren Bann und Diensten alle nur erdenklichen Formen, grobe und feine, irdi-

[1] Ebenda S. 135–139 (mit geringen Auslassungen).

[2] Die Āgamas (die tantrischen Schriften) zerfallen in fünf Hauptgruppen, je nach den darin gepriesenen Personifikationen: Sūrya (der Sonnengott), Gaṇesha («der Herr der Scharen», der elefantenköpfige Sohn des Shiva, das indische Gegenstück zu Hermes, Wegbereiter und Führer der Seele), Shakti, Shiva und Vishṇu, von denen die letzten drei heute bei weitem die Bedeutendsten sind. Die tantrischen Prinzipien und Methoden wurden auch auf die Verehrung der Mahāyāna-Buddhas und -Bodhisattvas übertragen. Die Yab-Yum-Symbolik ist tantrisch.

[3] Eine Erörterung dieser Entwicklung und der Symbolik der Göttin findet sich in H. Zimmer, *Mythen und Symbole in indischer Kunst und Kultur*, S. 102–115 und S. 210 ff. Ebenfalls: *The King and the Corpse*, Teil II, «The Romance of the Goddess».

sche und himmlische, sogar die der höchsten Götter, stehen. Sie ist die Urverkörperung des transzendenten Prinzips und als solche die Mutter aller Namen und Gestalten. «Gott selbst», sagt Rāmakrishna, «ist Mahāmāyā, die mit ihrer Illusion die Welt vortäuscht und das Wunder von Schöpfung, Erhaltung und Zerstörung heraufbeschwört. Sie hat diesen Schleier der Unwissenheit über unsere Augen gelegt. Wir können in die innere Kammer nur dann eingehen, wenn sie uns durch die Pforte einläßt[1].» Es ist durchaus möglich, daß in dieser Wiedereinsetzung der Göttin, sowohl in der Volksreligion wie in der tiefsinnigen Philosophie des Tantra, ein Zeichen dafür zu sehen ist, daß die Religion der nicht arischen, vor-arischen, matriarchalen Tradition dravidischer Zeit wieder aufersteht.

Die tantrische Bewegung unterscheidet sich allerdings insofern vom Jainismus und Buddhismus, als sie die Autorität der Veden anerkennt und bestrebt ist, sich der orthodoxen Überlieferung eher anzugleichen und zu fügen, als sie auszuschließen und abzulehnen. Darin liegt ihre Parallele zum volkstümlichen Hinduismus. In der Tat ist die Verquickung von tantrischen und vedantischen Zügen im modernen hinduistischen Leben, Denken und Kultus so eng, daß sie ein organisches Ganzes bilden. Die Tantriker sprechen von ihren Schriften als dem «Fünften Veda», dem «Veda für dieses Eiserne Zeitalter». «Für das erste der vier Weltalter wurde *shruti* (Veda) gegeben; für das zweite *smirti* (die Lehren der Weisen, Dharmashastra usw.), für das dritte *purāṇa* (die Epen usw.) und für das vierte *āgama* (die tantrischen Schriften)[2].»

Sir John Woodroffe, dessen Arbeiten zu den wichtigsten Untersuchugen der neueren Zeit über den Tantra gehören, schreibt: «Die Shākta-Anhänger des Āgama behaupten, daß seine Tantras [d.h. ‚Bücher'] das Kernstück des Veda enthielten .... Da der Mensch nicht mehr das Fassungsvermögen, die Langlebigkeit und geistige Kraft besitzt, die für den Vaidika Karma-kāṇḍa (den rituellen Abschnitt des Veda) erforderlich sind, schreibt der Tantra-Shāstra seine besondere Sādhanā (religiöse Disziplin) vor, um das allgemeine Ende allen Shāstras zu erlangen, das heißt ein glückliches Leben auf Erden, danach den Himmel und zuletzt Befreiung[3].»

Sowohl der Tantra wie der volkstümliche Hinduismus anerkennen die

[1] *The Gospel of Shrī Rāmakrishna*, S. 116.

[2] *Kulārnava Tantra*, zit. von Sir John Woodroffe, *Shakti and Shākta*, 3. Aufl., Madras und London, 1929, S. 7.

[3] Ebenda S. 8. Für die Bedeutung von *shāstra* vgl. oben S. 46.

Wahrheit des Advaita Vedānta, legen aber die Betonung auf den positiven Aspekt der Māyā. Die Welt ist die nie endende Manifestation des dynamischen Aspektes des Göttlichen, und als solche darf sie nicht entwertet und als Ort des Leidens und der Unvollkommenheiten abgelehnt werden, vielmehr soll der Mensch sie preisen, mit erleuchteter Einsicht durchdringen und verstehend erfahren. Das Haar der Göttin fliegt aufgelöst in ihrem rasenden, selbstvergessenen Tanz, der das Wunder des Saṃsāra hervorbringt, aber der wahrhaft Fromme läßt sich dadurch nicht schrecken. «Wenn die Mutter ihr Kind auch schlägt», sagt Rāmprasād, «so schreit es doch ‚Mutter! Mutter!‘ und klammert sich nur fester an ihr Kleid[1].» Der vedāntische Yogī wird nicht müde zu erklären, daß *kaivalya*, «Isolation-Integration», nur erreicht werden kann, wenn man sich von den zerstreuenden Lockungen der Welt abkehrt und mit ungeteilter Inbrunst den gestaltlosen Brahman-Ātman verehrt. Dem Tantriker jedoch erscheint dieser Gedanke wie jedem gewöhnlichen Weltkind irgendwie krankhaft, als Verschrobenheit infolge einer gewissen Geistesstörung. Der wahre Liebhaber der Göttin begehrt nicht nach der Befreiung zu suchen, er möchte sie nicht einmal gewinnen, denn was hat die Erlösung für einen Sinn, wenn sie Auflösung bedeutet? «Ich esse gern Zucker», wie Rāmprasād sagt, «aber ich habe kein Verlangen danach, Zucker zu werden[2].» Laß diejenigen Befreiung suchen, die unter den Mühsalen des Saṃsāra leiden. Der wirklich Fromme leidet nicht, denn er schaut und erfährt das Leben und die Welt als Offenbarung der höchsten göttlichen Kraft *(shakti)*, mit der er liebend verbunden ist; er sieht in beidem das allumfassende göttliche Wesen in seinem kosmischen Aspekt, in der spielerischen, absichtslosen Entfaltung *(līlā)*, in der Es uns mit Schmerzen und Freuden überschüttet, mit seiner Glückseligkeit aber beides übertrifft. Er ist erfüllt vom heiligen Wahnsinn jener «ekstatischen Liebe» *(prema)*, die die Welt verwandelt.

> Diese Welt selbst ist eine Stätte der Freude;
> Hier kann ich essen, trinken und fröhlich sein[3].

Artha (Wohlstand), Kāma (die Erfüllung sinnlicher Begierden), Dharma (die Befolgung religiöser und sittlicher Bräuche im Alltag sowie das An-

[1] Dinesh Chandra Sen, *History of Bengali Language and Literature*, Kalkutta, 1911, S. 714.

[2] Oben S. 499; vgl. E. J. Thompson, «A Poet of the People», *The London Quarterly Review*, CXXX, Fifth Series, XVI (Juli/Oktober 1918), S. 71.

[3] *The Gospel of Shrī Rāmakrishna*, S. 139.

nehmen der Pflichtenlast) und Moksha (Befreiung von alldem) sind eines. Die Polarität von Moksha und dem Trivarga[1] wird überwunden und aufgelöst nicht im introvertierten Erkennen allein, sondern auch im lebendigen Gefühl. Durch die Gabe seiner Liebe zur gnadenvollen Göttin entdeckt der wahrhaft Fromme, daß die vierfache Frucht von Artha, Kāma, Dharma und Moksha ihm in den Schoß fällt.

«Komm, laß uns hingehen, o Seele, zu Kālī, dem Wunscherfüllungsbaum», schreibt Rāmprasād, «um dort unter seiner Krone die vier Lebensfrüchte aufzulesen[2].» «Die Seele sucht immerfort die dunkle Schöne», so spricht er weiter. «Tu was du willst. Wer wünscht Nirvāṇa?»

Selbstverständlich unterstreicht der Tantrismus die Heiligkeit und Reinheit aller Dinge. Daher liefern die «Fünf verbotenen Dinge» (sie werden die fünf M's genannt) in gewissen tantrischen Riten das Thema für sakramentale Komödien: Wein *(madya)*, Fleisch *(māṁsa)*, Fisch *(matsya)*, gedörrtes Korn *(mudrā)*[3] und der Geschlechtsverkehr *(maithuna)*. Wie in den parallelen Mahāyāna-Initiationen[4] sieht die nicht-dualistische Anschauung die ganze Welt als Einheit, als eines, heilig und rein; alle Wesen und Dinge sind Glieder einer einzigen mystischen «Familie» *(kula)*. Den Begriff der Kaste gibt es daher in den heiligen «Kreisen» *(cakra)* des Tantra nicht. Shūdras, Kastenlose und Brahmanen werden ohne Unterschied zur Initiation zugelassen, wenn sie geistig geeignet sind. Der Anwärter muß nur intelligent sein, seine Sinne beherrschen können, er darf andere Wesen nicht kränken, soll immer und allen Gutes erweisen, er muß ein Reiner sein, Gläubiger des Veda und Nicht-Dualist, dessen Glauben und Zuflucht im Brahman liegt: «Ein solcher ist geeignet für diese Schrift; sonst hat er keine Anwartschaft[5].»

Im Bereich der wahrhaft geistigen Hierarchie hat der soziale Stand eines Menschen nicht die geringste Bedeutung. Auch können Frauen so gut wie Männer dazu erwählt werden, nicht allein die höchsten Weihen zu empfangen, sondern auch das Amt des Guru zu übernehmen. «Die Initiation

[1] Vgl. oben S. 50. [2] *The Gospel of Shrī Rāmakrishna*, S. 139.

[3] Mit Mudrā werden auch die mystischen Handstellungen bezeichnet, die in Kultus und Kunst Indiens eine so bedeutende Rolle spielen. In den Sanskrit-Wörterbüchern wird allein diese Bedeutung des Wortes angegeben. Wir lesen aber in dem *Yoginī Tantra* (Kap. VI): «Geröstetes Korn und dergleichen – im Grunde all derartiges [Getreide], was gekaut wird – heißt Mudrā» (zit. bei Woodroffe, a. a. O., S. 571).

[4] Vgl. oben S. 493–497. [5] *Gandharva Tantra* 2; Woodroffe, a. a. O. S. 538.

durch eine Frau ist wirkkräftig; die durch die Mutter vollzogene wiegt achtmal soviel», lesen wir im *Yoginī Tantra*[1]. Mit der Überwindung sozialer und biologischer Unterschiede stehen die Tantras in auffallendem Gegensatz zu den vedischen Texten, die einem Shūdra sogar das Anhören des Veda verbieten und den Frauen einen zweitrangigen, wenn auch gefühlvoll gepriesenen Platz für ihr geistiges Vermögen und Streben zuweisen.

Man darf aber nun nicht annehmen, daß diese Nichtachtung der Kastenregeln irgendeine sozial-revolutionäre Tendenz in sich schlösse, denn der soziale Bereich wird von dem des geistigen Aufbaus unterschieden. Der Eingeweihte kehrt auf seinen Platz in der Gesellschaft zurück, denn auch in ihr verkörpert sich die Shakti. Die Welt wird bejaht, so wie sie ist; weder lehnt man sie ab wie ein Asket, noch will man sie verbessern wie ein Sozialreformer. Wenn schon als Voraussetzung für die Initiation die Überwindung von Angst und Begierde gefordert wird und der Ritus selbst noch die Überzeugung festigt, daß alles göttlich ist, bleibt der wahrhaft Liebende der Göttin immer zufrieden mit dem, was Sie beschert; er kann kein Unrecht darin finden, daß Zeit und Raum von jeher ungleich verteilt sind, sondern er sieht in allen irdischen Einrichtungen die göttliche Kraft, mit der er selbst dem Wesen nach identisch ist.

Denn die Idee des Dharma ist im indischen Denken tief verwurzelt. Das Sakrament der «Fünf verbotenen Dinge» bereitet nicht etwa den Weg für Libertinismus oder Auflehnung. Auf der Ebene des Ich-Bewußtseins, wo sich der Mensch als individuelles Glied der Gesellschaft bewegt, herrscht immer noch der Dharma seiner Kaste und seines Āshrama vor[2]. Über Dharma und Adharma kann nur der gelangen, der seine Seele überwunden hat, und in diesem erhöhten Zustande kann es ihn gar nicht gelüsten, die Vorteile illegaler Praktiken zu genießen. Das tantrische Ritual von Wein, Fleisch, Fisch, gedörrtem Korn und Begattung wird nicht begangen als gesetzwidrige Orgie, sondern unter der sorglichen Aufsicht eines Guru, im bewußten Innesein eines nicht-dualistischen *(advaitic)* Zustandes und als krönende Feier nach einer langen, viele Leben hindurch währenden Geistesschulung. Die geistige Gemütsbewegung des Adepten ist *prema*: ichlose, ekstatische Glückseligkeit im Erlebnis verwirklichter transzendentaler Identität.

[1] *Yoginī Tantra* 1; Woodroffe, a.a.O. S. 493.
[2] Zum Ausdruck *āshrama* vgl. oben S. 149–154.

Wieder zurückgekehrt von dieser höchsten Höhe gestaltvernichtender Verwirklichung ins Reich der Gestalthaftigkeit, sieht er wohl dessen Andersartigkeit, aber er ist ihm nicht entfremdet. Es muß nichts bedauert werden, denn es ist keine Schuld begangen worden, kein «Sündenfall» ist geschehen. Die Welt braucht keine Reformen, und ihre Gesetze soll man nicht geringachten. Die verschiedenen Ebenen, auf denen das Absolute sich manifestiert, kann man alle mit leidenschaftslosem Geiste betrachten. Der feste, der flüssige und der Gas-Zustand der einen Substanz, die unter verschiedenen Bedingungen verschiedene Ergebnisse hervorbringen, werden hingenommen, ohne sie moralisch oder gefühlsmäßig zu bewerten. Denn das ganze Schauspiel der Welt wird ausnahmslos durch die Wirkkraft der Māyā-Shakti, durch die Kraft des kosmischen Tanzes *(līlā)* der dunklen, furchtbaren, allnährenden und allverschlingenden, hehren Weltenmutter erzeugt. Die Geschöpfe der Welt und alle Erfahrungsbereiche sind nur Wellen und Strömungen in einem einzigen, ewig fließenden, allumfassenden Lebensstrom.

Dies ist eine Anschauung, der wir in dieser Darstellung der indischen Philosophie schon öfters begegnet sind. Die Hymne aus dem *Taittirīya Brāhmaṇa*, die Stoff und Kraft der Welt als Essen[1] preist, beruht auf einem Nicht-Dualismus genau der gleichen Art. Der Befreit-Wiedergeborene preist sich als Essen-und-Esser. Denn obschon die grobe Außenhülle des Organismus, die «Hülle des Essens» *(annamayakosha)* nicht das Ganze der göttlichen Gestaltenwelt ausmacht – da es ja in den feineren Bezirken der verschiedenen inneren Hüllen feinere Bildungen und Inkarnationen der höchsten Substanz gibt –, darf trotzdem «Essen nicht verachtet werden». Die Wirklichkeit des Brahman wurde in der orthodoxen vedisch-brahmanischen Überlieferung fortschreitend in immer neuen Manifestationen erkannt: im Hymnus vom Essen als der Lebensstoff der materiellen Welt; in vielen anderen brahmanischen Preisliedern als die Sonne, als «sie die dort glüht»; oder als der makrokosmische Lebensatem *(vāyu)*, als «er der weht», der das Gegenstück zum mikrokosmischen *prāṇa* ist.

Durch die Geschichte des brahmanischen Denkens hindurch wird immer wieder darauf hingewiesen – sei es mit leidenschaftlicher Heftigkeit, sei es mit eindringlichen Beweisen –, daß «das Eine zugleich beides ist», und in dieser Hinsicht ist der Tantrismus eine Fortsetzung der orthodox-vedischen Richtung. Alles geht aus dem gleichen göttlichen Urquell hervor.

[1] *Taittirīya Brāhmaṇa* 2.8.8; vgl. oben S. 310–312.

Alle Wesen sind Glieder einer einzigen heiligen Familie und stammen von der einen und einzigen göttlichen Substanz ab. Diese Anschauung bringt, wie wir sahen, einerseits eine Entwertung der persönlichen Züge im Einzelmenschen mit sich, andererseits aber auch ein tapferes Bejahen dessen, was ihm je geschehen könnte. Māyā, die Weltillusion, darf nicht verschmäht, sie soll ans Herz genommen werden. Die Lyrik der *Vedānta Gītās*[1] geben dieser Weltbejahung Ausdruck. Das gleiche tut auch der Tantra, und ebenso spricht sie aus der heute gültigen Hindu-Theologie in allen ihren Zweigen.

Das tantrische Ja besitzt jedoch einen ganz besonderen, wesentlichen Zug, der es von den früheren Philosophiesystemen abhebt, wenigstens soweit diese sich in den orthodoxen Texten und Kommentaren zeigen. Der Tantrismus geht nämlich darauf aus, die Erleuchtung gerade durch eben jene Dinge zu erlangen, welche die früheren Weisheitslehrer aus dem Bewußtsein verbannen wollten. Wohl waren die alten vedischen Kulte weltbejahend, aber ihre Riten bestanden in erster Linie aus den ausgedehnten, vom Volk oder vom König zu Ehren der makrokosmischen Götter begangenen Zeremonien. Sie gaben keinen Anlaß, die Tiefen des Makrokosmos auszuloten. Die Waldeinsiedel-Philosophen wiederum strebten als Anhänger der introversiven Methoden des Jainismus, Yoga, Sāṅkhya, Vedānta und Hīnayāna danach, die natürlichen Triebe zu unterdrücken, indem sie sich einer reduzierenden geistigen Diät unterwarfen, um Rajas, Tamas und die Vāsanās (die Behälter von Erinnerung und Begierde) zu besiegen; und wenn diese Praktik sie schließlich auf eine jenseits von Sünde und Sündlosigkeit gelegene Ebene hob – dann blieben sie sündlos. Sie mußten ja tatsächlich von allem Anfang an in sich die Fähigkeit zum Sündigen abtöten; dies war die erste Voraussetzung, um einen Guru aufsuchen zu dürfen[2]. Da nun aber der Tantra das Ziel des meditierenden Yogī im Auge hat – nicht um weltlicher Macht willen, wie es die frühen brahmanischen Beschwörer der Weltkräfte erstrebten, sondern um der Erleuchtung, des absoluten Bewußtseins und der Glückseligkeit transzendentalen Seins willen –, begegnen sie der Welt nicht mit Nein, sondern mit Ja. Das heißt, ihre Einstellung zur Welt ist wie im Veda bejahend, aber die Götter, an die sie sich wenden, wohnen nun im Mikrokosmos.

Man könnte also sagen: Wenn der Vedānta das monistische, arisch-brahmanische Erbe durch die dualistische Ideologie der vorarischen Sucher

[1] Vgl. oben S. 400–406. [2] Vgl. oben S. 58 f.

nach Isolation-Integration *(kaivalya)*[1] zu überwinden schien, dürfen wir vielleicht im Tantra gerade den gegenteiligen Einfluß erkennen: hier wird das vorarische Problem der psychophysischen Transsubstantiation mit den Begriffen der nicht-dualen Philosophie der alles bejahenden brahmanischen Anschauungen wiedergegeben. Hier sucht der Weisheitsschüler nicht auf einem Umweg den Bereich der Leidenschaften zu umgehen, indem er diese in seinem eigenen Innern unterdrückt und vor ihren Manifestationen in der Außenwelt die Augen schließt, bis er geläutert und engelrein seine Augen ohne Gefahr wieder öffnen und den Wirbelsturm des Saṃsāra mit dem unbeteiligten Blick eines körperlosen Geistes betrachten kann. Ganz im Gegenteil: der tantrische Held *(vīra)* geht durch das Reich der größten Gefahren mitten *hindurch*.

Es ist ein Grundgedanke des Tantra, daß der Mensch überhaupt hindurchgehen müsse, und zwar nicht indem er sich von der Natur abkehrt, sondern indem er sie benützt. «Wenn jemand zu Boden fällt», sagt der *Kularnava-Tantra*, «dann muß er mit Hilfe des Bodens wieder aufstehen[2].» Das Glück der Liebe, das Glück menschlicher Gefühle, ist die Seligkeit der Göttin in ihrem weltschöpferischen Tanze, die Seligkeit von Shiva und seiner Shakti im ewigen Innesein ihrer Wesenseinheit; nur wird jenes Glück in der geringeren Form des Ich-Bewußtseins erlebt. Das Geschöpf der Leidenschaft muß nur seine Ichhaftigkeit abstreifen, dann wird es vom gleichen Akt, der ihm zuvor ein Hindernis war, wie von einer Flut emporgetragen, so daß er des Absoluten als der Seligkeit *(ānanda)* innewird. Mehr noch, diese Flut der Leidenschaft selbst kann zum Taufwasser werden, das den Makel des Ich-Bewußtseins hinwegspült. Der tantrischen Methode folgend wird der Held *(vīra)* von dem hochgehenden aber kanalisierten Strom über sich selbst hinausgetragen. Das aber ist es, was dieser Methode in den Augen der Allgemeinheit einen üblen Ruf eingetragen hat. Daß sie heroisch und mit aller Eindeutigkeit die nicht-duale Verherrlichung der Welt als Brahman mit all ihrer Schwere und mit allen Folgerungen auf sich nimmt, mußte allzu verwegen, allzu sinnenhaft all denen erscheinen, deren Heiligkeitsbegriff zwar die transzendente Ruhe des Herrn einschließt, das Mysterienspiel *(līlā)* Seiner unaufhörlichen Schöpfung aber als Nebensächlichkeit ausklammert.

Eine rechte Methode kann den Leib nicht ausschließen. Denn der Leib ist *devatā*, die sichtbare Form des Brahman als Jīva. «Der Sādhaka [Tantra-

[1] Vgl. oben S. 410. [2] Zit. bei Woodroffe, S. 593.

schüler]», schreibt J. Woodroffe, «lernt, daß wir nicht nur im Zustand der Befreiung eins mit dem Göttlichen sind, sondern schon hier und jetzt, bei allem was wir tun. Denn all das ist in Wahrheit Shakti. Es ist Shiva, der als Shakti im Sādhaka und durch ihn wirkt ... Wenn dies bei jeder natürlichen Funktion klar bewußt ist, dann kann kein Tun mehr zum bloß animalischen Vorgang werden, sondern jedes Tun wird zum religiösen Ritus, zu einem Yajña. Jede Funktion ist Teil des göttlichen Wirkens *(shakti)* in der Natur. Wenn also der Vīra seinen Wein trinkt, weiß er, daß dieser Trank Tārā Dravamayī ist, das heißt ,die Erlöserin selbst in flüssiger Form'. Wie kann er (so wird gesagt), der im Wein wahrhaft die Erlöserin-Mutter sieht, Schaden davon nehmen? ... Wenn der Vīra ißt, trinkt oder geschlechtlichen Umgang pflegt, so faßt er sich selbst dabei nicht auf als Einzelwesen, das seinen privaten Wünschen frönt, das wie ein Tier seine Lust der Natur sozusagen ablistet, sondern er denkt sich vielmehr bei solchem Genuß als Shiva, indem er sagt, ,Sivo'ham', ,Bhairavo'ham' (,Ich bin Shiva'[1]).»

Der Geschlechtlichkeit wird vom Tantrismus eine tiefsymbolische Rolle zugewiesen. Die heilige Scheu vor den unbezwinglichen Mächten der menschlichen Natur und die daraus folgende, strenge Abwehr der animalischen Triebe und Kräfte – eine Abwehr, die für die ganze Menschheitsgeschichte von den frühesten Tabus an bis zu den späten Sittengesetzen so charakteristisch ist – können erklärt werden als Ergebnis und Überrest verheerender Erfahrungen in der Vergangenheit und als Begleiterscheinungen des erfolgreichen historischen Kampfes, den ein höheres, «reineres» Geistprinzip um seine Unabhängigkeit geführt hat. Die primitiven Mächte, aus deren Tiefen dieses Prinzip wie die siegreiche Sonne, der Sol Invictus, emporsteigt und über der stürmischen See (der strudelnden Behausung des Ungeheuers der Tiefe) den Himmel erklimmt, müssen in Schach gehalten, beschnitten und zurückgedrängt werden wie die griechischen Titanen, die unter dem Vulkan Ätna gefangen lagen, oder wie der große Drache in der Offenbarung Johannis. Die sehr reale Gefahr einer elementaren Ballung und eines gewaltsamen Ausbruchs gab Anlaß zur Bildung dichotomischer Schutzsysteme, wie wir sie nicht nur im Jainismus und im Sāṅkhya, sondern auch in der religiösen Ethik des persischen Zoroaster, in der Gnosis des Nahen Ostens, im Christentum, im Manichäismus und in den Sittengesetzen aller primitiven und zivilisierten Volks-

[1] Woodroffe, a. a. O. S. 587–588.

gemeinschaften finden. In Indien, in der antiken Welt und bei den meisten anthropologisch und historisch bekannten Völkern gab es jedoch die systematische Einsetzung von Festen – zu Ehren der Götter und der Vegetationsgenien –, bei deren Feier die sonst gültige Fiktion von Gut und Böse ohne Gefahr für die Gemeinschaft für eine kurze Zeit aufgehoben und das Erlebnis der gewaltigen Titanenkräfte der Tiefe gestattet war. Der Karneval, der Tag der Masken, an dem alle die sonst in den Tiefen der Seele wohnenden, wunderlichen Gestalten ans Licht kommen, schüttet seine Symbole aus, und für einen geheiligten, traumgleichen, spukhaften Tag schwelgt das zaghafte Bewußtsein nun auf Befehl und ungehindert in der sakramental gelenkten Erfahrung seines eigenen Erlöschens.

Die Masken sind traumhaft. Traumhaft sind auch die Ereignisse im Karneval. Die Welt des Schlafes, in die wir allnächtlich versinken, wenn die Bewußtseinsspannung sich gelöst hat, diese Welt ist es ja, aus der die Dämonen und Elfen, die Götter- und Teufelsgestalten der Weltmythologie hervorkamen. All diese Götter wohnen in uns, bereit, uns zu helfen und auch imstande, uns zu helfen, doch fordern sie die Unterwerfung des Bewußtseins, den Verzicht auf die Vorherrschaft unseres bewußten Willens. Da jedoch das kleine Ich seine eigenen Pläne für die besten hält, sträubt es sich heftig gegen die Mächte seines göttlichen Wesensgrundes. Dadurch aber werden die Götter dem Menschen gefährlich, und der Einzelne wird sich selbst zur Hölle. Die antiken Völker lebten in Frieden mit den ausgeschlossenen Mächten, indem sie sie fromm verehrten und ihnen ihren dämonischen Karneval gewährten, und dies selbst dann, wenn sie gleichzeitig mit den Opfern an die höheren Götter eine segensreiche Beziehung zu den oberen, gemeinschaftsbildenden Mächten pflegten. Damit erhielten sie von ihrem eigenen Unbewußten sozusagen das Recht, in einer der Konvention angepaßten Bewußtseinshaltung weiterzuleben.

Dem tantrischen Sādhaka aber liegt nicht so sehr daran, in konventioneller Form weiterzuleben, als die Tiefen des Lebens zu ergründen und ihre zeitlosen Geheimnisse zu entdecken. Darum kann ihm der Notbehelf des Karnevals nicht genügen, denn dieser fördert ja nur die allgemeine Illusion. Des Sādhaka Ziel ist es, sowohl die ausgeschlossenen Mächte wie die allgemein anerkannten in sein leibliches Dasein hereinzunehmen und damit die eigentliche Nichtexistenz antagonistischer Polarität, ihr Dahinschwinden, ihr Nirvāṇa, das heißt die wesenhafte Reinheit und Unschuld der scheinbar so finsteren und gefährlichen Sphäre an sich zu erfahren. So zerreißt er in sich die Fessel des «Verbotenen» und löst alles in Licht auf; er erkennt in allem die eine Shakti, auf der die ganze Welt, die makrokosmische wie die mikrokosmische, ruht, die Mutter der Götter und Geister, die Weberin des Mondtraums der Geschichte. Mit dieser Erkenntnis kommt ihm die Befreiung von der Weltillusion; er befreit sich von ihr dadurch, daß er sie ganz genießt und erkennend ganz verwirklicht.

So kam es zur großen tantrischen Grundregel – die sich so stark von den frühen hinduistischen Yogalehren unterscheidet –: Yoga (die Anjochung des empirischen Bewußtseins an das transzendentale Bewußtsein) und Bhoga («Genuß», Erfahrung von Lebensfreude und -leid) sind das gleiche. Bhoga selbst kann zu einem Yogaweg werden.

Aber es bedarf eines Helden *(vīra)*, um mit vollkommen ausgewogenem Gemüt dem unermeßlichen Wunder der Weltschöpferin zu begegnen und es in sich aufzunehmen: sich ohne hysterische Reaktionen in Liebe zu vereinigen mit der Lebensmacht, welche die Shakti seiner eigenen Ganzheit ist. Die «fünf guten Dinge» *(pañcatattva)* – es sind die für den gewöhnlichen Herdenmenschen «verbotenen» Dinge – dienen als sakramentale Wegzehrung demjenigen, der nicht nur weiß, sondern auch fühlt, daß die Weltkraft *(shakti)* dem Wesen nach mit ihm selbst identisch ist. Im Tantra ist es möglich geworden, der Verehrung der Weltschöpferin den ihr gemäßen Ausdruck zu geben. Denn die geschlechtliche Vereinigung *(maithuna)*, der ihr eigene, geheiligte höchste Ritus, wird hier vollzogen nicht im Sinne des *pashu* («Rind», das menschliche Herdentier, das in der gewöhnlichen animalisch-menschlichen Weise begehrt, sich ängstigt und genießt), sondern im Sinne des *vīra* («Held»), der sich mit Shiva identisch weiß. Er betet (und weiß): «Om, in das Feuer, das Geist *(ātman)* ist und durch das Hineingießen der Spende aus Verdienst und Verschulden hell aufflammt – in dieses Feuer opfere ich, den Pfad des Yoga *(sushumṇā)* wandelnd, jeweils die Sinnesfunktionen und verwende dabei das Gemüt als Schöpflöffel für die Spendung. Halleluja![1]»

Die Frucht des Ritus ist sodann Befreiung von der Illusion, die höchste Gabe der Kālī, der dunklen, schönen, tanzenden Göttin der Leichenverbrennungsstätten.

1 *Om*
Dharmādharma-havirdīpte ātmāgnan manasā srucā
Suṣumnavartmananityam akṣavṛttīr juhomyaham: Svāhā.
(*Tantrasāra* 698; Woodroffe, a.a.O. S. 559.)

2. HERDENLAMM, HELD UND GOTTMENSCH

«Keiner kann (mit Aussicht auf Erhörung) die Gottheit anbeten, der nicht selbst göttlich ist *(nādevo devam arcayet)*[1].» «Wenn man zur Gottheit geworden ist, soll man ihr Opfer spenden *(devam bhūtvā devam yajet)*[2].» Daß das verborgene, geheime Wesen des Andächtigen mit seinem Gott identisch sei, ist der erste Grundsatz der tantrischen Religionsphilosophie. Die Götter sind Spiegelbilder im Raum (der selbst das Werk der Māyā-Shakti ist), Spiegelbilder jener alleinigen Wirklichkeit, des Brahman, das die Shakti des Anbetenden ist. Im Wissen darum, daß der Gegenstand seiner Andacht das eigene Selbst ist, nähert sich der tantrische Sādhaka jetzt in frommem Dienste *(pūjā)* der Göttin: durch das meditative Murmeln von Gebeten (*japa:* das Rezitieren ihrer Namenslitanei), durch unermüdliches Wiederholen (ebenfalls *japa)* heiliger Formeln *(mantra:* Wortklänge, die in sich das Wesen der Göttin enthalten), durch die Darbringung seelischer und konkreter Opfer *(homa)* und durch die konzentrierte Versenkung in ihr inneres Bild *(dhyāna)*. Er dürfte nie hoffen, die letztliche Identität zu erleben, wäre er von ihr nicht schon vorher überzeugt und ihrer von vornherein inne. Einstweilen aber, als Hilfe für seine erste Annäherung, stellt er sich ein Bild *(pratīka, pratimā)* der Gottheit vor Augen und Gemüt. Dies Bild kann eine Statue, ein Gemälde, ein Symbol irgendwelcher Art oder ein Yantra[3] sein. In besonderen Fällen kann es auch durch einen lebenden Menschen, zum Beispiel eine Jungfrau *(kumāripūjā)* oder des Andächtigen Gattin verkörpert sein.

Die erste Andachtshandlung besteht darin, das geistige Bild der Gottheit im eigenen Inneren zu betrachten und dann die geistige Energie *(tejas)* dieses feinstofflichen Inbildes auf das gröbere äußere Bild zu übertragen. Diese Weihung heißt *prāṇapratishṭhā*, «die Überweisung *(pratishṭhā)* des Lebensatems *(prāṇa)*». Sie muß am Schluß der Andachtsphase wieder zurückgenommen werden durch die «Entlassung» *(visarjana)* der heiligen Gegenwart; danach ist das Bild nicht mehr der Sitz der Gottheit *(pīṭha)* und darf weggeworfen werden. Der Andächtige bringt das Erscheinungs-

[1] *Gandharva Tantra.* [2] Ebenda.

Anmerkung des Herausgebers: Es war mir nicht möglich, Abschriften von einigen in diesem Kapitel zitierten tantrischen Texten zu erhalten; daher kann ich keine genauen Angaben machen.

[3] Ein Yantra ist ein geometrisches Diagramm. Über seine Herstellung und Verwendung vgl. Zimmer, *Mythen und Symbole in indischer Kunst und Kultur*, S. 156–165.

bild aus sich hervor und nimmt es wieder in sich zurück, so wie der Schöpfergott die Vielfalt des Kosmos aus sich hervorgehen läßt und wieder in seine unendliche Substanz zurücknimmt; und der Eingeweihte tut es kraft der gleichen Unendlichkeit *(brahman-ātman)* in seinem Inneren und als ein gleiches Māyā-Wunder. Später, wenn er gelernt hat, die göttliche Gegenwart überall, in allen Dingen zu erkennen und unmittelbar zu erfühlen, wird er die pädagogische Stütze des Rituals nicht mehr nötig haben, bis dahin aber bedürfen Sinn und Gemüt noch der Hilfe. Das kleine Wunder der Transsubstantiation ist indessen mehr eine mikrokosmische als eine makrokosmische Wende. Von der Gottheit selbst läßt sich nicht sagen, sie sei wirklich herbeigezogen und wieder entlassen worden; nur das *Innewerden* der Gottheit wurde erleichtert. Denn während der Adept im Zustand vollkommenen Inneseins die ganze Welt als göttliches Abbild oder Sitz *(pīṭha)* der Universalen Gegenwart schaut und verehrt, braucht der gewöhnliche Herdenmensch *(pashu)* die volle Unterstützung der Religion, um sein Gemüt von der üblichen, animalischen, ökonomisch-politischen Weltanschauung ab- und der kontemplativen Haltung erleuchteter Intuition zuzuwenden.

Die Riten, die in Gegenwart eines geweihten Bildes begangen werden, sind Gegenstücke der weltlichen Bräuche im Alltagsleben. Der Gott wird als Gast willkommen geheißen mit Blumen und Verbeugungen, mit Fußwaschung, Speisen, Badewasser, Gewandstoffen, Juwelen, Wohlgerüchen, Weihrauch, Darbringungen verschiedenster Art, Lobreden und Gesprächen[1]. Das alles gereicht wiederum dem Alltagsleben zur Heiligung. Denn ein Gast wird mit dem gleichen Zeremoniell empfangen; ein Verwandter wird wie ein Gott geehrt und ein Kind wie ein Gott erwartet. So durchdringt die heilige Gegenwart fühlbar den sozialen Bereich. Auch rituelle

[1] Nach Woodroffe (a.a.O. S. 511) werden die hierbei verwendeten Stoffe und Handlungen *upacāra* genannt (von *upa-car*, «sich nähern; sich nähern in der Absicht zu dienen; beistehen, aufwarten, einen Patienten pflegen, unternehmen, beginnen»). Gewöhnlich sind es sechzehn an der Zahl: 1. *Āsana* (das Bild aufstellen), 2. *Svāgata* (die Gottheit begrüßen), 3. *Pādya* (Wasser für die Fußwaschung), 4. *Arghya* (Darbringungen), dargeboten in 5. dem Gefäß, 6. *Ācamana* (Wasser zum Schlürfen und zum Reinigen der Lippen, zweimal dargeboten), 7. *Madhuparka* (Honig, geschmolzene Butter, Milch und Quark), 8. *Snāna* (Badewasser), 9. *Vasana* (Stoff für ein Gewand), 10. *Ābharaṇa* (Juwelen), 11. *Gandha* (Wohlgerüche), 12. *Pushpa* (Blumen), 13. *Dhūpa* (Weihrauch), 14. *Dīpa* (Lichter), 15. *Naivedya* (Speise) und 16. *Vadana* oder *Namaskriyā* (Gebet).

Handstellungen *(mudrā)* werden beim Gottesdienst verwendet, und diese sind gleich Worten Ausdruck und Unterstreichung geistiger Entschlüsse. Diese Gebärden oder *mudrās* sind die gleichen, die an den indischen Götterbildern dargestellt und in der indischen Tanzkunst gebraucht werden. Sie sind eine richtige Zeichensprache der Hände und ermöglichen die feinsten Ausdrucksnuancen. So wird zum Beispiel bei der Darbringung des Gefäßes mit Wasser die Fischgebärde *(matsya mudrā)* gemacht. «Damit sollen Wunsch und Erwartung ausgedrückt werden, das Gefäß mit Wasser möge als ein Meer mit Fischen und allen sonstigen Wassertieren angesehen werden. Der Sādhaka spricht zur Gottheit, der seine Andacht gilt: ‚Dies ist zwar nur eine kleine Darbringung von Wasser; wenn es aber meinem Wunsche, dich zu ehren, entsprechen soll, sieh es an, als böte ich Dir ein Meer dar'.[1]» Oder wenn die Göttin vor dem Beginn des Gottesdienstes gebeten wird, ihren Platz einzunehmen, dann wird die *yoni mudrā* ausgeführt, da die Yoni, das weibliche Organ, ihr Pīṭha oder Yantra ist. Die Yoni kann von einem tantrischen Adepten nie anders denn als ein Altar angesehen werden. Deshalb kann der Sādhaka, wenn er in dieser Disziplin bis zur Vollkommenheit gelangt ist, zur angemessensten, kongenialen Form des Dienstes an der Göttin übergehen, zum Maithuna.

Die unumgängliche Vorbereitung zu jedem tantrischen Ritus ist *Bhūtashuddi* oder die «Reinigung *(shuddhi)* der (fünf) Elemente, aus denen der Leib zusammengesetzt ist *(bhūta)*». Der Andächtige stellt sich vor, die göttliche Kraft *(shakti)* liege in ihm schlafend, ohne Einwirkung zu nehmen auf sein grobstoffliches Körpergeschehen, zusammengerollt wie eine schlafende Schlange *(Kuṇḍalinī)* an der Wurzel seiner Wirbelsäule, an der tiefliegenden, *mūlādhāra*, «Wurzelstütze», genannten Stelle (von *mūla*, «Wurzel» und *ādhāra*, «Stütze»). Der Sādhaka spricht nun ein Mantra aus, um sie zu reizen, während er sorgfältig seine Einatmungen kontrolliert, tief atmend erst durch die eine Nasenöffnung, dann durch die andere *(prāṇāyāma)*, um ihr den Weg freizumachen durch den Geisteskanal *(sushumṇā)*, der im Inneren der Wirbelsäule aufsteigend gedacht wird. Er muß sich nun denken, sie sei erwacht. Sie hebt den Kopf und beginnt sich durch die Sushumṇā aufwärts zu bewegen; auf ihrem Wege berührt sie eine Anzahl von Zentren oder «Lotosblumen» *(cakras, padmas)*, die als Aufenthaltsstätten der Körperelemente angesehen werden. Der Mūlādhāra ist der Sitz der «Erde»; er wird als ein vierblättriger, karminroter

[1] Ebenda S. 515.

Lotos dargestellt. Das nächsthöhere Zentrum, *svādhishṭhāna* (Shaktis «eigene Stätte») genannt, liegt auf der Höhe der Genitalien und ist der Sitz des Elementes «Wasser»; es wird abgebildet als sechsblättriger zinnoberroter Lotos. Das nächste, in Nabelhöhe liegende Zentrum heißt *maṇipūra* die «Stadt *(pūra)* des schimmernden Edelsteins *(maṇi)*», so genannt als der Sitz des Elementes «Feuer»; es wird als blau-schwarzer zehnblättriger Lotos dargestellt. Nach der Psychologie dieses Systems von Lotosblüten wird das Leben der meisten Menschen von den drei Zentren Mūlādhāra, Svādishṭhāna und Manipūra regiert, während die oberen Zentren höhere Erlebnisformen vertreten. Im vierten, auf der Höhe des Herzens liegenden Lotos ereignet sich das erste Innewerden der Göttlichkeit der Welt. Hier, so heißt es, neigt sich der Gott hernieder zu seinem Anbeter. Und hier geschieht es auch, daß die Weisen den Laut *(shabda)* des Brahman vernehmen. Die vom äußeren Ohr gehörten Töne werden durch das «Aneinanderstoßen zweier Dinge» hervorgerufen, der Laut des Brahman aber ist *anāhata shabda*, «der Ton *(shabda)*, der ohne das Aneinanderstoßen zweier Dinge *(anāhata)* zustande kommt.[1]» Dieser Laut ist das OM; nicht das von den Lippen gesprochene OM, das nur eine Gedächtnismahnung ist, hervorgebracht durch den Hauch der Lungen, der auf die Organe des Mundes stößt, sondern es ist das urhafte OM der Schöpfung, die Göttin selbst als Ton. Weil dieser Laut im Herz-Lotos vernommen wird, heißt dieses Zentrum Anāhata. Es wird als zwölfblättriger, rötlicher Lotos abgebildet und ist der Sitz des Elementes «Luft».

Der «Äther», das fünfte und letzte Element, ist einem rauchigroten sechzehnblättrigen Cakra auf der Höhe des Kehlkopfs zugeordnet. Es ist das Vishuddha-Cakra, das «vollständig geläuterte». Darüber liegt, in einem Punkt zwischen den Augenbrauen, der Lotos des Befehls *(ājñā)*, von mondweißer Farbe. Seine zwei Blütenblätter scheinen hell im Glanze vollendeter Meditation, in der das Gemüt, über die von den fünf Elementen verhüllten Zonen emporgehoben und somit vollkommen frei von allen Sinneseinschränkungen, unmittelbar die Keimgestalt der Vedas erblickt. Hier ist der Sitz der Gestalt der Gestalten, wo der Andächtige den Herrn erblickt, ganz wie im christlichen Himmel. Noch darüber ist das jenseits der Dualität liegende Zentrum, Sahasrāra, der vielfarbige, tausendblättrige Lotos über dem Scheitel. Hier vereint sich die Shakti – die man sich den-

[1] Vgl. Arthur Avalon (Sir John Woodroffe), *The Serpent Power*, 3. durchges. Aufl., Madras und London, 1931, S. 120.

ken muß als die durch alle Lotosblüten der Sushumṇā Aufgestiegene, wobei sie bei ihrem Durchgang jeden Lotos zu voller Blüte gebracht hat – mit dem Shiva zu einer Einheit, die die Erfüllung und gleichzeitig Auflösung der Welten von Laut, Gestalt und Kontemplation bringt.

Der tantrische Gläubige hat nun zu *imaginieren*, er selbst habe seinen Körper geläutert dadurch, daß die erweckte Shakti auf die beschriebene Weise alle Lotosblumen durchströmte (nur ein vollendeter Yogī ist imstande, die Kuṇḍalinī wirklich emporsteigen zu lassen). Bei diesem Prozeß wie auch bei der Begrüßung der Gottheit im Bildnis oder Yantra helfen ihm die Meditation *(dhyāna)*, die Rezitation von Zaubersprüchen, welche die Kraft der Göttin in Gestalt von Tönen *(mantra)* in sich tragen, bedeutungsvolle Hand- und Körperhaltungen *(mudrā)* und das meditative Auflegen der Fingerspitzen und der rechten Handfläche auf verschiedene Körperstellen, das begleitet wird vom Mantra *(nyāsa)*[1]. Die beiden Vorgänge sind reziprok und ergeben zusammen das ganze Mysterium der rituellen Transsubstantiation. Darum lesen wir im *Gandharva-Tantra*: «Der Mensch sollte eine Gottheit *(devatā)* anbeten, indem er selbst zur Gott-

[1] Ein Beispiel für den *nyāsa* in christlicher Form ist das Kreuzeszeichen, wobei mit der Hand zuerst die Stirn («Im Namen des Vaters»), dann die Brust («und des Sohnes»), die linke Schulter («und des Heiligen»), die rechte Schulter («Geistes») berührt und schließlich die Handflächen zu der bei den Hindus *añjali* genannten Grußform aneinandergelegt werden, welches die klassische christliche Gebetsmudrā («Amen») ist.

Die Verfasser des Buches *The Principles of Tantra* (hg. von Arthur Avalon, 2 Bde., London, 1914–1916) zitieren (auf den S. lxxi–lxxii) sehr passend die folgenden Feststellungen aus dem Tridentinischen Konzil: «Die katholische Kirche, reich an jahrhundertealter Erfahrung und glänzender Tradition, hat die mystische Benediktion *(mantra)*, das Räucheropfer *(dhūpa)*, das Wasser *(ācamana, padya* usw.*)*, Lichter *(dīpa)*, Glocken *(ghaṇṭā)*, Blumen *(pushpa)*, Gewänder und alle Herrlichkeit ihrer Zeremonien eingeführt, um das religiöse Gemüt zur Kontemplation der tiefen Mysterien anzuregen, die jene Kultbestandteile offenbaren. Die Kirche ist gleich ihren Gläubigen zusammengesetzt aus Leib *(deha)* und Seele *(ātman)*. Deshalb weiht sie dem Herrn *(īshvara)* doppelten Gottesdienst, den äußeren *(vāhya-pūjā)* und den inneren *(mānasa-pūjā)*; der letztere besteht im Gebet *(vadana)* des Gläubigen, dem Brevier des Priesters und seiner Stimme, die zu unseren Gunsten vermittelt; der erstere aber besteht in den äußeren Vorgängen der Liturgie.» (Die Einklammerungen stammen von den Verfassern von *The Principles of Tantra*.)

Die historische Beziehung zwischen dem christlichen und dem tantrischen Kultus – ein heikles Thema – wäre noch zu untersuchen.

heit wird. Man sollte keine Gottheit anbeten, ohne selbst zur Gottheit zu werden. Wenn jemand eine Gottheit anbetet, ohne selbst zur Gottheit zu werden, werden ihm die Früchte dieser Anbetung nicht reifen[1].» Und im *Vāshishṭha-Rāmāyaṇa* heißt es: «Wenn ein Mensch Vishṇu anbetet, ohne selbst Vishṇu zu werden, wird er die Früchte seiner Anbetung nicht ernten. Wenn ein Geweihter *(sādhaka)* Vishṇu anbetet und dabei selbst Vishṇu wird, wird er zum großen Vishṇu *(Mahāvishṇu*, das heißt: das über dem persönlichen Aspekt des Gottes stehende Wesen)[2].» Und ähnlich im *Bhavishia-Purāṇa*: «Der Mensch sollte nicht über Rudra meditieren, ohne selbst Rudra zu werden[3], auch soll er nicht den Namen Rudras aufnehmen (indem er den ‚Kranz' der Gottesnamen murmelt), ohne Rudra zu werden; er wird auch Rudra gar nicht erreichen, ohne Rudra zu werden[4].»

Die Begehung eines Gottesdienstes soll die direkte, unmittelbare Erfahrung dessen fördern, was der Sādhaka bereits theoretisch weiß: daß Jīva und Ishvara (dieser vorwiegend in der weiblichen Form der Shakti) im Wesen eins sind, nämlich die Komplementärformen, durch die sich das Brahman im Reich der Gegensatzpaare, in der erschaffenen Welt offenbart. Der Sādhaka begegnet seiner Devatā, sei es in Gestalt eines äußeren Abbildes, sei es als innere Vision, im Bereich und Zustand des Dualismus, er weiß jedoch, daß das, was ihm als zwei erscheint, in Wahrheit eines ist. Die Tat der Selbsthingabe führt dann zum vollkommenen Innewerden dieses Mysteriums. Indem er die illusorische Überlegenheit des Individuums aufgibt, verwandelt er sich in den Diener *(dāsa)* der Gottheit, und dieser Stand, vollendet ausgefüllt, offenbart ihm dann seine eigene wesenhafte Souveränität als Gottheit. Der glühende Eifer täglicher Verehrung durch Bhakti-Yoga erweckt so das verborgen göttliche Wesen des Menschen, und wenn die vollkommene Partizipation gelungen ist, genießt er göttlich-ekstatische Seligkeit *(prema)*. Es ist wie im Gleichnis vom Sohn des reichen Mannes in der oben erzählten Parabel aus dem mahāyāna-buddhistischen *Saddharma-puṇḍarīka*: Der Sohn dient, ohne es zu wissen, seinem Vater als Knecht, steigt allmählich in seiner Stellung auf und darf schließ-

[1] Zit. bei Arthur Avalon, *The Great Liberation*, Madras, 1927, S. 109, Anm.

[2] *Vāshisṭha-Rāmāyana (Yoga-vāshisṭa*, ebenda).

[3] Rudra ist der gewalttätige, weltzerstörende Aspekt des Shiva.

[4] *Bhavishya-Purāṇa* (Avalon zitiert in *The Great Liberation* ziemlich genau den *Agni-Purāṇa*.)

lich erkennen, daß er selbst der Sohn und Erbe des Meisters mit dem Anrecht auf dessen ganzen Besitz, ja daß er selbst der reiche Mann, das Alter-ego seines Herrn ist[1].

Aber die Riten und Stufen des Dienstes werden durch den geistigen Charakter des Andächtigen bestimmt. Das ist ein Grundsatz bei jeder psychologischen Schulung in Indien. Der mit Rajas (der Qualität von Lebens- und Tatkraft) begabte Mensch wird ein anderes Sādhanā brauchen, als der in Tamas versunkene, während dem gottgleichen Menschen des helleuchtenden Sattva wieder ein anderer Weg zukommt. Im tantrischen Wortschatz heißen diese drei Typen je nachdem *Vīra*, der Held, *Pashu*, das dumpfe Herdentier, und *Divya*, der gottähnliche, lichte Heilige.

Es ist bemerkenswert und vielleicht ein Zeichen seiner Herkunft aus der Kshatriya-Kaste, daß im klassisch-tantrischen Āgamas der Schwerpunkt auf dem Vīra, dem durch Rajas bestimmten Menschen liegt. Nach der vedantischen Denkweise muß Rajas durch Sattva überwunden werden, da alle Schulung sich auf das Prinzip der spiegelglatten Teichoberfläche richtet; auf dem Erkenntnisweg des klassischen Tantra jedoch wird der Sieg durch die Leidenschaften selbst errungen; man fordert sie heraus, setzt sich mit ihnen auseinander und bemeistert sie wie der Ritter sein feuriges Roß. Die «Fünf guten Dinge», dem Pashu, dem Fußgänger, dem Herdenmenschen nichts als Gefahren bietend, sind bevorzugte Fahrzeuge, um zum Ziel zu gelangen. «Die fünf wesentlichen Elemente in der Verehrung der Shakti», sagt der *Mahānirvāṇa-Tantra*, «sind bezeichnet worden als Wein, Fleisch, Fisch, geröstetes Korn und die Vereinigung von Mann und Frau. Die Verehrung der Shakti ohne diese fünf Elemente ist nichts anderes als die Anwendung böser Magie (*abhicāra:* ein der Schädigung oder Zerstörung dienender Ritus). Auf diese Weise wird die Kraft, auf die die Schulung abzielt, niemals erworben werden, und bei jedem Schritt wird man auf Widerstände stoßen. So wie der Same, auf Felsen gesät, nicht aufgeht, so trägt der Gottesdienst (*pūjā*) ohne diese fünf Elemente keine Früchte[2].» Diese Äußerungen werden im Text zitiert als Worte Shivas, die er in der inneren Kammer ihrer göttlich-seligen Wohnung, auf dem Gipfel des heiligen Berges Kailāsa an seine Shakti richtet.

[1] *Saddharma-puṇḍarīka* 4, vgl. oben S. 453–454.

[2] *Mahānirvāṇa Tantra* 5. 22–24. (Übersetzt von Avalon, *The Great Liberation*, S. 89–90.)

Allein, weder der religiös noch der modern eingestellte Hindu von heute schätzt die Kühnheit dieser heroischen Anschauung. Vielmehr wird die einst dem Pashu zugeschriebene Haltung für alle empfohlen, nämlich die Lebenskraft *(shakti)* nicht als Braut, sondern als Mutter zu verehren und sich demgemäß wie ein Kind einer Art sakramentaler Kastration zu unterwerfen. «Die Haltung des ‚Helden'», sagt Rāmakrishna zu Girish Chandra Ghosh, dem erfolgreichen Dramatiker und Leiter des «Star Theatre» in Kalkutta, einem seiner weltlichsten Anhänger, «die Haltung eines ‚Helden' ist nicht gut. Manche Leute schätzen sie zwar. Sie betrachten sich selbst als Purusha und die Frau als Prakriti; sie wollen sich die Frauen durch leibliche Vereinigung geneigt machen. Aber diese Methode bringt häufig Unheil.»

Girish: «Es gab eine Zeit, da auch ich diese Idee schätzte.»

Shrī Rāmakrishna sah Girish nachdenklich an und schwieg.

Girish: «Der Zwiespalt ist immer noch in meiner Seele. Sag mir, was ich tun soll.»

Rāmakrishna (nach einem Augenblick schweigender Überlegung): «Gib Gott die Vollmacht, dein Anwalt zu sein. Laß Ihn tun, was Er will.»

Unvermittelt ging nun das Gespräch in eine Diskussion mit Rāmakrishnas jüngeren Anhängern über.

Rāmakrishna (zu Girish und den anderen): «In der Meditation sehe ich die innere Tendenz dieser jungen Leute. Sie denken nicht daran, sich Haus und Besitz zu erwerben. Sie sehnen sich nicht nach sexuellem Genuß. Diejenigen unter den jüngeren, die verheiratet sind, schlafen nicht mit ihren Frauen. Die Wahrheit ist: solange ein Mensch nicht Rajas losgeworden ist und Sattva errungen hat, kann er nicht stetig in Gott wohnen; er kann Gott nicht lieben und Ihn nicht wirklich erkennen.»

Girish: «Du hast mich gesegnet.»

Rāmakrishna: «Wieso das? Ich sagte, Du würdest zum Ziel kommen, wenn Du aufrichtig bist.»

Bevor Girish antworten konnte, stieß Shrī Rāmakrishna den Freudenschrei «Ānandamayī!» aus, und die Begleiter sahen – wie schon so manches Mal früher –, daß er ganz plötzlich aus der normalen Bewußtseinslage in den Trancezustand göttlicher Hingerissenheit *(samādhi)* fiel. Er blieb für einige Zeit abwesend, bald aber bewegte er sich wieder und kehrte zurück, um die Unterhaltung lebhaft wieder aufzunehmen[1].

[1] *The Gospel of Shrī Rāmakrishna*, S. 682.

Einer seiner «Jungen» hatte ihn bei einer früheren Gelegenheit gefragt: «Ist es nicht so, daß der Tantra die geistige Schulung in Gesellschaft von Frauen vorschreibt?»

Der Meister erwiderte: «Das ist nicht wünschenswert. Es ist ein sehr mühevoller Pfad und führt allzuoft zum Sturz des Adepten. Es gibt drei Arten solcher Disziplin. Man kann die Frau als seine Geliebte ansehen, oder sich selbst als ihre Magd oder ihr Kind. Ich sehe die Frau als meine Mutter an. Sich selbst als ihre Magd zu betrachten ist auch gut. Aber es ist außerordentlich schwierig, geistige Schulung zu üben, wenn man die Frau als Geliebte betrachtet. Sich selbst als ihr Kind anzusehen ist eine sehr reine Haltung[1].»

Bei einer anderen Gelegenheit sagt er: «Shakti allein ist die Wurzel des Weltalls. Diese Urenergie hat zwei Aspekte: Vidyā und Avidyā. Avidyā schafft Täuschungen. Avidyā beschwört ‚Weib und Gold' herauf, von denen der Zauberbann ausgeht. Vidyā erzeugt Frömmigkeit, Güte, Weisheit und Liebe, die zu Gott hinführen. Die Avidyā muß günstig gestimmt werden, und das ist der Zweck der Riten im Shakti-Kult.

Die Andächtigen nehmen der Shakti gegenüber verschiedene Haltungen ein, um sie gnädig zu stimmen: die Haltung einer Magd, eines ‚Helden' oder eines Kindes. Die Haltung des Helden soll Ihr zur Freude dienen, so wie ein Mann der Frau durch die Begattung zur Freude dient.

Der Dienst der Shakti ist überaus schwer. Er ist kein Spaß. Ich verbrachte zwei Jahre als Magd und Gefährte der Göttlichen Mutter. Meine natürliche Einstellung zu Ihr war aber stets die eines Kindes zu seiner Mutter. Ich sehe in den Brüsten jeder Frau die meiner eigenen Mutter. Die Frauen sind allesamt das wahre Abbild der Shakti[2].»

Im klassisch-tantrischen Āgamas werden den verschiedenen Temperamenten entsprechend drei Formen der Sādhanā (religiöser Haltung) beschrieben. Die der «Fünf guten Dinge», die wir oben erörtert haben, ist für den Vīra bestimmt. Für den Pashu aber bleiben sie immer die «Fünf verbotenen Dinge». Darum erhalten sie für ihn eine andere Auslegung: Der Ausdruck «Wein» *(madya)* bedeutet hier Kokosnußmilch, Kuhmilch oder irgendeinen anderen «Ersatzstoff» *(anukalpatattva)*. Ebenso genießt er statt des «Fleisches» *(māṁsa)* weiße Bohnen, Ingwer, Sesam, Salz oder Knoblauch, anstatt «Fisch» *(matsya)* roten Rettich, roten Sesam, Masur (eine Getreideart), weißes Brinjalgemüse und Paniphala (eine Wasser-

[1] Ebenda S. 123. [2] Ebenda S. 116.

pflanze). «Geröstetes Korn» *(mudrā)* ist als Reis, Weizen, Paddy usw. gestattet, anstelle des Maithuna jedoch wird die kindliche Unterwerfung zu den Lotosfüßen der Göttlichen Mutter empfohlen[1].

Der Divya aber, der Gottmensch von reinstem Sattva, steht unendlich hoch sowohl über dem «ersatzbietenden», gesicherten Sādhanā des frommen Herdentieres, wie auch über der furchtlosen ritterlichen Leistung des Helden. Er braucht kein äußeres Abbild, keine Opferhandlung. Daher haben die «Fünf guten Dinge» für den Divya eine ganz neue Bedeutung: «,Wein' *(madya)* ist keine Flüssigkeit, sondern das durch den Yoga erworbene berauschende Wissen um das Parabrahman, das den Andächtigen empfindungslos macht für die äußere Welt. ,Fleisch' *(māṃsa)* ist kein fleischliches Ding, sondern der Akt, durch den der Sādhaka all sein Tun ,Mir' *(mām)* weiht, das heißt dem Herrn (was natürlich ein Wortspiel ist). ,Fisch' *(matsya)* ist jenes sattvahafte Wissen, mit dessen Hilfe der Andächtige durch seinen Sinn für ,Meinheit' (ein Spiel mit dem Worte *matsya)* mit Freude und Leid aller Wesen sympathisiert. ,*Mudrā*' ist die entschlossene Absage an jede Verbindung mit dem Bösen, das zur Knechtschaft führt. Die «Begattung» *(maithuna)* aber ist die Vereinigung der Shakti Kuṇḍalinī, des ,inneren Weiblichen' des Sādhaka, der Weltkraft im untersten Zentrum *(mūlādhāra cakra)* seines Körpers mit dem allerhöchsten Shiva im obersten, über der Hirnschale liegenden Zentrum *(Sahasrāra)*[2].»

Während also der Pashu und der Vīra in Ausübung der Bhūtashuddi (das ist die rituelle Reinigung der Körperelemente als Vorbereitung für eine dualistische Gottesverehrung)[3] den reinigenden Aufstieg der Kuṇḍalinī durch die Zentren oder Lotosblumen *(cakras, padmas)* des Sushumṇa zu *imaginieren* haben, bringt der Divya bei seinen Übungen des tantrischen Kuṇḍalinī-Yoga dieses psychosomatische Wunder tatsächlich zustande. Nach einem langen, harten Vorbereitungstraining in physischer und seelischer Selbstreinigung zeitigen Āsana und Mudrā (rechter Sitz und rechte Haltung), Prāṇāyāma (Atembeherrschung), Dhyāna und Mantra (innere Verbildlichung und konzentriertes Rezitieren bestimmter «Keim»-laute und -formeln) eine physische Wirkung, die bezeichnet wird als die

[1] Woodroffe, *Shakti and Shākta*, S. 569–570.

[2] Nīlamani Mukhyopadhyāya, *Pañcatattva-vicāra*, S. 85; Woodroffe, *Shakti and Shākta*, S. 567. Andere Ausdeutungen des Pañcatattva in anderen Texten; vgl. Woodroffe, S. 495–500, 568–569.

[3] Vgl. oben S. 518–519.

Sammlung aller Körperenergien in einen feinen Kanal, der im Inneren des Rückgrates *(sushumṇa)* aufsteigt. Im Falle des Divya hat das Aufsteigen der «Schlangenkraft» *(kuṇḍalinī)* und das Erwecken der Lotoszentren *(padmas)* nicht imaginiert zu werden, sondern es geht tatsächlich vor sich. Und wenn das sechste Zentrum – der «Lotos des Befehls» *(ājñā)* zwischen den Augenbrauen – erreicht ist, wird der Herr *(īshvara)* in Wirklichkeit sichtbar, er wird nicht nur imaginiert, und der Schauende ist vollständig versunken im Savikalpa-Samādhi, der Vereinigung mit dem Brahman «mit Einschränkungen» *(savikalpa)*, wobei die Unterscheidung zwischen Subjekt und persönlichem Gott noch besteht[1]. Im Augenblick aber, wo die aufsteigende Kraft den letzten tausendblättrigen Lotos auf der Höhe des Scheitels, den Sahasrāra, betritt, wo Shiva und Shakti Eines sind, wird das Dualitätswissen in ausschließlicher Erfahrung überwunden, und der Yogī fällt in den Zustand der Nirvikalpa-Samādhi, in das Innewerden der Identität von Ātman und Brahman «über aller Einschränkung» *(nirvikalpa)*, wo sowohl das Subjekt wie sein höchstes Objekt ausgelöscht sind[2].

«Es gibt einen einfachen Beweis dafür, ob die Shakti *(= kuṇḍalinī)* wirklich erwacht ist», schreibt John Woodroffe. «Wenn sie erwacht ist, fühlt man an dieser Stelle eine intensive Hitze, wenn sie aber ein Zentrum verläßt, wird die jeweilige Stelle so kalt und scheinbar leblos wie ein Leichnam. Der Aufstieg kann also durch andere von außen verifiziert werden. Wenn die Shakti (die Kraft) den oberen Gehirnteil *(sahasrāra)* erreicht hat, ist der ganze übrige Körper kalt und wie tot; nur an der Schädeldecke fühlt man eine gewisse Wärme, und dies ist denn auch der Ort, wo sich die statischen und kinetischen Aspekte des Bewußtseins vereinen[3].

«Zuweilen steigt der Geiststrom wie eine Ente schwimmend durch das Rückgrat», sagte Rāmakrishna einmal im Kreis seiner engeren Freunde. «Zuweilen schwimmt die Seele im Samādhi fröhlich wie ein Fisch auf dem Ozean göttlicher Ekstase. Zuweilen, wenn ich mich auf die Seite lege, fühle ich, wie der Geiststrom wie ein Affe mit mir umspringt und sein vergnügtes Spiel mit mir treibt. Ich halte still. Dieser Strom erreicht mit einem affenartigen Sprung den Sahasrāra. Das ist der Grund, weshalb ihr mich mit einem Satz aufspringen seht.

Ein anderes Mal steigt der Geiststrom wie ein Vogel von Ast zu Ast hüpfend empor. Die Stelle, wo er rastet, fühlt sich wie Feuer an. Er kann

[1] Vgl. oben S. 389–390. [2] Vgl. oben S. 390.

[3] Avalon, *The Serpent Power*, S. 21–22.

vom Mūlādhāra zum Svādhishṭhāna, vom Svādhishṭhāna zum Herzen hüpfen und so allmählich weiter bis zum Kopf. Zuweilen auch bewegt sich der Geiststrom aufwärts wie eine Schlange. Auf ihrem Zickzackweg erreicht sie schließlich den Kopf, und dann gehe ich ein in den Samādhi-Zustand.

Das geistige Bewußtsein eines Menschen kann erst geweckt werden, wenn sich seine Kuṇḍalinī erhebt. Die Kuṇḍalinī wohnt im Mūlādhāra. Wenn sie geweckt ist, bewegt sie sich dem Sushumṇa entlang, durchwandert die Zentren von Svādhishṭhāna, Maṇipūra usw., und erreicht schließlich den Kopf. Dies nennt man die Bewegung des Mahāvāyu, des Geiststromes. Sie gipfelt im Samādhi.

Das geistige Bewußtsein kann man nicht durch bloßes Bücherlesen erwecken. Man muß zu Gott beten. Die Kuṇḍalinī ist geweckt, wenn der Adept ein rastloses Sehnen nach Gott fühlt. Da schwatzt man von Wissen durch bloßes Studieren und Hörensagen! Was soll damit erreicht werden?

Kurz bevor ich meinen jetzigen Seelenzustand erreichte, wurde mir offenbar, wie die Kuṇḍalinī erweckt wird, wie die Lotosblumen der verschiedenen Zentren aufblühen, und wie alles dann im Samādhi gipfelt. Das ist eine überaus geheimnisvolle Erfahrung. Ich sah, wie ein Jüngling von 22 oder 23 Jahren, mir genau gleichend, in den Sushumṇā-Nerv eintrat und sich mit den Lotosblumen verband, indem er sie mit seiner Zunge berührte. Er begann mit dem am Anus gelegenen Zentrum und bewegte sich durch die Zentren der Geschlechtsorgane, des Nabels und so weiter. Die einzelnen Lotosblüten dieser Zentren – die vierblättrige, sechsblättrige und die anderen – ließen die Köpfe abwärts hängen. Bei seiner Berührung richteten sie sich auf.

Als er das Herz erreichte – ich kann mich genau erinnern – und sich mit dem dortigen Lotos durch seine Zungenberührung verband, richtete sich der hängende Blütenkopf des zwölfblättrigen Lotos auf und öffnete seine Blätter. Dann gelangte der Jüngling zum sechzehnblättrigen Hals-Lotos und zum zwölfblättrigen Stirn-Lotos, und ganz zuletzt erblühte der tausendblättrige Lotos im Haupt. Seit jener Zeit bin ich in meinem jetzigen Zustand[1].»

«Erwache, o Mutter!» schreibt Rāmprasād. «O Kuṇḍalinī, deren Wesen ewige Glückseligkeit ist! Du bist die im Schlaf aufgerollte Schlange im Lotos des Mūlādhāra![2]»

[1] *The Gospel of Shrī Rāmakrishna* S. 829–830. [2] Ebenda S. 363.

«In dichter Finsternis, o Mutter», heißt es in einem anderen herrlichen Liede, «funkelt deine gestaltlose Schönheit»:

Im dichten Dunkel strahlt gestaltlos deine Schönheit, Mutter,
Drum meditiert der Yogī fern in dunkler Bergeshöhle.
Im Schoße grenzenloser Schwärze, getragen auf Mahānirvāṅas Strom
Fließt unerschöpflicher und heitrer Friede.
Du, in Gestalt der Leere, im Gewand des Dunkels,
Wer bist du, Mutter, die allein du thronst im Schreine von Samādhi?
Vom Lotos deiner furchtzerstreu'nden Füße zückt deiner Liebe Blitz.
Dein Geistgesicht strahlt auf, es schallt dein Lachen fürchterlich und gellend[1].

3. ALLE GÖTTER IN UNS

Der Jaina und die ihm verwandten Lehren fassen den Stoff als eine träge, leblose *(ajīva)* Masse auf. Das unerbittliche Asketentum der «nackten Philosophen» (der «Gymnosophisten», die von Alexanders Griechen bestaunt wurden) war die logische Folge ihrer Entschlossenheit, sich dieses toten Stoffes zu entledigen und so zum lichtvollen, reinen, vollkommenen Urzustand zurückzukehren. Ihre Lebensmonaden erhoben sich wie Ballons über die Erde und deren Atmosphäre, ja sogar noch über deren äußerste stratosphärische Hülle und ließen die weltlichen Bindungen des leblosen «Lebens» immer weiter hinter sich. Wie wir sahen, war in Indien die Kraft dieser vorarischen, dualistischen Yoga-Anschauung so stark, daß selbst der extreme Monismus der Brahmanen sich schließlich ihrem lebensverdorrenden Einfluß unterwarf. Allmählich erlag die kraftvolle Weltbejahung der vedischen Periode einer seltsamen Umwandlung in ihr Gegenteil, bis schließlich das Yoga-Prinzip seinen eindrücklichsten Triumph gerade in dem feierte, was im allgemeinen als die höchste nichtdualistische Umschreibung des Brahman gilt: in *sat*, *cit*, *ānanda* (im «reinen Sein, Bewußtsein, Seligkeit», womit ein Zustand völlig frei von den Fesseln der Unwissenheit und vom Elend der Weltillusion gemeint ist). Zwar ist es wohl so, daß an die Stelle des vorarischen Jaina- und Yoga-

[1] Ebenda S. 692. Deutsche Übertragung von Ilse Krämer, zit. in: *Shrī Rāmakrishnas ewige Botschaft*, nach der englischen Übersetzung des Swāmī Nikhilānanda ins Deutsche übertragen von Franz Dispeker, Zürich 1955. – Es handelt sich um einen Auszug aus dem oben öfters zitierten 1100 Seiten starken Buch «*The Gospel of Shrī Rāmakrishna*». (*Anm. der Übersetzerin.*)

Ideals, nämlich der «Isolation-Integration» *(kaivalya)* der einzelnen Lebensmonaden *(jīvas, purushas)*, ein neues Ziel, die Wiedervereinigung mit dem einen Saccidānanda-Brahman, dem «Einen-ohne-ein-Zweites», trat, aber man faßte diese nicht-dualistische Wiedervereinigung, dieses *Wieder*erkennen einer Identität, die in Wirklichkeit nie aufgegeben worden war, so auf, als wäre sie gleichbedeutend mit einer Ablehnung der wahnhaften Vorstellung von der Existenz eines Kosmos: als wäre sie die Auflösung der durch «Unwissenheit» bedingten «Überlagerung». «Das was von der sechsfachen Woge (Verfall und Tod, Hunger und Durst, Kummer und Enttäuschung) nicht berührt wird, was der Yogī wohl in seinem Herzen meditiert, was aber von den Sinnesorganen nicht erfaßt und auch von der Intuition *(buddhi)* nicht erahnt werden kann, und was makellos *(anavadyam)* ist: dieses Brahman bist du. Meditiere darüber in deiner Seele[1].» Die gleiche asketische Grundhaltung des Verwerfens, die in der vorarischen Vergangenheit alle menschliche Erfahrung in die zwei Sphären des Ajīva und des Jīva sonderte, sie unterschied nun zwischen Saṁsāra und Nirvāṇa, während sie nach Identifikation («ohne Rückstände») mit einem nicht einbezogenen Ziel strebte.

Trotz alledem aber blüht in Indien neben dieser verneinenden Haltung die lebensvolle Weltbejahung in Wandlung und Zeit, und diese Bejahung ist auf ihre Weise genau so bedenkenlos und absolut wie die unerschütterliche Selbsttranszendenz der Yogīs. Es scheint, daß in diesem Lande die Menschen ihre große Bemühung nach beiden Seiten hin immer darauf richteten, die allzu menschliche Begrenztheit der Seele mit Hilfe «unmenschlicher» Methoden zu durchbrechen. Die Ideale und die Zucht der Kasten sind – humanitär gesprochen – unmenschlich; und in gewissem Sinne ist jeder Inder, auf die eine oder andere Art, ein Yogī. Denn selbst Bhakti, der populäre Hindu-«Pfad der Andacht», ist Yoga, nämlich ein inneres «Anjochen» der Seele an ein göttliches Prinzip. Überall wo Bhakti zu einer extremen Form entwickelt wurde, wie zum Beispiel in der *Bhagavad Gītā* und in den Sakramenten der tantrischen «Fünf guten Dinge» *(pañchatattva)*, wird der Laien-Initiierte dazu gebracht, den *immanenten* Aspekt des absoluten Wesens hervorzurufen und sich zu assimilieren, was kein weniger kühnes Unterfangen ist als die entsprechenden Bemühungen in den Waldeinsiedeleien, den *transzendenten* zu assimilieren. Mit anderen Worten, die brahmanische Seele kapitulierte nicht bedingungslos vor dem

[1] Shaṅkara, *Vivekacuḍāmaṇi* 256.

Prinzip der Weltverneinung. Die psychophysischen Probleme, die von der vedisch-monistischen, während der Upanishadenperiode herangereiften Philosophie aufgestellt wurden, stehen sowohl einer weltbejahenden wie einer weltverneinenden Antwort offen. Eine besser dokumentierte philosophische Richtung Indiens, die zudem als erste den westlichen Gelehrten zugänglich war, sind die Lehren des Vedānta und des Hīnayāna, aber in den letzten Jahren gelangte allmählich doch auch das tantrische System mit seiner Kraft und Tiefe zur Anerkennung, und damit wurde dem Verständnis für Indiens Leben und Kunst ein neuer Weg geöffnet. Es wäre in der Tat verwunderlich, wenn sich im Laufe der, soweit wir die Geschichte kennen, dauerhaftesten Kultur auf die These «Alles ist Brahman» nur eine einzige geistige Antwort hätte finden lassen: nämlich die des mönchischen Verzichts auf die Gestaltenwelt um des gestaltlosen Aspektes der metaphysischen Gleichung willen. Besäßen wir nicht unsere heutige Kenntnis von der Philosophie der tantrischen Āgamas, so hätten wir eine solche einseitige Tradition annehmen müssen. Nachdem aber die Jahrhunderte indischer Vergangenheit uns ihre Geheimnisse preisgaben, enthüllt sich uns mehr und mehr eine Kraft, die sich vom sublimierten Weltschmerz der Mönche wesentlich unterscheidet; das ist die lebensfrohe Versenkung des Hindu in die Köstlichkeiten der Welt von Name und Gestalt. In den großartigen Skulpturen des Shiva Trimūrti in Elephanta[1], in den heute wohlbekannten südindischen Bronzen des Tanzenden Shiva[2], in dem phantastischen «Schaum- und Rauchstil» der großen Meisterwerke von Bhājā, Māmallapuram und Elura[3] und schließlich in dem indischen Kunstphänomen, das ich einmal als das der «expandierenden Gestalt»[4] bezeichnet habe, in all dem spricht sich eine unerhörte dionysische Bejahung der Gestaltenwelt und ihres Kräftespiels aus, eine Bejahung, die das Erlebnis des Einzelnen und seines Kosmos gleichzeitig bejaht und transzendiert. Hier hat man Prakriti selbst abgebildet – die *natura naturans*, nicht etwa nur die sichtbare Oberfläche der Dinge – wie sie die Ozeane der Welten hervorbringt, und man tat dies, ohne sich ihrem Zauber zu widersetzen. Die Einzelwesen, bloße Wellen, bloße Augenblicke im rasch da-

[1] Vgl. H. Zimmer, *Mythen und Symbole in indischer Kunst und Kultur*, S. 165–168 und Abb. 33. S. auch Umschlagbild.

[2] Ebenda S. 168–195 und Abb. 38.

[3] Ebenda S. 62–63, 137–141, 208–209 und Abb. 1, 27, 28, 55, 59, 60.

[4] Ebenda S. 145–152.

hinfließenden, endlosen Strom flüchtiger Gestalten, sind greifbar da. Aber ihre Greifbarkeit selbst ist nur eine Gebärde, ein liebevolles Aufblitzen in den sonst unsichtbaren Mienen der Göttin-Mutter, deren Spiel *(līlā)* das Weltall ihrer eigenen Schönheit ist. In dieser dionysischen Schau wird das Individuum gleichzeitig entwertet und vergöttlicht, es ist majestätisch mit der Majestät der Natur selbst und auf mystische Weise geborgen im Wirbel der Welt.

Eine solche Schau ist gewiß nicht für alle angemessen. Sie spricht nur bestimmte Typen und Geschmacksrichtungen an: zum Beispiel die Aristokraten, die Künstler und die Ekstatiker. Ein intellektuelles Temperament kann vielleicht die hinreißende Größe dieser Vision anerkennen, wird aber dabei doch kühl bleiben und sich weigern, sie von ganzem Herzen zu bejahen. Das ist der Grund, warum diese Anschauung, obschon sicherlich in Indien immer lebendig, in der bildenden Kunst viel besser bezeugt ist als in Literatur, Theologie und Philosophie. Die Schriften stammen von Intellektuellen, denen das körperlose Denken *(jñāna-yoga)* mit seinen abstrakten Erkenntnissen von Natur aus näher liegt; die Kunstwerke aber gingen aus den Händen der von reichen Kaufleuten und Aristokraten beauftragten Handwerker hervor – sie alle Kinder, Diener oder willige Helden der Göttin, vielleicht von hoher Achtung erfüllt für ihre intellektuellen Söhne, aber trotzdem stets innig davon überzeugt, daß es Schätze, Gnaden und wundersam paradoxe Einsichten gibt, welche Sie nur jenen vorbehält, die Sie zärtlich lieben, welche aber den stolzen, dem transzendentalen Einen-ohne-ein-Zweites ergebenen Denkern nie zugänglich sind.

Soweit wir Indiens Geschichte kennen, haben diese zwei Anschauungen in einem dialektischen Prozeß antagonistisch zusammengewirkt, um die großartige Entwicklung von Kunst, Philosophie, Kultus und Religion, von politischen, sozialen, ökonomischen und literarischen Formen hervorzubringen, die wir heute als das Wunder der indischen Kultur erkennen. Im großen und ganzen kann man sagen, daß die nicht-dualistische Weltbejahung der vedischen Brāhmanen mit ihrer größeren Weite und Tiefe die Entwicklung dominierend und siegreich bestimmt hat. Dem pluralistisch-realistischen, idealistischen Dualismus vom Gepräge des Jaina-Sāṅkhya können wir nur eine vorbereitende, anregende Rolle zuschreiben. Mit Hilfe seiner kühnen und lebendigen Methode des «Philosophierens in Paradoxen», ständig die wesenhafte Einheit von Begriffen und Sphären behauptend, die der Logik nach für antagonistisch gelten würden, schloß das fruchtbare Denken des Brāhmanismus unweigerlich die Gegensatzpaare zusammen, verschmolz und überwand sie und ließ sie dann wieder in einem glänzenden dialektischen Spiel auseinandertreten. So ist das brāhmanische Denken das philosophische Gegenstück und ein Ausdruck des Lebensprozesses selbst, die Paradoxie der unaufhörlichen Lebensdynamik in Denkformen spiegelnd.

Nahrung, Fleisch und Blut werden im lebenden Körper in Antriebe, Gemütsbewegungen, Gefühle, Gedanken und Inspirationen umgewandelt. Diese wiederum bedingen und beleben die körperliche Hülle. Dann verwandelt sich der gleiche Körper, nach seinem Tode zerfallend, in das wimmelnde Leben von Würmern und Pflanzen, die wiederum Nahrung sind. Ein unaufhörlicher Stoffwechsel, eine nicht endende Umwandlung der Gegensätze ineinander ist im Gang. Und dieser reale Werdeprozeß ist es, den der Brāhmanismus in seiner monistischen Konzeption der Māyā widerspiegelt. Die fortwährende Bewegung der Dinge in ihrem ständigen Gestaltentausch ist die Realität, angedeutet im Abbild der Göttin. Die Frau empfängt vom Manne und verwandelt seinen Samen in ihr gemeinsames Kind, in eine neue Bildung ihrer Substanz. Das ist das Rätselwunder der Māyā-Shakti. Darum gehört zu ihr eine erotische Lebensphilosophie, exakter Gegensatz und komplementäre Ergänzung zum lebensfeindlichen, finsteren, hochfliegenden, asketischen Denken der Jaina-Sāṅkhya-Schulen.

Das Anliegen dieser Schulen ist es, das unkörperliche Lebensprinzip und das Prinzip der groben und feinen Materie, die das Leben bedingt, aber auch trübt und befleckt, voneinander zu scheiden, eines vom andern zu reinigen und schließlich beide für immer zu trennen. Während der langen Entwicklung des indischen Denkens konnte diese stahlharte, asketische Haltung zeitweilig den Sieg davontragen, und diese Momente haben unermeßlich viel zur Belebung und Erneuerung indischen Lebens beigetragen. Dieses Leben selbst aber hat dann, dem ihm eingeborenen dialektischen Verwandlungsprinzip folgend, ein neues Wunder von Insichnehmen, Anpassen und Wiederaufrichten vollbracht: Immer wieder betrat das mächtige, lebensvolle, tropische Indien von neuem den hohen Weg der Sterilität, den Buddhas Lehren und Shāṅkaras Vedānta so erhaben darstellen; aber immer wieder haben auch Kraft und Weisheit des erotisch-paradoxen Lebensmonismus – und der Brahman-Auffassung – mit Erfolg ihre Stärke wieder geltend gemacht.

Brahman, Shakti, die Wesenskraft der nicht-dualistischen indischen Philosophie, ist das Prinzip, das die gesamte Natur und ihre Entfaltungen durchdringt, ausfüllt und belebt, gleichzeitig aber ist es die belebte, ausgefüllte, durchdrungene Gesamtheit oder Materie der Natur selbst *(prakriti, natura naturans)*. So *bewohnt* es das gestaltete Weltall und alle seine Formen und *ist* es auch zugleich. Als unaufhörliche Kraftentfaltung der vergänglichen Sphäre von Werden und Vergehen lebt es in all den Wandlungen von Geburt, Wachstum und Auflösung.

Gleichzeitig aber steht es dieser Sphäre der Wandlungen fern. In seinem ruhenden, schlafenden, transzendenten Aspekt kennt es keine Phasen und hat nichts zu tun mit Lebenden und Toten. Die Namen, die es erhält, sind Konzessionen an die menschliche Seele. Da diese Seele aber selbst aus der Essenz des Unaussprechlichen stammt, kann sie zur Selbstbesinnung aufgerufen werden durch das bloße Hören des einen oder anderen der im Grunde inadäquaten Namen. Der Name Brahman, Saccidānanda Brahman ist irreführend, denn er deutet an, daß das Transzendente *ist*. Der Name Leerheit, Shūnyatā, das Leere, ist ebenfalls irreführend, denn er deutet an, daß das Transzendente *nicht ist*. Immerhin ist vielleicht der letztere Name weniger irreführend und deshalb besser, denn er deutet auf keine definierbare Existenz, sondern auf eine Transzendenz hin. Der Unterschied ist jedoch nicht sehr erheblich. Beide Namen können als Schlüssel dienen, wenn man sie so versteht, daß keiner von beiden ein Ding meint.

Die brāhmanische Philosophie schuf ihre letzte Synthese in der kühnen Esoterik der Tantras und im tantrischen Mahāyāna (letzterer noch heute lebendig in den Schneebergen und Hochtälern von Tibet), wo die altarische Leidenschaft für den Nicht-Dualismus und das Paradoxon, das stets für die Einheit des Unvereinbaren eintritt, sich fruchtbar verband mit dem ihm Widersprüchlichen, nämlich mit dem archaischen, mutterrechtlichen Weltgefühl der indischen Urkultur. Was die vedischen Weisen in den Himmelshöhen des Makrokosmos gefunden und erkannt hatten, das fand der Adept des Tantra leiblich in sich, in seinem Mikrokosmos wohnend, und er nannte es ebenfalls «Gott». Hatten die Angehörigen der Brāhmanen-Kaste in vedischen Zeiten die Göttliche Kraft *(brahman)* durch öffentliche Opferhandlungen beschworen, so brachte der tantrische Gläubige, gleichgültig welcher Kaste angehörend, durch die einfachen, wesenhaft persönlichen Rituale in den Zirkeln der tantrischen Eingeweihten sein eigenes Ich zum Opfer und beschwor damit die heilige Kraft *(shakti)* seines eigenen Erscheinungswesens, damit sie sich in seinem Leben manifestiere. Die von den Brāhmanen verehrten Götter gehörten der Gemeinschaft; der vom Tantriker verehrte Gott ist sein eigener, seine *ishṭa-devatā*, seine erwählte Geliebte, die jedoch im Wesen identisch ist mit jeder, wo auch immer angebeteten Gottheit. Denn – so stellt der *Sammohana-Tantra* fest –: «Nur ein Narr kann einen Unterschied zwischen Rāma und Shiva finden[1].» Die Berufung des Brāhmanen zum Dienst und zur Beschwörung der Götter seiner Gemeinschaft beruhte auf dem hohen Rang seiner Kaste innerhalb dieser Gemeinschaft; die Berufung des tantrischen Andächtigen aber beruht auf der Reife seines Gemüts und der Kraft seiner Erfahrung. «Der Brāhmane, der Abkomme eines Rishi oder alten Weisen ist», lesen wir im *Shatapatha Brāhmaṇa*, «ist gleich allen Göttern[2].» «Ich bin die Devī und nichts anderes», denkt der tantrische Gläubige. «Ich bin Brahman, das über allem Leid steht. Ich bin eine Form des Saccidānanda, dessen wahres Wesen ewige Freiheit ist[3].»

Die Idee von der Göttlichkeit des Individuums ist also im Tantra demokratisiert, weil sie psychologisch und nicht sozialpolitisch verstanden wird. Infolgedessen erfuhr der allgemeine Glaube Indiens insgesamt eine neue Auslegung. Kultus und Religion des heutigen Indien zeigen in jedem Zuge den tiefen Einfluß dieser tantrischen Anschauung, ja sie sind in der Tat seit Jahrhunderten mehr tantrisch als vedisch. Ungeachtet gewisser Reste des alten Kastenhochmuts ist das indische Volksleben durchstrahlt vom Lichte eines Wissens um die universelle Göttlichkeit. Im Gegensatz zur Haltung des Hiob, der zu Jahwe schrie: «Was ist ein Mensch, daß du ihn groß achtest?» setzt sich der Inder durch die Vernichtung seines Ichs Gott gleich, transzendiert Gott und hat Frieden in der Erkenntnis seiner selbst als Brahman. «Die Mutter ist anwesend in jedem Hause», schreibt Rāmprasād. «Muß ich die Kunde ausstreuen wie die Scherben eines Topfes, den man am Boden zerbricht?»

[1] *Sammohanna Tantra* 9; Woodroffe, *Shakti and Shākta*, S. 53.
[2] *Shatapatha Brāhmaṇa* 12.4.4.6. [3] Woodroffe, *Shakti and Shākta*, S. 81.

ANHANG

A. DIE SECHS SYSTEME

Sāṅkhya und Yoga, Mīmāṁsā und Vedānta, Vaisheshika und Nyāya, die sechs klassischen Philosophiesysteme, oder wörtlich «Anschauungen» (*darshanas;* aus der Wurzel *dṛsh*, «sehen»), werden als die sechs Aspekte einer einzigen orthodoxen Überlieferung angesehen. Obwohl nicht nur scheinbar, sondern ganz offenkundig im Widerspruch zueinander stehend, gelten sie doch als komplementäre Projektionen der einen Wahrheit auf verschiedene Bewußtseinsebenen, als richtige Intuitionen von verschiedenen Standpunkten aus, ähnlich den Erfahrungen der sieben Blinden in der buddhistischen Erzählung, wo jeder beim Betasten des Elefanten einen andern Eindruck erlebt. Die tatsächlichen oder vermeintlichen Gründer – Kapila, Patañjali, Jaimini, Vyāsa, Gautama und Kaṇāda – sind wohl eher als Schulrichtungen denn als Persönlichkeiten anzusehen. Von ihnen ist außer den Namen nichts bekannt. Ihre Sūtras stehen am Anfang einer reichhaltigen Kommentatorenliteratur, sind aber ihrerseits nur letzte Formulierungen nach einer vorausgehenden langen Periode von Auseinandersetzungen, denn jede Schrift enthält Argumente gegen alle übrigen. Überdies wären die Texte ohne Kommentarien unverständlich. Sie sind nicht in sich selbst abgerundete Werke unabhängiger Denker, sondern Leit-«Fäden» *(sūtras)* für die mündliche Unterweisung im altindischen Stil des Guru und seines Adhikārin[1].

SĀṄKHYA und YOGA sind oben (S. 255–299) behandelt worden. Sie befassen sich mit der Hierarchie der Prinzipien *(tattvas)*, die aus den Wirkungen des Purusha auf die Prakriti hervorgehen und den Erfahrungen von Traum und Wachbewußtsein zugrunde liegen.

In ähnlicher Weise gehören MĪMĀṀSĀ und VEDĀNTA zusammen, da sie beide den Standpunkt des «Vierten» *(turīya)*, jenes transzendenten, nichtdualistischen Prinzips *(brahman)* vertreten, das den Bereich der weltbedingenden Zweiheit *(purusha - prakriti)* überwölbt. Der Vedānta wurde oben (S. 365–414) erörtert als die letzte Wahrheit oder das «Ende» *(anta)* der Veden. Das Anliegen der Mīmāṁsā ist die Erklärung des liturgischen Aspektes der gleichen geheiligten Bücher. Eigentlich wird auch der Name *mīmāṁsā* – der wörtlich «tiefes Denken, Überlegung, Betrachtung, Auslegung» und, in bezug auf die Philosophie, «Reflexion oder Auslegung der Veden» bedeutet – für beide Philosophiesysteme gebraucht, und zwar 1. als *pūrva-mīmāṁsā* («die erste Überlegung; Auslegung des ersten Teiles [der

[1] Vgl. oben S. 56–57.

Veden]») oder *karma-mīmāṁsā* («das Studium des [rituellen] Tuns») und 2. als *uttara-mīmāṁsā* («die zweite Überlegung; Auslegung des zweiten Teiles [der Veden]») oder *brahma-mīmāṁsā* («die Kontemplation des Brahman»).

Pūrva-mīmāṁsā, Karma-mīmāṁsā oder einfach Mīmāṁsā ist eine Art scholastischer Priesterwissenschaft, welche die orthodoxen Formen des brāhmanisch-liturgischen Lebens festsetzt. Diese ererbten Formen werden in den Veden selbst nicht immer genau angegeben. Daher erscheint schon in den späteren Brāhmaṇas[1] der Ausdruck Mīmāṁsā, und dort bezeichnet er bereits eine Auseinandersetzung über Einzelheiten der Kultpraxis. In den folgenden Jahrhunderten, als es immer mehr verschiedene priesterliche Auslegungen gab, wuchs offenbar das Bedürfnis nach einer wissenschaftlich begründeten, definitiven Regelung. Die Ergebnisse dieser Wissenschaft wurden zu irgendeinem Zeitpunkt zwischen 200 und 450 n. Chr. – also etwa zur Zeit, als der Vedānta entstand – in dem *Pūrvamīmāṁsā-sūtra* des Jaimini zusammengefaßt. Diese grundlegende Schrift aber setzt eine lange Periode von Auseinandersetzungen voraus. Dazu sagt A. B. Keith: «Es ist klar, daß diese Wissenschaft schon zur Mitte des dritten Jahrhunderts v. Chr. in voller Blüte stand[2].»

Die Methode des *Pūrvamīmāṁsā-sūtra* hat eine gewisse Ähnlichkeit mit der der scholastischen *Summa Theologica* des Thomas von Aquino. Er besteht aus einzelnen Kapiteln oder Unterabschnitten, den Adhikaraṇas («Titel»), deren jeder in fünf Teile zerfällt: Zuerst wird eine Behauptung aufgestellt; dann wird der Zweifel an ihrer Richtigkeit widerlegt; drittens werden die falschen Methoden für ihre Erörterung aufgezeigt; viertens werden diese widerlegt; und zuletzt wird die wahre Lösung als zwingende Folgerung aus der ganzen Abhandlung vorgelegt[3]. So werden zum Beispiel im SūtraI zwei Behauptungen aufgestellt: 1. Daß das Studium der Veden für die oberen Kasten obligatorisch sei; und 2. daß das Dharma ein Studienthema für sich sei. Die erste Behauptung geht schon als selbstverständliche Konsequenz aus den beiden vedischen Vorschriften hervor: «Man muß den Veda studieren» und «Man muß das Ritual eines abschließenden Bades nach dem Studium des Veda vollziehen.» Zweifel können

[1] Vgl. oben S. 23, Anm. des Herausgebers.

[2] Arthur Berriedale Keith, *The Karma-Mīmāṁsā*, The Heritage of India Series, London und Kalkutta, 1921, S. 2–3.

[3] R. Garbe, *Mīmāṁsā*, in Hastings, *Encyclopaedia of Religion and Ethics*, Band VIII, S. 648.

allerdings entstehen in bezug auf die zweite Behauptung, und man könnte fragen, ob man das Baderitual unmittelbar nach dem Erlernen der Veden ausführen und damit die Periode des Studiums beendigen solle. Zunächst würde man meinen, das Bad müsse unmittelbar auf das Erlernen des Veda folgen. Darauf ist zu erwidern, das wahre Studium des Veda erschöpfe sich nicht mit dem bloßen Lesen der Schrift. Die richtige Folgerung daraus ist, daß das abschließende Bad so lange aufgeschoben werden muß, bis durch das Studium des Dharma das Verständnis des Schülers für den Veda vollkommener geworden ist. Jaiminis Werk enthält etwa neunhundertundfünfzehn solcher Adhikaraṇas, aufgeteilt in zwölf Bücher[1].

Der Mīmāṁsā-darshana vertritt die Theorie von der Unfehlbarkeit der Veden und eine Theorie über die Bedeutungen, die im Laut liegen: das Sanskrit, die heilige Sprache der Veden, ist nicht etwa eine historische, auf dem Allgemeingebrauch beruhende Sprache, sondern die Emanation des Seins *(sat)* im Laut *(shabda)*. Daraus erwächst die Kraft der heiligen Mantras und der vedischen Hymnen, die lebendige Wahrheit zu treffen und Magie zu wirken. Aus dieser Potenz wird die Wirksamkeit der Opferhandlung abgeleitet, nicht aus göttlichem Eingreifen; denn wenn auch die Opfergaben für Gottheiten bestimmt sind, so sind doch diese Gottheiten selbst von der Opferkraft getragen. «Die Mīmāṁsā», sagt Garbe, «anerkennt nicht die Existenz Gottes. Diese Tatsache hat jedoch hier so wenig wie im Sāṅkhya und den anderen Systemen den allgemeinen indischen Glauben an übernatürliche Wesen stören können[2].» Auch die Vorstellung der periodischen Schöpfung und Auflösung aller Dinge wird abgelehnt. Wohl gibt es den ständigen Prozeß von Werden und Vergehen, aber keinen Grund, sich diesen Prozeß in systematisch abrollenden Zyklen von Ausfaltung und Einfaltung vorzustellen[3]. Außerdem faßt die Mīmāṁsā-Lehre, damit insbesondere gegen den Shūnyavāda des Mahāyāna polemisierend, die Welt als real auf[4]. Dieser Darshana ist dem indischen Gesetz nahe verwandt, denn sein Hauptanliegen besteht darin, «strenge Gebote aufzustellen, die sich von denen des Zivilrechts nur in dem Punkt unterscheiden, daß sie sich mehr auf kultische als auf bürgerliche Pflichten beziehen und mehr auf geistige als auf weltliche Strafen stützen[5].»

[1] Keith, a.a.O., S. 4–5. [2] Garbe, a.a.O.

[3] Keith, a.a.O., S. 61. Diese Lehre steht im Gegensatz zur Anschauung des Vaisheshika und Nyāya. Vgl. unten.

[4] Ebenda Kap. II, III. [5] Ebenda S. 97.

Vaīsheshīka und Nyāya, Kosmologie und Logik, das weitere Paar der sechs Philosophiesysteme, sind darauf gerichtet, das Bewußtsein zu wecken, und zwar um der Erweckung des Bewußtseins selbst willen. Sie stehen, dem Geiste und der Art nach, der akademischen Tradition des Abendlandes viel näher als die übrigen indischen Darshanas. Kaṇāda, der legendäre Gründer des Vaisheshika (auch unter den Namen Kaṇabhaksha und Kaṇabhuj bekannt; alle drei Namen bedeuten «Atom-Esser»), soll seine Blüte zwischen 200 und 400 n. Chr. gehabt haben[1]. Sein Lehrbuch, der *Vaisheshika-Sūtra* («die Sūtras oder Unterweisungen über die Unterschiede, die Unterscheidungsmerkmale und die manifeste Natur der Einzeldinge»), unterscheidet in der Natur fünf Kategorien *(padārthas)*: 1. Substanz *(dravya)*, bestehend in Erde, Wasser, Feuer, Luft, Äther, Zeit, Raum, Seele *(ātman)*[2] und Verstand *(manas)*; 2. Qualität *(guṇa)*, bestehend in Farbe, Geschmack, Geruch, Tastgefühl (mit Temperaturempfindung), Zahl, Ausdehnung, Individualität, Verbindung, Trennung, Priorität, Posterität, Erkenntnis, Freude, Leid, Begierde, Abneigung und Wille[3]; 3. Bewegung und Tun *(karma)*; 4. die Verbindung *(sāmānya)*; 5. der Unterschied *(vishesha)*; 6. die Inhärenz *(samavāya)*[4]. Der Name Vaisheshika ist von der Kategorie 5, *vishesha*, «Unterschied», abgeleitet, weil es sich um eine atomistische Lehre handelt – was auch der Grund ist für die Spitznamen seines sagenhaften Gründers. Die Atome der verschiedenen Substanzen haben keine Ausdehnung, durch ihre Verbindungen aber erhalten sie Ausdehnung und Sichtbarkeit. In den Perioden der Weltauflösung, zwischen den kosmogonischen Zyklen, verbinden sie sich nicht miteinander. Darum gibt es dann keine sichtbare Welt. Die Seelen aber bewahren ihre guten und bösen Taten und verbinden sich infolgedessen sogleich mit den verschiedenen Atomen. Dadurch kommt die Atombewegung neu in Gang, und ein neuer Schöpfungszyklus

[1] Garbe, *Vaisheshika*, in Hastings, a. a. O., Bd. XII, S. 569.

[2] Ich gebrauche die Übersetzung «Seele» in Übereinstimmung mit den Zitaten (unten) von Garbe. Man beachte jedoch Zimmers Anmerkung oben S. 292. Das Wort *ātman* bezeichnet hier die Lebensmonade (als *jīva* im Jainismus, *purusha* im Sāṅkhya) und darf nicht verwechselt werden mit dem *ātman* der Upanishaden, der *Bhagavad Gītā* und des Vedānta.

[3] Vgl. dagegen das Wort *guṇa*, wie es im Sāṅkhya und in der *Bhagavad Gītā* verwendet wird.

[4] *Samavāya*: die innige Beziehung, welche die Substanz mit ihren Attributen verbindet und die selbst ein Attribut der Substanz ist. (René Guénon, *Introduction générale à l'étude des doctrines hindoues*, Paris, 1930, S. 237.)

beginnt. Durch das unaufhörliche Umherwandern und Tätigsein in der Erscheinungswelt werden die Seelen am Ende müde, und so brauchen sie zu ihrer Auffrischung die Nacht, eine kosmische Nacht der Auflösung. Die Atomverbindungen lösen sich auf, und das All verschwindet.

Bei seiner Beschreibung der diesem System eigenen Psychologie sagt Garbe: «Sowohl die Seelen wie das Denkorgan sind ewige Substanzen, aber die Seele ist alldurchdringend, das heißt nicht gebunden an Zeit und Raum, während das Denkorgan ein Atom ist. Dieses letztere vermittelt zwischen der Seele und den Sinnen, indem es, von der Seele getrieben, bei jeder Gelegenheit sich *dem* Sinnesorgan zuwendet, durch das die Seele wahrzunehmen oder zu handeln wünscht ... Wenn das Denkorgan bewegungslos in der Seele ruht, ist deren Verbindung mit den Sinnen unterbrochen, und weder Wahrnehmung, Handlung noch Erfahrung sind möglich ... Wäre das Denkorgan allgegenwärtig wie die Seele, oder könnte die Seele mit den Erkenntnisobjekten in unmittelbare Verbindung treten, dann würden alle Objekte gleichzeitig wahrgenommen. Während das Denkorgan einerseits der Seele die belebende Kraft vermittelt, wirkt es andererseits als eine Art Bremsung, indem es die Seele davor bewahrt, mehr als eine Funktion zur gleichen Zeit auszuüben[1].»

Der Nyāya, die Logik, das 6. klassische System, wird einer schemenhaften Figur, dem Gautama, zugeschrieben, dessen Spitzname Akshapāda, «der Fußäugige», darauf anspielt, daß er «die Augen auf seine Füße heftete». Sein Lehrbuch, der *Nyāya-Sūtra*, vielleicht schon etwa um 150 v. Chr.[2], mit größerer Wahrscheinlichkeit aber zwischen 200 und 450 n. Chr. verfaßt[3], entspricht dem Vaisheshika in seiner Atomlehre, Kosmologie und Psychologie, befaßt sich aber hauptsächlich mit der Wissenschaft der Logik. Es werden vier Quellen wahrer Erkenntnis anerkannt: 1. die Wahrnehmung *(pratyaksha)*, 2. die Folgerung *(anumāna)*, 3. die Analogie *(upamāna)* und 4. das glaubwürdige Zeugnis *(shabda)*. Die Schlußfolgerung als einziges verläßliches Mittel philosophischer Erkenntnis ist von dreierlei Art: 1. die Folgerung von Ursache auf Wirkung *(pūrvavat)*, 2. die Folgerung von Wirkung auf Ursache *(sheshavat)* und 3. der Denkschluß von der Wahrnehmung zum Abstrakten *(sāmānyato drishta)*. Drei Arten von Ursache werden anerkannt: 1. die Materie oder inhärente Ursache *(upādāna-*

[1] Garbe, *Vaisheshika*, S. 570.

[2] Garbe, *Nyāya*, in Hastings, a. a. O., Bd. IX, S. 423.

[3] A. B. Keith, *Indian Logic and Atomism*, Oxford, 1921, S. 24.

kāraṇa, samavāyi-kāraṇa), im Beispiel eines Teppichs: seine Fäden; 2. die nicht-inhärente oder formale Ursache *(asamavāyi-kāraṇa)*, im Beispiel des Teppichs das Ordnen und Knüpfen der Fäden; 3. die effektive oder instrumentale Ursache *(nimitta-kāraṇa)*: die Werkzeuge des Webers. Der Syllogismus des Nyāya-Darshana umfaßt fünf Glieder: 1. die Proposition *(pratijñā)*, zum Beispiel ein Feuer ist auf dem Berge; 2. die Ursache *(hetu)*, denn der Berg raucht; 3. die Exemplifikation *(drishtānta)*: überall wo Rauch ist, da ist Feuer, wie zum Beispiel auf dem Herd in der Küche; 4. die Rekapitulation der Ursache *(upanaya)*: der Berg raucht; 5. die Schlußfolgerung *(nigamana)*: also ist ein Feuer auf dem Berg. «Die Idee», schreibt Garbe, «auf der die Theorie des Syllogismus im Nyāya beruht, trägt den Namen ‚unveränderliche Verbindung' *(vyāpti)*. Anstatt von einer affirmativen, allgemeingültigen Behauptung auszugehen, wie wir das tun – ‚Jeder Rauch setzt die Existenz von Feuer voraus' –, setzt die Nyāya-Philosophie die ‚unveränderliche Verbindung' von Rauch mit Feuer. Das beobachtete Anzeichen *(liṅga)* – in unserem Beispiel der Rauch – ist ‚unveränderlich verbunden' *(vyāpya)*; der Träger des Anzeichens, auf den geschlossen werden muß *(liṅgin)* – in unserem Beispiel das Feuer –, ist der ‚unveränderliche Gefährte' *(vyāpaka)*[1].» René Guénon weist jedoch darauf hin, daß auch abgekürzte Formen dieses Syllogismus verwendet werden, in denen entweder nur die ersten drei Faktoren oder nur die letzten drei Faktoren vorkommen, und daß diese letztere Abkürzungsform dem Syllogismus des Aristoteles ähnlich sei[2].

In Buch I des *Nyāya-Sūtra* werden die in dem Werk behandelten Themen oder Kategorien definiert. Buch II handelt vom Zweifel, den vier Beweismitteln und ihrer Gültigkeit und zeigt, daß es keine anderen brauchbaren Mittel der Beweisführung gibt. Buch III behandelt das Selbst, den Leib, die Sinne und ihre Objekte, das Erkennen und den Verstand. Buch IV behandelt das Wollen, den Irrtum, die Umwandlung, die guten und bösen Früchte menschlichen Handelns, das Leiden und die schließliche Befreiung; dann kommt es auf die Theorie des Irrtums und auf die des Ganzen und seiner Teile zu sprechen. Buch V befaßt sich mit unredlichen Einwänden *(jāti)* und den Möglichkeiten, wie ein Opponent *(nigrahasthāna)* zu widerlegen sei[3].

«Als es», bemerkt Garbe, «zu einer Verschmelzung der Systeme Vaisheshika und Nyāya kam, bekannte sich die vereinigte Schule zum theistischen

[1] Garbe, *Nyāya*, S. 423. [2] Guénon, a.a.O., S. 226–227.

[3] Keith, *Indian Logic and Atomism*, S. 19.

Standpunkt, sie sah aber im persönlichen Gott, den sie gelten ließ, niemals den Schöpfer der Materie. Ihre Theologie wurde dargestellt im *Kusumañjali* des Udayana [ca. 950 n. Chr.][1] und in mehreren späteren Werken, in denen die beiden Systeme gemeinsam behandelt werden. Nach ihrer Anschauung, die mit denen der Yogalehre übereinstimmt, ist Gott eine Einzelseele gleich den anderen individuellen Seelen, und diese sind gleich ihm ewig. Er ist aber doch von ihnen dadurch unterschieden, daß er allein die Attribute der Allwissenheit und Allmacht besitzt, die ihn zur Herrschaft über das Weltall befähigen, und daß er andererseits jener Attribute ermangelt, die alle übrigen Seelen in den Kreislauf des Werdens binden[2].»

Das Befreiungsideal, das im Buch IV von Gautamas *Nyāya-Sūtra* geschildert wird, ist die asketische Ablösung, die in einem Zustand absoluter Unbewußtheit gipfelt, ähnlich dem im Sāṅkhya erstrebten und oben (S. 297 bis 298) beschriebenen. Das legt uns nahe, in diesen offensichtlich späteren Lehren wieder die Spuren der im Jainismus und der Lehre des Gosāla (oben S. 240–254) vertretenen, archaischen, vorarischen Wissenschaft zu sehen. In der Tat wird denn auch der Vaisheshika in einem späten Jainatext (dem *Āvashyaka)* einem jainistischen Schismatiker namens Rahagutta zugeschrieben[3].

Die «Sechs Systeme» gelten als orthodox, weil sie die Autorität der Veden anerkennen. Ihre Unterordnung ist jedoch nicht sehr alt. Vācaspatimishra, ca. 841 n. Chr., verfaßte Kommentarien zu den Systemen des Sāṅkhya, Yoga, Mīmāṁsā, Vedānta und Nyāya, während etwa ein Jahrhundert später Udayana in seinem Beweis der Existenz Gottes die Anschauungen des Nyāya und des Vaisheshika kombinierte. Die synkretistische Tendenz scheint in Shivāditya (Datierung ist unsicher, muß aber vermutlich später als Udayana angesetzt werden) ihren Höhepunkt gehabt zu haben; wenn er auch wohl nicht der erste war, der in der Auslegung die Darshanas zusammenschloß, muß er doch als die früheste Autorität der vereinigten Schule gelten[4].

Trotz allem erreichten die «Sechs Systeme» nie die Geltung einer exklusiven dogmatischen Orthodoxie. Der *Sarvadarshanasiddhānta-saṅgraha* («Ab-

[1] Garbe gibt dafür das Jahr 1300 n. Chr. an, aber das ist sicherlich zu spät, denn ein Werk des Udayana ist auf 984 n. Chr. datiert. Vgl. Winternitz, *Geschichte der indischen Literatur*, Bd. III, S. 466.

[2] Garbe, *Nyāya*, S. 424. [3] Keith, *Indian Logic and Atomism*, S. 14.

[4] Ebenda S. 29, 31, 37.

riß der Lehren aller Darshanas»), ein Lehrbuch der Shaṅkara-Schule aus dem zehnten oder zwölften Jahrhundert, beschreibt in angemessener Objektivität die Anschauungen der Lokāyatikas (der Materialisten)[1], Jainas, Buddhisten (der Mādhyamikas, Yogā-cāras, Sautrāntikas und Vaibhāshikas), des Vaisheshika, Nyāya, Pūrva-mīmāṁsā (in zwei Schulen: der des Prabhākara und der des Kumārila)[2], Sāṅkhya und Yoga, der Philosophie des Vedavyāsa[3] und der des Vedānta des Shaṅkara[4]. Mādhava, ein hervorragender Vedantist der Shaṅkara-Schule aus dem 14. Jahrhundert, beschreibt in seinem *Sarvadarshanasaṅgraha* («Abriß aller Systeme»)[5] gleichfalls sechzehn Philosophiesysteme; er fügt zu den obigen noch den Vedānta des Rāmānuja, die Lehren einiger shivaitischer Sekten und die Abhandlung Pāṇinis

[1] *Lokāyata*, wörtlich «zur Sinnenwelt gehörig», ist der Name eines materialistischen Systems, dessen Gründung man dem Sophisten Cārvāka (Datierung natürlich unbekannt) zuschreibt. «Es gibt deutliche Anzeichen dafür», stellt Garbe fest, «daß es in Indien schon in vor-buddhistischen Zeiten Lehrer eines reinen Materialismus gegeben hat; und ohne Zweifel hat seit jener Periode bis auf die heutige Zeit diese Theorie in Indien zahlreiche Anhänger gehabt ... Der Lokāyata läßt nur die Wahrnehmung als Erkenntnismittel gelten und lehnt die Folgerung ab. Er anerkennt als einzige Realität die vier Elemente, d.h. die Materie, und lehrt: Wenn ein Körper durch die Verbindung der Elemente gebildet wird, entstehe auch der Geist, genau wie die berauschende Qualität aus der Mischung gewisser Stoffe entsteht. Beim Zerfall des Körpers kehrt der Geist wieder ins Nichts zurück ... Die fortwirkende Kraft guter und böser Taten, die nach dem Glauben aller anderen indischen Schulen das Los jedes Einzelnen bis in die kleinsten Einzelheiten bestimmt, existiert für die Lokāyatika nicht, weil diese Auffassung nur durch Schlußfolgerung gefunden werden kann ... Praktisch erweist sich dieses System als platter Eudaimonismus; denn es sieht in der Sinnenbefriedigung das allein erstrebenswerte Gut... Die Veden werden als das eitle Geschwätz von Betrügern erklärt, die durch die drei Makel der Unwahrhaftigkeit, innerer Widersprüche und unnützer Wiederholungen gekennzeichnet seien ... Der brahmanische Kult ist Betrug und List, und die kostspieligen, umständlichen Opferhandlungen dienen nur dazu, den schlauen Burschen, die sie vollziehen, ihren Lebensunterhalt zu verschaffen» (Garbe, *Lokāyata*, in Hastings, a.a.O., Bd. VIII, S. 138). Von den Schriften dieser Schule ist nichts mehr erhalten; alles was wir über sie wissen, findet sich in den Schriften ihrer Gegner gesammelt. Vgl. F. Max Müller, *Six Systems of Indian Philosophy*, London, 1899, S. 86, 94ff.

[2] Mit diesen beiden Scholastikern, ca. 700 n. Chr., beginnt eine scharfe Spaltung in der Einheit des *Mīmāṁsā-darshana*. Vgl. Keith, *The Karma-mīmāṁsā*, S. 9.

[3] Das heißt die Philosophie des *Mahābhārata*.

[4] Winternitz, a.a.O., Bd. III, S. 419–420.

[5] Übersetzt ins Englische von E. B. Cowell und A. E. Gough, 2. Aufl., Kalkutta 1894.

in dessen Sanskrit-Grammatik[1] über die Gesetze der metaphysischen, ewigen, magischen Sprache der Veden hinzu.

Im Grunde genommen ist Indiens Orthodoxie niemals in einer Vorlesung oder akademischen Darstellung niedergelegt worden. Sie kann auch nicht mit einer Aufzählung von Anschauungen umrissen werden. Ihr Leben liegt vielmehr im Moksha der jeweiligen Weisen: so etwa in dem des Rāmakrishna (1836–1886) im 19. und des Ramaṇa (1879–1950) in unserem 20. Jahrhundert[2]. Diese «Wildgänse» oder «Wildschwäne» *(haṁsas)* haben in allen Landesteilen der Bhāratas und zu allen Zeiten lehrend die unsagbare Botschaft in immer anderen Worten erneuert, die Botschaft, die von den Philosophen klassifiziert und von den Adhikārins transzendiert wird. J. C.

[1] Winternitz, a. a. O., S. 420.

[2] Shrī Ramaṇa Maharshi («der große Rishi») von Tiruvannamalai (einer alten, heiligen Stadt in Südindien) lehrte keine formale Doktrin, sondern mit der eindringlichen Frage «Wer bist du?» zog er seine Schüler zum Selbst hin. Vgl. H. Zimmer, *Der Weg zum Selbst; Lehre und Leben des indischen Heiligen Shrī Ramaṇa Maharshi aus Tiruvannamalai*, herausgegeben von C. G. Jung, Zürich, 1944. Vgl. auch B. V. Narasimha Swami, *Self-Realization, Life and Teachings of Ramana Maharshi*, Tiruvannamalai, 1936, und Shrī Ramaṇa Maharshi, *Who Am I?* (ins Englische übersetzt von Ramana Dasa S. Seshu Iyer, Tiruvannamalai, 1937).

B. GESCHICHTLICHE ÜBERSICHT

v. Chr.*		v. Chr.		v. Chr.	
ca. 3500–1450	Minoische Kultur (Kreta)			ca. 3500–1500	Dravidische Kultur (Ruinen des Industals)
ca. 2000–1000	Hellenische Einwanderung in Griechenland	ca. 2000–1000	Arische Einwanderung in Nordindien	?	Vorgeschichtlicher Jaina (Heilbringer)
ca. 1300?	Moses	ca. 1500–800	*Die Veden* *Die Brāhmanas*		
ca. 950	Salomo			ca. 872–772	Pārshva (23. Jaina-Heilbringer)
800 u. später	Die Propheten Homer	800 u. später	*Die Upanishaden* Frühe Heldenepen (verlorengegangen)	?	Kapila (Sāṅkhya)
ca. 775	Hesiod				
ca. 640–546	Thales			ca. 526	Mahāvīra (24. Jaina-Heilbringer)
611?–547?	Anaximander			?	Gosāla
ca. 582–ca. 500	Pythagoras			ca. 563–483	Buddha
6. Jh.	Parmenides				
ca. 500–430	Empedokles				

* In dieser Spalte: Gleichzeitige Daten in der westlichen Welt (zum Vergleich)

V. CHR.		V. CHR.		V. CHR.	
ca. 500	Heraklit	ca. 500 v. Chr. bis ca. 500 n. Chr.	*Die Sūtras*		
469–399	Sokrates				
427?–347	Platon				
384–322	Aristoteles	?	*Die Gesetze des Manu*	?	Patañjali (Yoga)
356–323	Alexander d. Gr.	325	Alexanders Einfall in Nordwestindien		
?–287?	Theophrastus				
342?–270	Epikur			ca. 321–297	Candragupta Maurya Cānakya Kauṭilya *(Arthashāstra)*
336?–264?	Zenon				
276?–195?	Eratosthenes				
ca. 600 v. Chr. bis ca. 200 n. Chr.	Aufstellung der *kanonischen Schriften des Alten Testaments*	ca. 400 v. Chr. bis ca. 200 n. Chr.	*Rāmāyana* (in der heutigen Form)	ca. 274–237	Ashoka
264–146	Punische Kriege	ca. 400 v. Chr. bis ca. 400 n. Chr.	*Mahābhārata* (heutige Form) *(Bhagavad Gītā)*		
100–44	Julius Caesar			ca. 80	*Pāli-Kanon*
70–19	Vergil				Hīnayāna-Buddhismus

N. CHR.		N. CHR.		N. CHR.	
?–?	Jesus Christus				
53–117	Traian			ca. 78–123	Kaniṣka
121–180	Marc Aurel		Mittelalterlicher Hinduismus ← Tantra → Mahāyāna-Buddhismus		
205?–270?	Plotin	ca. 200/450?	Jaimini (*Mīmāṁsā-sūtra*)	ca. 200	Nāgārjuna (Mādhyamika)
272–337	Konstantin d. Gr.				
354–430	Augustin	ca. 300–500	*Pañcatantra*		*Prajñā-pāramitā*
476	Fall von Rom	?	*Purāṇas*	ca. 350	Asaṅga (Yogācāra)
ca. 500	Benediktinische Ordensgründung (Monte Cassino)	?	*Tantras*	ca. 527	Bodhidharma (Dhyāna: Zen)
570?–632	Mohammed	4.–13. Jh.	Höchste Blüte der indischen Kunst (Gupta, Cāḷukya, Rāṣṭrakūta, Pallava, Pāḷa, Coḷa, Rājput, Hoyshala-Stile)	ca. 650/750?	Laksmīṅkarā Devī (Mahāsukha)

N. CHR.		N. CHR.		N. CHR.	
742–814	Karl d. Gr.	ca. 788 bis 820/50?	Shaṅkara (Advaita-Vedānta)	ca. 983	Cāmuṇḍarāya (Gommaṭa-Bildnis)
		?	«Die sechs Systeme»		
1097	Erster Kreuzzug				
1225?–1274	Thomas v. Aquino	1175–1250	Rāmānuja	?	Ende des Buddhismus in Indien
1260?–1327	Ekkehardt				
1469–1527	Machiavelli	1400–1500	*Vedāntasāra*		
1596–1650	Descartes				
1712–1778	Rousseau	1718–1775	Rāmprasād		
1770–1831	Hegel				
1809–1882	Darwin	1836–1886	Rāmakrishna		
1879–1955	Einstein	1879–1950	Ramaṇā		

C. GENERALINDEX

Abendland, 17–55, 64, 85, 166; Einstellung der Philosophie gegenüber, 27–28, 51–55; Buddhismus im, 443 bis 444; Hinduismus im, 20 Anm.; Idealmensch im, 394; Indologie im, 28, 38–40, 93–94, (Pañcatantra) 341, 530; s.a. Christentum; Griechen; Psychologie; Römer; Philosophie, abendländische
Abessinien, 130
Abhidharmakosha (Vasubandhu), 461 Anm. 1
Abhinandana, 4. Jaina-Heilbringer, 198
Abhinivesha, 267, 271
Absonderung, Ledigsein, 298f.
Ābū, Jaina-Tempel auf dem Berg, 200 Anm., Abb. VII
Achäer, 23, Anm.
Achämeniden, 111; s.a. Darius I
Achilles, 216
Adam, «der erste Mensch», 67 Anm., 222
Adhikārin, s. Schüler
Ādi-Buddha, 472 Anm.
Aditi, vedische Göttin, 24
Advaita Vedānta, s. Shaṅkara; Vedānta
Advayavajra, buddhistischer Lehrer, 494 Anm.
Afghanistan, Kunst von, 128; s.a. Gandhāra
Āgamas, 505 Anm.; 524 (Sādhanās), 530; s.a. Tantras
Aggression (daṇḍa), in der Politik, 119, 125
Agni, vedischer Gott, 23, 24, 76, 191 (Agni-kumāra), 309, 330, 356; Vaishvānara, 305–306
Agnihotra-Opfer, 335
Agotra, buddhistischer Lehrer, 474 Anm.
Ägypten, antikes, 104, 105 Anm. 2, 175 Anm. 1; im Buddhismus, 443
ahaṅkāra, s. Ich
Ahi, vedischer Gott, 194 Anm. 1
Ahiṁsa, s. Gewaltlosigkeit
Ahura-Mazda, persischer Gott, 98, 194 Anm. 1
Aitareya-Brāhmana, 73–78 («Sterben um die Göttliche Kraft»)
Aitareya-Upanishad, 24–25
Ajaṇṭā, Kunst v., Abb. III
Ajātashatru, Prinz von Magadha, 281
Ajita, 2. Jaina-Heilbringer, 198
Ājīvika, Gosāla und seine Lehre v., 240 bis 245, 444 Anm., 543
Akanishtha, Himmel der Buddhisten, 491
Akrisios, König von Argos, 282
Akshapāda, s. Gautama
«Akt der Wahrheit» (satya), 154–161 f.
Akutobhayā (Nāgārjuna), 462 Anm.
Alabaster, als Material der Jaina-Statuen, 194–195, Abb. VII
Alchemie, 85, 317, 332 Anm. 2, 483
Alexander der Große, König v. Makedonien, 46, 95, 196 Anm., 300, 315, 441, 452, 528
Alexander II., König v. Epirus, 443
Alexander I., Zar v. Rußland, 115
Alexander, König v. Jugoslawien, 111
Alexander VI., Papst, 115
Alexandria, Philosophen v., 42
Allah, 354, 356; s.a. Islam; Moslim
Allmutter, 147, 237, 251–252, 412, 499, 502–507, 510, 513, 523–525, 528–529, 531–532, 534; s.a. Göttin; Kālī
Amarāvatī, Kunst v., 128, 129 Anm., Abb. IX
Amaterasu, japanische Göttin, 105
Amerika, s. Vereinigte Staaten
Amitābha, Bodhisattva, 480
Amṛtabindu-Upanishad, s. Upanishaden
Ānanda, Schüler Buddhas, 129f., 443

Ānandakumāra, Inkarnation von Pārshva, 181 f., 201
Anaṅgaraṅga, 144
Ananta, 14. Jaina-Heilbringer, 198, 209
Anaxagoras, 41, 253, 308, 320
Anaximander, 39
Āndhra-Dynastie, 129 Anm., Abb. II u. IX
Angkor Wat, Kunst v., Abb. IV
Aṅguttara Nikāya, 242 Anm., 468 Anm.
Annapurnā, Hymnus an (des Shaṅkara), 412 Anm.
Aṇojjā, MahāvīrasTochter, 205
Antigonus Gonatas, König v. Makedonien, 443
Antiochus II., König v. Syrien, 443
Anurādhapura, 445
Āpastamba, brāhmanischer Lehrer, 49
Apollon, 24
Apsaras, 138, 477; Abb. XII
Ara, 18. Jaina-Heilbringer, 198, 209
Aravinda, dravidischer (Jaina-)König, 175, 177–178
Arbeit: als Mittel zur Erkenntnis, im Buddhismus, 484 Anm.; Ashokas Edikt über die, 446
Archetypische Rollen in Indien, 165 f.
Archytas v. Tarent, 55
Arhat, Stand des, im Buddhismus, 439, 453, 491
Arisch-dravidische Synthese, 68 Anm., 72–74 Anm., 126 Anm., 173 Anm., 203, 211 Anm., 212 Anm., 230, 231, 245, 255–256, 284, 339–341, 363–365, 368–369, 410, 506, 511 bis 512, 528–532, 533, 543
Arishtanemi, Bhagavan (Neminātha), 22. Jaina-Heilbringer, 173, 198, 199, 203 f., 208 f., 500; Abb. VII
Aristoteles, 24, 33, 40, 42 f., 47, 542
Arjuna, Hindu-Held, 100, 341 ff., 360
Artemis, 450
Artha, Begriff des materiellen Erfolges, 44 ff.; s. a. Arthashāstra, Lokāyata
Arthashāstra, Lehre des, 46, 47, 78, 85, 112, 133, 311; s. a. Kauṭilya
Arthashāstra (Kauṭilya), 39, 46, 93 f., 113, 117, 122, 124, 142, 163
Arthussage, 84
Āruṇi (Uddālaka), brāhmanischer Lehrer, 144, 231, 301 f., 323
Arūpa-loka, überirdisches Reich der Buddhisten, 138
Āryasūra, 483 Anm.
Asaṅga, buddhistischer Lehrer, 454, 470–471, 471 Anm.
Ashoka, König, 97, 154–155 (A. und das Dharma der Dirne), 281, 441 bis 449, 453; seine Felsinschriften: 131, 443 Anm. 2, 444 Anm. 1 u. 3, 445, 446 Anm., 447 Anm., 449 Anm., 453
Ashokāvadāna, 282 Anm.
Āshrama, s. Lebensstufen
Ashṭasāhasrikā Prajñāpāramitā, 433 Anm., 435 Anm., 465
Ashṭāvakra Gītā (Saṁhitā), 25, 167, 402 Anm., 404 Anm., 406 Anm., 410
Ashvaghosha, buddhistischer Lehrer, 454, 478 Anm.
Ashvamedha, s. Pferdeopfer
Ashvasena, König der Jaina-Legende, 173, 183
Askese, 59–60, 72, 137, 159–160, 172 Anm., 177, 185, 190, 195–196, 220 bis 221, 229–235, 240–241, 243 bis 244, 250–253, 272 f., 329 f., 316, 332 f., 339, 357–363, 370, 387–389, 412 Anm., 419, 429, 476, 528, 532, 543
Āsrava, s. Farben
Astrologie, 127; abendländische, 102 bis 103 Anm.
Ātar, persischer Gott, 194 Anm.
Atatürk, Kemal, 111
Atem, s. Lebensatem
Atemtechnik, 287–288, 389, 486

Atharva-Veda, 24, 82; s.a. Veden
Äther, das Urelement, 297 (im Sankhya), 323 (im Brāhmanismus)
Ātman, s. Lebensmonade; Selbst
Ātmapañcaka (Shankara), 413 Anm. 2
Atome, 242 (Ājīvika), 252–254 (Jainismus), 540 f. (Vaisheshika)
Augustinus, 20, 39
Augustus, römischer Kaiser, 123 Anm. 4
Aum, s. a. Om
Aurangzeb, Herrscher v. Hindustan, 281
Avadhūta Gītā, 400 Anm., 402 Anm.
Avalokiteshvara, buddhistischer Heilbringer, 351, 475f., 480, 491
Avalon, Arthur, 519 Anm., 521 Anm., 522 Anm., 526 Anm.; s. a. Woodroffe, Sir John
Āvashyaka, 543
Avidyā, s. Nichtwissen
Ayodhyā (Oudh), 181
Azhdahak, armenischer Gott, 194 Anm.
Azhi Dahāka, persischer Gott, 175 Anm., 194 Anm.; Abb. VIa

Bacon, Francis, 42
Bādāmī, Skulpturen von, 200
Bahūbali, s. Gommaṭa
Baktrien, 128, 450f.
Bālāditya, König v. Ayodhyā, 452 Anm. 1, 471 Anm. 1
Bali, Hinduismus auf, 74 Anm.
Banyan-Baum, Erleuchtung Buddhas unter dem, 192
Barābar, Höhleninschriften von, 241 Anm. 2
Bārhaspatya Arthashāstra, 46
Basāṛh, s. Vaishālī
Baudhāyana, brāhmanischer Lehrer, 49
Bayazid II., Sultan des Ottomanischen Reiches, 115
Bechardas, Shravak Pandit, 171 Anm.
Beethoven, Ludwig van, 103
Befreiter Mensch (jīvan-mukta), 168, 394, 402
Befreiter (zu Lebzeiten), 168 Anm., 394–400
Befreiung (Moksha), 50ff., 58f., 85f., 96, 140, 168, 173, 191, 371, 395 (Kaivalya); s. a. Integration-Isolation; Nirvāṇa
Begattung, als rituelle Tabudurchbrechung: im Buddhismus, 493–496; im Tantra (maithuna), 508–509, 512 bis 515, 518, 522, 523, 525; Abb. XI; s. a. Kāma; Liebe; Zölibat
Behinderungen (Klesha), in Sāṅkhya-Yoga, 265–271
Behistūn, Inschriften von, 98
Bekreuzigen, sich, als nyāsa, 520 Anm.
Benares, 182–183
Bestechung (dāna) in der Politik, 119
Betrug, s. Māyā (Illusion)
Bettler, Lebensstufe des (bhikshu), 151ff.
Bewußtsein, 211 (Ich-Bewußtsein, ahankāra); 468 («Vorratsbewußtsein»); 499–500 (Vijñāna)
Bhadrabāhu, Jaina-Lehrer, 196 Anm.
Bhadrasena, Hindu-König, 123
Bhagavad Gītā, 26, 61, 81, 154, 167, 199 Anm., 213 Anm., 256, 284, 336 Anm., 337 Anm., 339–365, 363f., 367 Anm., 389 Anm., 393 Anm., 401 Anm., 492
Bhagavan, s. Arishṭanemi
Bhagavān, im Tantra, 500
Bhājā, Kunst von, 530
Bhaktas, 500
Bhakti-Yoga~~, 362,~~ 362 Anm. 1
Bharata, mythischer indischer König, 198
Bhāruci, brāhmanischer Lehrer, 411 Anm. 2
Bhattacharyya, Benoytosh, 491 Anm., 493 Anm., 494 Anm., 496 Anm.

Bhāvadevasūri, 159 Anm., 171 Anm., 188 Anm.
Bheda, s. Zwietracht
Bhishma, legendärer Guru, 121 Anm.
Bhikshu, s. Bettler, Lebensstadium des
Bhūtashuddhi, tantrisches Ritual, 518 bis 519, 525
Bibel, 67 Anm., 164 Anm., 166 Anm., 167 Anm., 168 Anm., 175 Anm., 194, 215, 223, 355, 534, 547
Bīja, s. «Samen»
Bilder: Jaina, 191–202, 203–204, Anbetung der (ishṭa devatās), 58 Anm. bis 59 Anm., 407, 516f., 543; s.a. Ikonographie
Bimbisara, König von Magadha, 281
Bindumatī, Geschichte der Kurtisane, 154–155, 347–348
Bindusāra, maurischer König, 442
Blake, William, englischer Richter, 165
Bloomfield, Maurice, 24 Anm., 171 Anm., 188 Anm.
Blumen im Gottesdienst, 407, 520 Anm.
Bo-Baum, Buddha unter dem, 139, 192f., 415, 443, 445f., 476
Bodhidarma, buddhistischer Patriarch, 487 Anm., 548
Bodhisattva, 168 Anm., 432f., 455, 469, 472, 475–491, 498, 505 Anm.; s.a. Avalokiteshvara: Kshiti-garbha
Böhme, Jakob, 20
Bolland, G. J. P. J., holländischer Philosoph, 70
Brahmā, Hindu-Gott, 167, 303, 379, und Buddha, 416
Brahmacārin, s. Schüler
Brahmacarya, s. Zölibat
Brahmajālsuttanta, 299 Anm.
Brahmā-loka, überirdisches Reich, 138
Brahman, 60, 74ff., 82ff., 150, 163, 277, 373, 375, 528f., 533; s.a. Göttliche Kraft; Lebensmonade; Eines-ohne-ein-Zweites; Selbst
Brahmānanda, Swāmi, 407
Brāhmaṇas, 24, 73; Aitareya, 73, 74; Shatapatha, 120 Anm., 272 Anm., 534; Taittirīya, 310 Anm., 510
Brāhmanen (Kaste) 49, 65, 80, 92, 104, 145, 163, 456
Brāhmanismus, s. Kap. S. 300–364 u. passim
Brahmāsūtras, 369, 409
Brāhmo Samāj, hinduistisch-christliche Bewegung, 502, 504
Braut, Shakti als, 523; s.a. Ehe; Gattin
Breughel, Pieter, flämischer Maler, 117
Brhadāranyaka-vārtikā (Sureshvara), 377 Anm.
Bṛihadratha, maurischer König, 449
Brihaspati, vedischer Gott, 23, 46, 80, 83, 150
Brüder, Motiv der Gegensätze, 174 bis 177, 208, Abb. VI
Bruno, Giordano, 41
Bücherweisheit, Verwerfung der, 331, 348 Anm.
Buddha, Gautama (Shākyamuni; Siddhartha; Tathāgata), 22, 29, 120f., 129f., 134f., 191, 241, 243, 415, 415–435
Buddhacarita (Ashvagosha), 454
Buddhi, s. Intellekt
Buddhismus, 65, 243, Kap. 415–495 und passim
Bühler, G., 49 Anm., 241 Anm.
Bundelkhand, Kunst von, Abb. VII
Burckhardt, Jacob, 134
Burlingame, Eugene Watson, 155 Anm., 159 Anm., 161 Anm., 478 Anm.
Burma, Buddhismus in, 30 Anm.
Butter: 198, Jaina-Statue gesalbt mit; Opfer von, 363 Anm.; Upanishaden-Gleichnis von, 331
Byzanz, 106, 111

Cakra, s. Rad
Cakravartin 96, 125–135, 179–181, 191, 198, 201, 251, 257, 444, 448, 452; Abb. II
Calderón de la Barca, Pedro, spanischer Dramatiker, 279 Anm.
Caḷuyka-Dynastie, 72 Anm., 452 Anm.
Cāmuṇḍarāya, Staatsmann, 198, 198 Anm.
Candī, Göttin als, 505
Candragupta Maurya, Gründer des Maurya-Reiches, 46, 94 Anm., 105, 202, 441ff., 450
Candragupta II., Maurya-König (?), 471 Anm.
Candrakīrti, buddhistischer Lehrer, 421 Anm., 462 Anm.
Candraprabha, 8. Jaina-Heilbringer, 198
Ceylon, Buddhismus in, 198, 30 Anm., 126 Anm., 415, 438, 445
Chamfort, Sébastien R. N., 49
Chan, W. T., 472 Anm.
Ch'an-Schule des Buddhismus, 486 Anm.; s. a. Zen-Buddhismus
Chandogya-Upanishad, 67, 303 Anm.
China, 30 Anm., 39f., 70, 84, 91, 98, 104, 136, 203, 417, 450, 451, 455, 472 Anm., 480, 486 Anm., 487 Anm.
Christentum, 27, 40, 68, 99, 103 Anm., 115f., 124, 134f., 177, 195 Anm., 214f., 215 Anm., 217f., 224, 245, 294 Anm., 332 Anm., 380, 393 Anm., 409, 442, 492, 502, 504, 513, 520 Anm., 547; s. a. Bibel, Jesus Christus, Swedenborg
Citta, s. Denken
Coḷa-Dynastie, 73 Anm.
Comte, Auguste, 42
Coomaraswamy, Ananda K., 128 Anm. bis 129 Anm., 200 Anm., 203 Anm., 423 Anm., 445, 449 Anm., 472 Anm., 494 Anm.
Cowell, E. B., 483 Anm., 544 Anm.
Croce, Benedetto, 70
Cromwell, Oliver, 103, 132
Cullavagga, 439 Anm.
Cupido, 47

Dabhoi, Tempel zu, 200 Anm.
Ḍaḥḥak, persische Gottheit, 175, 194; Abb. VIb.
Daksha, vedische Gottheit, 159
Dakshineswar, 502
Dämonen, 357 Anm., 358; s. a. Titanen; Yakshas
Dāna, s. Bestechung; Wohltätigkeit
Danaë, in der griechischen Sage, 282
Daṇḍa, s. Aggression
Daṇḍin, vedantischer Lehrer, 374 Anm.
Dante Alighieri, 217, 219
Darius I., persischer König, 95, 97
Darius III., persischer König, 95
Dasaratha, Maurya-König, 241 Anm.
«Das bist du» («tat tvam asi»), brāhmanische Formel, 46, 144, 279, 302f., 323f., 370, 387
Davids, Caroline A(ugusta F(oley) (Mrs. Rhys Davids), 126 Anm., 129 Anm., 299 Anm., 440 Anm.
Delhi, 281
Demetrius, König v. Baktrien, 450
Demetrius, der falsche, russischer Usurpator, 111
Demokrit, 43, 320
Demonax, griechischer Philosoph, 457 Anm.
Denken (gewöhnlich citta), 62; Brāhmanismus («Seelenstoff»), 335; Sāṅkhya-Yoga, 290–291; Vedānta, 409; s. a. Bewußtsein, Intellekt, Manas
Descartes, René, 41, 42
Despotismus, 46, 94–99, 440–442; s. a. Cakravartin
Deussen, Paul, 38, 74 Anm., 79 Anm.

Deutschland, 91, 96, 102; Nazi, 89, 92, 111, 115
Devendra, Jaina-Lehrer, 189 Anm.
Devī, Göttin als, 411, 505, 534
Dhamma, 439
Dharana, Dharaṇendra, s. Schlange
Dharma, Pflicht/Ordnung (im Buddhismus auch Dhamma), 49f., 52, 106, 126, 147ff., 154, 156, 458; als Vermittler der Bewegung im Jaina-Universum, 247; Abb. I
Dharma, 15. Jaina-Heilbringer, 198, 247
Dharmashāstra, Lehre des 49, 85, 506
Dharmashāstras, Gesetzbücher, 49, 65, 506
Dharmasūtras, 49
Dhyāna, s. Meditation
Dhyāna-Buddhismus, 353 Anm., 487 Anm., 548; s.a. Zen-Buddhismus
«Dialoge», 426 («mittellange»); 437 (kanonische)
Dialektik, des brāhmanischen Denkens, 316–319; s.a. Arisch-dravidische Synthese; Dualismus; Gegensatzpaare
Diät, 59 Anm., 71, 184 Anm., 233f., 240, 358f., 487; s.a. Ernährung, Vegetarismus
Digambara, Jaina-Sekte, 196, 205, 206 Anm., 207 Anm.
Digha-nikāya, 126 Anm., 129 Anm., 299 Anm., 420 Anm.
Dilthey, Wilhelm, 38, 70
Dinesh Chandra Sen, 507 Anm.
Dionysos, mit Shiva gleichgesetzt, 450
Dīpavaṁsa 439f.
Dirac, Paul Adrien Maurice, 42
Dirdhanemi, buddhistischer Sagenheld, 126 Anm.
Divya, tantrischer Heiliger, 522, 525 bis 528
Doketismus, im Buddhismus, 466
Doni, Anton Francesco, 93 Anm.
Drama, griechisch-römisches (persona), 218, 300; Hindu, 48, 49, 250 Anm., 523
Dramiḍa, Lehrer d. Brahmanen, 411 Anm.
Dravidisch-arische Synthese, s. Arisch-dravidische Synthese
Dravidische Faktoren, 64 f., 65 Anm., 68 Anm., 104f., 105 Anm., 126f., 126 Anm., 173 Anm., 174 Anm., 184 Anm., 202–205, 211 Anm., 222f., 230ff., 237, 237 Anm., 246, 255, 277, 284f., 288, 339f., 340, 357 Anm., 359 Anm., 364, 369, 410, 506, 512, 528, 534; s.a. Buddhismus; Industal-Kultur; Irrlehre; Jainismus; Sāṅkhya (-Yoga)
Droṇa, sagenhafter Hindu-Herrscher, 343
Dualismus, 175–177, 175 Anm., 194, 203, 222f., 255f., 272, 277f., 284, 294, 303, 340, 352, 363, 366, 374, 470, 513, 515, 525, 528f., 532; s.a. Irrlehre; Monismus; Gegensatzpaare
Dunbar, Sir George, 94 Anm., 131 Anm.
«Dunkler Bruder», als Sagenmotiv, 174, 175 Anm., 175, 176, 194
Durgā, Göttin als, 505
Dutt, Manmatha Nath, 47 Anm.
Dvandva, s. Gegensatzpaare
Dyaus, vor-vedischer Gott, 310

Eckhart, Meister, 20, 39, 44
Eddington, Sir Arthur Stanley, 42
«Edle achtfache Pfad», der, des Buddhismus, 419, 437
Ehe, 48, 140–143, 145, 149, 150, 250f., 316f.; s.a. Begattung; Liebe; Zölibat
Ei, kosmisches, 118, 250, 299, 416
Eigenschaften, s. guṇas
Eine-ohne-ein-Zweites, das (Brahman), 224, 277, 280, 380, 386, 400, 407, 411f.; s.a. Brahman, Selbst

Einstein, Albert, 42
Elefant, 30–33, 118f., 127, 177, in der Kunst Abb. VII; s.a. Ganesha
Elemente: Brāhmanismus, 322, 389; Jainismus, 249; Sāṅkhya-Yoga, 296 Anm.–297 Anm.; s.a. Atome, Stoff
Eleonore, Herzogin von Aquitanien, 496
Elephanta, Kunst von, 530, 587
Elūrā, Kunst von, 530
Emerson, Ralph Waldo, 502
Empedokles, 20, 34, 44
Energie, s. Shakti
England, s. Großbritannien
Entsprechungen, im vedischen Brāhmanismus, 24–25, 307–308, 309
Epik, s. Mahābhārata; Rāmāyana
Epikur, 20
Epirus, Buddhismus in, 443
Eratosthenes, 42
Eremit, s. Waldeinsiedel
Eriugena, Johannes Scotus, 44
Erkenntnis (Wissen), 26–27; Brāhmanismus: jñāna, 77, 304–305, 309, 332 Anm., 360, 363–364; Vydyā, 332–333, 497; Buddhismus: jñāna, 446; prajñā, 469, 471–472, 492; vydyā, 420, 424, 446, 481, 484; Nyāya, 541; Sāṅkhya: prajñā, 290; viveka, 261–262, 275, 280, 291ff., 297, 485, 489; Tantra: jñāna, 499; vidyā, 523; Vedānta: jñana, 491, 495, 499; vidyā, 35, 63, 372, 489
Erleuchtung, s. Nirvāṇa
Erlöser, s. Heilbringer
Erlöster (Mensch), s. Befreiter
Erlösung, s. Befreiung
Ernährung, Essen, 195, 310–314, 323, 358, 363 Anm., 493, 508, 510, 522, 524–525; s.a. Diät; Vegetarismus
Eros, griechischer Gott, 136
Erscheinungswelt (meist nāma-rūpa), 26, 30–31, 35, 79, 223f., 248, 315, 332, 355–356, 385, 454–462, 465, 471–473, 481 Anm.; s.a. Stoff, Māyā
Erster Mensch, Jaina-Begriff, 222 bis 228
Essen, s. Ernährung
Ethik, s. Dharma, Dharmashāstra
Eudaimonismus, des Lokāyata, 544 Anm.
Eukratides, baktrischer Herrscher, 450
Eva, «das erste Weib», 66 Anm.
Ewigkeit: und Kāma 143; Shiva als, 66 Anm.; im Vedānta, 403

Fabel, Indien als Herkunftsland der, 20f.
Fabeln, Mythen, Gleichnisse usw.: Ashoka und das Dharma der Dirne, 155–156; Brautgeld, 457–458; Buddha und die trauernde Mutter, 457–458; Buddha unter dem Bo-Baum, 138, 191–193; Katze und Maus, 89–91; Kinder des Königs Vessantara, 391–392; Die Schiffbrüchigen, 351–352; Der Leichnam der Dirne, 201–202; Die Schöpfung aus dem Milchmeer, 379–380; Feige und Salz, Gleichnis des Āruni, 302, 323; Kāma und Shiva, 137; Der Königssohn, 379–381, 453–454; Löwe, Maus und Katze, 107–108; Pārshva, Leben des, 174–190; prajāpati, 271; Schüler und Elephant, 31–32; Königin, Weiser und König, 157–159; Shankara und der Elefant, 30–31; Sannyāsin im Jagganāth-Tempel, 498 bis 499; Tigerjunges von Geißen aufgezogen, 20–23; Yājñavalka und Janaka, 321–322; Yaññadatta mit Schlangenbiß, 159–160
Fa Hian, buddhistischer Pilger, 455
Fähigkeiten, 252, 57, 82, 211, 252f., 286f., 289, 327f., 334f., 481; s.a. Denken, Handeln, Sinneswahrnehmung
Fähre, buddhistische, 351, 404 Anm., 423ff., 454, 455, 482f., 491

Fahrzeug, s. Fähre
«Familienbücher» des Rig-Veda, 64
Familie, vedischer Kult der, 141–143
Farben, karmische, im Jainismus (leshyās), 212f., 222, 228–230, 235f., 490
Faschismus, 71, 92, 110f.
Fasten, 59 Anm., 159, 178, 180, 184 Anm., 188, 362 Anm.; s.a. Vegetarismus
Fatalismus, 99ff., des Gosāla, 243
Feste, jahreszeitliche, 513–514
Feudales Indien, 48, 94–98, 104f., 113f., 136, 339ff.; s.a. Mahābhārata
Feuer, 171, 336; im vedischen Heim, 75, 305f.; buddhistische Analogie von Leben und, 422; s.a. Agni; «Fünf Feuer»
Finanz, idealer -Minister, 127; Korruption, 124
Firdusi, persischer Dichter, 194, Abb. VIb.
Fisch: buddhistisches Fruchtbarkeitssymbol, 128; Sinnbild des Kāma, 140; ritueller Genuß von, im Buddhismus, 493, dgl. im Tantra, 508, 513, 522, 524, tantrische Gebärde des, 517
Fische, Brauch der (Matsyanyāya), 46, 117, 124, 125, 163; im Abendland, 132, 134f., 449
Flaubert, Gustave, 57
Fleet, D. J. F., 122 Anm.
Fleisch, s. Vegetarismus
Folklore, 20, 74 Anm., 175 Anm.; s.a. Tierfabel: Jātakas; Mythologie; Pañcatantra
Franke, R. O., 441 Anm.
Frankreich, 43, 91, 102–103, 110, 112f., 114, 115, 132, 134; Literatur, 48f.; Bündnis-Mandala, 115f.
Franz I., König von Frankreich, 114
Französische Revolution, 43, 103, 115, 132
Frau: tantrische Einstellung, 508–509, 523–524; vedische Zaubersprüche, sie zu gewinnen, 143–144; vedische Einstellung, 509; s.a. Gattin; Göttin; Töchter; Weltenmutter; Zölibat
Friedrich der Große von Preußen, 112
Fruchtbarkeit: Fisch als Symbol der, 128, 140; Götter (yakshas), 138, 193, 357 Anm.; vedische Zauber für, 142
Frühling, Gott des, 136
Fülle des Wissens (vijñāna), 330, 332 Anm.; s.a. «Vierte», das
Füllhorn, 128
«Fünf Feuer», Buße der, 185
Fünf verbotene/gute Dinge, im Tantra, 508–509, 512–515, 522, 524, 529
Funken, brāhmanisches Gleichnis von den, 330

Galilei, Galileo, 41, 42
Gandhāra, 129, 451
Gandhi, Mahātma, 71, 162
Ganesha, Hindu-Gott, 505 Anm.
Ganga-Dynastie, 197, 200 Anm.
Garbe, Richard, 257 Anm., 292 Anm., 409–410, 538 Anm., 539, 540 Anm., 541, 542, 543
Gattin, 142f., 148f., 470; s.a. Braut, Ehe
Gauḍapāda, vedāntischer Lehrer, 394 Anm., 408
Gauḍapāda-kārikā, 394 Anm., 408
Gautama (Akshapāda), Lehrer des Nyāya, 49, 65 Anm., 537, 541
Gebärde, im Tantra (mudrā), 508 Anm., 518, 520f., Abb. XII; s.a. Haltungen
Gebet: Brāhmanismus, 331f.; Buddhismus, 454; Tantra, 516, 520 Anm.; s.a. Gottesdienst
Gedächtnis, s. Denken
Gegensatzpaare (meist dvandva), 61; (Vereinigung der) 283, 286, 341, 352, 394, 400, 402, 403, 409, 429

Geheimpolizei, 108, 109
Geist, s. Denken, Intellekt, Manas
Gesetzesbücher, hinduistische, s. Dharmashastra
Gewaltlosigkeit (ahiṁsa), 163, 230, 233f., 253f., 358 Anm., 387, 442
Gibbon, Edward, 111, 282
Gilgamesch, 84
Girish, Chandra Ghosh, 523f.
Glasenapp, Helmuth von, 195 Anm., 198 Anm., 242 Anm.
Glaube (shraddhā), 56, 62, 150, 356, 482
Glück, 98, 102; s.a. Fatalismus
Gnostik, 513
Goldenes Vlies, Sage, 84
Goethe, Johann Wolfgang von, 317
Gommaṭa (Bahūbali), Jaina-Heiliger, Kolossalstatue des, 197f., 198 Anm., Abb. VIII
Gosāla, Maskarin, 543; s.a. Ājīvika
Gott, s. Selbst, Höchstes Wesen
Götterbild, im Buddhismus, 494–498
Gottesdienst, Anbetung (bhakti), 273, 284 Anm.; betreffend die Gunas, 356–359; Brahmanismus, 307, 319, 342–344, 362–364, 373, 389, 393 Anm., 408, 412; Buddhismus, 446 bis 447, 453; Bilderverehrung, 59 Anm., 60 Anm., 407, 516–518; Tantra, 499–500, 516–518, 521 bis 522, 529–530
Gottheiten: 22–24, 27, 37–41, 46f., 59, 64, 75, 84, 95, 99f., 105 Anm., 120, 136–144, 148–160, 171–176, 181f., 185–194 Anm., 200, 204, 215–218, 233, 235, 240, 254, 261f., 269, 277, 281, 299–301, 305–309, 313–316, 319–321, 340, 349, 356 bis 358, 393 Anm., 407, 436, 448 bis 450, 471–473, 491f., 499–506, 511f., 516, 520f., 533f.; Abb. III bis VII, IX–XII (s.a. Aditi; Agni; Ahi; Brahmā; Brihaspah; Daksha; Dyaus; Ganesha; Himālaya; Indra; Indrāni, Kāma; Krishṇa; Kubera; Māyā; Maruts; Mitra; Nāgas; Namuci; Sāvitrī; Schlangen; Shiva, Soma; Sūrya; Varuna; Vasanta; Vishṇu; Vishva-Karman; Virta; Yakshas); s.a. Christentum; Mythologie
Göttin, 136, 159f., 251, 237, 411f., 471, 498–510, 512–519, 522–528, 531–537; s.a. Kālī, Allmutter
Göttliche Kraft (brahman), im Brāhmanismus, 74–84, 152, 155, 159, 163, 301, 303, 316
Govardhan, Berg, 202
Govinda, brāhmanischer Weisheitslehrer, 370, 408 Anm.
Gral, heiliger, 84, 216
Graves, Robert, 123 Anm.
Griechen, Griechenland, 23, 36, 95, 111, 129, 196 Anm., 215, 300, 333, 394, 450, 457 Anm., 505 Anm., 542
Grihasta, s. Hausvater
Großbritannien, 91, 102, 103, 105, 121, 132, 162
Größter Mensch, bei Swedenborg, 226 bis 228
Guénon, René, 540 Anm., 542 Anm.
Guhadeva, brāhmanischer Weisheitslehrer, 411 Anm.
Gujarāt, Tempel in, 200 Anm.
Guṇas (sattva, rajas, tamas), natürliche Qualitäten, 212 Anm., 213 Anm., 212f., 256, 266 Anm., 268, 285, 287f., 348, 350, 357–360, 362, 364, 378, 380, 383, 402, 403, 486, 515
Gupta-Dynastie, 72 Anm., 131f., 451f., 454, 471 Anm.; Kunst der, 548; Abb. III, X
Guru, 20f., 28f., 52, 56ff., 61, 80, 149f., 301ff., 373ff., 512ff., 537; s.a. Pädagogik, Schüler
Gymnosophisten, 196 Anm., 528

Habsburg (Dynastie), 112, 114, 115
Hafis, persischer Dichter, 497
Haltungen: Jainismus, 195ff., 203f.; Tantra, 525; Vedānta, 391; s.a. Gebärden
Hamlet (Shakespeare), 134f.
Haṁsa, s. Wildschwan
Han-Dynastie, 451
Handeln, Fähigkeiten zum, 61, 211, 286f., 296, 327, 334, 481 Anm.
Hara-kiri, 165
Hargavinddas, Shravak Pandit, 171 Anm.
Hari-Sippe, 202, 204
Harshacarita, 449 Anm.
Harishena, Gupta-Dichter, 131
Harmon, A.M., 457 Anm.
Haṭha-Yoga, 237 Anm., 486
Hausvater, Lebensstadium des (grihastha), 150f., 184 Anm.; s.a. Ehe
Havell, E.B., 443 Anm., 445 Anm.
Heerführer, idealer des Cakravartin, 128
Hegel, Georg Wilhelm Friedrich, 33 bis 34, 39f., 69f.
Heilbringer, 167–168, 348–351, 417, 428, 432, 498; s.a. Bodhisattva; Held; Jesus Christus; Tīrthaṇkaras
Heiligenschein, 214 Anm.
Heilige Kraft (brahman), s. Göttliche Kraft
Heilkunst: Klassische Hindu-, 80–81, 143, 150, 159–160, 483–484; unter Ashoka, 444; Buddhismus als, 417 bis 419, 455; abendländische, 85; s.a. Magie; Psychologie; Yoga
Heisenberg, Werner, 42
Held, 99f., 102 Anm., 167, 216–217, 349, 394, 511–512, 515, 522–524; s.a. Bodhisattva; Cakravartin; Heilbringer; Krishna; Tīrthaṅkara
Heliodoros, 450
Hellenistische Kunst: von Gandhāra, 128 Anm., 451f.; von Indien, 128 Anm.
Hellenistischer Buddhismus, 450, 452; s.a. Gandhāra; Milindapañha
Herakles, 84, 450
Heraklit, 33, 39, 44, 333, 547
Herdenlamm (pashu), im Tantra, 515, 517, 522f., 524
Hermes, gleichgesetzt mit Gaṇesha, 505 Anm.
Herr (īshvara), im Hinduismus, 353f., 356, 363f., 380, 382–384, 393 Anm.
Hesiod, 136
Himālaya, vedischer Gott, 137
Himmel/Hölle, 177–178, 325 Anm.
Hīnayāna-Buddhismus, 30, 433, 454, 457–461; s.a. Buddhismus
Hinduismus, s. Brāhmanismus/Hinduismus; Bhagavad Gītā; Tantra; Vedānta
Hine-nui-te-po, polynesische Gottheit, 85
Hiob, 534
Hippolytos, Held der griechischen Sage, 282
Hitler, Adolf, 92
Hitopadesha, 46, 108
Hobbes, Thomas, 38
Höchstes Wesen («Gott»): anthropomorph, 222, 224–227 (Swedenborg); brāhmanisch-hinduistisch, 348–350, 355–356, 357 Anm., 361 bis 363, 368, 379–383, 471, 533, 534; christlich, 18, 349, 355, 380; Nyāya-Vaishesika, 543, 544; Shiva als, 413, 414; Tantra, 499–507, 523, 525, 533, 534; Vishṇu als, 18, 240, 251, 379, 520, 521; s.a. Göttin, Ishvara, Monismus, Selbst
Hölle, s. Himmel/Hölle
Homerisches Zeitalter/Epos, 23 Anm., 64, 216f., 546; s.a. Griechen
Hoyshala-Dysnastie, 73
Hsiang-yen, buddhistischer Weisheitslehrer, 487 Anm.

Hui-neng, chinesisch-buddhistischer Patriarch, 486, 488 Anm.
Hüllen des Selbst (Kosha), 371–372, 388 Anm., 404, 510
Humanität (als abendländische Idee), 214–216
Hume, Robert Ernest, 307 Anm., 309 Anm., 310 Anm., 325 Anm., 326 Anm., 329 Anm., 330 Anm., 331 Anm., 332 Anm., 333 Anm.
Hunnen, 450
Hybris, 215
Hymne vom Essen, s. Ernährung

Ibn-Batuta, arabischer Reisender, 110 Anm., 281
Ich (meist ahaṅkara), 62, 83, 211, 288, 383; Brāhmanismus, 336, 361; Buddhismus, 490, 457, 459, 470, 480; Sāṅkhya-Yoga, 211, 284–298; Vedānta, 211, 370, 403
Ikonographie: buddhistische, 422–424, 449f. (Buddha), 493–496 (Yab-Yum), Jaina, 193–201; s.a. Kunst
Ikshvāku, Familie der, 181, 202
Ilias, 73
Illusion, s. Māyā
Imagination (parikalpa), 468
Indochina, s. Kambodscha
Indo-Europäische Sprachfamilie, 23 Anm., 60
Indra, vedischer Gott, 23, 24, 46, 80, 81, 120, 137, 173, 182, 309, 450
Indrabhūti, König von Uḍḍiyāna, 496
Indrānī, vedische Göttin, 81 Anm.
Indriya, s. Fähigkeiten
Industal-Kultur (Mohenjo-Daṛo), 66 Anm., 128 Anm., 546
Inflation, psychische, 164f., 512f., 520f.
Inkarnation, s. Krishṇa; Reinkarnation; Saṁsāra
Integration-Isolation (kaivalya): Brāhmanismus, 326, 395, 399, 507–508, 510; Jainismus, 198, 232f., 235f., 245, 299, 410, 512, 532; der Erfahrende (kevala, -in), 172, 198, 248, 251–252, 260, 276, 282, 299f., 410; Sāṅkhya-Yoga, 255, 260, 265, 275, 276, 278, 299f., 326, 486, 529, 532; s.a. Befreiung
Intellekt (gewöhnlich: buddhi), 61, 211; Brāhmanismus («Intuition»), 326, 328, 334 («Entscheidungskraft»), 360, 362, 528; Buddhismus («Geistbewußtsein»: sañjña), 481 Anm.; Sāṅkhya-Yoga («Intuition», «Urteilskraft»), 211, 286, 287, 288 bis 289, 296, 299; Vedānta, 211; s.a. Bewußtsein, Denken, Manas
Intuition, s. Intellekt
Iran, s. Persien
Irrlehre: buddhistisch, 437–440, 449; christlich, 215–216; Lokāyata, 544 Anm.
Ishvara, der Herr, im Hinduismus, 353 bis 354, 356, 362, 364 Anm., 380, 382–384, 393 Anm.; s.a. Lebensmonade
Ishvarakrishṇa, Sāṅkhya-Lehrer, 257, 336 Anm.
Islam, 380; s.a. Allah; Moslim
Isolation-Integration, s. Integration-Isolation
Israel, 65; s.a. Judentum
Italien, 96, 111
Iti-vuttaka, 438 Anm., 449

Jacobi, Hermann, 196 Anm., 206 Anm., 208 Anm.
Jaggayapeta, Stūpa von, 128, 129 Anm.; Abb. II
Jahan, Schah, Mogul-Herrscher, 281
Jaimini, Lehrer der Mīmāṁsā-Schule, 537ff.
Jaini, J. L., 184 Anm.
Jainismus, 65, 171–245, 285, 543
Jakob und Esau, Geschichte von, 175 Anm.

Jalandhara, buddhistisches Konzil, abgehalten in, 452
Jalutha, Hindu-König, 123
Janaka, Herrscher von Videha, 321 bis 323
Japan: 91, 104, 105 Anm., 105f., 115, 120f., 165, 203; Buddhismus in, 472 Anm., 475 Anm., 480, 486 Anm., 487 Anm., 496
Jason, 84
Jātaka, 74, 161, 192, 478 Anm., 483
Jātakamālā, 478 Anm., 479 Anm., 483
Java, 68 Anm.
Jehova (Yahweh), 222, 355; s.a. Judentum
Jesuiten, 70, 103
Jesus Christus, 170, 195 Anm., 222, 349, 354, 356, 417; s.a. Christentum
Jina, s. Mahāvīra
Jīva, s. Lebensmonade; Selbst
Jīvanmukta, s. Befreiter
Jizo, s. Kshitigarbha
Jñāna, s. Erkenntnis
Jñānasiddhi (Indrabhūti?), 493 Anm., 496
Jñānendriya, s. Sinnesfähigkeiten
Jñāta-Sippe, 205
Jñātaputra, s. Mahāvīra
Judas, als Jesu Bruder, 176
Judentum, 65, 196, 222, 224, 355, 395
Jugoslawien, 111
Jungfrau, als göttlich verehrtes Bild im Tantra, 517
Jupiter, römischer Gott, 24; s.a. Zeus
Justinus, Hl. (Martyr), 215 Anm.
Juwel, Zauber-, des Cakravartin, 127

Kailāsa, Berg, 522
Kain und Abel (bibl. Geschichte), 175 Anm.
Kaivalya, s. Integration-Isolation
Kaivalya Upanishad, 400 Anm.
Kāla, 247
Kalanos, Jaina-Heiliger, 452
Kālī(-Durgā-Satī), 137, 499, 501–504, 515; s.a. Göttin; Mutter
Kālidāsa, 198 Anm., 449
Kaliṅga, 448
Kali-Yuga, gegenwärtiges Weltalter, 67 Anm., 105, 336
Kalyāṇas, Feiern für einen Tīrthaṅkara, 183–184, 187, 190
Kāma (Lebensgenuß), 47ff., 148; s.a. Kāma (Gott); Kāmashāstra
Kāma (-deva), Hindugott, 47ff., 136 bis 137, 148; (Kāma-Māra) und Buddha, 139, 191f., 415, 422–423
Kāmaloka, überirdisches Reich, 137f.
Kāmandaki (indischer Autor), 47
Kāmashāstra, Lehren des, 47–49, 85, 136–146, 149, 496
Kāmasūtra (des Vātsyāyana), 47f., 141ff., 496
Kambodscha, 72 Anm.; Kunst von, Abb. IV
Kamaṭha, legendärer Gegner der Jainas, 175
Kambyses, Perserkönig, 95
Kaṇabhaksha, Kaṇabhuj, s. Kaṇāda
Kaṇāda, Lehrer des Vaisheshika, 537, 540
Kanauj, Königreich von, 73 Anm.
Kanishka, Kushāna-Herrscher, 129 Anm., 451f.
Kaṅkālī Ṭīlā, Kunst von, Abb. V
Kant, Immanuel, 31 Anm., 42, 319, 402f.
Kapardin, brāhmanischer Weisheitslehrer, 411 Anm.
Kapila, legendärer Gründer des Sāṅkhya, 66 Anm., 256f., 284, 300, 537, 546
Kapilavastu, 65 Anm., 448
Kāraṇḍavyūha, 351
Kārikā (Gaudapāda), s. Gaudapāda-kārikā
Kārkala, Jaina-Statue in, 199 Anm.

Karl August, Herzog v. Sachsen-Weimar, 102
Karl V., Kaiser, 114
Karl VIII., König v. Frankreich, 115
Karma: 60, 71, 74, 80, 190f., 212f., 222, 228–231, 235–237, 247–250, 277, 285f., 293, 347, 363, 394–399, 421, 423, 428, 470, 473, 484, 486, 489, 541
Karma-mārga (Weg ritueller Handlungen), 75, 363
Karma-Mīmāṁsā, 538–540
Karma-Yoga, 61 Anm., 342, 345–349, 361–363, 362, 362 Anm., 484 Anm.
Karmendriya, s. Fähigkeiten, Tätigkeit
Karneval, psychologischer Aspekt des, 514
Karuṇa, s. Mitleid
Kārūsha, Hindu-König, 123
Kaschmir, 447, 452
Kāshirāja, Hindu-König, 123
Kāshyapa, buddhistischer Mönch, 439
Kaste: 49, 65, 80, 103f., 146f., 195, 294 Anm., 456, 509, 522, 529, 534, 538; Karma der, im Jaina, 249; keine Trennung der, in nicht-vedischen Religionen, 65, 190, 529, 534; keine Trennung im Tantra, 67 Anm., 507; s.a. Lebensstadien
Kategorien (padārthas), im Vaisheshika, 540–541
Kaṭha-Upanishad, s. Upanishaden
Katholizismus, 45–46, 70, 103, 116, 316, 548; Analogie zum Hindu-Ritual, 362 Anm., 520 Anm.; s.a. Augustinus
Kātyāyana, Hindu-Gelehrter, 257
Kauravas, 341
Kauṭilīya Arthashāstra, s. Arthashāstra (Kauṭilya)
Kauṭilya, Cāṇakya (indischer Staatslehrer), 46, 78 Anm., 93, 94 Anm., 95 Anm., 96f., 122, 135, 163–164, 280, 281, 441, 547
Kāvyādarsha (Daṇḍin), 374 Anm.
Keith, Arthur Berriedale, 74 Anm., 79 Anm., 467 Anm., 485 Anm., 538 Anm., 539 Anm., 541 Anm., 542 Anm., 543 Anm., 544 Anm.
Kennedy, J., 443 Anm.
Kennedy, Lt. Col. Vans, 436 Anm. bis 437 Anm.
Kellogg-Briand-Pakt, 133
Keltische Dichtung, 74 Anm.
Kemal Atatürk, 112
Kern, H., 129 Anm., 439 Anm.
Keshab Chandra Sen, Führer der Brāhmo-Samāj-Bewegung, 501 ff.
Keshi, Jaina-Lehrer, 206
Keuschheit, im Jainismus, 184 Anm., 254; s.a. Zölibat
Kevala, -in, s. Integration-Isolation
Khajurāho, Tempel von, 200 Anm.; Abb. XI
Khmer-Kunst, Abb. IV
Kirta-Yuga, Weltalter, 336
Kleidung, der Jaina-Mönche, 152, 196 bis 197, 196 Anm., 206–207, 207 Anm.
Klesha, s. Behinderungen
Kommunismus, 71, 92, 111
Konfuzius, 39, 70, 394, 417
Könige: Niedergang im Kali-Yuga, 104 bis 106; die großen buddhistischen, 441–452; s.a. Cakravartin; Despotismus
Königin, ideale, des Cakravartin, 127
Königssohn, Gleichnis vom, 279–282, 372, 453–454, 521–522
Konstantin der Große, 442, 548
Konzil (zu Rājagriha), 439; 452 («viertes buddhistisches»)
Korea, Buddhismus in, 203
Korn, gedörrtes, rituelles Verzehren von, 508, 522, 525
Kosha, s. Hüllen des Selbst
Kosmogonien, 24–25, 68 Anm., 118, 223–224, 250f., 295, 299, 315, 318,

327, 368–369, 379–380, 400, 500f.; s.a. Purāṇas
Kosmologie: buddhistische, 260f.; brāhmanistische, 233; Hindu, 250; Jaina, 210–216, 246–253; im Nyāya, 541; im Sāṅkhya-Yoga, 255–290; Swedenborgische, 224–228; Vaisheshika, 540f.; wissenschaftliche, 301; s.a. Atome; Elemente; Stoff
Kraft, s. Shakti
Krimkrieg, 112
Krishṇa, 43, 100, 202f., 204, 341ff., 379, 450; s.a. Vishṇu
Kronos, 282
Kshamaṅkara, Jaina-Eremit, 180
Kshatriya-Kaste, 49, 65, 104f., 202, 205, 456, 496, 522
Kshitigarbha (Ti-tsang, Jizo), buddhistischer Heilbringer, 240, 480
Kubera, vedischer Gott, 138, 182
Kuh: (kosmische) großgefleckte, 311; Shaṅkaras Vergleich von der, 334, 336–337
Kumārajīva, Hindu-Weiser, 462, 465 bis 468
Kumārila-Schule des Mīmāṁsā, 544
Kunāla, Maurya-Prinz, 281
Kuṇḍagrāma, 205
Kuṇḍalavana, buddhistisches Konzil zu, 452
Kuṇḍalinī-Yoga, im Tantra, 238 Anm., 518–520, 525, 527
Kunthu, 17. Jaina-Heilbringer, 198, 209
Kurtisane: Erzählung vom Leichnam der, 201–202; Erzählung vom Dharma der, 154–155, 348–349; Schutzgottheit der, 148; s.a. Kāmasūtra
Kurukshetra, 73 Anm.
Kurusu, Saburo, japanischer Diplomat, 120
Kushāṇa-Dynastie, 129 Anm., 451f.
Kushmāṇḍī, Hindu-Jaina-Gottheit, 198
Kusumāñjali (Udayana), 543
Kwannon, Kwan-yin, 351; s.a. Avalokiteshvara
Kyrenien, Buddhismus in, 344
Kyros der Große, persischer König, 95

La Bruyère, Jean de, 49
La Fontaine, Jean de, 93
Lakshmi, Hindu-Göttin, 98, 374, als Padmāvatī, 186
Lakṣmīṅkarā Devī (höfischer Liebeskult), 496
Lakṣmīvatī, Königin der Jaina-Legende, 180
Lamaismus, s. Tibet
Lampe, brāhmanisches Gleichnis von der, 364
Langlebigkeit, Jaina-Ideal der, 172 Anm.
Laṅkāvatāra-sūtra, 469
Lanman, Charles Rockwell, 142 Anm.
Lao-tse, 39
La Rochefoucauld, François de, 49
Laut (shabda), 519, 539
La Vallée Poussin, Louis de, 351 Anm., 439 Anm., 447 Anm., 452 Anm., 485 Anm.
Lebensatem (prāṇa), 211, 224, 287 bis 288, 324, 334, 389, 485–486, 511, 517; s.a. Atemtechnik
Lebensbaum in der orientalischen Kunst, 331
Lebensbejahung: im ved. Brāhmanismus, 310–312, 314–316, 339–340, 368–369, 510–511; im Mahāyāna-Buddhismus, 496; im Tantra, 510, 528–529, 531
Lebensenergie, s. Prāṇa
Lebensmonade, 38ff., 205, 222f., 229ff., 235–238, 241–255, 259ff., 270, 274–280, 285f., 291–297, 304f., 331ff., 339, 352ff., 362f., 369, 382, 408ff., 413, 486, 489, 512, 529, 537, 540 Anm.
Lebenswille (abhinivesha), 267, 269

Lebensstadien (āshrama), nach dem Hindu-Dharma, 52, 106, 146ff., 385f.
Lebensziele der Hindu, 44–50
Lehrer, s. Guru; Pädagogik; Schüler
Leiblichkeit, im Tantra bejaht, 512 bis 513
Leibniz, Gottfried Wilhelm von, 42
Leere (Shūnyatā), buddhistische Lehre von der, 462, 464, 465–468, 476, 481, 491, 533
Lenin, Wladimir Iljitsch, 70
Leśhyā, s. Farben, 212–213, 222, 228 bis 230, 234, 236, 489
Liebe, 47f., 136–145, 316–319, 496; s.a. Begattung; Ehe; Kāma
Līlā, s. Spiel
Litauen, 111
Liturgie und Mīmāṁsā, 537
Locke, John, 103
Logik, 540, 541; als inadäquat, 33 bis 36, 340–341
Logos, 224
Lokas, überirdische Reiche, 137–138, 405 Anm.
Lokāyata, 544 Anm.
Lotos: personifiziert (Padmā), 450; als Symbol, 209, 251, 365, 374, 379, 416; im Tantra, 518–519, 525–526, 528
Lotossitz, 204, 389
Lucifer (Satan), 227
Lucretius, 43
Ludwig XI., König von Frankreich, 134
Ludwig XIV., König von Frankreich, 114, 132
Luftblase, Jaina-Metapher, von der, 236f.
Lukian, griechischer Satiriker, 457 Anm.

Machiavelli, Niccolò, 39, 133f.
Mādhava, vedāntischer Weisheitslehrer, 465, 544
Madhyagraiveyaka, Jaina-Himmel, 181
Mādhyamika Shāstra (Nāgārjuna), 463
Mādhyamika – Schule des Buddhismus, 454–465, 464–468, 475 Anm., 543
Madras, 198 Anm.
Magadha, 230, 439, 452
Magas von Kyrene, 443
Mahābhārata, 47, 72, 78, 89, 99, 104, 111, 117, 119, 121, 125, 163, 198 Anm., 208, 256, 341; s.a. Bhagavad Gītā
Magie, 23 Anm., 31, 63, 72–83, 118, 141–144, 154, 248, 253, 306–307, 316, 320–321, 417, 422
Mahāmāyā, Göttin als, 506
Mahāparinibhāna-suttanta, 205 Anm.
Mahāpurusha, s. Übermensch
Mahāsaṅgiti, buddhistisches Konzil zu, 440
Mahāsukha («Große Lust»), Richtung im Buddhismus, 491–497
Mahāsukha prakāsha (Advaya-vajra), 494 Anm.
Mahavagga, 193 Anm., 438 Anm.
Mahāvaṁsa, 445, 447
Mahāvīra, Vardhamāna, 24. (letzter) Jaina-Heilbringer, 66 Anm., 172, 199, 205ff., 241, 439 Anm. 4, Abb. VII
Mahāyāna-Buddhismus, 29, 30, 35, 168, 433, 452–475, passim; s.a. Buddhismus
Mahāyāna-samparigraha (Asaṅga), 471 Anm. 1
Mahendra, buddhistischer Missionar, 445
Mahīpāla, legendärer Gegner der Jaina, 184ff.
Maithuna, s. Begattung
Maitreyī, brahmanische Matrone, 325, 329 Anm.
Majjhima-Nikāya, 427
Maitri-Upanishad, 67 Anm., 324
Makedonien, Buddhismus in, 443
Mālavikāgnimitra (Kālidāsa), 449 Anm.

Malli, 19. Jaina-Heilbringer, 198, 209
Māmallapuram, Kunst von, 530
Manas, 61, 211, 258–263, 286f., 290f., 296, 299, 327f., 334, 361, 406, 489f., 541; s.a. Bewußtsein; Intellekt; Denken
Mānava Dharmashāstra (Gesetze des Manu), 49, 59, 119
Mandala als politisches Konzept, 112, 113 bis 116; Diagramm 114
Mandschurei, 120
Māṇḍukya Upanishad, s. Upanishaden
Manichäismus, 513
Mañjushrī, Bodhisattva, 455
Männliches Prinzip, 65 Anm.; s.a. Shiva (-Shakti); Yab-Yum
Mantra (heilige Formeln), 516–520, 539; im Katholizismus, 520 Anm.
Manu, 49, 119, 343; Gesetze des, s. Mānava-Dharmashāstra
Māra, hinduistisch-buddhistischer Todesgott, 139, 191f., Abb. IX; s.a. Kāma
Marabhūti, Pārshva als, 175
Maria (die Jungfrau), 194
Marlborough, Charles Spencer, Herzog von, 112
Maruts, vedische Windgötter, 309
Marx, Karl, 70
Maske der Persönlichkeit, s. Persona
Maspero, Sir Gaston, 175 Anm.
Materie, s. Stoff
Mathurā, 129 Anm., 455; Abb. V, X
Matsyanyayā, s. Fische, Brauch der
Materialismus, im Lokāyata, 544 Anm.; s.a. Artha
Maui, polynesischer Held, 85
Maurya-Dynastie, 46, 94 Anm., 97, 128 Anm., 131, 154, 163, 202; s.a. Candragupta
Māyā: als Illusion, 30–31 Anm., 37, 110, 112, 120, 298, 350, 355, 368 bis 370, 381, 393–411, 507, 511, 517, 532; personifizierte Göttin, 411; in der Staatslehre, 110, 120; -Shakti, 505, 510, 516, 533; Selbstverwandlung, 305, 314, 368; Tantra, 505, 510, 511, 516–517, 533; Vedānta, 30–31 Anm., 370, 381, 393, 401, 408, 411–412, 500 Anm.
Meditation (dhyāna): im Vedānta, 388, 400, 407; im Tantra, 516, 519
Megasthenes, seleukidischer Staatsmann, 442
Meghamālin, s. Saṁvara
Menander («Milinda»), griechisch-baktrischer König, 450
Mensch, kosmischer: 222–228 (im Jainismus), 224–228, 246, 251; (bei den Swedenborgianern), 237–240; als purusha, 323, 375; als Vishnu, 251, 314
Mesopotamien, 84; Kunst von, 194; Abb. VIc; s.a. Sumer
Meyer, J. J., 46 Anm.
Milch, göttliche der Brāhmanen, 311 bis 312
Milchmeer des Unsterblichen Lebens, Hindu-Mythos vom, 379–380
«Milinda» (Menander), griechisch-baktrischer König, 450; s.a. Milindapañha
Milindapañha, 155, 450, 458
Mill, John Stuart, 42
Mīmāṁsā, System des, 537ff.
Ming, buddhistischer Mönch, 488 Anm.
Minoische Kultur, 546
Misch, Georg, 39 Anm.
Missionare, christl., 215 Anm.; buddhist., 443–444
«Mitleid» (Karuṇā) des Bodhisattva, 491–493
Mitra, vedischer Gott, 23
«Mittlerer Weg»: 361 (Bhagavad Gītā); Buddhismus, 419, 430, 467
Miyako, 496
Mogul-Dynastie, 281
Mohammed, 355; s.a. Islam; Moslim

Mohenjo-Daro, s. Industal-Kultur
Moksha, s. Befreiung
Mönche, s. Mönchswesen
Mönchswesen, 153, 530; brahmanist., 152, 240–241; buddhist., 152, 221, 234, 241, 437–448; christlich, 548; Jaina, 221, 233–234, 235–236, 241, 362; s.a. Askese; Zölibat; Kleidung der Jaina-Mönche; «Schwäne»
Mond: im brāhman. Zauberwesen, 75 bis 76; königliche Abkunft vom, 105 Anm.; Upanishaden-Gleichnis, 333
Mongolen, 129 Anm.; s.a. Kushāna-Dynastie, Mogul-Dynastie
Monismus (Nichtdualismus): Brāhmanismus, 223–224, 303–304, 325, 329, 329 Anm., 330 Anm., 332 Anm., 341, 352, 364, 471, 510, 512, 528–530, 532f.; Jainismus, 222, 224; Mahāyāna-Buddhismus, 461, 466, 491, 493, 497; Tantra, 509, 512; Vedānta, 204, 223, 277, 280, 284, 298, 332 Anm., 369–372, 374, 389–390, 412–413, 460, 466, 501, 538; s.a. Dualismus, Orthodoxie
Montesquieu, Baron de la Brède et de, 103
Moore, Charles A., 472 Anm.
Moore, Justin Hartley, 438 Anm., 448 Anm.
Moslim: in Indien, 73 Anm., 136, 196 Anm., 200 Anm., 281–282; im Nahen Osten, 111, 115, 116; s.a. Allah; Islam
Mucalinda, Schlangenkönig, und Buddha, 192f., 416; Abb. IV
Mu-chou, buddhistischer Weisheitslehrer, 487 Anm.
Mudrārākshasa (Vishākhadatta), 94 Anm., 119 Anm.
Mukhyopadhyāya, Nīlamaṇi, 525 Anm.
Mūlamadhyamakakārikās (Nāgārjuna), 464 Anm.
Müller, Max, 544 Anm.
Muṇḍaka Upanishad, s. Upanishaden
Münzen, hellenistische, 450
Musik: und Kāma, 143; im Brāhmanismus, 118, 332
Mussolini, Benito, 120
Muttra, 129 Anm.; s.a. Mathurā
Muzaffarpur, 439
Mysore, 73 Anm., 197, 198 Anm.; Kunst von, Abb. VIII, XII
Mystik, abendländische, 20
Mythologie, 37, 39, 40, 301, 308, 320; buddhist. (unzählige vergöttlichte Buddhas), 375, 453, 482 Anm., 486, 492, 505 Anm.; philosophische Anwendung der, 35–36, 308–309; s.a. Kosmogonie; Gottheiten; Fabeln; Mythen usw.; Folklore
Mžik, Hans von, 110 Anm.

Nacktheit, in der Kunst, 199
Nāgārjuna, buddhistischer Lehrer, 454, 462ff.
Nāgārjuna-Felsenhöhlen, 241
Nāgas (schlangenähnliche Wassergötter), 138, 193f., 462; in der Kunst, Abb. III–VII
Nāgasena, buddhistischer Mönch, 450
Naishkarmyasiddhi (Sureshvara), 377, 398
Nāma-rūpa, s. Erscheinungswelt
Nami, 21. Jaina-Heilbringer, 199, 209
Namuci, vedischer Dämon, 139
Nanda-Dynastie, 46, 94 Anm., 97, 441
Nandivardhana, legendärer Jainaprinz, 205
Nanjio, Bunyiu, 463 Anm.
Napoleon I., 102–104
Natur: bejaht im Tantra, 512; in nichtarischer Sicht als unrein, 339–340
Nātyashāstras, 48
Neminātha, s. Arishṭanemi
Neolithikum, 237, 506
Nepal, 444

Neuplatonismus, 20, 34; s.a. Plotin
Newton, Isaac, 42
Nibelungen, Ring der, 216
Nicht-arische Faktoren, s. Dravidische Faktoren; Dualismus; Irrlehre
Nicht-Dualismus, s. Monismus
Nichtwissen, Unwissenheit (avidyā), Buddhismus, 418–419, 424, 429, 431, 470–474, 481, 492 (Bestätigung des); Sānkhya, 267, 269–270, 275, 287, 371f.; Tantra, 524; Vedānta, 35f., 277, 370–379, 384f., 409
Niederlande, 112f.
Nietzsche, Friedrich, 27, 134
Nikhilānanda, Swāmī, 20 Anm., 58 Anm., 408 Anm., 412 Anm., 498 bis 506 passim, 507–508 Anm., 524 bis 525 Anm., 527 Anm.
Nikolaus II., Zar von Rußland, 111
Nirvāṇa (Erleuchtung, Auslöschung): Bhagavad Gītā, 364; Buddhismus, 400, 422f., 473 Anm., 427–429, 432, 445f.; (Ashokas Umbewertung) 458f., 466, 469; Jainismus, 172, 202; vom Bodhisattva ausgeschlagen, 476, 491, 496, 498; Tantra, 529; s.a. Befreiung
Nirvāṇamañjarī (Shaṅkara), 414 Anm.
Nirvāṇashatka (Shanikava), 413
Nirvikalpa samādhi, s. Versenkung
Nīti, s. Politik
Nītisāra (Kāmandaki), 47
Nivedita, Sister, 203 Anm.
Nizami, persischer Dichter, 496
Nomura, Kichisaburo, japanischer Diplomat, 110
Norwegen, 111
Nüchternheit, Eigenschaft des Kevalin, 248
Nyāya, System des, 537, 540, 541–543
Nyāya-sūtra (Gautama), 541–543

Ödipus, König, 281
Odysseus, 216, 217
Okzident, s. Abendland
OM (AUM), brāhmanische Kultsilbe, 333, 337–339, 371, 519
Omar Khayyam, persischer Dichter, 496
Opfer, 366, Abschaffung der Menschenopfer, 74 Anm.; katholisch-tantrische Analogie, Speiseopfer, Pferdeopfer (ashvameda), im Tantra, 516, 517–518; vedisch, s.a. Karma-mārga
Optimismus, in der indischen Philosophie, 488
Ordnung, s. Dharma
Origenes, 215 Anm.
Orissā, 200 Anm., 496
Orpheus, 84
Orthodoxie in der indischen Philosophie, 29 Anm., 64–65, 67 Anm., 68 Anm., 81 Anm., 202–205, 223, 230 bis 233, 237 Anm., 255, 277, 300 bis 301; s.a. Brāhmanismus/Hinduismus; Monismus; Vedānta
Österreich, 126
Oudh, s. Ayodhā
Owein, Held der Arthussage, 84
«Ozean», Cakravartin, 256–257
Ozean, kosmischer, 257

Pädagogik, in der indischen Philosophie, 19–22, 28–30, 56–62, 67–68, 537, 544; Buddhismus, 427–432, 434–435, 446, 466, 492; nichtarische Tradition, 64–65; Sāṅkha-Yoga, 271–272; Tantra, 512–514; Vedānta, 407-408; vedischer Brāhmanismus, 68, 302–304, 323, 539; s.a. Guru; Schüler
Padārthas, s. Kategorien
Padmaprabha, 6. Jaina-Heilbringer, 198
Padmā(vatī), 189; als Göttin, 506; identifiziert mit Artemis, 450; als Lakshmī, 186
Palampet, Kunst von, Abb. XII

Paläolithikum, 237
Pāli-Texte des Buddhismus: kanonische (Pāli-Kanon), 126 Anm., 299 Anm., 438–440 Anm., 445, 456, 462–468, 483 Anm.; Beschreibung, 29 Anm., 445–446; nicht-kanonische, s. Milindapañha
Pālitāna, Tempel in, 200 Anm.
Pallava-Dynastie, 72 Anm., 452 Anm.
Pañcadashi, 296 Anm.–297 Anm.
Pañcasāyaka, 144
Pañcatantra, 46, 93, 93 Anm.
Pañcatattva, s. Fünf verbotene/gute Dinge
Pañcatattva-vicāra (Mukhyopadhyāya), 524–525
Pāṇḍavas, 341
Pandschab, 451–452
Pāṇini, Hindu-Gelehrter, 257, 544
Pareto, Vilfredo, italienischer Philosoph, 70
Parjanya, Erscheinungsform des Indra, 24
Parmenides, 44
Pārshva(nātha), 23. Jaina-Heilbringer, 171–191, 199–209, 215, 362, 461 Anm.; Abb. V, VI, VII
Pārshvanātha-Caritra (Bhāvadevasūri), 159 Anm., 171 Anm., 188 Anm.
Parsifal, Held der Wagner-Oper, 216, 349
Pārvatī, Göttin als, 137, 506
Parzival, 84
Pascal, Blaise, 39
Pashu, s. Herdenlamm
Pātaliputra, 441, 455; buddhistisches Konzil zu, 445
Patañjali, Hindu-Gelehrter, 257
Patañjali, Yoga-Lehrer, 245, 257, 262 Anm., 263–273, 353 Anm., 363 bis 364 Anm., 451 Anm., 486, 537
Paul III., Papst, 115
Pearl Harbor, Angriff auf, 110, 120
Pelasgische Dynastien, 282
Persien, antikes: Kunst von, 175 Anm., 194; Abb. VIb; Despotismus in, 95 bis 96, 111; Griechen in, 442, 450; s.a. Zarathustra
Persona (Maske der Persönlichkeit), 216ff., 233, 244–245, 258, 271, 280–281, 294, 308–309
Pessimismus, 323; des Ājīvika, 242 bis 244; des Jainismus, 210, 228
Pfauen-Gebärde, Abb. XII
Pfeil (in Shaṅkaras Vergleich), 396 Anm.
Pferd, Schatz des Cakravartin, 127; s.a. Avalokiteshvara; Pferdeopfer
Pferdeopfer (ashvamedha), der Arier, 130f., 250, 449
Pflanzen-Totemismus, 203
Pflicht, Philosophie der, 146–168; s.a. Dharma; Dharmashāstra
Phaedra, griechische Mythengestalt, 281
Philosophie, abendländische, 19, 33 bis 34, 39–44, 51–58, 69–71, 134 bis 135, 166, 253, 282, 394, 402, 540; s.a. Christentum; Wissenschaft; Abendland
Phoibos (Apollon), gleichgesetzt mit Sūrya, 24 Anm.
Pilsudski, Josef, 110f.
Pirtha, legendärer Hindukönig, 343
Planck, Max, 42
Platon, 20, 24 Anm., 33, 34, 43, 47, 55, 69, 136, 282, 328 Anm.
Plotin, 20, 34, 39, 44
Pluralismus, s. Dualismus
Plutarch, 34, 451; Vergiften von Königen, 123
Polen, 110f.
Politik, 89–136; Gandhi, 161–164; indische Literatur, 45, 71, 92–93, 107; Mandala-Bündnisse, 112–116, 125; Mittel und Kniffe, 24; persische, 95–97; abendländische, 70, 89–92, 96, 102–106, 110–121, 132 bis 135, 161–164
Polizeistaat, 104–112

Polizei (nīti), 46 Anm., 117–124, 132
Porada, Edith, Abb. VIc (Text dazu)
Portugal, 112–113, 497
Potanapura, 198 Anm.
Prabhākara, Schule des Mīmāṁsā, 544
Prajāpati, Hindu-Schöpfergott, 271 f.
Prājña, Zustand des Selbst, 335 f., 338; s. a. Schlaf
Prajnā, s. Erkenntnis
Prajñapāramitā-Texte, 30, 433, 464, 465, 480; s. a. «Weisheit des fernen Ufers»
Prakrit, 294
Prakriti, s. Stoff
Prāna: «Körperkraft», im Jainismus, 211, 223, 288; s. a. Lebensatem
Prasannapadā (Candrakīrti), 421 Anm., 462 Anm.
Pratyeka-Buddha, 130
Preußen, 112–113, 115
Prinzipien (tattvas): Jainismus, 249 bis 251; Sānkhya-Yoga, 295–297
Provence, 496
Przyluski, J., 282 Anm.
Psychologie, 19, 54, 57, 61, 67 Anm., 83, 143, 150, 164–165, 211, 222 bis 223, 245, 281–282, 284–299, 349, 485, 534, 540–541; s. a. Bewußtsein; Manas; Persona
Ptolemäus II. von Ägypten, 443
Purāṇa, buddhistischer Mönch, 439
Purāṇas, 68 Anm., 72 Anm., 74 Anm., 81 Anm., 441, 521; s. a. Mahābhārata; Rāmāyaṇa
Purusha, s. Lebensmonade; Selbst; Urmensch
Pūrvamīmāṁsā-sūtra (Jaimini), 538
Pushyamitra, Shunga-König, 450
Pythagoras, 20, 34, 43 f., 55

Qualitäten, s. Guṇas

Rad (meist cakra), 125–127, 130 f., 138, 180, 208 Anm., 209, 353–354, 433, 443, 446, 451; Abb. I; s. a. Sonnenrad
Radhakrishnan, 441, 464, 465 Anm., 466, 467 Anm., 469 Anm.
Rahagutta, Jaina-Schismatiker, 543
Rājagriha, s. Konzil
Rājamalla, Ganga-König, 197
Rajas, s. Guṇas
Rājputāna, 73 Anm., 200 Anm., Abb. VII; s. a. Ābū, Berg
Rākshasas, s. Dämonen
Rāma, Hindu-Avatar, 202, 204
Rāmakrishna, Shrī, 20, 32, 498–506, 523 f., 526 f., 545
Ramaṇa Maharṣi, Shrī, zeitgenössischer Hindu-Heiliger, 544
Rāmānuja, Vedānta-Lehrer, 39, 544
Rāmāyaṇa, 72 Anm., 203
Rammohan Roy, Rājā, Gründer des Brāhmosamāj, 502 Anm.
Rāmprasād, tantrischer Dichter, 499, 503, 507 f., 527, 534, 549
Rank, Otto, 282 Anm.
Rapallo-Vertrag, 116
Rāshṭrakūṭa-Dynastie, 72 Anm.
Ratī, Hindu-Göttin, 136
Ratirahasya, 144
Raum, im Vedānta, 402–403
Rauschgetränke, 363 Anm.; s. a. Milch; Wein
Rāvana, Jaina-Dämon, 198
Rāya-Dynastie, 73 Anm.
Realität, s. Erscheinungswelt
Reinkarnation, 18, 138, 173 Anm., 174, 210, 220, 231–232, 242, 271, 293, 475, 478; s. a. Samsāra
Restitutio ad integrum im Buddhismus, 487–488 Anm.
Revolutionen, politische, 43; s. a. Französische Revolution; Russische Revolution
Rhea, griechische Göttin, 24 Anm.
Rhetorik, indisches Vergnügen an der, 435

Rhys Davids, s. Davids
Riehl, Alois, 70
Riesen, des frühen Jainismus, 209 bis 210
Rig-Veda, s. Veden
Rishabha(nātha), erster Jaina-Heilbringer, 197, 343
Rishis, göttlich-weise Väter, 223 Anm., 343
Rumänien, 116
Rom, Römer, 19–20, 24 Anm., 34, 38, 43, 44, 47, 102 Anm.–103 Anm., 106, 111, 115, 116, 123 Anm. bis 124 Anm., 282, 451, 548; s.a. Griechen
Rousseau, Jean-Jacques, 103
Rückgrat, «Geistkanal» (Sushumṇa), im Tantra, 518–520, 525–528
Rudra, Shiva als, 521
Russische Revolution, 33, 70–71
Rußland, 89, 91, 102, 111, 112–113, 115

Saccidānanda (sat-cit-ānanda) Brahman, 380, 384f., 407, 499, 529, 533
Sachsen, 112
Sadānanda, Vedānta-Lehrer, 370; s.a. Vedāntasāra
Saddharmapuṇḍarīka, 453–454, 521
Sādhaka, s. Schüler
Sādhanā, des Tantra-Shāstra, 507, 524
Sāgaradatta, Weiser des Jaina, 181
Sakkra, Buddha als, 447; s.a. Indra
Sakramentale Übertretungen: im Buddhismus, 493; im Tantra, s. Fünf verbotene/gute Dinge; s.a. Begattung
Salz im Wasser, Gleichnis für Brahman, 303–304, 386
Samādhi, s. Versenkung
Sāman, s. Versöhnung
«Samen» (bīja), in der Bhagavad Gītā, 356; im Buddhismus, 473, 493–494
Sammeda-Hügel, 190
Samsāra, 60, 166; Brāhmanismus 327; Buddhismus, 428–429, 432, 466, 469, 476, 495, 498; Sānkhya-Yoga, 255; Tantra, 507, 512, 529; s.a. Reinkarnation
Samudragupta, Gupta-König, 135
Samudravijaya, legendärer Jaina-König, 208
Saṁvara (Meghamālin), legendärer Jaina-Gegner, 188
Saṁyutta-Nikāya, 456, 467
Sandracottus, s. Candragupta Maurya
Saṇghamittā, buddhistische Nonne, 445
Sāṅkhya (-Yoga), 27, 65–66, 63 Anm., 202, 203, 211 Anm., 212, 222, 237 bis 238 Anm., 245, 246, 255–299, 304, 325, 339, 350, 352–354, 362, 363–364, 368–369, 409–410, 470, 485–486, 511, 528–529, 531, 537, 543, 544; s.a. Kapila; Patañjali; Yoga
Sāṅkhya-kārikā (Īshvarakrishṇa), 257
Sāṅkhyapravacanabhyāsha (Vijñānabhikshu), 263 Anm.
Sāṅkhyasāra (Vijñānabhikshu), 263 Anm.
Sāṅkhya-sūtras (Kapila), 257, 279 Anm.
Sannyāsin, im Jagganāth-Tempel, Gleichnis des Rāmakrishna, 498; s.a. Fabeln usw.
Sanskrit, 9 Anm., 18 Anm., 51–53, 79–81, 257, 294, 453, 539; s.a. Sanskrit-Index
Sarasvatī Vāc, Hindu-Göttin, 148
Sārnāth, Kunst von, 442; Abb. I
Sarvadarshanasaṅgraha (Mādhava), 465, 544
Sarvadarshanasiddhāntasaṅgraha (Shaṅkara-Schule), 543
Sarvāstivādin-Schule des Buddhismus, 459, 475 Anm.
Satan, 194, 227
Sat-cit-ānanda, s. Saccidānanda
Satī, Göttin als, 159–160, 506
Sattva, s. guṇas

Satya, s. «Akt der Wahrheit»
Satyāgraha, Gandhis Programm, 161 bis 164
Satyavān, legendärer Hindu-Fürst, 148
Sautrāntika-Schule des Buddhismus, 455, 459, 468, 475 Anm., 543
Sauvīra, Hindu-König, 123
Savikalpa-samādhi, s. Versenkung
Savitar-Brahmā, 148
Sāvitrī, vedische Göttin, 148
Schachspiel, 135, 260
Schießpulver, Erfindung des, 136
Schirm des Cakravartin, in der Kunst, Abb. II
Schlaf, 317–318, 514; Zustand des Selbst (Upanishaden), 298, 325, 334 bis 335, 338, 371, 386, 404; Hindernis für Samādhi, 391; im Sāṅkhya-Yoga, 262–263, 291
Schlange(n), 175 Anm., 178–198, 208 bis 209 Anm., 374–376, 379, 413; Abb. III–VII; s. a. Kuṇḍalinī; Mucalinda; nāgas
Schnur, heilige der Brāhmanen, 149, 293 Anm.
Schopenhauer, Arthur, 20, 134, 403
Schüler der indischen Philosophie (adhikārin), 29, 56ff., 66, 149f., 512, 514ff.; s. a. Guru; Pädagogik
«Schwäne» (haṁsas), Hindu-Asketen, 152, 240, 412 Anm., 544
Schwarze Göttin, Kālī als, 501
Schweden, 112
Schweigen, Zustand des Selbst (Upanishaden), 338ff., 371, 401; s. a. «Vierte», das
«Sechs Kostbarkeiten (oder Juwelen)», (vedāntische Lehre), 61–62, 417
«Sechs Systeme», 211 Anm., 537–544
Seele, westliche Vorstellung von der, 83, 292 Anm., 295
Seelenwanderung, s. Reinkarnation
Ségur, Louis Philippe, Comte de, französischer Staatsmann, 103
Seinselemente, die fünf, im Buddhismus, 481, 481 Anm.
Selbst (kosmisch, ewig, transzendent; «Gott»; göttliche Essenz): 18–26, 59 Anm.–60, 83–85, 151–154, 223, 233, 260, 301–304, 310–312, 317 bis 339, 342–345, 347, 354, 361 bis 365, 369–372, 378–383, 388 Anm., 395–396, 404, 435, 485, 510, 544; s. a. Lebensmonade; höchstes Wesen
Selbst, in der Sanskrit-Terminologie als Ātman, Brahman, Jīva, Purusha: 18, 24–26, 59–61, 79, 82–84, 151 bis 159, 223, 233, 260, 280, 301 bis 304, 310, 316–318, 321–322, 326 bis 334, 353, 363, 364–370, 373 bis 390, 394, 399, 405, 408–409, 461, 469, 485–489, 499–500, 505, 510, 513, 516, 523, 526–528, 541 Anm.
Seleukos Nikator, 441
Serbien, 115
Shāhnāmah (Firdausī), 194, Abb. VIb
Shakas, s. Skythen
Shakti (Energie), 68, 81f., 147, 160, 223, 372, 381, 411, 495, 500f., 505ff., 512, 518f., 522–525, 526, 533; s. a. Māyā-Shakti; Shiva-Shakti
Shakuntala (Kālidāsa), 198 Anm.
Shākyamuni, s. Buddha
Shamasastry, R., 122 Anm.
Shambhava, 3. Jaina-Heilbringer, 198
Shaṅkara, Lehrer des Vedānta, 29, 29 Anm.–30 Anm., 39, 152 Anm., 371, 373, 396 Anm., 400, 408 Anm., 408 bis 414, 532, 544; Anekdote vom Elefanten, 30ff.; Leben des, 369; über Māndūkya-Upanishad, 334f.
Shāntarakshita, 491
Shānti, 16. Jaina-Heilbringer, 198, 209
Shatapatha Brāhmana, s. Brāhmanas
Shashiprabhā, Pārshva als, 178
Shesha, s. Schlange(n)
Schicksal (daivam), 101ff.
Shih Huang, chinesischer Held, 84

Shītala, 10. Jaina-Heilbringer, 198
Shiva, 138, 345 Anm., 356, 357 Anm., 370, 412–413, 471, 473, 491, 513, 544; im kosmischen Tanz, 250 Anm., 315, 382, 530; identifiziert mit Dionysos, 450; identifiziert mit Hermes, 505 Anm.; und Kāma, 137; und Pārvatī, 137; als Rudra, 521; -Shakti, 68, 159f., 472 Anm., 512, 516–528; und Satī, 159f.; -Trimurti, 530, 587
Shivāditya, Lehrer des Nyāya-Vaisheshika, 543
Shraddhā, s. Glaube
Shrauta-sūtras («Shruti»)
Shravaṇa Beḷgoḷa, Jaina-Statue in, Abb. VIII
Shravāsti, 443
Shreyāṁsa, 11. Jaina-Heilbringer, 198
Shruti, s. Shrauta-sūtras
Shūdra-Kaste, 49, 65, 508, 509
Shunahshepa, brāhmanischer Held, 74 Anm.
Shuṅga-Dynastie, 449
Shūnyatā, s. Leere
Shūnyavāda-Schule des Buddhismus, 468 Anm., 540; s.a. Mādhyamika
Shvetaketu (Āruṇeya), brāhmanischer Weisheitslehrer, 231; Unterweisung über Ātman, 301 ff., 323
Shvetāmbara, Jaina-Sekte («die Weißgekleideten»), 196, 205f., 207 Anm.
Shvetāshvatara-Upanishad, 67 Anm., 330 Anm.
Siam, Buddhismus in, 30 Anm.
Siddhārtha, Jaina-König, 205
Siddha-shitā, überirdisches Reich der Jaina, 190
Siebenjährige Krieg, der, 112
Siegfried, Held der Wagner-Oper, 349
Sikhara-Tempel, 200 Anm.
Simon Magnus, 215 Anm.
Sind, Ashoka in, 444; s.a. Industalkultur
Sinkiang, 451
Sinneswahrnehmung (meist jñānendriya), 25, 61f., 82f., 211; Ājīvika, 242; Brāhmanismus, 327, 333, 353, 360; Buddhismus, 481; Jainismus, 211–212, 238, 252–253; Lokāyata, 544 Anm.; Nyāya, 541, 542; Sānkhya-Yoga, 211, 287, 296; Tantra, 529; Vedānta, 211, 389, 399, 406
Skythen (Shakas), 95, 129 Anm., 451, 454
Smerdis (Pseudo-), persischer Usurpator, 97
Smirti, 67 Anm., 507; s.a. Dharmashāstras
Smith, Vincent A., 282 Anm., 443 Anm., 444 Anm., 446 Anm., 447 Anm.
Söhne: Verrat der, 281–282; vedischer Zauber zur Zeugung von, 141, 142
Sokei-an, 486 Anm.
Sokrates, 41, 301, 547
Soma, vedischer Gott, 309
Soma, rituelles Getränk, 363 Anm.
Sonne, 126, 132, 324; als Agni, 306; Name des Arishṭanemi, 209; dynastischer Ursprung, 106 Anm., 203, 204; Pferdeopfer und, 130; im Namen des Kapila, 256; als Sūrya, 23; im vedischen Zauberspruch, 75f.; Vishnu-Symbol, 132
Sonnenrad (gewöhnlich cakra), 125 bis 127, 131, 138, 180, 208 Anm., 209 Anm., 353–354, 433, 443, 446, 451
Sophisten, 37, 301, 308
«Sosein» (tathātā), im Buddhismus, 129 Anm., 461–462, 469, 471 Anm., 472, 495–496
Sowjetunion, s. Rußland
Spanien, 112–115, 117
Spanischer Erbfolgekrieg, 112
Spencer, Herbert, 42
Speyer, J.S., 478 Anm., 479 Anm.
Spiel, kosmisches (līlā), 250 Anm., 492, 501 Anm., 507, 512, 531; s.a. Tanz

Spinne, Gleichnis von der (Upanishaden), 330
Spinoza, Baruch, 34, 42
Sprache: der klassischen Philosophie, 51–52; indo-europäische Sprachfamilie, 23 Anm.; Wesen der vedischen, 79–82; philosophische Grenzen der, 34–35; (Rede) und Wasser, 148; Göttin der, 224; s.a. Pāli-Texte des Buddhismus; Sanskrit; und den Sanskrit-Index, der auf viele Wortanalysen hinweist
Stab, der Mönche, 240–241
Stcherbatsky, Th., 421 Anm., 462 Anm.
Stufen, vedāntische Lehre von den vier, s. Vier Stufen
Sterne, in der Astrologie, 102 Anm.
Sthaviras, buddhistische Älteste, 441
Stier auf Jaina-Statuen, 196, Abb. VII
Stoff, stoffliche Welt: 222–225, 246 bis 247, 250, 255, 259–261, 270, 274–277, 284–285, 304, 339, 350, 362, 369, 470, 523, 528, 531–532, 537; s.a. Karma
Stoiker, in Griechenland, 19
Strategie (indrajāla), in der Politik, 121
Stūpa (in Jaggayapeṭa und in Amarāvatī), 127–130, (in Vakkula) 443; Abb. II, XI
Subhadda, buddhistischer Mönch, 438
Subhūti, Schüler des Buddha, 432, 435, 465
Sudassana, legendärer buddhistischer König, 129 Anm.
Suddhāvāsa, Himmel der Buddhisten, 492
Sudharma-Gautama, Jaina-Lehrer, 206
Sueton, 111, 123 Anm., 282
Sufi-Dichter in Persien, 497
Suleiman der Große, 115
Sumati, 5. Jaina-Heilbringer, 198
Sumer, 103 Anm., 105 Anm., 222; s.a. Mesopotamien
Sumeru, Berg, 138
Sun Yat-sen, chinesischer Staatsmann, 70
Sünde, 59, 167, 316, 355, 360; Buddhismus, 470, 473; und Pārshva, 171; Rāmakrishna über die, 503; s.a. Farben, karmische; Karma
Supārshva, 7. Jaina-Heilbringer, 198
Sureshvara, vedāntischer Philosoph, 377
Sūrya, vedischer Gott, 23, 24 Anm., 505 Anm.
Sushumṇā, s. Rückgrat
Sutrālaṅkāra (Ashvaghosha), 478 Anm.
Suvidhi, 9. Jaina-Heilbringer, 198
Suvrata, 20. Jaina-Heilbringer, 199, 209
Suzuki, Daisetz Teitaro, 475 Anm., 486 Anm., 487 Anm.
Svayambhu, Jaina-Apostel, 189–190
Swat-Tal, 496
Swedenborg, Emanuel, 224–228, 237 Anm., 258 Anm., 286 Anm.
Syllogismus, im Nyāya, 541–542
Synthese von arischen und vor-arischen Elementen, s. Arisch-dravidische Synthese
Syrien, Buddhismus in, 444, Abb. VIc

Tabu, rituelle Übertretung von: 146; im Buddhismus, 492–495; im Tantra, 508–530; s.a. Kaste
Tacitus, 111, 123 Anm., 282
Tagore, Devendranath, Führer der Brāhmo-Samāj-Bewegung, 502 Anm.
Tagore, Rabindranath, 502 Anm.
Taijasa, Zustand des Selbst, 317, 334, 338; s.a. Traum
Taittirīya Āraṇyaka, 366
Taittirīya Brāhmaṇa, s. Brāhmaṇas
Taittirīya Upanishad, s. Upanishaden
Taj Mahal, 281
Takakusu, Junjiro, 472 Anm., 481 Anm., 488 Anm.
Tamas, s. guṇas
Taṅka, brāhmanischer Weisheitslehrer, 411 Anm.

Tantra, Kp. V 1, 2, 3; 68–69, 72 Anm., 81 Anm., 137, 204, 314–315, 364, 544; s.a. Rāmakrishna; Tantras
Tantras (tantrische Texte), 68–69; Gandharva, 508, 516, 520; Kularnava, 512; Mahānirvāna, 522; Sammohana, 533; Yoginī, 509; s.a. Āgamas
Tantrasāra, 515 Anm.
Tanz, hinduistischer, 48, 250 Anm., 517; kosmischer, 427, 509; Abb. XII; s.a. Spiel
Tapas, s. Askese
Tārā Dravamayī, tantrischer Begriff, 512
Taten, s. Karma
«Tat tvam asi», s. «Das bist Du»
Tathāgata, 130; s.a. Buddha
Tathāgata Dhyāna, 487 Anm.; s.a. Dhyāna-Buddhismus; Zen-Buddhismus
Tathātā, s. «Sosein»
Tattvārthādhigama-Sūtra, 184 Anm., 250 Anm.
Tattva, s. Prinzipien
Tattvasaṅgraha (Shāntarakshita)
Taufe, christliche, 294
Täuschung, s. Māyā (Illusion)
Tejahpāla-Tempel, 200 Anm.
Tempel, 200 Anm., 499–500; s.a. Stūpas
Tertullian, 215 Anm.
Thales von Milet, 24 Anm., 39, 43, 252, 301
Theismus: Tantra, 505; Vaisheshika-Nyāya, 542–543; s.a. Gottheiten; Höchstes Wesen
Theophrastos, griechischer Philosoph, 40, 42, 49
Theosophen, 213 Anm.
Therapie, s. Heilkunst; Psychologie; Yoga
Therāvāda-Buddhismus, s. Hīnayāna-Buddhismus
Therigāthā, 457
Thetis, griechische Göttin, 282
Thomas, Frederick William, 47 Anm.
Thomas von Aquin, 39, 40, 494 Anm., 538
Thompson, E. J., 507 Anm.
Tibet, Buddhismus in, 29 Anm., 204, 421, 494, 497, 533
Tigerjunges, von Ziegen aufgezogen, Fabel, 21
T'ien (chinesisch, «Himmel»), 98
Tierfabel, s. Fabeln
Timma Rāja, Jaina-König, 198 Anm.
Tīrthaṅkaras (Jaina-Heilbringer, «Furtbereiter»), 171 ff.–213, 239 bis 240, 255, 276–278, 298, 351, 423; Abb. V, VI, VII; s.a. Arishtanemi; Mahāvīra; Pārshva
Titanen (Gegengötter), 80, 99, 120, 138, 215, 269, 357 Anm., 436
Ti-tsang, s. Kshitigarbha
Tochter, vedische Einstellung zur, 141 bis 142
Tod: im Buddhismus, 400, 481; im Jaina (idealer Tod), 181; vedisch-brāhmanisch (Todeszauber gegen Feinde), 74–76, (Ahnenkult), 232; s.a. Māra; Nirvāṇa
Ton, s. Laut
Torricelli, Evangelista, italienischer Physiker, 42
Trajan, 451
Transsubstantiation, im Tantra, 517, 520–521
Traum, Zustand des Selbst im Brāhmanismus, 298, 317, 325, 334, 338, 371, 404
Trikāya-Lehre des Buddhismus, 471 Anm.
Tripura-sundarī, Göttin als, 506
Trishālā, in der Jaina-Legende, 205
Trivarga, 44–50, 85, 89–168, 258, 406 Anm., 413, 508; Arthashāstra; Dharmashāstra; Kāmashāstra

Tschechoslowakei, 111–112, 116
Tughlak, Shah Ghiyas-ud-din, König von Delhi, 281
Turīya, s. «Vierte», das
Turkestan, 451
Türkei, 111 ff.
Tyrannis, s. Despotismus
Tzetzes, Johannes, byzantinischer Gelehrter, 55 Anm.

Überlagerung, 26, 153; als vedāntischer Kunstgriff, 374–375
Übermensch (mahāpurusha), 125, 130; s. a. Cakravartin; Held
Übertragung (zwischen Lehrer und Schüler), 56 f.
Udayana, Lehrer des Nyāya-Vaisheshika, 543
Uddālaka-Āruṇi, s. Āruṇi
Uḍḍiyāna, 496
Ujjain, 450
Ukraine, 111
Ulugh Khan, König von Delhi, 281
Umā, Göttin als, 506
Universum, s. Kosmologie
Unterscheidungsvermögen (viveka), im Sāṅkya, 261, 275
Unwissenheit, s. Nichtwissen
Upadeshasahasrī (Shaṅkara), 373, 390, 398, 408
Upagupta, buddhistischer Heiliger, 442
Upanishaden, 22–24, 68, 73–74, 78, 81 Anm., 145 Anm., 204, 223, 233, 255, 284 Anm., 305, 307, 370, 404, 435, 461, 489, 506, 530; Brāhmanismus, in, Kp. III, 2; Aitareya, 24 bis 25; Aṃrtabindu, 322 Anm., 331 Anm., 332 Anm., 333 Anm.; Brihadāranyaka, 67 Anm., 272 Anm., 322 Anm., 326 Anm., 329 Anm., 333; Chandogya, 67 Anm., 144, 231 Anm., 303 Anm., 323 Anm., 333 Anm.; Kaivalya, 400 Anm.; Kaṭha, 326 Anm., 327 Anm., 328 Anm., 330 Anm.; Maitri, 67 Anm., 324 Anm., Māṇḍūkya, 333–338, 370, 384 Anm., 388, 408; Muṇḍaka, 323 Anm., 329 Anm., 331 Anm., 332 Anm., 375 Anm., 396 Anm.; Shvetāshvatara, 67 Anm., 330 Anm.; Taittirīya, 74 Anm., 283 Anm., 309 Anm., 310 Anm., 330 Anm.
Uranos, 24
Urmensch, Urwesen: ādipurusha (Sāṅkhya-Yoga), 279–280; brahman (Brāhmanismus), 367–369; purusha (Brahmanismus), 224, 251, 400
Ursache, im Nyāya, 541
Ursache und Wirkung, ihre zwölffache Verkettung im Buddhismus, 481 Anm.
Urteilskraft, s. Intellekt
Uttarādhyayana-Sūtra, 189 Anm., 206 Anm.

Vācaspatimishra, 543
Vahagn, armenische Gottheit, 149 Anm.
Vaibhāshika-Schule des Buddhismus, 455, 460, 544
Vaidika Karma-kāṇḍa, Tantrist, 507
Vairantya, legendärer Hindu-König, 123
Vaishālī (Basarh), 205; buddhistisches Konzil zu, 439 f.
Vaisheshika, System des, 539–544
Vaisheshika-sūtra (Kaṇāda), 540–541
Vaishvārana, Zustand des Selbst, 306, 334, 338; s. a. Wachsein (Bewußtsein)
Vaishya-Kaste, 40–65
Vajracchedikā, 279 Anm., 432, 434, 464, 465
Vajraghosha, Pārshva als, 178–179
Vajranābha, Pārshva als, 179–181
Vajravīrya, legendärer Jaina-König, 180
Vakkula, Stūpa von, 443
Valéry, Paul, 18, 239

Vāmā, legendäre Jaina-Königin, 173, 183

Vanaprastha, s. Waldeinsiedel, Lebensstufe des

Vanur, 198 Anm.

Vardhamāna, s. Mahāvīra

Vārttika (Kātyāyana), 257

Varuna, vedischer Gott, 23, 24, 309, 356

Vāsanā, 293

Vasanta, vedischer Gott, 136

Vashishta Rāmāyana, 520–521

Vasubandhu, Yogācāra-Lehrer, 455, 470–471 Anm., 474

Vasudeva, legendärer Hindu-König, 203f., 208

Vāsupūjya, 12. Jaina-Heilbringer, 198

Vater: als Rivale der Söhne, 281–282; vedischer Vaterkult, 232

Vatermord, 110, 281–282

Vātsyāyana, Hindu-Lehrer, 47, 141, 144

Vauvenargues, Marquis de, 49

Vedānta, 4, 27, 30, 35, 58–62, 72 Anm., 81, 92, 204, 211f., 223, 260, 263, 277–280, 284, 298, 332 Anm., 333, 365–414, 461, 466ff., 485, 492, 496, 499ff., 507ff., 530, 532, 537f., 543–544; s.a. Saccidānanda-Brahman; «Das bist Du»; Shaṅkara; Vedāntasāra

Vedānta Gītās, 399, 466, 511; s.a. Ashṭāvakra Saṁhitā

Vedāntasāra (Sadānanda), 58, 60–62, 284, 370–371, 373, 374, 375, 377, 378, 384, 387, 391, 396, 397, 398, 399

Vedavyāsa, Hindu-Weiser, 544

Veden, 22–25, 29 Anm., 59, 64f., 67 Anm., 72 Anm., 74, 80, 104, 118, 126, 131, 140–143, 202–204, 224, 228 Anm., 250f., 255, 294, 300, 304, 310, 318, 353, 409, 506ff., 537ff., 544ff.; s.a. Brāhmanas; Upanishaden

Vegetarismus: im Jainismus, 230–234, 252; rituelle Durchbrechung, im Buddhismus, 444, 493; im Tantra, 508, 512–515, 522–524

Verdun, Schlacht um, 116

Vereinigte Staaten von Amerika, 20 Anm., 110, 120; Hinduismus in den, 20 Anm.

Vergil, 217

Verneinung, Verwerfung, 529; s.a. Askese; Integration-Isolation

Versailles, Vertrag von, 114, 116

Versenkung (samādhi), 364 Anm., 389 bis 393, 407, 500, 524–526

Versöhnung (sāman), in der Politik, 118

Verunreinigung, im Buddhismus, 473; s.a. Behinderungen

Vessantara, König, Erzählung von den Kindern des, 478

Vidishā, alte indische Stadt, 450

Vidūratha, Hindu-König, 123

Vidyā, s. Erkenntnis

Vieh, bei den arischen Stämmen, 64, 130, 204

«Vier edle Wahrheiten» des Buddhismus, 418

Vier Lebensstufen (āshrama), Vedāntalehre von den, 149ff., 385f.; s.a. Bewußtsein, «Vierte», das

«Vierte» das (Turīya), 298, 332 Anm., 333, 337, 387, 391, 400, 404, 537; s.a. Schweigen

Vijayanagar, 73 Anm.

Vijñāna, s. Bewußtsein

Vijñānabhikshu, 263 Anm., 284

Vijñānavāda-Schule des Buddhismus, 467 Anm.; s.a. Yogācāra

Vijñaptimātratā-triṁshikā (Vasubandhu), 471 Anm.

Vijñaptimātratā-viṁshatikā (Vasubandhu), 474

Vikramāditya, König von Ayodhya, 471 Anm.

Vimala, 13. Jaina-Heilbringer, 198, 209
Vimala Sha, Jaina-König, 200 Anm.
Vinaya, Festlegung des, im Buddhismus, 439f.
Vipulamati, Jaina-Weiser, 201
Vira, s. Held (im Tantra)
Virapāṇḍya, kanaresischer Fürst, 198 Anm.
Viriñcivatsa, Bruder von Asaṅga und Vasubandhu, 471 Anm.
Virta, vedischer Gott, 194 Anm.
Vishākhadatta, Hindu-Dramatiker, 94 Anm., 119
Vishnu, 18, 73 Anm., 131, 240, 251, 256, 314, 328, 336 Anm., 356, 368, 374–379, 450, 471–473, 491, 505 Anm., 520–521; Buddha als Inkarnation, 436 Anm.; s. a. Krishna; Kāma
Vishvabhūti, legendärer Jaina-Staatsmann, 175 Anm.
Vishvakarman, vedischer Gott, 149
Vivekacūḍāmaṇi (Shaṅkara), 370f., 396 Anm., 529 Anm.
Vivekānanda, Swāmī, vedāntischer Lehrer, 20 Anm.
Vögel, brahmanisches Gleichnis von den, 331
Vogel, J. Ph., 129 Anm.
Voldemaras, Augustinas, litauischer Diktator, 112
Völkerbund, 133
Voltaire, 103
Vorsokratiker, 36, 43
Vor-arische Faktoren, s. Dravidische Faktoren
Vyāsa, legendärer Hindu-Dichter, 257, 537

Wachsein (Bewußtsein), 317–318, 390, Zustand des Selbst im Brahmanismus, 298, 324, 334, 338, 371, 387, 404; Tantra, 499; Vaisheshika-Nyāya, 540
Wagen, Upanishaden-Gleichnis vom, 326–328
Wagner, Richard, 216; s. a. Parsifal; Siegfried
Wahrheit: 161–162; zwei Arten der, im Buddhismus, 463–464; s. a. Akt der Wahrheit; Vier edle Wahrheiten
Wahrnehmung, s. Sinneswahrnehmung
Waldeinsiedel, Lebensstufe des (vanaprastha), 53, 151, 153
Warren, Henry Clarke, 192 Anm., 193 Anm., 415 Anm., 467 Anm.
Watts, Alan W., 486 Anm.
Weibliches Prinzip, s. Göttin; Shakti; Allmutter
Weihrauch, im Gottesdienst, 407, 454, 520 Anm.
Wein, ritueller Genuß von: im Buddhismus, 493; im Tantra, 508, 512, 524
«Weisheit des fernen Ufers» (Prajñāparamitā) im Buddhismus, 30, 351, 409, 432–434, 480–484; personifiziert, 471 Anm.; s. a. Prajñāpāramitā-Texte
Weiße Kontemplation des Parshva, 189 bis 190
Weltenherrscher, s. Cakravartin
Weltillusion, Göttin als, 505
Weltkrieg: Erster, 91, 113, 115, 133, 161–162; Zweiter, 89, 92, 110 bis 111, 116, 120
Weltparlament der Religionen, 20 Anm.
Weltzeitalter, indische Lehre von den, 105
Whitney, William Dwight, 142 Anm.
Wiedergeburt, s. Reinkarnation, Saṁsāra
Wildschwan (haṃsa), s. «Schwäne»
Wilson, Horace Hayman, 95 Anm.
Wind, in brāhmanischer Zauberformel, 75–76
Winternitz, Moritz, 47 Anm., 72 Anm., 351 Anm., 544 Anm.
Wirklichkeit, s. Erscheinungswelt

Wissen, s. Erkenntnis
Wissenschaft, indische, 59 Anm., 64, 246–253, 299, 305–306, 312, 318, 405, 543; westliche, 28f., 31 Anm., 37–44, 54–58, 64, 69, 85, 136, 166, 301, 307, 308; s.a. Alchemie; Heilkunst; Kosmologie; Magie; Politik; Psychologie
With, Karl, Text zur Abb. VII
Wohltätigkeit (gewöhnlich dāna), 128, 184, 253, 346, 360, 443f., 448, 479; s.a. Bestechung
Wolke, s. Avalokiteshvara
Woodroffe, Sir John, 506, 508 Anm., 512 Anm., 513 Anm., 515 Anm., 517 Anm., 525 Anm., 526, 534 Anm.; s.a. Avalon, Arthur
Woods, James Houghton, 265 Anm., 266 Anm., 271 Anm.
Wotan, 216

Yab-Yum, 472 Anm., 494ff., 500 Anm., 505 Anm.; s.a. Shiva (-Shakti)
Yahweh, s. Jehovah
Yājñavalkya, Weisheitslehrer der Upanishaden, 309 Anm., 321f., 325f., 329 Anm.
Yajur-Veda, 310
Yakshas (Fruchtbarkeitsgötter), 138, 193, 357
Yang-shan, buddhistischer Weiser, 487 Anm.
Yaññadatta, Erzählung vom Schlangenbiß und Akt der Wahrheit, 160–161
Yantra, Diagramm, 516
Yashodā, in der Jaina-Legende, 205
Yenur, 198 Anm.
Yoga, 22, 61 Anm., 67 Anm., 194f., 202, 219, 234, 237 Anm., 254–258, 265–278, 285, 287ff., 297ff., 334ff., 342, 346–348, 354, 358f., 362–364, 372, 389, 391–393, 406, 409, 469f., 484 Anm., 485f., 495, 500, 515, 518ff., 525–529; s.a. Patañjali; Sāṅkhya(-Yoga)
Yoga-bhyāshya (Vyāsa), 257
Yogācāra-Schule des Buddhismus, 455, 467–475, 543
Yogācārya-bhūmi (Asaṅga), 471 Anm.
Yogasāra-saṅgraha (Vijñānabhikshu), 263 Anm.
Yoga-sūtras (Patañjali), 256–258, 262 bis 266, 273, 364, 372, 391, 485
Yoga-vārttika (Vijñānabhikshu), 263 Anm.
Yoga-vashishṭha, 521
Yoni (weibliches Organ), im Tantra, 518
Yuan Chwang, buddhistischer Pilger, 455
Yudhishṭhira, legendärer brāhmanischer Held, 121 Anm.
Yueh-Chi, 129 Anm., 450f.

Zarathustra und seine Lehre, 175 Anm. bis 186 Anm., 193, 417, 451, 513
Zauber, Beschwörung, 118, 141–144; s.a. Magie
Zeit: Bestandteil des Weltalls, 247; Zyklus der, 208 Anm.–210; Periode des Kali-Yuga, 67 Anm., 105, 336; und Kāma, 139; Shakti als, 67 Anm.; im Vedānta, 402
Zen-Buddhismus, 475 Anm., 486 Anm., 487 Anm.
Zeus, 24 Anm., 175 Anm., 282, 308, 450
Zölibat (brahmacarya), 149, 388, 523; rituelle Übertretung, s. Begattung
Zoroaster, s. Zarathustra
Zucker, Rāmprasāds Epigramm über, 499–500, 507
Zwietracht, Spaltung: im Orden des Buddha, 438–440; in der Politik (bheda), 120; s.a. Irrlehre
«Zwölf Meditationen» des Jaina-Heilbringers, 187

D. SANSKRITINDEX

Dieser Index enthält – nach dem deutschen Alphabet geordnet – alle im Text vorkommenden Sanskrit- und gelegentlichen Pāli-Vokabeln. Die Hinweise beschränken sich auf solche Textstellen, die dem Verständnis für die Bedeutung eines Wortes oder für dessen Bedeutungswandel dienen. Gibt es für einen Begriff mehrere Bedeutungen, wird auf deren Anwendungsgebiete mit folgenden Abkürzungen verwiesen:

Br	= Brāhmanismus	P	= Pāli
Bu	= Buddhismus	SY	= Sāṅkhya-Yoga
J	= Jainismus	Skr	= Sanskrit
M	= Mīmāṁsā	T	= Tantra
N	= Nyāya	V	= Vaisheshika

ābharaṇa, 517 Anm.
abhāva, 461
abhimāna, 288
abhiniveśa, 267
abhyāsa, 332, 385
acala, 345
ācamana, 517 Anm.
adharma, 247 (J)
adhidaivam, 25 Anm.
adhikārin, 58, 62
adhiṣṭhātar, 260
adhivāsa, 329
adhyāropa, 374
adhyātman-adhidaivam, 25 Anm.
adhyavasāya, 289
ādipuruṣa, 279
advaita, 336, 369
advaya, 375
advitīya, 407
āgāmi-karma, 395
āgata, 130 Anm.
aghāti-karma, 249
aham ajña, 36
ahaṅkāra, 211, 288, 296, 335, 370
ahiṁsā, 163, 229, 387
ājīva, 241 (J)
ājīvika, 241, 241 Anm.
ajñāna, 384
ākāśa, 241, 384
akhaṇḍa, 393
Akṣapāda, 541
ālayavijñāna, 469
aloka, 241
ambara, 196
aṁśa, 349
amutra, 61
anāhata śabda, 519
ānanda, 371, 380, 407, 499 Anm.
ānandamayakośa, 371
Anaṅga, 137
ānāpana-prāna, 252
anattā (P; = Skr. anātman), 457 (Bu)
aṅgira, 80 Anm.
anirvacanīya, 35
anīśāyā, 331
anna, 371
annamayakósa, 371
antaḥkaraṇa, 260
antar-aṅga, 412
āntarindriya, 287
antarātman, 326
antarāya-karma, 249
antarikṣa, 306
antaryāmin, 335, 410
antevāsin, 52
aṇu, 211
anubhava, 36
anuvyañjana, 127
anukalpatattva, 524
anumāna, 541
apāṁnapāt, 306
apāna, 288
aparavidyā, 332 Anm.
aparigraha, 388
apavāda, 374
apavarga, 50
apsaras, 138
apurvatā, 385
arghya, 517 Anm.
arhat, 439 Anm.
Ariṣṭanemi, 208–209
āropa, 374
artha, 44–45, 406 Anm.
arthaśāstra, 46
arthavāda, 385
as, 159
asamavāyi-kāraṇa, 542
asamprajñāta, 389
āsana, 389 (SY-Br), 517 Anm. (T)
asañjñin, 211
asat, 35, 159, 162
asmitā, 267
āśrama, 52
āsrava, 213, 250
asteya, 387

asura, 80
āsvāda, 392
aśvamedha, 130
aśvaratna, 127
ātmamāyayā, 348
ātman, 19, 79, 301, 328, 370, 394, 407 (Br), 259 (SY), 540 (V); s.a. anattā
ātmayajña, 492
aum, 337; s.a. 334
avacara, 138–139
avadhūta, 400 Anm.
āvaraṇa, 247
avasarpinī, 208 Anm.
avidyā, 35, 295, 418
āyatana, 286
āyus, 211
āyuṣ-karma, 248

bāhyendriya, 287
bala, 76, 211
bandha, 250, 254
bhakta, 344
bhakti, 274, 342, 410, 499
bhakti-mārga, 319
bhāva, 331
bhāvarūpa, 36
bheda, 120
bhikṣu, 52
bhoga, 60
bhogāntarāya-karma, 249
bhoktar, 286
bhrāmayan, 353
bhrānti, 377
bhuj, 334
bhuta, 357 Anm., 518
bhūtaśuddhi, 518
bhūta-tathatā, 461
bīja, 356
bodhi, 480
bodhicarya, 431, 485

brah, 80
brahmacarya, 149
brahma-mīmāṁsā, 538
brahman, 79, 81
brāhman, 49
brahmanaḥ parimaraḥ, 79
brahmavid brahmaiva bhavati, 373
bṛh, 80
Bṛhaspati, 80
bṛṁhayati, 80
brṁhita, 80
buddha, 415; s.a. 289
buddha-mārga, 431
buddhi, 211, 286, 289, 326
budh, 289

caitanya, 259, 387 Anm.
caitya, 123
cakra, 125; s.a. 237 Anm. 518 (T)
cakravartin, 125
cakṣurindriya, 252
cāndrāyaṇa, 59 Anm.
cetana, 257
cetar, 329
cetomukha, 336
cint, 290
cintāmaṇi, 126
cit, 257, 290, 380, 408, 499 Anm.
citi, 259
citta, 59, 335; auch unter 290
citta-vṛtti, 390

daivam, 100, 101
dama, 60–61 (Br), 448 (Bu)
dambha, 359
dāna, 119, 346 (Br), 448 (Bu)
dānāntarāya-karma, 249

daṇḍa, 119, 240
daṇḍin, 241
darśana, 171, 537
darśanāvaraṇa-karma, 247
dehin, 342, 344
deśa, 402
dhamma (P), s. dharma (Bu)
dhāraṇā, 389
dharma, 147, 157 (Br), 247 (J), 439, 443, 449 (Bu), s.a. 457 (Bu)
dhī, 290
dhīra, 81 Anm.
dhūpa, 517 Anm.
dhyāna, 353 Anm., 389, 516
digambara, 196
dīpa, 517 Anm.
divya, 522
dravya, 541
dravyato santi, 459
dṛṣṭānta, 542
dvandva, 61
dveṣa, 267

eka, 450
ekātmapratyayasāra, 336
ekadaṇḍin, 240
ekāgrya, 406 Anm.
ekendriya, 252

gaṇadhara, 206
gandha, 517 Anm.
gandharva, 142
garbha-kalyāṇa, 183
garuḍa, 138
gehapati, 128
ghana, 335
ghāti-karma, 249
ghrāṇendriya, 252
gocara, 326
gotra-karma, 249

graiveyaka, 237 Anm.
grāma, 52
grantha, 332
gṛhapati, 128
grhastha, 52
grhyasūtra, 67 Anm.
guṇa, 212, 266 Anm. (SY), 476 (Bu), 541 (V)
guru, 29, 32, 56

haṁsa, 152
hastiratna, 127
hetu, 542
hiṁsā, 229
hīnayāna, 30 Anm., 454
hiraṇmaya, 400
hiraṇyagarbha, 250
hita, 46
Hitopadeśa, 46
homa, 516

icchā, 139
iha, 60
ihāmutrārthaphalabhogavirāgaḥ, 60
ikṣvāku, 208
indrajāla, 121
indriya, 252, 327, 406
iṣatprāgbhāra, 236
iṣṭadevatā, 59 Anm., 407
īśvara, 353, 363, 379

jaḍa, 293 Anm.
jagat, 333
jagrāt, 333
Jaina, 196
jambha, 137
janma-kalyāna, 184
japa, 407, 516
jāti, 146, auch 542 (N)
Jina, 196
jīva, 212, 246 (J), 322, 382, 419 (Br)
jīvabhūta, 353
jīvaloka, 352
jīvan-mukta, 394
jñā, 79
jñāna, 78, 499
jñānāvaraṇa-karma, 247
jñāna-mārga, 78
jñānendriya, 287, 327
juṣṭam īśam, 331

kaivalya, 235, 254, 276
kāla, 99, 247
kalyāṇa, 183
kāma, 47, 141, 424
kāmaloka, 138
kāmarāgabala, 357
Kāmasūtra, 144
kaṇṭaka, 107
kapota, 212
karma, 60, 79, 394 (Br), 247 (J), 473 (Bu) 541 (V)
karmakurvan, 347
karma-mārga, 74, 363
karma-mīmāṁsā, 538
karma-yoga, 342
karmendriya, 287, 330
kartar, 286, 327
karuṇā, 491
kaṣāya, 391
kāyabala, 211
kāyotsarga, 196
kevala, 171, 205 (J), 260, 276 (SY)
kevalin, 276
khakkhara, 241
khyāti, 290
kleśa, 265, 266
kleśita, 471
kliśta, 266
kopāraga, 352
kośa, 371
krodha, 360
kṛṣṇa, 212
kṣaṇa, 457
kṣatriya, 49
kumārīpūjā, 517
kumbhaka, 389
kumbhāṇḍa, 138
kuṇḍalinī, 518
kuśala, 471
kūṭastha, 260

lābha, 249
labhāntarāya-karma, 249
laya, 391, 405 Anm.
layamyāti, 447
leśyā, 212
līlā, 492, 507
liṅga, 542 (N)
liṅgin, 542 (N)
loka, 138, 405 Anm. (Br), 246 (J)
lokāyata, 544 Anm.
lokayātrā, 337

madhuparka, 517 Anm.
madhyagraiveyaka, 181
madhyama-parimāṇa, 287
madya, 524
mahan, 281
mahārāja, 131
mahāsukha, 492
mahat, 228
mahātma, 49, 71
mahāvākya, 144
mahāvīra, 196
mahāvyañjana, 127
mahāyāna, 30 Anm., 454
maithuna, 508
mala, 487
mām, 525
māṁsa, 524
manaḥparyāya, 188
manana, 385
manas, 211, 287, 327, 541, auch 290
maṇḍala, 114

maṇipūra, 518
manobala, 252
manomayakośa, 371
mantar, 328
mantha, 363 Anm.
mantra, 516
māra, 140, 424
maskara, 241
mat, 290
mātra, 296 Anm.
matsya, 45, 524
matsya mudrā, 518
matsyanyāya, 45
mattaḥ sarvaṁ pravarte, 363
maunam, 403 Anm.
maya, 371
māyā, 30 Anm., 120, 305
mīmāṁsā, 537
moha, 137
mohanagṛha, 122
mohanīya-karma, 248
mokṣa, 50 (Br), 250 (J), 254 (SY), 424 (Bu)
mokṣa-icchā, 59
mokṣa-kalyāṇa, 190
mudrā, 123 («Siegel»), 508 Anm., 518 («Handstellung»), 525 («geröstetes Korn»)
mulādhāra, 519
mumukṣutva, 59
muni, 401, 403 Anm., 417

nāga, 138
nāgarāja, 462
nair-āśya, 406 Anm.
naivedya, 517 Anm.
nāma-karma, 247
nāman, 35, 79, 248, 481 Anm.
nāmarūpa, 35
namaskriyā, 517 Anm.
Namuci, 140 Anm.
neti neti, 309 Anm.
nī, 47 Anm.
nididhyāsanam, 385
nidrā, 262
nigamana, 542
nigrahasthāna, 542
nīla, 212
nimitta-kāraṇa, 541
nirālambanavāda, 468
nirañjana, 406 Anm., 487
Nirgrantha, 207
nirguṇa, 59 Anm.
nirjarā, 250
nirodha, 286
nirupādhi, 406 Anm.
nirvāṇa, 172 Anm., 423 Anm.
nirvikalpa, 390
nirvṛtti, 50
niṣkriya, 410
niṣṇāta, 332
nīti, 47 Anm., 116
nītisāra, 47 Anm.
nitya, 345
nityānityavastuviveka, 60
nivṛtti, 41
niyama, 388
nyāya, 29, 374; auch 541 (N)

om, 333, 338

pada, 328
pāda, 211, 334
padārtha, 540
padma, 112, 518
padmāsana, 389
pādya, 407, 517 Anm.
Pañcasāyaka, 136
Pañcatantra, 46–47
pañcatattva, 530
pāṇi, 211
pāpāsrava, 213
pāpīyān, 140, 360 Anm.
paramahaṁsa, 412 Anm.
paramāṇu, 247, 296
paramārtha, 50, 461
param-brahman, 332
parameṣṭhin, 178
parātpara, 323
parikalpa, 468
parināma, 411 Anm.
pariṇāma-nityatva, 299
pariṇāyaka, 128
parinirvāṇa, 437
parisaṅkhyāna, 295
pāśa, 137
paśu, 522
pāyu, 211
phala, 60, 385
piṭaka (P), 467
pīṭha, 200
pitṛloka, 60
prabhāsa, 259
pradeśa, 246
prajñā, 290
prājña, 335, 383
prajñāna-santati, 290
prajñāpāramitā, 351, 432
prajñātman, 333
prakṛta, 293
prakṛti, 212 Anm., 223, 255
pramāṇa, 262
prāṇa, 211 Anm., 224, 287
prāṇamayakośa, 369
prāṇapratiṣṭhā, 517
prāṇāyāma, 389, 518
praṇidhāna, 388
prapañcopaśama, 336
prārabdha-karma, 395
prātaḥ-smaraṇam-stotram, 412
pratijñā, 542
pratīka, 516
pratimā, 516

pratītyasamutpāda, 481 Anm.
pratītyasamutpanna, 461
pratyag, 326
pratyāhāra, 389
pratyakṣa, 541
pravāha, 389
pravivikta, 335
prema, 507
preta, 138, 357 Anm.
pṛthagjana, 477
pudgala, 247
pūjā, 407, 516
puṁs, 259
punarmṛtyu, 232
puṇyāsrava, 213
pūraka, 389
purāṇa, 67 Anm.
puruṣa, 223, 259 (SY), 304, 331, 333, 375, 400 (Br)
pūrva-mīmāṁsā, 538
pūrvavat, 541
puṣpa, 517 Anm.
Puṣpabāṇa, 136

raga, 268
rahasyam, 67
rāja, 265
rājādhirāja, 135
rājaputra, 279
rajas, 212, 268
rājasa, 351
rājasūya, 187
rākṣasa, 138
rakta, 268
rañj, 268
rasa, 250 Anm.
rasāsvāda, 392
rasendriya, 252
ṛc, ṛg, 80
recaka, 389
Ṛṣabhanātha, 197
ṛṣi, 343
rūpa, 35 (Br), 248, 481 Anm.

sa, 361
śabda, 518 (T), 541 (N)
śabda-brahman, 332
saccidānanda, siehe sat-cit-ānanda
sacī, 81
sādhaka, 512
sagara, 178
saguṇa, 59 Anm.
sahajaṁ karma, 347
sahasrāra, 519
sakaṣāya, 393
śakra, 81
śakta, 81
śakti, 68 Anm., 81, 371 Anm., 500
śama, 59
samādhāna, 61
samādhi, 387, 389, 406
sāman, 118
samāna, 288
sāmānya, 541
sāmānyato dṛṣṭa, 542
samaṣṭi, 378
samaṣṭyabhiprāyena, 378
samavasaraṇa, 190
samavāya, 540
samavāyi-kāraṇa, 541
samaya, 252
sambhāra, 476
sambhavāmi, 348
sāmodbhava, 119
samprajānan, 234
samprajñāta, 389
saṁsāra, 60, 255
saṁskāra, 263, 293, 481
saṁskṛ, 293
saṁvara, 250
saṁvṛti-tattva, 461
samyag-jñāna, 332
samyak-sambodhi, 476
saṁyoga-viśeṣa, 261
sanātana, 345
sañcita-karma, 392
sañjñā, 481 Anm.
sañjñin, 112
sāṅkhya, 254
saññama, 448 (P)
sannyāsa, 174
sannyāsa-kalyāṇa, 187
śāntam, 336
santāna, 457, 468
santati, 457
santoṣa, 388
śarada, 268
śarīra, 83
śarīrin, 342, 344
sārūpya, 263
sarvagata, 345
sarvajñā, 336
sarvāstivādin, 459
sarveśvara, 336
śāstra, 67 Anm.
sat, 35
sat-cit-ānanda (eigentlich saccidānanda), 380, 408, 413
satī, 159
sattva, 212, 267, 479
sāttvika, 351
satya, 160, 387
satyāgraha, 161
satyaloka, 60
satyasya satyam, 67
śauca, 388
savikalpa, 389
senāpati, 261
śeṣavat, 541
śiṣya, 52
śivam, 336
śivo-'ham, 413
smṛti, 67 Anm., auch 290
smṛtimant samprajānan, 234

snāna, 517 Anm.
soma, 363 Anm.
sparśendriya, 252
śraddhā, 56, 356
śrauta, 131 Anm.
śravaṇa, 385
śravaṇendriya, 252
śrī, 102
śruti, 67 Anm.
stambha, 137
sthāṇu, 345
sthūla, 247, 296, 334
sthūla-bhūtāni, 296
sthūla-śarīra, 83
strīratna, 128
stūpa, 128
sudarśana, 131
śūdra, 49
śukla, 112
sūkṣma, 247
sūkṣma-śarīra, 83
śūnya, 468
śūnyatā, 431
śuśrūṣā, 56
suṣumṇā, 518
suṣupti, 317
sūtra, 47 Anm.
sūtrānta, 455 Anm.
svadharma, 147
svādhiṣṭhāna, 518
svādhyāya, 388
svāgata, 517 Anm.
svāmin, 260
svapna, 333
svarga, 445
svarūpa, 259
śvāsocchvāsabala, 211
śvāsocchvāsaprāṇa, 252
svastikāsana, 389
svasvarūpa, 280
svayambhū, 326
śvetāmbara, 152 Anm., 196

taijasa, 317
tamas, 212, 269
tāmasa, 351
tanmātra, 296
tantra, 68 Anm.
tanūm svām, 332
tapas, 235, 332, 388
tathāgata, 130 Anm.
tathātā, 468
tattva, 250 (J), 295 (SY)
tat tvam asi, 144
tejas, 112 (J), 582 (T)
tīrthaṅkara, 171, 423
titikṣā, 61
trivarga, 50
tṛṣṇā, 418
turīya, 333
tyāgin, 347

udāna, 288
upabhoga, 249
upabhogāntaraya-karma, 249
upacāra, 517 Anm.
upādāna-kāraṇa, 541
upadeśa, 40
upādhis, 260
upakrama, 385
upamāna, 541
upanaya, 542
upapatti, 385
uparati, 61
upasaṁhāra, 431
upastha, 211
upāya, 118
upekṣā, 120
utsāha, 243
utsarpinī, 208 Anm.
uttara-mīmāṁsā, 538

vāc, 211, 224
vacanabala, 211, 252
vadana, 517 Anm.

vaibhāṣika, 460
vaiśeṣika, 540
vaiśvānara, 306, 317, 334
vaiśya, 49
valāhaka, 352
vana, 52
vanaprastha, 52, 151
varṇa, 147
vartin, 126
vaśa, 137
vasana, 517 Anm.
vāsanā, 293
vedanā, 481 Anm.
vedāṅga, 59
vedanīya-karma, 248
vedānta, 30 Anm.
Vedāntasāra, 58
vicitra, 400
vidāhin, 358
videha-mukti, 394
vidvān, 347
vidyā, 35, 424
viguṇa, 347
vijñāna, 331, 332 Anm., 361, 481 Anm., 499
vijñānamayakośa, 371
vijñanavāda, 468
vijñānavant, 328
vijñātar, 329
vikalpa, 262
vikāra, 26, 304
vikṣepa, 391, 406 Anm.
vikṣipta, 391
vinaya (P), 525
viparyaya, 262
vīra, 78, 196 (Br), 522 (T)
virāgah, 60
viruddhā bhāṣā, 460
vīrya, 99, 238
vīryāntarāya-karma, 249
viśārada, 268
visarjana, 516
viṣaya, 327

viśeṣa, 540
viveka, 261, 275
vṛtti, 389
vyāna, 288
vyāpti, 542
vyāpya, 542
vyaṣṭi, 378
vyaṣṭyabhiprāyena, 378
vyavadāna, 473
yajña, 346
yakṣa, 138
yama, 387
yāna, 423
yantrārūḍha, 353
yat sat tat kṣaṇikam, 457
yo evam veda, 72
yoga, 254
yoni, 336
yoni mudrā, 518

F. BIBLIOGRAPHIE

Diese Bibliographie enthält im Gegensatz zur amerikanischen Ausgabe nicht nur die Titel derjenigen Werke, auf die Heinrich Zimmer während seiner Arbeit Bezug nahm, sondern sie wurde um viele zum Themenkreis dieses Buches gehörende Titel vermehrt. Wenn auch nicht alle Werke über Indien und seine Kultur aufgenommen werden konnten, so hofft der Verlag doch, hier eine Wegweisung zu geben.

Von einer Unterteilung entsprechend dem Inhalt des Buches wurde abgesehen, um vielfache Wiederholungen zu vermeiden. Dafür erscheinen in den Titeln diejenigen Worte kursiv, die einen Hinweis auf das behandelte Gebiet der «Philosophie und Religion Indiens» vermitteln.

Abegg, Emil, «Indische *Psychologie*». Zürich 1945.

Archiv für indische *Philosophie* → siehe Zeitschrift.

Aurobindo, Shri (s.a. Wolff, Otto), «Die Mutter». Übers. v. A. v. Keller. Zürich 1945.

Avalon, Arthur (d.i.: Sir John Woodroffe) u.a., «The Principles of *Tantra*», 2 Bde., 1941/1946.

– «The Great Liberation», Mahānirvāṅa *Tantra*, 2. Aufl. Madras 1927.

– «Die Schlangenkraft». München 1960.

– «Shakti und Sākta». München 1961.

– «Introduction to *Tantra* Shāstra», 2. Aufl. Madras 1952.

– «The Garland of Letters» (Varnamālā). Studies in the Mantra-Shāstra. London 1922.

Benz, Ernst (s.a. Wolff, Otto), «Indische Einflüsse auf die frühchristliche Theologie». Wiesbaden 1951.

Bhagavadgītā → siehe Garbe, Glasenapp, Krämer, Schroeder, Springmann.

Bhattacharya, J. N., «*Hindu* Castes and Sects». Kalkutta 1896.

Bhattacharyya, Benoytosh, «The Indian *Buddhist* Iconography». Oxford 1924.

– «An Introduction to *Buddhist* Esoterism». Oxford 1932.

Blyth, R. H., «*Zen* in English Literature and Oriental Classics». Tokyo 1948.

Bloomfield, Maurice, «The Life and Stories of the *Jaina* Savior Pārçvanātha». Baltimore 1919.

– [Übers.], «Hymns of the Atharva *Veda*», Sacred Books of the East, Vol. XLII. Oxford 1897.

Brown, W. Norman, «The Story of Kālaka», Texts, History, Legends and Miniature Paintings of the Shvetāmbara *Jain* Hagiographical Work: The Kālakācāryakathā. Washington 1933.

– «Miniature Paintings of the *Jaina* Kalpasūtra as executed in the Early Western Indian Style». Washington 1934.

– «Manuscript Illustrations of the Uttarādhyayana Sūtra». New Haven 1941.

Brunton, Paul, «Die Philosophie der Wahrheit – tiefster Grund des *Yoga*». Übers. v. K. Eckhart. Zürich 1951.

Bühler, G. [Übers.], «The Laws of Manu», Sacred Books of the East, Vol. XXV. Oxford 1886.
– «The Sacred Laws of the *Aryas*», Sacred Books of the East, Vol. II und XIV. Oxford 1879/1882.
Burlingame, E. W., «*Buddhist* Parables». New Haven 1922.
Cambridge History of India, The.
Chakravarti, Appāsvāmī [Hrsg. u. Übers.], «Kundakundācārya's Pañcāstikāyasāra», Sacred Books of the *Jaina*. Allahabad 1920.
Cohn, William, «Indische Plastik», Die Kunst des Ostens, Bd. 1. Berlin 1920.
Colebrooke, H. T. u. Wilson, H. H. [Hrsg. u. Übers.], «*Sāṅkhya*-Kārikā». Bombay 1887/Oxford 1937.
Conze, Edward [Hrsg.], «Im Zeichen *Buddhas*». Übers. v. Mariann Widmer. Hamburg 1957 (Fischer-Bücherei Nr. 144).
Coomaraswamy, Ananda K., «Geschichte der indischen und indonesischen *Kunst*». Übers. v. Hermann Götz. Leipzig 1927.
– «Spiritual Authority and Temporal Power in the Indian Theory of Government». New Haven 1942.
– «The Transformation of Nature in *Art*», Cambridge, Mass. 1934.
– «Why Exhibit Works of *Art?*». London 1946.
– «Figures of Speech or Figures of Thought». London 1946.
– «The Dance of *Siva*». New York 1918 (franz. Paris 1922).
– «Religious Basis of the Forms of Indian *Society*». New York 1946.
– «A New Approach to the *Vedas*», An Essay in Translation and Exegesis. London 1933.
– «The *Rg Veda* as Land-nama-bók». London 1935.
– «Recollection, Indian and Platonic» und «The One and Only Transmigrant». New Haven 1944.
– «Yakshas». Washington 1928–1931.
– «Buddha and the Gospel of *Buddhism*». New York 1916.
– «*Hinduism* and *Buddhism*». New York o. D.
– «Elements of *Buddhist* Iconography». Cambridge, Mass. 1935.
Cowell, E. B. [Hrsg. u. Übers.], «The Jātaka, or Stories of the *Buddha's* Former Birth», 6 Bde. Cambridge 1895–1907.
Cowell, E. B., Müller, F. Max u. Takakusu, Junjire, «*Buddhist* Mahayana Sutras» (Buddha-carita of Ashvagosha; größere und kleinere Sukhāvatī-vyūhas; Vajracchedikā; größere und kleinere Prajñā-pāramitā-Sūtras; Amitāyur-dhyāna Sūtra), Sacred Books of the East, Vol. XLIX. Oxford 1894.
Cowell, E. B. u. Gough, A. E., «Sarvadarshanasaṅgraha» (engl.), 2. Aufl. Kalkutta 1894.
Dasgupta, Surendra Nath, «A History of Indian *Philosophy*», 5 Bde. Cambridge 1932–1955.
– «*Yoga* as Philosophy and Religion». London 1924.
– «*Yoga* Philosophy in Relation to the other Systems of Indian Thought». Kalkutta 1930.

Daniélou, Alain, «*Yoga*, méthode de réintégration». Paris 1951.
– «Catalogue de la *musique* indienne classique et traditionnelle enregistrée». Paris (Unesco) 1952.
Davids → siehe Rhys Davids, C. A. F. und T. W.
Deussen, Paul, «Allgemeine Geschichte der Philosophie», I. Bd., 1. Abt.: «Philosophie des *Veda*», 4. Aufl. Leipzig 1920.
– «Die Philosophie der *Upanishad's*», 3. Aufl. Leipzig 1919.
– «Sechzig *Upanishad's* des Veda», 3. Aufl. Leipzig 1921.
– «Das System des *Vedanta*», 3. Aufl. Leipzig 1920.
– «Die Geheimlehre des *Veda*», Ausgew. Texte der Upanishad's, 6. Aufl. Leipzig 1921.
Dunbar, Sir George, «*Geschichte* Indiens von den ältesten Zeiten bis zur Gegenwart». Vom Verfasser überarbeitet und übersetzt v. Heinrich Zimmer. München/Berlin 1937.
Dutt, Manmatha Nath, «Kāmandakiya Nītisāra», Wealth of India Series. Kalkutta 1896.
Eggeling, J. [Übers.], «Shatapatha Brāhmana», Sacred Books of the East, Vol. XII, XXVI, XLI, XLII, XLIV. Oxford 1882–1900.
Eidlitz, Walther, «Der *Glaube* und die heiligen Schriften der Inder». Olten u. Freiburg 1957.
Eliade, Mircea, «*Yoga*, Unsterblichkeit und Freiheit». Übers. v. Inge Köck. Zürich 1960.
– «Le Temps et l'Eternité dans *la Pensée Indienne*». In: Eranos-Jahrbuch XX/1951. Zürich 1952.
Eranos-Index der Jahrbücher I–XXV. Bearbeitet von Magda Kerényi. Zürich 1961.
Eranos-Jahrbuch. Die Vorträge der Eranos-Tagungen in Ascona. Hrsg. v. Olga Fröbe-Kapteyn. Zürich, seit 1933 ff.
Evans-Wentz, Walt Yeeling, «Tibets Great Yogi, Milarepa», A Biography from the Tibetan, 2. Aufl. London/New York/Toronto 1951.
– «Yoga und Geheimlehren Tibets». Deutsche Bearb. u. Übers. v. Ursula v. Mangolt, 2. Aufl. München 1951.
Faddegon, Barend [Übers.], «The Pravacana-sāra of Kundakundā Ācārya», *Jain* Literature Society Series. Cambridge 1935.
– «The Vaiçeśika-System». Amsterdam 1918.
Farquhar, J. N., «An Outline of the Religious Literature of India». Oxford 1920.
Frauwallner, Erich, «Geschichte der indischen *Philosophie*», 2 Bde. Salzburg 1953 bis 1956.
– «Die Philosophie des *Buddhismus*». Berlin 1956.
Gandhi, M. K., «The Story of My Experiments with Truth». Ahmedabad 1927–1929.
– siehe Kraus, F.
Garbe, Richard, «Die *Sāṅkhya*-Philosophie», 2. Aufl. Leipzig 1917.
– [Übers.], «Die Bhagavadgītā». Leipzig 1921.
– (In: Hastings, «Encyclopaedia of Religion and Ethics»):
– – «Lokāyata» (Vol. VIII, p. 138).

– – «Mīmāmsā» (Vol. VIII, p. 648).
– – «Nyāya» (Vol. IX, p. 422–424).
– – «Sāṅkhya» (Vol. XI, p. 189–192).
– – «Vaisesika» (Vol. XII, p. 568–570).
– – «Vedānta» (Vol. XII, p. 597–598).
– – «Yoga» (Vol. XII, p. 831–833).
– – «Sāṅkhya und *Yoga*». Straßburg 1896.
Geldner, Karl Friedrich [Übers.], «Der *Rig-Veda*» (kommentiert). Wiesbaden 1951 (Harvard Oriental Series 33–35).
Glasenapp, Helmuth von, «Der *Jainismus*, Eine indische Erlösungsreligion». Leipzig 1925 (Kultur und Weltanschauung, Bd. 1).
– «*Buddhismus* und Gottesidee». Wiesbaden 1954.
– «Die Religionen Indiens», 2. Aufl. Stuttgart 1955.
– [Hrsg. u. Übers.], «Der Pfad zur Erleuchtung», Grundtexte zur buddhistischen Heilslehre». Düsseldorf 1956.
– [Hrsg.], «Indische Geisteswelt», Eine Textauswahl. Gütersloh 1958.
– «Indien». München 1925.
– «Die *Philosophie* der Inder», 2. Aufl. Stuttgart 1956.
– «Der *Hinduismus*, Religion und Gesellschaft im heutigen Indien». München 1922.
– «Madva's Philosophie des Vishnu-Glaubens. Ein Beitrag zur Sektengeschichte des *Hinduismus*». Bonn 1923 (Geistesströmungen d. Ostens, Bd. 2).
– «Der *Buddhismus* in Indien u. i. Fernen Osten». Berlin 1936.
– «Entwicklungsstufen des indischen Denkens. Untersuchungen über die *Philosophie* der Brahmanen und Buddhisten». Halle 1940.
– «Bhagavadgītā. Das Lied der Gottheit». Übers. v. R. Boxberger. Stuttgart 1955 (Reclams UB 7874/75).
– «Die fünf großen Religionen», Bd. I (*Brahmanismus*, *Buddhismus*, Chinesischer Universismus), 8. Tsd. Düsseldorf 1958.
– «*Buddhistische Mysterien*. Die geheimen Lehren und Riten des Diamantfahrzeugs.» Stuttgart 1940.
Gough, A. E. → siehe Cowell.
Griffith, R. T. H. [Übers.], «Rgveda, Samaveda, White Yajurveda, Atharvaveda». Benares 1895–1907.
Guénon, René, «L'homme et son devenir selon le *Vedanta*», Nouv. édit. Paris 1948.
– «La Métaphysique orientale», Nouv. édit. Paris 1951.
– «Introduction générale à l'étude des doctrines *hindoues*». Paris 1952.
Guenther, Herbert, «Der Buddha und seine Lehre». Nach der Überlieferung der Theravadins. Zürich 1956.
Guérinot, Armand Albert, «La religion *djaina*». Paris 1926.
Haas, George C. O., «The Dasharūpa of Dhanamjaya, a treatise on *Hindu* Dramaturgy» (Übersetzung). Columbia University, Indo-Irian Series, New York 1912.
Hacker, Paul, «Vivarta, Studien zur Geschichte der illusionistischen Kosmologie und Erkenntnistheorie der Inder». Wiesbaden 1951.

Hare, E.M. → siehe Woodward.
Hastings, James [Hrsg.], «Encyclopaedia of Religion and Ethics», 13 Vols. New York 1928.
Hauer, J.W., «Der *Yoga*. Ein indischer Weg zum Selbst». Mit Übers. v. Texten. Stuttgart 1958.
Havell, E.B., «The History of Aryan Rule in India, from the Earliest Times to the Death of Akbar». London 1918.
Herrigel, Eugen, «*Zen* in der Kunst des Bogenschießens». München 1957.
Hillebrandt, Alfred [Übers.], «*Upanishaden* – Altindische Weisheit», Brahmanas und Upanishaden in Auswahl. Nachwort von H.v.Glasenapp. Düsseldorf 1958.
Isherwood, Christopher [Hrsg.], «*Vedanta* und Wir». Mit Beiträgen von Isherwood, Aldous Huxley u.a. Übers. v. A.Wiegand u. Fr.Dispeker. Zürich 1949.
Jacobi, Hermann, «*Jainism*». (In: Hastings, «Encyclopaedia of Religion and Ethics», Vol. VII, p.465–474.)
– «Zur Frühgeschichte der indischen *Philosophie*». Berlin 1911.
– [Hrsg. u. Übers.], «Eine *Jaina*-Dogmatik» (Umāsvāti's Tattvārthādhigama Sūtra). Leipzig 1906.
– «*Jaina* Sūtras», Sacred Books of the East, Vol. XXII u. XLV. Oxford 1884 u. 1895.
Jaini, Jagmandar Lal, «Outlines of *Jainism*». Cambridge 1916.
– [Hrsg. u. Übers.], «Tattvārthādhigama Sūtra», Sacred Books of the *Jainas*. Arrah o.J.
Keith, Arthur Berriedale, «The *Sāṁkhya* System». New York 1918.
– «Indian Logic and Atomism». Oxford 1921.
– «The Karma-Mīmāṁsā», The Heritage of India Series. London/Kalkutta 1921.
– «The Religion and Philosophy of the *Veda* and Upanishads». Cambridge, Mass. 1925.
Koppers, Wilhelm, «Probleme der indischen *Religionsgeschichte*». Fribourg 1941.
– «Zum Ursprung des *Mysterienwesens* im Lichte von Völkerkunde und Indologie». In: Eranos-Jahrbuch XI/1944. Zürich 1945.
Krämer, Ilse [Übers.], «Bhagavadgītā. Gesang des Erhabenen». Zürich 1954.
Kramrisch, Stella, «The *Hindu* Temple», Photographs by R.Bürnier, 2 Bde. Kalkutta 1946.
– «Indische Kunst». Köln 1956.
Kraus, Fritz, «Vom Geiste des Mahatma. Ein Gandhi-Brevier». Baden-Baden 1957.
Lanman, Ch.R. → siehe Whitney.
Laufer, Berthold [Übers.], «Milaraspa» (Rje btsun la ras pai ruam thar rgyas par phye ba mgur 'bum). Auswahl tibetanischer Texte. München 1922.
Lommel, Hermann [Übers.], «Gedichte des *Rig-Veda*» (Auswahl). München 1955.
Macdonell, A.A., «*Vedic* Mythology». Straßburg 1897.
– «*Vedic* Religion». (In: Hastings, «Encyclopaedia of Religion and Ethics», Vol. XII, p.601–618).
Mackay, Ernest, «Die Induskultur». Ausgrabungen in Mohenjo-daro und Harappa. Übers. v. Max Müller. Leipzig 1938.
Marshall, Sir John, «Mohenjo-daro and the Indus Civilisation», 3 Bde. London 1931.

Masson-Oursel, Paul, in den Eranos-Jahrbüchern. Zürich 1933 ff.:
– «Die indischen Erlösungstheorien im Rahmen der Heilsreligionen» (Bd. IV/1936).
– «Die Gnadenlehre im religiösen Denken Indiens» (Bd. IV/1936).
– «Die indischen Auffassungen der psychologischen Gegebenheiten» (Bd. V/1937).
– «Die indischen Heilstechniken» (Bd. V/1937).
– «Esquisse d'une histoire de la philosophie indienne». Paris 1923.
– (mit H. de Wilman-Grabowska u. Ph. Stern) «L'Inde antique et la civilisation indienne». Paris 1933.
– «La philosophie en Orient». Paris 1938.
– «La pensée en Orient». Paris 1950.
– «Yoga». Paris 1954.
McGovern, William, «Introduction to Mahāyāna *Buddhism*». London 1922.
Meyer, J. J. [Hrsg. u. Übers.], «Das Arthashastra des Kautilya. Das altindische Buch vom Welt- und Staatsleben». Leipzig 1926.
Müller, F. Max (s. a. Cowell), «The Dhammapada», Sacred Books of the East, Vol. X, I. Teil. Oxford 1881.
– «Indien in seiner weltgeschichtlichen Bedeutung». Leipzig 1884 (u. i. «Ausgew. Werke», 1900).
– «Six Systems of India Philosophy», London 1899.
– u. Oldenberg, H. [Übers.], «*Rg. Veda* Hymns», Sacred Books of the East, Vol. XXXII u. XLVI. Oxford 1897.
Muir, J., «Original Sanskrit Texts on the Origin and History of the People of India, their Religion and Institutions», 5 Bde. London 1868–1874.
Nanjio, Bunyiu, «A Short History of the Twelve Japanese *Buddhist* Sects». Tokyo 1886.
Nawrath, Alfred, «Unsterbliches Indien. Landschaft, Volksleben, Meisterwerke der Baukunst und Plastik». Wien-München 1959.
Neumann, Karl Eugen [Übers.], «Die Reden Gotamo Buddhos», Gesamtausgabe in 3 Bdn. mit Anmerkungen. Zürich 1958.
Nikhilānanda, Swāmī, «Self-Knowledge», Der Atma-bodha des Śhaṅkara. Engl. Übers. New York 1946.
– «The Vedāntasāra of Sadānanda» (Sanskr. u. engl.). Mayavati, Almoras, Himalayas 1931.
Nyanaponika, Frühbuddhistische Lehrdichtungen aus dem Pali-Kanon. Übers., eingeleitet und erläutert von N. Konstanz 1955.
Ohasama, Schuej, «*Zen*, der lebendige Buddhismus in Japan». Mit übers. Stücken des Zen-Textes. Hrsg. v. August Faust, Geleitwort von Rudolf Otto. Gotha-Stuttgart 1925.
Oldenberg, H. [s. a. Müller], «Religion der *Vedas*». Berlin 1884.
Olschak, Blanche Christine, «Tibet: Erde der Götter. Vergessene Geschichte, Mythos und Saga». Mit einem Vorwort von H. Harrer und Thubten Norbu. Zürich 1960.

Otto, Rudolf [Übers.], «Siddhanta des Rāmānuja». Jena 1917.
Pallis, Marco, «Peaks and Lamas». New York 1949.
Piggott, Stuart, «Prehistoric India». Harmondsworth (Penguin Books) 1950.
Poussin, Louis de la Vallée, «The Way to Nirvana». Cambridge 1917.
– «*Bouddhisme*», 3. Aufl. Paris 1925.
Prabhavananda, Swāmi, «Der ewige Gefährte – Brahmananda, sein Leben und seine Lehren». Übers. v. F. Dispeker. Zürich 1950.
– u. F. Manchester [Hrsg.], «Die schönsten *Upanishaden*». Übers. v. F. Dispeker. Zürich 1951.
Pratt, James Bissett, «The Pilgrimage of *Buddhism*». New York 1928.
Przyluski, Jean, «Die Erlösung nach dem Tode in den *Upanishaden* und im ursprünglichen Buddhismus». In: Eranos-Jahrbuch V/1937. Zürich 1938.
– «Der Lebendig-Erlöste in dem entwickelten *Buddhismus*» (ebenda).
Radhakrishnan, Sarvapalli, «Die Gemeinschaft des Geistes. Östliche Religionen und westliches Denken». Übers. v. Franz Thierfelder. Darmstadt/Genf 1952.
– «Religion und Gesellschaft». Übers. v. Franz Thierfelder. Darmstadt 1953.
– «Indische *Philosophie*». Übers. v. Rudolf Jockel. Bd. 1: «Von den Veden bis zum Buddhismus». Darmstadt 1955. Bd. 2: «Die Systeme des Brahmanismus». Darmstadt 1956.
– u. Ch. A. Moore, «A Source Book in Indian Philosophy». Princeton, Bombay, Oxford 1957.
Rafson, E. J. [Hrsg.], «The Cambridge *History* of India». Cambridge and New York 1922.
Ramakrishna, Sri, «Ewige Botschaft». Nach der engl. Ausgabe v. Swāmi Nikhilānanda übers. v. Franz Dispeker. Zürich 1955.
Rau, Heimo, «Die *Kunst* Indiens bis zum Islam». Stuttgart 1958.
Rhys Davids, Caroline Augusta Foley, «Psalms of the Early *Buddhists*». London 1913. «The Book of the Kindred Sayings». London 1922.
– «Visuddhi-Magga». London 1921.
– «Indian *Religion* and Survival». London 1934.
– In den Eranos-Jahrbüchern, Zürich 1933 ff.:
– – «Religiöse Übungen in Indien und der religiöse Mensch» (Bd. I/1933).
– – «Zur Geschichte des Rad-Symbols» (Bd. II/1934).
– – «Der Mensch, die Suche und Nirvana» (Bd. III/1935).
– – «Erlösung in Indiens Vergangenheit und in unserer Gegenwart» (Bd. IV/1936).
Rhys Davids, T. W., «*Der Buddhismus*». Übers. v. A. Pfungst. Leipzig 1899 (Reclams UB).
– «*Buddhist* Birth Stories». London 1925.
– «*Buddhist* Suttas», Sacred Books of the East, Vol. XI. Oxford 1881.
– «The Questions of the King Milinda», Sacred Books of the East, Vol. XXXV/XXXVI. Oxford 1890/1894.
– «Persecution of *Buddhists* in India». London 1913.
Rieker, Hans-Ulrich, «Das klassische *Yoga*-Lehrbuch Indiens». Zürich 1957.
Rig-Veda → siehe Geldner, Griffith, Lommel, Müller.

Rolland, Romain, «Der Götter-Mensch Ramakrishna u. d. universale Evangelium d. Vivekananda». Übertr. v. Paul Amann. Erlenbach 1931.
Ruben, Walt, «Die Philosophen der *Upanishaden*». Bern 1947.
– «Einführung in die Indienkunde». Berlin 1954.
– «Geschichte der indischen *Philosophie*». Berlin 1954.
Schroeder, Leopold von [Übers.], «Bhagavadgītā, des Erhabenen Sang», 28.–30. Tsd. Köln 1955.
Seidenstücker, Karl [Übers.], «Pāli-*Buddhismus*», Texte aus dem buddhistischen Pālikanon und dem Kammavāca, 2. Aufl. München 1923.
Sinha, Nandalal [Sanskrit und Übers.], «The Sāṁkhya-pravanca-sūtram», Sacred Books of the Hindus, Vol. XI. Allahabad 1915.
Smith, Vincent A., «Ašoka, the Buddhist Emperor of India», 3. durchges. u. erw. Auflage. Oxford 1920.
Sokei-an, «Cat's Yawn». New York (Erstes Zen-Institut von Amerika) 1947.
Speyer, J. S. [Hrsg.], «The Jātakamālā», Sacred Books of the Buddhists, Vol. I. London 1895.
Springmann, Theodor [Übers.], «Bhagavad-Gītā – Der Gesang des Erhabenen» (Ausz.), 8. Aufl. Büdingen Gettebbach 1952.
Stcherbatsky, Th., «The Conception of *Buddhist* Nirwāna». Leningrad 1927.
Stern, Ph. → siehe Masson-Oursel, Paul.
Stevenson, Mrs. S., «The Heart of Jainism». Cambridge 1916.
– «Without the Pale. The Life Story of an Outcaste». Kalkutta 1930.
– «The Rites of the Twice-born». Oxford 1920.
Suzuki, Daisetz Teitaro, «Die große Befreiung. Einführung i. d. *Zen-Buddhismus*». Geleitwort v. C. G. Jung. Bearbeitet nach dem engl. Originaltext v. Heinrich Zimmer. 4. Aufl. Zürich 1958.
– «Die *Zen*-Lehre vom Nicht-Bewußtsein. Die Bedeutung des Sūtra von Hui-neng (Wei-long)». München 1957.
– «Studies in the Lankāvatāra Sūtra». London 1930.
– «Outlines of *Mahāyāna Buddhism*». Chicago 1908.
– «A Manual of *Zen-Buddhism*». London 1950.
– «Essays in *Zen-Buddhism*», 3 Bde. Kyoto/London 1927, 1950, 1953.
– «Leben aus *Zen*». München 1955.
– «Der Weg zur Erleuchtung». Baden-Baden 1957.
– «Zen und die Kultur Japans». Übers. v. Otto Fischer. Stuttgart 1941. Leicht gekürzte Ausgabe in «rowohlt's deutsche enzyklopädie» (Nr. 66). Hamburg 1958.
– In den Eranos-Jahrbüchern, Zürich 1933 ff.:
– – «The Role of Nature in *Zen-Buddhism*» (Bd. XXII/1953).
– – «The Awekening of a new Consciousness in *Zen*» (Bd. XXIII/1954).
Takakusu, Junjiro (s. a. Cowell), «The Essentials of *Buddhist Philosophy*», 2. Aufl. Honolulu 1949.
Tempelanlagen, buddhistische in Siam. 1. Abt. v. «Der indische Kulturkreis in Einzeldarstellungen». Hrsg. v. A. Grünwedel, H. Stönner, K. Döring. Bangkok-Berlin 1920.

Thibaut, G. [Übers.], «The Vedānta Sūtra, with Shankara's Commentary» (2 Bde.), Sacred Books of the East, Vol. XXXIV u. XXXVIII. Oxford 1904.
– «The Vedānta Sūtra, with Ramanuja's Commentary», Sacred Books of the East, Vol. XLVIII. Oxford 1904.
Thomas, E. J., «The Life of Buddha as Legend and History». New York 1927.
Thomas, Frederick William [Hrsg. u. Übers.], «Brihaspati Sūtra», Punjab Sanskrit Series. Lahore 1921.
Tucci, Giuseppe, «*Il Buddhismo*». Foligno 1926 (engl. 1930).
– «Indo-Tibetica». Roma 1932–1936.
– «Indian *Paintings* in western Tibetan Temples». Leipzig 1937.
– «L'Oriente nella cultura contemporanea». Firenze 1943.
– «Ramakrishna paramahmta». Roma 1952.
– «Earth in India and Tibet». In: Eranos-Jahrbuch XXII/1953. Zürich 1954.
Vātsyāyana, Kāmasūtra. Hrsg. v. Pandit Durgāprasāda, Bombay 1891. Aus dem Sanskrit nebst den vollständigen Kommentaren (Jayamangala) des Yashodhara übers. v. Richard Schmidt, 6. Aufl. Berlin 1920.
Vireshvarānda, Swāmī, «Brahma-Sūtras» (sanskr. u. engl.). Mayavati/Almoras/Himalayas 1936.
Vivekānanda, Swāmi, «Ramakrishna, mein Meister». Übers. v. Emma v. Pelet. Zürich 1943.
– «*Hinduismus*». Übers. v. Emma v. Pelet. Zürich 1951.
– «*Rāja-Yoga*». Übers. v. Emma v. Pelet, Neuausgabe. Zürich 1951.
– «*Jnana-Yoga*. Der Pfad der Erkenntnis». Übers. v. Fr. Dispeker, 3 Bde. Zürich 1949.
– «So spricht ...» (Werke, Ausz.). Bearb. v. Fritz Kraus. München 1954.
– «*Karma-Yoga* und *Bhakti-Yoga*». Übers. v. Ilse Krämer und Frank Dispeker, Neuauflage. Zürich 1953.
– «Erkenntnisse des Hinduismus». Übers. u. eingel. v. Reginald Földy. Wien 1953.
Watts, Allan W., «*Zen*». Stanford, Calif. 1948.
– «Vom Geist des *Zen*». Übertr. v. Julius Schwabe. Stuttgart 1956.
Westheim, Paul, «Indische Baukunst», Orbis Pictus, Bd. 1. Berlin 1920.
Whitney, William Dwight u. Lanman, Charles Rockwell [Übers.], «Atharva Veda». Harvard Oriental Series, Vol. VII u. XIII. Cambridge, Mass. 1905.
Wilman-Grabowska, H. de → siehe Masson-Oursel, Paul.
Wilson, H. H. → siehe Collebrooke.
Winternitz, Moritz, «Geschichte der indischen Literatur», 3 Bde. Leipzig 1905–1922.
– «Die Frau i. d. ind. Religionen». Leipzig 1920.
Wolff, Otto, «Indiens Beitrag zum neuen Menschenbild», «rowohlt's deutsche enzyklopädie» (Nr. 56). Hamburg 1957.
– «Der supramentale Übermensch nach Shrī Aurobindos ‚Integralem *Yoga*'». In: «Der Übermensch». Eine Diskussion (mit 9 wissensch. Beiträgen), hrsg. v. Ernst Benz, Zürich 1961.

Woodroffe, Sir John → siehe Avalon, Arthur.
Woods, James Houghton [Übers.], «The *Yoga*-System of Patañjali». Harvard Oriental Series. Cambridge/Mass. 1927.
Woodward, F.L. u. Hare, E.M., «The Book of the Gradual Sayings» (Angutturа-Nikāya), 5 Bde. London 1932–1936.
Yatiswarananda, Swami, «Religiöse Hindu-Symbolik in ihrer Beziehung zu geistigen Übungen und zur Höherentwicklung». In: Eranos-Jahrbuch II/1934, Zürich 1935.
Zeitschrift, Wiener, für die Kunde Süd- u. Ostasiens und Archiv f. indische Philosophie. Hrsg. v. Erich Frauwallner, Wien 1957 ff.
Zimmer, Heinrich → s. a. Dunbar u. Suzuki.
– «Ges. Werke» (Rascher-V.), Bd. 1: «Mythen und Symbole in indischer Kunst und Kultur». Hrsg. v. Joseph Campbell. Übers. v. E(rnst) W(ilhelm) Eschmann. Zürich 1951.
– «Ges. Werke», Bd. 2: «Maya, der indische Mythos», Neuausgabe. Zürich 1952.
– «Ges. Werke», Bd. 3: «Der Weg zum Selbst: Leben und Lehre des indischen Heiligen Shri Ramana Maharshi aus Tiruvannamalei». Mit einem Vorwort hrsg. v. C. G. Jung u. Nachruf v. Emil Abegg. Neuausgabe Zürich 1954.
– «Ges. Werke», Bd. 4: «König und Leichnam (The King and the Corpse)». Übers. v. Joh. Piron, überarb. v. Lucy Heyer-Grote. Zürich 1961.
– «Ges. Werke» [Inhalt der späteren Bände]:
– – «Indische Sphären» (Erstausg. München-Zürich 1935. Schriften d. Corona 12).
– – «Spiel um den Elefanten. Ein Buch v. indischer Natur» (München 1929).
– – «Anbetung Mir. Indische Offenbarungsworte nach d. Astāvakragītā» (Erstausg. München 1929).
– – «Karman (Divyāvadāna [Teilserie]). Ein buddhistischer Legendenkranz». Übertr. u. hrsg. v. Heinrich Zimmer (Erstausg. München 1925).
– – «Hindu-Medizin». Übertr. a. d. Englischen.
– – «Ewiges Indien. Leitmotive indischen Daseins» (Erstausg. Potsdam 1930, Das Weltbild, Bd. 14).
– – «Weisheit Indiens. Märchen und Sinnbilder» (2. Aufl. d. Erstausg. Darmstadt 1941).
– – «Kunstform und Yoga im indischen Kultbild» (Erstausg. Berlin 1926).
– «Studien zur Geschichte der Gotras» (Diss.), Leipzig 1914.
– In den Eranos-Jahrbüchern (Rhein-Verlag):
– – «Zur Bedeutung des indischen Tantra-Yoga» (Bd. I/1933, Zürich 1934).
– – «Indische Mythen als Symbole» (Bd. II/1934, Zürich 1935).
– – «Die indische Weltmutter» (Bd. VI/1938, Zürich 1939).
– – «Tod und Wiedergeburt im indischen Licht» (Bd. VII/1939, Zürich 1940).
– «(Rudrabhatta): Zeichen der Liebe. Wie man lieben und in Liebe dichten soll» (Schtingara-Tilaka). Übers. v. Heinrich Zimmer. Calw-Wien 1948.
– «The Art of Indian Asia. Its Mythology and Transformations.» Completed and edited by Joseph Campbell. With photographs by Eliot Elisofon, Dimitri Kessel and others. Text- und Tafelbd. Bollingen-Series XXXIX, New York 1955.

suhrkamp taschenbücher wissenschaft

stw 1 Jürgen Habermas
Erkenntnis und Interesse
Mit einem neuen Nachwort

stw 2 Theodor W. Adorno
Ästhetische Theorie

stw 3 Ernst Bloch
Das Prinzip Hoffnung
In drei Bänden

stw 4 Walter Benjamin
Der Begriff der Kunstkritik in der deutschen Romantik

stw 5 Ludwig Wittgenstein
Philosophische Grammatik
Herausgegeben von Rush Rhees

stw 6 Jean Piaget
Einführung in die genetische Erkenntnistheorie
Vier Vorlesungen

stw 7 J. Laplanche – J. B. Pontalis
Das Vokabular der Psychoanalyse
In zwei Bänden

stw 8 G. W. F. Hegel
Phänomenologie des Geistes

stw 9 Materialien zu Hegels »Phänomenologie des Geistes«
Herausgegeben von Friedrich Fulda und Dieter Henrich

stw 10 Einführung in den Strukturalismus
Mit Beiträgen von O. Ducrot, T. Todorov, D. Sperber, M. Safouan und F. Wahl

stw 11 Siegfried Kracauer
Geschichte – Vor den letzten Dingen

stw 12 Niklas Luhmann
Zweckbegriff und Systemrationalität

stw 13 Gershom Scholem
Zur Kabbala und ihrer Symbolik

stw 14 Claude Lévi-Strauss
Das wilde Denken

stw 15 Peter Szondi
Studienausgabe der Vorlesungen.
Band 1: Die Theorie des bürgerlichen Trauerspiels im 18. Jahrhundert

stw 16 Erik H. Erikson
Identität und Lebenszyklus

stw 17 Rudolf Bilz
Wie frei ist der Mensch?
Paläoanthropologie Band 1

stw 18 Viktor von Weizsäcker
Der Gestaltkreis

stw 19 Noam Chomsky
Sprache und Geist

stw 20 Jakob von Uexküll
Theoretische Biologie

stw 21 Victor Erlich
Russischer Formalismus

stw 22 Seminar: Politische Ökonomie
Zur Kritik der herrschenden Nationalökonomie
Herausgegeben von Winfried Vogt

stw 23 Theodor W. Adorno
Philosophische Terminologie Band 1

stw 24 Hans Blumenberg
Der Prozeß der theoretischen Neugierde
Erweiterte Ausgabe des 3. Teils der »Legitimität der Neuzeit«

stw 25 Thomas S. Kuhn
Die Struktur wissenschaftlicher Revolutionen

stw 26 Heinrich Zimmer
Philosophie und Religion Indiens

In Vorbereitung

Oktober 73

stw 27 Jean Piaget
Das moralische Urteil beim Kinde

stw 28 George H. Mead
Geist, Identität und Gesellschaft

stw 29 Eike von Savigny
Philosophie der normalen Sprache

stw 30 Seminar: Die Entstehung von Klassengesellschaften
Herausgegeben von Klaus Eder

November 73

stw 31 Alfred Lorenzer
Sprachzerstörung und Rekonstruktion
Vorarbeiten zu einer Metatheorie der Psychoanalyse

stw 32 Helmut Spinner
Pluralismus und kritischer Rationalismus
Studien zum Popperschen Erkenntnis- und Gesellschaftsmodell

stw 33 Georg Lukács
Der junge Hegel
Über die Beziehung von Dialektik und Ökonomie

stw 34 W. Ross Ashby
Einführung in die Kybernetik